Der Begriff der *nicht gehörigen Erfüllung* aus dogmengeschichtlicher und rechtsvergleichender Sicht

Rechtshistorische Reihe

Band 290

Peter Lang
Frankfurt am Main · Berlin · Bern · Bruxelles · New York · Oxford · Wien

Seunghyeon Seong

Der Begriff der *nicht gehörigen Erfüllung* aus dogmengeschichtlicher und rechtsvergleichender Sicht

Peter Lang
Europäischer Verlag der Wissenschaften

Bibliografische Information Der Deutschen Bibliothek
Die Deutsche Bibliothek verzeichnet diese Publikation in der Deutschen Nationalbibliografie; detaillierte bibliografische Daten sind im Internet über <http://dnb.ddb.de> abrufbar.

Zugl.: Saarland, Univ., Diss., 2003

Diese Arbeit wurde von Herrn Professor Dr. Elmar Wadle
zur Aufnahme in diese Reihe empfohlen.

D 291
ISSN 0344-290X
ISBN 3-631-52464-1

www.peterlang.de

VORWORT

Die vorliegende Arbeit wurde von der Rechts- und Wirtschaftswissenschaftlichen Fakultät der Universität des Saarlandes im Sommersemester 2003 als Dissertation angenommen. Sie ist im wesentlichen auf dem Stand vom Januar 2003. Für die Veröffentlichung konnte daher die bis zum Juni 2003 neu erschienene Literatur nur noch teilweise berücksichtigt werden.

Diese Arbeit ist ein Ergebnis meines sechsjährigen Auslandsstudiums. Danken möchte ich daher hier allen, die mein Studium begleitet haben. Zunächst und vor allem möchte ich mich herzlich bei meinem akademischen Lehrer Herrn Prof. Dr. Dr. Alfons Bürge bedanken, der seit März 1997 mein Studium in Saarbrücken und in München gefördert, das Thema angeregt und den Fortgang der Arbeit über viele Jahre hinweg in vielen Gesprächen betreut hat, und der mir immer bereitwillig mit gutem Rat zur Seite stand. Durch ihn ist mein Rechtsdenken nachhaltig geprägt worden. Dank schulde ich auch Herrn Prof. Dr. Elmar Wadle in Saarbrücken, der das Zweitgutachten zu dieser Arbeit erstellt hat. Ihm und den anderen Herausgebern danke ich auch für die Aufnahme in die „Rechtshistorische Reihe“.

Die Vorbereitung der Arbeit begann ich Mitte 1998 in Saarbrücken. Mit der Arbeit möchte ich an die Kollegen am Lehrstuhl für Zivilrecht und Römisches Recht an der Universität des Saarlandes, geleitet ehemals von Prof. Dr. Dr. Alfons Bürge, jetzt von Frau Prof. Dr. Tiziana J. Chiusi, die mir geholfen haben, erinnern und mich bei Ihnen für die Unterstützung bedanken.

Nach der Berufung von Professor Bürge an die Ludwig-Maximilians-Universität München habe ich dort ab August 1999 am Leopold-Wenger-Institut für Antike Rechtsgeschichte und Papyrusforschung gearbeitet. Dort fand ich sehr angenehme Arbeitsbedingungen vor und konnte die internationale Arbeitsumgebung genießen. Dafür danke ich besonders Herrn Prof. Dr. Gerhard Ries. Ich erinnere mich gerne an die Begegnungen mit den japanischen Kollegen Prof. Dr. Y. Ikadatsu aus Nagoya, Prof. Dr. K. Yamamoto aus Kyoto, Prof. Isao Kitai und Prof. T. Ishida aus Tokyo, Prof. T. Tajikawa aus Kumamoto sowie Frau Prof. Dr. Atsuko Tanaka aus Kasugai: Die Diskussion mit Isao Kitai über die *exceptio non rite adimpleti contractus* und der Meinungsaustausch mit Atsuko Tanaka über die Eigentumsübertragung in München bleiben mir unvergesslich.

Auch am Leopold-Wenger-Institut hat mir die Arbeit große Freude bereitet. Ich danke herzlich den Kollegen T. Walter, P. Rieger, Dr. J. Platschek und Dr. G. Pfeifer, die mir mit zahlreichen Diskussionen über meine Arbeit und bei der Verbesserung der sprachlichen Formulierung geholfen haben. Auch Frau M.

Grad danke ich für die Sorge um meine Familie und deren Unterbringung in München.

Dank schulde ich auch Herrn Prof. Reinhard Zimmermann, der mein Interesse an der internationalen Vereinheitlichung des Vertragsrechts und „Comparative Legal History" gefördert und mich in seiner Abteilung des Max-Planck-Instituts Hamburg willkommen geheißen hat. Mein Dank gilt auch Herrn Dr. Hans Peter Glöckner, der mir seine Habilitationsschrift bereits vor Drucklegung gesendet hat.

Der Friedrich-Ebert-Stiftung danke ich sehr herzlich für die Unterstützung meines Forschungsaufenthalts in Deutschland und für die Druckkostenbeihilfe.

Herrn Prof. Dr. Suh Min und Herrn Prof. Dr. Chong Jin-Myong in Südkorea danke ich herzlich für die Ermutigung zu einem Auslandsstudium und die ständige Begleitung.

Die Arbeit hätte ich ohne die über alle Maßen in Anspruch genommene Geduld meiner Ehefrau Suhyeon und meines Sohnes Jeheon nicht vollenden können.

Daejeon, Südkorea im Jahre 2004

Seong, Seunghyeon

INHALTVERZEICHNIS

2. TEIL:

Die Haftung des Schuldners für die Nichterfüllung und die „nicht gehörige" Erfüllung im späteren Pandektenrecht

EINLEITUNG

I.

Das Leistungsstörungsrecht des BGB ist mit dem Gesetz zur Modernisierung des Schuldrechts zum 1.1.2002 reformiert worden. Ein wichtiges Anliegen der Reform war, die angenommene Unvollständigkeit der Regelungen über das Leistungsstörungsrecht zu beseitigen.
Die Reform geht davon aus, dass im Mittelpunkt des alten Leistungsstörungsrechts der Begriff der Unmöglichkeit der Leistung stehe[1]. Sie setzt auch voraus, dass das alte BGB nur die Unmöglichkeit und den Verzug als Haftungstatbestände für die Haftung des Schuldners wegen Nichterfüllung kenne. Dabei spreche das BGB von Nichterfüllung nur, wenn die Leistung ganz oder teilweise auf Dauer ausbleibe. Der Begriff der Nichterfüllung sei daher durch das Bürgerliche Gesetzbuch in einem engeren Sinne besetzt[2], er könne insbesondere nicht die Fälle Schlechterfüllung erfassen. Für diese Fälle hätten Lehre und Rechtsprechung folglich ein drittes Rechtsinstitut entwickeln müssen, das Institut der positiven Vertragsverletzung. Es fehle auch ein die Nichterfüllung und die positive Vertragsverletzung umfassender Oberbegriff im allgemeinen Schuldrecht[3].
Die Reformer versuchten nun, einen Oberbegriff für das Leistungsstörungsrecht zu entwickeln, der die beiden bisher schon im Gesetz enthaltenen Haftungstatbestände (Unmöglichkeit und Verzug) und das neu aufzunehmende, zu Gewohnheitsrecht gewordene Rechtsinstitut der positiven Vertragsverletzung würde erfassen können.

Das neue BGB enthält als neuen Zentral- und Oberbegriff für das Leistungsstörungsrecht den Begriff „Pflichtverletzung". Bei der Aufnahme des Begriffs der Pflichtverletzung in das BGB geht die Kommission davon aus, dass es keinen sachlichen Unterschied zwischen dem Begriff der Pflichtverletzung und einem erweiterten Begriff der Nichterfüllung der vertraglichen Pflichten (also einem weiteren Begriff der Nichterfüllung, als ihn das alte BGB kenne) gibt, sondern der Unterschied nur ein verbaler sei[4]. Man kann sich fragen, warum die Kommission den neuen Begriff der Pflichtverletzung hat wählen müssen, den das alte BGB nicht kennt, statt des Begriffes, den das BGB seit 100 Jahren enthält und auch nach der Reform noch verwendet. Denn das BGB verwendet heute noch weiterhin den Begriff der Nichterfüllung in unveränderter Form - und zwar, wie zu zeigen sein wird, in erweiterter auch die Schlechterfüllung und Nebenpflichtverletzung umfassender Bedeutung, insbesondere in den Vorschriften

---

1 Canaris, Schuldrechtsmodernisierung, S. 577.
2 BR-Drs. 338/01, 303.
3 BR-Drs. 338/01, 301.
4 BT-Drs. 14/6040, 92; Canaris, Schuldrechtsmodernisierung, S. 593.

über das Strafversprechen für Nichterfüllung (§ 340) und für die nicht gehörige Erfüllung (§ 341) und in den Vorschriften über die Einrede des nicht erfüllten Vertrages (§§ 320, 363). Im neuen BGB stehen Pflichtverletzung und Nichterfüllung als Rechtsbegriffe nun nebeneinander.

Für die jüngeren deutschen und die ausländischen Juristen, die sich mit dem alten BGB nicht beschäftigt haben, erscheint das BGB im Ergebnis als eine Neuschöpfung der Zivilrechtsdogmatik des 20. Jahrhunderts, insbesondere wegen seiner Struktur des Leistungsstörungsrechts mit dem neuen Begriff der Pflichtverletzung.

Nach Inkrafttreten des neuen BGB am 01.01.2002 stellt sich hauptsächlich die Frage nach dem Schicksal der positiven Vertragsverletzung: Was ist aus der positiven Vertragsverletzung geworden?[5] Canaris meint: „Sie (die positive Vertragsverletzung") ist glücklicherweise verschwunden und geht in den einzelnen Vorschriften auf"[6]. Medicus ist der Auffassung, dass die Rechtsfigur der positiven Vertragsverletzung durch die Reform ihre Existenzberechtigung verloren habe und sie daher für das neue Recht nicht verwendet werden sollte[7]. Im Ergebnis findet man, dass die Reform ihre Aufgabe, das ungeschriebene Rechtsinstitut ins Gesetz aufzunehmen, gelöst habe.

Diese Arbeit will die historische Verbindung zwischen dem neuen Schuldrecht und dem alten Schuldrecht untersuchen.

Ich bin der Meinung, dass die Kommission zur Modernisierung des Schuldrechts den Rechtsbegriff der Nichterfüllung und der nicht gehörigen Erfüllung, so wie das BGB von 1900 ihn verwendet, anders verstanden hat als der Gesetzgeber des BGB. Dabei hatte die Kommission das Ergebnis der Diskussion um den Zentralbegriff des Leistungsstörungsrechts in den Reformarbeiten der 80er und 90er des letzten Jahrhunderts übernommen.

Hingegen umfasst der Sachverhalt der Nichterfüllung des alten BGB auch den der nicht gehörigen Erfüllung, die als haftungsbegründender Tatbestand auch die Fälle der Schlechterfüllung erfassen kann. Der Begriff der nicht gehörigen Erfüllung, der ein Ergebnis jahrhundertelanger Entwicklung der deutschen Privatrechtswissenschaft ist, ist durch die Reformkommission nicht beachtet worden.

Die Untersuchung der Entwicklung des Rechtsbegriffs der Nichterfüllung und der nicht gehörigen Erfüllung ist daher nicht nur für die Geschichte der Zivilrechtsdogmatik, sondern auch für die Auslegung des geltenden BGB von Bedeutung.

In der Arbeit gehe ich davon aus, dass ein Sachverhalt einer Vertragsverletzung durch den Schuldner für den Gläubiger sowohl einen Anspruch als auch eine Einrede begründen kann.

---

5 Canaris, Schuldrechtsmodernisierung, XVI; Medicus, Schuldrecht AT[13], Rn.511-520.

6 Canaris, Schuldrechtsmodernisierung, XVI.

7 Medicus, Schuldrecht AT[13], Rn. 511-520.

Auch die Frage, ob im Rahmen des alten BGB das Institut der positiven Vertragsverletzung wirklich notwendig und richtig war, wird durch die Modernisierung des Schuldrechts nicht obsolet, sondern bleibt heute noch als rechtshistorische und rechtsdogmatische Frage von Bedeutung.
Bis jetzt gibt es noch keine wissenschaftliche Klärung der Frage, ob die Rechtsfigur der positiven Vertragsverletzung im Rahmen des alten BGB richtig und ihre Entwicklung notwendig war. Der Grund liegt, m. E., besonders darin, dass sich die jeweiligen Arbeiten auf einen Teilaspekt der Rechtsfigur beschränken oder die Methode der Arbeit sich je nach dem Interesse der Autoren entweder auf die Auslegung des positiven Rechts oder auf ein rein historisches Interesse oder auf eine rechtsvergleichende Untersuchung beschränkt.
Die Frage, wie sich das neue Schuldrecht zu der langen Rechtstradition, die das BGB trägt und von der das BGB selbst nur ein Ausschnitt ist, verhält, lässt sich derzeit noch kaum einschätzen. Wenn man ein Rechtsinstitut untersucht, ist es notwendig, das Rechtsinstitut als ganzes in den Blick zu nehmen, wobei die Methode der Untersuchung nicht durch das Interesse des Autors beschränkt werden sollte. Bei der Untersuchung kann vielmehr zunächst die Frage gestellt werden, woher und wofür erst das Rechtsinstitut in unser Rechtsleben gerufen sei, wie es sich im Laufe der Zeit entwickelt hat und in welcher Lage es heute steht. Diese Methode liegt der Arbeit zugrunde. In dieser Arbeit werde ich dogmengeschichtlich und rechtsvergleichend auf die folgenden Themen eingehen:

1. Bei der dogmengeschichtlichen Betrachtung hat die Arbeit hauptsächlich die Entwicklung der allgemeinen Culpa-Haftung zum Gegenstand. Dabei geht die Arbeit auf die Frage ein, wie sich im Leistungsstörungsrecht die Dogmatik der Unmöglichkeit im Laufe der Zeit in Verbindung mit der Entwicklung des Prinzips der Naturalerfüllung (oder des Realerfüllungszwangs) entwickelt hat. Bei dem Problem, ob und woher die Unmöglichkeit eine Zentralstellung im Leistungsstörungsrecht erlangt hat, berücksichtigt die Arbeit die Tatsache, dass F. Mommsen insgesamt drei Abhandlungen über das Leistungsstörungsrecht geschrieben hat, und stellt die Frage, worin die Aufgaben und Ziele jeder dieser Abhandlungen liegen. In Hinsicht auf die Fortentwicklung der allgemeinen Culpa-Haftung für die Nichterfüllung berücksichtigt die Arbeit vor allem die Sachverhalte „nicht erfüllt“ und „nicht gehörig erfüllt“, nicht nur den Verzug und die Unmöglichkeit. Dabei wird die Entwicklung der Rechtsinstitute der Einrede des nicht erfüllten Vertrages (*exceptio non adimpleti contractus*) und der Einrede des nicht gehörig erfüllten Vertrages (*exceptio non rite adimpleti contractus*) sowie die Entwicklung des Rechtsinstitutes des Strafversprechens für die Nichterfüllung und für die nicht gehörige Erfüllung ihrer Bedeutung gemäß zu beachten sein.

2. Bei der rechtsvergleichenden Betrachtung werden die einzelnen Entwürfe für bürgerliche Gesetzbücher in den deutschen Territorien (Hessen, Bayern) sowie das in Kraft getretenen Bürgerliche Gesetzbuch Sachsens so als Materialen behandeln werden, wie es die heutige Rechtsvergleichung tut. Denn ich gehe davon aus, dass sowohl die Kommission des Dresdner-Entwurfs als auch der Gesetzgeber des BGB diese Entwürfe und Gesetze bei ihrer Gesetzgebungsarbeit berücksichtigt hatten.
Das österreichische ABGB und das schweizerische OR werden im Zusammenhang mit der Fortentwicklung des römisch-gemeinrechtlichen Rechtsgrundsatzes der Culpa-Haftung erörtert werden. Der französische Code civil wird nur im Rahmen der Entwicklung des allgemeinen Rücktrittsrechts des BGB und des Prinzips des Realerfüllungszwangs behandelt werden.

3. Im Schluss wird der Frage nachgegangen werden, welche Auswirkungen die Lehre von der positiven Vertragsverletzung auf die Entwicklung der Zivilrechtsdogmatik des BGB, des ABGB und des OR hatte. Im Bereich der Entwicklung der deutschen Zivilrechtsdogmatik spielt dabei die Bedeutung der Lehre von der positiven Vertragsverletzung für die Modernisierung des Schuldrechts eine Rolle. Es soll gefragt werden, inwieweit die Schuldrechtsmodernisierung eigentlich schon abgeschlossen ist und wo noch Diskussionsbedarf in der Zivilrechtswissenschaft besteht. Dabei liegt der Schwerpunkt auf den Rechtsbegriffen der Pflichtverletzung und der Nichterfüllung und sind die Ergebnisse aus der Untersuchung zu ziehen.

II.

Die Arbeit besteht insgesamt aus 4 Teilen:

Der 1. Teil hat die allgemeine Culpa-Haftung und die Entwicklung des Prinzips der Realerfüllung vom römischen Recht bis zum späteren Naturrecht und frühen Pandektenrecht zum Gegenstand.

Der 2. Teil erörtert die Entwicklung der Dogmatik des Leistungsstörungsrechts von Savigny über Mommsen bis zur späteren Pandektenrechtswissenschaft.

Im 3. Teil wird die Fortentwicklung der allgemeinen Culpa-Haftung für die Sachverhalte „nicht erfüllt“ und „nicht gehörig erfüllt“ in den einzelnen Kodifikationen der deutschen Territorien, im Dresdner-Entwurf, im Teilentwurf Franz v. Kübels und im BGB nachvollzogen.

Der 4. Teil hat die Auslegung des BGB durch das Reichsgericht und die Rechtslehre vor und nach der Lehre von der positiven Vertragsverletzung zum Thema. Dabei hat dieser Teil zum Schluss die Frage zum Gegenstand, ob es unter Berücksichtigung der gesamten Entwicklung der Zivilrechtsdogmatik des Leistungsstörungsrecht notwendig und richtig war, den Zentralbegriff der Nichterfüllung und der nicht gehörigen Erfüllung durch einen neuen Begriff zu ersetzen.

1. TEIL:

Die Obligationsverletzung im Zeitraum vom römischen Recht bis zum späteren Naturrecht und frühen Pandektenrecht

§ 1. Obligationsverletzungen und deren Rechtsfolgen im römischen Recht

I. *Obligatio* und *actio* im römischen Recht

Die *obligatio*, aus der sich jeweils eine eigene Klageformel (*actiones*) ergibt, steht als ein „Rechtsakt"[1] im Zentrum des römischen Schuldrechts. Das römische Obligationenrecht orientiert sich an der Prozessformel und berührt daher das Prozessrecht[2]. Die *actio* aus der römischen *obligatio*, die heute dem Forderungsrecht im Sinne des geltenden BGB gleichzustellen ist, ist im Prozess für den Rechtsschutz des Verletzten dann durchsetzbar, wenn auf sie eine der bestimmten Prozessformeln Anwendung finden kann. Das materielle Forderungsrecht und das prozessuale Recht bilden im römischen Recht eine Einheit.
Die Typus der *actio* teilt das römische Recht in *iudicia stricti iuris* und *bonae fidei iudicia* ein, was sich auf das jeweilige Prozessprogramm bezieht. Der Inhalt der *actio* ist daher nicht einheitlich bestimmbar. Bei der Bestimmung des Inhalts der *obligatio* ist der Ermessensspielraum des Richters entscheidend, der ihm bei *iudicia stricti iuris* und *bonae fidei iudicia* verschieden eröffnet wird: Bei den *iudicia stricti iuris* kann der Richter der Klage nur ganz oder gar nicht stattgeben, da es ihm lediglich erlaubt ist, zu prüfen, ob die in einer Klage vorgeschriebenen tatsächlichen Voraussetzungen erfüllt sind oder nicht[3], während die jüngeren *bonae fidei iudicia* dem Richter einen weiteren Ermessensspielraum geben, mit dem er die Leistungspflicht unter dem Gesichtspunkt von „Treu und Glauben" bestimmt und alles als Inhalt der *obligatio* ansieht, was die Parteien über den Inhalt der *obligatio* ausdrücklich vereinbart haben und was unter den konkreten Umständen ohne ausdrückliche Absprache als maßgeblich gelten muss.

---

[1] Flume, Rechtsakt und Rechtsverhältnis, S. 10 ff. Hier hat er *Obligatio* im römischen Recht nur als ein Verhältnis von Rechtsakt und *actio* betrachtet und vertreten, dass immer nur das Verhältnis von Rechtsakt und *actio* für die römische Jurisprudenz von Bedeutung war (ders., aaO., S. 11). Zu einer ähnlichen Auffassung vgl. Mackeldey, Lehrbuch des heutigen römischen Rechts, Bd. II, § 332, S. 177. Aber auf die Frage, was unter *obligatio* im römischen Recht zu verstehen sei, kann hier nicht weiter eingegangen werden (Hierzu vgl. Kaser, Römisches Privatrecht, Bd. I, S. 479; Kunkel/Honsell, Römisches Recht, S. 212).

[2] Bürge, Römisches Privatrecht, S. 1-16.

[3] Dazu vgl. Kaser, Quanti ea res est, S. 92 ff.

II. Die Nichterfüllung[4] der *obligatio* im römischen Recht

Zur Begründung der Haftung des Verletzenden für die Obligationsverletzung müssen nach heutiger Auffassung zwei Voraussetzungen vorliegen, deren Wurzeln auf das römische Recht zurückzuführen sind[5]: subjektiver und objektiver Tatbestand, von denen man den zweiten die Verursachung und den ersten das Verschulden nennt.

Wenn die Nichterfüllung der Schuld (im Sinne eines „Leistensollen") vorliegt, dann führt das zur Haftung[6]. Dabei hat der Schuldner hierfür nach den für das jeweilige Vertragsverhältnis bestehenden Maßstäben einzustehen.

Für den Haftungsmaßstab und den Umfang des Schadens, den der Gläubiger durch eine schuldhafte Nichterfüllung des Schuldners erlitten hat, ist das Utilitätsprinzip (Nützlichkeitsprinzip)[7] maßgeblich[8]. Danach muss der Richter als Grundlage des ihm zugestandenen Ermessensspielraums die Eigenschaft des jeweiligen Rechtsverhältnisses und die Lage der Interessen des Verletzten berücksichtigen. Daraus ergeben sich verschiedene Haftungsvoraussetzungen, je nachdem, ob der Schuldner ein eigenes Interesse an dem betreffenden Obligationsverhältnis hat oder nicht.

Bei den Römern kam es grundsätzlich nicht auf objektive Tatbestände der Vertragshaftung an, sondern vielmehr auf subjektive Haftungsmaßstäbe[9] (*dolus* und *culpa*), mit denen das römische Recht eine Haftung des Schuldners für Nichterfüllung aus einer *obligatio* begründet hatte. Es zeigt sich, dass der objektive

---

4 Meistens wird in der romanistischen Literatur der Begriff der Nichterfüllung verwendet: Hausmaninger/Selb, Römisches Recht, S. 380; Kunkel/Honsell, Römisches Recht, S. 244; Honsell, Römisches Recht, S. 88; Rabel, Grundzüge des römischen Privatrechts, S. 131. Aber Kaser bevorzugt den Begriff der „Obligationsverletzung", vgl. Kaser, Das römische Privatrecht, Bd. I, S. 513 f.

5 Kaser, Römisches Privatrecht, S. 167.

6 Zur Trennung zwischen Schuld und Haftung im klassischen römischen Recht, ausdrücklich verneinend Honsell, Römisches Recht, S. 88, bejahend Blaurock, Culpa-Haftung, S. 52. Zu einer historischen Untersuchung zum Ursprung dieser Trennung vgl. auch Diestelkamp, Die Lehre von Schuld und Haftung, 21-51, insbes. S. 45 f.

7 Zur Entwicklung des Utilitätsprinzips, vgl. Nörr, Die Entwicklung des Utilitätsgedankens, 68-119, wo er vertritt, dass der Utilitätsgedanke im römischen Recht überall auftreten konnte, wo eine Haftungsdifferenzierung möglich war (aaO., S. 115) und sich stufenweise durch Klassiker und Nachklassiker entwickelt hat (S. 118 f.). Zur Weiterbildung des Utilitätsprinzips in Anwendungsbereich und Rechtsfolgen vgl. Kaufmann, Die Abstufung der Fahrlässigkeit in der Rechtsgeschichte, S. 33.

8 Kaser, Das römische Privatrecht, Bd. I, S. 500 f.; Hausmaninger/Selb, Römisches Privatrecht, S. 284/286; Kunkel/ Honsell, Römisches Recht, S. 236.

9 Dies entspricht dem von Einzelfall ausgehenden Rechtsdenken der Römer, das man als „kasuistisch" bezeichnet (Kaser, Römisches Privatrecht, S. 170). Dieser Haftungsmaßstab, insbesondere der Realkontrakte, lässt sich nicht unter ein einheitliches System subsumieren. Vgl. hierzu Hausmaninger/Selb, Römisches Privatrecht, S. 283/285/288.

Tatbestand der Vertragsverletzung, z. B. der Unmöglichkeit oder des Verzuges, nicht als zentraler Begriff für das System der Haftung im römischen Recht betrachtet wurde und ein nach dem objektiven Haftungstatbestand bestimmtes System der Haftung für Nichterfüllung dem römischen Recht noch fremd war.
Das System der Haftung des römischen Rechts entspricht auch dem kasuistischen Rechtsdenken der Römer, welches immer von jedem einzelnen Fall ausging. Das führte in der Rezeption zu der Gemengelage und dem Begriff der „*praestatio culpae*“[10].

Aufgrund der Zweiteilung der *actiones* ist eine Obligationsverletzung je nach dem betreffenden Sachverhalt nach strengem oder freiem Recht unterschiedlich zu betrachten und zu behandeln, wenn die Nichterfüllung aus einer *obligatio* vorliegt, die auf Unmöglichkeit, Verzug (*mora*[11]) oder mangelnder Leistung im heutigen Sinne beruhen kann. Dies bedeutet jedoch nicht, dass sich die Haftung für die Nichterfüllung ohne weiteres auf die genannten Tatbestände beschränkt. Bei der „nicht gehörigen Erfüllung“ („Schlechterfüllung“[12]), die heute zur positiven Vertragsverletzung gezählt wird, ist die Erhebung der vertraglichen Klage nicht auf die Fälle der völligen Nichterfüllung beschränkt[13], sondern schließt alle Fälle der Nichterfüllung ein. Dabei kann der Gläubiger mit der *actio directa*, die aus dem *mandatum* (Auftrag), der Gesellschaft und dem Kauf entsteht, den durch die schuldhafte Nichterfüllung verursachten Schaden verfolgen[14]. Ferner sind Mangelfolgeschäden mit der *actio empti* einklagbar[15]. Das römische Klagesystem kann somit alle Fälle der Nichterfüllung lückenlos umfassen.

1. *Condemnatio pecuniaria*[16] im römischen klassischen Formularprozess

Wenn der Kläger Schäden mit der Erhebung der Klage geltend machen will, die ihm durch schuldhafte Nichterfüllung der Schuld entstanden sind, gilt der

---

10 Hierzu vgl. Glück, Pandecten, Bd. 4-1, § 324 a, S. 342 ff.

11 Zu einer Sicht, dass *mora* der einzige technische Begriff für die schuldhafte Verzögerung der Leistung ist, Harting, pVv, S. 12 f.

12 Kunkel/Honsell, Römisches Recht, S. 244.

13 Wollschläger, Unmöglichkeitslehre, S. 36; Harting, pVv, S. 22 ff.

14 Harting, pVv, S. 22 –43, S. 54.

15 Honsell, Von den aedilizischen Rechtsbehelfen zum modernen Sachmängelrecht, S. 60 f. Bei dem Mangelfolgeschaden, den der Gläubiger durch Mangelhaftigkeit erlitten hat, kann der Gläubiger die Sache weiter behalten, wenn der Schuldner nicht bereit ist, den Mangelfolgeschaden zu ersetzen. Hierauf wird im Abschnitt über die Lehre Mommsens über Unmöglichkeit, Mora und Interesse einzugehen sein.

16 Zum Ursprung der „Geldkondemnation“, vgl. Kaser, Das römische Zivilprozessrecht, S. 287.

Grundsatz der *condemnatio pecuniaria*[17] für das Gerichtsurteil im Formularprozess.
Im Gegensatz zur *Sachkondemnation* (Realerfüllung) verurteilt das Gericht bei *Geldkondemnation*[18] grundsätzlich zur Zahlung einer Geldsumme.
Mit der Geltung der *condemnatio pecuniaria* für alle *actiones* im klassischen römischen Recht wandelt sich die auf ein *certum* gerichtete *obligatio* durch eine gerichtliche Verurteilung grundsätzlich in eine Geldschuld um[19]. Daraus wird deutlich, dass das Verhältnis zwischen Naturalleistung und Geldleistung im römischen Formularprozess anders gestaltet war[20] als heute, wo die Verurteilung nur dann auf Geldersatz ergeht, wenn die ursprüngliche Leistung unmöglich

---

[17] Zur Rolle der *condemnatio pecuniaria* für die Nichterfüllung der Leistungspflicht im römischen Recht, vgl. Würthwein, Schadensersatzpflicht, S. 26 f. Im Prinzip der „*condemnatio pecuniaria*" hat Würthwein eine an die Erfüllung gekoppelte und verschuldensunabhängige Haftung für die Nichterfüllung gesehen und damit gemeint, dass der Schuldner mit einer Geldleistung die Haftung abwenden konnte. Dabei könnte die Frage erhoben werden, wann sich die versprochene Leistung in eine Geldschuld umwandelt. Erst mit dem Geldurteil wird im klassischen Formularprozess die Schuld zur Leistung in eine Geldschuld umgewandelt und seit dem Kognitionsverfahren ist eine Sachkondemnation gestattet. Hierzu vgl. Kaser, Das römische Privatrecht, Bd. I, S. 499; Zimmermann, TR 60 (1992), 507-510, S. 509. Dabei gibt es Ausnahmen, für welche die Geldkondemnation weiter gilt, zu denen die *obligatio* auf *faciendi* zählt. Hierzu vgl. Puchta, Pandekten[8], S. 367; Kaser, Das römische Privatrecht, Bd. II, 343 f.; Zimmermann, The Law of Obligations, p. 773; Repgen, Vertragstreue und Erfüllungszwang in der mittelalterlichen Rechtswissenschaft, S. 48 (mit w. Hinweisen auf die Literatur).

[18] Im Gegensatz zur „Natural- oder Realerfüllung" kann man einen weiteren klaren Unterschied zwischen dem deutschen und dem anglo-amerikanischen Vertragsrecht auf dem Gebiet des Schadensersatzrechts (neben dem „Case Law" und der Lehre von der „*causa*" im Sinne der „Consideration-theory") erblicken. Im anglo-amerikanischen Recht, das weiterhin eine überraschende Parallele zum römischen Recht hat, ist der Grundsatz der „Realerfüllung" („*specific performance*") nur ausnahmsweise für den Fall der Nichterfüllung anerkannt (vgl. Honsell, AcP 186, 417; Zweigert/Kötz, Einführung in die Rechtsvergleichung, S. 187/478 ff.). „Specific performance" ist erst von *dem Court of Chancery* entwickelt und nur im Rahmen der *equity*-Rechtsprechung gestattet (vgl. Birks, Rights, Wrongs, and Remedies, 6 ff.; Treitel, Remedies for Breach of Contract, S. 6 ff.; Henrich, Einführung in das englische Privatrecht, S. 33; Hay, Einführung in das amerikanische Recht, S. 87; Neufang, Erfüllungszwang als „Remedy" bei Nichterfüllung, 48 ff.; Rheinstein, Die Struktur des vertraglichen Schuldverhältnisses im anglo-amerikanischen Recht, S. 138-148; Witz/Sagler/Lorenz, International Einheitliches Kaufrecht, Art. 28, Rn. 1-2). Die Gewährung des Urteils auf Realerfüllung stand im Ermessensspielraum des Gerichts (Chesire/Fifoot/Furmston, Law of Contract,, pp. 628. „The exercise of the equitable jurisdiction to grant specific performance is not a matter of right in the person seeking relief, but of discretion in the court") und beschränkt sich grundsätzlich auf bestimmte Einzelfälle. Zu den Gründen für die Gewährung der „*specific performance*" gehört z. B., dass das Urteil auf Geldersatz keine „*full compensation*" gewährt, etwa beim Kauf eines Kunstwerkes oder eines Grundstücks vgl. Craswell/Schwartz, Foundations of Contract, p. 93; Hay, Einführung in das amerikanische Recht, S. 87.

[19] Kaser, Das römische Zivilprozessrecht, S. 286.

[20] Kaser, Das römische Privatrecht, Bd. I, S. 499.

oder die geschuldete Sache untergegangen ist. Dies führt zu der Erkenntnis, dass der Unterschied zwischen primärer und sekundärer Leistung für die Römer besonders im römischen Formularprozess überflüssig war. Auf dieses Prinzip sind die *litis aestimatio* (eine richterliche Schätzung) und der Kunstbegriff *perpetuatio obligationis* bei der vom Schuldner zu vertretenden Unmöglichkeit zurückzuführen, wenn er eine bestimmte *certa res* (*certum*) schuldete.

2. Die „Unmöglichkeit" im römischen Recht

Nach dem zweigeteilten Prozessprogramm sowie je nach dem strengeren oder freieren Charakter der *actio* bestimmen sich die Rechtsfolgen der Obligationsverletzung unterschiedlich: bei einer Obligationsverletzung kommt es im klassischen römischen Recht zunächst darauf an, unter welche Klage nach welchem Prozessprogramm sie fällt.

Als erstes ist bei den strengrechtlichen Klagen wiederum zu unterscheiden, ob sie auf ein *certum* oder ein *incertum* gerichtet sind, wenn die versprochene Sache nachträglich untergegangen ist und der Schuldner daran schuld ist, während die Maxime „*impossibilium nulla obligatio est*"[21] („Unmögliches kann nicht Gegenstand einer Verpflichtung sein") nur für die anfängliche objektive Unmöglichkeit bei allen Rechtsakten gilt und damit der im Voraus auf das Unmögliche gerichtete Vertrag immer als „nichtig" angesehen wurde, weil es an einer Voraussetzung zur Gültigkeit des Vertrages fehlt. Dies bezieht sich nicht auf die Rechtsfolge der Unmöglichkeit, sondern vielmehr auf das Zustandekommen des Vertrages selbst[22].

Bei der Unmöglichkeit der *obligatio* auf ein *certum* handelt sich es um die Klageformel mit dem *dare oportere*, das voraussetzt, dass die zu übergebende Sache als eine in Geld abschätzbare noch besteht. Hierzu bedarf es einer als *perpetuatio obligationis*[23] gekennzeichneten Fiktion[24] in der klassischen römischen

---

[21] Cels. D. 50, 17, 185. Mommsen, Unmöglichkeit, S. 228 ff. Dazu vgl. Wollschläger, Unmöglichkeitslehre, S. 7 ff. insbes. 13 ff. Aber zu dem Anwendungsbereich dieser Maxime, Rabel, Unmöglichkeit der Leistung, S. 198 ff., wo er meint, dass diese Maxime nur auf die Stipulatio beschränkt anwendbar sei), während Wollschläger in den Quellen des *Corpus Iuris Civilis* anderes gesehen hat. D. 50, 17, 185 müsse sich auf Verbindlichkeiten jeder Art erstrecken (ders, Unmöglichkeitslehre, S. 14/15). Diese Maxime wird häufig unter dem Titel „Möglichkeit und Erlaubtheit des Vertragsinhalts" in der Literatur für das römische Privatrecht behandelt (dazu vgl. Mayer-Maly, Römisches Privatrecht, S. 88 f.; Honsell, Römisches Recht, S. 35; Kaser, Römisches Privatrecht, S. 159).

[22] Kaser, Römisches Privatrecht, S. 159. Zum alten BGB vgl. Jakobs, Unmöglichkeit und Nichterfüllung, S. 112; Arp, Anfängliche Unmöglichkeit, S. 59.

[23] Kaser, Perpetuari obligationem, 87-146; Jakobs, Unmöglichkeit und Nichterfüllung, 173-188; Grenzmer, Der subjektive Tatbestand des Schuldnerverzugs in klassischem römischen

Zeit, aufgrund derer der Gläubiger eine Klage auf „*quanti ea res est*“[25] erheben kann. Für die Unmöglichkeit der *obligatio* auf ein incertum hingegen war die *perpetuatio obligationis* überflüssig, weil der Untergang des primär geschuldeten Gegenstandes die *obligatio* nicht erlöschen lässt[26].
Bei den *bonae fidei iudicia* dagegen erhält der Gläubiger Ersatz für alle Schäden, die er dadurch erlitten hat, dass der Schuldner eine der Pflichten verletzt hat, die zu den Nebenpflichten zählen, die die gehörige Erfüllung der *obligatio* ausgestalten. Daneben ist die *perpetuatio obligationi* für die Klage auf ein *incertum* bei den *bonae fidei iudicia* nicht nötig, weil die weite Fassung des Anspruchs in der *intentio* der Formel des Formularprozesses von vornherein den Schadensersatz wegen schuldhafter Verletzung der *obligatio* umfasst.[27]
Aus dieser Feststellung zur juristischen Notwendigkeit der Annahme der Fiktion der *perpetuatio obligationis* in den *iudicia stricti iuris* ergibt sich, dass diese Fiktion eigentlich der Begründung einer strengrechtlichen Klage auf Schadensersatz nur bei der objektiven nachträglichen Unmöglichkeit der *obligatio* auf ein *certum* dient[28].

Recht, 86-163; Medicus, Zur Funktion der Leistungsunmöglichkeit, 67-104; Mayer-Maly, Perpetuatio obligationis, 6-23; Wollschläger, Unmöglichkeitslehre, S. 37 ff.

24 Die *perpetuatio obligationis* werde in der Wissenschaft als eine Rechtsfigur aufgefasst, die von den republikanischen Juristen eingeführt wurde, um in bestimmten Fällen den Fortbestand der Haftung des Schuldners zu rechtfertigen, nachdem die geschuldete Sache untergegangen ist (Kaser, Perpetuari obligationem, S. 88). Zur Frage, ob sie nur auf die nachträgliche Unmöglichkeit und auf den Fall der Unmöglichkeit nach Eintritt der „mora“ nach den *iudicia stricti iuris* oder auf sonstige Fälle anwendbar sei, und zur Bedeutung dieses Ausdrucks, besonders Kaser, Perpetuari obligationem, S. 89 f./132 f./141 f.; Mayer-Maly, Perpetuatio obligationis, S. 6; Rabel, Grundzüge des römischen Privatrecht, S. 132. Hier haben die letzten Verfasser diesen Kunstbegriff sprachlich als „Verewigung“ gefasst. Bei allen handelt es sich grundsätzlich um Verschulden.

25 Je nach dem Gegenstand bei strengrechtlichen Klagen, z. B., auf ein *certum* oder ein *incertum*, war jede Klage unterschiedlich abzustellen, auf „*quanti ea res est*“ oder auf „*quidquid ob eam rem dare facere oportet*“, s. Medicus, Id quod interest, S. 218 f.; Kunkel/Honsell, Römisches Recht, S. 244.

26 Kaser, Das römische Privatrecht, Bd. I, 506-507.

27 Honsell, Römisches Recht, S. 88 f.; Kaser, Römisches Privatrecht, S. 175.

28 Dazu vgl. Medicus, Leistungsunmöglichkeit, S. 100 f., insbes. S. 102.; Wieacker, Leistungshandlung und Leistungserfolg, S. 802 f. Es kann festgestellt werden, dass die Fälle für anfängliches und nachträgliches Unvermögen im römischen Recht nicht in eine klare Einordnung gebracht werden, sondern einzeln geregelt sind. Die Dogmatik der Unmöglichkeit des geltenden Rechts ist nicht unmittelbar auf das römische Recht zurückzuführen, sondern ist vielmehr erst Ergebnis der Bemühungen der Pandektenwissenschaft um eine abstrakte Begrifflichkeit. Zur Entwicklung des anfänglichen und nachträglichen Unvermögens von der römischen Zeit bis zum Pandektenrecht vgl. Wieacker, Leistungshandlung und Leistungserfolg, S. 803 f. Ferner zur Frage, ob eine gesetzliche Lücke für das anfängliche Unvermögen im BGB aF vorliegt oder das Gesetz im wesentlichen diese regelt. Hierzu vgl. Arp, Anfängliche Unmöglichkeit, S. 153 ff, insbes. S. 243.

Bei der nachträglichen Unmöglichkeit ist der *custodia*-Gedanke von Bedeutung. Er setzt voraus, dass der Schuldner eine Sache des Gläubiger zu seinem eigenen Vorteil in Verwahrung hat. Für Schäden oder ein Abhandenkommen der Sache haftet der Schuldner nicht nur bei Verschulden, sondern auch, wenn es sich um die typischen Folgen unzureichender Bewachung der Sache handelt. Für das klassische römische Recht ist dabei entscheidend, ob es einen entlastenden Umstand gibt, auf den sich der Schuldner mittels eines prozessualen Gegenrechts gegen die Vertragsklage des Gläubigers wegen Sachuntergangs berufen kann.
Der Entlastungsgrund von der Haftung für den nachträglich und unabhängig von dem Verschulden des Schuldners verursachten Sachuntergang, der zu einer Art der Nichterfüllung gehört, hängt mit dem Satz *casus a nullo praestantur* (*vis maior* als gesteigerten Zufall oder höhere Gewalt im Gegensatz zu einem gemilderten) zusammen[29]. Damit ist der Schuldner von der Haftung für die unverschuldete Unmöglichkeit der Leistung befreit[30].
Die nachträgliche Unmöglichkeit ist auch bei Justinian grundsätzlich kein allgemeiner Tatbestand für Haftung oder Befreiung[31]. Nur die Nichterfüllung löst nach dem Verschuldensprinzip Befreiung oder Verpflichtung zum Ersatz der Interesse des Gläubigers aus. Die Unterscheidung zwischen dem gemilderten und dem höheren Zufall war mit der Einbeziehung der aus dem Deliktsrecht stammenden *culpa* in den Bereich der Vertragshaftung im nachklassischen römischen Recht überflüssig geworden und fiel dieser Umdeutung zum Opfer[32].
Damit galt als Befreiungsgrund nur *vis maior*.

3. Die Funktion der Unmöglichkeit im römischen Recht

Bei der Nichterfüllung kann der Gläubiger heute vom Schuldner grundsätzlich nur die Erfüllung der versprochenen Leistung verlangen (Prinzip der Naturalerfüllung oder des Realerfüllungszwangs). Das Gericht verurteilt auch im Prinzip den Schuldner auf die Erfüllung der geschuldeten Leistung. Für die Durchsetzung des vom Gericht ergehenden Urteils auf die Erfüllung ist daher heute die Zwangsvollstreckung maßgeblich.

---

[29] Mommsen, Unmöglichkeit, S. 1 f. Die Ausdrücke *casus fortuitus* und *vis maior* werden im *corpus iuris* synonym verwendet, ebenso durch die Glossatoren. Vgl. Kunkel, ZRG RA 71, 534 ff.

[30] Aber die Haftung für die Sachbeschädigung wegen einer *custodia*-Pflichtverletzung war umstritten, grundsätzlich wurde sie abgelehnt (Iul. D. 13,6,19) und nur in gewissen Grenzen anerkannt (Ulp-Marc. D. 19,2,41). Dazu vgl. Kunkel/Honsell, Römisches Recht, S. 234, Fn. 24.

[31] Kaufmann, ZRG RA 88 (1971), S. 519.

[32] Hausmaninger/Selb, Römisches Privatrecht, S. 382.

Nach der h. M., dass das alte BGB nur die Unmöglichkeit und den Verzug als Haftungstatbestand regelt, steht der Begriff der Unmöglichkeit der Leistung im Mittelpunkt des geltenden Leistungsstörungsrechts[33]. In Bezug auf den Haftungstatbestand besteht die Eigenschaft der Unmöglichkeit im Vergleich zum Verzug vor allem darin, dass das BGB dem Gläubiger nur bei der Unmöglichkeit ausnahmsweise den Anspruch auf Schadensersatz statt auf Realerfüllung gewährt.
Das Leistungsstörungsrecht des (alten) BGB bringt zum Ausdruck, dass die Unmöglichkeit drei Funktionen hat:

(1) Die Unmöglichkeit ist zunächst ein Tatbestand der Haftung für die verschuldete Nichterfüllung nach §§ 280, 324, 325 BGB (Begründungsfunktion einer Vertragshaftung).
(2) Bei der vom Schuldner zu vertretenden Unmöglichkeit kommt es zur Umwandlung des Anspruch auf Realerfüllung in einen Anspruch auf Geldersatz, soweit die Erbringung der bestimmten Sache oder die Erfüllung der versprochenen Leistung unmöglich ist (Umwandlungsfunktion des Leistungsinhalts).
(3) Die Unmöglichkeit führt zur Befreiung des Schuldners von der Verpflichtung zur Erfüllung und zugleich von der Haftung für die Nichterfüllung (Befreiungsfunktion, § 275 BGB)[34], wenn den Schuldner kein Verschulden trifft.

Im römischen Recht, das im Verlauf der Entwicklung von der alten Erfolgshaftung zu einer Culpa-Haftung gelangte, kommt der Unmöglichkeit nur die Befreiungsfunktion zu, nicht die Begründungsfunktion einer Haftung für die Nichterfüllung, weil die Römer den Grund der Haftung grundsätzlich in einem Verhalten des Schuldners gegen Treu und Glauben sehen und der Schuldner grundsätzlich nach dem Grundsatz der Culpa-Haftung für *dolus* und *culpa* haftet[35].
In Hinblick auf den allgemeinen Grundsatz der *condemnatio pecuniaria* bedarf es bei der verschuldeten Unmöglichkeit auch nicht einer besonderen Umwandlung der nicht geleisteten Schuld in eine Geldschuld[36], wenn man davon ausgehen kann, dass Justinian die *condemnatio pecuniaria* nicht aufgehoben, sondern vielmehr sie dem Richter neben der *condemantio in ipsam rem* zur

---

[33] Auf dieser Ansicht beruhen die Lehre von der positiven Vertragsverletzung und der unmittelbare Anlass zur Reform des Leistungsstörungsrechts (vgl. hierzu Abschlußbericht, A. 18; Canaris, Schuldrechtsmodernisierung, S. 577/ 593.

[34] Medicus, Zur Funktion der Leistungsunmöglichkeit, S. 102; Ahrens, Unmöglichkeit, Leistungsstörung, Pflichtverletzung, ZRP 1995, 420.

[35] Rabel, Grundzüge des römischen Privatrechts, S. 134.

[36] Vgl. Kaser, Das römische Privatrecht, Bd. I, S. 499.

Verfügung gestellt hat[37], wobei die Sachkondemnation im Schadensersatzrecht als eher unbedeutend angesehen wird[38].
Dagegen geht es bei einer unverschuldeten Unmöglichkeit um die Entlastung oder Befreiung des Schuldners von der Verpflichtung zur Erfüllung der Leistung und der Haftung für Nichterfüllung[39].

---

[37] v. Tuhr, Naturalherstellung und Geldersatz, S. 40, Fn. 1; Medicus, Zur Funktion der Leistungsunmöglichkeit, S. 132.
[38] Puchta, Pandekten[3], S. 368. Das Nebeneinander von Geldkondemnation und Sachkondemnation wurde im römischen Recht nicht völlig beseitigt. Insbesondere die Geldkondemnation galt für die *Obligation* auf ein Tun bei *Justinian* weiter. Die Frage, bei welchen Schuldverhältnissen eine Sachkondemnation zugelassen werden kann und wann es bei dem Prinzip der Geldkondemnation verbleiben soll, hat die mittelalterlichen und naturrechtlichen Juristen beschäftigt. Zu einem Überblick vgl. Repgen, Vertragstreue und Erfüllungszwang, S. 320 ff.
[39] Medicus, Zur Funktion der Leistungsunmöglichkeit, S. 102 f.

III. Culpa-Haftung für Obligationsverletzungen im nachklassischen römischen Recht

Nachdem der Formularprozess im Lauf der klassischen Zeit und besonders in der nachklassischen Zeit durch das Kognitionsverfahren[40] abgelöst worden ist, treten die *bonae fidei iudicia* stärker in den Mittelpunkt der Rechtspraxis, nach welcher der Richter den Inhalt der *obligatio* zu beurteilen hat[41], und gewinnen im Laufe der Zeit entscheidende Bedeutung für die Haftung wegen Nichterfüllung, vorwiegend indem man die gute Treue ebenso für verbindlich hält wie eine *lex* und sie dem *ius civile* zurechnet[42]. Mit der Verallgemeinerung der *bonae fidei iudicia* kann ferner der Schaden erfasst werden, der dadurch entsteht, dass der Schuldner eine der Nebenpflichten verletzt, z. B. die Treu- oder Schutzpflicht[43].
Mit der Einführung des Kognitionsverfahrens im römischen Prozessrecht ist der Richter als staatlicher Amtsträger nicht mehr auf ein in einem Formular niedergelegtes Prozessprogramm verpflichtet[44]. Damit wird dem Richter mehr Ermessensspielraum zur Verfügung gestellt, während er in der früheren Zeit als Privatperson durch das Formular gebunden war.
Das Kognitionsverfahren führt auch dazu, dass das Urteil nicht auf Geld lauten muss, sondern auch auf eine andere Leistung als auf Geld ergehen kann[45]. Denn das Kognitionsverfahren führt beiläufig auch die Sachkondemnation in die Urteilsform ein, vorausgesetzt, dass die ursprünglich versprochene Leistung noch möglich ist[46].

---

40 Zum Funktionswechsel des Prozessverfahrens durch das Kognitionsverfahren, vgl. Bürge, Römisches Privatrecht, S. 80 ff., insbes. in Bezug auf den Unterschied zum früheren Vorgehen der Rechtsfindung, S. 82 f.

41 Kaser, Das römische Privatrecht, Bd. II, S. 331 ff.; Hausmaninger/Selb, Römisches Privatrecht, S. 264; Wieacker, Leistungshandlung und Leistungserfolg, 783-812, S. 790/802; Harting, pVv, S. 52.

42 Repgen, Vertragstreue und Erfüllungszwang, S. 42.

43 Kaser, Römisches Privatrecht, S. 175; Leiser, Schadensersatz wegen Sachmängeln, S. 301 ff.

44 Mayer-Maly, Römisches Privatrecht, S. 190 f.

45 Der Grund dafür, dass es zur Anerkennung der Sachkondemnation kommt, liegt in der Geldentwertung und dem wirtschaftlichen Niedergang in der nachklassischen Zeit (Wollschläger, Unmöglichkeitslehre, S. 39).

46 Puchta, Pandekten, S. 368. Das römische Recht, das sagt, dass nur solche Leistungen ein Gegenstand einer *obligatio* sein können, für welche eine Geldabfindung möglich ist, hätte seit der Einführung des Kognitionsverfahrens im Prozess, welches den Grundsatz der Geldkondemnation nicht mehr kenne, den Satz von der Notwendigkeit des Geldwertes der geschuldeten Leistung ganz fallen lassen können, sei dazu aber nicht völlig durchgedrungen (dazu vgl. Kipp, Das römische Recht, S. 244). Hierbei versucht Kipp, den Unterschied des Gegenstandes zwischen römischem, gemeinem und heutigem Recht (=dem alten BGB) damit zu beschreiben, dass das römische Recht die Sache zum Gegenstand hatte, die durch ein

Eine Umwandlungsfunktion, wie sie spätere Zeiten der Unmöglichkeit zumessen (die Verpflichtung zur Erbringung der versprochenen Leistung wird zur Verpflichtung zur Leistung von Geld), kennt das klassische römische Recht grundsätzlich wegen des prozessualen Grundsatzes der *condemnatio pecuniaria* nicht[47]. Die Sachkondemnation ist erst seit dem Kognitionsverfahren und auch dann nur nach dem Ermessen des Richters für die vom Schuldner zu vertretende nachträgliche Unmöglichkeit von Bedeutung.
Die Regel- und Ausnahmenbildung im römischen Recht gestaltet sich anders als heute, wo die Realerfüllung das Prinzip der Rechtsbehelfe des Gläubigers bei der Nichterfüllung bildet.
Mit der Erweiterung des Anwendungsbereichs der *bonae fidei iudicia* nehmen die Eingriffe in den Fällen der Obligationsverletzung stark zu und zudem werden alle Arten der Nichterfüllung aus einer *obligatio* in das richterliche Ermessen einbezogen, gleichgültig ob die Leistung gar nicht oder nicht gehörig erfüllt worden ist.
Einen Beitrag zur Vereinfachung der Haftungsvoraussetzungen leistet die justinianische Bemühung um die Beseitigung der im klassischen römischen Recht gebildeten Züge der Erfolgshaftung und um die Subsumption der je nach dem Rechtsakt unterschiedlich typisierten Bestimmung des Haftungsmaßstabs unter abstrakte Begriffe[48] (*Culpa*-Haftung für *dolus* und *culpa*). Der justinianische Versuch, die im Vulgarrecht aus den Augen verlorenen Hinterlassenschaften der klassischen römischen Quellen wiederherzustellen, berücksichtigt die Rechtstradition der Culpa-Haftung gerade in seinen Gesetzeswerken und behält sie bei[49]. Das bedeutet, dass das justinianische *Corpus iuris* in der Regel ebenso wenig die klassischen Grundsätze verändert und die *perpetuatio obligationis* weiter gilt, obwohl das klassische Aktionensystem längst aufgegeben und der Anlass zur Fiktionsannahme nicht weiter bestand[50]. Im justinianischen *Corpus iuris civils* wird die Unterscheidung zwischen *bonae fidei iudicia* und *iudicia stricti iuris* noch nicht völlig überwunden[51], vielmehr nur aufgelockert[52].
Aus dem Gesagten wird deutlich, dass die Nichterfüllung selbst die Klage auf das Interesse auslöst und sich dabei die Haftung wegen Nichterfüllung einer

---

gerichtliches Urteil in Geld umzuwandeln sei, dagegen nach gemeinem und geltendem Recht jede Leistung zum Gegenstand einer Verpflichtung gemacht werden kann, die einem berechtigten Interesse entspricht).

47 Harting, pVv, S. 17; Zur Verschiedenheit der Bedeutung des Prinzips der Geldkondemnation im römischen und im anglo-amerikanischen Recht vgl. Zimmermann, TR 60 (1992), S. 509; Repgen, Vertragstreue und Erfüllungszwang, S. 47.

48 Wollschläger, Unmöglichkeitslehre, S. 35.

49 Kaser, Römisches Privatrecht, S. 172.

50 Harting, pVv, S. 50; Kaser, Römisches Privatrecht, S. 175; Wollschläger, Unmöglichkeitslehre, S. 38/39.

51 Mommsen, Unmöglichkeit, S. 259 f.; Wollschläger, Unmöglichkeitslehre, S. 39.

52 Medicus, Zur Funktion der Leistungsunmöglichkeit, S. 103.

obligatio und der Befreiung davon grundsätzlich nach Kriterien des subjektiven Verschuldens richteten. Zudem kann man feststellen, dass dem römischen Recht die objektiven Tatbestände zur Haftungsbegründung aus der *obligatio* nicht bekannt sind und damit grundsätzlich keine Rede von der Unmöglichkeit der Leistung als objektivem Befreiungs- und Haftungstatbestand ist[53]. Die *bona fides* verlangt vom Schuldner, nicht nur die versprochene Leistung zu erbringen, sondern darüber hinaus alles zu tun, was der Verwirklichung des Schuldzweckes dient, und alles zu hindern und zu unterlassen, was diesem Zweck zuwiderläuft[54]. Das bedeutet, dass die *bona fides* die Gesamtbeziehung umfasst, die aus Anlass des Vertrages entsteht[55].

Die Verbreiterung der *bonae fidei iudicia* erstreckt sich auf alle sonstigen Obligationsverletzungen[56]. Hiermit kann festgestellt werden, dass die Fälle der positiven Vertragsverletzungen dem römischen Recht wohlbekannt sind[57], die man für erst seit Staub bekannt hält, und es keine Lücke für die Haftung bei Nichterfüllung im römischen Recht gab.

In dieser Hinsicht könnte sich hier auch die Frage stellen, woher die Lücke im BGB kommt, abgesehen von der Frage, wo sie heute wirklich besteht. Die h. M. geht davon aus, dass die römische Lösung der Problematik der Obligationsverletzung sachgerecht ist, sich aber die Gesetzgeber der über Windscheid überlieferten Unmöglichkeitslehre Mommsens eng angeschlossen haben[58], die auf einer unzutreffenden Auslegung der Materie beruht[59].

Dass eine Lücke im BGB darauf zurückginge, dass der Gesetzgeber des BGB nicht die *bonae fidei iudicia*, sondern die strengrechtlichen Obligationen zum Muster genommen hätte, die nach dem klassischen Recht nur die Tatbestände des Unmöglichwerdens und des Schuldnerverzuges kannten[60], ist zweifelhaft,

---

53 Kaufmann, ZRG RA 88 (1971), S. 518.

54 Kaser, Das römische Privatrecht, Bd. I, S. 509.

55 Rabel, Grundzüge des römischen Privatrechts, S. 135.

56 Kaser, Römisches Privatrecht, S. 175.

57 Kipp, Das römische Recht, S. 248; Kaser, Römisches Privatrecht, S. 175; Rabel, Grundzüge des römischen Privatrechts, S. 135.

58 Kaser, Der römische Anteil, S. 343; Rabel, Unmöglichkeit der Leistung, S. 171 ff. Diese Auffassung geht grundsätzlich davon aus, dass die Staubsche Lücke im BGB vorliegt. Methodisch scheint das nicht zutreffend zu sein.

59 Die Ausführungen zur Überlieferung und zum Einfluss der Unmöglichkeitslehre Mommsens auf das BGB folgen unten § 3 f.

60 Kaser, Römisches Privatrecht, S. 175. Zu einer ähnlichen Ansicht, vgl. Planck-Siber, BGB, Bd. II-1, 4. Aufl. (Berlin 1914), Vorbem. I 3 a) zu §§ 275-292. Er hat den Grund für die Lücke des BGB darin gesehen, dass die zu Gewohnheitsrecht verdichteten Rechtsinstitute, z. B. der „culpa in contrahendo" und der „positiven Vertragsverletzung", aus dem Übersehen der zahlreichen Nebenpflichten gebildet sind. Zudem lässt Kaser andernorts anklingen, dass die Lücke in der gemeinrechtlichen Theorie ähnlich wie im BGB vorlag (Der römische Anteil, S. 343). Dabei meint er auch, dass die Fälle der Schlechterfüllung, der Verletzung von Schutz- und Treuepflichten mit der *bona fides* im römischen Recht erfasst werden können.

wenn man berücksichtigt, dass das gemeine Recht die *bonae fidei iudicia* nicht aus den Augen verloren hat[61] und die Juristen des 19. Jahrhunderts nicht nur die strengrechtlichen Obligationen, sondern auch die Obligationen, die sich nach Treu und Glauben richten, behandelten[62]. Aus diesem Grund ist eine falsche Überlieferung der römischen Rechtstradition für eine gesetzliche Lücke des BGB bei der Haftung wegen Nichterfüllung nicht die Ursache[63].

---

[61] Puchta, Vorlesungen über das heutige römische Recht, Bd. II, S. 92.

[62] Huber, Zur Auslegung des § 275 BGB, S. 237.

[63] Kaser, Römisches Privatrecht, S. 175. In der neuen Auflage jedoch ist Knütel der Auffassung, dass der Gesetzgeber des BGB die Culpa-Haftung für die Pflichtverletzungen außerhalb der Fälle der Unmöglichkeit und des Verzuges in § 276 I S. 1 BGB aF. geregelt habe und der § 276 I BGB aF. nicht nur Haftungsmaßstab, sondern auch „Anspruchsgrundlage“ sein solle (Kaser/Knütel, Römisches Privatrecht, S. 233).

§ 2. Obligationsverletzungen und deren Rechtsfolgen bei den Glossatoren, den Kommentatoren und den Humanisten

I. Rezeption und Fortentwicklung des römischen Rechts

Wirft man die Frage auf, wieviel von unserem heutigen bürgerlichen Recht römisch ist, dann kann man zunächst davon sprechen, dass unser BGB ein komplexes Gebilde ist[1], das aus verschiedenen Elementen besteht, die seine Entstehung und den Aufbau seiner Grundstruktur beeinflusst haben. Im Mittelpunkt steht ohne Zweifel das römische Recht. Aus heutiger Sicht ist es allgemein anerkannt, dass das römische Recht uns durch verschiedene geschichtliche Filter überliefert worden ist[2].
Dies begann mit der Wiederentdeckung der römischen Rechtsquellen (*Corpus iuris civilis*) durch die Juristen in Bologna, wo die erste europäische Universität ins Leben gerufen wurde und ein Ursprung des späteren gelehrten Rechts in Europa lag. Für die sich später auf ganz Europa erstreckende Fortentwicklung des römischen Rechts spielten die Studenten eine bedeutende Rolle, die aus den verschiedenen europäischen Ländern zwecks des Studiums des römischen Rechts zuerst nach Bologna und später dann in andere Städte kamen und nach dem Studium zur Verbreitung des römischen Rechts in Europa beitrugen.
Diese Tendenz nennt man heute eine „frühe“ oder „praktische“ Rezeption des römischen Rechts in Europa[3].

Die in Bologna entdeckten römischen Rechtsquellen waren in der Folgezeit durch die weiteren Bearbeitungen und die verschiedenen Auslegungsmethoden in anderen europäischen Ländern überliefert worden. Nach dem heutigem Stand der Lehre sind hierzu vorwiegend die Glossatoren, die Kommentatoren, die Humanisten und die Naturrechtslehrer zu nennen.
Die Einwirkung des römischen Rechts auf die Entwicklung des kanonischen Rechts und das Verhältnis der beiden Rechte zueinander ist mit folgendem Wort zu charakterisieren; „*Ecclesia vivit lege Romana*“ (Die katholische Kirche lebt nach dem römischen Recht.)[4]. Dennoch ist heute dem kanonischen Recht ein großes Verdienst für die Weiterentwicklung der dogmatischen Grundlage der heutigen Rechtsgeschäftslehre zuzuweisen, indem es die strenge rechtliche Trennung von klaglosen (*pacta nuda*) und klagbaren Versprechen überwand, was für die folgende Naturrechtszeit wegweisend wurde. Es ist hier nicht der Ort, Ursachen und den Ablauf der Überlieferung der römischen Rechtsquellen

---

1 Kaser, Der römische Anteil, S. 337.
2 Bürge, Römisches Privatrecht, S. 204 ff.
3 Laufs, Rechtsentwicklung in Deutschland, S. 64 ff.
4 Fürst, *Ecclesia vivit lege Romana?*, S. 30. Hierzu vgl. auch Luig, Das Forschungsfeld der europäischen Privatrechtsgeschichte, S. 407.

zu vertiefen. Die Ereignisse, durch welche das römische Recht einen wichtigen Einfluss auf die Entwicklung des Privatrechts in Deutschland gewann, hier kurz zu umreißen, wäre hingegen für das weitere Verständnis einer historischen Kette der Rechtsentwicklung zweckmäßig. Der römische Anteil an unserem Privatrecht beruht zunächst auf zwei Ereignissen: Einerseits beruht es auf der sog. „großen Rezeption" des römischen Rechts im 15. und 16. Jahrhundert, die zur Verwissenschaftlichung des deutschen Rechtswesen beitrug und zum „*Usus modernus pandectarum*" führte, dessen Bezeichnung zunächst von dem Titel eines Werkes Samuel Stryks abgeleitet ist. Durch dieses historische Ereignis wurde das römische Recht als subsidiäres Recht nach der Rezeption in der Praxis anwendbar. Dabei lässt sich ein Grundsatz des Vorranges des Rechts des engeren Rechtskreises erkennen. Der Grundsatz lautet: Stadtrecht bricht Landrecht, Landrecht bricht Reichsrecht[5]. Das Reichsrecht war auf dem Gebiet des Privatrechts neben wenigen Reichsgesetzen und generell geltenden deutschrechtlichen Gewohnheiten das römische und kanonische Recht. Da das kanonische Recht mehr Einfluss auf das Personen- und Eherecht hatte[6], war das Reichsrecht hauptsächlich das römische Recht[7]. Auf das römische Recht musste der Richter dann zurückgreifen, wenn das Recht der engeren Rechtskreise keine bestimmte Regelung enthielt.
Schließlich rührt der Anteil des römischen Rechts am BGB aus der sog. „Nachrezeption"[8], als die man das Wirken der Pandektistik im Gefolge der „Historischen Schule" des 19. Jahrhunderts gekennzeichnet hat.

Die gesamte Entwicklung begleitete eine breite und kontinuierliche Diskussion um die Richtigkeit der überlieferten römischen Rechtsquellen und die Methode zur Auslegung dieser Quellen, womit sich die Romanisten auch heute noch befassen.
Es würde die Problemstellung überlasten, sich an dieser Stelle mit den originalen Quellen zu beschäftigen, da hier lediglich geklärt werden soll, ob sich eine Kontinuität des römischen Rechts für die Regelung der Obligationsverletzung in der Folgezeit beobachten lässt oder nicht. Hätte sich die Tradition des römischen Rechts im Lauf der Zeit in irgendeiner Weise verändert, stellte sich die weitere Frage, welche Faktoren die Umwandlung dieser Tradition bewirkt haben.
Im folgenden werden hauptsächlich zwei Probleme behandelt: der Grundsatz der *condemnatio pecuniaria* und die Culpa-Haftung.
Hierbei sollte sich es um die Funktion der Unmöglichkeit als Haftungstatbestand für die Obligationsverletzung handeln. Dies bezieht sich auf die Frage, ob die nachkommenden Juristen auf den Aufbau eines Systems der einzelnen Formen

[5] Luig, Das Forschungsfeld der europäischen Privatrechtsgeschichte, S. 412.
[6] Coing, Von Bologna bis Brüssel, S. 2.
[7] Luig, Das Forschungsfeld der europäischen Privatrechtsgeschichte, S. 412.
[8] Wieacker, Privatrechtsgeschichte der Neuzeit, S. 407 ff.

der Obligationsverletzung gezielt haben. Ferner geht es bei der Obligationsverletzung um die Frage der Rechtsbehelfe, mit welchen der Gläubiger sein Interesse von dem Schuldner verlangen kann. Diese Rechtsbehelfe sind im Zusammenhang mit dem Grundsatz der *Condemnatio pecuniaria* zu sehen, weil die mittelalterlichen Juristen von einer Einheit des materiellen Recht, des Prozessrechts und des Zwangsvollstreckungsrechts ausgingen, denn im Mittelpunkt stand noch die *actio*. Hierbei stellte sich die Frage, wie der Gläubiger bei der Obligationsverletzung mit einem gerichtlichen Urteil sein Interesse verfolgen und ob das gerichtliche Urteil immer auf Geld gehen oder der Schuldner zu der versprochenen Leistung gezwungen werden soll. Zudem ist auf die Frage einzugehen, ob der Grundsatz der Culpa-Haftung des römischen Rechts für die schuldhafte Obligationsverletzung in der Folgezeit beibehalten wurde.

II. Die Schadensersatzpflicht wegen einer Obligationsverletzung bei den Glossatoren, den Kommentatoren und den Humanisten

1. Die Fortentwicklung der Culpa-Haftung für die Obligationsverletzung

Die Unübersichtlichkeit der Obligationsverletzung im klassischen römischen Recht, die grundsätzlich auf dem kasuistischen Denken und der Erörterung der einzelnen *actiones* der römischen Juristen beruhte, wurde durch die justinianischen Bemühungen um die Verfeinerung der Haftungsmaßstäbe in der nachklassischen Zeit weitgehend überwunden. Zugleich wurde die Unterscheidung zwischen „*bonae fidei iudicia*“ und „*iudicia stricti iuris*“ im Lauf der Zeit weiter aufgelockert und infolgedessen ließen sich mit der Verbreitung der „*bonae fidei iudicia*“ alle Fälle der Obligationsverletzung umfassen, indem die Culpa-Haftung für *dolus* und *culpa* bei der Obligationsverletzung weiter galt und demnach der Schuldner für jede Obligationsverletzung zum Schadensersatz verpflichtet war.

Den Glossatoren, an ihrer Spitze dem *magister artium* Irnerius, wird heute die hervorragende intellektuelle Leistung zuerkannt, die Quellen des römischen Rechts wieder entdeckt und entschlüsselt, und die Jurisprudenz zu einer selbständigen Disziplin geführt zu haben. Aber die Glossatoren gingen nun von der Einheit der römischen Rechtsquellen aus und es gab deshalb keinen Grund, die Digesten und den Codex nicht aus sich heraus zu verstehen[9]. Sie bemühten sich eher darum, in den Quellen separiert und weit auseinander liegende Textstellen in Beziehung zueinander zu bringen.[10] Dabei blieb die Problematik der Auslegung eines Rechtsfalls nicht unumstritten, zu dem die römischen Juristen jeweils

---

[9] Bürge, Europa, das römische Recht und wir, S. 55; Nehlsen-von Stryk, Grenzen des Rechtszwangs, S. 540.

[10] Bürge, Europa, das römische Recht und wir, S. 55 f.

unterschiedliche Ansichten an verschiedenen Stellen vertraten. Diese Ungewissheit blieb auch bei den Kommentatoren. Der Humanismus führte zunächst zu einer engeren Bindung an die Vorbildlichkeit des antiken römischen Rechts und trugen dazu bei, die antiken Quellen für die Rechtswissenschaft weiter nutzbar zu machen[11].

Den Ansatzpunkt der nachkommenden Juristen kann man heute darin erblicken, dass die Rechtswissenschaft der damaligen Zeit am römischen Recht festhielt und die römische Culpa-Haftung für die Obligationsverletzung weiter allgemein anerkannt war, wonach der Schuldner im Rahmen der Obligation allgemein für *dolus* und *culpa* einzustehen hatte. Bei der nachträglichen nicht zu vertretenden Unmöglichkeit war der Schuldner ebenso von der Obligation befreit wie im römischen Recht. Die Befreiung des Schuldners von der Obligation bei der Unmöglichkeit, die er nicht verschuldet hat, galt weiterhin. Aber sie trat nur ausnahmsweise bei *casus fortuitus* ein.

Der haftungsbegründende Tatbestand für die Obligationsverletzung war mithin das schuldhafte Nichterfüllen[12]. Freilich gab es in der Zwischenzeit auch eine andere Ansicht, dass nämlich die für die *Stipulatio* geltende Maxime „*impossibilium nulla obligatio est*" konsequent auf alle Verträge anzuwenden sei. Dies vertraten die humanistischen Juristen und hierzu gehörte vor allem Donellus[13]. Aber dieser Ansicht setzte sich nicht allgemein durch.[14] Daraus ist heute zu erschließen, dass für die nachträgliche Unmöglichkeit ein allgemeiner objektiver Haftungstatbestand der Obligationsverletzung bis zur Zeit der Humanisten noch nicht geschaffen war und der Schuldner bei jeder Obligationsverletzung nach dem Prinzip der Culpa-Haftung auf Schadensersatz haftete[15]. Hierbei wurde die römische „*aestimatio*" als Interesse verstanden und zur Schätzung des Gegenstandes bei der Ermittlung des entgangenen Interesses verwendet.[16]

Schließlich lässt sich folgern, dass das Haftungsprinzip bei Obligationsverletzungen für das römische Recht von den Glossatoren über die Kommentatoren bis in die Zeit der Humanisten grundsätzlich noch unverändert blieb[17]. Wie im römischen Recht waren die Fälle der sog. positiven Vertragsverletzung in dem Haftungsprinzip der Culpa-Haftung mit inbegriffen. Daran lässt sich erkennen, dass die Obligation eine Einstandspflicht des Schuldners für das obligatorische

---

11 Luig, Das Forschungsfeld der europäischen Privatrechtsgeschichte, S. 413.

12 Insoweit gab es keinen Raum für die Unmöglichkeit als unmittelbarem Haftungs- oder Befreiungstatbestand. Dazu vgl. Blaurock, Culpa-Haftung, S. 54.

13 Hierzu vgl. Wollschläger, Unmöglichkeitslehre, 64 ff.

14 Wollschläger, Unmöglichkeitslehre, S. 45 ff./75. Mit seinem neuen Ansatz versuchte Donellus jedoch tatsächlich, auf die Culpa selber als Ursprung der Leistungsstörungen abzustellen; dagegen, Köbler, Rechtsgeschichte, S. 176.

15 Coing, Europäisches Privatrecht, Bd. I, S. 437.

16 Dilcher, Die Theorie der Leistungsstörungen, S. 133 ff.

17 Wollschläger, Unmöglichkeitslehre, S. 41.

Versprechen enthielt. Außerdem kann man heute in der Entwicklung der deutschen Rechtswissenschaft nach der Rezeption des römischen Rechts auf eine Tendenz stoßen, dass die *actio legis Aquiliae* gegenüber dem römischen Recht nach der Rezeption in Deutschland eine Ausweitung erfuhr und sich die Juristen im Usus modernus diesem Gedanken zuwandten[18]. Die im römischen Recht ausgebildeten Juristen hielten die *actio legis Aquiliae* auch für Fälle anwendbar, in denen der Geschädigte durch eine vom Schädiger begangene Obligationsverletzung Schaden erlitten hat[19]. Damit entwickelte sich die *actio legis Aquiliae* zu einem Institut, unter das sich alle Fälle der Obligationsverletzung subsumieren ließen. Dabei bildete der Fall der positiven Vertragsverletzung keine Ausnahme[20]. Von daher kommt man zur Schlussfolgerung, dass der Fall der heutigen positiven Vertragsverletzung durch die Zulassung vertraglicher und deliktischer Klagen seit der Rezeption des römischen Rechts gelöst war und das Recht der Zeit lückenlos alle Fälle der Obligationsverletzung geregelt hatte, obwohl die Juristen die Schaffung eines eigenständigen objektiven Haftungstatbestandes für die Obligationsverletzung noch nicht in Angriff genommen hatten.

2. Die Schadensersatzpflicht bei Nichterfüllung der Obligation - Geldkondemnation oder Sachkondemnation -

Die Frage, welchen Rechtsbehelf das Gericht dem Gläubiger bei der schuldhaften Obligationsverletzung des Schuldners gewährt, stand im Zentrum der vom 12. Jahrhundert bis in den Anfang des 18. Jahrhunderts hinein andauernden wissenschaftlichen Kontroverse[21].

---

[18] Kaufmann, Rezeption und usus modernus der actio legis Aquiliae, S. 114 ff.

[19] Coing, Europäisches Privatrecht, Bd. I, S. 442; Harting, pVv, S. 65 ff.

[20] Eine Untersuchung der Anwendung der *actio legis Aquiliae* auf die Fälle der positiven Vertragsverletzung wäre wünschenswert, weil die Hinwendung der Juristen zur *actio legis Aquiliae* die Frage aufwirft, ob der Gläubiger ein Wahlrecht zwischen Vertragsklage und Deliktsklage hat oder nicht, wenn sich der Gläubiger durch schuldhafte Nichterfüllung der Obligation in seinem Vermögen geschädigt sieht.

[21] Das bedeutet nicht, dass diese Kontroverse im späten 18 Jahrhundert die Rechtswissenschaft nicht mehr interessiert hätte und es keine Anhänger der Geldkondemnation im 19. Jahrhundert gab. Dazu vgl. Nehlsen-von Stryk, Grenzen des Rechtszwangs, S. 531-532; Wolter, Das Prinzip der Naturalrestitution in § 249 BGB, S. 1 f. In seiner Arbeit vertrat Wolter die Auffassung, dass das Prinzip der Naturalrestitution heute von seinen historischen Vorbildern und dem geschichtlichen Hintergrund, vor dem sich im Lauf der Dogmengeschichte das Prinzip der Naturalrestitution herausgebildet hat, weit entfernt ist. Hierzu vgl. Honsell, AcP 186 (1986), S. 417 f. Hingegen hält man diese Kontroverse unter Berufung auf ein Zitat aus dem Kommentar Glücks für seit dem Naturrecht vollständig überwunden. Auch vgl. Rütten, Zur Entstehung des Erfüllungszwangs im Schuldverhältnis, S. 944.

Diese Kontroverse beruhte zunächst auf der Auflockerung des Prinzip der *condemnatio pecuniaria* (Geldurteil) des römischen Rechts[22], weil sich die Lehre im gesamten Zeitraum grundsätzlich auf das römische Recht und dessen Rechtsquellen berufen hatte, wenn ein Problem einer Obligationsverletzung vor Gericht kam. Bei der gerichtlichen Behandlung eines Falls einer schuldhaften Obligationsverletzung des Schuldners, stellte sich zunächst die Frage, ob das Gericht unbedingt auf Geldleistung oder auf Sachleistung („Realerfüllung") verurteilen sollte. Dabei spielte es keine entscheidende Rolle für die damaligen Juristen, welchen Haftungstatbestand die schuldhaft vom Schuldner begangene Obligationsverletzung erfüllte.
Die Kontroverse in der Rechtswissenschaft mit ihren Auswirkungen auf die Nachwelt begann mit der widersprüchlichen Auslegung der Rechtsquellen, die aus dem römischen Recht hergekommen waren.[23] Nach den bisherigen Untersuchungen zur Entwicklung des Prinzips der Realerfüllung ist hier nur zusammenzufassen, dass die Juristen in der Diskussion um das Prinzip des Schadensersatzes von der in den Klageformeln angelegten und von Gaius und Paulus (D. 44, 7, 3 pr.) systematisierten Dreiteilung der Obligationsinhalte in (obligatio) „*ad dandum ... vel faciendum vel praestandum*" ausgingen[24]. Dabei handelte es sich zunächst darum, ob der Gläubiger die geschuldete Leistung selbst bei Nichterfüllung der auf eine Handlung gerichtete Obligation durch das gerichtliche Urteil weiter verfolgen kann. Bei der Obligation, die auf *dare* gerichtet ist, bestand Einigkeit, dass der Schuldner zu der geschuldeten Leistung gezwungen werden kann, insbesondere unter Berufung auf die justinianischen Quellen zum Prinzip der Sachkondemnation[25]. Damit wurde die Sachkondemnation anerkannt, was die direkte Zwangsvollstreckung nach sich zog.

---

[22] Kaser, Das römische Zivilprozessrecht, §§ 76, 93; Nehlsen-von Stryk, Grenzen des Rechtszwangs, S. 538; Zimmermann, The Law of Obligation, S. 771 f.

[23] Wieling vertrat in seiner Arbeit eine andere Ansicht, dass nämlich die Naturrechtler als erste zu dem Grundsatz der Naturalrestitution beim Schadensersatz kommen. Zwar kennen frühere Autoren nur den Geldersatz, weil der römische Grundsatz der *condemnatio pecuniaria* im Usus modernus unverändert rezipiert worden war (dazu vgl. Wieling, Interesse und Privatstrafe vom Mittelalter bis zum bürgerlichen Gesetzbuch, S. 158 f.). Im Streit um Geldersatz oder Sachleistung bei Nichterfüllung der Obligation während der Rezeption ist nachzuweisen, dass die früheren Juristen über das Prinzip des Schadensersatzes bei obligatorischer Nichterfüllung nachgedacht hatten und dennoch daraus keine einheitliche Ansicht entstanden war. Zur Kritik an der Ansicht Wielings vgl. Wolter, Das Prinzip der Naturalrestitution, S. 63.

[24] Kaser, Das römische Privatrecht, Bd. I, § 115 I.

[25] Dazu s. Ulp. D. 6, 1, 68. Die Anwendung dieser Regelung auf die obligationes dandi war und ist unstreitig. Hierzu vgl. Coing, Europäisches Privatrecht, Bd. I, S. 433; Dilcher, Geldkondemnation und Sachkondemnation, S. 290; Rütten, Zur Entstehung des Erfüllungszwangs im Schuldverhältnis, S, 942; Nehlsen von Stryk, Grenzen des Rechtszwangs, S. 538; Schrage, Ius Commune XXIII (1996), S. 425; Roth, TR 1996, S. 226; Schermaier, ZRG RA 115 (1998), 646.

Die Befürworter der Sachkondemnation behaupteten, dass das *Corpus iuris* ausschließlich nur die Sachkondemnation anerkannte und dieser Grundsatz für die Obligation auf *facere* anwendbar ist. Aber dieser Ansicht stand die der Gegner gegenüber, der die Maxime „*Nemo potest praecise cogi ad factum*“ (Niemand kann zu einer Handlung unmittelbar gezwungen werden) zugrunde lag[26]. Als Quelle des römischen Rechts zur Begründung der *condemnatio pecuniaria* bezog man sich auf D. 19,1, 1, pr.[27], wo sich Ulpian bezüglich der *actio empti* eindeutig für die Geldkondemnation ausspricht.
In der Glossatorenzeit gab es eine heftige Auseinandersetzung um den Grundsatz der *condemnatio pecuniaria.* Als Beispiel kann die Diskussion zwischen Martinus und Bulgarus genannt werden. Während Martinus dem Prinzip des Realerfüllungszwangs folgte, das auch dem BGB zugrunde liegt, befürwortete Bulgarus den römischen Grundsatz der *condemnatio pecuniaria.* Dieser Tradition hatten die Juristen der Folgezeit ihre Erfüllungszwangslehre zugrunde gelegt und der Grundsatz der Geldkondemnation bei der Nichterfüllung der Obligation auf *facere* hatte sich weiter durchgesetzt.
Bei den Kommentatoren bestand ebenfalls keine Einigkeit, sondern es gab einen neuen Lehrstand. Bartolus verzichtete auf eine Billigkeitserwägung und vertrat, dass es bei einer Obligation auf facere oder *tradere* grundsätzlich zur Geldkondemnation kommen soll. Nach Azo hat der Gläubiger die Wahl, den Schuldner auf das Interesse oder auf präzise Erfüllung zu verklagen. Mit diesem Gedanken entwickelte sich eine dritte Ansicht in dieser Zeit, dass die Sachkondemnation bei der Nichterfüllung der Obligation auf *facere* nur dann zulässig sei, wenn die geforderte Obligation auch von einem Dritten erbracht werden könne. Aber diese Ansicht setzte sich in der Gerichtspraxis nicht durch.

Den Humanisten, die sich die Rückkehr zum antiken römischen Recht durch genaueres, philologisch geschultes Studium der überlieferten Texte zum Programm machten[28], womit die Verdrängung der dem mittelalterlichen, dem kirchlichen und feudalen Rechtsdenken verdankten Umbildung einhergeht[29], gelang es, die im Vordringen befindliche Sachkondemnation wiederum zugunsten der römischen Geldkondemnation zurückzudrängen. Einer der Rechtsgelehrten der Zeit war Donellus; er hielt die Geldkondemnation weiterhin bei der Verletzung

---

[26] Dig. 42, 1, 13, 1.

[27] Hierzu vgl. Dilcher, Geldkondemnation und Sachkondemnation, S. 278; Nehlsen-von Stryk, Grenzen des Rechtszwangs, S. 539. Zu *actio empti* und zur Geldleistung bei der *actio empti* im Unterschied zu den unentgeltlichen Verträgen, Bürge, Römisches Privatrecht, S. 140; Jakobs, Unmöglichkeit und Nichterfüllung, S. 192 f.

[28] Luig, Das Forschungsfeld der europäischen Privatrechtsgeschichte, S. 413 f.

[29] Wieacker, Privatrechtsgeschichte der Neuzeit, S. 167 ff.

der Obligation auf *facere* für gerechtfertigt[30], während sich Cujaz für die Sachkondemnation bei der *actio empti* aussprach[31].
Aber diese Auseinandersetzung führte nicht dazu, dass die mittelalterlichen Juristen sich an den Aufbau eines begrifflich vereinheitlichenden Systems der Kondemnationslehre gemacht hätten. Vielmehr galt weiterhin der römischrechtliche Grundsatz.

3. Ergebnis

Der Lehrstand, der sich für die Culpa-Haftung und die Rechtsbehelfe des Gläubigers bei Nichterfüllung der Obligation seit der Wiederentdeckung der römischen Rechtsquellen und ihrer Rezeption in der deutschen Rechtswissenschaft entwickelte, zeigt, dass das römische Recht grundsätzlich in diesem Punkt keine wesentliche Veränderung erfahren hatte.
Der Schlüssel zu der Frage, wie der Gläubiger sein Rechtsinteresse bei schuldhafter Obligationsverletzung des Schuldners verwirklichen kann, wurde bei Glossatoren, Kommentatoren und Humanisten nicht nur im Prozessrecht gefunden, sondern dieses Problem dürfte vielmehr als Kennzeichen zeitgebundener Abstimmung zwischen materiellem Recht, dem Prozessrecht und dem Zwangsvollstreckungsrecht angesehen werden. Ausgehend von dieser Ansicht sollte die Problematik der Culpa-Haftung und der Geldkondemnation bei Glossatoren, Kommentatoren und Humanisten anders betrachtet werden als heute[32].
Die Treue der damaligen Juristen zum römischen Recht bringt zum Ausdruck, dass die Culpa-Haftung insofern als eine Einstandspflicht des Schuldners verstanden werden kann, soweit der Schuldner für eine solche Verletzung verantwortlich war, wobei das römische Utilitätsprinzip für den Umfang des Schadensersatzes weiter von Bedeutung war[33]. Die versprochene Schuld des Schuldners wandelte sich erst durch gerichtliches Urteil auf Geld in eine Geldschuld nach dem Prinzip der *condemnatio pecuniaria*. Dieser Einstandspflicht lag immerhin das Verschuldensprinzip zugrunde und der Schuldner hatte für *dolus* und *culpa* einzustehen. Die so ausgestaltete Einstandspflicht des Schuldners bildete

---

30 Nehlsen-von Stryk, Grenzen des Rechtszwangs, S. 544.

31 Dazu Dilcher, Geldkondemnation und Sachkondemnation, S. 290/307; Jakobs, Unmöglichkeit und Nichterfüllung, insbes. S. 193.

32 Rütten, Zur Entstehung des Erfüllungszwangs im Schuldverhältnis, S. 939; Schermaier, ZRG RA 115 (1998), S. 643/646; Roth, TR 1996, S. 227. Der Schlüssel des Problems bei der Nichterfüllung wurde erst im 19 Jahrhundert im Prozessrecht. Hiermit kommt man zum Gedanken, dass der Streit um Geldkondemnation und Sachkondemnation für die mittelalterlichen Juristen hauptsächlich auf der Ebene des materiellen Rechts ausgetragen wurde.

33 Coing, Europäisches Privatrecht, Bd. I, S. 434-435.

daher keine Art einer verschuldensunabhängigen Haftung[34], sondern beruhte auf der vertraglich eingegangenen Verpflichtung des Schuldners.
Das Prinzip der *condemnatio pecuniaria*, dass das gerichtliche Urteil auf Geld gehen muss, bezieht sich in der Sache nicht auf die Bildung einer verschuldensunabhängigen Haftung, sondern darauf, dass sich jede auf die Leistung gerichtete ursprüngliche Schuld des Schuldners mit dem gerichtlichen Urteil als eine Geldschuld darstellt. Dieses Prinzip galt im römischen Recht und in dem aus diesem rezipierten Recht nicht nur für die Unmöglichkeit, sondern auch bei allen Obligationsverletzungen.

[34] Zimmermann, TR 60 (1992), S. 509; Dagegen Würthwein, Schadensersatzpflicht, S. 26.

§ 3. Die Obligationsverletzung im Naturrecht und im Gemeinen Recht

I. Wandel des Obligationsverständnisses durch die naturrechtliche Vertragslehre

Die rechtliche Verbindlichkeit des Versprechens hing von der Frage ab, ob die *causa* fehle oder nicht. Denn der auf dem römischen Recht beruhende Form- oder Typenzwang blieb im kanonischen und mittelalterlichen Recht im Wesentlichen unverändert. Dies bedeutet, dass die römischen und mittelalterlichen Juristen die Unverbindlichkeit des formlosen Versprechens nicht in Frage gestellt hatten[1].

Die Bewegung zur Auflockerung des Typenzwangs war aber schon in der römischen Zeit in Gang gesetzt[2]. Deren Spur können wir an den Innominatkontrakten und den pacta erkennen[3]. Man war jedoch noch nicht zu der Typenfreiheit vorgedrungen, die wir heute als Ausdruck der „Privatautonomie" im Schuldrecht verstehen. Die Klagbarkeit aller Versprechen, auf die häufig mit der Regel der Kanonistik „*ex nudo pacto actio oritur*" Bezug genommen wird[4], wurde zwar gegen Ende des Mittelalters anerkannt, aber bis ins 17. Jahrhundert nicht zu einer allgemeinen Lehre entwickelt[5]. Vor der Naturrechtslehre[6] war die

---

1 Seuffert, Zur Geschichte der obligatorischen Verträge, S. 118. Die Klagbarkeit der *pacta nuda* an sich ist schon im Mittelalter die überwiegende Meinung unter den führenden Kanonisten gewesen (Seuffert, aaO., S. 52 f.). Zur Vertragslehre der Glossatoren und Kommentatoren vgl. Nanz, Zur Entstehung des allgemeinen Vertragsbegriffs, S. 31 ff.; Dilcher, Typenzwang im mittelalterlichen Vertragsrecht, 270-303.

2 Kaser, Der römische Anteil, S. 340; Wesener, Naturrechtliche und römisch-gemeinrechtliche Elemente im Vertragsrecht des ABGB, S. 119.

3 Wesener, Naturrechtliche und römisch-gemeinrechtliche Elemente im Vertragsrecht des ABGB, S. 119.

4 Zur Bedeutung des kanonischen Rechts für die Beseitigung des Typenzwangs im Vertragsrecht, vgl. zuletzt Lesaffer, The Medieval Canon Law of Contract and Early Modern Treaty Law, S. 182-185; Dilcher, Typenzwang im mittelalterlichen Vertragsrecht, S. 281-286. Zum Einfluss der Kanonistik auf das Privatrecht vgl. Landau, Der Einfluss des kanonischen Rechts auf die europäische Rechtskultur, 39-57, insbes. S. 55 f.

5 Seuffert, Zur Geschichte der obligatorischen Verträge, S. 130; Nanz, Zur Entstehung des allgemeinen Vertragsbegriffs, S. 54. In diesem Zusammenhang wird die spanische Spätscholastik in der Literatur als „Bindeglied" oder „Vermittler" bezeichnet. Hierzu vgl. Lipp, Die Bedeutung des Naturrechts für die Ausbildung der allgemeinen Lehren des deutschen Privatrechts, S. 126 f.

6 Hier wird der Begriff „Vernunftrecht", der häufig, aber nicht durchgehend in der Literatur über die Rechtsgeschichte der Neuzeit verwendet wird, nur als Naturrechtslehre bezeichnet und nicht auf die Frage eingegangen, wie die Naturrechtslehre zeitlich in der Rechtsentwicklung anzusetzen ist. Zur Verbreitung der Naturrechtslehre und zur Bedeutung der Naturrechtslehre für die europäische Privatrechtsgeschichte vgl. Lipp, Wissenschaftstheorie und Vernunftrecht bei W. X. A, von Kreittmayr, S. 208 ff; Klippel, Politische und juristische Funktionen des Naturrechts in Deutschland im 18. und 19. Jahrhundert, 3 ff.; Eckert, Gesetzesbegriff und Rechtsanwendung, S. 571-576; Thieme, Das Naturrecht und die europäische

Ansicht allgemein anerkannt, dass jedes formlose pactum zur Begründung der Verbindlichkeit eine *causa* voraussetzt.

An der Wende von der mittelalterlichen einzelnen Anerkennung der Klagbarkeit des formlosen Versprechens zu einer allgemeinen Vertragslehre, auf welcher grundsätzlich das von Heise und Savigny etablierte Pandektensystem basierte[7], stand Grotius in der Auseinandersetzung mit der Lehre Connanus', dass *pacta jure naturali* überhaupt keine verbindliche Obligation erzeugen könnten[8].
Grotius stellte die menschliche Freiheit in der Mittelpunkt seiner Lehre und sah jedes Versprechen als „verbindlich" an, soweit das Versprechen auf die menschliche Freiheit gründet und nicht gegen Gesetze oder die guten Sitten verstößt. Bei Grotius ging es vor allem um die menschliche Freiheit, dass man sich grundsätzlich selbständig entscheiden darf und insoweit seine Entscheidung verantworten soll. Wenn das Versprechen nach dem Gesetz oder den guten Sitten erlaubt und der Gegenstand des Versprechens unter der Herrschaft des Versprechenden liegt, bedarf es keiner weiteren Voraussetzung für eine rechtliche Bindung des Versprechenden an sein Wort.
Zwar lag der Versprechenslehre Grotius' grundsätzlich die spätscholastische und moraltheologische Lehre von der *promissio* zugrunde[9], aber für die Klagbarkeit eines formlosen Versprechens nach Grotius waren einerseits die ernsthaft von dem Versprechenden entschiedene Willensäußerung und andererseits ihre Annahme durch den Empfänger erforderlich.
Mit der Versprechenslehre von Grotius war für die Bildung einer allgemeinen Vertragslehre einiges in Bewegung geraten.
Für Grotius gab es keinen Anlass[10], die *obligatio* auf *facere* (Handlung) von der *obligatio* auf *dare* (Übergabe) rechtlich getrennt zu behandeln, weil er ein (subjektives) Recht[11] in dem Versprechen selbst herausstellte und damit glaubte, ein einheitliches Bild für die Klagbarkeit des formlosen Versprechens vor Augen stellen zu können, sei es das Versprechen der Übergabe einer Sache oder sei es

---

Privatrechtsgeschichte. Hierbei meint Thieme im Anschluss an Koschaker, die Naturrechtslehre erfülle für die europäische Rechtswissenschaft dieselbe Funktion wie die deutsche Pandektenlehre (ders., aaO, S. 11).

7 Dazu Schwarz, Zur Entstehung des modernen Pandektensystems, S. 578 f./587 f.

8 Dazu Diesselhorst, Die Lehre des Hugo Grotius vom Versprechen, S. 31 ff., 32; Seuffert, Zur Geschichte der obligatorischen Verträge, S. 130.

9 Lange, ZRG RA 78 (1961), S. 515; Diesselhorst, Die Lehre des Hugo Grotius, S. 45. Zur allgemeinen Bedeutung des grotianischen Ansatzes vgl. Lipp, Die Bedeutung des Naturrechts, S. 133-139. Zum Verhältnis zwischen Grotius und den nachfolgenden Wissenschaftlern, insbesondere Heineccius vgl. Bergfeld, Staat und Gesetz, Naturrecht und Vertrag bei Grotius und Heineccius, 95-119, insbes. S. 114.

10 Wieacker, Die vertragliche Obligation bei den Klassikern des Vernunftrechts, S. 12.

11 Coing, Zur Geschichte des Privatrechtssystems, S. 29 ff., insbes. S. 46 f.

das einer künftigen Handlung. Bei Grotius geht es nur um das durch das Versprechen erworbene Recht.
Nach Grotius ergibt sich das Recht aus dem Versprechen auf die Handlung (auf ein *facere*), die Erfüllung des Versprochenen von dem Versprechenden geltend zu machen, während die versprochene Sache dem Konsensprinzip gemäß gleichzeitig ohne weitere Voraussetzung mit dem Versprechen auf den Empfänger übergeht[12]. Da Grotius in seiner Lehre das *pactum* auf ein *dare* mit dem *pactum* auf ein *facere* gleichstellte, sahen die nachfolgenden Naturrechtler keine Notwendigkeit mehr, bei einem *pactum* hinsichtlich der Klagbarkeit weiterhin nach dem Inhalt des *pactum* zu unterscheiden.

Die Lehre Grotius' übernahm Pufendorf in seinen naturrechtlichen Entwürfen der Gesellschaft[13], wobei er die menschliche Pflicht zugrunde legte, die jeder Mensch mit begabter Vernunft im gesellschaftlichen Leben einhalten soll. Hierbei machte Pufendorf deutlich, dass auch der Wille des durch den Vertrag Berechtigten erforderlich ist[14]. Die Naturrechtler betonten immer den Willen des Versprechenden und die Annahmeerklärung des Empfängers. Demzufolge verstanden die nachfolgenden Naturrechtler unter einem Vertrag ein *„acceptirtes"* Versprechen[15], durch das die beiden Partei, Promittens und Promissarius, gebunden sind. Mit der neuen Auffassung des Vertrags durch die Naturrechtslehre wurde der Grundsatz *„pacta sunt servanda"* ein „fester" Bestandteil in der naturrechtlichen Literatur[16], die den Vertrag und das Versprechen zum Gegenstand hatte, und spiegelte sich später auch im gemeinen Recht wieder[17].

Im folgenden soll nachgezeichnet werden, wie die Naturrechtslehre Einfluss auf die nachfolgende Rechtslehre ausübte, und welche Bedeutung die Voranstellung der Realerfüllung bei der Nichterfüllung wegen der nachträglichen Unmöglich-

---

12 Schmidlin, Die beiden Vertragsmodell des europäischen Zivilrechts, S. 192.

13 Zur Verbreitung der Naturrechtslehre durch Pufendorf in Deutschland vgl. Thieme, Das Naturrecht und die europäische Privatrechtsgeschichte, S. 23 ff.

14 Zum Modell des Vertragsschlusses bei Pufendorf vgl. nun Ikadatsu, Padadigmawechsel, S. 29 f.

15 Höpfner, Naturrecht, § 63 (Was ist Vertrag?), S. 55; Martini, Lehrbegriff, Bd. II, §§ 148, 149; Hufeland, Lehrsätze, § 221, S. 106.

16 Höpfner, Naturrecht, § 64 (Pacta sunt servanda), S. 57.

17 Glück sah den Vertrag als eine wechselseitige Einwilligung zweier oder mehrerer Person an. Bei Glück blieb noch die grundlegende Auffassung von Grotius und Pufendorf erhalten, dass ein Versprechen des einen Teils und eine Annahme des anderen Teils zur Klagbarkeit des Versprechens genügen. Hierzu vgl. Glück, Pandecten, Bd. 4, § 287, S. 49 f.; Ähnliche Äußerung bei Hufeland, Lehrbuch des in den deutschen Ländern geltenden gemeinen oder subsidiarischen Civilrechts, Bd. I, 479, S. 192; Seuffert, Praktisches Pandektenrecht, Bd. II, § 255, S. 53.

keit in der Naturrechtslehre, der früheren Pandektenlehre und den Kodifikationen hat.
Dabei soll auch der Frage nachgegangen werden, wie die zufällige Unmöglichkeit auf das bereits bestehende Schuldverhältnis einwirkt und wie sie sich als eine Art der Nichterfüllung zu dem Sachverhalt „nicht erfüllt oder nicht gehörig erfüllt“ verhält. Vor allem soll nachgewiesen werden, wie die frühere Pandektenlehre die Nichterfüllung wegen Unmöglichkeit verstand und ob sie bereits wirklich ein geschlossenes System der vertraglichen Haftung kannte, in dem der Unmöglichkeit eine zentrale Stellung zugewiesen war.
Aus den Ergebnissen der Untersuchung kann schließlich gefolgert werden, wie das Verhältnis der Naturrechtslehre zum gemeinen Recht in der Judikatur nach dem Inkrafttreten der früheren Kodifikationen zu verstehen ist.

II. Der Vorrang der Realerfüllung (Naturalerfüllung) und die Culpa-Haftung

1. Der Vorrang der Realerfüllung im Naturrecht
- Ergab sich ein Wandel der Funktion der zu vertretenden Unmöglichkeit im Bereich des Schadensersatzes? –

Die Gleichstellung der Obligation auf ein *facere* mit der Obligation auf ein *dare* durch Grotius brachte die nicht vollständig gelöste Frage nach der Erzwingbarkeit der Obligation auf ein *facere* bei der schuldhaften Nichterfüllung für die nachfolgenden Naturrechtler auf ein neues Feld, insbesondere im Hinblick auf den Grundsatz „*Pacta sunt servanda*“. Damit ging die Naturrechtslehre davon aus, dass das Recht des Gläubigers bei der Nichterfüllung nicht auf den Ersatz des Interesses beschränkt ist, sondern auch vom Schuldner die versprochene Leistung selbst insofern weiterhin geltend gemacht werden kann, soweit die Leistung möglich ist, auch wenn die Obligation ein *facere* zum Gegenstand hat. Dieser Grundgedanke wurde später von Thomasius fortgeführt. Thomasius qualifiziert den Schuldner als „wortbrüchig“, der das gegebene Versprechen nicht wörtlich erfüllen wolle, gleich ob es sich auf Sachübergabe oder auf ein Tun richte, sondern nur zur Interesseleistung bereit ist[18].
Später folgte Höpfner der Auffassung des Thomasius in seinem Lehrbuch[19] und vertrat, dass jeder, der sich etwas versprechen lässt, ein Recht erhält, vom Versprechenden die Erfüllung des Vertrages zu verlangen. Von diesem Gedanken aus stellte er die Realerfüllung der Obligation voran und erreichte damit, dass

[18] Nehlsen-von Stryk, Grenzen des Rechtszwangs, S. 548. Zur Bedeutung des Vollstreckungsrechts für die Realerfüllung, s. Würthwein, Schadensersatzpflicht, S. 70 ff.
[19] Höpfner, Naturrecht, § 79, S. 75.

der Schuldner, der ein Factum verspricht, es tun muss und sich durch eine Entschädigung des Promissares von seiner Schuldigkeit nicht befreien kann[20].
Der Vorstoß Höpfners führte offensichtlich eine unmittelbare Wende für den Vorrang der Realerfüllung der Obligation herbei, ohne hinsichtlich des Inhalts des Versprechens zu unterscheiden. Viele Befürwortungen fand die Auffassung Höpfners in der übrigen naturrechtlichen Literatur[21]. Aber der Vorrang der Realerfüllung bedeutet einerseits, dass der Gläubiger grundsätzlich bei der Erfüllung der Obligation an das Versprochene gebunden bleibt. Andererseits darf der Schuldner selbst dem Gläubiger eine Interesseleistung gegen den Willen des Gläubigers nicht aufdrängen.
Nach der Naturrechtslehre hatte der Gläubiger kein Wahlrecht, entweder die versprochene Leistung oder statt dessen das Interesse vom Schuldner zu verlangen. Vielmehr stand dem Gläubiger entweder ein Anspruch auf die Leistung oder Rücktritt mit Schadensersatz zu, weil die Naturrechtler die Treue durch die Nichterfüllung für gebrochen hielten[22]. Aus dieser Sicht ergibt sich die Folgerung, dass die Unmöglichkeit im Naturrecht eine Ausnahme von der Realerfüllung bereits bildete.
Der Vorrang der Realerfüllung fand später Eingang in das gemeine Recht[23], wobei diejenigen Rechtsgelehrten die größere Rolle für die Aufnahme der Naturrechtslehre in die gemeinrechtliche Literatur spielten[24], die sowohl das Naturrecht als auch das gemeine Recht im Hörsaal lehrten. Als Beispiel für die Übertragung des Prinzips der Realerfüllung auf die frühere Pandektenlehre ist die Äußerung Glücks zu nennen: „das Naturrecht lehrt mich, daß ich jeden, mit dem

[20] Höpfner, Naturrecht, § 80 (1), S. 76.
[21] Martini, Lehrbegriff, Bd. II, § 155; Hufeland, Lehrsätze, §§ 238, 239, S. 111 f.
[22] Höpfner, Naturrecht, § 112, S. 106.
[23] Höpfner, Commentare, § 743, 2). Dies bedeutet jedoch nicht, dass die Forderung der Naturrechtslehre vollständig in gleicher Form in die gemeinrechtliche Literatur übernommen worden war, sondern vielmehr, dass der naturrechtliche Ansatz dogmatisch auf die Erzwingbarkeit des versprochenen Tun zwar Einfluss ausübte, jedoch nicht allgemein anerkannt wurde. Der Codex Maximilianeus Bavaricus Civilis von 1756 (im folgenden „CMBC"), der in der Blütezeit der Naturrechtslehre entstand, folgt der gemeinrechtlichen Tradition. Demzufolge blieb Kreittmayr in dieser Frage bei der alten Regelung. Damit wird deutlich, dass der CMBC von der Erfüllungslehre des Thomasius noch entfernt war. Dazu Luig, Die Grundsätze des Vertragsrechts, S. 68 f.
[24] Zu ähnlichen Beobachtungen bei Wollschläger, Unmöglichkeitslehre, S. 90. Aus dem Vorgang der Überlieferung der Lehren durch die nachfolgenden Wissenschaftler wird deutlich, dass das spätere gemeine Recht einen Bezug auf die Naturrechtslehre nahm. Als Beispiel dafür sind die Lehre Hellfelds durch die Kommentare Glücks und die Lehre des Heineccius durch die Kommentare Höpfners zu nennen. Zur Bedeutung Höpfners für die weitere Entwicklung der Privatrechtslehre, Plohmann, Ludwig Julius Friedrich Höpfner (1743-1797), Berlin 1992.

ich einen verbindlichen Vertrag geschlossen habe, zur genauesten Erfüllung seines Versprechens zwingen kann."[25]

2. Die erweiterte Anwendung des Prinzips „*impossibilium nulla obligatio*" auf alle Verträge und die Haftung für das zufällige Unmöglichwerden.

1) Die anfängliche Unmöglichkeit

Zur Gültigkeit eines Versprechens setzt die Naturrechtslehre Willensmacht und Herrschaft des Versprechenden über den Gegenstand des Versprechens voraus. Bei Pufendorf war es zur Wirksamkeit des Versprechens (oder des Vertrages) erforderlich, dass der Gegenstand des Versprechens die Kräfte des Versprechenden nicht übersteigt und das Gesetz des Erfüllung des Verpsrechens nicht verbietet. Daraus folgt, dass sich niemand zu etwas verpflichten kann, was ihm selbst unmöglich ist[26]. Aufgrund dieser Gedanken betrachtete Pufendorf den Vertrag als „ungültig", der eine Sache zum Gegenstand hat, welche fremder Herrschaft untersteht[27]. Dennoch verneinte Pufendorf die Haftung des Schuldners für anfängliches Unvermögen nicht[28]. Dabei kam es, wie Höpfner später schreibt[29], darauf an, ob der Schuldner bei Vertragsschluss schon wusste, dass er das Versprechen nicht halten könne. Der Lehre Pufendorfs schloss sich die spätere Naturrechtslehre in der folgenden Zeit an und es setzte sich die Ansicht allgemein durch[30], dass der Schuldner grundsätzlich bei anfänglichem Unvermögen von der Verpflichtung zum Schadensersatz nicht frei ist, wenn er von vornherein in Kenntnis seines Unvermögens ist. Dabei stand die Culpa-Haftung für *dolus* und Fahrlässigkeit als Kriterium zur Haftung für das Unvermögen im Vordergrund.
Die naturrechtliche Rechtsanschauung wurde später in der gemeinrechtlichen Literatur beibehalten. Dort wurde das anfängliche Unvermögen unter dem Thema „Gegenstand des Vertrages" behandelt, wonach der Gegenstand des Vertrages in der „Gewalt der Paciscenten seyn" musste[31]. Das gemeine Recht sah je-

---

25 Glück, Pandecten, Bd. 4, § 316 II), S. 306.
26 Pufendorf, De officio, I, 9, § 17.
27 Pufendorf, De officio, I, 9, § 19.
28 Wollschläger, Unmöglichkeitslehre, S. 78 f.
29 Höpfner, Naturrecht, § 75, S. 70.
30 Martini, Lehrbegriff, Bd. I, § 161. Entsprechend der Naturrechtslehre stellte Martini die Möglichkeit der Leistung als Voraussetzung der Gültigkeit des Vertrages in § 149, II voran und gab dem Gläubiger einen Anspruch auf Schadensersatz bei anfänglichem Unvermögen in § 161. Vgl. Hufeland, Lehrsätze, § 228; Höpfner, Naturrecht, § 75, S. 70.
31 Hufeland, Lehrbuch, § 378, S. 147; Glück, Pandecten Bd. 4, S. 200; Thibaut, Pandekten, § 158; Höpfner, Commentar, § 737; Dabelow, System, § 2206.

doch eine Unmöglichkeit nur für die Person des Verpflichteten grundsätzlich nicht als „Befreiungsgrund von der Verpflichtung" an, sondern maß vielmehr dem anfänglichen Unvermögen keinen Einfluss auf die Gültigkeit des Vertrages zu, soweit der Schuldner seine Unkenntnis nicht beweisen kann. Nach dem gemeinen Recht haftete der Schuldner grundsätzlich für anfängliches Unvermögen. Daraus ist zu schließen, dass der Schuldner sowohl nach dem Naturrecht als auch nach dem gemeinen Recht von der Haftung für schuldhaftes anfängliches Unvermögen nicht befreit war und der Schuldner nach dem Prinzip der „Culpa-Haftung" dort nur zum Schadensersatz auf das Interesse verpflichtet war, wo die Erfüllung der versprochenen Leistung selbst nicht möglich ist[32].
Für die objektive Unmöglichkeit galt weiterhin das Prinzip „*impossibilium nulla obligatio est*" in der frühen Pandektenlehre.

2) Die nachträgliche Unmöglichkeit

In Bezug auf die nachträgliche Unmöglichkeit, insbesondere wegen Sachuntergangs, lässt sich eine Tendenz in der Naturrechtslehre feststellen, dass die Naturrechtslehre das Prinzip „*impossibilium nulla obligatio*" auf die Fälle der nachträglichen Unmöglichkeit wegen des Sachuntergangs als Aufhebungsgrund der Verpflichtung übertragen hatte[33]. Grundsätzlich galt dieses Prinzip für die anfängliche und objektive Unmöglichkeit bei der Stipulation. Ein wichtiger Grund für die Übertragung dieses Prinzips auf die Fälle der nachträglichen Unmöglichkeit wegen Sachuntergangs könnte darin liegen, dass die unterschiedliche Einteilung der Verträge nach dem römischen Vorbild die entscheidende Bedeutung für die Naturrechtslehre verlor und das Unmögliche nach der Naturrechtslehre nicht gefordert werden kann. Aber die Naturrechtler beschränkten die Befreiung von der versprochenen Leistungsverpflichtung und von der Pflicht zur Leistung des Interesses, das bei verschuldeter Unmöglichkeit an die Stelle der Realerfüllung tritt, bei der nachträglichen Unmöglichkeit auf den durch den Zufall verursachten Sachuntergang.
Nach Pufendorf wird der Vertrag selbst nichtig, wenn die Unmöglichkeit durch kein Verschulden beider Parteien entsteht und die Erfüllung zum Zeitpunkt des Vertragsabschlusses als möglich angesehen, aber sie durch den Zufall unmög-

---

[32] Vgl. Seuffert, Pandekten, Bd. 2, § 285, S. 108, Fn. 1. Hieran zeigt sich, dass der Schuldner das Verschulden bei Nichterfüllung einschließlich des anfänglichen Unvermögens zu vertreten hatte, auch wenn das Verschulden gering war. Hieraus ergibt sich weiterhin, dass der Grad des Verschuldens die entscheidende Rolle nicht nur für die Schätzung des durch die Nichterfüllung entstandenen Schadens im Sinne des gemeinrechtlichen „Utilitätsprinzips" spielte, sondern auch ein maßgebliches Kriterium für die Culpa-Haftung war.
[33] Zur Erweiterung der Anwendung dieser Maxime vgl. Wollschläger, Unmöglichkeitslehre, S. 82.

lich wird, solange noch nicht mit der Erfüllung begonnen worden ist[34]. Bei der unverschuldeten Unmöglichkeit muss die von der Gegenseite bereits erbrachte Leistung oder etwas Gleichwertiges zurückerstattet werden, wenn eine der Parteien schon mit der Erfüllung begonnen hat. Bei der Verantwortlichkeit für die nachträgliche Unmöglichkeit kam es darauf an, ob der Schuldner das Unmöglichwerden zu vertreten hatte oder nicht.

Das Prinzip „*impossibilium nulla obligatio est*“ galt zwar bei der Naturrechtslehre für die nachträgliche Unmöglichkeit wegen des Sachuntergangs[35], aber bei der Anwendung dieses Prinzips kam es vor allem darauf an, ob der Sachuntergang auf Zufall zurückgeht oder nicht. Demnach war der Schuldner beim Verschulden nur von der Realerfüllung der versprochenen Leistung befreit, aber nicht von der Verpflichtung zur Leistung des Interesses selbst.

Hiermit gelangte die Naturrechtslehre zu dem Prinzip, dass der Schuldner von der Verpflichtung zur versprochenen Leistung und zum Interesse nur bei der unverschuldet durch einen Zufall entstehenden nachträglichen Unmöglichkeit befreit wird, während er grundsätzlich für die schuldhaft von ihm verursachte Unmöglichkeit haftet. Das bedeutet, dass der Schuldner nicht von seiner Verbindlichkeit und der Verpflichtung zum Interesse bei der nachträglichen Unmöglichkeit befreit wird, wenn seine Schuldlosigkeit an der durch den Zufall entstehenden Unmöglichkeit nicht bewiesen wird. Hierbei beschränkte die Naturrechtslehre die Befreiung des Schuldners von der ganzen Haftung bei der durch den Zufall herbeigeführten nachträglichen Unmöglichkeit auf den Sachuntergang, den Tod des Versprechenden oder des Promissars, und auf die völligen Veränderung der Umstände[36].

Es ist hervorzuheben, dass der Begriff „Unmöglichkeit“ selbst in der Naturrechtslehre nicht im Mittelpunkt der Haftung für die Nichterfüllung stand und die Unmöglichkeit als Grund der Befreiung von der Verbindlichkeit vielmehr unter dem Begriff „Zufall“ erfasst wurde.

Die Naturrechtslehre wies der Unmöglichkeit als Tatbestand der Obligationsverletzung keine entscheidende Bedeutung zu, sondern sah sie vielmehr nur als einen Sachverhalt des „Unmöglichwerdens durch Zufall“ an, weil es bei der Naturrechtslehre darauf ankam, ob der Schuldner erfüllt hat oder nicht. Wenn sich die Frage stellt, ob der Schuldner an der Nichterfüllung schuld ist oder nicht, und der Schuldner nicht beweisen kann, dass die Erfüllung der Leistung durch Zufall unmöglich wurde und ihn daher kein Verschulden trifft, haftet er für die Nichterfüllung wegen Unmöglichkeit und wird damit verpflichtet, das Interesse des Gläubigers an der Erfüllung zu ersetzen.

---

[34] Pufendorf, De officio, I, 9, § 17.

[35] Hierzu vgl. Würthwein, Schadensersatzpflicht, S. 34.

[36] Pufendorf, De officio, I, 15, § 9; Hufeland, Lehrsätze, § 274, S. 127; Höpfner, Naturrecht, § 111 3), §§ 114, 115; Martini, Lehrbegriff, Bd. II, § 161.

Diese Tendenz fand später auch Eingang in die frühe Pandektenlehre[37]. An der frühen Pandektenliteratur lässt sich jedoch erkennen, dass man sich um eine Verschärfung des Begriffs „*casus*" bemühte. Die Einteilung des „*casus*" („Zufall") in „*casus mixtus*" und „*casus merus*" wurde später eingeführt[38]. *Casus mixtus* stellt sich als durch das Verschulden verursachter Unglücksfall dar, den der sorgfältige Schuldner hätte vermeiden können, während *casus merus* ein *casus* war, mit welchem keine Nachlässigkeit von Seiten des Verpflichteten verbunden ist[39]. In der frühen Pandektenlehre war der Satz „*casus fortuiti a nullo praestantur*" der Grundsatz für die nachträglich durch den Zufall eintretende Unmöglichkeit. Bei der Anwendung dieses Grundsatzes kam es zunächst darauf an, ob den Schuldner die Schuld an der Unmöglichkeit treffe oder nicht. Im Prinzip hatte der Schuldner für die nachträgliche Unmöglichkeit durch einen Zufall („*casus merus*") nicht einzustehen. Ausnahmsweise haftet der Verpflichtete für zwei Unglücksfälle, obwohl sie zum „*casus merus*" gehören; bei einer Garantie durch ein Versprechen für die Übernahme der Verantwortlichkeit des Unglücksfalls und bei der nach Verzug eingetretenen Unmöglichkeit[40].
Nach dem gemeinen Recht ging es nur bei der unverschuldeten nachträglichen Unmöglichkeit um die Befreiung von der Haftung. Die Fälle der verschuldeten Unmöglichkeit wurden weiterhin vom Prinzip der Culpa-Haftung geregelt[41], wonach der Fall der verschuldeten nachträglichen Unmöglichkeit eine Ausnahme von der „genauen" Erfüllung (oder der „Naturalerfüllung") bildete[42]. In diesem Sinne bedeutet die verschuldete Unmöglichkeit die Befreiung des Schuldners von der Erfüllung *in natura* (Realerfüllung) selbst, nicht aber von der Haftung. Dementsprechend behandelte das gemeine Recht deshalb die nachträgliche Unmöglichkeit grundsätzlich nicht unter dem Gesichtspunkt „der Erfüllung der Verbindlichkeit", weil es nicht in Angriff genommen wurde, die Obligationsverletzung einschließlich der Unmöglichkeit mit einer bestimmten Form zu objektivieren.

---

[37] Die Unmöglichkeit hatte Heise in seiner Pandektenvorlesung als einen Unterbegriff der zufälligen Umstände unter die Aufhebungsgründe der Verbindlichkeit aufgenommen. Zur Ausführung vgl. Heise, Grundriss eines Systems des gemeinen Civilrechts, S. 83 ff., insbes. S. 87.

[38] Glück, Pandecten, Bd. 4, § 325, S. 365; Höpfner, Commentar, § 754. Hugo hatte jedoch keine klare Einteilung des *casus* unternommen, sondern beiläufig bemerkt, dass „zufälliger Sachuntergang oft die Obligation beende." Dazu Hugo, Lehrbuch des heutigen Römischen Rechts, S. 237/303.

[39] Glück, Pandecten, Bd. 4, § 325, S. 365/367. Hierbei verstand Glück die Prästation der *culpa levissima* als Nachlässigkeit. Hierzu vgl. Höpfner, Commentare, § 759.

[40] Glück, Pandecten, Bd. 4, § 327, S. 388; Höpfner, Commentar, § 761 (Wer trägt, und wer ersetzt den Casum?), Abs. 1) und 4).

[41] Höpfner, Commentar, § 756. Hierzu Jakobs, Unmöglichkeit und Nichterfüllung, S. 115 f.

[42] Hufeland, Lehrbuch, Bd. I, S. 123, Nr. 314 u. S. 124, Nr. 318; Höpfner, Commentar, § 737 2), b), und § 754.

Man sah vielmehr die Unmöglichkeit nur dann als Aufhebungsgrund der Verbindlichkeit an[43], wenn die Unmöglichkeit durch einen Zufall verursacht wurde und keine der beiden Seiten im gegenseitigen Schuldverhältnis die Schuld am Unmöglichwerden trifft.
Der Fall der schuldhaft nachträglich eingetretenen Unmöglichkeit fiel nach dem gemeinen Recht mit der Nichterfüllung der Verbindlichkeit zusammen, wobei der Schuldner nur dann ausnahmsweise zum Interesse verpflichtet war[44], wenn es nachgewiesen wird[45], dass die Realerfüllung (Erfüllung *in natura*) ihm nicht möglich ist.

Nach alldem ist festzustellen, dass die über die Naturrechtslehre vermittelte und sich durch das gemeine Recht fortentwickelte Unmöglichkeitslehre in mancher Hinsicht wesentlich mit den Regelungen des geltenden BGB über die Unmöglichkeit vergleichbar ist, obwohl die frühere Pandektenlehre die systematische Verbindung der Leistungsstörungen mit dem konstruktiven Unmöglichkeitsbegriff nicht kannte und deswegen die Unmöglichkeit nur beiläufig erwähnte[46].

Man gewinnt den Eindruck, dass die Unmöglichkeitslehre, die dem geltenden BGB zugrunde liegt, schon vor Friedrich Mommsen im Entstehen begriffen war.

3. Kannte das gemeine Recht Fälle der positiven Vertragsverletzung ?

Die Naturrechtler verstanden mit ihrer Vertragslehre die Obligation als eine Verhaltensordnung, welche beide Parteien mit der Erfüllung des Versprochenen

---

[43] Dabelow, System des gesamten heutigen Civil-Rechts, Bd. I, § 683 f. Später wurde es zunehmend üblich, unter den Aufhebungsgründen der Obligation vom Unmöglichwerden der Leistung zu sprechen. Damit wurde deutlicher, dass das unverschuldete Unmöglichwerden als Aufhebungsgrund der Obligation in der Literatur häufiger zur Anwendung gekommen war. Hierzu s. Höpfner, Commentar, § 984, Mackeldey, Lehrbuch, Bd. 2, § 494.

[44] Hieran kann man erkennen, dass der (primäre) Erfüllungsanspruch und der (sekundäre) Anspruch auf Schadensersatz bei der Unmöglichkeit getrennt voneinander betrachtet und die Haftung wegen schuldhaften Unmöglichwerdens grundsätzlich aus dem Prinzip der Culpa-Haftung folgte. Als Beispiel dafür ist das subjektive Unvermögen beim Doppelkauf einer Sache zu nennen. Beim Doppelkauf einer Sache konnte der zweite Käufer nach der Naturrechtslehre und dem gemeinen Recht vom Verkäufer nur aufgrund von Verschulden Schadensersatz verlangen, weil die Herrschaft über die versprochene Sache nach der Vertragslehre sogleich mit Vereinbarung auf den ersten Käufer übertragen wurde und die Sache sich nicht mehr in der Hand des Verkäufers befand. Hierbei konnte der Schadensersatz des zweiten Käufers auf die allgemeine Culpa-Haftung gestützt werden. Hierzu vgl. Wollschläger, Unmöglichkeitslehre, S. 86/87 u. S. 80 f.; Würthwein, Schadensersatzpflicht, S. 47.

[45] Dabelow, System des gesamten heutigen Civil-Rechts, Bd. I, § 624, S. 292.

[46] Thibaut, Pandekten, Bd. I §§ 227, Bd. II § 1172; Hufeland, Lehrbuch, Nr. 318, S. 124; Mühlenbruch, Lehrbuch, §§ 333, 362.

einhalten sollten, und eröffneten damit die Möglichkeit der Überwindung der frühen gemeinrechtlichen Kasuistik mit einer allgemein formulierten Theorie der vertraglichen Leistungspflicht.

Dementsprechend bestimmte sich der Inhalt der Vertragspflicht in der Naturrechtslehre nicht nach der Gestalt der Aktionen, insbesondere dem Gegensatz zwischen *stricti iuris* und *bonae fidei iudicia* oder den Vertragskategorien des römischen-gemeinen Rechts, sondern vielmehr nach Ausmaß und Grenzen der Zurechnung des Versprechens an den Promissor[47].

In besonderem Maße spiegelt sich dieser Gedanke in der Pflichtenlehre Pufendorfs wieder[48]. Die Pflichten, die nach Pufendorf[49] gegenüber Gott, gegenüber sich selbst und gegenüber anderen Menschen befolgt werden sollen, umfassen alles, was jeder Mensch in einem Gemeinschaftsleben einhalten soll. Dabei stellt Pufendorf den Grundsatz *„neminem laedere"* („Niemand soll dem anderen Schaden zufügen": das Verletzungsverbot) in den Mittelpunkt. Diese Pflicht gliedert Pufendorf in die absolute und die bedingte Pflicht und meint damit, dass die absolute Pflicht gegenüber allen erst mit dem Versprechen oder einem Vertrag über Güteraustausch in die bedingte Pflicht übergeht[50], weil die naturrechtliche Gesellschaft nach Pufendorf das Bild des schwachen (*„imbecilitas"*), aber mit Vernunft begabten Menschen [51] voraussetzt und der Güteraustausch für das Leben jedes Menschen wesentlich ist, wobei jeder die Pflichten des menschlichen Zusammenlebens in einer Gesellschaft beachten muss. Pufendorf erscheint das Zusammenleben ohne Beachtung aller Gemeinschaftspflichten kaum möglich[52].

Pufendorf sieht die Art der Pflichtverletzungen in zwei Formen und behandelt sie im Titel „Über das Verletzungsverbot". Die absolute Pflicht bezieht sich auf das Verhalten des Menschen, das den Schutz von Leben, Körper, Gesundheit, Freiheit und Ehre anderer Menschen zum Gegenstand hat, und die Verletzung solcher Pflichten besteht sowohl in einem Tun, als auch in einem Unterlassen der Handlung, die dem Gebot des Gesetzes entspricht[53]. Als Beispiel einer Ver-

---

47 Wieacker, Die vertragliche Obligation, S. 16.

48 Zur Pflichtenlehre Pufendorfs vgl. nun Ikadatsu, Padadigmawechsel, S. 32 f./47 f.; Wyduckel, Der Vertragsgedanke bei Samuel Pufendorf in seiner Bedeutung für die Konstitution von Recht und Staat, S. 43; Randelhofer, Die Pflichtenlehre bei Samuel von Pufendorf, S. 5 ff.; Zur Initialformel für den naturrechtlichen Gesellschaftsentwurf Pufendorfs vgl. Lipp, Die Bedeutung des Naturrechts für die Ausbildung, S. 142 ff., insbes. S. 145/148; Schlosser, Die Grundzüge der Neueren Privatrechtsgeschichte, S. 88 ff.

49 Pufendorf, De officio, I, 3, § 13.

50 Pufendorf, De officio, I, 6, § 1; I, 7, § 1.

51 Pufendorf, De officio, I, 3, § 11. Hier findet sich die Grundvorstellung Pufendorfs über die begabten Menschen im Gegensatz zu den Tieren.

52 Randelhofer, Die Pflichtenlehre bei Samuel von Pufendorf, S. 17.

53 Pufendorf, De officio, I, 6, § 3.

letzung der absoluten Pflicht stellt Pufendorf den Grundsatz *„neminem laedere“* voran[54].

Entsteht der Schaden durch menschliches Verhalten, müssen zwei Faktoren für den Schadensersatz oder die Wiedergutmachung des Schadens nach Pufendorf vorliegen: Einer davon ist die subjektive Zurechenbarkeit des Schaden an den Täter[55], zu welcher die vorsätzliche oder fahrlässige Handlung gehören[56]. Der andere ist ein objektiver Schaden beim Geschädigten[57].

Nach Pufendorf geht es bei der Verletzung der absoluten Pflicht um deliktisches Verhalten des Menschen, während die Verletzung der bedingten Pflicht ein bestimmtes Verhältnis voraussetzt[58]. Ein solches bestimmtes Verhältnis schien Pufendorf ein Vertragsverhältnis für Güteraustausch zu sein. Nach Pufendorf kann sich der Schaden auch aus dem Vertragsverhältnis ergeben, welcher mit einer Klage auf Schadensersatz auszugleichen ist. Außer der umfassenden Deliktsnorm für schuldhaftes Verhalten, durch welches Schaden entsteht, kannte Pufendorf den Schaden wegen Verletzung der vertraglichen Pflicht und behandelte unter dem Titel „Schadensbegriff“ den Sachverhalt der Vertragspflichtverletzung, der in der Unterlassung oder Verweigerung der Leistung nach Fälligkeit besteht[59], die jemand aufgrund einer Verbindlichkeit zu erbringen verpflichtet ist.

Die sonstigen Vertragspflichten neben der Hauptpflicht versuchte Pufendorf in Zweck und Natur aller Verträge zu finden, welche Pflichten für die Parteien begründen[60]. Pufendorf erwähnte zwar sonstige Pflichten der Parteien im Vertragsverhältnis nur vereinzelt[61], jedoch bemerkte er zur Weise der Erfüllung der vertraglichen Pflichten unter dem Titel „Auf welche Art und Weise Verbindlichkeiten aus Verträgen erlöschen“[62]: „Durch die Untreue eines Teils wird der Vertrag weniger aufgehoben als gebrochen. Wenn nämlich der eine die verein-

---

[54] Pufendorf, De officio, I., 6, § 2.

[55] Pufendorf, De officio, I, 6, § 4.

[56] Pufendorf, De officio, I, 6, § 9.

[57] Pufendorf, De officio, I, 6, § 4.

[58] Pufendorf, De officio, I, 6, § 1.

[59] Pufendorf, De officio, I, 6, § 5. Diese Fälle erklärte Hufeland für eine Verletzung des durch den Vertrag erworbenen Rechts. Nach Hufeland kann dies Recht durch die Zurückhaltung der versprochenen Sache, durch die Nichtübung der versprochenen Handlung und durch verschuldetes Unmöglichwerden der Erfüllung des Versprechens verletzt werden. Vgl. Hufeland, Lehrsätze, § 275, S. 127.

[60] Pufendorf, De officio, I, 15, § 16.

[61] Aus einigen Äußerungen ergibt sich, dass Pufendorf schon die allgemeine Rücksichts- und Schutzpflicht unter sonstigen Verhaltenspflichten im Schuldverhältnis kannte und definierte. Dazu Wieacker, Die vertragliche Obligation, S. 20; Harting, pVv, S. 76. Nach Ansicht Hartings ist die schuldhafte Verletzung dieser Pflichten durch eine Partei des Vertrages mit den Fällen der heutigen positiven Vertragsverletzung identisch.

[62] Pufendorf, De officio, I, 16.

barte Leistung nicht bewirkt, ist auch der andere nicht verpflichtet, das zu erfüllen, was er mit Rücksicht auf die Leistung des anderen versprochen hat."[63]

Wenn diese Sicht mit der gemeinrechtlichen Einrede des nicht gehörig erfüllten Vertrages" zu vereinbaren ist, dann entsteht der Eindruck, dass Pufendorf, modern gesprochen, das Prinzip des „Synallagma" beim gegenseitigen Vertrag vor Augen hat und nur die Erfüllung mit befriedigender Wirkung für eine vollständige und gehörige Erfüllung hält, die auf natürlichste Weise zur Aufhebung der Verbindlichkeit führt.
Daraus ergibt sich, dass der Gläubiger beim gegenseitigen Vertrag nur insofern die Erfüllung vom Schuldner verlangen kann, soweit es eine Vorleistungspflicht des Schuldners gibt. Sonst hat jeder auf seiner Seite vollständig zu erfüllen, um die Gegenleistung vom Gegner zu verlangen zu können. Demnach darf der Vertrag im Ergebnis nur mit dem Erfolg aufgelöst sein, dass alle entstandenen Verpflichtungen vollständig erfüllt sind.
Aus all dem ergibt sich, dass die Fälle der sonstigen Vertragsverletzungen sowohl durch die Culpa-Haftung für die Verletzung der breiten Vertragspflichten, als auch durch die naturrechtliche generelle Deliktsnorm umfassend erfasst werden können[64], indem die Naturrechtslehre den Anspruch auf Schadensersatz aus schuldhaftem Verhalten des Schuldners und aus einem Verstoß durch eine widerrechtliche Handlung gegen ein Verletzungsverbot gemeinsam regelte[65].

In der Literatur des frühen Pandektenrechts lässt sich beobachten, dass die allgemeine Wirkung der Verträge unter den Contrahenten in der Erfüllung der Verbindlichkeit besteht und jeder Contrahent die Zahlung im weiteren Sinne grundsätzlich zu rechter Zeit, am rechten Ort und in der gehörigen Art oder in genauer Erfüllung der Verbindlichkeit leisten soll[66].
Die vertragliche Verbindlichkeit erlischt erst durch die vollständige, in jeder Hinsicht genaue Erfüllung. Sonst liegt Nichterfüllung vor, die dem Gläubiger den Anspruch auf Schadensersatz einräumt.
Die Naturrechtslehre, dass der Schuldner für culposes (schuldhaftes) Verhalten haftet, sei es durch widerrechtliche Handlung oder sei es durch schuldhafte Verletzung der Vertragspflichten, findet sich in den Literatur der frühen Pandekten-

---

[63] Pufendorf, De officio, I, 16, § 5.

[64] Wollschläger, Unmöglichkeitslehre, S. 87; Würthwein, Schadensersatzpflicht, S. 51.

[65] Martini, Lehrbegriff, I, § 387 f./ II, § 86 f.; Höpfner, Naturrecht, § 131. Die Ausbildung einer allgemeinen Lehre von den Voraussetzungen der Schadensersatzpflicht kann heute als ein Verdienst der Naturrechtslehre gewürdigt werden. Hierzu vgl. Wellspacher, Das Naturrecht und das ABGB, S. 175 ff.

[66] Dabelow, System, Bd. I, §§ 567, 573 f., 591 f., 594 f.

lehre, wonach der Schädiger für jede Culpa einzustehen hat[67]. Aufgrund dieser Rechtslage kommt es im gemeinen Recht auch nicht darauf an, ob der Schaden bei der Gelegenheit eines Vertrages oder Verbrechens oder sonstwie zugefügt wurde. Dies bedeutet nicht, dass das gemeine Recht Kontrakts- und Deliktsklage voneinander nicht getrennt behandelt, sondern dass der Schaden unabhängig von dem Grund für die Haftung unter dem Titel „Schadensersatz" gemeinsam behandelt wurde.

Vom Schadensersatz[68] wegen Nichterfüllung oder von der Leistung des Interesses[69] statt der ursprünglichen Verbindlichkeit sprach das gemeine Recht unter dem Titel „Nichterfüllung der Verbindlichkeit" oder „Von der Leistung der aestimation". Den Grund des Schadensersatzes, der immer nur in Geld geleistet werden kann[70], sah das gemeine Recht entweder in der Nichterfüllung oder in einer widerrechtlichen Rechtsverletzung an einem anderen. Wenn Nichterfüllung vorliegt, tritt die Verpflichtung zur Leistung des Interesses statt zur Erfüllung der Verbindlichkeit nur insofern ein, als der Schuldner die eigentliche Leistung unmöglich gemacht hat oder die nachträgliche Erfüllung dem Zweck des Vertrages und dem Interesse des Gläubigers nicht entspricht, nachdem der Schuldner die Erfüllung verweigert oder verzögert hat. Dabei besteht die Wahlmöglichkeit des Gläubigers, die Realerfüllung weiter zu verfolgen, solange die Erfüllung möglich ist, oder den Wert des Interesses zu verlangen[71].

Zur Nichterfüllung, die den Schuldner zum Schadensersatz verpflichtet, gehören die nicht obligationsmäßige oder unvollständige oder verspätete Erfüllung[72]. Der Gegenstand und Inhalt der vertraglichen Obligation umfasst nicht nur dasjenige, was sich aus der besonderen Verabredung und den rechtlichen Prinzipien des in Frage stehenden Vertrages ergibt, sondern auch alles, was die allgemeine Natur von „Treu und Glauben" bei der Handlungsweise eines redlichen Mannes mit sich bringt[73]. Wie das gemeine Recht alle Verträge der *„bona fides"* unterstellte[74], verstärkte sich in der Praxis die Tendenz zur Ableitung der jeweiligen

---

[67] Höpfner, Commentar, §§ 754, 759. In § 756 bestätigte Höpfner, dass die allgemeine Vertragshaftung für den Schaden, der durch Verschulden verursacht ist, bestand.

[68] Seuffert, Pandektenrecht, Bd. 2, § 235.

[69] Dabelow, System, Bd. I, § 627, S. 294.

[70] Seuffert, Pandektenrecht, Bd. 2, § 235 1), S. 19.

[71] Nach Seuffert kann jedoch der Schuldner, bis er belangt wird, die Hauptleistung, sofern er zugleich für den bisherigen Verzug Schadloshaltung anbietet, noch nachtragen (Seuffert, Pandektenrecht, Bd. 2., 1. Aufl. (Würzburg 1825), § 240, Fn.5.

[72] Seuffert, Pandektenrecht, Bd. 2, § 235 2) b) u. S. 19, Fn. 4.

[73] Seuffert, Pandektenrecht, Bd. 1, § 276.

[74] Der Grund dafür war, dass die *iudicia stricti* und die *iudicia bonae fidei* nicht mehr voneinander unterschied: „Unterschied zwischen stricti iuris und bonae fidei haben wir kein mehr, daher alle Verträge sind bonae fidei, nach der jeder damit verbunden sein sollte, was die Parteien im Vertrag nicht ausdrücklich vereinbaren, weil man die ausführliche Anführung der Verpflichtung in bonae fidei für überflüssig hält." (Höpfner, Commentar, § 751).

Nebenpflichten im heutigen Sinne aus Treu und Glauben[75]. Hierzu äußerte sich Seuffert so: Die bona fides erfordere insbesondere bei dem Eintreten außerordentlicher Umstände auch besondere Mühewaltung zu übernehmen, wenn sie erforderlich ist, damit das Geschäft im Interesse beider Contrahenten zu seiner Erfüllung gelange[76].

Der Grund dafür, dass das gemeine Recht sich mehr an der Frage „nicht erfüllt oder nicht gehörig erfüllt" orientiert als an einzelnen Tatbeständen, ist im Beweisverfahren zu erblicken. Wenn der Kläger aufgrund der Nichterfüllung vor Gericht kommt und bewiesen hat, dass eine bestimmte Verbindlichkeit vorliegt, dann muss der Beklagte beweisen, dass er die Erfüllung auf seiner Seite vertragsmäßig und auf gehörige Weise geleistet hat, um der Behauptung des Klägers entgegenzutreten. Aus diesem Beweis, der im allgemeinen dem Beklagten, dem Schuldner obliegt, ergibt sich, dass es im gemeinen Recht nicht um einzelne Tatbestände der Obligationsverletzung geht, sondern vielmehr darum, ob der Schuldner die Leistung vollständig und gehörig nach Treu und Glauben erfüllt hat oder nicht[77].
Wenn Nichterfüllung vorliegt und der Kläger die Klage auf Schadensersatz wegen Nichterfüllung erhebt, sei nach Seuffert die weitere Anführung eines dem Beklagten zur Last fallenden besonderen Verschuldens nicht erforderlich[78].
Dass die Rechtsprechung ebenso wie die gemeinrechtliche Lehre von der Nichterfüllung ausgeht, ergibt sich aus einem Urteil, das Mangelfolgeschäden zum Gegenstand hat. Das Appellationsgericht zu Celle[79] nimmt in seiner Entscheidung vom 14. Juli 1876 die volle Schadensersatzhaftung einschließlich der Mangelfolgeschäden der beklagten Verkäufer an, die schuldhaft krankes Vieh geliefert hatten. Hierbei verlangte der Kläger Schadensersatz mit der Behauptung, dass die Beklagten den Vertrag nicht gehörig erfüllt hätten und mit Rücksicht auf ihre Vertragspflichten für die Folgen der mangelhaften Erfüllung verantwortlich seien.
Das Gericht erster Instanz hatte dem Kläger den Beweis dafür auferlegt, dass die Verkäufer „bei Erfüllung" des Kaufvertrages die ihnen obliegenden Verpflichtungen „aus Vorsatz oder aus grobem Versehen verletzt" hätten. In der Beru-

---

[75] Hierzu Seufferts Archiv Bd. 1 (1847), Nr. 41, OLG zu Lübeck. Die Entscheidung lautet so, daß jede Erfüllung nach der Natur der Verpflichtung gemäß der bona fides geschehen sollte.
[76] Seuffert, Pandektenrecht, Bd. 2, § 276, S. 90, Fn. 1[a)].
[77] Auch Thibaut sprach von der Verpflichtung beim Mandat, das übertragene Geschäft gehörig auszuführen, und der Haftung auf das Interesse, wenn er das Geschäft nicht gehörig besorgt. Vgl. Thibaut, Pandekten, §§ 867, 889.
[78] Seuffert, Pandektenrecht, Bd. 2, § 235, S. 20, Fn. 9.
[79] Seufferts Archiv, Bd. 32 (der ganze Reihe), 1877, Nr. 193, S. 245-246. Hierzu vgl. Freudling, Schadensersatzansprüche, S. 21 f.

fungsinstanz wurde dem Antrag des Klägers entsprechend erkannt, dass die Beklagten mit dem Beweis zu belasten seien, sie hätten bei Anschaffung und Übergabe des Bullen die Sorgfalt ordentlicher Kaufleute angewendet. Das Gericht führte weiter aus, dass die Klage abgewiesen werden müsse, wenn den Beklagten dieser Beweis gelänge. Das Gericht ging übereinstimmend mit dem Erstgericht davon aus, dass der Verkäufer schon für Fahrlässigkeit hafte. Demnach wurde der Beklagte zum Ersatz des Schadens verurteilt, der infolge nicht gehöriger, mangelhafter Erfüllung entstanden war. Hierbei sah das Gericht die Schadensersatzleistung als Erfüllung des Vertrages an. Damit lässt sich feststellen, dass die Culpa-Haftung für den Schaden aus mangelhafter Erfüllung des Schuldners vom gemeinen Recht allgemein anerkannt wurde und das Gericht sich auch für Mangelfolgeschäden wegen Schlechterfüllung noch auf die Culpa-Haftung berief[80].

Mit dieser Entscheidung wird deutlich, dass eine Einstandspflicht für das Versprechen und die Verletzung der vertraglichen Pflichten im gemeinen Recht bestand, welche die die Erfüllung begleitenden Nebenpflichten umfassen, und dass das gemeine Recht die Fälle der positiven Vertragsverletzung nicht außer Acht gelassen hatte, unter denen die Verletzung aller Nebenpflichten nach der heutigen herrschenden Meinung zusammenzustellen sind, obwohl das gemeine Recht weder ausdrücklich von der Nichterfüllung ausging, noch die Nichterfüllung unter dem Titel „Erfüllung des Vertrages" behandelt wurde.

Die Einstandspflicht für den Schadensersatz wegen der Vertragsverletzung leitete das gemeine Recht aus dem Sachverhalt „nicht gehörig oder nicht erfüllt" selbst her. In Bezug auf den Ausdruck „*id quod interest*" (Interesse) äußert Glück ausdrücklich, dass Interesse im allgemeinen Sinne „aller Nachtheil heisse, der dem Creditor daraus entstanden sei, dass der Schuldner seine Verbindlichkeit nicht gehörig erfüllt habe"[81]. Es bringt zum Ausdruck, dass für den Gläubiger die beiden Tatsachen, nämlich das Vorliegen einer Verbindlichkeit und die Nichterfüllung, entscheidender waren als die einzelnen Gründe der Nichterfüllung. Vielmehr waren für den Schuldner, der sich von der Haftung befreien will, die Gründe der Nichterfüllung von Bedeutung, indem er beweisen musste, dass ihn kein Verschulden an die Nichterfüllung trifft.

Außerdem ist es mit der „*exceptio non rite adimpleti contractus*" („Einrede des nicht gehörig erfüllten Vertrages") bei dem gegenseitigen Vertrag nachzuweisen, dass die Nichterfüllung im Vordergrund der Vertragshaftung stand. Den damaligen Juristen schien diese Einrede, die auf der bona fides beruht,[82] die Verwirklichung des Vertragszwecks durch die vollständige und gehörige Erfül-

80 Seufferts Archiv, Bd. 7. (1853), Nr. 70.
81 Glück, Pandecten, Bd. 4, § 332, S. 432.
82 Kaser, Römisches Privatrecht, S. 183. Zu weiterem vgl. Ernst, Die Vorgeschichte der *exceptio non adimpleti contractus*, S. 1-57.

lung zu ermöglichen[83]. Im Gegensatz zur allgemeinen Beweisregel hatte der Kläger im Ergebnis die Beweislast zu tragen, weil der Kläger beweisen muss, dass er selbst ordentlich erfüllt hat, um den Vertragszweck zu erreichen, wenn ihm der Beklagte die Einrede entgegensetzt, dass die Erfüllung zwar erfolgt ist, sie aber nicht vollständig oder fehlerhaft geschehen ist. Nur wenn der Kläger die Verbindlichkeit vertragsmäßig erfüllt hat, dann ist er zum Anspruch auf die Gegenleistung berechtigt[84].
Daraus entsteht der Eindruck, dass das gemeine Recht auch grundsätzlich auf dem Prinzip des *„Synallagma"* basierte und alle Fälle der nicht gehörigen Erfüllung als Gegenbegriff zur Erfüllung, welche zur Aufhebung der Verbindlichkeit beim einseitigen Schuldverhältnis führt und den Gläubiger zur Geltendmachung der Gegenleistung beim gegenseitigen Vertrag berechtigt, nach dem gemeinen Recht unter die Nichterfüllung der Obligation zusammengestellt wurden[85], ohne auf einzelne Tatbestände der Obligationsverletzung einzugehen.

III. War die Regelung der Obligationsverletzung in den frühen Kodifikationen „lückenhaft"?

1. Der *Codex Maximilianeus Bavaricus Civilis* (CMBC)

Der CMBC Kreittmayrs[86] behandelt die Unmöglichkeit im Abschnitt über die Art und Weise der Aufhebung der Verbindlichkeit. Dort heißt es, durch den Untergang einer als *Species* geschuldeten Sache werde die Obligation aufgehoben, wenn der Untergang „weder ex Mora noch Culpa, oder sonst ex Facto Debitors" erfolge[87]. Der CMBC folgte dem Grundsatz des römischen Rechts und regelt die Culpa-Haftung für die nachträglich verursachte Nichterfüllung in 4, 20, 1 (CMBC):
„Dolum, Culpam vel Casum in Conventione praestiren heißt soviel den Schaden oder Verlust erstatten, welcher sich mittels des Contracts durch bösen Fürsatz oder Fahrlässigkeit eines von beeden Contrahenten oder durch unversehenen Unglücksfall ergibt."

---

83 Glück, Pandecten, Bd. 17, S. 228; Hufeland, Lehrbuch, S. 123, Nr. 314. Diese Einrede betrachtete Hufeland als richtiges Rechtsmittel für den Gläubiger, mit welchem der Gläubiger dem Schuldner zwingen kann, die Erfüllung der Verbindlichkeit vollständig zu erfüllen.
84 Zur Überlieferung und Kontinuität dieser Einrede in der Rechtsprechung des Reichsgerichts vgl. Ernst, TR 1999, 408 f.
85 Ähnlich auch bei Dabelow, System, Bd. I, § 627, S. 294.
86 Zu Entstehung und Charakter des CMBC vgl. Gagnér, Die Wissenschaft des gemeinen Rechts und der Codex Maximilianeus Bavaricus Civilis, 1-118.
87 CMBC 4, 15, 12.

Diese Feststellung macht es für Kreittmayr überflüssig, die Unmöglichkeit als einen der Grundtatbestände der Vertragshaftung zu erwähnen[88]. Die Vertragshaftung behandelt Kreittmayr vielmehr generell als Problem der Einstandspflicht oder der allgemeinen Culpa-Haftung für *dolus*, *culpa* oder *casus mixtus* und für einen dadurch entstandenen Schaden oder Verlust, obwohl der in den Verschuldensbegriffen mitgedachte Störungstatbestand der Nichterfüllung von Kreittmayr selbst nicht eigens ausgedrückt wurde[89], um die Fälle der heutigen positiven Vertragsverletzung zu erfassen. Im CMBC wird die Haftung für die Obligationsverletzung als „Einheit" gesehen, wobei die Entscheidung subjektiven Zurechnungskriterien folgte. In die Kodifikation findet weiterhin die römisch-gemeinrechtliche Culpa-Haftung Eingang[90], mit welcher alle Fälle der Obligationsverletzung erfasst werden können. Mit den Regelungen des CMBC und den Anmerkungen Kreittmayrs über die Obligationsverletzung ist festzustellen, dass die subjektiven Haftungskriterien für die Haftung wegen Nichterfüllung noch maßgeblich sind und der CMBC mit der allgemeinen gemeinrechtlichen Culpa-Haftung die Fälle der Verletzung der Leistungspflichten und der sonstigen Verhaltenspflichten ohne gesetzliche Lücke erfassen kann, indem Kreittmayr alle Verträge der *bona fides* unterstellt[91].

2. Das allgemeine Landrecht für die preußischen Staaten von 1784 (ALR)

Das preußische ALR enthält in § 285, I. 5. unter dem Titel „Interesse" eine Regelung, die den Schadensersatz aus jeglicher Vertragsverletzung statuiert:

---

[88] Luig, Die Grundsätze des Vertragsrechts, S. 70.

[89] Wollschläger, Die Entstehung der Unmöglichkeitslehre, S. 102. Kreittmayr erwähnte lediglich den Verzug in seiner Kommentierung. Zum weiteren, Kreittmayr, Anmerkungen über den Codicem Maximilianeum Bavaricum Civilem, 2, 3, § 21, Nr. 2. Übereinstimmend, Harting, pVv, S. 78.

[90] AfE 25 (1872), 312 f.; Gagnér, Die Wissenschaft des gemeinen Rechts und der Codex Maximilianeus Bavaricus Civilis, S. 115. Bei der Nichterfüllung eines Vertrages gab die Judikatur nach dem CMBC dem Gläubiger ein Klagerecht auf die Erfüllung oder Entschädigung wegen Nichterfüllung nach dem römischen Grundsatz. Eine ähnliche Regelung finden wir in den Artt. 1147, 1148 Code civil. Hierzu, Crome, Die Grundlehren des französischen Obligationenrechts, S. 102 ff.; Ferid, Das französische Zivilrecht, Bd. 1, 2 C 1, S. 482 ff.; Sonnenschien, Inexécution, S. 27-29.

[91] Kreittmay ist der Meinung, „heut zu Tag alle Contractus bonae fidei seynd, und keiner mehr stricti juris ist.", Kreittmayr, Anmerkungen, 4, 1, § 4, S. 10. Ferner Harting, pVv, S. 81. Nach einigen Ansichten gab es im CMBC keinen Versuch, alle Fälle der Obligationsverletzung mit einem objektiven Tatbestand zu erfassen. Harting, pVv, S. 80; Kotulla, pFv, S. 362; Blaurock, Culpa-Haftung, S. 54; Luig, Die Grundsätze des Vertragsrechts, S. 70; Wollschläger, Unmöglichkeitslehre, S. 102.

„Wer bey Abschließung seine Pflicht vorsetzlich, oder aus grobem Versehen, verletzt hat, muss dem Andern sein ganzes Interesse vergüten."

Unter dem Begriff „Interesse" versteht der Gesetzgeber des ALR alle Nachteile, die dem Gläubiger dadurch entstanden sind, dass der Schuldner seinen Pflichten gegen ihn nicht nachgekommen ist (§ 286, I. 5. ALR). In den folgenden Vorschriften nimmt das ALR bei der Bestimmung des Interesses Rücksicht nicht nur auf den wirklichen Schaden, sondern auch auf den durch die Nichterfüllung der Obligation entgangenen Vorteil (§ 287, I.5. ALR), wobei es den Schadensersatz bei mäßigem oder geringem Versehen auf den wirklichen Schaden beschränkt (§ 288, I.5. ALR).
Zum Verhältnis der §§ 286, 288 zu § 285, I. 5. ALR äußert das preußische Obertribunal in einer Entscheidung: „Nach diesen Vorschriften muß zwar derjenige, welcher bei Abschließung oder Erfüllung eines Vertrages seine Pflichten verletzt hat, den Andern, wenn es aus Vorsatz oder grobem Versehen geschehen, nach § 285 das ganze Interesse, wenn es aber aus einem mäßigen oder geringen Versehen geschehen, nach § 288 nur den wirklichen Schaden ersetzen; nach § 286 aber besteht das Interesse in allem Nachtheile, welcher für Jemand daraus entstanden ist, daß der Andere seinen Pflichten gegen ihn nicht nachkommt."[92]

Nach dem ALR wirken die Nichterfüllung oder mangelhafte Erfüllung verändernd auf das Schuldverhältnis und damit verwandelt sich die versprochene Leistung in die Leistung des Interesses[93]. Zwar beschränkt § 285, I. 5 dieses ausdrücklich auf den Schaden aus dem Vorsatz oder dem groben Versehen, doch wird die Culpa-Haftung für schuldhaftes Verhalten in §§ 286 ff., I. 5 geregelt. Betrachtet man diese Vorschriften im Zusammenhang mit anderen des ALR, wird deutlich, dass §§ 285, I. 5 ff. im Mittelpunkt der Regelungen des Schadensersatzes wegen Nichterfüllung steht und alle Fälle der Obligationsverletzung grundsätzlich auf solche Vorschriften zurückzuführen sind, um die richtige Lösung zu finden.
Dass das ALR nach § 285, I. 5 ff. den Schadensersatz bei geringem Versehen nicht ausschließt, kann den anderen Vorschriften entnommen werden, weil das

---

92 Striethorst, Bd. 44, Nr. 39, S. 158.

93 Hierzu Föster/Eccius, Preußisches Privatrecht, Bd. I, S. 495. In Wirklichkeit enthielt das ALR zwei Quellen der Verpflichtung zum Interesse oder Schadensersatz. Das ALR ging davon aus, dass die Verpflichtung zum Schadensersatz primärer oder sekundärer Inhalt der Obligation sein kann. Im Bereich des Vertragsverhältnisses war die genaue, vollständige und gehörige Erfüllung der versprochenen Obligation der primäre Inhalt, während die Verpflichtung zum Schadensersatz primärer Inhalt bei Delikt ist. Der primäre Inhalt der Obligation bei dem Vertrag wandelt sich erst wegen der Nichterfüllung in den Schadensersatz um, je nach dem Tatbestand, Unmöglichkeit oder Verzug oder Schlechterfüllung. Zur Ausführung vgl. Dernburg, Lehrbuch des preußischen Privatrechts, Bd. 2, S. 177 f.

ALR den Grad des Verschuldens im einseitigen und gegenseitigen Vertragsverhältnis getrennt voneinander regelt (§ 277 ff., I. 5). Nach § 278, I. 5 haften beide Parteien beim gegenseitigen Vertrag für geringes Versehen, wenn beide unmittelbar aus dem Vertrag Vorteile erwarten.
Zur Anwendung der §§ 285 ff., I. 5 ALR auf die Fälle der Nichterfüllung ist Verschulden erforderlich[94] und hierin unterscheidet sich die Culpa-Haftung von der Gewährleistung, die ohne Culpa eingriff[95]. Diese Unterscheidung ist im ALR auch für die Verjährung im ALR maßgeblich, wie im geltenden BGB, weil der Gewährleistungsanspruch der Kurzverjährung[96] im Gegensatz zur allgemeinen 30jährigen Verjährungsfrist[97] unterliegt[98]. Hieran schließt sich die Erkenntnis an, dass der Fall der Mangelfolgeschäden von § 285 ff., I. 5 ALR in der Praxis allgemein erfasst war[99]. In einer Entscheidung betont das preußische Obertribunal den Unterschied in der Verjährung des Schadensersatzanspruchs wegen Schlechterfüllung bei der Kontraktsklage und der Verjährung der ädilizischen Klage:
„Gleich dem Römischen Rechte unterscheidet das Allgemeine Landrecht zwischen den sogenannten ädilitischen Klagen, - der redhibitorischen und der Werths=Minderungs=Klage, - und der Kontrakts= Klage im eigentlichen Sinne, in der Art: daß es die ersten mit der ihm eigenthümlichen Ausdehnung auf die Fälle juristischer Mängel, resp. der eigentlichen Eviktions=Leistung, kürzeren Verjährungs=Fristen unterwirft, §§ 343. 344. I. 5. des Allgem. Landrechts, während die Kontraktsklage der Regel folgt, und ihr Gelöschen an den Ablauf der gewöhnlichen Verjährung von 30 Jahren gebunden bleibt, §§ 270. ff. a.a.O. vgl. § 546. I. 9. daselbst."[100]

Nach § 270, I. 5 ALR muss der Vertrag nach seinem ganzen Inhalt erfüllt werden. Hieraus ist zu schließen, dass das ALR grundsätzlich an der Realerfüllung

94 Striethost, Bd. 44, Nr. 39, S. 156.
95 „Dadurch unterscheidet sich der Interesseanspruch wesentlich von dem einfachen Gewährleistungsanspruch, ... der kein Interesseanspruch ist, sondern ohne Weiteres aus dem Vertrag selbst ohne Hinzutritt irgend welcher culpa folgt. ... Der Unterschied wird auch insofern wesentlich, als der Interesseanspruch nicht wie der Gewährleistngsanspruch der kurzen Verjährung... unterliegt." (Rehb, Bd. I, S. 441).
96 §§ 343, 344, I. 5 ALR
97 §§ 270 ff., I. 5 ALR
98 Striethorst, Bd. 32, Nr. 53, S. 269. Die Klage auf den Schaden wegen Nichterfüllung nach §§ 285 ff. I. 5 ALR, auf die § 320, I. 5 ALR verweist, ist eine Kontraktsklage, die nicht unter die Verjährung nach dem Mangelgewährleistungsrecht fällt. Hierzu vgl. Seiler, Vom Allgemeinen Landrecht zum Bürgerlichen Gesetzbuch, S. 228 f. Damit ist Seiler der Meinung, dass der Käufer einer mangelhaften Sache Schadensersatz wegen Nichterfüllung nach § 320, I. 5 ALR verlangen kann.
99 v. Rönne, Ergänzung und Erläuterung des Allgemeinen Landrechts, 1. Bd., S. 267 f.
100 Striethhorst, Bd. 32, Nr. 53, S. 268-269.

festhält und der Schuldner insofern dem Gläubiger keinen Ersatz aufdrängen kann, wenn der Gegenstand der Erfüllung eine bestimmte Sache ist (§ 273, I. 5), während der Verpflichtete in den sonstigen Fällen die Wahl hat (§ 274, I. 5).
Zum Inhalt des Vertrages bemerkt Eccius unter Einbeziehung von Treu und Glauben: „Die Erfüllung muss nach dem ganzen Inhalt des Vertrages geschehen, diesem nach Treu und Glauben genau und vollständig entsprechen."[101]
Eccius hielte Treu und Glauben für bereits im ALR geregelt, beruhend auf der römisch-gemeinrechtlichen „*bona fides*", obwohl sich das ALR darüber nicht ausdrücklich ausspricht, „daß die Erfüllung treu und redlich, bona fide, zu erfolgen hat"[102].

In Bezug auf die Einrede des nicht gehörig erfüllten Vertrages folgt das ALR der Tradition des gemeinen Rechts und regelt in § 271, I. 5:
„Wer die Erfüllung eines Vertrages fordert, muß nachweisen, daß er demselben von seiner Seite eine Genüge geleistet habe, oder warum er dazu erst in der Folge verbunden sey."

Wie im gemeinen Recht, muss der Beklagte in der Regel beweisen, dass er seine Verbindlichkeit vertragsmäßig erfüllt hat, oder dass ihn kein Verschulden an der Nichterfüllung trifft, wenn der Kläger mit der Behauptung vor Gericht kommt, dass die Verbindlichkeit vorliegt[103], während der Kläger seine Erfüllung beim gegenseitigen Vertrag dort nachweisen muss, wo der Beklagte die Einrede des nicht gehörig erfüllten Vertrages entgegensetzt. Daraus ergibt sich, dass jeder Gläubiger bei gegenseitigen Vertragsverhältnissen mittels der Einrede des nicht gehörig erfüllten Vertrages die vollständige Erfüllung weiter verfolgen kann und damit seine Erfüllung auch dann zurückhalten kann, wenn der Schuldner zwar erfüllt hat, aber nicht gehörig[104]. Auch mit der Einrede des nicht gehörig

---

[101] Förster/Eccius, Preußisches Privatrecht, Bd. I, S. 488-489.
[102] Förster/Eccius, Preußisches Privatrecht, Bd. I, S. 488 ff., insbes. S. 489, Fn. 1.
[103] Die Beweislast beim kontraktlichen Schaden war dem gemeinen Recht entsprechend von den Richter des ALR allgemein anerkannt. Die allgemeine Regel der Beweislast formuliert das preußische Obertribunal in der Entscheidung vom 10. Juni 1875: „Derjenige Kontrahent, welcher die von ihm im Vertrage übernommene Verbindlichkeit wissentlich nicht erfüllt hat, ist zum Ersatze des dem andern Kontrahenten aus der Nichterfüllung des Vertrages erwachsenen Schadens und entgangenen Gewinns verpflichtet, sofern er nicht seinerseits den Nachweis führt, daß die Nichterfüllung in einem Zufalle oder in einem bloßen mäßigen oder geringeren Versehens seinerseits ihren Grund hatte." (Striethhorst, Bd. 94 (1876), Nr. 8, 52 ff., S. 53-54). Zudem unterschied das Gericht hinsichtlich der Beweislast zwischen Delikts- und Kontraktsklage, wonach dem Kläger auf den Schadensersatz aus unerlaubter Handlung der Beweis obliegt (Striethorst, a.a.O., S. 54.).
[104] Förster/Eccius, Preußisches Privatrecht, Bd. I, S. 489. Nach dem ALR wurde die *exceptio non rite adimpleti contractus* („die Einrede des nicht gehörig erfüllten Vertrages") als wahre Einrede angesehen, während die *exceptio non adimpleti contractus* nur eine Klagleugnung

erfüllten Vertrages lässt sich nachweisen, dass das ALR und seine Richter bereits in ihrer Zeit die Nichterfüllung und die nicht gehörige Erfüllung als Grundtatbestand der Obligationsverletzung kannten[105].
Das ALR enthält Regelungen über die „Unmöglichkeit der Erfüllung" in §§ 360 ff., I. 5 und bestimmt damit, wie sich die Unmöglichkeit auf das Schuldverhältnis auswirkt. So lautet § 360, I. 5:
„Kann der Versprechende durch eigene Schuld dem Andern das Versprochene nicht geben oder leisten, so muß er für das Interesse nach Verhältniß seiner eintretenden Verschuldung haften. (§. 277. Sqq.)"

Hieran zeigt sich das Verhältnis der verschuldeten Unmöglichkeit zur allgemeinen Culpa-Haftung[106], weil §§ 277 ff. I. 5 nur die Abstufung des Verschuldens je nach dem konkreten Vertragsverhältnis bei Nichterfüllung bestimmen.
Der Umfang des zu ersetzenden Schadens kann auch erst in Verbindung mit den Vorschriften §§ 285 ff., I. 5 berechnet werden, wie auch § 360, I. 5 auf § 277 verweist. Die Unmöglichkeit kann deshalb nicht einziger Grundtatbestand der Obligationsverletzung sein[107], weil §§ 285, I. 5 ff. im Ergebnis auf die außerhalb der Unmöglichkeit stehenden Fälle der Nichterfüllung auch anwenden können.
Wegen Zahlungsunfähigkeit verurteilte das Obertribunal entgegen dem Urteil eines Appellationsgerichts den Beklagten auf den Schadensersatz und bestätigte dabei weiter, dass für die verschuldete Unmöglichkeit im Ergebnis auf §§ 270, 360 und 393 verwiesen wird[108]:
„Die Zahlungsunfähigkeit des Verpflichteten steht der Unmöglichkeit der Erfüllung nicht gleich und berechtigt den andern Kontrahenten nicht zur Klage auf die Aufhebung des Kontrakts. ....Auf einen solchen Fall passen die Vorschriften

war. Zum Unterschied zwischen beiden Einreden bezüglich der Beweislast vgl. Rönne, Ergänzung und Erläuterung, 1. Bd., S. 241; Leske, Vergleichende Darstellung, Bd. 3. 1, S. 146.

105 Beispiele für die Anwendung der Einrede des nicht erfüllten Vertrages und der Einrede des nicht gehörig erfüllten Vertrages können aus der Praxis in großer Zahl beigebracht werden. Striethorst, Bd. 3, 65 b 86, Bd. 6. 140, 259, Bd. 10, 347 b. 350, Bd. 12. 125, Bd. 20. 71 a., 73., Bd. 21. 200 a, Bd. 27. 23 b. 30, Bd. 33. 37. Hierzu vgl. Föster/Eccius, Preußisches Privatrecht, Bd. I, S. 490 f.

106 In der Literatur wird teilweise überwiegend unter Verweis auf die Ansicht Wollschlägers (Unmöglichkeitslehre, S. 106) vertreten, dass das ALR unter den Zivilrechtskodifikationen erstmals der Unmöglichkeit eine zentrale Rolle im Recht der Leistungsstörungen zugewiesen hat. Hierzu Blaurock, Culpa-Haftung, S. 55; Kotulla, pFv, S. 363; Luig, Das Privatrecht im „Allgemeinen Landrecht", S. 533; Kaufmann, ZRG RA 88 (1971), S. 522; Dilcher, Die januskögfige Kodifikation, 466; Eichler, Die Einheit des Vertragsrechts, S. 19. Dabei ist schon zweifelhaft, warum das ALR mit der gemeinrechtlichen Tradition gebrochen haben sollte. Die Ansicht Wollschlägers wird fraglich, wenn man das Regelungssystem des ALR und die Vorschriften über den Verzug überblickt.

107 Das ALR regelt auch ausführlich den Verzug in §§ 15 ff., I. 16.

108 Striethorst, Bd. 27 (1858), Nr. 68, S. 372 ff.

von der Unmöglichkeit durch Zufall oder unabwendbare Gewalt, mit welchen das Gesetz die Aufhebung des Vertrages verknüpft, §§ 364. 373. a.a.O., überhaupt nicht. Es treten die Grundsätze § 270. I. 5., §§ 360. 393. eben daselbst und § 231. I. 11... ein, nach welchen Verträge erfüllt werden müssen, und derjenige Theil, dem die Erfüllung verweigert oder nicht geleistet wird, von dem andern die Erfüllung und allenfalls nach Verhältniß seiner etwa obwaltenden Verschuldung Entschädigung zu fordern hat. Der Appellations=Richter hat jene Vorschriften durch fehlerhafte....Anwendung verletzt."

Dies gilt auch für § 13, I. 16. In diesem Sinne hat § 285 ff., I. 5 in Verbindung mit §§ 277 ff., I. 5 für die Nichterfüllung und den dadurch eintretenden Schaden größere Bedeutung, als einzelne Regelungen über die Unmöglichkeit und den Verzug.
In Verbindung mit der Kontraktsklage, die auf der Nichterfüllung der Obligation auf *dare* gründet, kann nachgewiesen werden, wie § 285 ff., I. 5 auf die Nichterfüllung oder die nicht gehörige Erfüllung angewendet werden kann. Die Regelung über die Kontraktsklage enthält das ALR in § 320, I. 5:
„Liegt an dem Geber die Schuld, daß sich der Empfänger der gegebenen Sache, nach der Natur und dem Inhalte des Vertrages, nicht bedienen kann, so muß er den Empfänger schadlos halten. (§. 285-291)"

Die Verpflichtung zum Interesse bei der nicht gehörigen Erfüllung durch den Verweis auf §§ 285 ff., I. 5 setzt Verschulden voraus und die Kontraktsklage verbirgt sich hinter § 285 ff., I. 5[109]. Das bedeutet, dass die Culpa-Haftung auch für das ALR im Mittelpunkt steht[110].

---

[109] Den Rücktritt wegen nicht gehöriger Erfüllung hatte das ALR dem gemeinen Recht folgend grundsätzlich abgelehnt. Das ALR unterscheidet sich dadurch hinsichtlich des Rücktrittsrechts vom Naturrecht, das dem Gläubiger Rücktritt aufgrund der Treulosigkeit gewährt. Die Verweigerung der Erfüllung und die nicht gehörige Erfüllung regelt das ALR in § 393, I. 5: „Die von der einen Seite geweigerte oder nicht gehörig geleistete Erfüllung des Vertrages berechtigt den Andern in der Regel noch nicht, von dem Vertrage selbst wieder abzugehn." Dies bedeutet jedoch nicht, dass das ALR den Rücktritt bei Nichterfüllung generell ablehnt, sondern dass es dem Gläubiger nur ausnahmsweise den Rücktritt für bestimmte Fälle in §§ 394 ff., I. 5 zugestand. An dieser Stelle ist darauf hinzuweisen, dass die in der Arbeit Kotullas angegebenen Gesetzesvorschriften korrigiert werden könnten. Vgl. Kotulla, pFv, S. 363, Fn. 36, 37 und 38. Kotulla meinte, dass diese Vorschrift auf die Erfüllungsverweigerung des Schuldners vor Fälligkeit anwendbar ist. Sie gilt aber nur für die Erfüllungsverweigerung nach Fälligkeit. M. E. wäre § 285., I. 5 ALR auf die Erfüllungsverweigerung anzuwenden, die heute zu den Fällen der positiven Vertragsverletzung gezählt wird.

[110] Huber, Die Leistungsstörungen, Bd. I, S. 84; Picker, Positive Forderungsverletzung und culpa in contrahendo, S. 455.

Schließlich ist festzustellen, dass alle Fälle der Vertragsverletzung einschließlich der Unmöglichkeit und des Verzugs unter der allgemeinen Culpa-Haftung nach §§ 285 ff., I. 5 ALR zusammenzustellen sind. Dabei wird deutlich, dass § 285, I. 5 ALR nicht nur als Keimzelle der positiven Vertragsverletzungen und der culpa in contrahendo angesehen werden darf[111]. Man darf daher nicht davon ausgehen, dass das ALR mit der gemeinrechtlichen Tradition gebrochen hätte und der Unmöglichkeit erstmals eine zentrale Funktion im Recht der Leistungsstörungen zugewiesen hätte, weil der Gesetzgeber des ALR den Verzug nicht außer Acht ließ (§§ 15 ff., I. 16).

3. Das allgemeine bürgerliche Gesetzbuch für das Kaisertum Oesterreich von 1811 (ABGB)[112]

Das ABGB von 1811 regelte das Erlöschen von Verträgen in den §§ 917 ff. und die genaue Erfüllung und den Schadensersatz wegen Nichterfüllung in § 919 ABGB folgendermaßen[113]:
„Wenn ein Theil den Vertrag entweder gar nicht; nicht zu der gehörigen Zeit; an dem gehörigen Orte; oder auf die bedungene Weise erfüllt; so ist der andere Theil, außer den in dem Gesetze bestimmten Fällen, oder einem ausdrücklichen Vorbehalte, nicht berechtigt, die Aufhebung, sondern nur die genaue Erfüllung des Vertrages und Ersatz zu fordern."

§ 919 ABGB ist eine allgemeine Regelung für die Haftung bei Nichterfüllung[114], wegen welcher der Gläubiger den Schuldner auf den Schaden in Anspruch nehmen kann, der ihm aus der Nichterfüllung entstanden ist; daneben kann er weiter die genaue Erfüllung des Vertrages fordern. Außerdem konkretisierte die Vorschrift weiter die Fälle der Nichterfüllung, unter welcher der Verzug und die Schlechterfüllung oder die nicht gehörige Erfüllung im heutigen Sinne zusammenzustellen sind. An § 919 kann man erkennen, dass dem Gläubiger bei Nichterfüllung der vertraglichen Obligation insofern der Anspruch auf die genaue Erfüllung nach dem Gesetz neben dem Schadensersatz zusteht und das ABGB am Prinzip der „Realerfüllung" festhält, soweit die Erfüllung selbst noch

---

[111] Hierzu vgl. Choe, Culpa in contrahendo bei Rudolph von Jhering, 207- 218

[112] Zu den Arbeiten Zeilers am ABGB und seiner Kommentierung zum ABGB vgl. Abhandlung über die Principien des allgemeinen bürgerlichen Gesetzbuches, 1986 Wien.

[113] § 919 wurde zum heutigen § 918 ABGB durch die III. Teilnovelle. Zur Vertragshaftung geben die Arbeiten von Kotulla, pFv, S. 365 f. und Würthwein, Schadensersatzpflicht, S. 52, keinen Aufschluss über die Bedeutung des § 919 ABGB.

[114] Schlesinger, ZBl 1926, S. 4; Rabel, Unmöglichkeit, S. 830.

möglich ist. Insofern war die Unmöglichkeit eine Ausnahme vom Grundsatz der Realerfüllung (§§ 1412, 1413 ABGB)[115].
Das ABGB regelt weiterhin im Konkreten den Schadensersatz aus Verschulden in § 1295[116]. So lautet § 1295:
„Jedermann ist berechtigt, von dem Beschädiger den Ersatz des Schadens, welchen dieser ihm aus Verschulden zugefügt hat, zu fordern; der Schade mag durch Uebertretung einer Vertragspflicht, oder ohne Beziehung auf einen Vertrag verursacht worden sein."

Diese Regelung wird in der Literatur häufig nur als deliktische Generalklausel angesehen[117]. Doch muss man sie deshalb anders betrachten, weil sie die gemeinsame Anspruchsgrundlage auf den Schaden enthielt, welcher einer Übertretung der Vertragspflicht oder einer deliktischer Handlung entspringen kann. In Hinsicht auf die Beweislast und die Verjährung differenziert allerdings das ABGB zwischen vertraglicher und deliktischer Haftung[118].
Zum Schaden im Sinne des § 1295, der durch Verletzung eines bestehenden Vertragsverhältnisses zugefügt werden kann, führen nach damaliger Meinung die Nichterfüllung, wenn vom Schuldner schuldhaft überhaupt nicht geleistet

[115] Daneben regelt das ABGB die anfängliche Unmöglichkeit (§ 878), aufgrund welcher ein Vertrag als nichtig angesehen wurde, der eine unmögliche Leistung zum Gegenstand hat, und die nachträgliche Unmöglichkeit in Verbindung mit dem zufälligen Untergang des Gegenstandes des Vertrages (§ 1447). Der letzte Paragraph ist nur dann Aufhebungsgrund der Verbindlichkeit, wenn den Schuldner kein Verschulden am Sachuntergang trifft. Zur Unmöglichkeit des ABGB von 1811 vgl. Rabel, Unmöglichkeit, 821-846.

[116] Hierbei ist darauf hinzuweisen, dass die ursprüngliche Form des § 1295 keine Absätze hatte und die Absätze des § 1295 des geltenden ABGB ein Produkt der sog. III. Teilnovelle (RGBl. Nr. 69/1916) sind. Ehrenzweig hielt die Einführung der neuen Absätze durch die III. Teilnovelle in § 1295 ABGB für überflüssig. Hierzu vgl. Ehrenzweig, Die Zivilrechtsreform in Österreich, S. 26-27. Deswegen ist die Angabe in Teilen der Literatur nicht zutreffend, wenn „§ 1295 Abs. 1" angeführt ist. Dazu Harting, pVv, S. 93; Kotulla, pFv, S. 365 f.; Würthwein, Schadensersatzpflicht, S. 52. Zur Weiterentwicklung des ABGB durch die Teilnovellen im 20. Jahrhundert vgl. Floßmann, Österreichische Privatrechtsgeschichte, S. 16-19; Dölemeyer, Die Revision des ABGB durch die drei Teilnovellen von 1914, 1915 und 1916, Ius commune Bd. 6, S. 274 ff.

[117] Wollschläger, Unmöglichkeitslehre, S. 117. Doch hat Wollschläger § 1295 als Norm angesehen, durch welche die Fälle der heutigen positiven Vertragsverletzungen erfasst werden können. Hieraus hat er den Schluss gezogen, dass es kein Lückenproblem im ABGB geben könne.

[118] Die Regelung des ABGB über die Beweislast des Schuldners und die langfristige Verjährung des Schadensersatzanspruchs wegen einer Obligationsverletzung entspricht dem gemeinen Recht und dem ALR. Zur Ausführung vgl. Stubenrauch, Commentar, Bd. 2, S. 602 ff. Auch hinsichtlich der Beweisregel kommt man zu der Ansicht, dass die österreichische Judikatur der gemeinrechtlichen Beweisregel folgte, wobei sie nur auf die Nichterfüllung gemäß § 919 aufmerksam machte, nicht jedoch auf die einzelnen Tatbestände. Vgl. GlU. Nr. 2056; GlU. Nr. 2946.

wurde, und die nicht gehörige Erfüllung, bei der der Schuldner zwar geleistet hat, aber die Leistung fehlerhaft oder nicht vertragsmäßig ist[119].
Die nicht gehörige Erfüllung erfasst nicht nur die Schlechterfüllung, sondern umfasst auch den Fall der Mangelfolgeschäden[120]. In Übereinstimmung mit einzelnen Lehrmeinungen[121] verurteilte der österreichische Oberste Gerichtshof[122] einen Schuldner zum Ersatz des Schadens, der durch fehlerhafte Sachübergabe am sonstigen Vermögen des Gläubigers verursacht wurde. Dabei setzte das Gericht voraus, dass - mit Ausnahme der kaufrechtlichen Gewährleistung – der Schuldner für das Verschulden einstehen muss. Es bringt zum Ausdruck, dass der Fall der Mangelfolgeschäden unter § 1295 zu subsumieren ist, wobei dem ABGB grundsätzlich die Culpa-Haftung für alle Fälle der Nichterfüllung zugrunde liegt und es nicht weit von der römisch-gemeinrechtlichen Rechtstradition im Rahmen der Obligationsverletzung entfernt ist, auch wenn man davon ausginge, dass das ABGB zu den naturrechtlichen Kodifikationen gezählt werden kann.

Schließlich kann nach alledem festgestellt werden, dass das ABGB keine Lücke im Recht der Leistungsstörungen enthält und sich im Systemaufbau der vertraglichen Haftung für die Nichterfüllung nicht ausschließlich an der Unmöglichkeit orientiert.

---

119 Stubenrauch, Commentar, Bd. 2, S. 603.

120 Außer der Schlechterfüllung und der allgemeinen Culpa-Haftung für die Mangelfolgeschäden kannte die alte Judikatur in Österreich die Erfüllungsverweigerung und betrachtete sie dann als Fall der Vertragsverletzung, wenn die Erfüllungsverweigerung ernstlich erklärt wurde. Hierzu s. Schlesinger, ZBl 1926, 24. Nach der Veränderung der Vorschrift § 919 ABGB durch die III. Teilnovelle (hierzu vgl. RGBl 69/1916, S. 147, § 110), enthält § 918 heute die Worte „auf die bedungene Weise", aus welchen heute Lehre und Judikatur des ABGB die Verhaltenspflichten der Vertragspartner nach Treu und Glauben herzuleiten pflegen, wonach der Gläubiger bei der Erfüllungsverweigerung vor Fälligkeit keine Nachfrist setzen muss. Insofern gab es keine verdeckte Lücke im ABGB und es besteht eine Kontinuität in der Praxis auch nach der Novellierung des ABGB. Hierzu vgl. Gschnitzer, Österreichisches Schuldrecht AT, S. 119; Dittrich/Tades, ABGB, § 918, S. 299. Zur Rechtsprechung vgl. SZ 32/118; SZ 60/287=JBl 1988, 317 f.. An anderer Stelle führt Schlesinger den Nachweis, dass das ABGB die Erfüllungsverweigerung kannte und die Judikatur sie als eine Art der positiven Vertragsverletzung betrachtete, insbesondere aus der Regelung des ALR (§§ 396, 399, 408, I. 5). Vgl. Schlesinger, ZBl 1926, 408.

121 Pfaff/Ehrenzweig, System des österr. Privatrechts, Bd. 2, S. 87, Fn. 13; Kirchstetter, Commentar, S. 458; Winiwarter, Bürgerliches Recht, Bd. 4, § 68.

122 GlU. Bd. 2, Nr. 737; GlU. Bd. 23, Nr. 10860. Zum Verschuldenserfordernis bei Mangelfolgeschäden vgl. GlU. Bd. 45, Nr. 4104.

IV. Ergebnis

Die Gleichstellung der Obligation auf *facere* mit der Obligation auf *dare* und die Verallgemeinerung der Klagbarkeit der formlosen Versprechen durch die Naturrechtslehre ergeben die entscheidende Veränderung der herkömmlichen Rechtslehre; die Einteilung in verschiedene Vertragstypen und die unterschiedlichen Rechtsbehelfe nach dem römischen Recht wurden in mancher Hinsicht für die weitere Rechtsentwicklung vereinfacht, indem alle Verträge der *bona fides* unterstellt wurden.

Der Satz des Celsus *„impossibilium nulla obligatio est"* wurde durch die Naturrechtslehre auf alle Verträge bei der anfänglichen Unmöglichkeit erweitert angewendet und die Lösung der nachträglichen Unmöglichkeit wurde mit der Verschärfung des *„casus"* durch die frühere Pandektenlehre weiterentwickelt. Nach der allgemeinen Geltung des Grundsatzes der Realerfüllung für die Nichterfüllung in der Naturrechtslehre bildete die Nichterfüllung wegen Unmöglichkeit eine Ausnahme vom Grundsatz des Realerfüllungszwangs. Dies wurde später in die frühe Pandektenlehre aufgenommen.

Nach der Naturrechtslehre und der früheren Pandektenlehre handelte sich es bei der Nichterfüllung zunächst um den Sachverhalt, dass der Schuldner die Verbindlichkeit nicht erfüllt oder nicht gehörig erfüllt hat, und dann um das Verschulden des Schuldners an der Nichterfüllung. Insbesondere dass die frühe Pandektenlehre von dem Sachverhalt „nicht erfüllt oder nicht gehörig erfüllt" ausging, ist bereits anhand des gerichtlichen Beweisverfahrens und mit der Einrede des nicht gehörig erfüllten Vertrages (*exceptio non rite adimpleti contractus*) nachgewiesen.

Bei jedem Fall der Nichterfüllung stand die gemeinrechtliche Culpa-Haftung im Vordergrund.

Man geht davon aus, dass der Versuch der objektiven Erfassung des Sachverhalts der Nichterfüllung für die frühere Rechtslehre weniger bedeutsam war, als für die gegenwärtige Lehre, die von dem abstrakten Gesetzesbegriff und dem einzelnen Tatbestand ausgeht, weil die Naturrechtslehre und die frühe Pandektenlehre sich an der Wirkung der Verbindlichkeit selbst orientierten und sich die Rechtsfolgen nach dem Sachverhalt bestimmten.

Die früheren Kodifikationen[123], die in der Blütezeit der Naturrechtslehre entstanden sind, enthalten begrifflich die objektivierten Regelungen über den Verzug und die Unmöglichkeit.

---

[123] Zum Einfluss des Naturrechts auf die Kodifikation des ALR vgl. Thieme, Die Preußische Kodifikation, ZRG GA. 56 (1937), 355-428 (insbes. zu Svarez S. 366 f.). Hierzu vgl. Dilcher, Die janusköpfige Kodifikation -Das preußische Allgemeine Landrecht (1794) und die europäische Rechtsgeschichte; Luig, Das Privatrecht im „Allgemeinen Landrecht für die preußischen Staaten" von 1794, 521 ff.

Auch wenn das ALR und das ABGB es unternahmen, den Sachverhalt der Nichterfüllung oder der nicht gehörigen Erfüllung mit einzelnen Gesetzesbegriffen und Vorschriften zu erfassen, so stand dennoch die Culpa-Haftung weiterhin im Mittelpunkt der vertraglichen Haftung für die Nichterfüllung, die alle ungeregelten sonstigen Fälle der Obligationsverletzung erfassen konnte, die mit der heutigen positiven Vertragsverletzung übereinstimmen. Damit ist festzustellen, dass die Fälle der positiven Vertragsverletzung bereits den Kodifikationen bekannt waren.

Aus den bisherigen Beobachtungen zur vertraglichen Haftung wegen Nichterfüllung in der früheren Rechtslehre und den Kodifikationen lässt sich die Schlussfolgerung ziehen, dass die spätere Naturrechtslehre und die frühe Pandektenlehre sich eher am Sachverhalt des „nicht erfüllt" oder „nicht gehörig erfüllt" orientieren und den einzelnen Tatbestand, nämlich die Unmöglichkeit und den Verzug, nur im einzelnen behandeln. Diesen einzelnen Tatbeständen der Nichterfüllung im heutigen Sinne wird zwar durch die Kodifikationen ein eigener Platz im Gesetzestext gewährt. Hinter diesen Tatbeständen verbirgt sich aber immerhin die Nichterfüllung noch als Grundtatbestand, der von der Rechtsprechung in der Gerichtspraxis nicht außer Acht gelassen wurde.
Es war deswegen keine Lücke für die Haftung des Schuldners für die schuldhafte Nichterfüllung vorhanden. Zugleich ist festzustellen, dass die Unmöglichkeitslehre, die sich über die Naturrechtslehre und die frühe Pandektenlehre weiterentwickelte, in jeder Hinsicht mit den Regelungen des BGB über die Unmöglichkeit zu vereinbaren ist[124].
Ferner ist es besonders lohnenswert, der Frage nachzugehen, wie sich die Tradition des gemeinen Rechts zum Naturrecht in der Gerichtspraxis nach den naturrechtlichen Kodifikationen verhält[125].
Einige Ansichten gehen davon aus, dass die Unmöglichkeit erstmals im ALR besondere Bedeutung für das heutige System der Leistungsstörungen erhalten hat und sich seither die zentrale Funktion der Unmöglichkeit im System der vertraglichen Haftung für die Nichterfüllung entwickelt hat. Der Beobachtung, dass der Sachverhalt „Unmöglichwerden" erstmals durch das ALR in einen formellen Tatbestand der Nichterfüllung umgeschrieben worden ist, ist zuzustimmen. Aber dass die allgemeine Regelung, mit welcher die Fälle der Nichterfüllung, die keinen eigenen Platz im Gesetz gefunden haben, erfasst werden können, negativ

---

124 Blaurock, Culpa-Haftung, S. 55; Kaufmann, ZRG RA 88 (1971), S. 523.

125 Spengler, Bericht über den 31. Deutschen Rechtshistorikertag Wien, ZRG RA 114 (1997), S. 659; Eckert, Gesetzesbegriff und Rechtsanwendung, 571-590; Zimmermann, Heutiges Recht, Römisches Recht und heutiges Römisches Recht, S. 4 f. Zu einer anderen Ansicht vgl. Klippel, Politische und juristische Funktionen des Naturrechts in Deutschland im 18. und 19. Jahrhundert, S. 3 ff.

nur als Keimzelle der heutigen positiven Vertragsverletzung angesehen wird[126] und die Tradition der gemeinrechtlichen Culpa-Haftung durch die Regelungen über die einzelnen Tatbestände der Obligationsverletzung abgebrochen worden sein soll, ist fragwürdig, besonders wenn man das Verhältnis der allgemeinen Regelung über den Schadensersatz aus der Nichterfüllung zu den einzelnen Tatbeständen der Obligationsverletzung betrachtet, für die es einen eigenen Tatbestand gibt.
Die Stellungnahme der Judikatur zur Vertragshaftung des Schuldners für die Nichterfüllung nach dem Inkrafttreten des ALR und des ABGB zeigt, dass die Tradition des gemeinen Rechts zwar durch das ALR und das ABGB formell abgelöst wurde, doch dies in der Rechtspraxis keineswegs dessen vollständige materielle Verdrängung zur Folge hatte [127]. Die Richter des ALR und des ABGB hatten in streitigen Fällen das neue Gesetzbuch nach alter Übung mittels des gemeinen Rechts interpretiert und verstanden[128], wie bereits oben mit der Culpa-Haftung für die Mangelfolgeschäden, mit dem Beweisverfahren und mit der Einrede des nicht gehörig erfüllten Vertrages (*exceptio non rite adimpleti contractus*) gezeigt wurde.
An der Tatsache, dass die Universitäten in Preußen und in Österreich das gemeine Recht im Hörsaal seit der Kodifikation noch weiter lehrten[129], und dass das ALR und das ABGB unter Einfluss der deutschen Pandektistik später romanisiert wurden[130], zeigt sich, dass die Tradition des gemeinen Rechts keineswegs mit der Kodifikation gebrochen wurde.

Es zeichnet sich ab, dass man Naturrecht, Kodifikationen und Gemeines Recht nicht getrennt voneinander betrachten darf und dass die Frage nach dem jeweiligen Anteil an der heutigen Dogmatik der Unmöglichkeitslehre und dem System der Haftung des Schuldners für die schuldhafte Nichterfüllung nur aus der Sicht der kontinuierlichen Entwicklung der Rechtslehre beantwortet werden

---

126 Blaurock, Culpa-Haftung, S. 55; Dilcher, Die janusköpfige Kodifikation, S. 466; Eichler, Die Einheit des Vertragsrechts, S. 19; Kotulla, pFv, S. 363; Luig, Das Privatrecht im „Allgemeinen Landrecht für die preußischen Staaten“ von 1794, S. 533; Kaufmann, ZRG RA 88 (1971), S. 522; Wollschläger, Unmöglichkeitslehre, S. 106.

127 Eckert, Gesetzesbegriff und Rechtsanwendung, S. 571-590.

128 Eckert, Gesetzesbegriff und Rechtsanwendung, S. 583 ff.

129 Bürge, Europa, das römische Recht und wir, S. 59; Eckert, Gesetzesbegriff und Rechtsanwendung, S. 584/589; Wollschläger, Landrechtsvorlesung 1824, 3. 1., XXIV ff.; Zimmermann, Heutiges Recht, Römisches Recht und heutiges Römisches Recht, S. 4 f. Hierzu auch vgl. Klippel, Politische und juristische Funktionen des Naturrechts in Deutschland im 18. und 19. Jahrhundert, S. 3 ff.

130 Schlosser, Grundzüge, S. 106 ff.; Eckert, Gesetzesbegriff und Rechtsanwendung, S. 584. Zur Romanisierung in einzelnen Ländern, Zimmermann, Savignys Vermächtnis, S. 16 ff.. Hierzu nun vgl. Zimmermann, Heutiges Recht, Römisches Recht und heutiges Römisches Recht, S. 3 ff.

kann. Das Verhältnis der Naturrechtslehre zum gemeinen Recht seit dem Inkrafttreten der frühen Kodifikationen in der Judikatur kann vielmehr als eine kontinuierliche Fortsetzung der Lehre und ihrer Anwendung verstanden werden. So formuliert Wesener: „eine scharfe Abgrenzung zwischen Naturrecht und römisch-gemeinrechtlichen Sätzen ist oft schwierig, häufig fast unmöglich."[131] Einer solchen historischen Betrachtungsweise entgeht die andauernde Bedeutung der allgemeinen Culpa-Haftung des Schuldners für die Nichterfüllung oder die nicht gehörige Erfüllung nicht.

Es ist deswegen nur Ergebnis der falschen Auslegung des BGB und deren Rückprojektion in die Rechtsgeschichte, wenn behauptet wird, dass sich im gemeinen Recht und im preußischen ALR die Lehre allgemein durchgesetzt hätte, dass es nur zwei Formen (Unmöglichkeit und Verzug) der Vertragsverletzung gebe[132], oder wenn es als besonderes Kennzeichen der Fortentwicklung der Dogmatik des Schuldrechts seit Inkrafttreten des BGB angesehen wird[133], dass heute jede Pflichtverletzung im Schuldverhältnis zum Schadensersatz verpflichtet, ausgehend davon, dass das allgemeine Schuldrecht des BGB nur zwei Typen verletzter Leistungspflicht kennt und die außerhalb des Gesetzes stehenden Fälle der Nichterfüllung erst durch die Lehre der positiven Vertragsverletzung von Staub gelöst werden können.

---

131 Wesener, Naturrechtliche und römisch-gemeinrechtliche Element im Vertragsrecht des ABGB, S. 114.

132 Coing, Europäisches Privatrecht, Bd. II, S. 464. Der Ausgangspunkt Coings, dass die österreichische Wissenschaft nur zwei Formen der Obligationsverletzung, Unmöglichkeit und Verzug, kannte (Coing, aaO.), ist fragwürdig. Außerdem kann mit der Ansicht der damaligen Juristen über die Vertragsstrafe nachgewiesen werden, was das gemeine Recht und die Judikatur tatsächlich unter der Erfüllung der Verbindlichkeit verstanden hatten. Es war noch streitig, ob die Vertragsstrafe eintritt oder nicht, wenn der größte Teil der Hauptverbindlichkeit erfüllt ist. Auch wenn die Vertragsstrafe in diesem Fall nicht eintritt, ist die allgemeine Culpa-Haftung des Schuldners für die Nichterfüllung nicht ausgeschlossen. Dazu Matthiae, Controversen=Lexikon des römischen Civilrechts, Leipzig 1856, IV, S. 208; VII, S. 211.

133 Wieacker, Privatrechtsgeschichte der Neuzeit, S. 519. Hier betrachtet Wieacker die positive Vertragsverletzung als eine mühsame, aber unaufhaltsame Abkehr von der Pandektenrechtswissenschaft.

2. TEIL:

Die Haftung des Schuldners für die Nichterfüllung und die „nicht gehörige" Erfüllung im späteren Pandektenrecht

§ 4. Obligation als „Rechtsverhältnis" und Rechtsverletzung

I. Die neue Hinwendung zu den „reinen" römischen Rechtsquellen in der Privatrechtswissenschaft

Das heute in Deutschland verwendete privatrechtliche System, das Pandektensystem, beruht auf dem Gedankengut der Pandektenwissenschaft im 19. Jahrhundert, die insbesondere auf die Werke Savignys und die von ihm begründete „Historische Schule" zurückgeht.
Die Zeit der Naturrechtssysteme war im Bereich des Privatrechts um 1800 offenbar zu Ende. Das Naturrecht erfuhr in Deutschland zwar einen Aufschwung nach dem Erscheinen der erkenntnistheoretischen und ethischen Schriften Kants, die Fortentwicklung des Naturrechts stand jedoch einer neuen Hinwendung zu den Quellen des römischen Rechts nicht im Wege[1].
Im Mittelpunkt dieser Bewegung stehen Savigny und seine Schüler. Der neue Ansatz Savignys unterscheidet sich von der Methode der Vorgänger dadurch, dass die meisten Pandektendarstellungen vor Savigny und der historischen Schule, z. B. von Thibaut[2] und Dabelow[3], noch von einer Naturrechtsdogmatik stark beeinflusst sind, die von der Rechtsordnung der Digesten grundsätzlich abkommen und an deren Stelle eine rationale Anordnung setzen wollte. Dass Savigny und die meisten Pandektisten die Literatur der Rezeptionszeit und des *usus modernus* nicht allzu sehr berücksichtigen, stellt sich als neuer Versuch zu einer Verwissenschaftlichung der Privatrechtswissenschaft durch die reinen römischen Rechtsquellen dar. Das bedeutet jedoch nicht, dass Savigny und seine Schüler die Kontinuität der Privatrechtswissenschaft durch die Hinwendung zu den „reinen" römischen Rechtsquellen vollkommen gebrochen hätten.
Ihre rechtstheoretische Leistung in der Privatrechtswissenschaft, die sich zwar unmittelbar auf römischen Rechtsquellen stützt, wäre ohne die Vorarbeit der Naturrechtslehre nicht möglich gewesen[4]. In Hinblick auf den Systemaufbau des

---

[1] Hierzu vgl. Klippel, Politische und juristische Funktionen des Naturrechts in Deutschland im 18. und 19. Jahrhundert, 3 ff; Kiefner, Der Einfluss Kants auf Theorie und Praxis des Zivilrechts im 19. Jahrhunderts, S. 231 ff.
[2] Thibaut, System des Pandektenrechts, 1. Aufl. (Jena 1803).
[3] Dabelow, System des gesammten heutigen Civil-Rechts, 2. Aufl. (Halle 1796).
[4] Grundlegende Darstellung bei Schwarz, Zur Entstehung des modernen Pandektensystems, 578 ff.; Coing, Savigny und die deutsche Privatrechtswissenschaft, S. 2018 ff.; ders., Bemer-

Privatrechts ist festzustellen, dass Savigny und seine Schüler dadurch, dass sie gewisse Grundbegriffe des Privatrechts aus der Naturrechtslehre übernahmen, in enger Verbindung mit der analytischen und systematischen Methode der naturrechtlichen Rechtslehre und besonders dem Pandektensystem Heises stehen[5].
Der entscheidendste Erfolg der Bestrebungen der späteren Pandektenwissenschaftler um den Aufbau einer systematischen Privatrechtsdogmatik besteht besonders in der Errichtung eines Allgemeinen Teils durch fortgesetzte begriffliche Abstraktion, der als systematische Besonderheit des deutschen Zivilrechts (BGB) anderen Systemansätzen gegenüber steht, was eine Weltgetung der deutschen Privatrechtswissenschaft, insbesondere des deutschen Pandektensystems zur Folge hat. Auch der „Allgemeine Teil" ist auf die Naturrechtslehre zurückzuführen, wird aber von der Pandektenwissenschaft des 19. Jahrhunderts in besonderem Maße forciert[6].
Die Hinwendung Savignys und der „Historischen Schule" zu den Quellen des römischen Rechts stellt, methodisch betrachtet, als Gegensatz zu ihren Vorgängern einen entscheidenden Wendepunkt für die Privatrechtswissenschaft dar.

II. Ist die Nichterfüllung der Obligation bei Savigny eine Rechtsverletzung?

Die äußere Welt, in der jeder Mensch lebt, erscheint Savigny nicht anders als den Naturrechtlern. Savigny und die Naturrechtler gehen von der Auffassung aus, dass der Mensch im Mitte der äußeren Welt steht und wegen seiner Unvollkommenheit in Berührung mit anderen sein muss.

---

kungen zum überkommenen Zivilrechtssystem, S. 25 ff., insbes. S. 26-29; Kaser, Der römische Anteil, S. 338-339.

5 Hierzu vgl. Schwarz, Zur Entstehung des modernen Pandektensystems, 578 ff.; Kaser, Der römische Anteil, S. 339. An einem Brief Savignys an Heise aus seiner Landshuter Zeit kann man die Beziehung von Savigny zu Heise untersuchen. Hierzu vgl. Lenel, Briefe Savignys an Georg Arnold Heise, ZRG RA 36 (1915), 96-156.

6 Savigny selbst hat das Bedürfnis nach einem System und einer Übersicht über die Rechtsinstitute geltend gemacht und gefordert, von den besonderen Lehren einen allgemeinen Teil auszuschneiden, der als gemeinsame Grundlage derselben dienen muss (System, Bd. I, § 58, S. 386 ff.). Schwarz ist dagegen der Ansicht, „selbst Savigny, dessen späteres System in acht Bänden nicht über den allgemeinen Teil hinauskam" (Schwarz, Zur Entstehung des modernen Pandektensystems, S. 587). Hierzu vgl. Kaser, Der römische Anteil, S. 339-340; Schwarz, Die Entstehung des modernen Pandektensystems, S. 583-588. Es gab auch Gegner solcher Systematisierungen. Als Beispiel dafür ist Gans hier zu nennen, der auf einen allgemeinen Teil der üblichen Art in seinem System (ders., System des römischen Civilrechts (Berlin 1827), S. 169 f.) verzichtet und sich gegen die Voranstellung eines solchen gewandet hat. Auf die Nadelstiche Hegels gegen die Historische Schule kann hier nicht näher eingegangen werden. Hierzu vgl. Peters, Generelle und spezielle Aktionen, S. 180.

Savigny betrachtet, wie die Naturrechtslehrer, die menschliche Freiheit als Grundwert des Privatrechts. Die Naturrechtler in Deutschland, insbesondere Pufendorf und Wolff, legten ihren naturrechtlichen Entwürfen der Gesellschaft die menschlichen Pflichten zugrunde[7], die jeder Mensch mit Vernunft im gesellschaftlichen Leben oder in der Berührung mit anderen einhalten soll.
Savigny sieht hingegen zunächst die der einzelnen Person zustehende Macht im wirklichen Leben, das uns umgibt und durchdringt. In dieser Hinsicht besteht ein sehr bedeutsamer Unterschied des Verständnisses der bürgerlichen Gesellschaft und des Rechts zwischen der Lehre vor und nach Savigny im Privatrecht; die erste orientiert sich grundsätzlich an den Pflichten, die jeder Mensch gegenüber der Gesellschaft hat. Die letzte bezieht sich auf das Recht, das als die notwendige Bedingung des Zusammenlebens freier Wesen angesehen wird[8] und mit dem jeder Mensch die persönliche Freiheit über ihre natürliche Grenze hinaus erweitern und zugleich entfalten kann.

Für Savigny bedeutet diese Macht ein Gebiet, in dem der Wille herrscht[9]. Die Macht nennt Savigny das Recht der Person („Subjektives Recht"[10]), das gleichbedeutend mit dem Befugnis ist, und dieses Recht erscheint erst in sichtbarer Gestalt, wenn sein Dasein und Umfang bezweifelt oder bestritten ist und es durch ein Gerichturteil anerkannt wird.
Die Grundlage des (subjektiven) Rechts besteht nach Savigny im Rechtsverhältnis. Aufgrund dessen meinte Savigny, dass das Urteil über das einzelne Recht zunächst von der Gesamtschauung des Rechtsverhältnisses ausgehen sollte, damit das Urteil wahr und überzeugend sein kann[11]. Von diesem Gedanken aus kommt Savigny zunächst zu den Verhältnissen einschließlich jener menschlichen Beziehungen, die in drei Kategorien zerfallen, unabhängig davon, ob jegliche tatsächliche Beziehung zur Rechtsform erhoben werden kann oder nicht[12]; die einen gehören ganz (Eigentum), andere gar nicht (Freundschaft), wieder andere teilweise (Ehe) dem Gebiet des Rechts an[13].

---

[7] Zur Verbreitung der Naturrechtslehre durch Pufendorf und Wolff vgl. Luig, Römisches Recht Naturrecht Nationales Recht, S. 151 ff./259 ff.
[8] Savigny, System, Bd. V, § 204, S. 1.
[9] Savigny, System, Bd. I, § 4, S. 7.
[10] Es ist fraglich, ob Savigny selbst den Begriff des subjektiven Rechts bevorzugt in seiner Lehre verwandt. Aus der Kritik Savignys an dem Begriff „Das Recht im subjektiven Sinne", der in der damaligen Literatur häufig zu sein scheint, entsteht der Eindruck, dass Savigny den Begriff des subjektiven Rechts nicht zu entwickeln versucht, sondern sich an dem Recht selbst orientiert (ders., System, Bd. I, § 4, S. 7-8). Hierzu vgl. Rückert, Idealismus, Jurisprudenz und Politik bei Friedrich Carl v. Savigny, S. 192 f.
[11] Savigny, System, Bd. I, § 4, S. 7.
[12] Savigny, System, Bd. I, § 52, S. 333.
[13] Savigny, System, Bd. I, § 52, S. 333.

Das Wesen des Rechtsverhältnisses wird nach Savigny als ein Gebiet unabhängiger Herrschaft des individuellen Willens bestimmt[14]. Seit Kant war die Ansicht in der gesamten Rechtswissenschaft allgemein verbreitet, dass Gegenstände der Willensherrschaft hauptsächlich die eigene Person, die unfreie Natur und die fremde Person sind. Nach Kant hat der Mensch ein Recht auf sich selbst („die eigene Person", was sich als Urrecht darstellt[15]), welches mit der Geburt unabhängig von jedem rechtlichen Akt jedermann von Natur aus zukommt[16] und das der Mensch nie aufheben kann.

Abweichend von der Lehre Kants verzichtet Savigny auf die Einführung des ersten Gegenstandes (der „eigenen Person") in seinen Systemaufbau, weil es sich bei dem Privatrecht nur um die „*Verletzlichkeit*" (oder „Verletzung") der Rechte handle[17], die sich auf den Gegenstand der Herrschaft zur Erweiterung der Freiheit des einzelnen Menschen als eines unvollständigen, der Ergänzung in einem großen Naturzusammenhang bedürftigen Wesens richten und die sich erst aus einer bestimmten Beziehung der Person zu einer „Sache" oder zu einer „fremden Person" ergeben können[18]. Nach Savigny ist die Herrschaft über die eigene Person als „Urrecht"[19] für das Privatrecht wenig nützlich[20], obwohl Savigny die Grundlage und Voraussetzung aller wahren Rechte ebenso in dem Urrecht der „Freiheit" und „Gleichheit" der Menschheit sieht[21] wie Kant[22].

Aufgrund dieser Gedanken stellt Savigny nur zwei der drei Kategorien als Gegenstand der Herrschaft durch den freien Willen in den Vordergrund seiner Lehre: unfreie Natur und fremde Person[23], die Savigny als Element zur Machter-

---

14 Savigny, System, Bd. I, § 53, S. 334.

15 Kant, Metaphysik der Sitten, S. 237-238.

16 Zur allgemeinen Einteilung der Rechte und zum „angeborenen Recht" vgl. Kant, Metaphysik der Sitten, S. 75-76.

17 Savigny, System, Bd. I, § 53, S. 335-336.

18 Savigny, System, Bd. I., § 53, S. 336.

19 Vgl. Savigny, System, Bd. I, § 53, S. 335.

20 Savigny, System, Bd. I, § 53, S. 336. Savigny geht davon aus, dass das Recht auf sich selbst keine Bedeutung für das Rechtsverhältnis im Privatrecht hat, weil Privatrechtsinstitute, z. B. Eigentum oder Obligation als neue Organe nur Bedeutung für uns als künstliche Erweiterung des menschlichen freien Raums haben. Hierbei schließt Savigny die Bedeutung des Rechts auf sich selbst für das öffentliche Recht von der Betrachtung aus.

21 Savigny, System, Bd. I, § 52, S. 331. Diese Ansicht findet sich auch in der Lehre Kants (vgl. Kant, Metaphysik der Sitten, S. 236). Daran lässt sich eine Bezugnahme der Lehre von Savigny auf die von Kant erkennen. An dieser Stelle kann nicht näher auf den Zusammenhang zwischen beiden Gelehrten eingegangen werden. Hierzu vgl. Ikadatsu, Paradigmawechsel, S. 121 ff; Rückert, Idealismus, Jurisprudenz und Politik bei Friedrich Carl v. Savigny, S. 192 ff; ders., Kant-Rezeption in juristicher und politischer Theorie (Naturrecht, Rechtsphilosopie, Staatslehre, Politik) des 19. Jahrhunderts, S. 144 ff.

22 Kant, Metaphysik der Sitten, S. 236.

23 Savigny, System, Bd. I, § 53, S. 336.

weiterung betrachtet und Vermögen nennt[24]. Mit den beiden Elementen unterscheidet Savigny das Vermögensrecht von dem Familien- und Erbrecht. Für das Vermögensrecht, welchem das Sachenrecht und das Schuldverhältnis aus heutiger Sicht angehören, setzt Savigny ein besonderes Rechtsverhältnis voraus, welches in der Herrschaft über eine fremde Person ohne Zerstörung ihrer Freiheit bestehen soll[25]. Für Savigny sollte in dem Rechtsverhältnis das Wesen des Menschen als eines der Unvollkommenheiten nebeneinander bestehen, insbesondere um sich gegenseitig zu fördern und sich weiter zu entwickeln[26].
Das Wesen der Rechtsverhältnisse als eines Gebiets unabhängiger Herrschaft des individuellen Willens zur Machterweiterung der eigenen persönlichen Kräfte jedes einzelnen wird grundsätzlich durch den Gegenstand der Willensherrschaft bestimmt.
Nach Savigny kann die unfreie Natur vom Menschen nicht als Ganzes beherrscht werden, sondern nur in bestimmter räumlicher Begrenzung („Recht an unfreier Sache"). Das gilt auch für die fremde Person[27]. Demzufolge müsse die Herrschaft bei einer möglichen Beziehung zu einer fremden Person nicht auf die Person im Ganzen, sondern nur auf eine einzelne Handlung derselben bezogen werden[28].

Ein solches Verhältnis der Herrschaft über eine einzelne Handlung der fremden Person nennt Savigny selbst „Obligation"[29]. Diesem Begriff setzt Savigny selbst den Kunstausdruck „*obligatio*" aus folgenden Gründen entgegen[30]: Durch die Anwendung des Begriffs „*obligatio*" werde die Verwandtschaft und Verschiedenheit des Rechtsbegriffs selbst verdunkelt und die wahre Einsicht in den Inhalt der Rechtsquellen verhindert, weil der Begriff selbst den Römern völlig fremd sei und die wahre Bedeutung des Ausdrucks hier von der einen Seite zu sehr beschränkt werde, indem man ihn nur auf den Zustand des Verpflichteten anwenden wolle[31].
Die Handlung, deren Notwendigkeit das Wesen der Obligation bildet und die die Obligation von der Herrschaft über eine Sache unterscheidet, wird bezeichnet als einzelner Ausschnitt aus der eigenen Freiheit des Handelnden im Gegensatz zur persönlichen Freiheit im Ganzen[32].

24 Savigny, System, Bd. I, § 57, S. 380.
25 Savigny, System, Bd. I, § 53, S. 339-340.
26 Savigny, System, Bd. I, § 52, S. 331-332.
27 Savigny, System, Bd. I, § 53, S. 338-339.
28 Savigny, System, Bd. I, § 53, S. 339.
29 Savigny, System, Bd. I, § 53, S. 339; ders., Obligationenrecht, Bd. I, § 2, S. 4.
30 Savigny, Obligationenrecht, Bd. I, § 3, S. 13 f.
31 Savigny, Obligationenrecht, Bd. I, § 3, S. 13.
32 Savigny, Obligationenrecht, Bd. I., § 2, S. 6/8.

In der Obligation stehen sich zwei Personen gegenüber, von denen jede zwei verschiedene Tätigkeiten hat; die eine besteht in der Leistung des Schuldners, die andere in dem Zwang (der Klage) von Seiten des Gläubigers[33]. Die Handlung, welche den Gegenstand der Obligation bildet, wird mit besonderen Ausdrücken bald als „Leistung", bald als „Erfüllung" bezeichnet[34]: Der erste Ausdruck beziehe sich vorzugsweise auf die dem Schuldner obliegende Tätigkeit. Der zweite beziehe sich vorzugsweise auf den Zustand, der durch die Obligation hervorgebracht werden soll und dessen Notwendigkeit und Gewissheit als der Zweck der Obligation zu betrachten ist.

Außer an die Rechte, die in dem Rechtsverhältnis bestehen, als die notwendigen Bedingungen des Zusammenlebens freier Wesen, denkt Savigny zugleich an die Möglichkeit einer Rechtsverletzung als einer freien Gegenwirkung[35], die die Störung jener Rechtsordnung ist, welche mithin durch Freiheit hervorgebracht und erhalten werde[36]. Nach Savigny nimmt jedes Recht in Folge einer Verletzung eine besondere Gestalt an. Diese besondere Gestalt nennt Savigny Klage, die für ihn doppeldeutig sein kann: Klage in jener ersten (materiellen) Bedeutung, die aus der Rechtsverletzung entspringt (Klagrecht)[37], und Klage in der zweiten (formellen) Bedeutung oder die Klagehandlung mit Klagschrift, die vor allem in die Lehre vom Prozess gehört[38].
Von diesem allgemeinen Standpunkt aus leitet Savigny zwei Bedingungen her, die bei jeder Klage vorausgesetzt werden: ein Recht an sich und eine Verletzung desselben[39]. Demnach ist eine Rechtsverletzung undenkbar, wenn das erste fehlt. Wenn das zweite fehlt, so kann das Recht nicht die besondere Gestalt einer Klage annehmen. Nach Savigny ist zuerst das Recht der Obligation entstanden, aber nur in prozessualer Gestalt kann es sichtbar verwirklicht werden. Die Klage als Mittel zur Verwirklichung der Interessen bei der Verletzung des Rechts, die dessen Inhaber an dem Recht hat, ist für Savigny von besonderer Bedeutung.
Diesen Übergang vom materiellen Recht zur prozessualen Klage definierte Savigny in der gesamten Betrachtung als „Rechtsschutz der Obligationen gegen Rechtsverletzung"[40]. Demnach ist es für den Rechtsschutz erforderlich, dass das Recht und dessen Verletzung vorliegen.

---

33 Savigny, Obligationenrecht, Bd. I, § 2, S. 5.
34 Savigny, Obligationenrecht, Bd. I, § 2, S. 8.
35 Savigny, System, Bd. V, § 204, S. 1 f.
36 Savigny, System, Bd. V, § 204, S. 1.
37 Savigny, System, Bd. V, § 205, S. 5.
38 Savigny, System, Bd. V, § 205, S. 5-6.
39 Savigny, System, Bd. V, § 205, S. 6.
40 Diese Definition findet sich in der Gliederung seines Werkes „Das Obligationenrecht als Theil des heutigen römischen Rechts" (Vgl. ders., Obligationenrecht, Bd. I, § 1, S. 3, wobei Savigny plante, das Obligationenrecht aus 4 Kapitel aufzubauen. Sein Vorhaben ist nur beschränkt auf das 2. Kap. verwirklicht worden). Das zweibändige Werk stellt sich für Savigny

Nach Savigny sind die allgemeinsten und wichtigsten Entstehungsgründe der Obligation Verträge und Delikt[41]. Beim Delikt handelt es sich um das Recht überhaupt, das sich auf alle uns gegenüberstehenden Menschen bezieht, während das Recht aus dem obligatorischen Vertrag sich grundsätzlich vorwiegend auf die Handlungen bestimmter Individuen bezieht[42]. Nach Savigny führt die Rechtsverletzung bei dem obligatorischen Vertrag gar nicht zur Entstehung besonderer, selbständiger Obligationen, sondern nur zum möglichen Übergang des ursprünglichen Inhalts des Rechts in neue Gestalten[43], weil der Inhalt und der Umfang der Klage in dem ursprünglichen Inhalt des Vertrages dahin gehört[44] und die Obligation bei der Verletzung nur in veränderter Gestalt erscheint. Denn für Savigny stellt sich die Rechtsverletzung beim Vertrag nur als Umwandlung unter „Fortdauer" derselben Obligation dar (*Metamorphose*[45]). Aus der Rechtsverletzung durch Delikt, wodurch man in ein eigenes neues Rechtsverhältnis eintreten soll, entsteht hingegen der Anspruch gegen bestimmte Personen und auf eine bestimmte Handlung[46]. Dessen Umfang lässt sich im allgemeinen dahin bestimmen, „daß wir von diesem Gegner die Aufhebung der Verletzung fordern"[47]. Darin sieht Savigny den Unterschied zwischen Verträgen und Delikt in Bezug auf die Entstehung der Obligation.

Über das Wesen des Rechtsverhältnisses äußert Savigny folgendes:
„Das Rechtsverhältnis aber hat eine organische Natur, und diese offenbart sich teils in dem Zusammenhang seiner sich gegenseitig tragenden und bedingenden Bestandteile, teils in der fortschreitenden Entwicklung, die wir in demselben wahrnehmen, in der Art seines Entstehens und Vorgehens."[48]

Savignys Beschreibung (oder Definition) des Rechtsverhältnisses, wobei er dem Rechtsverhältnis neben einer stabilen Seite eine bewegliche Seite mit „organischer Natur" zuweist, bezieht sich auf die Lehren der Culpa-Haftung und des Vorranges der Realerfüllung, die in seiner Zeit kaum mehr weiterer Vertiefung

---

als eine Fortsetzung seines achtbändigen Werks „System des heutigen römischen Rechts" dar (dazu vgl. Savigny, Obligationenrecht, Bd. I, Vorrede, S. III). Zur besonderen Berücksichtigung des Obligationenrechts und zu dessen Notwendigkeit vgl. Savigny, System, Bd. VIII, Vorrede, S. VII-IX.

41 Savigny, Obligationenrecht, Bd. II, § 82, S. 293.
42 Savigny, System, Bd. V, § 205, S. 4-5.
43 Savigny, System, Bd. I, § 59, S. 393; ders., Obligationenrecht, Bd. II, § 82, S. 293.
44 Savigny, Obligationenrecht, Bd. II, § 82, S. 294.
45 Savigny, System, Bd. I, § 59, S. 393; ders., Obligationenrecht, Bd. II, § 51, S. 1.
46 Savigny, System, Bd. V, § 205, S. 5.
47 Savigny, System, Bd. V, § 205, S. 5.
48 Savigny, System, Bd. I, § 4, S. 7-8.

bedurfte[49] und bei Savigny insbesondere durch den Gedanken der „Metamorphose“[50] später im Obligationenrecht konkretisiert worden sind[51]:
„Die Entstehung der Obligationen erscheint in zwei verschiedenen Gestalten: entweder als ursprüngliche Entstehung, oder als Umwandlung (Metamorphose), in welchem letzten Fall die Fortdauer einer und derselben Obligation (nur in veränderter Gestalt) vorausgesetzt wird.“[52]

Nach Savigny könne die Umwandlung der Obligationen herbeigeführt werden durch eine zweifache mögliche Veränderung, die in dem Bestand derselben eintreten kann[53]: A. Veränderung in den Personen, zwischen welchen die Obligation besteht, und B. Veränderung im Gegenstand oder im Inhalt der Obligation.

Die Veränderung (Verminderung oder Vernichtung) des Gegenstandes bezieht sich nach Savigny auf die Lehren von *Dolus*, *Culpa*, *Casus*, Interesse und *Mora*[54], wenn das Recht verletzt wird[55].
Betrachtet man die Ansicht Savignys in Verbindung mit der Abhandlung von Hasse[56], auf die später Mommsen in seiner Abhandlung als treffliche Schrift über die *Culpa* hinwies[57], stellt sich die Frage, wie sich Savignys Gedanke von

---

49 Unterholzner behandelt das Prinzip des Vorrangs der Realerfüllung gegenüber der Geldkondemnation in einer Fußnote seiner Abhandlung, die im gleichem Jahr wie der erste Band des Systems Savignys erschien: „Bei den römischen actiones per formulam mußte die Formel so gefaßt werden, daß derjenige Theil derselben, welcher die condemnatio hieß, auf Geld gestellt wurde (GAI. IV. 48), so daß die Verurtheilung auf eine bestimmte Geldsumme zu geschehen hatte (GAI. IV. 52); man kann daher sagen, es sei hier in allen Fällen, wo es nicht um ein praejudicium zu thun war, auf baar Geld geklagt worden. Diese Beschränkung gilt aber nicht für unser heutiges Verfahren.“ (Unterholzner, Schuldverhältnisse I, S. 350, Fn. 168). An diesen Ausführungen kann man erkennen, dass sich der Vorrang der Realerfüllung bei der Nichterfüllung seit der Verallgemeinerung durch die Naturrechtslehre über die frühere Pandektenrechtslehre hinaus in der späteren Pandektenrechtslehre erhält und sich zugleich die verschuldete Unmöglichkeit in Bezug auf die Haftung als eine Ausnahme vom Prinzip der Realerfüllung darstellt.

50 Zunächst beschreibt Savigny im System des heutigen römischen Rechts (vgl. Savigny, System, Bd. I, § 59, S. 393 f.) kurz das Wesen der Rechtsverhältnisse als „Metamorphose“, d. h. als einen lebendigen Vorgang des Rechtsverhältnisses, und konstituiert es später sachgemäß in Verbindung mit den Erscheinungen der Entstehung der Obligation („vertraglich oder deliktisch“) und der Umwandlung des ursprünglichen Gegenstandes der Obligation im Obligationenrecht (hierzu vgl. Savigny, Obligationenrecht, Bd. II, § 51, S. 1 ff.).

51 Savigny, Obligationenrecht, Bd. II, § 51, S. 1 ff.

52 Savigny, Obligationenrecht, Bd. II, § 51, S. 1.

53 Savigny, Obligationenrecht, Bd. II, § 51, S. 5.

54 Savigny, Obligationenrecht, Bd. II, § 51, S. 5.

55 Savigny, System, Bd. I, § 59, S. 393.

56 Hasse, Die Culpa des römischen Rechts, 2. Aufl. (Bonn 1838).

57 Mommsen, Mora, Vorwort, VI.

der „Metamorphose" zur von seinen Vorgängern allgemein anerkannten Culpa-Haftung verhält.
„Diese Culpa nun, welche auf Zurechnung beruht, ist außer dem Criminalrechte, fast allein interessant bei unerlaubten Schadenszufügungen, welche entweder an sich widerrechtlich sind (*damnum iniuria datum*) oder dadurch, daß man einer *obligatio* zuwider handelt, indem man entweder seine Verpflichtung nicht gehörig erfüllt, oder sich die Erfüllung derselben unmöglich macht."[58]

Damit wird deutlich, dass die Culpa-Haftung sowohl in dem frühen Pandektenrecht als auch bei Savigny weiterhin als Grundsatz der Haftung des Schuldners für die Nichterfüllung galt. Außerdem lässt sich daraus eine mögliche Annahme herleiten, dass der Sachverhalt „Nichterfüllung" („einfach gar nicht erfüllt") und der Sachverhalt „nicht gehörige Erfüllung" von einander getrennt behandelt wurden.
Die Haftung wegen *mora* betrachtet Savigny als „dasjenige Verhältnis des nicht erfüllenden Schuldners, welches für ihn gewisse positiv bestimmte Nachtheile zur Folge hat (Zinsen, Verantwortlichkeit u.s.w)."[59], wobei festzustellen ist, dass Savigny grundsätzlich bei dem Sachverhalt „nicht erfüllt" von dem Realerfüllungsprinzip ausgeht und „*Dolus*" aus deren Sachverhalt, insbesondere bei *Mora* als merkwürdiges Element für die Haftung des Schuldners heraussieht, wonach der Gläubiger nebst Zinsen wegen der Verzögerung bei *Mora* weiterhin die Erfüllung beanspruchen kann. Die Mahnung als besondere Voraussetzung der *Mora* ist nach Savigny zusätzlich für die Haftung des Schuldners erforderlich. Durch die Mahnung unterscheidet Savigny die *Mora* von anderen Sachverhalten der Nichterfüllung[60].
Als sonstigen Sachverhalt „nicht erfüllt" nennt Savigny *casus* im Sinne der vom Schuldner unverschuldeten Unmöglichkeit[61]. Nach Savigny gehören die Unmöglichkeit, die erst in irgend einem späteren Zeitpunkt eingetreten sein sollte, in die Lehre von der Umwandlung der Obligationen[62], wonach der Gläubiger die Klage unmittelbar auf das Interesse richten darf, das er an der Erfüllung der Obligation hat. Dadurch wird die Besonderheit der Unmöglichkeit dem anderen Sachverhalt „nicht erfüllt" gegenüber begründet.
Geht man davon aus, dass Savigny *Dolus* und *Culpa* neben *Casus* und *Mora* als entscheidende Umwandlungselemente des ursprünglichen Gegenstandes der Ob-

---

58 Hasse, Die Culpa des römischen Rechts, S. 63-64.
59 Savigny, System, Bd. V, § 239, S. 285.
60 Savigny, System, Bd. V, § 239, S. 285.
61 Savigny, Obligationenrecht, Bd. II, § 51, S. 5. Zur unverschuldeten Unmöglichkeit als „Geschwächte Wirkung" der Obligation vgl. Savigny, Obligationenrecht, Bd. II, § 81, S. 284 ff.) und zur Aufhebung der Obligation wegen Unmöglichkeit vgl. Savigny, Obligationenrecht, Bd. I, § 37.
62 Savigny, Obligationenrecht, Bd. II, § 81, S. 285.

ligation betrachtet, kann man zur Ansicht kommen, dass Savigny die Fälle der Nichterfüllung oder der „nicht gehörigen Erfüllung“ vor Augen hat und sich die *Mora* und Unmöglichkeit für Savigny die Sondersachverhalte der beiden Fälle darstellen. Zugleich kann somit nachgewiesen werden, dass Savigny die beiden Sondersachverhalte niemals in den Vorgrund seiner Abhandlung zum Obligationenrecht setzte.

Der Begriff der „Handlung“, die den notwendigen Gegenstand der Obligation bildet, kann an dieser Stelle nur einen Aufschluss über die Anschauung Savignys über die sonstigen Fälle der „nicht gehörigen Erfüllung“ geben. Bei Savigny hat die Handlung eine doppelte Bedeutung: Die eine ist „Leistung“ auf Seiten des Verpflichteten und die andere ist die Erfüllung auf Seiten des Gläubigers.

An dieser Auffassung Savignys kann man erkennen, dass Savigny von der Gesamtanschauung der Obligation als eines Rechtsverhältnisses ausgeht und auf beiden Seiten, des Schuldners und des Gläubigers, den Begriff „Handlung“ anwendet. Er verzichtet absichtlich auf die Verwendung des herkömmlichen Begriffs „*obligatio*“, weil der Begriff „*obligatio*“ nur auf der einen Seite der Obligation, der des Schuldners, anwendbar ist.

Daraus lässt sich der Eindruck gewinnen, dass sich bei Savigny die Handlung des Schuldners zur Erfüllung der Obligation als natürlicher Aufhebungsgrund der Obligation darstellt und die natürliche Aufhebung nur durch die Erfüllung möglich ist. Nach Savigny bezieht sich die Erfüllung vom Gläubiger aus gesehen auf den Zweck der Obligation. Das bedeutet, dass die Obligation durch die Leistung des Schuldners nur dann aufgehoben sein kann, wenn sie dem Zweck der Obligation entspricht. In den anderen Fällen handelt es sich hingegen nach Savigny um eine Rechtsverletzung[63].

Die Mittel des Rechtsschutzes der Obligation gegen Rechtsverletzung sind nach Savigny[64] ganz verschieden von Klagen aus Delikten, von Klagen aus dem Eigentum, den Servituten und dem Pfandrecht. Die Klagen entstehen aus den Ver-

---

[63] Sonstige Fälle der „nicht gehörigen Erfüllung“ zieht Savigny in eigener Arbeit heran, weil er seine Planung zur Abhandlung des Obligationenrechts vollständig hätte verwirklichen können. Die Abhandlung besteht aus vier Kapiteln: Kap. 1. Natur der Obligationen, Kap. 2. Entstehung der Obligationen, Kap. 3. Aufhebung der Obligationen, Kap. 4. Rechtsschutz der Obligationen gegen Verletzung (Hierzu vgl Savigny, Obligationenrecht, Bd. I, § 1, S. 3). Aber die letzten beiden Kapiteln wurden nicht vollendet. Hierbei können die letzten Kapiteln mit den Vorlesungsmitschriften ergänzt werden, wie Würthwein in ihrer Arbeit aus der Analyse der Vorlesungsmitschriften aus Savignys Berliner Zeit nachgewiesen hat (Hierzu vgl. Würthwein, Schadensersatzpflicht, S. 188-191). Daraus ergebe sich, dass Savigny die Haftung auf Schadensersatz bei verschuldeter Unmöglichkeit und mora auf das Vorliegen einer Rechtsverletzung in einer Form der Nichterfüllung zurückführte und so den allgemeinen Regeln der Haftung für die Vertragsverletzung aus der *obligatio* unterwarf. Hierzu vgl. Würthwein, Schadensersatzpflicht, S. 188 f.

[64] Savigny, Obligationenrecht, Bd. II, § 82, S. 294.

trägen, die auf die Handlung fremder Person gerichtet sind, z. B. aus dem Darlehen, dem Kauf und anderen Verträgen:
„die letzten Klagen gehören dahin, ohne Unterschied, ob sie auf die verweigerte Erfüllung des Vertrages unmittelbar gerichtet werden, oder auf die durch Dolus, Culpa, Mora herbeigeführte Modification in dem ursprünglichen Inhalt des Vertrages."[65]

Mit diesem Zitat wird deutlich, dass Savigny tatsächlich an der herkömmlichen Culpa-Haftung festhält und keineswegs die Ansicht vertritt, dass sich der Tatbestand der vertraglichen Haftung wegen Nichterfüllung nur auf *Mora* und Unmöglichkeit beschränke.
Die Äußerung Savignys, dass die Klage aus dem einzelnen Vertrag unmittelbar auf die verweigerte Erfüllung des Vertrages gerichtet werden könne, lässt für uns offen, ob Savigny den Fall der Erfüllungsverweigerung vor und nach Fälligkeit des Erfüllungsanspruchs berücksichtigt.

Savigny verwendet den Begriff der „Rechtsverletzung" ohne Unterschied bei Delikten und Verträgen. Die Rechtsverletzung im weiteren Sinne könnte man mit der Forderungsverletzung auf dem Gebiet des Obligationenrechts gleichstellen, weil Savigny selbst den Begriff der „Forderung" in seiner Arbeit (Obligationenrecht, Bd. II, § 80, S. 276 f.) verwendet, wo er das Verhältnis des Strafvertrages zu dem Hauptvertrag zum Gegenstand hat, wobei dieses nach Savigny auf zweierlei Weise vorkommen kann, „cumulativ" oder „alternativ":
„Alternativ ist das Verhältnis, welches also die Regel bildet, wenn nicht beide *Forderungen* neben einander, sondern nur eine von beiden geltend gemacht werden kann."[66]

Aus dem Gesagten lässt sich feststellen, dass die Regel der Culpa-Haftung von Savigny keineswegs verdunkelt ist und die Rechtsverletzung im Obligationenrecht der Forderungsverletzung entspricht, wobei die Verletzung in der Form einer Nichterfüllung oder einer „nicht gehörigen Erfüllung" auftreten kann.

---

65 Savigny, Obligationenrecht, Bd. II, § 82, S. 294. Es handelt sich um die gleiche Systematik der Culpa-Haftung des Schuldners für die Nichterfüllung, die von Puchta (Pandekten I, §§ 264-272, 3. Aufl. (Leipzig 1845)) ersichtlich in der Art einer Fortführung des System Heises begründet und in der späteren Pandektenwissenschaft, z. B., von Brinz, Dernburg, Arndts, Sintenis, Baron und Wächter, übernommen wurde. Savigny weist entsprechend vorzugsweise auf die Pandekten Puchtas hin (Hierzu vgl. Savigny, Obligationenrecht, Bd. I, § 1, S. 3, Fn. (b)). Hieraus ergibt sich, dass Savigny in enger Verbindung mit seinen Vorgängern stand und er vielmehr die herkömmliche Rechtstradition in ein System brachte. Nach Savigny bezieht sich die Modifikation der Obligation immer auf die Lehren von *Dolus*, *Culpa*, *Casus*, Interesse, *Mora* (vgl. Savigny, Obligationenrecht, Bd. II, § 51, S. 5).

66 Savigny, Obligationenrecht, Bd. II, § 82, S. 277 (Hervorhebung von mir).

Für Savigny stellt sich jede Nichterfüllung als Rechtsverletzung dar[67]. Mittel zum Schutz gegen die Rechtsverletzung, die vom Schuldner verursacht wird, ist immer die Klage aus der Natur der einzelnen Obligation als Ganzem, nicht aus der Natur des Umstandes, der die Erfüllung des Schuldners gehindert hat.

Nach dem Ergebnis aus der bisherigen Untersuchung über die Lehre Savignys ist die Feststellung fragwürdig geworden, „Savigny hat es unterlassen, der Schädigung durch ‚nicht gehörige Erfüllung' einen objektiven Haftungstatbestand zuzuordnen. Ob er sie als ‚teilweise Unmöglichkeit' erfaßt hätte, wie es das System seines Schülers Mommsen erlaubt, muß offen bleiben. Sicher ist jedenfalls, daß die heute empfundene Lücke der positiven Vertragsverletzungen hier ihren Ursprung nimmt."[68]
Diese Feststellung geht davon aus, dass die Fälle der positiven Vertragsverletzung mit dem Begriff „Teilweise Unmöglichkeit" von Mommsen erfasst werden können.
Im folgenden wird untersucht, ob Mommsen wirklich die Fälle der positiven Vertragsverletzung unter die teilweise Unmöglichkeit bringen wollte[69], und welchen Einfluss die Lehre Savignys auf die folgende Zeit, insbesondere auf die Lehre Mommsens ausübt, der selbst auf die wichtige Verbindung mit den beiden Werken Savignys hingewiesen hat[70]. Ferner soll untersucht werden, ob sich die Regelungslücke als Folge des subjektiven Rechts ergab, welches mittlerweile völlig den Blick der Juristen für die Fälle der positiven Vertragsverletzung verschloss[71]. Bei der Untersuchung ist weiter danach zu fragen, welche Bedeutung der Lehre Mommsens für die spätere Pandektenlehre zuzuweisen ist, d. h., ob die kontinuierliche Entwicklung der allgemeinen Culpa-Haftung in Wirklichkeit erst durch Mommsen abbricht und dadurch die spätere Pandektenlehre die allgemeine Culpa-Haftung aus den Augen verliert.

---

67 Savigny, Obligationenrecht, Bd. II, § 82, S. 293 ff.
68 Wollschläger, Unmöglichkeitslehre, S. 145.
69 Blaurock, Culpa-Haftung, S. 56-57.
70 Mommsen, Unmöglichkeit, Vorrede, VIII.
71 Kotulla, pFv, S. 374.

§ 5. Was versteht F. Mommsen unter der Haftung des Schuldners wegen Nichterfüllung?

In der Diskussion um die Stellung der Unmöglichkeit im System der Leistungsstörungen, zu der die Unmöglichkeitslehre Mommsens veranlasst, finden sich in den bisherigen Untersuchungen allgemein folgende zwei Sichtweisen[1]: Nach der ersten Ansicht soll der Unmöglichkeit erst durch Mommsen eine zentrale Rolle in dem System der Leistungsstörungen zugewiesen werden. Die Regelungslücke für die Fälle der positiven Vertragsverletzung war später durch die Mitwirkung Windscheids an der Gesetzgebung des BGB im Anschluss an die Unmöglichkeitslehre Mommsens entstanden. Nach der zweiten Ansicht sollen die Fälle der „positiven Vertragsverletzung", insbesondere der Schlechterfüllung, von Mommsen keineswegs übersehen werden, sondern vielmehr als teilweise Unmöglichkeit erfasst werden.

Hinter beiden Ansichten verbirgt sich die gemeinsame Annahme, dass die Lehre der allgemeinen Culpa-Haftung über die frühere Pandektenlehre bis zur Veröffentlichung der Beiträge Mommsens unverändert blieb. In diesem Sinne hätten die von Mommsen am Anfang der zweiten Hälfte des 19. Jahrhunderts veröffentlichten „Beiträge zum Obligationenrecht"[2] einen Markstein in der Entwicklung der Privatrechtsdogmatik, besonders hinsichtlich der Haftung wegen Nichterfüllung im weiteren Sinne[3], gebildet.

Ausgehend davon, dass Savigny die „Rechtsverletzung" (in Form der Nichterfüllung im obligatorischen Rechtsverhältnis) als Grundbegriff der Haftung des Schuldners für die Nichterfüllung in seinem System setzt, wobei er weiterhin grundsätzlich an der herkömmlichen allgemeinen Culpa-Haftung festhält und eine Modifikation des ursprünglichen Inhalts der Obligation durch Unmöglichkeit und *Mora* annimmt, wird im folgenden auf die Beiträge Mommsens zum Obligationenrecht einzugehen sein, wobei die Frage beantwortet werden soll, was Mommsen unter der Nichterfüllung als Rechtsverletzung verstand und wie

---

1 Wollschläger, Unmöglichkeitslehre, S. 188; Himmelschein, Erfüllungzwang, 281 ff.; Emmerich, Leistungsstörungen, S. 4-5 und S. 7. Der Hinweis Emmerichs (ders., Leistungsstörungen, S. 4, Fn. 9) auf die Arbeit von Arp betrifft nicht die Lehre Mommsens, und die Behandlung der teilweisen Unmöglichkeit durch Arp (Anfängliche Unmöglichkeit, S. 142-143) bezieht sich nur auf die anfängliche subjektive Unmöglichkeit.

2 Die Beiträge Mommsens zum Obligationenrecht bestehen aus drei Abteilungen: Erste Abteilung: Die Unmöglichkeit der Leistung in ihrem Einfluss auf obligatorische Verhältnisse (Braunschweig 1853), Zweite Abteilung: Zur Lehre von dem Interesse (Braunschweig 1855), Dritte und letzte Abteilung: Die Lehre von der Mora, nebst Beiträgen zur Lehre von der Culpa (Braunschweig 1855).

3 Dagegen meint Emmerich, Leistungsstörungen, S. 4, dass die zentrale Funktion der Unmöglichkeit im Bereich der Leistungsstörungen schon durch von Savigny eingeräumt wurde. Vgl. auch Wollschläger, Unmöglichkeitslehre, S. 145.

sich die Nichterfüllung als Rechtsverletzung zu beiden Sachverhalten „nicht erfüllt", z. B. Unmöglichkeit und *Mora*, bei Mommsen verhält.
Darüber hinaus soll der Frage nachgegangen werden, wozu Mommsen die Kategorie der „teilweisen Unmöglichkeit" in seiner Lehre einführen musste, insbesondere die teilweise Unmöglichkeit hinsichtlich der Zeit und der Qualität.

I. Nichterfüllung als Grundbegriff für die Haftung des Schuldners wegen Rechtsverletzung

1. Was versteht Mommsen unter „Nichterfüllung"?

„Das Recht weist dem Einzelwillen den Kreis zu, innerhalb dessen er seine Herrschaft ausüben darf"[4]. Bei Mommsen wie bei Savigny[5] hat das Recht für das menschliche Verhalten im Lebensverhältnis eine doppelte Bedeutung: Zum ersten ist es die Begrenzung der Ausübung des Rechts jedes einzelnen, wonach jeder verpflichtet ist, eine Handlung zu unterlassen, durch welche das Vermögen eines anderen Schaden erleiden kann[6]. Wird das Herrschaftsgebiet gegen das Recht erweitert, z. B. indem der Verletzende eine durch Rechtsvorschriften verbotene Handlung vornimmt, erscheint das Interesse als ursprünglicher Gegenstand der Obligation aus Delikten und Quasi-Delikten[7]. Zum zweiten bedeutet das Recht eine Herrschaftserweiterung durch das obligatorische Verhältnis, soweit dieses nicht gegen das Gesetz verstößt, wobei zum ursprünglichen Gegenstand der Obligation nicht nur die Hauptleistung, sondern auch die Nebenleistungen zu rechnen sind. Wenn das Rechtsverhältnis verletzt wird, tritt hier das Interesse als nachfolgender Gegenstand der Obligation an die Stelle des ursprünglichen Gegenstandes der Obligation, sei es für den ganzen oder nur für einen Teil des ursprünglichen Gegenstandes[8]. Darin liegt der Unterschied zwischen der Rechtsverletzung aus Delikten und aus dem obligatorischen Verhältnis. Außerdem besteht ein weiterer Unterschied zwischen beiden Arten der Rechtsverletzung darin, dass die Rechtsverletzung aus dem obligatorischen Verhältnis immer das Bestehen einer gültigen und wirksamen Obligation voraussetzt und der Schuldner seiner Verpflichtung schuldhaft (dolos oder culpos) in der Weise, wie die Bestimmungen der Obligation es fordern, gar nicht oder nur

4 Mommsen, Mora, § 2, S. 14.
5 Zur Lehre Savignys, vgl. § 4 II
6 Mommsen, Interesse, § 1, S. 6.
7 Mommsen, Interesse, § 1, S. 6-7; ders., Mora, § 2, S. 14.
8 Mommsen, Interesse, § 1, S. 8.

teilweise nachgekommen sein muss[9], während das Bestehen einer Obligation bei einer deliktischen Rechtsverletzung nicht erforderlich ist.
Aufgrund des Gedankens, dass der Geschädigte oder der Gläubiger darauf abzielt, dass das über seine rechtlichen Grenzen hinaus erweiterte Herrschaftsgebiet einer Person wieder auf seine dem Recht entsprechenden Grenzen zurückgebracht wird, wird dem Geschädigten oder dem Verletzten Rechtszwang gewährt[10], wobei der Rechtszwang sich grundsätzlich auf die einzelne Klage aus dem jeweiligen Rechtsverhältnis bezieht.

Während Savigny die Handlung, welche den Gegenstand der Obligation bildet, mit besonderen Ausdrücken bald als „Leistung" auf der Seite des Schuldners, bald als „Erfüllung" auf der Seite des Gläubigers bezeichnet[11], geht Mommsen in seiner Lehre vorzugsweise davon aus, dass das Recht des Gläubigers allein auf Erfüllung der Obligation geht[12]; „jede Rechtsverletzung des Rechts des Gläubigers von Seiten des Schuldners müß sich daher als Nichterfüllung darstellen" [13]

Nach Mommsen könne der Grund der Nichterfüllung als Rechtsverletzung im Bereich der obligatorischen Verhältnisse aber entweder darin liegen, dass der Schuldner nicht erfüllen kann, oder darin, dass er nicht erfüllen will[14].
Mommsen geht davon aus, dass das Recht durch die Delikte oder die schuldhafte völlige oder teilweise Nichterfüllung der Obligation des Schuldners verletzt werden kann[15]. Im Ausgangspunkt der Behandlung der Haftung des Verletzenden oder des Schuldners für die Rechtsverletzung findet sich kein Unterschied zwischen den Ansichten von Savigny und Mommsen. Im Vergleich zur Lehre Savignys kann man die Eigentümlichkeit der Lehre Mommsens darin erkennen, dass Mommsen die Nichterfüllung als Oberbegriff der Haftung für die schuldhafte Rechtsverletzung in seiner Lehre einführt, die insbesondere vom Schuldner ausgeht, und den Begriff der „Nichterfüllung" im engeren Sinne auf bestimmte Sachverhalte („Unmöglichkeit" und „Verzug") der Nichterfüllungen beschränkt.
Man muss sich jedoch fragen, ob Mommsen wirklich nur diese beiden Fälle unter die Nichterfüllung im engeren Sinne rechnen möchte und er sie damit in seiner Lehre besonders behandeln will oder nicht[16].

---

9 Mommsen, Interesse, § 1, S. 8.
10 Mommsen, Mora, § 2, S. 15.
11 Savigny, Obligationenrecht, Bd. I, § 2, S. 8.
12 Mommsen, Mora, § 2, S. 17.
13 Mommsen, Mora, § 2, S. 13-14 und S. 16/17.
14 Mommsen, Mora, § 2, S. 17 f.
15 Mommsen, Interesse, § 1, S. 8-9; Zur Lehre Savignys vgl. § 4 II.
16 Mommsen, Mora, S. 17.

Mommsens Betrachtung ist so zu verstehen, dass er die Nichterfüllung als Oberbegriff in den Vordergrund seiner Lehre stellt und meint, dass zur Nichterfüllung die *Mora* und die Unmöglichkeit gehören. Die Feststellung, dass Mommsen außer der Unmöglichkeit und der *Mora* keine weiteren Fälle der Nichterfüllung kenne, ist um so bedenklicher, weil Mommsen die teilweise Nichterfüllung neben der Nichterfüllung in seine Lehre einbringt, wonach die zu späte Erfüllung eine teilweise Nichterfüllung sei[17]. Dabei muss man auch auf die Frage eingehen, ob Mommsen tatsächlich ein geschlossenes System der Leistungsstörungen mit einem weiteren Begriff der Unmöglichkeit aufbauen will.

2. Betrachtet Mommsen „Unmöglichkeit" und „*Mora*" als Unterfälle der Nichterfüllung?

Bei Mommsen ist auf der einen Seite das Verschulden als subjektives Element für die Begründung der Haftung des Schuldners wegen einer Nichterfüllung der Obligation von Bedeutung. Auf der anderen Seite soll ein Sachverhalt „nicht erfüllt" („Rechtsverletzung als objektives Moment" bei Mommsen[18]) als objektives Element hinzutreten [19], um Rechtszwang (oder Entschädigungszwang) für den Gläubiger zu begründen. Denn Mommsen geht davon aus, dass die verschuldete Rechtsverletzung selbst in den Quellen mitunter mit dem Begriff „*culpa*" bezeichnet werde. Daran kann man erkennen, dass Mommsen selbst versuchte, zwischen dem subjektiven und dem objektiven Moment für die Begründung eines Rechtszwangs wegen der Nichterfüllung zu unterscheiden, indem die *culpa* im weiteren Sinne, in welchem sie zugleich den *dolus* umfasst, sich allein auf die bloße Richtung des Willens bei der Rechtsverletzung bezieht. Da aber das Recht eine äußerlich bestehende Ordnung sei, so müsse sich der auf das Unrecht gerichtete Wille ein dem Recht widerstreitendes äußeres Dasein geben[20].
Als äußeres Dasein der Rechtsverletzung betrachtet Mommsen ausdrücklich Unmöglichkeit und *mora*, wobei die Begründung des Rechtszwangs zum Schutz des Interesses auch das Verschulden als innere Tatsache zur Voraussetzung haben soll, sei es culpa im engeren Sinne oder sei es dolus, weil er meinte, dass die innere Tatsache selbst den Rechtszwang nicht begründen kann. Damit wird deutlich, dass das Verschulden nicht nur für die Unmöglichkeit von Bedeutung ist, sondern auch für die *mora*, besonders wenn man davon ausgeht, dass der *dolus* sich in der *mora* manifestiert in dem Sinne, dass der Schuldner nicht erfüllen will, obwohl die Erfüllung der Leistung möglich ist:

---

[17] Mommsen, Mora, § 2, S. 13, Fn. 1).
[18] Mommsen, Mora, § 2, S. 14.
[19] Mommsen, Mora, § 2, S. 13-14.
[20] Mommsen, Mora, § 2, S. 14.

„Derjenige aber, welcher weiß, daß er zu einer Leistung verpflichtet ist, und überdies leisten kann, macht sich immer eines *Dolus* schuldig, wenn er dessenungeachtet sich verweigert, die Leistung vorzunehmen."[21]

Aufgrund dessen führt Mommsen den Begriff der „willkürlichen Nichterfüllung" in seiner Lehre ein, zu welcher die Mora gehört, um den Unterschied zwischen der Unmöglichkeit und der *Mora* deutlich benennen zu können. Die Unmöglichkeit ist daher als „nicht willkürliche Nichterfüllung" im Gegensatz zur „willkürlichen Nichterfüllung" zu bezeichnen. Demnach bezieht sich die Bedeutung der Zurechnung (oder des Verschuldens) zum ersten als innere Voraussetzung des Rechtszwanges auf die Haftung für die Nichterfüllung und zum zweiten auf die Aufhebung der Obligation als Entschuldigungsgrund, wonach der Schuldner insofern von der Haftung für die Nichterfüllung der Obligation befreit wird, soweit er beweisen kann, dass ihn kein Verschulden trifft, auch wenn die Unmöglichkeit vorliegt.
Die Frage, welche Rolle die *culpa* des Schuldners für die Rechtsbehelfe des Gläubigers bei Nichterfüllung bei Mommsen spielt, kann daher nur in Bezug auf die einzelnen Fälle beantwortet werden.

1) Die Unmöglichkeitslehre Mommsens

(1) Aufgaben und Ziele der Darstellung Mommsens über die Unmöglichkeit

Daran, dass Mommsen für seinen ersten juristischen und schriftstellerischen Versuch die Unmöglichkeitslehre auswählt, kann man heute den damaligen Stand der Literatur über die Unmöglichkeit erkennen:
„An einer zusammenhängenden Darstellung dieser Lehre fehlt es noch ganz. In den umfassenden Werken aber, ... , wird dieselbe (=Unmöglichkeit) in der Regel ziemlich kurz abgehandelt, und noch dazu in der Weise, daß die einzelnen Theil derselben ... in sehr verschiedenen Abschnitten vorkommen, so in dem allgemeinen Theil des Obligationenrechts, ..., in dem speciellen Theil des Obligationenrechts besonders in den Abschnitten von dem Kaufcontract und der Miethe."[22]

Aufgrund des Gedankens, dass es ein Übelstand bleiben und dadurch mittelbar zu einer irrigen Auffassung führen könne, dass die Gegenstände in der Darstellung getrennt werden, die in einem inneren Zusammenhang miteinander stehen, unternahm er als Erster eine zusammenhängende Darstellung über die Unmöglichkeit, ausgehend von der Überzeugung, dass sich die Unmöglichkeit ihrem

[21] Mommsen, Mora, § 2, 17-18.
[22] Mommsen, Unmöglichkeit, Vorwort, V-VIII.

Einfluss auf die obligatorischen Verhältnisse folgend systematisch und einheitlich betrachten lasse[23]. Für Mommsen stellt sich der Einfluss der Unmöglichkeit insofern als ein Aufhebungsgrund der Obligation dar, soweit die Unmöglichkeit von dem Recht als „wahre Unmöglichkeit" anerkannt werden kann. Der Einfluss bei der nachfolgenden Unmöglichkeit hängt vielmehr davon ab, ob ein Verschulden den Schuldner an der Unmöglichkeit trifft oder nicht, weil die verschuldete Unmöglichkeit den Schuldner von der Verpflichtung zur Erfüllung der Leistung *in natura* und der Verpflichtung zur Leistung des Interesses als Äquivalent für die unmöglich gewordene versprochene Leistung nicht befreit[24].
Damit sah Mommsen die Aufgabe zunächst darin, die Quellen[25], welche sich auf die Unmöglichkeit der Erfüllung[26] und ihre Wirkungen beziehen, zu sammeln, und den inneren Zusammenhang derselben nachzuweisen, wobei er vorhatte, den Umfang, in dem eine wahre Unmöglichkeit anerkannt wird, zu bestimmen. Weiterhin wollte er die Wirkungen der Unmöglichkeit entwickeln[27], die, wie er aufgrund seiner früheren beruflichen Tätigkeit als Mitglied des Schleswigschen Obergerichts wußte[28], eine unmittelbare praktische Bedeutung für die Behandlung derselben in der Praxis haben.
Vom Anfang bis zum Ende seiner Lehre hält Mommsen an dem Begriff der „wahren Unmöglichkeit" als Grundbegriff fest[29], wonach die Prinzipien „*impossibilium nulla obligatio*" bei der vorhandenen Unmöglichkeit und „*casus a nullo praestantur*" bei der nachträglichen Unmöglichkeit zur Anwendung kommen, die grundsätzlich auf das römische Recht zurückgehen. Dass er den eigenen Begriff der „wahren Unmöglichkeit" entwickelte, auf welchem er den allgemeinen Teil der Unmöglichkeitslehre aufbaute, ist aus heutiger Sicht der entscheidende Schritt Mommsens.

---

23 Mommsen, Unmöglichkeit, Vorwort, VI.

24 Mommsen, Unmöglichkeit, Vorwort, VI.

25 An der Auswahl der Quellen Mommsens kritisiert Rabel besonders, dass man zu einem Missverständnis kommen kann, weil die falsche Auswahl der Quellen eine falsche Ausrichtung der Lehre zur Folge haben kann. Mommsen selbst ist sich dessen bewusst. Zur Wahl der Quellen bemerkt Mommsen ausdrücklich, dass er ausschließlich Fälle heranzieht, die von der Stipulation oder dem Kauf handeln, weil es für die übrigen Verträge an jeglichem Quellenmaterial fehlt. Dabei stellt Mommsen die Frage, ob der aus dem Kauf und der Stipulation sich ergebende Grundsatz nicht ohne weiteres auf andere Obligationen übertragen werden kann (ders., Unmöglichkeit, Vorwort, VI-VII).

26 Grundsätzlich geht Mommsen bei seiner Darstellung von der Seite des Schuldners aus.

27 Mommsen, Unmöglichkeit, Vorwort, VI-VII und § 1, S. 1.

28 Zur Person Mommsens vgl. Mommsen, Unmöglichkeit, Vorwort, V. Jakobs korrigiert die falsche Angabe von Landsberg/Stintzing (Geschichte der deutschen Rechtswissenschaft, Bd. III-2 (München und Berlin 1910), S. 220, 4), wo Friedrich Mommsen als ein Bruder des großen Theodor Mommsen bezeichnet wird. Vgl. Jakobs, Unmöglichkeit und Nichterfüllung, S. 116, Fn. 15; Wollschläger, Unmöglichkeitslehre, S. 1, Fn. 2. Hierzu vgl. insbes. Huber, Leistungsstörungen, Bd. I., S. 75, Fn. 65.

29 Mommsen, Unmöglichkeit, § 1, S. 1; ders., Mora, § 2, S. 19 f.

Demnach lässt sich feststellen, dass die Unmöglichkeit selbst, die keine Wirkung auf das obligatorische Verhältnis hat, also die verschuldete Unmöglichkeit, für die Lehre von der Unmöglichkeit Mommsens nicht von großer Bedeutung ist. Nach Mommsen stellt sich die Unmöglichkeit ohne Auswirkung auf das obligatorische Verhältnis als ein Sachverhalt dar, dem das Merkmal „nicht erfüllt" zukommt und für den der Schuldner wegen der Rechtsverletzung haften soll. Aufgrund dessen teilte Mommsen selbst über die Behandlung der nicht wirkenden Unmöglichkeit als Aufgabe der zweiten Abteilung („Zur Lehre von dem Interesse") ausdrücklich bereits im Vorwort seiner Unmöglichkeitslehre mit, dass diese Problematik außerhalb der Aufgabe seines ersten Beitrages zum Obligationenrecht stehe, die sich grundsätzlich auf die Bestimmung des Umfangs und die Wirkung der wahren Unmöglichkeit bezieht. Denn die Unmöglichkeit, durch welche sich der ursprüngliche Gegenstand der Obligation in das Interesse als nachfolgenden Gegenstand der Obligation verwandelt[30], soweit diese Unmöglichkeit nicht in einem Umstand ihren Grund hat, welcher den Schuldner zugleich von der Verpflichtung zur Leistung befreit, steht vielmehr in einer vielfachen Beziehung zum Interesse[31].

(2) „Der Schuldner kann nicht leisten"
- Die „casuelle" Unmöglichkeit als „wahre" Unmöglichkeit -[32]

Die wahre Unmöglichkeit, welche von dem Recht als Unmöglichkeit anerkannt wird und sich damit auf das obligatorische Verhältnis auswirkt, besteht aus zwei Arten der Unmöglichkeit, je nachdem, ob sie vor oder nach dem Abschluss des Vertrages eintritt. Dabei treten jeweils verschiedene Rechtsfolgen ein: Ist die Leistung von Anfang an unmöglich, so ist die darauf gerichtete Obligation nichtig, vorausgesetzt, dass die Unmöglichkeit sich auf die Leistung in ihrem ganzen Umfang bezieht („*impossibilium nulla obligatio*"). Tritt die Unmöglichkeit der Erfüllung der Obligation dagegen später ein, kommt es darauf an, ob dieselbe durch ein dem Verpflichteten zuzurechnendes Verschulden herbeigeführt ist oder nicht[33]. Im zweiten Fall findet das Prinzip „*casus a nullo praestantur*" Anwendung, während der erste Fall keinen Einfluss auf das obligatorische Verhältnis hat. Dementsprechend ist nur die unverschuldete Unmöglichkeit als eine wahre Unmöglichkeit im Sinne Mommsens zu betrachten, und sie ist für die praktische Behandlung von großer Bedeutung, weil sie unmittelbar

30 Mommsen, Interesse, § 1, S. 8.
31 Mommsen, Unmöglichkeit, Vorwort, IX.
32 Wegen der besonderen Beziehung der Unmöglichkeitslehre zur Geschichte des Rechtsinstituts der positiven Vertragsverletzung wird im folgenden nur auf die nachträgliche Unmöglichkeit eingegangen werden.
33 Mommsen, Unmöglichkeit, § 1, S. 1; ders., Mora, § 2, S. 18 f.

auf das obligatorische Verhältnis einwirkt. Der Einfluss der wahren Unmöglichkeit auf die Obligation bewirkt, dass die Obligation entweder von Anfang an nichtig ist oder dass sie später aufgehoben wird. Diese Ansicht bezieht sich auch auf den Gedanken von Savigny und Hasse[34]: „Diese Culpa nun, welche auf Zurechnung beruht, ist außer dem Criminalrechte, fast allein interessant bei unerlaubten Schadenszufügungen, welche entweder an sich widerrechtlich sind (*damnum iniuria datum*) oder dadurch, daß man einer obligatio zuwider handelt, indem man entweder seine Verpflichtung nicht gehörig erfüllt, oder sich die Erfüllung derselben unmöglich gemacht hat."

Damit ist es für Mommsen verständlich und nötig, dass die durch das Verschulden des Schuldners unmöglich gewordene Leistung in eine mögliche, nämlich in ein Geldäquivalent (das Interesse) verwandelt wird, womit die Obligation erfüllt wird[35], auch wenn der Gegenstand der Obligation durch die verschuldete Unmöglichkeit nicht unmittelbar verändert wird. Bei Mommsen wird daher der Schuldner als fortwährend auf den ursprünglichen Gegenstand der Obligation verpflichtet angesehen, bis die Obligation durch Leistung des Interesses oder auf andere Weise aufgehoben wird[36]. In diesem Sinne stimmt die verschuldete Unmöglichkeit als solche, die keinen Einfluss auf die Obligation ausübt, mit dem Zweck der Abhandlung über die Unmöglichkeit von Mommsen wenig überein, in der Mommsen hauptsächlich den Umfang der wahren Unmöglichkeit und deren Wirkung zum Gegenstand hatte. Mommsen behandelt die verschuldete Unmöglichkeit daher notwendig nur am Rande in seiner Unmöglichkeitslehre, aber ausführlich in der zweiten Abteilung („Zur Lehre vom Interesse").

Aus der Zweiteilung der Unmöglichkeit, je nachdem, ob sie einen Einfluss auf das obligatorische Verhältnis ausübt oder nicht, ergibt sich, dass sich Mommsen in Wirklichkeit an der Rechtsfolge der Unmöglichkeit orientiert und demnach die Unmöglichkeit für die praktische Behandlung nur insofern von Bedeutung ist, soweit sie zu der wahren Unmöglichkeit gehört.
Die wahre Unmöglichkeit, auf die die beiden römischen Prinzipien Anwendung finden, wonach die vorhandene (=anfängliche) Unmöglichkeit die Obligation nichtig macht und die nachträgliche Unmöglichkeit die Obligation aufhebt, wobei der Schuldner von der Verpflichtung zur Leistung und zugleich von der Verpflichtung zum Geldäquivalent befreit wird, setzt Nichtverschulden des Schuldners an der Unmöglichkeit der Leistung voraus. Aufgrund der Schuldlosigkeit als Grundvoraussetzung für den Einfluss der Unmöglichkeit auf das obligatorische Verhältnis behandelt Mommsen die Unmöglichkeit in dem dritten Kapi-

---

[34] Hasse, Culpa, S. 63-64.
[35] Mommsen, Unmöglichkeit, § 20, S. 229.
[36] Mommsen, Unmöglichkeit, § 20, S. 230.

tel[37] seiner Abhandlung („Praktische Behandlung der nachfolgenden Unmöglichkeit“) wieder eingeteilt in verschuldete und unverschuldete Unmöglichkeit. Für die nachfolgende Unmöglichkeit, die den Schuldner von der Verpflichtung zur Leistung und von der Schadensersatzpflicht frei macht, finden sich zwei Voraussetzungen; zunächst die Unmöglichkeit der Leistung[38] und als zweites das Fehlen eines Verschuldens an die Unmöglichkeit[39].
Die unverschuldete oder ohne Verschulden des Schuldners eingetretene Unmöglichkeit nennt Mommsen auch „casuelle Unmöglichkeit“, wobei er unter *casus* ein Ereignis versteht, bei welchem dem Schuldner kein von ihm zu vertretendes Verschulden zur Last fällt[40]. Die casuelle Unmöglichkeit im Sinne Mommsens entspricht dem Begriff des „*casus merus*“ der frühen Pandektenlehre.

Im Zusammenhang mit der casuellen Unmöglichkeit bemerkt Mommsen in seiner Unmöglichkeitslehre kurz zum Verschulden:
„So erklärt sich, daß bei der nachfolgenden Unmöglichkeit das Verhältnis, in welchem das Eintreten derselben zu dem Willen des Schuldners steht, als ein wesentliches Moment zu berücksichtigen ist. Das Recht fordert aber vom Schuldner nicht allein, daß er der Vornahme der Leistung, zu welcher er verpflichtet ist, nicht absichtlich Hindernisse in den Weg lege, sondern zugleich, daß er Vorsicht und Sorgfalt anwende, damit nicht durch außer seinem Willen liegenden Ereignisse die Erfüllung gehindert und unmöglich gemacht werde.“[41]

Nach Mommsen wird als Grad der Sorgfalt bei den meisten Obligationen diejenige Diligenz von dem Schuldner gefordert, welche ein *diligens pater familias* anzuwenden pflegt[42].
Zur Anwendung des Prinzips „*casus a nullo praestantur*“ auf die casuelle Unmöglichkeit, die die Befreiung des Schuldners von der Verpflichtung zur Erfüllung der Obligation und der Schadensersatzpflicht rechtfertigt, muss der Schuldner beweisen, dass die Leistung ohne sein Verschulden unmöglich geworden ist[43].
Die Klage, die dem Gläubiger gegeben wird, um sein Recht wegen der Nichterfüllung des Schuldners geltend zu machen, ist die Kontrakasklage aus den einzelnen Obligationen[44], wobei der Gläubiger nicht nachzuweisen braucht, worin der Grund für die Nichterfüllung des Schuldners liegt, sondern lediglich bewei-

37 Mommsen, Unmöglichkeit, § 20.
38 Mommsen, Unmöglichkeit, § 20, S. 232.
39 Mommsen, Unmöglichkeit, § 20, S. 233.
40 Mommsen, Unmöglichkeit, § 20, S. 232.
41 Mommsen, Unmöglichkeit, § 20, S. 228.
42 Mommsen, Unmöglichkeit, § 20, S. 229.
43 Mommsen, Unmöglichkeit, § 20, S. 230.
44 Mommsen, Unmöglichkeit, § 20, S. 231.

sen muss, dass die Obligation wirklich begründet ist[45], weil damit zugleich die objektive Voraussetzung für das Eintreten der Wirkungen von *dolus* und *culpa* dargetan ist[46]. Um die Klage abzuwehren, hat der Schuldner dementsprechend zu beweisen, dass Unmöglichkeit der Leistung vorliegt und die Unmöglichkeit ohne sein Verschulden eingetreten ist, soweit die Obligation nicht durch die von Seiten des Schuldners dolos veranlasste Abschließung des Vertrages über eine unmögliche Leistung entsteht[47] und es keine Vereinbarung in der Weise einer vertragsmäßigen Übernahme der Gefahr[48] gibt, dass der Schuldner auch für den *casus* haften soll[49].

Die Regel, dass die ohne Verschulden des Schuldners eintretende Unmöglichkeit der Leistung von der Verpflichtung befreit, bildet die Grundlage für die praktische Behandlung der nachfolgenden Unmöglichkeit bei Mommsen, wonach zugleich bei unverschuldeter Unmöglichkeit der Anspruch des Schuldners auf die Gegenleistung wegfällt[50]. Demnach ist die praktische Behandlung der vom Schuldner verschuldeten Unmöglichkeit bei Mommsen einfacher als die der unverschuldeten (casuellen) nachfolgenden Unmöglichkeit, da es sich nur um die Feststellung des Äquivalents handelt, welches für den ursprünglichen Gegenstand der Obligation geleistet werden muss.

Aus einer Aussage Mommsens wird deutlich, dass das wesentliche Gewicht der Abhandlung über die Unmöglichkeit nicht in der verschuldeten Unmöglichkeit liegt, sondern in der Bestimmung und der Wirkung der casuellen Unmöglichkeit: „Die Auseinandersetzung der Grundsätze, welche hierfür (=für die Feststellung des Äquivalents bei der verschuldeten nachfolgenden Unmöglichkeit) zur Anwendung kommen, gehört aber nicht in die Lehre von der Unmöglichkeit der Leistung, sondern in die Lehre von dem Interesse.“[51]

(3) Ist die Unmöglichkeitslehre Mommsens wirklich neu?

Erörtert man Mommsens Lehre der Unmöglichkeit beschränkt auf die nachfolgende Unmöglichkeit, stellt sich die Frage, wie sich die wahre Unmöglichkeit zu der unverschuldeten („casuellen“) Unmöglichkeit verhält und wo der Unter-

45 Mommsen, Mora, § 2, S. 20.
46 Mommsen, Mora, § 2, S. 20.
47 Mommsen, Interesse, § 1, S. 7.
48 Siehe Mommsen, § 24, S. 273 ff.
49 Mommsen, Interesse, § 1, S. 10. Nach Mommsen soll in diesen Fällen ausnahmsweise dem Gläubiger eine Kontraktsklage zugestanden werden.
50 Mommsen, Unmöglichkeit, § 20, S. 237.
51 Mommsen, Unmöglichkeit, § 20, S. 231.

schied zwischen dem *casus merus* der früheren Pandektenlehre und der casuellen Unmöglichkeit in der Abhandlung Mommsens besteht.
Für Mommsen ist die wahre Unmöglichkeit mit der unverschuldeten Unmöglichkeit oder der casuellen Unmöglichkeit in Bezug auf die praktische Behandlung der nachträglichen Unmöglichkeit gleichbedeutend. So sagt er:
„Alsdann kann man sagen, daß der Casus von der Verpflichtung befreit, wenn er eine Unmöglichkeit der Leistung herbeiführt. Wir haben oben (S. 232) bereits bemerkt, daß wir die Ausdrücke Casus und casuelle Unmöglichkeit nur in dem eben angegebenen Sinne gebrauchen werden.“[52]

Aufgrund dieser Ansicht ersetzte er den Begriff des „*casus merus*“ durch den Begriff der unverschuldeten nachträglichen Unmöglichkeit oder der casuellen Unmöglichkeit. Unter dem *casus* im Sinne Mommsens kann nur der „*casus merus*“ der früheren Pandektenlehre verstanden werden. Die verschuldete nachträgliche Unmöglichkeit bezeichnet auch er als *casus mixtus*[53]. Von den beiden Begriffen des frühen Pandektenrechts „*casus merus*“ und „*casus mixtus*“ übernahm Mommsen also nur den letzten.
Vergleicht man Mommsens Behandlung der nachfolgenden Unmöglichkeit mit der früheren Pandektenlehre, so findet sich kein wesentlicher Unterschied.
Außerdem war Mommsen nicht der Erste, der dem *casus merus* die casuelle oder unverschuldete Unmöglichkeit gleichstellte, wie er selbst bemerkte[54].
Nach dem Gesagten stellt die verschuldete nachträgliche Unmöglichkeit für Mommsen keine wahre oder casuelle Unmöglichkeit dar.
Wie in der früheren Pandektenlehre, wo die verschuldete Unmöglichkeit und deren Rechtfolgen wegen Nichterfüllung in der Lehre vom Schadensersatz oder vom Interesse behandelt wurde, fasst auch Mommsen diese Problematik unter die Lehre vom Interesse und behandelt sie in der Unmöglichkeitslehre nur am Rande. Wie Brinz in einer Rezension zur Unmöglichkeitslehre Mommsens aus-

52 Mommsen, Unmöglichkeit, § 21, S. 247, Fn. 30) und Fn. 31).
53 Mommsen, Unmöglichkeit, § 21, S. 246.
54 Mommsen, Unmöglichkeit, § 21, S. 247, Fn. 31: „ In gleicher Weise wird auch schon von Anderen, namentlich von Puchta a. a. O., der Ausdruck: Casus oder Zufall, gebraucht. Unterholzner, Schuldverhältnisse I. § 138 definiert den Zufall ähnlich... .“. Hierzu siehe Jakobs, Unmöglichkeit und Nichterfüllung, S. 115-116, insbes. zum § 364, I. 5. ALR: „Entsteht die Unmöglichkeit, den geschloßnen Vertrag zu erfüllen, durch einen Zufall, oder durch unabwendbare Gewalt und Uebermacht, so wird der Vertrag für aufgehoben angesehen.“ An dieser Stelle kann auf die Frage nicht eingegangen werden, wie sich Mommsen bei der Interpretation und Systematisierung der römischen Rechtsquellen zum preußischen ALR verhält. Vgl. hierzu Jakobs, Unmöglichkeit und Nichterfüllung, S. 116, Fn. 15; Huber, Leistungsstörungen, Bd. I, S. 75, Fn. 66.

führt, ist die Lehre Mommsens von der nachträglichen Unmöglichkeit nichts anderes als die Lehre vom *casus* in der früheren Pandektenlehre[55].

2) *Mora*: Der Schuldner will nicht leisten[56].

Die *Mora* hat eine doppelte technische Bedeutung im Sinne der Lehre Wolffs, wonach sie in eine objektive und eine subjektive einzuteilen ist[57].
Unter der subjektiven Mora wird diejenige Verzögerung verstanden, welcher eine Verschuldung zu Grunde liegt, unter der objektiven *Mora* in Beziehung auf den Schuldner die einfache Hinausschiebung der Erfüllung der Obligation.
Die Mora, die in der Abhandlung Mommsens zum Gegenstand wird, wird grundsätzlich als subjektive aufgefasst, da Mommsen davon ausgeht, dass die objektive *Mora* dem römischen Recht noch fremd war[58] und dass auf die objektive *Mora* als Hinausschiebung der Erfüllung eher die für den Fall der Nichterfüllung versprochene Konventionalstrafe anwendbar ist, unabhängig von einem Verschulden. Denn die einfache Hinausschiebung der Erfüllung des Schuldners kann nicht als Grund für die Bewirkung der *Mora*, sondern vielmehr als das Eintreten der Bedingung für die Conventionalstrafe angesehen werden.
Von diesem Ausgangspunkt aus verzichtet Mommsen ausdrücklich auf die Behandlung der objektiven *Mora* im Sinne Wollfs[59]:
„Die Mora des Schuldners setzt zu ihrer Begründung eine Rechtsverletzung voraus, nämlich eine Verletzung des Rechts des Gläubigers auf rechtzeitige Erfüllung der Obligation, und zwar muß diese Rechtsverletzung dem Schuldner zugerechnet werden."[60]

Mommsen legte dem Begriff der „*Mora*" den technischen Sinne zugrunde, dass die Rechtsverletzung wegen der Verzögerung der Erfüllung auf einem Verschulden des Schuldners beruht[61]. Demnach setzt die Entstehung der *Mora* objektiv voraus, dass das Forderungsrecht begründet ist, dieses fällig ist und dass ihm eine Einrede nicht entgegengesetzt werden kann, so dass es damit durch die Verzögerung der Erfüllung verletzt werden kann. Zur Begründung der *Mora* ist in

---

[55] Brinz, Kritische Überschau 5, S. 283; ders., Pandekten, Bd. II-1, § 276, S. 312 f.; Würthwein, Schadensersatzpflicht, S. 99.

[56] Nach Mommsen ist die Verweigerung der Annahme durch den Gläubiger keine Verletzung der Rechte des Schuldners, weil dem Gläubiger eine Verpflichtung zur Annahme nicht obliegt (hierzu vgl. Mommsen, Mora, § 1, S. 3). Der Ansicht Mommsens folgend wird an dieser Stelle auf die Mora des Gläubigers nicht eingegangen.

[57] Mommsen, Mora, § 1, S. 7.

[58] Mommsen, Mora, § 1, S. 8-9.

[59] Mommsen, Mora, § 1, S. 12.

[60] Mommsen, Mora, § 1, S. 3.

[61] Mommsen, Mora, § 1, S. 12.

der Regel die Interpellation des Gläubigers als die Aufforderung („Mahnung" im heutigen Sinne) an den Schuldner erforderlich, dass er die ihm obliegende Verpflichtung erfülle[62]. Durch diese Aufforderung wird zum einen der Zeitpunkt festgestellt, von welchem an die Verzögerung der Leistung den Charakter einer Rechtsverletzung annimmt. Zum anderen hat sie den Zweck, den Schuldner zur Erfüllung zu veranlassen. Damit hat die Interpellation bei Mommsen eine hervorragende Bedeutung für die Begründung der *Mora* nicht nur in dem objektiven Moment, sondern auch im subjektiven Moment, weil es zugleich dem Richter bei der Entscheidung über die *Mora* die Feststellung ermöglicht wird, dass die Obligation entstanden und nicht erfüllt ist, obwohl das Bestehen der Obligation dem Schuldner zur Zeit der Interpellation bekannt war[63].
Wenn die Verzögerung der Erfüllung durch die Interpellation des Gläubigers den Charakter einer Rechtsverletzung annimmt, so bedeutet dies, dass die Ursache der Verzögerung nur am Schuldner liegt. Daraus lässt sich erkennen, dass der *dolus* als subjektives Moment sich in der *Mora* manifestiert und die *culpa* im engeren Sinne für die *Mora* bei Mommsen von keiner besonderen Bedeutung ist, wobei allerdings dem *dolus* die *culpa lata* gleichzustellen ist. Damit wird deutlich, dass die *culpa* bei Mommsen von größerer Bedeutung für die wahre Unmöglichkeit ist, als für die *Mora*. Im Zusammenhang mit der Unmöglichkeit kann von der *Mora* keine Rede sein, wenn die Erfüllung der Obligation durch die wahre oder casuelle Unmöglichkeit vom Recht anerkannt wird, da die wahre Unmöglichkeit nach Mommsen die Begründung der *Mora* hindert. Denn die Obligation wird durch die casuelle Unmöglichkeit so aufgehoben, wie wenn die Obligation ordnungsmäßig erfüllt wäre. Im Gegensatz dazu ist die verschuldete Unmöglichkeit der Erfüllung ebensowenig geeignet, den Vorwurf der *Mora* vom Schuldner abzuwenden, wie diejenige Unmöglichkeit, welche vom Recht überhaupt nicht als eine Unmöglichkeit anerkannt wird[64].
Nach all dem lässt sich das Wesen der *Mora* bei Mommsen als selbständiges Instrument der Nichterfüllung des Schuldners so beschreiben[65], „daß sie eine von dem Schuldner ausgehende willkürliche und zugleich rechtswidrige Verzögerung der Erfüllung einer ihm bekannten obligatorischen Verpflichtung ist."[66]

Nach diesem Zitat setzt die *Mora* als „willkürliche Nichterfüllung" nicht nur die Rechtsverletzung als objektives Moment, sondern auch das Verschulden als subjektives Moment voraus, das dem Schuldner zugerechnet werden kann[67].

62 Mommsen, Mora, § 5, S. 35.
63 Mommsen, Mora, § 5, S. 36, Fn. 2).
64 Mommsen, Mora, § 8, S. 65/69.
65 Mommsen, Mora, § 3, S. 22 f.
66 Mommsen, Mora, § 3, S. 24 und § 8, S. 68 f.
67 Mommsen, Mora, § 2, S. 13.

Die *Mora* bei Mommsen wird als eine durch *dolus* oder *culpa* veranlasste Nichterfüllung angesehen[68]. Die Besonderheit der *Mora* liegt darin, dass der Schuldner nicht erfüllen will, obwohl die Leistung möglich ist[69].
Im Gegensatz zur Unmöglichkeit, bei welcher der Schuldner nicht erfüllen kann, beruht die *Mora* auf seinem Willen, weshalb der Schuldner zunächst zur Erfüllung der Obligation verurteilt wird. Wenn der Schuldner nach der Verurteilung noch immer die Erfüllung verweigert, kann unter Umständen ein Schadensersatzanspruch anerkannt werden, da die Wirksamkeit der Obligation selbstverständlich nicht von dem Willen des Schuldners abhängen kann[70].
Soweit die *Mora* vorliegt, spielt die Lehre von dem *dolus* und der *culpa* keine besondere Rolle für die Rechtsbehelfe des Gläubigers, weil die *Mora* bereits den *dolus* enthält. Damit unterliegt es zugleich keinem Zweifel, dass der Schuldner bei *Mora* primär zur Realerfüllung der versprochenen Leistung verpflichtet ist. Denn die Leistung ist noch möglich.
Hieraus ergibt sich, dass der Gläubiger nur die objektive Voraussetzung zu beweisen hat, wenn er sich auf die Rechtsbehelfe wegen *Mora* stützt. Der Schuldner hat dagegen seine Schuldlosigkeit zu beweisen[71].
Die *Mora* als die Rechtsverletzung, die sich nur auf die Zeit der Erfüllung bezieht, liegt vor, wenn der Zeitpunkt zur Erfüllung nicht an eine bestimmte Zeit gebunden ist. Die Anwendung des für die *Mora* geltenden Grundsatzes auf alle Fälle der Verzögerung der Erfüllung erschien Mommsen jedoch nicht unbedenklich; er stellt daher eine Ausnahme von dem Grundsatz für den Fall auf[72], dass die Erfüllung weder früher noch später erfolgen kann, d. h. für den Fall, in dem die Erfüllung der Obligation an eine bestimmte Zeit gebunden ist[73]. Denn die Versäumung der durch die Obligation festgesetzten Zeit stellt dann eine vollständige Nichterfüllung dar. Wenn die Erfüllung nicht zeitgemäß erfolgt, stellt sich nicht die Frage nach der *Mora*, sondern vielmehr nach der Unmöglichkeit; hier kann keine Rede von der Anwendung des für die *Mora* geltenden Grundsatzes sein und der Gläubiger kann Schadensersatz auf das Interesse vom Schuldner verlangen, während der Gläubiger bei *Mora* weiterhin eine sofortige Erfüllung verlangen kann, falls es keine bestimmte Zeitbestimmung für die Erfüllung gibt.

---

68 Mommsen, Mora, § 2, S. 13.
69 Mommsen, Mora, § 2, S. 17.
70 Mommsen, Interesse, § 7, S. 66.
71 Mommsen, Mora, § 3, S. 23.
72 Zu den hierher gehörenden Fällen des absoluten und relativen Fixgeschäfts im heutigen Sinne vgl. Mommsen, Mora, § 4, S. 28.
73 Mommsen, Mora, § 4, S. 27 f.

II. Die „teilweise Unmöglichkeit" bei Mommsen[74]
- Verhältnis der „teilweisen Unmöglichkeit" zur „nicht gehörigen Erfüllung" -

1. Teilweise Unmöglichkeit
- In Bezug auf die Qualität der zu leistenden Sache[75] -

Der Gegenstand, mit dem sich Mommsen bei der Behandlung der teilweisen Unmöglichkeit hinsichtlich der Qualität befasst, bezieht sich grundsätzlich auf „die Unterabteilung der Gattung", die durch die Obligation näher bestimmt wird[76], indem einer Gattungsschuld das Versprechen einer bestimmten Qualität hinzugefügt wird, sei es durch Stipulation, die dem Vertrag hinzugefügt wird, oder sei durch den Kaufvertrag selbst, in dem der Schuldner ausdrücklich die Verpflichtung zur Leistung einer bestimmten Qualität der Sache übernommen hat[77]. Bei Gattungsschulden kann daher die teilweise Unmöglichkeit nur dann vorkommen, wenn der Schuldner die Verpflichtung zur Prästation einer bestimmten Eigenschaft bei der individuell bestimmten Sache übernommen hat. Es ist möglich, dass der Schuldner grundsätzlich zwar den Gegenstand seinem äußeren Umfang nach leistet, aber die Verpflichtung, die ihm in Bezug auf die Qualität der zu leistenden Sache obliegt, nicht erfüllt.

Auf dieser Grundlage beschränkt Mommsen die Fälle der teilweisen Unmöglichkeit hinsichtlich der Qualität auf die Fälle der teilweisen Unmöglichkeit bei einer individuell geschuldeten Sache: Daraus „... ergiebt es sich, daß von einer teilweisen Unmöglichkeit der hier zur Frage stehenden Art nur dann die Rede sein kann, wenn in Ansehung einer individuell bestimmten Sache die Verpflich-

---

[74] An dieser Stelle wird vorzugsweise nur auf die teilweise Unmöglichkeit hinsichtlich der Qualität und der Zeit eingegangen.

[75] Mommsen, Unmöglichkeit, § 18, S. 193 ff.

[76] Mommsen, Unmöglichkeit, § 18, S. 193.

[77] Bei den gegenseitigen Obligationen berücksichtigte Mommsen ausschließlich den Kauf, weil die Bestimmungen des ädilizischen Edikts, welche eine gesonderte Behandlung der hier zur Frage stehenden Art der teilweisen Unmöglichkeit erforderlich machen, sich zunächst nur auf den Kauf beziehen (siehe Mommsen, Unmöglichkeit, § 18, S. 197). Bei der Behandlung der teilweisen Unmöglichkeit hinsichtlich der Qualität ging Mommsen jedoch auf die Vorschrift des ädilischen Edikts nicht ein, wobei es sich nur um eine Anzeigepflicht hinsichtlich gewisser Fehler handelt, wenn diese sich an der verkauften Sache finden. Denn eine solche Anzeige kann nach Mommsen keineswegs eine unmögliche Leistung begründen. Daraus ergibt sich, dass er den Gegenstand seiner Abhandlung auf die Leistung selbst beschränkte. In dieser Hinsicht ist die Auffassung nicht zutreffend, dass Mommsen unter dem Begriff der „Leistung" nicht nur die versprochene Leistung (*dare*, *facere*, *praestare*) versteht, sondern als Teil der Leistung auch die Einhaltung der sonstigen dem Schuldner obliegenden Vertragspflichten ansieht (Himmelschein, Erfüllungszwang, 281 ff.; ders., Zur Frage der Haftung, 284 ff; Wollschläger, Unmöglichkeitslehre, S. 135; Emmerich, Leistungsstörungen, S. 5). Hierzu Huber, Leistungsstörungen, Bd. I, S. 88; Würthwein, Schadensersatzpflicht, S. 126.

tung zur Prästation von Eigenschaften übernommen ist, welche die Sache nicht hat."[78]

Das Recht, das dem Gläubiger wegen der teilweisen Unmöglichkeit zusteht, sieht Mommsen unterschiedlich je nachdem, ob eine Stipulation besteht oder nicht, ob einer der Contrahenten wusste, dass die Erfüllung der versprochenen Leistung unmöglich ist oder ob sich der Verkäufer hinsichtlich der Unmöglichkeit *dolos* schuldig gemacht hat.
Wenn eine Stipulation wegen der Qualität abgeschlossen ist, dann kann der Käufer mit der *actio ex stipulatu* die für den Fall der Mangelhaftigkeit der Sache versprochene Konventionalstrafe verlangen, vorausgesetzt dass er den Verkäufer nicht *dolos* zum Abschluss der Stipulation verleitet hat[79].
Wenn die Stipulation nicht bestand und der Verkäufer nicht wußte, dass der zu leistenden Sache die zugesagte Eigenschaft fehlt, dann steht dem Käufer unabhängig von dem Verschulden des Verkäufers das Recht nach dem ädizilischen Edikt zu, mittels der actio *redhibitoria* die Aufhebung des Vertrages zu verlangen und zugleich den Schaden zu verlangen, welchen er dadurch erlitten hat, dass ein Vertrag zu Stande gekommen ist. Dabei kann zwar der Käufer durch die *actio redhibitoria* immer vor Schaden gesichert werden[80]. Die Anstellung der *actio redhibitoria* setzt jedoch die Aufhebung des Vertrages voraus.
Wenn der Käufer den Kauf bestehen lassen will, kann er die *actio empti* statt der *actio redhibitoria* gegen den Verkäufer anstellen. Dabei stellt sich die Frage, ob die *actio empti* in diesem Fall, wenn der Verkäufer die Eigenschaft der Qualität im guten Glauben zugesagt hat, nur auf eine verhältnismäßige Reduktion der Gegenleistung zugelassen oder genauso auf dasjenige Interesse gerichtet werden kann, welches der Käufer an der Erfüllung des Nebenvertrages über die Qualität hatte, ebenso wie in dem Fall eines *Dolus* des Verkäufers, wo der Käufer neben der Möglichkeit, die Aufhebung des Vertrages zu verlangen, das Recht hat, das Interesse an der Erfüllung der Obligation zu fordern. Nach Mommsen steht es in diesem Fall dem Käufer zu, eine verhältnismäßige Reduktion der Gegenleistung zu verlangen[81]. Aber auch wenn das dem Kaufkontrakt hinzugefügte einfache Versprechen im allgemeinen nicht in der Weise wirkt wie die Stipulation, so kann doch aus dem Inhalt des Versprechens selbst hervorgehen, dass nach der Absicht der Kontrahenten der Verkäufer eventuell zur Haftung auf das Interesse habe verpflichtet sein sollen.
Aus dieser Grundvorstellung ergibt sich nach Mommsen:

---

[78] Mommsen, Unmöglichkeit, § 18, S. 194.
[79] Mommsen, Unmöglichkeit, § 18, S. 201.
[80] Mommsen, Unmöglichkeit, § 18, S. 202.
[81] Mommsen, Unmöglichkeit, § 18, S. 209.

„es könne keinem Bedenken unterliegen, die actio ex empto auf das Interesse gegen den Verkäufer auch dann zuzulassen, wenn er das Versprechen in gutem Glauben ertheilt hat."[82]

Aufgrund dieser Ansicht sah sich Mommsen gezwungen, eine eigene Regelung für die anfängliche teilweise Unmöglichkeit[83] hinsichtlich der Qualität der zu leistenden Sache einzuführen, die von der Regelung über die anfängliche völlige Unmöglichkeit abweicht[84], wonach der Anspruch auf das negative Interesse beschränkt ist. Zu dieser Sonderstellung der Rechtsfolge bei der teilweisen Unmöglichkeit bemerkte Mommsen später in „Berichtigungen und Zusätze zur ersten Abteilung" seines Beitrages folgendes:
„Wir müssen demnach annehmen, daß die theilweise Unmöglichkeit der Leistung in dieser vereinzelten Beziehung abweichend von den allgemeinen Regeln über die theilweise Unmöglichkeit behandelt ist, ..., man auch bei diesen Kontrahenten neben dem Recht, vom Vertrag zurückzutreten, eine Klage auf das Erfüllungsinteresse einräumen muß."[85]

---

[82] Mommsen, Unmöglichkeit, § 18, S. 210.

[83] Der Fall, für den Mommsen ins Auge fasste, die Rechtsfolge bei teilweiser Unmöglichkeit von der bei völliger Unmöglichkeit zu unterscheiden und damit eigene Regeln für den Fall der teilweisen Unmöglichkeit zu entwickeln, bezieht sich grundsätzlich auf die anfängliche teilweise Unmöglichkeit. Das kann man leicht an der Gliederung der Arbeit Mommsens erkennen, da das zweite Kapitel (§ 11- § 19) die vorhandene Unmöglichkeit zum Gegenstand der Behandlung hat. In dieser Hinsicht sind der Ausgangspunkt von Huber (Leistungsstörungen, Bd. I, S. 88) und Würthwein (Schadensersatzpflicht, S. 128) und die Kritik an den Ausführungen von Himmelschein, Wollschläger und Emmerich zutreffend, aber die Anwendung des für die vorhandene teilweise Unmöglichkeit geltenden Grundsatzes auf die Fälle der nachfolgenden teilweisen Unmöglichkeit ist insbesondere bei der Frage nicht vollständig ausgeschlossen, in welchen Fällen der Gläubiger berechtigt ist, von dem Vertrag zurückzutreten, worauf Mommsen selbst später bei der Behandlung der nachträglichen teilweisen Unmöglichkeit mit Blick auf die Rechtsfolge der teilweisen vorhandenen Unmöglichkeit hinwies: „... , was die zweite Frage betrifft, diejenigen Regeln anzuwenden, welche bei der sogleich vorhandenen theilweisen Unmöglichkeit dann zur Anwendung kommen, wenn keiner der Contrahenten mit der theilweisen Unmöglichkeit bekannt gewesen ist." (Mommsen, Unmöglichkeit, § 25, S. 287).

[84] Zur Notwendigkeit einer eigenen Regelung der teilweisen Unmöglichkeit spricht sich Mommsen selbst aus, aber nicht zum Grund dafür. Später gesteht er ein: „Aus inneren Gründen weiß ich ihn nicht zu erklären." (Mommsen, Ueber die Haftung der Contrahenten bei der Abschließung von Schuldverträgen, Braunschweig 1879, S. 167, Fn. 3). Hierzu vgl. Würthwein, Schadensersatzpflicht, S. 129.

[85] Mommsen, Mora, Berichtigungen und Zusätze zu der ersten Abtheilung der Beiträge, S. 411, § 18 (S. 203 fgg.), insbes. S. 412.

2. Teilweise Unmöglichkeit der Leistung
- In Bezug auf die Zeit der Leistung[86] -

Mommsen sah eine weitere Kategorie der teilweisen Unmöglichkeit in dem Fall, dass die Leistung an sich möglich ist, jedoch zu der Zeit nicht erfolgen kann, zu welcher sie nach den Bestimmungen der Obligation erfolgen sollte[87]. Demnach begründet eine Verzögerung der Erfüllung der Obligation keine teilweise Unmöglichkeit hinsichtlich der Zeit, vielmehr gehört sie zur *Mora*, wenn eine Verzögerung vorliegt, obwohl die Erfüllung an sich zur versprochenen Erfüllungszeit möglich ist. Damit wird deutlich, dass die teilweise Unmöglichkeit hinsichtlich der Zeit sich auf die Frage bezieht, ob die Erfüllung rechtzeitig erfolgen kann, nicht auf die Leistung selbst, während sich die *Mora* als die Verzögerung der Erfüllung darstellt und die völlige Unmöglichkeit sich auf die Erfüllbarkeit der Leistung bezieht. Daraus ergibt sich, dass Mommsen die teilweise Unmöglichkeit und die *Mora* als getrennte Konzepte erschienen.

Die Zeit der Erfüllung kann durch Vereinbarung auch so bestimmt sein, dass die Erfüllung zu dieser Zeit noch nicht, wohl aber nachher geleistet werden kann. Der Vertrag kann auch darauf gerichtet sein, dass die Leistung nur in einem genau begrenzten Zeitraum, also weder früher noch später, erfolgen kann[88].
Erstreckt sich die Dauer der Unmöglichkeit auf den ganzen Zeitraum, in dem die Leistung dem Vertrag nach erfolgen soll, so steht die Unmöglichkeit in Beziehung auf die Zeit der Leistung einer völligen Unmöglichkeit gleich und sie ist daher keine vorübergehende, sondern eine dauernde Unmöglichkeit, für welche die Grundsätze der Unmöglichkeit gelten. Dabei stellt Mommsen die Frage, ob die Leistung als eine völlige unmögliche angesehen wird und damit der Vertrag als nichtig oder ob der Gläubiger kein Interesse weiter verfolgen kann. Bei der Beantwortung setzt Mommsen zwei Fälle voraus, je nachdem, ob keinem der Contrahenten die Unmöglichkeit rechtzeitiger Erfüllung bekannt ist oder nicht. Wenn der Gläubiger keinen Aufschluss über die Hindernisse der rechtszeitigen Erfüllung gehabt hat, wohl aber der Schuldner, so kann der Gläubiger sogleich auf die Erfüllung klagen, wonach der Schuldner verpflichtet ist, dem Gläubiger

[86] Die teilweise Unmöglichkeit kann eine objektive oder subjektive sein (Mommsen, Unmöglichkeit, § 19, S. 212). An dieser Stelle wird nur auf die objektive teilweise Unmöglichkeit eingegangen. Zur teilweisen subjektiven Unmöglichkeit vgl. auch Würthwein, Schadensersatzpflicht, S. 130-131.
[87] Mommsen, Unmöglichkeit, § 19, S. 212.
[88] Mommsen, Unmöglichkeit, § 19, S. 218.

dasjenige Interesse zu leisten, welches er an der sofortigen Erfüllung des Vertrages hat[89].

III. Ergebnis
- Die Haftung des Schuldners wegen Nichterfüllung oder nicht gehöriger Erfüllung -

Nach Mommsen geht das Recht des Gläubigers allein auf die Erfüllung der Obligation durch den Schuldner. Die Nichterfüllung der Obligation bedeutet eine Verletzung der Rechte des Gläubigers.
Für Mommsen kann daher jede Rechtsverletzung als Nichterfüllung verstanden werden. Um den Rechtszwang dem Gläubiger zu gewähren, damit er sich vor dem Schaden schützen kann, der ihm durch die Nichterfüllung entsteht, müssen zwei Elemente vorliegen: das Verschulden als subjektives Moment und der Sachverhalt „nicht erfüllt" als objektives Moment.
In Bezug auf das subjektive Moment ist das Verschulden zur Entstehung des Rechtszwangs wegen der Nichterfüllung immer erforderlich. Das Verschulden umfasst *dolus* und *culpa*. Nach diesem Prinzip hat der Schuldner nicht nur für *dolus*, sondern auch für *culpa* einzustehen. Bei der Behandlung der Lehre von der *culpa* im weiteren Sinne entwickelte Mommsen keine eigene Sichtweise, sondern wies vielmehr als „treffliche Schrift" über die Culpa auf das Werk Hasses hin[90]: „Diese Culpa nun, welche auf Zurechnung beruht, ist außer dem Criminalrechte, fast allein interessant bei unerlaubten Schadenszufügungen, welche entweder an sich widerrechtlich sind (damnum iniuria datum) oder dadurch, daß man einer obligatio zuwider handelt, indem man entweder seine Verpflichtung nicht gehörig erfüllt, oder sich die Erfüllung derselben unmöglich gemacht."[91]

Mommsen sieht den Grund für die Nichterfüllung objektiv entweder darin, dass der Schuldner die Obligation nicht erfüllen kann, oder darin, dass der Schuldner nicht erfüllen will, obwohl er die Obligation erfüllen kann. Das bedeutet nicht, dass Mommsen mit dieser Ansicht weitere Fälle der Nichterfüllung oder der „nicht gehörigen Erfüllung" ausschließen will.
Der erste das Recht des Gläubigers schädigende Sachverhalt ist als „das Nichterfüllenwollen" (*Mora*) zu bezeichnen, der zweite als „das in culposer Weise Nichtkönnen" (Unmöglichkeit)[92].

---

[89] Mommsen, Unmöglichkeit, § 25, S. 297. In § 25 weist Mommsen wieder auf die Rechtsfolgen der vorhandenen teilweisen Unmöglichkeit hinsichtlich der Zeit (§ 19) hin.
[90] Mommsen, Mora, Vorwort VI.
[91] Hasse, Culpa, S. 63-64.
[92] Windscheid, Kleine Schriften, Reden und Rezensionen, Teil I, S. 438.

Nach Mommsen ist der Grund für die unterschiedliche Behandlung beider Sachverhalte der Nichterfüllung (*Mora* und Unmöglichkeit) neben dem Erfordernis der Interpellation und der Rechtsfolge des Rücktrittsrechts[93] darin zu sehen, dass der Grund, warum der Sachverhalt „nicht erfüllt" vorliegt, entweder vom Willen des Schuldners abhängt oder nicht. Aufgrund des Realerfüllungsprinzips sah Mommsen einen weiteren Unterschied zwischen beiden Sachverhalten darin, dass der Gläubiger bei der verschuldeten Unmöglichkeit nicht auf das Interesse zu klagen braucht, sondern weiterhin seine Klage auf den ursprünglichen Gegenstand der Obligation richten kann. Wenn die Klage auf die Leistung gerichtet wird, die sich erst im Exekutionsverfahren als unmöglich erweist, tritt das Interesse als Äquivalent für die völlig unmöglich gewordene Leistung an die Stelle des ursprünglichen Inhalts. Hierin findet sich die Bedeutung der praktischen Behandlung der Unmöglichkeit, während dem Gläubiger bei *Mora* grundsätzlich der Anspruch auf den Verzugsschaden und weiterhin auf den Erfüllungsanspruch gewährt werden kann, soweit der Gläubiger wegen Nichterfüllung vom Vertrag nicht zurücktreten will.
Mommsen bemerkt kurz zum Realerfüllungsprinzip:
„Für das heutige Recht hat die eben angeregte Frage keine Bedeutung, da die Beurtheilung gegenwärtig immer zunächst auf den eigentlichen Gegenstand der Klage gerichtet wird."[94]

Aus diesem Ausdruck wird deutlich, dass die Unmöglichkeit eine Ausnahme vom Realerfüllungsprinzip aus dem praktischen Grund bildet, dass das Interesse des Gläubigers gesichert wird, wenn dem Gläubiger ein Äquivalent für die Nichterfüllung wegen der verschuldeten Unmöglichkeit gegeben werden muss. Hieraus ergibt sich, dass der Praktiker Mommsen auch die prozessuale Rechtswirkung der Verwandlung des Realerfüllungsanspruchs in einen Interesseanspruch in seine Unmöglichkeitslehre miteinbezieht, damit die Verpflichtung zur Interesseleistung, die sich aus der Verurteilung zur Erfüllung bei erfolgloser Zwangsvollstreckung ergibt als Folge der Nichterfüllung der versprochenen Leistung angesehen werden kann[95].

---

93 Mommsen erscheint zwar das Rücktrittsrecht wegen Verzuges als eine besondere Rechtsfolge, durch die der Verzug von der Unmöglichkeit unterschieden werden sollte, aber er hielt eine ausdrückliche Erwähnung des Rücktrittsrechts für nicht notwendig, da dieses Rücktrittsrecht sich aus der allgemeinen Natur der gegenseitigen Obligationen und der durch die *Mora* begründeten Verpflichtung des Schuldners zur Leistung des Interesses ergibt (Mommsen, Mora, § 27, S. 257-258, insbes. Fn. 5). Zur allgemeinen Entwicklung des allgemeinen gesetzlichen Rücktrittsrechts in den späteren territorialen Kodifikationen und dem ADHGB vgl. unten §§ 10 und 11.
94 Mommsen, Mora, § 2, S. 18, Fn. 3).
95 Mommsen, Mora, § 2, S. 18; ders., Unmöglichkeit, § 20, S. 230.

Zur Behandlung dieser Problematik war ein Übergang von der Lehre von der Unmöglichkeit Mommsens zur Lehre vom Interesse erforderlich, weil die Lehre von der Unmöglichkeit überhaupt den Anwendungsbereich der wahren Unmöglichkeit und deren Wirkung zum Gegenstand hat[96], wie Mommsen selbst formuliert:
„In der zweiten Abtheilung dieser Beiträge, für welche das Material im wesentlichen gesammelt ist, denke ich Beiträge zu der Lehre von dem Interesse mitzutheilen. Wegen der vielfachen Beziehungen, in denen die letztere Lehre und diejenige, welche den Gegenstand der vorliegenden Abhandlung bildet, zu einander stehen, habe ich die Darstellung derselben auch äußerlich mit einander in Verbindung gesetzt, indem ich neben dem besonderen Titel für jede Abtheilung zugleich einen allgemeinen Titel gewählt habe, welcher sich auf beide Abtheilungen gemeinschaftlich bezieht.“[97]

Diese Ausnahme vom Prinzip der Realerfüllung gilt nicht für alle Fälle der Unmöglichkeit. Mommsen teilt die Unmöglichkeit in völlige und teilweise Unmöglichkeit ein, weil der Schuldner in den Fällen einer bloß teilweisen Unmöglichkeit anders als bei der völligen Unmöglichkeit zwar keine Entschädigung zu leisten, aber den noch möglichen Teil der Leistung zu beschaffen habe[98]. Bei teilweiser nachträglicher Unmöglichkeit tritt nicht immer das Interesse an die Stelle des ursprünglichen Inhalts der Obligation. Die Rechtsfolge bei der teilweisen Unmöglichkeit wird vielmehr durch den Willen des Gläubigers bestimmt, z. B. ob der Gläubiger von dem Vertrag zurücktreten oder nur eine Reduktion der Gegenleistung wegen teilweiser Unmöglichkeit verlangen will[99]. Die Wirkungen der teilweisen Unmöglichkeit unterscheiden sich nach Mommsen erheblich von denen der völligen. Dies gibt Mommsen Anlass zur unterschiedlichen Behandlung und Unterteilung der Unmöglichkeit in völlige und teilweise Unmöglichkeit.
Die teilweise Unmöglichkeit hinsichtlich der Qualität der zu leistenden Sache gilt grundsätzlich nicht für die Gattungsschuld, sondern für den Fall, dass die Gattung durch eine Stipulation oder ein dem Vertrag formlos hinzugefügte Versprechen näher bestimmt ist. Ebenso ist die Anwendung der teilweisen Unmöglichkeit hinsichtlich der Zeit auf bestimmte Fälle beschränkt, in denen der Schuldner die Verpflichtung zur Erfüllung zu einer bestimmten Zeit übernommen hat, sei es durch Stipulation oder sei es durch die Auslegung des dem Vertrag formlos beigefügten Versprechens.
Hier zeigt sich, dass die teilweise Unmöglichkeit nach Mommsen grundsätzlich mit den Fällen der positiven Vertragsverletzung nicht zu tun hat und es nicht in

96 Windscheid, Kleine Schriften, Teil I, S. 422.
97 Mommsen, Unmöglichkeit, Vorwort VIII.
98 Mommsen, Unmöglichkeit, § 25, S. 286.
99 Mommsen, Unmöglichkeit, § 25, S. 287.

der Absicht Mommsens lag[100], die Fälle der positiven Vertragsverletzung unter der Kategorie der teilweisen oder der weiteren Unmöglichkeit zusammenzustellen. Vielmehr behandelt Mommsen die Sondersachverhalte „nicht erfüllt“ ausführlich, die jeweils verschiedene Voraussetzungen des Rechtszwanges und unterschiedliche Rechtsfolgen haben. Diese Unterschiede können daher ein Grund für die Behandlung der Unmöglichkeit und der *Mora* von einander getrennt in einzelnen Beiträgen sein, wobei er die Fälle der positiven Vertragsverletzung nicht ausführlich behandelt. Man kann daher erst aus der Lehre vom Interesse erkennen, dass die Fälle der „nicht gehörigen Erfüllung“ Mommsen bereits gut bekannt waren, nicht aus der Lehre von der Unmöglichkeit und der *Mora*[101].
Dass Mommsen die Fälle „nicht gehörige oder ungenügende Erfüllung“ kannte, kann nur mit der Behandlung der einzelnen Fälle der Schlechterfüllung in den einzelnen Obligationen nachgewiesen werden: „Nach verschiedenen Entscheidungen der Quellen haftet der Verkäufer oder Vermiether von Gefäßen, welche zur Aufbewahrung von Wein oder anderen Flüssigkeit bestimmt sind, falls er nicht angegeben hat, daß dieselben undicht sind, für den Schaden, welchen der Käufer oder Miether dadurch erlitten hat, daß die in die Gefäße hinein gefüllten Flüssigkeiten ihm verloren gegangen sind. Dies gilt regelmäßig selbst dann, wenn er mit der Schadhaftigkeit des Gefäßes nicht bekannt war.“[102]

Zur Begründung seiner Ansicht über die Entscheidungen der Quellen weist Mommsen auf D. 19.1.6.4 und D. 19.2.19.1 hin.[103]
Die erste Stelle bezieht sich auf einen Gefäßkauf ohne Zusicherung der Unversehrtheit. Der Verkäufer hat dem Käufer ein Gefäß ohne die Zusicherung verkauft, dass es unversehrt sei; es ist aber undicht.
Hierzu schrieb Pomponius unter Berufung auf Labeo, Minicius und Sabinus, dass der Verkäufer schadhafter Gefäße jedenfalls für ihre Unversehrtheit einzustehen habe, wie im Fall des vermieteten Gefäßes. Unter Berufung auf den letzten Fall gründet Mommsen die Haftung des Vermieters für die durch die Vermietung mangelhafter Gefäße erlittenen Schaden des Mieters.

---

[100] Huber, Leistungsstörungen, Bd. I, S. 88-89.

[101] Im „§ 1 Begriff des Interesses“ kritisierte Mommsen an dem von Sintenis und Glück eingeführten Begriff: „Es ist daher nicht zu billigen, ...; wie dies z. B. geschieht, wenn man das Interesse als Vermögenswerth bezeichnet, welchen die aus der Obligation geschuldete Leistung für den Gläubiger hat, oder als den Nachtheil, der dem Gläubiger daraus entstanden ist, daß der Schuldner seine Verbindlichkeit nicht gehörig erfüllt hat.“ (Mommsen, Interesse, § 1, S. 10). Der Grund und der Umfang seiner Kritik beschränkt sich auf die Unzulässigkeit der Begriffe „Vermögenswerth“ Sintenis' und „Nachtheil“ Glück' (hierzu vgl. Mommsen, Interesse, § 1, S. 10, insbe. Fn. 11).

[102] Mommsen, Interesse, § 16, S. 169.

[103] Kunkel/Honsell, Römisches Recht, S. 247[28].

Die zweite Stelle betrifft einen Fall der Vermietung eines mangelhaften Gefäßes, in dem der Vermieter ein Gefäß vermietet hat in Unkenntnis davon, dass es einen Mangel hat; dadurch ist der Wein ausgelaufen.
Über diesen Fall schrieb Cassius, dass der Vermieter dem Mieter für den Schaden haftet, auch wenn ihm der Mangel des Gefäßes nicht bekannt ist. Demnach hat der Vermieter für die dem Schuldner durch eine mangelhafte Vermietung verursachten Schaden einzustehen und seine Unkenntnis wird nicht entschuldigt.

Nach Mommsen hat auch der Gläubiger für die Verschuldung einzustehen. Als Beispiel dafür führte Mommsen an, dass der Commodant, der Gläubiger der *actio commodati*, dem Commodatar ein schadhaftes Gefäß geliehen hat und der Commodatar durch die Nutzung des mangelhaften Gefäßes einen Schaden erlitten hat[104]. Nach Mommsen ist die zum Schadensersatz verpflichtende schadende Tatsache in diesem Fall nicht das dolose Verschweigen des Mangels, sondern der durch den dolus des Verleihers veranlasste Verlust des Weines[105]. Außerdem meinte Mommsen, dass der Gesellschafter, welcher verschiedene Geschäfte für die Societät besorgt hat, wegen einer *Culpa*, deren er sich in Ausführung eines Geschäfts schuldig gemacht hat, zur Leistung des Interesses verpflichtet ist, oder dass er wegen Nichterfüllung der Verpflichtung aus der Societät auf das Interesse für die schlechte Ausführung eines Geschäfts haften soll, „ohne daß irgendwie auf den Grund der Nichterfüllung Rücksicht genommen wird“[106].
Mommsen hält immerhin an der *actio* aus der einzelnen Obligation fest, er sieht nicht auf den einzelnen Grund der Nichterfüllung. Diese Beispiele, die Mommsen in seiner Lehre vom Interesse angeführt hatte, sind mit dem Fall der heutigen Schlechterfüllung gleichzustellen. Aus der Behandlung Mommsen der Nichterfüllung in der Lehre von dem Interesse lässt sich feststellen, dass die Fälle der Schlechterfüllung Mommsen bekannt waren, bei denen sich kein Bezug auf die Unmöglichkeit einschließlich der teilweisen Unmöglichkeit hinsichtlich der Zeit der Erfüllung und der Qualität der zu leistenden Sache und kein Bezug zur *Mora* findet.

Nach alldem ist die Ansicht daher unhaltbar, dass die Haftung für die Fälle der Nichterfüllung oder der „nicht gehörigen Erfüllung“ durch die Unmöglichkeitslehre Mommsens verdrängt wurde und man damit alle Fälle der Nichterfüllung oder „nicht gehörigen Erfüllung“ als einen Unterfall der weiteren Kategorie der Unmöglichkeit oder der teilweisen Unmöglichkeit betrachtete[107], wodurch die

---

[104] Mommsen, Interesse, § 7, S. 62-63. Der Gläubiger hat nicht nur für den Fall eines *dolus* oder einer *culpa lata*, sondern auch für den Fall der *culpa levis* einzustehen.
[105] Mommsen, Interesse, § 7, S. 62-63.
[106] Mommsen, Interesse, § 9, S. 80.
[107] Blaurock, Culpa-Haftung, S. 56-57; Emmerich, Leistungsstörungen, S. 5; Kotulla, pFv, S. 367-370; Himmelschein, Erfüllungszwang, 281 ff; Wollschläger, Unmöglichkeitslehre, S. 152

Fälle der positiven Vertragsverletzung später von den späteren Pandektisten übersehen wurden.
Wie in der früheren Pandektenlehre und in der Lehre Savignys stellt sich die Rechtsverletzung für Mommsen als die im obligatorischen Verhältnis vorkommende, aber durch die culpa und dolus modifizierte Nichterfüllung dar.
Wenn Mommsen unter Nichterfüllung die Unmöglichkeit und *Mora* verstand und auf beide Sachverhalte in je einer eigenen Abhandlung eingeht, dann muss man bedenken, wie sich die Nichterfüllung, unter welcher besonders die Unmöglichkeit und die Mora zusammengestellt werden, zum Begriff der „ungenügenden Erfüllung" verhält. Als Beweis dafür ist folgende Aussage Mommsens heranzuziehen: „In gleicher Weise, ..., beruht auch die Entscheidung der L. 28 D. de negot. Gesti (3. 5) darauf, daß wegen Nichterfüllung oder wegen ungenügender Erfüllung eines Mandats allgemein auf das Interesse geklagt werden kann. Eben deshalb darf man aus der L.16.C. mandati (4. 35) nicht schließen, daß nur im Fall eines Dolus des Mandatars auf das Interesse geklagt werden könne."[108]

An diesem Zitat kann man erkennen, dass Mommsen die Nichterfüllung und die ungenügende Erfüllung von einander getrennt hatte betrachten können. Der Ausdruck „ungenügende Erfüllung" bei Mommsen bezeichnet nicht die Teilerfüllung, sondern kann vielmehr als „Schlechterfüllung" verstanden werden, weil Mommsen selbst den Fall der Teilerfüllung als eine teilweise Nichterfüllung definierte: „Die zu späte Erfüllung ist eben eine theilweise Nichterfüllung"[109]. Hierbei beruft sich Mommsen auf den folgenden römischen Satz: „*minus solvit qui tardius solvit; nam et tempore minus solvitur*" (D. 50.16.12.1.)
So kommt zum Ausdruck, dass Mommsen zwar die Nichterfüllung als oberflächlichen Begriff der Rechtsverletzung in seiner Abhandlung verwendet, aber die Sachverhalte der Nichterfüllung wieder in den Sachverhalt „überhaupt nicht erfüllt" bzw. „nicht geschehene Erfüllung"[110] und den Sachverhalt „erfüllt, aber nicht gehörig oder ungenügend" einteilt.
Dass die Kontinuität der Culpa-Haftung durch die Beiträge Mommsens nicht durchbrochen wird und die Vorstellung Mommsens der früheren Pandektenlehre

---

f.; Zimmermann, The Law of Obligations, S. 812 f.; Kroeschell, Rechtsgeschichte Deutschlands, S. 21-22. Zutreffend aber Huber, Leistungsstörungen, Bd. I, S. 86-89; Stoll, AcP 136, S. 269 ff.; Würthwein, Schadensersatzpflicht, S. 126 ff.; Zimmermann, Roman Law, Contemporary Law, European Law, S. 92-93.

108 Mommsen, Interesse, § 9, S. 80, Fn. 15.

109 Mommsen, Mora, § 2, S. 13, Fn. 1.

110 Mommsen benutzt diesen Ausdruck nur bei der Behandlung der Einrede des nicht erfüllten Vertrages („*exceptio non adimpleti contractus*"), wo er die *exceptio non adimpleti contractus* als wahre *exceptio doli* ansah (ders., Mora, Berichtigungen und Zusatze zur ersten Abtheilung der Beiträge, S. 420 f., insbes. *)). Dazu vgl. Andrè, Die Einrede des nicht erfüllten Vertrages, S. 2 ff., insbes. S. 5 ff.

folgt, ist daran erkennbar, dass Mommsen so wie das frühe Pandektenrecht die verschuldete Unmöglichkeit in der Lehre vom Interesse behandelte und ebenso die unverschuldete oder „casuelle (wahre)“ Unmöglichkeit als Aufhebungsgrund betrachtet, wie das Pandektensystem Heises. Denn das Interesse bei Mommsen ist nichts anderes als der Schadensersatz der früheren Pandektenlehre.
Aufgrund dieser Vorstellung muss der Zusammenhang der Lehre Mommsens mit der allgemeinen Culpa-Haftung in der späteren Pandektenlehre, insbesondere mit der Lehre Windscheids untersucht werden. Dabei muss die Frage beantwortet werden, wieweit die Lehre Mommsens die spätere Pandektenlehre beeinflusst hat und ob die spätere Pandektenlehre die Fälle der positiven Vertragsverletzung aufgrund der Lehre Mommsens wirklich aus den Augen verloren hat.

§ 6. Die Culpa-Haftung wegen Nichterfüllung oder nicht gehöriger Erfüllung in der späteren Pandektenlehre

I. Haftung des Schuldners für *dolus* oder *culpa*

In der späteren Pandektenliteratur wurde wie im Naturrecht und im frühen Pandektenrecht[1] die Rechtsverletzung durch schuldhafte Handlung in einem bestehenden Obligationsverhältnis und die von einem solchen Verhältnis unabhängige Rechtsverletzung unterschieden[2].

Im ersten Fall wird die bestimmte Obligation durch die schuldhafte Handlung nur modifiziert[3], während im letzten Fall eine neue Obligation entsteht. In diesem Zusammenhang erklärte Regelsberger, „eine Rechtsverletzung im bestehenden Obligationsverhältnis erzeugt kein neues Rechtsverhältnis, sondern die Änderung, namentlich Erweiterung eines bestehenden. Andere Rechtsverletzungen erzeugen eine dem verletzten Recht gegenüber selbständige Rechtsfolge.

---

1 Hierzu vgl. oben § 3

2 Arndts, Pandekten, § 84 und § 250; Hasse, Culpa, S. 105; Windscheid, Pandekten, Bd. II-1, § 257, S. 26; Sintenis, Civilrecht, Bd. II, § 100, S. 315 und S. 319, wobei Sintenis davon ausgeht, dass die Culpa im engeren Sinne ihre Hauptanwendung in der Lehre vom *damnum injuria datum* und in der Lehre von der Nichterfüllung der Obligationen findet (aaO., S. 319, Fn. 13). Hierzu vgl. auch Schlossmann, Vertrag, § 36, S. 287 ff., wo Schlossmann das Ausbleiben der versprochenen Leistung als Vermögensbeschädigung im wirtschaftlichen Sinne ansieht, wenn man die dem Promissar versprochene Leistung als einen ihm gehörigen Wert im Vermögensverzeichnis aufnehmen darf (aaO., S. 306-307).

3 Windscheid, Pandekten, Bd. II-1, § 265, S. 48, Fn. 7.: „Das dabei stattfindende rechtliche Verhältnis ist nicht etwa so zu denken, daß das bisher bestandene Forderungsrecht durch die eingetretene Unmöglichkeit der Leistung untergegangenen, zugleich aber durch die Verschuldung des Schuldners ein anderes Forderungsrecht gegen denselben begründet worden sei. Sondern das jetzt vorhandene Forderungsrecht ist das alte, was sich darin practisch erweist, daß alle für das alte Forderungsrecht geltenden rechtlichen Bestimmtheiten fortdauern, z. B. Pfand, Bürgschaft, Verzug..., wenn die Unmöglichkeit bloß eine subjektive ist, hat sich rechtlich nichts geändert; verpflichtet ist der Schuldner nach wie vor zu der ursprünglichen Leistung, und daß ein Geldäquivalent von ihm eingetrieben wird, ist nur Nothbehelfe. ... ; es besteht nur mit verändertem Gegenstand fort." Zum weiteren, vgl. Keller, Pandekten, Bd. I, § 248, S. 539; Sintenis, Civilrecht, Bd. II, § 101 (Modifikation des Inhalts der Obligationen), S. 331 f.; Arndts, Pandekten,§ 206, S. 342 und § 249, S. 424, wobei sich die Rechtsverletzung als eine Änderung der bestehenden Obligation für Arndts darstellt. Dernburg bezeichnet die Schadensersatzpflicht bei Delikt als eine primäre und im bestehenden Schuldverhältnis als eine *bloß* eventuelle (Pandekten, Bd. II, § 44, S. 122). In gleicher Weise wie Dernburg meinte Sintenis, „dass die Schadensersatzforderung je nach den Umständen sowohl als selbständige und ausschliessliche, wie als eine accessorische oder eigentlich als Erweiterung der Hauptforderung erscheinen kann." (Civilrecht, Bd. II, § 86, S. 67/68).

… . Hier entsteht ein neues Rechtsverhältnis. Eine solche Handlung heißt Delikt."[4]

Demzufolge kann eine unerlaubte Handlung entweder an sich widerrechtlich sein oder sie bringt die bestehende Obligation zur Modifizierung durch *culpa*, *dolus* und *casus*. Dies entspricht dem Gedanken der „Metamorphose" Savignys, wonach die Veränderung (Verminderung oder Vernichtung) des Gegenstandes der Obligation durch eine schuldhafte Handlung sich auf die Lehren von *dolus*, *culpa*, *casus*, Interesse und *mora* bezieht[5], wenn das Recht verletzt wird[6]. Daran zeigt sich, dass sich die Rechtsanschauung Savignys über die Rechtsverletzung in der späteren Pandektenlehre widerspiegelt.
Wenn die Handlung ein Delikt ist, so kann der Verletzte auf den Schadensersatz mit der Klage *ex delicto* klagen. Besteht aber dagegen die Handlung nur in der Verletzung einer bestehenden Obligation, in welcher der Verletzte zum Verletzenden steht, ist sie nicht rechtsverletzend im Sinne eines Delikts, sondern eine Rechtsverletzung der bestehenden Obligation. Der Verletzte muss daher eine Ersatzklage aus der verletzten Obligation anstellen, die durch eine gegen die Obligation begangene Pflichtwidrigkeit veranlasst wird.
Manche verletzenden Handlungen können beide Eigenschaften zugleich haben, d. h. die ein Delikt und zugleich die Verletzung einer durch eine Obligation auferlegten Pflicht enthalten. Dann konkurrieren zwei verschiedene sachverfolgende Klagen, von denen der Kläger wahlweise eine anstellen kann. Praktisch bedeutsam für die Wahl zwischen beiden Klagen ist die Frage der Beweislast[7]. Bei der Klage *ex delicto* muss der Kläger, welcher auf Grund des Delikts Schadensersatz verlangt, beweisen, dass der Prozessgegner das Delikt begangen habe, während er bei der Klage aus der Obligation nur den Bestand einer solchen Obligation nachzuweisen hat. Dabei obliegt dem Schuldner der Beweis der Tatsache, dass er seine Obligation überhaupt erfüllt oder gehörig erfüllt hat. Damit begünstigt die Klage aus der Obligation den Gläubiger.

---

4 Regelsberger, Pandekten, Bd. I, § 179, S. 646; Sintenis, Civilrecht, Bd. II, § 86, S. 67/68 und § 100, S. 315.

5 Savigny, Obligationenrecht, Bd. II, § 51, S. 5.

6 Savigny, System, Bd. I, § 59, S. 393.

7 Wächter, Pandekten, Bd. I, § 87, Beilage II, Nr. I und II, S. 457-458; Arndts, Pandekten, § 250, S. 428; Sintenis, Civilrecht, Bd. II, § 101, S. 343. Die Trennung zwischen deliktischer und vertraglicher Verletzung fand sich bereits in der Naturrechtslehre, der frühen Pandektenlehre und in den naturrechtlichen Kodifikationen, insbes. dem ALR und dem ABGB (siehe oben § 3 III 2/3). Die Einteilung der Klagen wegen der Rechtsverletzung in deliktische und obligatorische, die grundsätzlich auf das römische Recht zurückgeht in der späteren Pandektenlehre darf nicht als „neu" angesehen werden. Zustimmend Zimmermann, TR 60, 509. Dagegen Würthwein, Schadensersatzpflicht, S. 194, wobei sie in der Trennung zwischen vertraglicher und deliktischer Haftung einen entscheidenden Wandel in der Betrachtung der Rechtsverletzung gesehen hat.

Die Rechtsverletzung bei bestehender Obligation, wodurch dem Schuldner eine Schadensersatzpflicht auferlegt wird, kann als culpose Nichterfüllung („schuldhaft überhaupt nicht erfüllt") oder als „nicht gehörige Erfüllung" („erfüllt, aber schlecht oder nicht gehörig) vorkommen[8]. Hiermit kann man zur Kenntnis nehmen, dass die spätere Pandektenlehre für die allgemeine Culpa-Haftung des Schuldners im Bereich der bestehenden Obligationen grundsätzlich vom jeweiligen Sachverhalt, also der Nichterfüllung oder der nicht gehörigen Erfüllung, ausgeht.
In Bezug auf den Sachverhalt, aus welchem die Culpa-Haftung des Schuldners entsteht, stellen sich die Fragen, was die spätere Pandektenlehre unter der allgemeien Culpa-Haftung verstand, ob die Sachverhalte der Culpa-Haftung „Nichterfüllung" und „nicht gehörige Erfüllung" wirklich unterschieden wurde, und zugleich, welcher Sachverhalt zur nicht gehörigen Erfüllung gehörte.

1. Gab es eine Trennung der Sachverhalte für die Culpa-Haftung in Nichterfüllung und nicht gehörige Erfüllung?

Wie bereits festgestellt, orientierten sich die spätere Naturrechtslehre und die frühere Pandektenlehre grundsätzlich eher am Sachverhalt des „nicht erfüllt" oder „nicht gehörig erfüllt" und behandelten den einzelnen Tatbestand im objektiven Sinne, nämlich die Unmöglichkeit und den Verzug, nur im einzelnen[9]. Hinsichtlich der Sachverhalte für die Culpa-Haftung können wir eine Kontinuität in der Rechtsanschauung zwischen der traditionellen Rechtslehre und der späteren Pandektenlehre sehen. Dabei bestand die Gemeinsamkeit der beiden Rechtslehren vor allem darin, dass der Sachverhalt „nicht gehörig erfüllt" keinen selbständigen Gegenstand in den Darstellungen des Allgemeinen Teils des Obligationenrechts bildete; vielmehr wurde der Schaden, ungeachtet der Frage, ob er deliktisch oder vertraglich war, unter dem Titel „Schadensersatz" oder „Interesse" behandelt, während die Sachverhalte „nicht erfüllt", nämlich Verzug und Unmöglichkeit, in den meisten Pandektenwerken einen eigenen Platz im Allgemeinen Teil des Obligationenrechts einnahmen.

---

[8] Diese Ausdrücke finden sich auch bei Windscheid: „Für den Fall, wo das Interesse wegen Nichterfüllung oder nicht gehöriger Erfüllung einer Obligation gefordert wird, tritt zu den hier aufgestellten Regeln die beschränkende hinzu... ." (Pandekten, Bd. 2-1, § 258, S. 29). Vgl. auch Arndts, Pandekten, § 206, S. 342; Baron, Pandekten, § 236, S. 427 f.; Dernburg, Pandekten, Bd. II, § 44, S. 122; Sintenis, Civilrecht, Bd. II, § 97, S. 287 und § 101, S. 331 f.; Wendt, Pandekten, § 229, S. 550; Wächter, Pandekten, Bd. I, § 89, S. 463.

[9] Hierzu vgl. § 3

Mit der Ausnahme der Pandektenlehrbücher Windscheids, wo die „Verschuldung" dem Titel „Unmöglichkeit" untergeordnet wird[10], wurde die allgemeine Culpa-Haftung für die Nichterfüllung in der übrigen Pandektenliteratur grundsätzlich unter dem Titel „Änderung der bestehenden Obligation durch Verletzung, nämlich durch Verschulden des Verpflichteten. Dolus und Culpa[11]" oder unter dem Titel „Einstehen des Schuldners für eigene Schuld (Dolus und Culpa)[12]" eingeordnet[13]. Dabei wurde die allgemeine Culpa-Haftung wegen Nichterfüllung von der unverschuldeten nachträglichen Unmöglichkeit durch die Merkmale des casus merus (Zufall) oder der vis maior als Aufhebungsgrund der Obligation abgegrenzt. Dementsprechend gehören nach der Pandektenliteratur dem Sachverhalt der Nichterfüllung der Verzug und die verschuldete Unmöglichkeit an[14].
Dass die spätere Pandektenlehre den Sachverhalt der „nicht gehörigen Erfüllung" klar erfasst und der allgemeinen Culpa-Haftung unterordnet, unterliegt daher keinem Bedenken und lässt sich im folgenden mit den einschlägigen Stellen der Pandektenlehrbüchern belegen. Wie sich die nicht gehörige Erfüllung im Detail darstellt, kann jedoch aus den Darstellungen in der späteren Pandektenlehre über die Verschuldens- oder Culpa-Haftung selbst ohne weiteres nicht entnommen werden. Als ein interessantes Beispiel dafür bietet Neuner im Anhang seines Buches[15], dessen wesentliches Ziel es war, den Grundriss eines neuen Systems für die Darstellung des Pandektenrechts zu zeichnen, der den Ausdruck der nicht gehörigen Erfüllung unter dem Titel „Der ursprüngliche Inhalt der Verpflichtung des Schuldners" benutzt, wonach der Schuldner die nötige Sorgfalt auf die Ermöglichung gehöriger Erfüllung verwenden müsse. Dann erörterte er die Rückwirkung der Nichterfüllung oder der nicht gehörigen Erfüllung auf

10 Windscheid, Pandekten, Bd. II-1, § 265, S. 48 ff. Vgl. aber Windscheid, Pandekten, § 101; Unterholzner, Schuldverhältnisse I, § 133-137.

11 Arndts, Pandekten, § 250, a) Durch Verschulden des Verpflichteten. Dolus und Culpa, S. 426 f.; Sintenis, Civilrecht, Bd. II, § 100, S. 316, Fn. 8. und S. 319, Fn. 13, wo Sintenis die Nichterfüllung und die sonstigen Fälle der nicht gehörigen Erfüllung als Rechtsverletzung unter dem Oberbegriff der Culpa des Schuldners zusammenfassen will (§ 101 Modifikation des Inhalts der Obligationen).

12 Baron, Pandekten, § 236, S. 427.

13 Dernburg ordnet die Verschuldung dem Titel „Verschuldung, Verzug, Schadensersatz, Konventionalstrafe" zu (Pandekten, Bd. II, § 36, S. 99 ff.), Sintenis dem Titel „Modifikation des Inhalts der Obligationen" (Civilrecht, Bd. II, § 101, II, S. 331 ff.). Wächter ordnet der unerlaubter Handlung das Verschulden in Verbindung mit den privatrechtlichen Folgen unerlaubten Handlungen unter (Pandekten, Bd. I, § 87 und § 89).

14 Sintenis, Civilrecht, Bd. II, § 101, IV, S. 348 ff; Wächter, Pandekten, Bd. I, § 88 (Der Zufall), S. 459; Dernburg, Pandekten, Bd. II, § 39 (Haftung bis zur höheren Gewalt), S. 107 und § 40 (Verzug), S. 109 f.; Baron, Pandekten, § 238 (Steht der Schuldner für allen Zufall ein?), S. 432 ff. und § 240 (Einstehen des Schuldners für Mora), S. 436 ff.; Arndts, Pandekten, § 251 (Durch Verzug), S. 431 ff. und § 253 (Durch Zufall), S. 436 ff.

15 Neuner, Privatrechtsverhältnisse, S. 231.

den ursprünglichen Inhalt der Verpflichtung. Zur Nichterfüllung gehört bei Neuner zum ersten die durch die *Culpa* des Schuldners herbeigeführte Unmöglichmachung der Erfüllung oder der gehörigen Erfüllung[16]. Zum anderen ist dies der Fall, wenn der Schuldner die Erfüllung oder gehörige Erfüllung nur verzögert hat. Der letzte mag ein Fall der *mora debitoris* sein[17]. Demnach ist der Verzug insofern nicht beendet, soweit die verzögerte Erfüllung nicht gehörig ist, auch wenn der Schuldner nach Mahnung des Gläubigers die Leistung erbracht hat[18]. Aus dieser Rechtsanschauung lässt sich der Eindruck gewinnen, dass die beiden Sachverhalte in der späteren Pandektenlehre zwar von einander getrennt betrachtet wurden. Dabei wurden der Verzug und die Unmöglichkeit dem Sachverhalt der Nichterfüllung zugeordnet. Der Sachverhalt der nicht gehörigen Erfüllung wurde im Gegensatz dazu unter dem Titel der Verschuldenshaftung im Allgemeinen Teil des Obligationenrechts nicht konkret angesprochen. Vielmehr wurden die Fälle der nicht gehörigen Erfüllung der Behandlung im Rahmen der einzelnen Obligationen, also im Besonderen Teil des Obligationenrechts, überlassen.

2. Wurde die Schlechterfüllung als Fall der nicht gehörigen Erfüllung verstanden?

Um die Fälle der „nicht gehörigen Erfüllung“ anschaulich zu machen, muss man daher andere Rechtsinstitute mitberücksichtigen, bei welchen es sich um konkrete Fälle der nicht gehörigen Erfüllung aus einzelnen Obligationen handelt. Aus diesem Grund wird an dieser Stelle zunächst versucht, die Fälle der „nicht gehörigen Erfüllung“ vorzugsweise bei der *exceptio non rite adimpleti contractus* („Einrede des nicht gehörig erfüllten Vertrages“) und der Vertrags oder Conventionalstrafe für die nicht gehörige Erfüllung zu beleuchten, über welche auch das geltende BGB Regelungen enthält[19].

---

16 Zur weiteren Besprechung vgl. Dernburg, Pandekten, Bd. II, § 111, S. 303; Wächter, Pandekten, Bd. I, § 87, Beilage II, Nr. II, S. 457-458; ders., Pandekten, Bd. I, § 89, S. 463; Windscheid, Pandekten, Bd. II-2, § 400, S. 118-119 (siehe unten §6 I 2 1 u. 2)).

17 Insoweit ist der Ansicht Hartings zuzustimmen, dass der Verzug für Neuner nichts als ein einzelner Fall verschuldeter bloß teilweiser Unmöglichkeit der Erfüllung sei und dass Neuner auch die Fälle der positiven Vertragsverletzung mit keinem Wort erwähne. Hierzu vgl. auch Harting, pVv, S. 149.

18 Windscheid, Pandekten, Bd. II-2, § 285, S. 101.

19 Zur späteren Naturrechts- und frühen Pandektenlehre vgl. § 3 II 3

1) Die Einrede des nicht gehörig erfüllten Vertrages

In der späteren Pandektenliteratur wurde zumeist die *exceptio non rite adimpleti contractus* („die Einrede des nicht gehörig erfüllten Vertrages“) anhangsweise bezüglich der Frage nach ihrem Verhältnis zur *exceptio non adimpleti contractus* („die Einrede des nicht erfüllten Vertrages“ [20]) behandelt.
Die Auseinandersetzung ging darum, ob die *exceptio non rite adimpleti contractus* als eine selbständige *exceptio* angesehen werden kann oder nicht. Trotz der sehr unterschiedlichen Ansatzpunkte bestand Einigkeit darüber, dass diese *exceptio* dem Beklagten gemäß der Natur des *Synallagma* beim gegenseitigen Vertrag zusteht, damit der Beklagte sich das Interesse an der Leistung des Klägers sichern kann, wenn der Kläger die Leistung verlangt, ohne die eigene Leistung gehörig zu erbringen.
Für Dernburg stellt sich die *exceptio non rite adimpleti contractus* als eine Unterart der *exceptio non adimpleti contractus* dar, wonach der Beklagte die geschuldete Gegenleistung mit der Behauptung zurückbehalten darf, dass das vom Kläger Geleistete oder Angebotene keine Erfüllung darstelle, weil es unvollständig oder fehlerhaft sei[21].
Dagegen sah Baron den Unterschied beider *exceptiones* in der Verschiedenheit der Behauptung des Beklagten, nämlich ob die Behauptung der Nichterfüllung in der Behauptung der nicht gehörigen Erfüllung liegen kann[22]. Bei Baron und anderen Kritikern der Meinung, dass die beiden *exceptiones* voneinander unterschieden werden müssen, geht es um die Beweisfrage. Baron beschreibt die beiden möglichen Fälle dafür: Zum ersten kann der verklagte Verkäufer behaupten, dass der Kläger ihm bloß 90 gezahlt habe, während der Kaufpreis auf 100 verabredet worden war. Zum zweiten kann der verklagte Käufer behaupten, dass der Kläger ihm russischen Weizen geliefert habe, während er ungarischen gekauft hatte. Nach Baron enthalten die Behauptungen des Beklagten in den beiden Fälle nur eine *exceptio non adimpleti contractus*[23], wobei der Beweis dem Kläger

---

20 Zur Entwicklungsgeschichte vgl. Lang, Ueber die Einrede des nicht erfüllten Contracts, Regensburg 1829; Dörge, Die Einrede des nicht gehörig erfüllten Vertrages (Göttingen 1928), S. 3-15. Zum umstrittenen Standpunkt der Pandektenlehre, vgl. Heerwart, Ueber die *exceptio non adimpleti contractus* und *non rite adimpleti contractus*, AcP 7 (1824), S. 335-363; André, Einrede des nicht erfüllten Vertrages, S. 3-13.

21 Dernburg, Pandekten, Bd. II, § 21, S. 62. Vgl auch Keller, Pandekten, Bd. I, § 242, S. 526-527, wo er die praktische Bedeutung der exceptio non rite adimpleti contractus betont und Heerwart, Vangerow und G. F. Puchta kritisiert.

22 Baron, Pandekten, § 215, S. 383. Keller unterschied zwar die beiden *exceptiones* voneinander, sah aber die praktische Bedeutung des Unterschieds in der Beweislastverteilung, indem er nur den Fall vor Augen hatte, dass der Beklagte sich einredeweise auf ein selbständiges Recht, z. B. Preisminderung usw. berief (Keller, Pandekten, Bd. I, S. 527).

23 Arndts, Pandekten, § 234, S. 402; Sintenis, Civilrecht, Bd. II, § 97, S. 290; Wendt, Pandekten, § 197, S. 496; Wächter, Pandekten, Bd. II, § 189, S. 387. Sintenis und Wächter halten

nach der allgemeinen Beweisregel obliegt, dass derjenige, der ein Recht geltend macht, diejenigen Tatsachen zu beweisen hat, welche sein Recht begründen. Aber die Beweislast kehrt sich dann um, wenn die Behauptung des Beklagten nicht den Vorwurf der Nichterfüllung enthält, sondern bloß den Grund zu einem Anspruch auf die Entschädigung oder auf die Minderung des Kaufpreises abgibt. Hierbei trägt die Beweislast der Beklagte, weil er der allgemeinen Beweisregel nach zu beweisen hat, dass die Lieferung des Klägers fehlerhaft oder nicht gehörig ist[24] und der Beklagte daher berechtigt ist, den Preis der gekauften Sache zu mindern.

Die Kritiker der Unterscheidung der Exceptionen gehen grundsätzlich davon aus, dass jedes Schuldverhältnis nur eine vertragsgemäße Erfüllung zulässt und jede Leistung, welche qualitativ oder quantitativ nicht als vollständige Erfüllung gelten kann, überhaupt keine Erfüllung sei[25]. Vor Gericht kam der Fall häufig zur Behandlung, dass der Beklagte seine dilatorische Einrede nur darauf stützt, dass die Leistung des Klägers zur Erfüllung von dessen Verbindlichkeit nicht genügend, sondern mangelhaft oder unvollständig gewesen sei[26], ohne dass ein Gegenrecht, z. B. Wandlung oder Minderung, geltend gemacht wird. In diesem Fall gilt die allgemeine Beweisregel, wonach der Kläger zu beweisen hat, dass er die Leistung gehörig oder vertragsgemäß erbracht hat, um sein Recht durchzusetzen. Hier gibt es keinen Grund für die Beweislastumkehr.

Im Gegensatz zur herrschenden Pandektenlehre[27] maßen die Gerichte in zahlreichenden Entscheidungen der *exceptio non rite adimpleti contractus* eine eigene Bedeutung als selbständige Einrede zu. In den Leitsätzen wurden die Ausdrücke „Einwand des nicht gehörig erfüllten Vertrages“[28], „Einrede des nicht gehörig erfüllten Vertrages“[29] „die *exceptio non rite adimpleti* (oder *impleti*) *contractus*“[30] oder „Einrede des nicht vollständig erfüllten Vertrages“[31] verwendet.

---

die Unterscheidung der beiden *exceptiones* für überflüssig und nicht faßbar, weil die *exceptio non rite adimpleti contractus* (Einrede des nicht gehörig erfüllten Vertrages) sich auf die Kontraktserfüllung nicht beziehe, soweit sie mit einem Gegenrecht, z. B. der Minderung oder der Entschädigung, begründet wird.

24 Windscheid, Pandekten, II-1, § 321, S. 202.

25 André, Einrede des nicht erfüllten Vertrages, S. 52-53.

26 André, Einrede des nicht erfüllten Vertrages, S. 70-71; Petersen, Die Einrede des nicht erfüllten Vertrages, S. 53.

27 Arndts, Pandekten, § 234, S. 402-403; Sintenis, Civilrecht, Bd. II, § 97, S. 290; Wendt, Pandekten, § 197, S. 496; Wächter, Pandekten, Bd. II, § 189, S. 387; Windscheid, Pandekten, II-1, § 321, S. 202; Wendt, Pandekten, § 202, S. 496 f.

28 Seufferts Archiv Bd. 1 (1847), Nr. 199, S. 205.

29 Seufferts Archiv Bd. 7 (1854), Nr. 295, S. 347 f.; Seufferts Archiv Bd. 25 (1872), Nr. 187, S. 282; Seufferts Archiv Bd. 32 (1877), Nr. 217, S. 277 ff.; Seufferts Archiv Bd. 34 (1879), Nr. 191, S. 281 ff.

30 Seufferts Archiv Bd. 5 (1852), Nr. 147, S. 177; Seufferts Archiv Bd. 6 (1853), Nr. 169, S. 224 f.; Seufferts Archiv Bd. 7 (1854), Nr. 115, S. 142 f.; Seufferts Archiv Bd. 11 (1857), Nr.

Das Obertribunal zu Berlin nahm ausdrücklich Stellung zur *exceptio non rite adimpleti contractus* in seiner Entscheidung vom 5. Aug. 1842: „Wer die Erfüllung eines (auf gegenseitige Verpflichtungen gerichteten) Vertrages fordert, muß nachweisen, daß er demselben von seiner Seite ein Genüge geleistet habe oder warum er dazu erst in der Folge verbunden sey. Hat der Beklagte zwar eine Leistung des Klägers empfangen, behauptet aber deren Mangelhaftigkeit oder Unvollständigkeit, ... kann nicht dem Beklagten implicite die Befugniß zuerkannt werden, das Empfangene zu behalten und doch alle Gegenleistung zu verweigern. Vielmehr hat in solchem Falle der Richter zu erwägen, was zur gehörigen Erfüllung des Vertrages von dem einen wie von dem andern Contrahenten noch zu leisten sey, und das beiderseits Gebührende in dem Urtheile festzustellen; wobei etwa, wenn das einerseits Fehlende nicht nachgetragen werden kann, dafür Entschädigung zu bestimmen oder auf Ausgleichung durch Minderung der Gegenleistung zu sprechen ist.“[32]

Anhand dieser Entscheidung können zwei entscheidende Aspekte für den Standpunkt des Gerichts aufgezeigt werden. Zum ersten unterschied das Gericht die *exceptio non rite adimpleti contractus* von der *exceptio adimpleti contractus* hinsichtlich der Behauptung des Beklagten, und es hielt die Beteiligten des Vertrages weiterhin an der Erfüllung des Vertrages fest, soweit die mangelhafte Leistung noch verbessert werden kann. Außerdem ist es dem Richter nur dann möglich, auf Ausgleichung oder Minderung zu verurteilen, wenn die fehlende Leistung nicht nachgeholt werden kann. In diesem Fall handelt es sich offensichtlich nicht um den Sachverhalt „überhaupt nicht erfüllt“, sondern vielmehr um den Sachverhalt „erfüllt, aber mangelhaft oder nicht gehörig“.
In Bezug auf die Beweislast stimmte die Ansicht des Gerichts mit der Pandektenrechtslehre überein. Wie oben ausgeführt, muss der Kläger beweisen, dass er die Leistung erbracht oder die Verpflichtung auf seiner Seite gehörig oder vollständig erfüllt hat.
Nach der Entscheidung vom 7. Jan. 1846 war die Beweisregel bei der *exceptio non adimpleti contractus* auch auf den Fall der *exceptio non rite adimpleti contractus* anzuwenden: „Unter diesen Verhältnissen muß nicht der Beklagte den Einwand der unvollständigen Contractserfüllung, vielmehr der Kläger die seinerseits geschehene vollständige Erfüllung des Contractus erweisen, indem die-

---

103, S. 143 ff.; Seufferts Archiv Bd. 17 (1864), Nr. 233, S. 367 f.; ROHG Bd. 4 (1872), Nr. 84, S. 405 ff.; ROHG Bd. 11 (1874), Nr. 45, S. 133; ROHG Bd. 12 (1874), Nr. 72, S. 213 ff.; ROHG Bd. 13 (1874), Nr. 111, S. 352; RGZ 4, 197 ff.

31 Seufferts Archiv Bd. 21 (1868), Nr. 222, S. 385 f.; Seufferts Archiv Bd. 37 (1882), Nr. 15, S. 25 f.; Seufferts Archiv Bd. 44 (1889), Nr. 168, S. 268 ff.; ROHG Bd. 1 (1871), Nr. 54, S. 184 f.; ROHG Bd. 11 (1874), Nr. 116, S. 368 ff.; RGZ 4 (1881), Nr. 57, S. 197 f.

32 Seufferts Archiv Bd. 1 (1847), Nr. 199, S. 205.

se die notwendige Voraussetzung bildet, auf welcher die Wirksamkeit des klägerischen Anspruchs auf die Leistung der ihm versprochenen Gegenprästationen beruht, und der richtigen Theorie nach zwischen der Einrede des nicht erfüllten und des nicht vollständig erfüllten Contractus hinsichtlich der Beweislast ein Unterschied rechtlich nicht begründet ist."[33]

In Einklang mit der Pandektenlehre wichen die Gerichte von dieser Regelung der Beweislast nur dann ab, wenn der Beklagte mit der *exceptio non rite adimpleti contractus* gegenüber dem Kläger einen selbständigen Anspruch geltend machte[34]: „Die auf fehlerhafte Erfüllung gebaute *exceptio non rite adimpleti contractus* ist unvollständig vorgetragen, wenn sie nicht zugleich den dadurch (durch Mangelhaftigkeit der Erfüllung) dem Beklagten verursachten Schaden speciell enthält und dessen Vergütung compensando begehrt wird, indem diese Einrede eine Entschädigungsklage wegen fehlerhafter Erfüllung, in Form einer Einrede vorgebracht, ist."[35]

Das Verhältnis der *exceptio non rite adimpleti contractus* zur *exceptio non adimpleti contractus* in der Rechtsprechung lässt sich folgendermaßen zusammenfassen: Neben der *exceptio non adimpleti contractus* ist die *exceptio non rite adimpleti contractus* als selbständige *exceptio* anzuerkennen, indem die *exceptio non adimpleti contractus* vom Beklagten darauf gestützt wird, der Kläger habe nicht erfüllt, womit die Leistungspflicht des Schuldners also selbst verneint wird, während die *exceptio non rite adimpleti contractus* darauf beruht, dass der Kläger nicht gehörig erfüllt habe[36]. Die allgemeine Beweisregel gilt gleichermaßen für die beiden *exceptiones* und die Beweislast wird nur dann umgekehrt, wenn der Beklagte mit der *exceptio non rite adimpleti contractus* auf ein selbständiges Recht abzielt.

Für das gemeine Recht, das Spezies- und Genuskauf – anders als das römische Recht – einheitlich nach kaufrechtlichen Regelungen abwickelt, stellt sich die Sachlage in Beziehung auf die *exceptio non rite adimpleti contractus* anders dar. Die *exceptio non rite adimpleti contractus* trug dazu bei, dass der Käufer die den gattungsmäßigen Merkmalen nicht entsprechende Leistung zurückweisen und

---

[33] Seufferts Archiv Bd. 7 (1854), Nr. 115, S. 143.
[34] Seufferts Archiv Bd. 37 (1882), Nr. 15, S. 25-26.
[35] Seufferts Archiv Bd. 5 (1852), Nr. 147, S. 177.
[36] Heerwart, AcP 7, S. 357; André, Einrede des nichterfüllten Vertrages, S. 120; Petersen, Einrede des nicht erfüllten Vertrages, S. 52 f.; Dernburg, Pandekten, Bd. II, § 21, S. 62; Keller, Pandekten, S. 527. Bechmann meinte, diese *exceptio* sei nur auf den Fall anzuwenden, dass der Käufer wegen vertragswidriger Beschaffenheit der Sache die Preiszahlung peremtorisch verweigern will (Bechmann, Der Kauf nach dem gemeinem Recht, Bd. III, § 311, S. 203-204).

zugleich eine verbesserte Leistung weiterhin verlangen konnte. In dieser Hinsicht setzte sich die *exceptio non rite adimpleti contractus* unabhängig von der *exceptio non adimpleti contractus* in der Praxis durch. Sie hatte zugleich insofern eine dilatorische Wirkung, soweit der Beklagte kein eigenes Recht aufgrund der nicht gehörigen Erfüllung mit der *exceptio non rite adimpleti contractus* behauptet. Aus der Einordnung des Sachverhalts, um den es bei der *exceptio non rite adimpleti contractus* geht, ist zumindest zu entnehmen, dass die nicht gehörige Erfüllung einen eigenen Platz sowohl in der Pandektenlehre als auch in der Praxis besaß[37].

In dem Pandektenlehrbuch Wächters[38], in dem er sich zwar gegen die eigenständige Behandlung der *exceptio non rite adimpleti contractus* ausspricht, findet man bei der Darstellung der einzelnen Obligationen die Einteilung der Sachverhalte, die den Schuldner zum Schadensersatz verpflichten, in Nichterfüllung und in nicht gehörige Erfüllung: „... sei es die Besorgung eines Geschäftes wie beim Mandat, oder die Tradition einer Sache wie beim Kauf, oder die Zurückgabe einer Sache wie beim Kommodat, bei der Miethe, dem Depositum, und der Schuldner leistet nicht ..., nicht in gehöriger Weise (z. B. er giebt die gemiethete Sache in einem schlechteren Zustande zurück als sie zur Zeit der Eingehung des Miethvertrages sich befand), und man will nun von demselben wegen kulposer Nichtleistung oder nicht gehöriger Leistung Ersatz ... ."[39]

2) Die Vertragsstrafe für die Nichterfüllung oder die „nicht gehörige Erfüllung"

Die Vertrags- oder Conventionalstrafe als Bestärkungsmittel des Vertrages hatte in der späteren Pandektenlehre ihren Zweck darin, den Schuldner zu sorgfältiger und pünktlicher Erfüllung seiner Verpflichtung anzuhalten[40].

Im folgenden wird nicht auf das Wesen der Conventionalstrafe[41], sondern vielmehr sachgerecht auf die Sachverhalte eingegangen, die die spätere Pandektenlehre bei der Behandlung der Vertragsstrafe zugrunde legte.

---

[37] Gerber bestätigt den Bestand der beiden *exceptiones* und beschränkt die Anwendung der *exceptio non rite adimpleti contractus* auf die qualitativen Mängel der Leistung, indem er davon ausgeht, dass die *exceptio non adimpleti contractus* grundsätzlich nur auf den Fall anwendbar sei, dass die Leistung entweder überhaupt nicht oder doch quantitativ nicht vollständig bewirkt worden ist (Beiträge zur Lehre vom Klagegrunde und der Beweislast, § 41, S. 156-157).

[38] Wächter, Pandekten, Bd. I, § 89, S. 463.

[39] Wächter, Pandekten, Bd. I, § 87, Beilage II, Nr. II, S. 457-458.

[40] Wächter, Pandekten, Bd. II, § 175, S. 303; Wendt, Pandekten, § 73, S. 199-200; Windscheid, Pandekten, Bd. II-1, § 285, S. 101 ff.; Sintenis, Civilrecht, Bd. II, § 88, S. 108 ff.

Für die spätere Pandektenlehre ist die Vertragsstrafe als eine zur Strafe wegen Nichterfüllung oder nicht gehöriger Erfüllung eines Versprechens bedungene Verpflichtung des Schuldners anzusehen, wonach die Strafe dann verfällt, wenn der Schuldner die geschuldete Leistung nicht oder nicht gehörig erfüllt.
Aus dem Strafversprechen für die Nichterfüllung oder die „nicht gehörige Erfüllung" kann grundsätzlich die Verpflichtung hervorgehen, dem Verletzten noch neben dem einfachen Schadensersatz wegen Nichterfüllung zur Strafe etwas zu leisten. Diese Strafe kann aber auch durch selbständige Verabredung festgesetzt werden, indem sich jemand durch einen Vertrag oder eine Vereinbarung einem vermögensrechtlichen Nachteil unterwirft, insbesondere für den Fall, dass er eine Verpflichtung nicht oder nicht gehörig erfüllt hat.
Für Arndts war mit der Vertragsstrafe der Fall gemeint, dass die Erfüllung der eigentlichen Verpflichtung nicht oder nicht gehörig erfolgte[42]. Bei Baron entsteht eine Verpflichtung zur Strafzahlung in dem Fall, dass ein gewisses Versprechen gar nicht oder nicht gehörig erfüllt wird[43].
Nach Dernburg ist die Vertragsstrafe auf den Fall anwendbar, in dem die ursprüngliche Leistung nicht oder unvollständig oder unpünktlich erfolgt ist[44], womit die Verpflichtung vor allem gegen die Verzögerung oder gegen etwaige Mängel gesichert werden solle[45].
Für Windscheid ist eine Conventionalstrafe eine Strafe, welche der Schuldner dem Gläubiger für den Fall der Nichterfüllung seiner Verbindlichkeit verspricht[46]. Entgegen anderen Pandektenrechtler erklärte Windscheid nur die verspätete Erfüllung für den Hauptfall, auf welchen die Vertragsstrafe anwendbar sei. Vom Verzug unterscheide sich die Vertragsstrafe dadurch, dass die Mahnung durch den Gläubiger für die Haftung des Schuldners aus dem Strafversprechen nicht erforderlich sei, wenn der Schuldner die rechtzeitige Erfüllung verspricht und die versprochene Zeit verstrichen ist, ohne dass der Schuldner geleistet hat.
Wenn auch Wächter in den Fällen der verspäteten oder nicht gehörigen Erfüllung die Hauptanwendung der Conventionalstrafe sieht[47], dürfen wir davon ausgehen, dass der Verzug und die nicht gehörige Erfüllung allgemein von der spä-

---

[41] Zur Frage nach dem Verhältnis der Strafleistung zur Hauptleistung, vgl. Wendt, Pandekten, § 73, S. 200; Sintenis, Civilrecht, Bd. II, § 88, S. 114 ff.; Arndts, Pandekten, § 211, S. 352 f.; Windscheid, Pandekten, II-1, § 285, S. 101 ff.
[42] Arndts, Pandekten, § 206, S. 342 und § 211, S. 352.
[43] Baron, Pandekten, § 218, S. 389.
[44] Dernburg, Pandekten, Bd. II, § 46, S. 129.
[45] Dernburg, Pandekten, Bd. II, § 46, S. 131.
[46] Windscheid, Pandekten, Bd. II-1, § 285, S. 101.
[47] Wächter, Pandekten, Bd. II, § 176, S. 304.

teren Pandektenlehre als die häufigsten Fälle der Nichterfüllung im weiteren Sinne erachtet wurden[48].

Aus den bisherigen Betrachtungen zur *exceptio non rite adimpleti contractus* und zur Vertragsstrafe lässt sich demnach feststellen, dass die Pandektenlehre und die damalige Rechtsprechung den objektiven Sachverhalt für die Culpa-Haftung des Schuldners in die Sachverhalte „überhaupt nicht erfüllt" und „erfüllt, aber schlecht, vertragswidrig oder nicht gehörig" teilten und diese Sachverhalte getrennt behandelten. Die Schlechterfüllung im heutigen Sinne würde zu letzterem Sachverhalt zählen, obwohl die meisten Pandektenrechtler die *exceptio non rite adimpleti contractus* als einen Unterfall der *exceptio non adimpleti contractus* ansahen.
Nach der späteren Pandektenlehre und der Judikatur der Zeit war ein Sachverhalt der Nichterfüllung der Fall, dass der Schuldner die gemietete oder geliehene Sache überhaupt nicht zurückgibt oder zurückgeben kann. Im Gegensatz dazu ist der Fall als die „nicht gehörige Erfüllung" anzusehen, in dem der Schuldner die geliehene Sache bereits zurückgibt, aber nicht in gehöriger Weise, z. B. in einem schlechteren Zustande, als sie zur Zeit der Eingehung des Mietvertrages sich befand[49]. In ähnlicher Weise erkannte Windscheid den Schadensersatz wegen der „nicht gehörigen Erfüllung" bei der nicht gehörigen Rückgabe der geliehenen Sache an, weil der Schuldner dem Vermieter auf das Interesse haftet, wenn er die Sache nur in verschlechtertem Zustand zurückgibt[50].

3. Die Haftung für *Culpa* wegen „nicht gehöriger Erfüllung" oder „schlechter Erfüllung"

1) Die Bedeutung der *Culpa*

Bei der späteren Pandektenlehre war die Verschuldung ein zentraler Grund, aus welchem eine Verpflichtung zur Leistung des Interesses hervorgehen kann. Der Schuldner hat jedoch nur für die Folgen der Tatsachen einzustehen, welche er verschuldet hat.
Die Frage, ob ein Verschulden im zu beurteilenden Fall die Haftung des Schuldners auslöst oder nicht, ist nicht für alle Obligationen in gleicher Weise zu beantworten.

[48] Diese Situation könnte sich in den Vorschriften des BGB über das Strafversprechen für die nicht gehörige Erfüllung widerspiegeln.
[49] Wächter, Pandekten, Bd. I, § 87, Beilage II, II, S. 457.
[50] Windscheid, Pandekten, Bd. II-2, § 400, S. 118-119; Wächter, Pandekten, Bd. I, § 87, Beilage II, S. 457-458 u. § 89, S. 462, Fn. 6 u. S. 463, Fn. 7/9.

Der *Dolus* ist Arglist, wegen welcher der Schuldner bei allen Obligationen haftet. Ebenso haftet der Schuldner bei allen Obligationen wegen grober Nachlässigkeit (*culpa lata*), da die *culpa lata* regelmäßig der Pandektenlehre nach mit dem *dolus* gleichgestellt war[51].

In den Lehrbüchern der späteren Pandektenlehre, etwa bei Arndts, Baron, Dernburg, Keller, Sintenis, Wendt, Wächter, ist eine Tendenz zur Verallgemeinerung des Begriffs der *culpa* sichtbar, wobei die culpa levis („gewöhnliche Nachlässigkeit") in das Zentrum der Lehre vom Verschulden gestellt wurde. Unter der *culpa* ist in der späteren Pandektenlehre allgemein die *culpa levis* zu verstehen, wonach der Schuldner für die schuldhaften Handlungen oder für die Sorgfalt eines guten Hausvaters - *diligentia* - einzustehen hat. Eine Ausnahme davon bildete der Fall, in dem der Schuldner aus dem Obligationsverhältnis keinen Vorteil hat. Aber diejenige Verschuldenslehre war in der späteren Pandektenlehre nach und nach zur allgemeinen Regel geworden[52], wonach der Schuldner für jede Nichterfüllung oder nicht gehörige Erfüllung wegen Fahrlässigkeit oder Nachlässigkeit verantwortlich war.

An der Literatur der Zeit kann man erkennen, dass die spätere Pandektenlehre die Culpa-Haftung tatsächlich abstrakt im Zusammenhang mit dem Begriff der *Culpa* behandelte. Bei der Behandlung der Regel, dass der Schuldner für jede, also auch für leichte Verschuldung einzustehen hat, erörterte die Pandektenlehre nur den Begriff der *Culpa* im Rahmen der „Allgemeinen Lehren" des Schuldrechts und stellte die einzelnen Anwendungsfälle des Prinzips der allgemeinen Culpa-Haftung nicht dort, sondern vielmehr bei der Darstellung der einzelnen Schuldverhältnisse dar.

Nach Dernburg steht der Schuldner für jede Nachlässigkeit[53] ein, wenn er schuldhafterweise nicht erfüllt oder nicht gehörig erfüllt, oder wenn er sonst bei der Ausführung des Vertrages schuldhafterweise Schaden anrichtet[54].

Die Schuld erscheint auch Windscheid als wichtigster Grund für die Haftung als Folge der Tatsache, an welcher der Schuldner schuldig ist. Bei ihm ist eine solche Tatsache der Fall, dass der Schuldner seine Verbindlichkeit nicht zur rechten Zeit erfüllt[55]. Dies bedeutet nicht, dass Windscheid die sonstigen Fälle der Nichterfüllung oder der nicht gehörigen Erfüllung außer Acht ließ. Wie andere Pandektenrechtler, behandelte er diese Fälle nicht in der allgemeinen Lehre des

---

51 Arndts, Pandekten, § 250, S. 427; Baron, Pandekten, § 236, S. 428; Keller, Pandekten, Bd. I, § 249, S. 545; Wendt, Pandekten, § 229, S. 548.

52 Arndts, Pandekten, § 250, S. 426; Dernburg, Pandekten, Bd. II, § 37, S. 101; Wendt, Pandekten, § 229, S. 550.

53 Dernburg, Pandekten, Bd. II, § 37, S. 101.

54 Dernburg, Pandekten, Bd. II, § 37, S. 101, Fn. 1

55 Windscheid, Pandekten, Bd. II-1, § 257, S. 26, Fn. 4, wo er auch den anderen Fall neben dem Verzug vor Augen hatte, dass der Schuldner sich durch seine Arglist oder seine Nachlässigkeit in die Unmöglichkeit versetzt, seine Verbindlichkeit zu erfüllen.

Obligationenrechts, sondern bei der Darstellung des einzelnen Schuldverhältnisses, insbesondere in Verbindung mit den Fällen eines Mangelschadens oder Mangelfolgeschadens[56].
Hierbei lässt sich feststellen, dass die Pandektenrechtlehre grundsätzlich von der Culpa-Haftung ausging und mit culpa in der Regel die culpa levis meinte, die für alle gegenseitigen Obligationsverhältnisse galt, außer wenn der Schuldner kein Interesse an dem Schuldverhältnis hat. Einen früher allgemein angenommenen dritten Grad von culpa („culpa levissima") ließ sie seit der Lehre Hasses außer Betracht[57].

2) Die Culpa-Haftung wegen Nichterfüllung oder nicht gehöriger Erfüllung

(1) Die Haftung für die verschuldete Unmöglichkeit

Beruft sich der Schuldner, von dem eine Leistung gefordert wird, auf die Unmöglichkeit der Leistung, so ist zu unterscheiden, ob die Unmöglichkeit schon von Anfang an vorhanden gewesen ist oder ob sie erst nach dem Zustandekommen der Obligation eingetreten ist.
Bei der ursprünglichen oder vorhandenen (=anfänglichen) Unmöglichkeit ist ferner zwischen objektiver und subjektiver Unmöglichkeit, bei welcher ein anderer als der Schuldner die Leistung wirklich erbringen kann, zu unterscheiden. Für den ersten Fall gilt das Prinzip „*impossibilium nulla obligatio*", wonach weder die Obligation und damit die Verpflichtung zur Erfüllung aus der Obligation entsteht, noch statt dessen das Interesse, das der Gläubiger an der Erfüllung des Schuldners hat, gefordert werden kann. Dagegen hindert die subjektive ursprüngliche Unmöglichkeit die Entstehung der Obligation nicht und der Schuldner ist wegen *culpa* dem Gläubiger zur Leistung des Interesses statt des ursprünglichen Inhalts der Obligation verpflichtet.
Bei der nachträglichen Unmöglichkeit kommt es nicht darauf an, ob sie eine objektive oder subjektive ist, sondern vielmehr darauf, ob den Schuldner ein Verschulden am Unmöglichwerden der Erfüllung trifft oder nicht. Grundsätzlich ist der Schuldner sowohl von der Verpflichtung zur Leistung des ursprünglich versprochenen Inhalts der Obligation, als auch von der Verpflichtung zur Interesseleistung befreit, wenn ihn keine Schuld trifft. Für die unverschuldete nachfolgende Unmöglichkeit gilt damit das Prinzip „*casus a nullo praestantur*", das die Pandektenlehre auch so auszudrücken pflegte, dass der Schuldner nicht für Zu-

[56] Windscheid, Pandekten, Bd. II-2, § 394, S. 101 und S. 103, insbes. S. 105, Fn. 23 und § 409, S. 147, Fn. 3.
[57] Keller, Pandekten, Bd. I, § 249, S. 544.

fall haftet[58]. Auch bei Windscheid ist damit nichts neues gemeint, sondern nur, dass der Schuldner nicht haftet, wenn ihn in Bezug der Unmöglichkeit keine Schuld treffe[59].

Dass der Schuldner nicht für Zufall haftet, ist so zu verstehen, dass die Haftung wegen *dolus* oder *culpa* erst durch den Zufall beschränkt wird[60]. Das übereinstimmende Verständnis des Zufalles („*casus merus*“) fand sich bei den meisten der späteren Pandektenlehrbücher[61], die weiterhin an der allgemeinen Culpa-Haftung festhielten und eine Modifizierung der Obligation durch *dolus*, *culpa* und *casus* annahmen[62].

Im Anschluss an die Lehre Mommsens verwendet Windscheid nur den Begriff des „*casus*“ als Befreiungsgrund von der Verpflichtung und zugleich von der Haftung wegen Nichterfüllung, nicht jedoch den Begriff des *casus merus*. Bei der Darstellung des Begriffs des *casus* wies Windscheid nur auf die Unmöglichkeitslehre Mommsen' hin[63], statt ihn selbst zu definieren.

Windscheid übernahm also den Begriff des *casus* von Mommsen[64], der nur den Begriff des „*casus merus*“ der frühen Pandektenlehre durch den Begriff des *casus* oder der casuellen Unmöglichkeit ersetzt hatte. Windscheid ging daher weder auf den Begriff des casus mixtus als Tatbestand zur Haftungsbegründung ein, noch ging er auf den Begriff des casus merus als Befreiungsgrund ein.

Betrachtet man die Art und Weise der Darstellung der Unmöglichkeit und der Verschuldung bei Windscheid[65] und wendet man dann den Blick der Frage zu, warum Windscheid der Unmöglichkeit die Verschuldung unterordnet, so entsteht der Eindruck, dass er Rücksicht auf die praktische Bedeutung der *culpa*

---

58 Arndts, Pandekten, § 253, S. 436; Baron, Pandekten, § 238, S. 432-433; Dernburg, Pandekten, Bd. II, § 44, S. 121; Keller, Pandekten, Bd. I, § 248, S. 541; Wächter, Pandekten, Bd. II, § 88, S. 459-460; Wendt, Pandekten, § 211, S. 517.

59 Windscheid, Pandekten, Bd. II-1, § 264, S. 47, Fn. 5.

60 Für Wächter stellt der casus eine Grenze dar, bei welcher jede culpa aufhört, da das Gebiet des Zufalls beginnt (Pandekten, Bd. I, § 88, S. 459).

61 Dernburg, Pandekten, Bd. II, § 37, S. 103 und § 68, S. 185. Ebenso Arndts, Pandekten, § 253, S. 436; Baron, Pandekten, § 238, S. 432-433; Keller, Pandekten, Bd. I, § 248, S. 541; Wächter, Pandekten, Bd. II, § 88, S. 459-460; Wendt, Pandekten, § 211, S. 517.

62 Arndts, Pandekten, § 250, S. 42-427; Baron, Pandekten, §§ 236, 238, 243; Brinz, Pandekten, II-2, § 266, insbes. S. 250; Dernburg, Pandekten, Bd. II, § 37, S. 101, Fn. 1, u. § 44, S. 121; Wächter, Pandekten, Bd. I, §§ 87, 88, insbes. S. 459 f.; Wendt, Pandekten, § 211, 220, 229; Keller, Pandekten, §§ 249, 250, insbes. S. 543-544.

63 Windscheid, Pandekten, Bd. II-1, § 264, S. 47, Fn. 5. Hier weist Windscheid auf die Lehre Mommsens, insbes. S. 247-252 hin, wo Mommsen den casus im Sinne der casuellenen Unmöglichkeit dem *casus mixtus* gegenüberstellt. Nur der letzte ist ein Sachverhalt, durch welchen die Haftung des Schuldners für die Nichterfüllung der Verpflichtung begründet wird.

64 Windscheid, Pandekten, Bd. II-1, § 264, S. 47, Fn. 5, wo Windscheid die Funktion des Zufalls mit dem „casus“ in den Quellen gleichsetzt und den Zufall nur als Haftungsbefreiungsgrund auffasst.

65 Windscheid, Pandekten, Bd. II-1, § 264, S. 265.

nimmt, die ihr bei der prozessualen Behandlung der Unmöglichkeit zuzuweisen ist, wenn sich der Schuldner auf die Unmöglichkeit der Leistung beruft, um den Vorwurf der Nichterfüllung abzuwenden.
Es mag also die große Bedeutung der Culpa gewesen sein, die Windscheid das Verschulden unter dem Titel „Unmöglichkeit" einordnen ließ. Bei der systematischen Einordnung des Verschuldens und bei der mit der culpa verbundenen Darstellung der Unmöglichkeit bestand eine deutliche Übereinstimmung der Lehren von Mommsen und Windscheid.
Hinsichtlich der systematischen Einordnung der Unmöglichkeit innerhalb der Culpa-Haftung besteht zwar ein deutlicher Unterschied zwischen Windscheid und anderen Pandektenrechtlern, aber es ist nicht zu bezweifeln, dass auch Windscheid der Unmöglichkeit keine zentrale Stellung im System der Obligationsverletzung zuwies. Dies erkennt man, wenn man den Besonderen Teil des Obligationenrechts Windscheids betrachtet, in dem sich auch die sonstige Fälle der Obligationsverletzung in konkreter Form finden.
Für die anderen Pandektenwissenschaftler[66] neben Windscheid unterlag es keinem Zweifel, dass dem Beklagten der Beweis der Unmöglichkeit der Leistung obliegt[67], wonach der Schuldner zugleich neben der Unmöglichkeit nachzuweisen hat, dass ihm am Eintreten der Unmöglichkeit kein Verschulden trifft, um die Verpflichtung von sich abzuwenden, weil nicht jede Unmöglichkeit der Leistung die Obligation vernichtet. Der Gläubiger muss hingegen lediglich beweisen, dass die Obligation entstanden ist, wenn er das Forderungsrecht geltend macht.
Es wurde bereits ausgeführt, dass die casuelle Unmöglichkeit bei Mommsen als die einzige wahre Unmöglichkeit verstanden wurde, die zur Haftungsbefreiung führt. Dagegen lässt sich in der späteren Pandektenliteratur keine wesentliche Veränderung der herkömmlichen Lehre von der allgemeinen Culpa-Haftung hinsichtlich der Unmöglichkeit feststellen. Dies soll anhand der Aussagen einzelner Pandektisten nachgewiesen werden.
Bei Baron ist der *casus* in „*casus mixtus*" und „*casus*" unter dem Titel „Steht der Schuldner für allen Zufall ein?" geteilt[68], wobei der Schuldner nicht für den *casus* haftet, während er für das Interesse bei der Unmöglichkeit wegen *casus mixtus* einzustehen hat[69]: „Jeder Schuldner steht dafür ein, daß die Erfüllung nicht durch sein Verschulden (§ 71) ganz oder zum Theil unmöglich werde, entgegengesetzten Falles haftet er für die Leistung des Interesse (§ 243)."[70]

---

[66] Vgl. etwa Dernburg, Pandekten, Bd. II, § 37, S. 104, Fn. 13.
[67] Windscheid, Pandekten, Bd. II-1, § 266, S. 52, Fn. 17.
[68] Baron, Pandekten, § 238, S. 432-433.
[69] Baron, Pandekten, § 236, S. 427, wo es für Baron unzweifelhaft ist, dass die verschuldete Unmöglichkeit eine Ausnahme von der Realerfüllung bildet.
[70] Baron, Pandekten, § 236, S. 427-428. Auch Wendt, Pandekten, § 211, S. 516 und § 229, S. 548-550.

Bei der Darstellung der Haftung des Schuldners wegen Nichterfüllung oder nicht gehöriger Erfüllung folgte Baron der Lehre von der Culpa-Haftung und sah die verschuldete Unmöglichkeit bloß als einen der Sachverhalte für die Haftung wegen Nichterfüllung an.
In den Pandekten von Arndts war der Zufall ein Element zur Änderung bestehender Obligationen. Nach Arndts sind die Fälle, die zur Änderung der Obligation führen[71], folgende:
„1) durch Verabredung“[72], „2) durch Verletzung“ und „3) durch Zufall“
Unter „durch Verletzung“ fallen bei Arndts a) die Verletzung durch den Verpflichteten durch *dolus* und *culpa*[73], b) Verzug[74], und c) Ableugnung oder Weigerung der Erfüllung[75]. Dann führt er den durch die ungenügende Sorgfalt des Schuldners verursachten Zufall und die dadurch herbeigeführte Unmöglichkeit der Erfüllung als Sachverhalt zur Haftungsbegründung ein, indem dem Gläubiger ein Anspruch auf das Interesse gewährt wird. Hiermit ist festzustellen, dass an der allgemeinen Culpa-Haftung auch in der Darstellung Arndts über die Haftung des Schuldners wegen Nichterfüllung grundsätzlich weiterhin festgehalten wird und dass Arndts die Unmöglichkeit nur am Rande behandelt.

Wächter, der eine sehr breite Leserschicht hatte[76], ging von dem Grundsatz aus, dass man für den Zufall nicht zu haften habe[77]. Aber vor der Darstellung über den Zufall schilderte er ausführlich die Prästation der *culpa* und sah dann den Zufall als Ausnahme von der allgemeinen Culpa-Haftung an[78]. Bei Wächter ist der *casus mixtus* nur ein Sachverhalt, der keine Ausnahme von der allgemeinen Culpa-Haftung darstellt, wonach der Schuldner auch für den *casus mixtus* privatrechtlich haften müsse[79], weil die nachträglich durch eine *culpa* des Schuldners eintretende Unmöglichkeit grundsätzlich auf die Gültigkeit des Vertrages keinen Einfluss ausübt und der Gläubiger mit der Klage aus der bestehenden Obligation sein volles Interesse vom Schuldner ersetzt verlangen kann[80], unabhängig von dem einzelnen Grund der Nichterfüllung. Der *casus mixtus* ist bei Wächter für die Haftung wegen der Nichterfüllung von keiner besonderen

[71] Arndts, Pandekten, §§ 249 ff., S. 424 ff.
[72] Arndts, Pandekten, § 249, S. 424 f.
[73] Arndts, Pandekten, § 250, S. 426 ff.
[74] Arndts, Pandekten, § 251, S. 431 ff.
[75] Arndts, Pandekten, § 252, S. 435 f.
[76] Hierzu vgl. Schiemann, Zum Einfluss Carl Georg von Waechters auf die Entstehung des BGB, in: FS für Kleinheyer zum 70. Geburtstag, 419-435, insbes. zum Nachruf von Windscheid, S. 430.
[77] Wächter, Pandekten, Bd. I, § 88, S. 460.
[78] Wächter, Pandekten, Bd. II, § 195, S. 424 ff. Beim *casus* als Aufhebungsgrund der Obligation sah er die Gefahrtragung als einzige Problematik an.
[79] Wächter, Pandekten, Bd. I, § 88, S. 460.
[80] Wächter, Pandekten, Bd. II, § 185, S. 365.

Bedeutung[81], sondern nur ein Sachverhalt, der eine Ausnahme von der Realerfüllung bildet.
Auch bei Dernburg spielt die verschuldete Unmöglichkeit keine besondere Rolle für die Haftung des Schuldners wegen Nichterfüllung. Das fünfte Kapitel unter dem Titel „Verschuldung, Verzug, Schadensersatz, Konventionalstrafe"[82] beginnt er zunächst mit der Definition der Verschuldung, die der allgemeinen Culpa-Haftung für *dolus* und *culpa* zugrunde liegt. Dann versucht er die Culpa-Haftung durch die höhere Gewalt („*vis maior*") zu beschränken. Grundsätzlich ging Dernburg von der Culpa-Haftung für die Nichterfüllung aus, wozu auch die vom Schuldner zu vertretende Unmöglichkeit oder die Unmöglichkeit, die während des Verzugs eingetreten ist, gehört. In diesem Fall erhält sich das Forderungsrecht in Gestalt eines Anspruchs auf Geldersatz. Auch für Dernburg ist die Unmöglichkeit als Anspruchsgrund für die Interesseleistung von besonderer Bedeutung.

Aus den bisherigen Ausführungen wird deutlich, dass die spätere Pandektenlehre an der herkömmlichen Culpa-Haftung festhält und das System der Vertragshaftung für die Nichterfüllung grundsätzlich durch die Lehre der Unmöglichkeit von Mommsen keine wesentliche Veränderung erfährt. Zwar ist der Begriff des „*casus*" allgemein in der späteren Pandektenliteratur an die Stelle des Begriffs des *casus merus* der früheren Pandektenlehre getreten[83]. Und allgemein entsteht der Eindruck, dass der Ausgangspunkt Windscheids bei der Darstellung der verschuldeten Unmöglichkeit tatsächlich der Lehre Mommsens im Hinblick auf die verschuldete Unmöglichkeit und den entscheidenden Zusammenhang des *casus* mit der *culpa* bei der prozessualen Behandlung nahe steht. Aber dies bedeutet nicht, dass sich Windscheid im Systemaufbau der Vertragshaftung absichtlich durchgehend an der Unmöglichkeit orientiert hat und die Fälle der Schlechterfüllung unter die Unmöglichkeit fasste.
Im Ergebnis ist die Ansicht, dass der Unmöglichkeit durch die Lehre Mommsens und deren Aufnahme durch Windscheid eine zentrale Stellung im System der Leistungsstörung der späteren Pandektenlehre zugewiesen wird, wodurch eine Keimzelle der Lücke für die Haftung wegen Schlechterfüllung oder nicht

---

[81] Wächter, Pandekten, Bd. II, § 192, S. 399, wo Wächter den Verzug als einzigen Grund für die Änderung der bestehenden Obligation annimmt und ihn als eine „Pflichtverletzung" beschreibt. Bei Wächter ist der Verzug als Sachverhalt, der eine Culpa-Haftung begründet, wichtiger gewesen als die verschuldete Unmöglichkeit.
[82] Dernburg, Pandekten II, §§ 36 ff., S. 99 ff. In ähnlicher Weise ging Keller von der Culpa-Haftung als Grund für die Schadensersatzpflicht aus und führte *dolus, culpa* und *casus* als Gründe für die Änderung des Inhalts der Obligation ein, wobei er unter *casus* die wegen Zufall unverschuldet verursachte Unmöglichkeit der Erfüllung verstand (Hierzu vgl. Keller, Pandekten, Bd. I, § 248, S. 539/ 541, § 274, S. 588).
[83] Vgl. Mommsen, Unmöglichkeit, S. 247-252.

gehöriger Erfüllung bereits in der späteren Pandektenlehre liegen sollte, daher mit dem dargestellten Befund zur späteren Pandektenlehre über die allgemeine Culpa-Haftung nicht vereinbar.

(2) Die Haftung für den Verzug

Zum Eintritt des Verzugs sind zwei objektive Voraussetzungen zu erfüllen. Zunächst ist das Bestehen einer gültigen Forderung erforderlich. Sodann muss die Zeit, zu welcher der Schuldner die Leistung zu erbringen verpflichtet ist, ohne Leistung verstrichen sein. Im subjektiven Sinne muss der Schuldner auch gewusst haben, dass er zur Leistung verpflichtet ist und leisten muss. Wer nicht rechtzeitig zahlt oder erfüllt, wozu er verpflichtet ist, wird dem schuldhaft Handelnden gleichgestellt („*dolus*")[84].
In der Regel muss die Zeit, zu welcher der Schuldner die Leistung zu erbringen verpflichtet ist, regelmäßig erst durch Mahnung oder Aufforderung („Interpellation[85]") bestimmt werden. Erst durch die Mahnung des Gläubigers kommt der Schuldner in Verzug. Bei Verzug ist der Gläubiger berechtigt, die Erfüllung der versprochenen Verpflichtung neben dem Verzugsschaden vom Schuldner weiter zu verlangen. Darin besteht ein Unterschied zwischen der Unmöglichkeit und dem Verzug in Bezug auf die Rechtsbehelfe, die dem Gläubiger wegen der schuldhaften Nichterfüllung des Schuldners gewährt werden.
In dieser Hinsicht sah die spätere Pandektenlehre die Notwendigkeit zur besonderen Behandlung des Verzugs als einem Faktor der Änderung der Obligation. Auch nach der Pandektenlehre hört der Verzug erst dann auf, wenn der Schuldner seiner Verpflichtung nachkommt und dem Gläubiger eine gehörige Leistung anbietet. Demzufolge ist für die Befreiung vom Verzug die Aufnahme der Erfüllungshandlungen des Schuldners nach der Mahnung des Gläubigers nicht ausreichend, sondern nur eine vertragsmäßige bzw. gehörige Erfüllung[86].

(3) Die Haftung für die nicht gehörige Erfüllung

Ausgehend von der Feststellung, dass die spätere Pandektenlehre und die Judikatur grundsätzlich die Sachverhalte des „überhaupt nicht erfüllt" und des „erfüllt, aber nicht gehörig" unterschieden, wird im folgenden auf den Sachverhalt der nicht gehörigen Erfüllung eingegangen.

---

[84] Dernburg, Pandekten II, § 40, S. 112.
[85] Hierzu vgl. Dernburg, Pandekten Bd. II, § 40, S. 109-110; Wächter, Pandekten II, § 192, S. 396.
[86] Windscheid, Pandekten, Bd. II-1, § 278, S. 85-86; Dernburg, Pandekten II, § 42, S. 116.

Zu den Sachverhalten, für welche der Schuldner einzustehen hat, bemerkt Dernburg im Sinne der allgemeinen Culpa-Haftung in der Allgemeinen Lehre seiner Pandekten ausdrücklich, die „Regel des entwickelten Rechts ist, daß der Kontraktschuldner für jede, also auch für leichte Verschuldung einsteht."[87]

Als Beispiele für den Sachverhalt der Culpa-Haftung führt er im einzelnen an: „Er haftet also, wenn er schuldhafterweise nicht erfüllt oder nicht gehörig erfüllt, oder wenn er sonst bei der Ausführung des Vertrages schuldhafterweise Schaden anrichtet."[88].

Mit diesem Beispiel wird deutlich, dass Dernburg den Sachverhalt des „nicht gehörig erfüllt" („Schlechterfüllung") und zugleich den Sachverhalt des durch eine mangelhafte Sachlieferung oder sonstige nicht gehörige Erfüllung erlittenen Schadens („Mangelfolgeschaden") neben dem Sachverhalt des „überhaupt nicht erfüllt" (nämlich des Verzugs und der Unmöglichkeit) vor Augen hatte.

Die übrigen Pandektenrechtler gingen zwar von der allgemeinen Culpa-Haftung aus, behandelten aber die Fälle der nicht gehörigen Erfüllung nicht ausführlich in der Allgemeinen Lehre des Obligationenrechts.

Unter den Pandektisten versuchte Keller die Fälle der Nichterfüllung und der nicht gehörigen Erfüllung unter dem Titel „*Dolus*, *culpa*, *casus*" in der Allgemeinen Lehre des Obligationenrechts zusammenzustellen[89].

Auch Baron ging zwar von der allgemeinen Culpa-Haftung aus und behandelte diese unter den Titeln „Das Einstehen des Schuldners für die Nichterfüllung und nicht gehörige Erfüllung"[90]. Dabei ist er aber auf die Fälle der nicht gehörigen Erfüllung nicht eingegangen. Die Bedeutung der nicht gehörigen Erfüllung bei Baron ist vielmehr aus den anderen Stellen zu erkennen, wo er die *exceptio non rite adimpleti contractus* oder die Conventionalstrafe behandelt[91]. Den Fall der nicht gehörigen Erfüllung behandelt er bei der Darstellung der einzelnen Obligationen, wo er jeweils die allgemeine Culpa-Haftung des Schuldners für *culpa levis* bei den gegenseitigen Obligationen annahm[92].

Dass die überwiegende Pandektenliteratur den Sachverhalt der nicht gehörigen Erfüllung im Allgemeinen Teil des Obligationenrechts im wesentlichen nicht zum Gegenstand hat, ist vor allem auf den Grundgedanken der Pandekterechtler zurückzuführen, dass jede Obligation ihre eigene Natur hat und das allgemeine Wesen der *culpa* für die Bemessung der Haftung bei jeder einzelnen Obligation

---

87 Dernburg, Pandekten, Bd. II, § 37, S. 101.
88 Dernburg, Pandekten, Bd. II, § 37, S. 101.
89 Keller, Pandekten, Bd. I, § 248, S. 541-542.
90 Baron, Pandekten, § 236, S. 427-428; ders., Pandekten, § 243, S. 441-442
91 Baron, Pandekten, §§ 215, 218.
92 Baron, Pandekten, § 236, S. 428.

nicht maßgebend ist, sondern vielmehr die Natur der jeweiligen Obligationen für sich betrachtet werden soll[93]. Dabei bestand Einigkeit über die Anwendung der allgemeinen Culpa-Haftung auf die gegenseitigen Obligationen in der Pandektenliteratur und die Haftung des Schuldners für die *culpa levis* und die Diligenzpflicht des Hausvaters war daher zur allgemeinen Regel bei allen gegenseitigen Obligationen geworden, z. B. bei Kauf, Miete, Gesellschaftsvertrag usw.[94]. Das spricht entscheidend gegen die Ansicht[95], dass der Unmöglichkeit durch Windscheid im Anschluss an die Unmöglichkeitslehre Mommsens eine zentrale Funktion im System der Haftung für Obligationsverletzungen in der späteren Pandektenlehre zugewiesen wurde und die Fälle der Schlechterfüllung der Unmöglichkeit unterlag.

Auch Wächter behandelte den Fall der Nichterfüllung oder der „nicht gehörigen Erfüllung" der Obligation bei der Darstellung der Culpa-Haftung in der Allgemeinen Lehre des Obligationenrechts in Abgrenzung zur Haftung aus Delikt auf: „Wenn man dagegen (statt aus Delikt, Anm. vom Verfasser) aus einer Obligation von einem Anderen eine Leistung anzusprechen hat, sei es die Besorgung eines Geschäftes wie beim Mandat, oder die Tradition einer Sache wie beim Kauf, oder die Zurückgabe einer Sache wie beim Kommodat, bei der Miethe, dem Depositum, und der Schuldner leistet nicht (z. B. er beruft sich darauf, die Sache sei ihm abhanden gekommen oder zu Grunde gegangen, die Besorgung des Geschäfts sei ihm unmöglich geworden ...) oder nicht in gehöriger Weise (z. B. er giebt die gemiethete Sache in einem schlechteren Zustande zurück als sie zur Zeit der Eingehung des Miethvertrages sich befand), und man will nun von demselben wegen kulposer Nichtleistung oder nicht gehöriger Leistung Ersatz: so würde man sehr ungeschickt verfahren, wenn man die Klage gegen ihn auf eine *culpa* oder einen *dolus* desselben stützen würde... "[96]

Nach Windscheid haftet der Mieter nicht nur bei der Unmöglichkeit der Rückgabe der gemieteten Sache, sondern auch bei Verschlechterung der zurückzugebenden Sache grundsätzlich dem Vermieter auf das Interesse, wenn die Unmöglichkeit oder die Verschlechterung der Sache in Folge seiner Arglist oder

---

93 Wendt, Pandekten, § 229, S. 549.

94 Wendt, Pandekten, § 229, S. 550.

95 Emmerich, Leistungsstörungen, S. 11 ff. u. S. 218; Himmelschein, Erfüllungszwang, 257/291; Wollschläger, Unmöglichkeitslehre, S. 153. An anderer Stelle, wo er sich gegen Stoll wendet, behauptet Himmelschein ausdrücklich, dass der weite Begriff der Unmöglichkeit im gemeinen Recht nicht übernommen wurde und Mommsens Begriff der Unmöglichkeit sich nicht durchgesetzt hat (ders., Zur Frage der Haftung, S. 285-286).

96 Wächter, Pandekten, Bd. I, § 87, Beilage II, Nr. II, S. 457-458.

seiner Nachlässigkeit eingetreten ist[97]. Bei dem Auftrag geht Windscheid von der Culpa-Haftung aus, wonach der Beauftragte verpflichtet sei, den übernommenen Auftrag pünktlich auszuführen, und er nicht bloß wegen Arglist, sondern auch wegen jeder Nachlässigkeit haftet[98]. Der konkrete Sachverhalt für die Culpa-Haftung des Beauftragten kann nach Windscheid darin bestehen, dass der Schuldner den Auftrag entweder schlecht oder gar nicht ausführt[99].

Die Fälle der nicht gehörigen Erfüllung, die heute als die Fälle der positiven Vertragsverletzung bezeichnet werden, sind in der späteren Pandektenlehre den einzelnen Obligationen zuzuordnen[100]: die schlechte Ausführung des Auftrages dem Auftrag, die Zurückgabe der gemieteten Sache im schlechteren Zustand der Sachmiete.

Wegen der Schlechterfüllung oder der nicht gehörigen Erfüllung gilt die allgemeine Culpa-Haftung in der späteren Pandektenlehre grundsätzlich bei den einzelnen Obligationen, z. B. beim Kauf, beim Mandat, beim Kommodat, bei der Miete und dem Depositum, obwohl die meisten Pandektenrechtler in der Behandlung einzelner Obligationen nicht näher auf die Fälle der nicht gehörigen oder schlechten Erfüllung eingingen, sondern nur mit der schlichten Aussage, dass der Schuldner für die Culpa einzustehen hat, auf die allgemeinen Lehre, insbesondere auf die Begriffe von dolus und culpa hinwiesen.

---

[97] Windscheid, Pandekten, Bd. II-2, § 400, S. 118-119. Nach Dernburg hat der Mieter die gemietete Sache gut zu behandeln und haftet wegen jeder Verschuldung, mag nun Untergang oder Verschlechterung der Mietsache die Folge sein (Dernburg, Pandekten, Bd. II, § 111, S. 303).

[98] Windscheid, Pandekten, Bd. II-2, § 410, S. 147. Hierbei wies er für die Nachlässigkeit auf den § 265, Nr. 4 des Allgemeinen Teils des Obligationenrechts hin und erkannte die Haftung des Beauftragten für die Nachlässigkeit an, auch wenn dieser von dem Geschäfte keinen Vorteil hat (Pandekten, Bd. II-2, § 409, S. 147, Fn. 4).

[99] Windscheid, Pandekten, Bd. II-2, § 410, S. 147, Fn. 13. Die Frage, ob die Schlechterfüllung bei Windscheid ein Fall der nicht gehörigen Erfüllung sein kann, gilt allgemein als ungelöst. Aber die Antwort darauf ist aus den Ausführungen Windscheids an anderer Stelle herauszulesen, wo er das Interesse behandelte. Hierbei stellte er der Nichterfüllung die nicht gehörige Erfüllung gegenüber: „Für den Fall, wo das Interesse wegen Nichterfüllung oder nicht gehöriger Erfüllung einer Obligation gefordert wird, ..." (Windscheid, Pandekten, Bd. II-1, § 258, S. 29). Dieser Ausführung steht die Ansicht Hartings entgegen, dass ein Hinweis auf die Fälle der positiven Vertragsverletzungen bei Windscheid völlig fehle. Siehe Harting, pVv, S. 146.

[100] Dernburg, Pandekten, Bd. II, § 111; Wächter, Pandekten, Bd. I, § 87, Beilage II, Nr. II, S. 457-458; Windscheid, Pandekten, Bd. II-2, § 400, § 409 u. § 410; Wendt, Pandekten, § 229.

II. Die Haftung für Mängel der Sache und für Mangelfolgeschäden beim Kauf

Wegen der Mängel der Kaufsache stehen dem Käufer zwei Rechtsmittel zu, nämlich die zivilrechtliche und die ädilizische Klage. Die zivilrechtliche Klage, die auf der einzelnen Obligation gründet, ist grundsätzlich nur auf die beiden Fälle anwendbar, dass entweder der Verkäufer die Abwesenheit von Fehlern an der Kaufsache zusichert (*dicta promissa*) oder er *dolos* ist, nämlich den Fehler kennt, ihn aber arglistig verschweigt. In beiden Fällen kann der Käufer mit der *actio empti* das volle Interesse vom Verkäufer verlangen.
In den übrigen Fällen gilt der Grundsatz des ädilizischen Edikts, das ursprünglich sich auf den Verkauf von Sklaven und Vieh bezog und später erweiternd auf den Verkauf aller körperlichen Sachen angewendet wurde[101]. Nach dem Grundsatz des ädilizischen Edikts muss der Verkäufer ohne Rücksicht auf die Zusicherung der Mangelfreiheit und der arglistigen Verschweigung in der Regel für alle körperlichen Fehler der verkauften Sache einstehen. Aber die ädilizische Klage richtet sich nicht nach dem Interesse des Käufers, sondern beschränkt sich auf der Preisminderung (*actio quanti minoris*) oder auf der Wandlung des Kaufvertrages (*actio redhibitoria*).
Dem Käufer stehen beide Klage nicht gemeinsam zu Gebote, sondern hat er nur die freie Wahl zwischen den Alternativen.
Wenn der Käufer die Aufhebung des Kaufvertrages wählt, so muss er sie mit der *actio redhibitoria* innerhalb von 6 Monaten gerichtlich geltend machen. Die Aufhebung des Vertrages geschieht dann ex nunc. Dabei ist der Verkäufer zur Rückgabe des Kaufpreises mit Zinsen und zur Erstattung der Auslagen verpflichtet, welche der Käufer wegen des Kaufs gemacht hat. In dem Fall, in welchem der Käufer einen Schaden durch die mangelhafte Sache erlitten hat, kann der Käufer Schadensersatz nur aus der *actio empti* erlangen, wenn den Verkäufer eine Schuld trifft. Daneben hat er die *actio quanti minoris* oder die *actio redhibitoria*[102]. Bei der *actio redhibitoria* ist der Käufer verpflichtet, dem Verkäufer die Sache zurückzugeben; dabei hat er für die von ihm verschuldete Verschlechterung der Sache einzustehen. Aus diesem Grund verzichtet häufig der Käufer auf das Vorgehen mittels der *actio redhibitoria* und der Käufer zieht daher vor, mit *actio quanti minoris* lediglich Minderung zu verlangen.

---

[101] Baron, Pandekten, § 289, S. 531; Windscheid, Pandekten, Bd. II-2, § 393, S. 97, Fn. 1. u. § 394, S. 103, Fn. 16.

[102] Vgl. Seufferts Archiv, Bd. XVI (1863), Nr. 181, S. 313-315, wo das Gericht davon ausging, dass ein Fehler der verkauften Sache den Verkäufer nur zur Redhibition oder Preisminderung verpflichtet, nicht zum Schadensersatz, abgesehen von *dicta et promissa* und vom *dolus*. Bei der Anstellung der *actio redhibitoria* kann der Käufer nur mit der *actio empti* den Anspruch auf den Ersatz des durch die mangelhafte Beschaffenheit der Sache erwachsenen Schadens verlangen, soweit den Verkäufer Verschulden trifft. Hierzu Windscheid, Pandekten, Bd. II-2, § 394, S. 102, Fn. 9.

Die *actio quanti minoris*, mit welcher der Käufer nur eine verhältnismäßige Minderung des Kaufpreises (= Preisminderung) beim Kauf verlangen kann, verjährt in einem Jahr. Wenn dem Käufer für die Beseitigung der Sachmängel Kosten entstehen, fallen sie nicht unter die Minderung, sondern müssen sie mit der *actio empti* geltend gemacht werden. Im Klageziel bestand also zwischen der *actio quanti minoris* und *der actio empti* ein großer Unterschied[103].

In der späteren Pandektenlehre bestand zwar Einigkeit darüber, dass es sich bei der ädilizischen Klage vor allem um die Fälle des Sachmangels beim Spezieskauf handelte. Aber wenn Dernburg darauf hinweist, dass die Anwendbarkeit der ädilizischen Klagen auf den Genuskauf sehr bestritten sei[104], zeigt dies, dass man die Anwendbarkeit auf den Genuskauf durchaus diskutierte.

Dagegen wandten sich vorzugsweise Thöl und Windscheid, indem sie entweder davon ausgingen, dass der Pandektentitel *„de aedilicio edicto“* nur an einen Spezieskauf denkt, da die Römer den Genuskauf nicht kannten[105], oder davon, dass bei einem Genuskauf als stillschweigend vereinbart angesehen werden müsse, dass das zu Liefernde fehlerlos sei und daher die Ansprüche auf Preisminderung und Rückabwicklung beim Kauf gattungsmäßig bestimmter Sachen nicht Platz greifen können: „Ist also etwas Fehlerhaftes geliefert worden, so ist trotz der Annahme des Käufers, wenn sie nur nicht in Kenntnis der Fehlerhaftigkeit erfolgt ist, der Vertrag nicht erfüllt...“[106].

Im Gegensatz dazu legten die Befürworter der Anwendung der ädilizischen Klagen auf den Gattungskauf den Gedanken zugrunde, dass sich der Genuskauf gemeinrechtlich eingebürgert habe[107] und die Streitfrage vom Reichsgericht[108] bejaht werde[109]. Das Reichsgericht berief sich in seiner Entscheidung auf eine Entscheidung des Reichsoberhandelsgerichts[110], wonach beim Gattungskauf der Käufer, dem eine fehlerhafte Ware geliefert wurde, berechtigt sei, die ädilizi-

---

[103] Seufferts Archiv, Bd. X (1856), Nr. 32, S. 47. Vgl. Windscheid, Pandekten, Bd. II-2, § 393, S. 99, Fn. 11.
[104] Dernburg, Pandekten, Bd. II, § 101, S. 282, Fn. 24.
[105] Thöl, Handelsrecht, Bd. I, § 275, Fn. 17.
[106] Windscheid, Pandekten, Bd. II-2, § 394, S. 104.
[107] Dernburg, Pandekten, Bd. II, § 101, S. 279, Fn. 22; Wächter, Pandekten, Bd. I, § 62, S. 286.
[108] RGZ, Bd. 6, Nr. 53, S. 189. Dagegen, Scherner, Rücktrittsrecht, S. 219, wo er davon ausgeht, dass die Rechtsprechung im Gegensatz zur zeitgenössischen Lehre gegen Ende des 19. Jahrhunderts den Unmöglichkeitsbegriff schon extensiv ausgelegt hatte und damit versuchte hatte, die Fälle der positiven Vertragsverletzung unter einen Fall der Unmöglichkeit im weiteren Sinne zu fassen.
[109] Baron, Pandekten, § 289, S. 533.
[110] ROHG, Bd. 5, Nr .91, S. 399.

schen Klagen geltend zu machen, weil der Verkäufer die vorher nur generell bestimmte Ware individualisiert und damit dem Käufer die Rechte gibt, welche ihm im Fall eines Specieskaufs zustehen, indem der Verkäufer eine bestimmte Ware liefert und als Erfüllung anbietet.
Bei dem Streit kam es zuerst darauf an, ob der Käufer Kenntnis von der Mangelhaftigkeit der gelieferten Sache habe, wenn er die gelieferte Sache als Erfüllung annimmt. Davon ging Windscheid selbst aus, wenn er die Anwendbarkeit der ädilizischen Klage auf den Gattungskauf zuließ[111], wenn der Käufer die Mangelhaftigkeit kannte.

In diesem Zusammenhang hatte das Reichsgericht darüber zu befinden[112], ob die mangelhafte Lieferung beim Genuskauf eine mangelhafte Erfüllung oder Nichterfüllung sei. In dieser Entscheidung handelte es sich um folgenden Sachverhalt: Der Kläger kaufte von dem beklagten Bankhaus im Mai 1880 25 Stück Aktien der österreichisch-französischen Staatseisenbahngesellschaft und erhielt dieselben gegen Barzahlung ausgeliefert. Als er dieselben im Juni 1880 weiterverkaufen wollte, stellte sich heraus, dass 4 Stück der gekauften Aktien wegen Abschneidung des Randes der Souche nach Frankfurter Börsenusance nicht gültig waren. Der auf Umtausch gerichteten Klage wurde in zweiter Instanz stattgegeben, wobei das Berufungsgericht davon ausging, dass nicht die Wandlungsklage, sondern die Kontraktsklage auf die Erfüllung des Kaufvertrages und Schadensersatz wegen verspäteter Erfüllung angestellt sei. Es gab daher für das Berufungsgericht keinen Anlass, zu untersuchen, ob der Wandlungsklage die Offensichtlichkeit der Mängel der Papiere entgegenstehe. Übereinstimmend mit dem Berufungsgericht hielt das Reichsgericht die Klage für eine Erfüllungsklage, nicht für die Wandlungsklage, weil der Gegenstand des Kaufs nicht eine bestimmte Sache, sondern nur der Gattung nach bezeichnete Papiere seien. Aufgrund solcher Festlegung des Sachverhalts hielt das Reichsgericht die Verpflichtung des Verkäufers durch die Lieferung dieser Papiere für nicht erfüllt. In seiner Entscheidung stellte das Reichsgericht die Frage heraus, ob die Verpflichtung des Verkäufers etwa durch Annahme der Papiere an Erfüllungsstatt aufgehoben worden ist. Nach dem Reichsgericht könnte dies nur dann geschehen sein, wenn der Kläger wusste, dass etwas anderes als das Geschuldete geliefert wurde. Nur unter dieser Voraussetzung könnte in der Annahme des Gelieferten eine Annahme an Erfüllungsstatt gefunden werden.

Nach Baron kommt es bei der Anwendbarkeit der ädilizischen Klage auf den Gattungskauf darauf an, ob die gelieferte Sache innerhalb der im Vertrage verabredeten Gattung von Sachen bleibt oder nicht. Demzufolge besteht nach Bar-

---

[111] Windscheid, Pandekten, Bd. II-2, § 394, S. 104.
[112] RGZ, Bd. 4 (1881), Nr. 56, S. 195-197.

on die Problematik vielmehr in der Definition des Gattungsbegriffs. Wenn z. B. statt des gekauften ungarischen Weizens russischer geliefert wird, so liegt Nichterfüllung vor und der Käufer ist daher berechtigt, anderweitige Erfüllung neben dem Interesse wegen der Verspätung zu fordern. Wenn aber feuchter, dumpfiger ungarischer Weizen in diesem Fall geliefert wird, so findet nach Baron das ädilizische Edikt Anwendung. Aufgrund dieses Gedankens befürworten die Anhänger der Anwendbarkeit der ädilizischen Klage auf den Gattungskauf auch die analoge Anwendung dieses Rechtsprinzips auf alle Austauschverträge, nämlich bei Tausch und Miete[113].

Abgesehen von der Frage, ob die ädilizische Klage auch auf den Gattungskauf anwendbar sei, stellt sich bei der Lieferung der mangelhaften Sache die weitere Frage, wie der Schaden des Käufers auszugleichen ist, wenn eine fehlerhafte Sache geliefert wird und dadurch eine andere Sache des Käufers verdorben wird, weil die ädilizische Klage sich auf die Preisminderung oder Aufhebung der in Frage stehenden Obligation beschränkt, nicht aber auf die Mangelfolgeschäden erstreckt.
Nach Dernburg steht der Verkäufer für die Zusage der Abwesenheit von Mängeln und die verborgenen Mängel der Sache ein. Für Dernburg sind verborgene Mängel als Abweichung von der gewöhnlichen Beschaffenheit der Sache zu verstehen, welche ihre Brauchbarkeit oder Verkäuflichkeit beeinträchtigen. Demnach ist der Verkäufer für die Mängel und den dadurch dem Käufer verursachten Schaden wegen Anzeigepflichtverletzung aus der *actio empti* verantwortlich[114], wenn er die Mängel der Ware nicht angezeigt hat, nicht aber aus der ädilizischen Klage, weil die ädilizische Klage nach Dernburg ebenfalls nur zur Preisminderung oder zur Aufhebung der Obligation führt. Dennoch geht er grundsätzlich davon aus, dass die ädilizische Klage auf den Gattungskauf anwendbar sei.
Hingegen hielt Windscheid die Lieferung der fehlerhaften Sache beim Gattungskauf immer für Nichterfüllung, so dass der Käufer anderweitige Lieferung und sein Interesse verlangen kann[115]. Als Beispiel dafür, dass der Käufer das Interesse neben der anderweitigen Lieferung verlangen kann, nannte er den Fall, dass dem Käufer durch die gelieferte fehlerhafte Sache ein Schaden zugefügt worden sei, indem sie Sachen des Käufers verdorben hat[116].
Der von Windscheid angeführte Fall ist ein typischer Fall des Mangelfolgeschaden, der heute mit der Lehre von der positiven Vertragsverletzung gelöst wird.

[113] Baron, Pandekten, § 289, S. 533; Wächter, Pandekten, Bd. II, § 206, S. 470; Dernburg, Pandekten, Bd. II, § 101, S. 279 u. S. 280, Fn. 23, wo er eine Ausnahme für den Tausch machte und nur die *actio redhibitoria* und Schadensersatz gewährte, da ein Preis nicht besteht (Pandekten, Bd. II, § 103, S. 283, Fn. 5).
[114] Dernburg, Pandekten, Bd. II, § 100, S. 275.
[115] Windscheid, Pandekten, Bd. II-2, § 394, S. 105.
[116] Windscheid, Pandekten, Bd. II-2, § 394, S. 105, Fn. 23 a).

Hierbei gewährt Windscheid nicht die ädilizische Klage, sondern vielmehr die *actio empti*, vorausgesetzt natürlich, dass den Verkäufer in Betreff auf die Fehlerhaftigkeit der Lieferung ein Verschulden treffe[117]. Die Culpa-Haftung für diesen Fall erschien Windscheid selbstverständlich.

Einen vergleichbaren Fall des Mangelfolgeschadens entschied das Appellationsgericht zu Celle und nahm in seiner Entscheidung vom 14. Juli 1876 die volle Schadensersatzhaftung der beklagten Verkäufer aufgrund der Culpa-Haftung an[118], die schuldhaft kranke Bullen geliefert hatten, wodurch der Viehstand des Klägers angesteckt wurde. In diesem Fall wurde dem Käufer ein Schadensersatzanspruch deshalb zuerkannt, weil der Bulle schon vor und bei der Ablieferung mit der Lungenseuche behaftet war.
Mit dieser Entscheidung brachte das Gericht deutlich zum Ausdruck, dass es grundsätzlich eine allgemeine Vertragshaftung des Verkäufers wegen Verschuldens bei der Erfüllung anerkannte und einen Mangelfolgeschaden von der allgemeinen Culpa-Haftung erfasst sah[119].

Wie in der oben genannten Entscheidung deutlich wird, war die zivilrechtliche Klage aus den einzelnen Obligationen aufgrund der allgemeinen Culpa-Haftung für die Mangelfolgeschäden wegen Schlechterfüllung oder nicht gehöriger Erfüllung nach wie vor bei den Gerichten im 19. Jahrhundert als einschlägige Klage anerkannt.
Die zivilrechtliche Klage aus der jeweiligen Obligation verjährt in 30 Jahren vom Abschluss des Vertrags an[120], die ädilizische Klage in 6 Monaten[121]. In Bezug auf die Verjährung liegt darin ein für den Käufer praktisch bedeutsamer Unterschied zwischen der Vertragsklage und der ädilizischen Klage.

---

[117] Windscheid, Pandekten, Bd. II-2, § 394, S. 105, Fn. 23 a). Damit ist der Ausgangspunkt Hartings bedenklich, wonach ein „Hinweis auf die Fälle der positiven Vertragsverletzung bei Windscheid völlig fehlt." (Harting, pVv, S. 146). Vgl. auch Keller, Pandekten, Bd. II, § 248, S. 541, wo die Obligation als Pflichtverhältnis angesehen wird und der Schuldner für den absichtlich zugefügten oder durch culpa veranlassten Schaden verantwortlich ist.
[118] Seufferts Archiv, Bd. 32, Nr. 193, S. 245-246. Hierzu vgl. Freudling, Schadensersatzansprüche, S. 21 f.; Huber, Leistungsstörungen, Bd. I, S. 82, Fn. 102.
[119] Zum Sachverhalt vgl. § 6 I 2. Zu weiterem auch Seufferts Archiv, Bd. VII (1854), Nr. 170, S. 200-201; Seufferts Archiv, Bd. VII (1854), Nr. 25, S. 31; RGZ 15 (1886), Nr. 5, S. 14-19.
[120] Wächter, Pandekten, Bd. II, § 206, S. 471.
[121] Wächter, Pandekten, Bd. II, § 206, S. 471, Fn. 16.

III. Ergebnis

Wie bereits festgestellt, sind bei Savigny die Rechtsmittel des Schutzes der Obligation gegen Rechtsverletzung die Klagen aus den einzelnen Obligationen, die auf die Handlung fremder Person gerichtet sind, z. B. aus dem Kauf, dem Darlehen und anderen Verträgen. Dies liegt ganz auf der Linie der herkömmlichen Rechtslehre des Naturrechts und der früheren Pandektistik[122].
Die Klage aus der einzelnen Obligation gründet sich nur auf die zur durch *dolus*, *culpa* und *casus* herbeigeführte Modifikation des ursprünglichen Inhalts des Vertrages, während aus Delikten eine neue Obligation entsteht. Bei der Behandlung der Rechtsverletzung ist die Tendenz ersichtlich, dass der Sachverhalt für die Haftung des Schuldners wegen Rechtsverletzung (im Sinne Savignys) im Bereich der bestehenden Obligation besonders seit Savigny maßgeblich unter dem Stichwort „Nichterfüllung" als objektives Moment behandelt wurde.
Auch bei Mommsen[123] soll auf der einen Seite ein Sachverhalt „nicht erfüllt" als objektives Element neben dem Verschulden als subjektivem Element auf der anderen Seite für die Begründung der Haftung des Schuldners wegen einer Nichterfüllung der Obligation vorliegen [124], um den Rechtszwang (oder Entschädigungszwang) gegen den Schuldner zu begründen.
Aufgrund dieser Rechtsanschauung sah Mommsen den Sachverhalt für die Haftung wegen der Nichterfüllung als objektives Moment maßgeblich darin, dass der Schuldner seine Verpflichtung überhaupt nicht erfüllt hat. In diesem Fall unterscheidet er, ob der Schuldner die Verpflichtung nicht nachkommen will oder nicht erfüllen kann. In beiden Fällen zeigt sich der entscheidende Unterschied nach Mommsen in den Rechtsbehelfe, die ihm bei der Nichterfüllung gewährt werden.
Bei der *mora* muss der Gläubiger solange an dem Anspruch auf Erfüllung festhalten, wie die Erfüllung noch möglich ist, da keine Unmöglichkeit vorliegt. Erst bei (verschuldeter) Unmöglichkeit kann der Gläubiger das Interesse in Geld verlangen.
Der Anlass für die Interesseleistung ist eine bestimmte Tatsache, für welche der Schuldner einzustehen hat. Demgemäß ist er verpflichtet, diejenigen Nachteile zu ersetzen, welche eine wirkliche Folge dieser Tatsache sind. In der dritten Abteilung seines Beitrages zum Obligationenrecht, wo der von ihm entwickelte Begriff „Interesse" den Begriffen „Vermögenswert" von Sintenis und „Nachteil" von Glück gegenübergestellt wird, nahm Mommsen ausdrücklich Bezug auf den Sachverhalt der „nicht gehörigen Erfüllung". Da verwirft er den Sachverhalt der „nicht gehörigen Erfüllung" nicht, sondern kritisiert vielmehr die Begriffe von

[122] Hierzu § 3 II 3
[123] Mommsen, Mora, § 2, S. 14.
[124] Mommsen, Mora, § 2, S. 13-14.

Sintenis und Glück[125]. An anderer Stelle der zweiten Abhandlung wird der Begriff der „ungenügenden Erfüllung“ verwendet, welchem er den Sachverhalt der Nichterfüllung gegenüberstellt: „Nach verschiedenen Entscheidungen der Quellen haftet der Verkäufer oder Vermiether von Gefäßen, welche zur Aufbewahrung von Wein oder anderen Flüssigkeit bestimmt sind, falls er nicht angegeben hat, daß dieselben undicht sind, für den Schaden, welchen der Käufer oder Miether dadurch erlitten hat, daß die in die Gefäße hinein gefüllten Flüssigkeiten ihm verloren gegangen sind. Dies gilt regelmäßig selbst dann, wenn er mit der Schadhaftigkeit des Gefäßes nicht bekannt war.“[126]

Dieses Zitat zeigt deutlich, dass Mommsen die Fälle der heutigen positiven Vertragsverletzung gut bekannt waren. Hieraus ergibt sich, dass der weite Begriff der Unmöglichkeit weder dem Verständnis Mommsens entspricht, noch dass er versuchte, irgendein neuartiges eigenes System der Haftung wegen Nichterfüllung auf diesem Begriff aufzubauen.
In den späteren Pandektenliteratur, die von der Lehre Savignys und Mommsens beeinflusst worden sind, trat die Nichterfüllung als Tatsache hervor, die den Schuldner aufgrund der Culpa-Haftung zur Interesseleistung verpflichtet. Nach der damals anerkannten Regel der Culpa-Haftung hat der Schuldner für jede, also auch für leichte Verschuldung einzustehen[127].
Bei den Sachverhalten, in denen er schuldhafterweise nicht erfüllt oder nicht gehörig erfüllt, oder wenn er sonst bei der Ausführung des Vertrages schuldhafterweise Schaden anrichtet[128], haftet der Schuldner nach Dernburg aufgrund der Culpa-Haftung allgemein. Der Sachverhalt der nicht gehörigen Erfüllung wurde am Rande neben dem der Nichterfüllung insbesondere unter dem Titel „Schadensersatz“ oder „Verschulden“ behandelt, wo die Pandektenlehre hauptsächlich die Culpa-Haftung des Schuldners wegen der Nichterfüllung erörterte.
Aber in der überwiegenden Pandektenliteratur fehlt es an einer detaillierten Behandlung der nicht gehörigen Erfüllung im Rahmen der Allgemeinen Lehre des Obligationenrechts.
In der Allgemeinen Lehre des Obligationenrechts blieb die Frage ungelöst, ob die *exceptio non rite adimpleti contractus*, die der Beklagte dem Kläger entgegenhalten kann, um diesen seinerseits zur Leistung anzuhalten, als selbständige Einrede anerkannt werden kann oder nicht. Trotz dieser Meinungsverschiedenheit war der Sachverhalt der nicht gehörigen Erfüllung an sich anerkannt, da es

[125] Mommsen, Interesse, § 1, S. 10.
[126] Mommsen, Interesse, § 16, S. 169.
[127] Dernburg, Pandekten, Bd. II, § 37, S. 101.
[128] Zur Behandlung der „nicht gehörigen“ Erfüllung, vgl. Dernburg, Pandekten, Bd. II, § 37, Fn. 1); Windscheid, Pandekten, Bd. II-2, § 394, S. 101/103, § 400, S. 118-119, § 406, S. 138, Fn. 12 u. § 409, S. 147, Fn. 13; Wächter, Pandekten, Bd. I, § 87, Beilage II, Nr. II. S. 457-458, § 89, S. 462, Fn. 5/6 u. S. 463, Fn. 7/9.

bei Diskussionen nur darum ging, ob die selbständige Anerkennung der Einrede des nicht gehörig erfüllten Vertrages unabhängig von der Einrede des nicht erfüllten Vertrages notwendig ist oder nicht. Anders als die überwiegende Meinung der Pandektenlehrer war sich die Praxis einig. Hingegen glaubten die Kritiker den Sachverhalt der nicht gehörigen Erfüllung unter den Sachverhalt der Nichterfüllung unterordnen, und damit auch die *exceptio non rite adimpleti contractus* unter *die exceptio non adimpleti contractus* stellen zu können, indem sie den Begriff der Nichterfüllung so weit fassten, dass damit auch andere Fälle neben der Unmöglichkeit und dem Verzug abgedeckt werden konnten.
Bei der Darstellung der einzelnen Obligationen trat der Sachverhalt der nicht gehörigen Erfüllung teils allein, teils mit dem Problem des Mangelfolgeschadens zusammen in der Pandektenliteratur auf, wobei es vor allem um das Verhältnis der zivilen Klagen aus den einzelnen Obligationen zur ädilizischen Klage ging. Nach der Pandektenlehre erstreckt sich die ädilizische Klage grundsätzlich nur auf die Minderung (*actio quanti minoris*) oder die ex nunc Aufhebung der Obligation beim Specieskauf und auf die anderweitige Erfüllung und Schadensersatz wegen Verzögerung beim Gattungskauf.
Der Gläubiger kann den Schuldner nur mit der zivilen Klage auf Ersatz des Schadens Anspruch nehmen, der aus der Schlechterfüllung oder nicht gehörigen Erfüllung entstanden ist.
Im Zusammenhang mit der Frage nach dem Einfluss der Unmöglichkeitslehre Mommsens auf die spätere Pandektenlehre[129], bildete die systematische Einordnung der Culpa-Haftung bei Windscheid die einzige Ausnahme von der üblichen Einordnung der Unmöglichkeit als Sachverhalt für die Haftung wegen Nichterfüllung unter dem Titel „Verschulden“ oder „*dolus* und *culpa*“. Aber dies bedeutet, dass die Unmöglichkeit nur als ein Sachverhalt für die Haftung wegen Nichterfüllung angesehen wurde, der zu einer Ausnahme vom Prinzip der Realerfüllung (=Naturalerfüllung) führen kann.
Der Grund dafür, dass Windscheid die Unmöglichkeit dem Verschulden oder der *culpa* übergeordnet hatte, wird auf die Lehre Mommsens zurückgehen, weil er ebenso wie Mommsen ihre entscheidende Bedeutung für den Prozess erkannte. Um sich von der Verpflichtung zur versprochenen Leistung und zugleich zur Interesseleistung wegen Nichterfüllung zu befreien, muss der Schuldner zwei Umstände beweisen, nämlich dass die Erfüllung unmöglich sei und er deshalb nicht erfüllt habe, und dass ihn keine Schuld an dem Unmöglichwerden der

[129] An dieser Stelle wird auf die Kritik an der Lehre Mommsens nicht eingegangen. Zur Würdigung der Lehre Mommsens, vgl. Brinz, Kritische Überschau 5, S. 278-302; Hartmann, Obligation, S. 117 ff., S. 222 ff, u. S. 417 ff. Hierzu Harting, pVv, S. 132-144; Wollschläger, Unmöglichkeitslehre, S. 159-167; Würthwein, Schadensersatzpflicht, S. 140/143.

Leistung trifft. Aufgrund dessen gewinnt die Problematik der Unmöglichkeit bei Windscheid an Gewicht[130].
Schließlich lässt sich feststellen, dass die spätere Pandektenlehre von der allgemeinen Culpa-Haftung ausging und eine Modifikation des ursprünglichen Inhalts der Obligation durch Nichterfüllung oder nicht gehörige Erfüllung annahm. Aber sie gingen nicht ausführlich auf die einzelnen Sachverhalte der nicht gehörigen Erfüllung ein, sondern behandelten diese Problematik mit dem Begriff der *culpa* oder mit der Verschuldenshaftung zusammenhängend nur am Rande in der Allgemeinen Lehre des Obligationenrechts. Dies wird mit der kurzen Beschreibung von Brinz über den Stand der Untersuchung dieser Problematik bestätigt: „worin des näheren innerhalb einer Obligation überhaupt eine Verschuldung durch *dolus* und *culpa* möglich sei, ist vielleicht niemals eigens untersucht worden, keinesfalls aber einig festgestellt worden“[131].
Dass es in der Literatur der späteren Pandekten nicht zur Ausbildung des objektiven Haftungstatbestandes im Bereich der Obligationen gekommen ist, gilt nur für den „Allgemeinen Teil“ des Obligationenrechts und bedeutet jedoch daher nicht, dass der Schuldner für die Nichterfüllung oder die nicht gehörige Erfüllung nicht haftet. Die Antwort auf die Frage, für welche Tatsachen der Schuldner einzustehen hat, ist vielmehr aus den einzelnen Obligationen zu entnehmen und bezieht sich auch nur auf die jeweiligen Obligationen. Aus diesem Grund können die Fälle der positiven Vertragsverletzung nicht in dem Allgemeinen Teil (oder Lehre) des Obligationenrechts gefunden werden. Das unterscheidet sich grundsätzlich von der heutigen Rechtslage, wo die Fragen im „Allgemeinen Teil“ des Schuldrechts behandelt werden. Aber den Pandektenrechtlern war eine allgemeine Klage aus einzelnen Tatbeständen, wie der Unmöglichkeit oder dem Verzug, noch fremd, da sie noch am alten Konzept der mit den einzelnen Vertragsverhältnissen einhergehenden Klagen festhielten, wie die *actio* je nach den jeweiligen Vertragsverhältnissen verschieden war: *actio empti* (für Käufer) und *actio venditi* (für den Verkäufer) beim Kauf, *actio locati* und *actio conducti* bei der Miete, *actio mandati* und *actio mandati contraria* beim Auftrag und *actio pro socio* beim Gesellschaftsvertrag[132].

---

[130] Gegenüber der ersten Auflage (Pandekten, Bd. II-1, § 257, S. 26, Fn. 4), wo er auch den Fall neben der nicht rechtzeitigen Erfüllung behandelte, dass der Schuldner sich durch seine Arglist oder seine Nachlässigkeit in die Unmöglichkeit versetzt, seine Verbindlichkeit zu erfüllen, fällt die Unmöglichkeit als ein Sachverhalt für die Culpa-Haftung in der letzten Auflage (Windscheid/Kipp, Pandekten[9], Bd. II, § 257, S. 55, Fn. 5), die durch Kipp bearbeitet wurde, ohne Angabe eines Grundes weg. Man kann vermuten, dass die Unmöglichkeit auch bei Windscheid kein zentraler Tatbestand im System der Haftung wegen Nichterfüllung mehr wäre.
[131] Brinz, Pandekten, Bd. II-1, § 266, Fn. 7.
[132] In diesem Sinne Huber, Leistungsstörungen, Bd. I, S. 83-84; Würthwein, Schadensersatzpflicht, S. 205-206.

Der Pandektenlehre war es daher noch fremd, eine allgemeine Anspruchsgrundlage für die Unmöglichkeit oder den Verzug zu entwickeln. Bei der Nichterfüllung oder der nicht gehörigen Erfüllung steht dem Gläubiger nur die bestimmte Klage zu, die sich aus der in Frage stehenden Obligation ergibt.
Die Pandektenlehre hatte keineswegs vor, ein geschlossenes System auf dem Begriff der Unmöglichkeit zu entwickeln, noch ließ sie die Fälle der Schlechterfüllung neben Unmöglichkeit und Verzug außer Acht, sondern sie hielt weiterhin an der hergebrachten Culpa-Haftung fest.

3. TEIL:
Die Haftung für die Nichterfüllung oder die nicht gehörige Erfüllung in den Vorarbeiten zum BGB und im BGB

§ 7. Die Regelungen der Haftung wegen der Nichterfüllung in den Entwürfen und Gesetzen der zweiten Hälfte des 19. Jahrhunderts

I. Entwurf eines Bürgerlichen Gesetzbuchs in Hessen und Bayern

1. Entwurf eines Bürgerlichen Gesetzbuchs für das Großherzogthum Hessen[1]

Das Justizministerium des Großherzogtums Hessen veröffentlichte die 4. Abteilung des Entwurfs des Bürgerlichen Gesetzbuchs am 16.02.1853, die hauptsächlich das Obligationenrecht zum Gegenstand hat[2].
Der Hess. Entwurf regelt die Haftung des Schuldners für schuldhafte Obligationsverletzungen zweischichtig. Der sechste Abschnitt „Von den Wirkungen eines Vertrages" enthält die generelle Regelung über die Haftung des Schuldners wegen Culpa in den Artt. 141-143[3]. Daneben enthält der Hess. Entwurf die weiteren Regelungen über die Haftung des Schuldners in den Artt. 236 ff. unter dem Titel „Von den Folgen der verschuldeten Nichterfüllung oder nicht gehörigen Erfüllung der Verbindlichkeit"[4].

Die bisherigen Untersuchungen über die Haftung des Schuldners wegen *Culpa* nach dem Hess. Entwurf sind nicht auf die Artt. 141 f. eingegangen[5] oder unterschätzten ihre Bedeutung[6], indem sie die Artt. 141 f. nur als Haftungsmaßstab verstanden.
Im Zusammenhang mit der Anwendung der Artt. 141 f. wird vor allem der Frage nachzugehen sein, welche Bedeutung den Artt. 141 f. im System der Haf-

---

1 Hierbei wird vorzugsweise das erste Buch der vierten Abteilung des Entwurfs behandelt, das „die Verbindlichkeit im Allgemeinen" zum Hauptgegenstand hat (Entwurf eines bürgerlichen Gesetzbuchs für das Großherzogthum Hessen nebst Motiven, Vierte Abtheilung, Bd. I, Darmstadt 1853, im folgenden: „Hess. Entwurf").

2 Siehe Hess. Entwurf, Vorwort. Zur Entstehung und dem Gesetzgebungsverfahren vgl. besonders Coing/Dölemeyer, Das 19. Jahrhundert, S. 1518 ff.

3 Sechster Abschnitt, Erste Abteilung, Titel II, Erstes Buch, Vierte Abteilung des Gesetzentwurfs.

4 Zweite Abteilung, Titel III, Erstes Buch, Vierte Abteilung des Gesetzesentwurfs.

5 Harting, pVv, S. 153-154; Kotulla, pFv, S. 370; Würthwein, Schadensersatzpflicht, S. 251, Fn. 3. Wollschläger sieht in Art. 236 nur die Haftungsregelung für die verschuldete Unmöglichkeit, indem er eine zentrale Funktion der Unmöglichkeit im Leistungsstörungsrecht annimmt mit der Voraussetzung, dass die Fälle der Schlechterfüllung oder der nicht gehörigen Erfüllung eine Fallgruppe der teilweisen Unmöglichkeit bilden (Unmöglichkeitslehre, S. 177).

6 Freudling, Schadensersatzansprüche, S. 133.

tung für das bestehende Schuldverhältnis aufgrund der Culpa zuzuweisen ist und zugleich, wie sich die Artt. 141 f. zum Art. 236 verhalten, d. h. ob die Artt. 141 f. nur eine Definition der culpa für die Haftungsbegründung als subjektives Moment neben dem äußerlichen Sachverhalt enthalten oder ob sie vielmehr als eine generelle Haftungsregelung angesehen werden können.

1) Die redliche Erfüllung der Verbindlichkeit des Schuldners

Der Hess. Entwurf regelt die Wirkungen des Vertrages in den Artt. 137-148. Die Motive des Entwurfs zu Artt. 137-148 haben in Bezug auf die Vertragswirkungen die Frage gestellt, wozu die durch den Vertrag gebundenen Personen im allgemeinen verpflichtet sind[7].

Nach dem Art. 137 Abs. 1 macht ein rechtsgültig abgeschlossener Vertrag die Vertragschließenden einander verbindlich[8]. Die verbindende Kraft besteht darin, dass jeder Paciscent sein im Vertrag gegebenes Versprechen erfüllen muss. Den Umfang und die Weise der Erfüllung der versprochenen Leistung regelt der Art 139.

Art. 139: „Ein gültiger Vertrag verpflichtet jeden Vertragschließenden nicht nur zu dem, was er darin ausdrücklich zugesagt hat, sondern auch zu allem dem, was aus der Natur dieses Vertrages, dem Gesetze oder Herkommen gemäß, von selbst sich ergibt, in so ferne nicht eine Ausnahme hiervon ausdrücklich verabredet worden ist."

Dem Art. 139 ist zu entnehmen, dass die Verpflichtung aus dem Vertrage sowohl die Hauptleistungspflicht als auch Nebenpflichten umfasst, die zur Erreichung des Vertragszweckes dienlich sind.

Demnach ist jeder Vertragschließende bei der Erfüllung des Vertrages verpflichtet, seine Verbindlichkeit redlich zu erfüllen und angemessene Sorgfalt auf die Erfüllung zu verwenden (Art. 140[9]). Dem Ausdruck „redlich zu erfüllen" im Art. 140 stellt der Hess. Entwurf den Begriff „Unredlichkeit (dolus)" in Art. 141 gegenüber.

---

[7] Motive, S. 77.

[8] Der Grundsatz „Pacta sunt servanda" liegt dem Art. 137 des Hess. Entwurfs zugrunde (hierzu siehe Motive, S. 77), der wie folgt lautet: „Ein rechtsgültig abgeschlossener Vertrag ist für die Vertragsschließenden verbindend. Kein Theil kann von demselben, auch wenn er unter einer aufschiebenden Bedingung abgeschlossen und solche noch nicht eingetreten ist, einseitig zurücktreten, falls dieser Rücktritt nicht ausdrücklich ausbedungen worden oder von dem Gesetz verstattet ist..."

[9] Art. 140: „Jeder Vertragschließende ist verpflichtet, seine Verbindlichkeit redlich zu erfüllen, und denjenigen Grad der Sorgfalt auf diese Erfüllung zu verwenden, den er ausdrücklich angelobt hat, oder nach der Vorschrift der nachfolgenden Bestimmungen anzuwenden verbunden ist."

Art. 141: „In Ermangelung einer besonderen diesfallsigen Uebereinkunft, oder einer anderen gesetzlichen Bestimmung, ist jeder Vertragschließende, welcher keinen Vortheil aus dem Vertrage zieht, mindestens zur Anwendung der Sorgfalt, welche sonst jeder gewöhnliche Mensch anzuwenden pflegt, *verpflichtet, und haftet* für Unredlichkeit (dolus) und für jedes grobe Versehen (culpa lata).“[10]

Der Art. 141 macht deutlich, dass die Redlichkeit bei der Erfüllung einen Gegensatz zum *dolus* bildet. Wenn die bona fides als Gegenbegriff zum *dolus* verstanden wird, heißt das, dass jeder Vertragschließende nach Art. 141 verpflichtet ist, den Vertrag nach Treu und Glauben zu erfüllen. Daraus lässt sich erkennen, dass der Hess. Entwurf in den Artt. 140 ff. über die Leistungspflicht hinaus die Nebenpflichten umfassend zu regeln unternimmt.
Die Artt. 141 und 142 regeln die Haftung des Schuldners für die *culpa* nach dem Utilitätsprinzip. Nach dem Art. 142 haftet der Schuldner für jedes geringe Versehen (*culpa levis*), wenn er einen Vorteil aus dem Vertrag hat, während der Schuldner sonst nach Art. 141 nur für Unredlichkeit (*dolus*) und für jedes grobe Versehen (*culpa lata*) einzustehen hat[11]. Bei der Auslegung der Artt. 141 und 142 stellt sich die Frage, ob sie nur Definition und Maßstab der Haftung des Schuldners für die *culpa* im weiteren Sinne beinhalten oder vielmehr als eine umfassende Haftungsregelung anzusehen sind. Der Antwort auf diese Frage sollte man sich vom Wortlaut der Artt. 141 und 142 her nähern.
Der Art. 142 Satz 1 lautet: „Zieht ein Vertragschließender Vortheil aus dem Vertrage, dann ist er zu der Sorgfalt, welche im Allgemeinen ein ordentlicher, fleißiger Hausvater anzuwenden pflegt, verbunden, und *haftet* für jedes geringe Versehen (culpa levis).“
Der Art. 142 Satz. 1 enthält die gleiche Rechtsfolge für die Haftung des Schuldners wie der Art. 141[12], da das Wort ausdrücklich nicht „verpflichtet“, sondern auch „*haftet*“ lautet.
Als Rechtsbehelfe bei der Nichterfüllung oder der nicht gehörigen Erfüllung liegt dem Hess. Entwurf das Naturalerfüllungsprinzip in Art. 146 Satz. 2 zugrunde, wo das Gesetz dem Gläubiger grundsätzlich nur die Forderung auf genaue Erfüllung gestattet, soweit keine andere vertragliche oder gesetzliche Bestimmung vorliegt: „Wenn ein Theil den Vertrag gar nicht oder nicht gehörig erfüllt, so ist der andere Theil, in Ermangelung einer anderen vertragsmäßigen oder gesetzlichen Bestimmung, nicht die Aufhebung des Vertrags, sondern nur die genaue

---

[10] Hervorhebung - auch in den folgenden wörtlichen Zitaten - vom Verfasser.
[11] Der Art. 141 gilt z. B. für Commodant oder Schenker (hierzu vgl. Motive, S. 81).
[12] Nach Art. 142 hat z. B. der Verkäufer, Pächter oder Mieter usw. für ein geringes Versehen einzustehen (zum näheren siehe Motive, S. 81).

Erfüllung, und im Entstehungsfalle nach Maasgabe der Art. 236 u. ff. Schadensersatz zu fordern befugt." (Art. 146 Satz. 2[13]).

Die Ausnahme von der genauen Erfüllung nach dem Art. 146 Abs. 2 bilden die Fälle der Nichterfüllung oder der nicht gehörigen Erfüllung nach Artt. 236 ff. In den Fällen der Nichterfüllung oder der nicht gehörigen Erfüllung wird dem Gläubiger ausnahmsweise Schadensersatz zugestanden. Aber diese Ausnahme wird von Art. 220 Satz 3[14] wiederum beschränkt, wo die verschuldete Unmöglichkeit der Erfüllung indirekt geregelt ist. Für diesen Fall ist die Unmöglichkeit als Haftungstatbestand im Spannungsfeld von Realerfüllung und Schadensersatz von Bedeutung.
Aus dieser Systematik kann gefolgert werden, dass die Artt. 141 ff. als eine generelle Haftungsregelung anzusehen sind. Dann müsste der Hess. Entwurf die Haftung für die Obligationsverletzung im bestehenden Rechtsverhältnis zweischichtig regeln, da er eindeutig eine weitere Haftungsregelung in Art. 236 enthält. Um Aufschluss über das Verhältnis des Art. 236 zu den Artt. 141 f. zu erlangen, ist daher die Bedeutung des Art. 236 zu klären.

2) Die Bedeutung der „Nichterfüllung" und der „nicht gehörigen Erfüllung" in Art. 236

Der Hess. Entwurf regelt die Rechtsfolgen der Nichterfüllung und nicht gehörigen Erfüllung in den Artt. 236 ff. Der Art. 236 regelt die Haftung des Schuldners für die Nichterfüllung und die „nicht gehörige" Erfüllung:
„Auf die Erfüllung seiner Verbindlichkeit ist jeder Schuldner die nach Maasgabe der Art. 140 bis 143 erforderliche Sorgfalt zu verwenden verpflichtet. Verletzt er diese Pflicht, indem er seine fällige Verbindlichkeit schuldhafter Weise *überhaupt nicht oder nicht gehörig* erfüllt, so hat er dem Gläubiger dafür Schadensersatz, nach Maasgabe der nachfolgenden Bestimmungen, zu leisten." (Art. 236)

---

[13] Nach Art. 146 Satz 2 wird der Rücktritt wegen Nichterfüllung von dem Hess. Entwurf grundsätzlich abgelehnt, wie auch im Sächs. BGB (§ 864). Im Gegensatz dazu gewährt der Bay. Entwurf in Art. 138 bei Säumnis innerhalb eines gegenseitigen Vertrags ein Rücktrittsrecht. Siehe auch Scherner, Rücktrittsrecht, S. 201.

[14] Art. 220 Satz 3: „Kann jedoch der Gegenstand der Verbindlichkeit aus einem vom Schuldner nicht zu verantwortenden Grunde nicht geleistet werden, so tritt in den Fällen, in welchen diese Unmöglichkeit die Befreiung des Schuldners von seiner Verbindlichkeit nicht zur Folge hat, an die Stelle jenes Gegenstandes dessen ordentlicher Werth, welcher mit Rücksicht auf den Ort und die Zeit, wo und wann jener Gegenstand geleistet werden sollte, zu bestimmen ist."

Der Art. 236 setzt die Verschuldung des Schuldners („schuldhafter Weise") als subjektives Moment und bestimmte Sachverhalte (entweder „überhaupt nicht" oder „nicht gehörig erfüllt") als objektives Moment für die Haftung wegen Obligationsverletzungen voraus. Nach dem Art. 236 Satz 1 ist der Schuldner verpflichtet, die erforderliche Sorgfalt nach Maßgabe der Art. 140-143 auf die Erfüllung der Verpflichtung zu verwenden. Der Art. 236 Satz 2 regelt die Haftung des Schuldners für die Nichterfüllung „*ODER*" die nicht gehörige Erfüllung. An dem Ausdruck „*ODER*" im Art. 236 Abs. 2 zeigt sich, dass der Entwurf die Sachverhalte der Nichterfüllung und der nicht gehörigen Erfüllung unterscheiden wollte.
Was der Gesetzgeber unter der Nichterfüllung und der nicht gehörigen Erfüllung versteht, kann zunächst mit Hilfe von Art. 239 geklärt werden.
Art. 239: „Haben der Gläubiger und Schuldner für den Fall der Nichterfüllung oder der nicht gehörigen Erfüllung der Verbindlichkeit ein Strafgeding mit einander abgeschlossen, so richtet sich der Schadensersatz nach den über die Strafgeding geltenden Bestimmungen (Art. 118 u. flgde.)."

Der Art. 239 enthält Bestimmungen über das Verhältnis des Anspruchs des Gläubigers auf Schadensersatz zu dem Anspruch auf Vertragsstrafe, die der Schuldner dem Gläubiger bei Nichterfüllung oder nicht gehöriger Erfüllung der Verbindlichkeit gemäß einer accessorischen Vereinbarung leisten soll. Der Art. 239 verweist weiter auf Artt. 118 ff.
Der Art. 118 lautet: „Die Vertragsschließenden können einem Hauptvertrage den Nebenvertrag beifügen, vermöge dessen der Schuldner für den Fall, daß er den Hauptvertrag gar nicht oder nicht auf die gehörige Art erfüllen sollte, dem Gläubiger zu irgend einer Leistung, als Strafe, sich verpflichtet (Strafgeding)."

Nach Art. 118 ist der Schuldner dem Gläubiger zur Zahlung einer Vertragsstrafe für den Fall verpflichtet, dass der Schuldner die Hauptverbindlichkeit überhaupt nicht oder nicht gehörig erfüllt hat. Der Art. 118 erwähnt nur die Hauptverbindlichkeit[15], nicht die Nebenpflichten. In Einklang mit dem Art. 118 betreffen die Artt. 237-238 nur die Hauptobligation und die Rechtsbehelfe des Gläubigers bei der Nichterfüllung oder der nicht gehörigen Erfüllung. Als Ausnahme von dem Prinzip der Realerfüllung nach Art. 146 Abs. 2 gewährt der Hess. Entwurf dem Gläubiger einen Schadensersatzanspruch bei Nichterfüllung oder der nicht gehörigen Erfüllung der fälligen Verbindlichkeit in Art. 236[16] und regelt diese Aus-

15 Motive, S. 69.

16 Motive, S. 125: „ ... An die Stelle der unmittelbar schuldigen obligationsmäßigen Leistung tritt demgemäß, in soweit solche nicht oder nicht gehörig erfolgt, Schadensersatz. Daher spricht dieses der Art. 236 vorerst allgemein aus ..."

nahme wiederum zweigeteilt, je nachdem, ob die Verbindlichkeit auf ein Tun oder Unterlassen gerichtet ist[17].
Nach Art. 237 kann der Gläubiger sogleich vom Schuldner den Ersatz des durch die Handlung des Schuldners verursachten Schadens verlangen, wenn die Verbindlichkeit auf ein Unterlassen gerichtet ist[18]. Ist die Verbindlichkeit dagegen auf ein Tun gerichtet ist, dann kann nach Art. 238 Satz 1[19] der Gläubiger bei der Nichterfüllung oder der nicht gehörigen Erfüllung der Verbindlichkeit vorerst vom Gericht nur verlangen, den Schuldner zur geschuldeten Leistung zu verurteilen.
Aus dem Gesagten wird deutlich, dass der Art. 236 die Haftung des Schuldners für die schuldhafte Nichterfüllung oder die nicht gehörige Erfüllung der Hauptverbindlichkeit regelt.
Wenn man die Artt. 236, 237 und 238 als Regelung der Verletzung der Hauptobligation versteht, stellt sich Frage, welche Fälle von der Nichterfüllung oder der nicht gehörigen Erfüllung erfasst werden. Nach der frühen und späten Pandektenlehre gehören dem Sachverhalt „überhaupt nicht erfüllt" die Unmöglichkeit und der Verzug an. Der Hess. Entwurf regelt den Verzug ausführlich in den Artt. 241-257. Hingegen regelt er die Unmöglichkeit als Haftungstatbestand nur am Rande[20]. Bei der verschuldeten Unmöglichkeit, die Befreiung von der Verbindlichkeit nicht zur Folge hat, ist der Schuldner verpflichtet, den Sachwert des Gegenstandes der Leistung zu leisten.
Der Grund dafür, dass der Hess. Entwurf die Unmöglichkeit nur am Rande behandelt, besteht darin, dass Schadensersatz wegen Nichterfüllung oder nicht gehöriger Erfüllung nach Art. 236 dem Gläubiger grundsätzlich gewährt wird und der Sachwert der Verbindlichkeit bei verschuldeter Unmöglichkeit nach dem Art. 220 Satz 3 an die Stelle des Gegenstandes der ursprünglich geschuldeten Leistung tritt, soweit sie nicht oder nicht gehörig erfüllt ist. Es gibt daher kein

---

17 Motive, S. 125. Hierzu vgl. Rütten, Zur Entstehung des Erfüllungszwangs, S. 955, Fn. 79.

18 Art. 237: „Ist die Verbindlichkeit auf ein Unterlassen gerichtet, so kann der Gläubiger, sobald der Schuldner eine seiner Unterlassungspflicht widersprechende Handlung vorgenommen hat, Ersatz des ihm hierdurch verursachten Schadens, sowie Wiederaufhebung dessen, was derselbe seiner Verbindlichkeit zuwider bewerkstelligt hat, und geeigneten Falls eine nach richterlichem Ermessen zu bestimmende Sicherheitsleistung gegen künftige Zuwiderhandlung fordern."

19 Art. 238 Satz 1: „Ist die Verbindlichkeit auf ein Thun gerichtet, so kann der Gläubiger im Falle des Art. 236 zunächst verlangen, daß der Schuldner zu diesem Thun verurteilt werde."

20 Das durch Zufall Unmöglichwerden der Erfüllung der Verbindlichkeit regelt der Hess. Entwurf in Art. 144, wonach der Schuldner von der Verbindlichkeit frei wird. Hierbei obliegt der Beweis dem Schuldner, wenn er sich auf Zufall beruft (Art. 145 Satz 1). Für den Hess. Entwurf ist daher die Unmöglichkeit eher als Befreiungstatbestand von Bedeutung, nicht als Haftungstatbestand (ebenso Harting, pVv, S. 155), weil der Hess. Entwurf die Haftung wegen Nichterfüllung aus der allgemeinen Culpa-Haftung nach Art. 236 abzuleiten versucht.

Bedürfnis zur besonderen Behandlung der verschuldeten Unmöglichkeit, da der Hess. Entwurf die Unmöglichkeit als Unterart der Nichterfüllung ansah.
Unabhängig von dem Sachverhalt, sei es Unmöglichkeit oder Verzug, geht der Hess. Entwurf davon aus, dass die Lösung der Frage nach dem Haftungstatbestand grundsätzlich auf die Grundsätze über *culpa* und *mora* zurückzuführen ist, die besagen, welche Modifikationen der Verbindlichkeit eintreten können, wenn der Schuldner einer Verbindlichkeit nicht nachkommt[21].
Der Hess. Entwurf regelt die Weise der Erfüllung in den Artt. 220-235. Demnach ist der Schuldner verpflichtet, die Obligation in der bestimmten Qualität und Quantität, am gehörigen Ort und zu gehöriger Zeit zu erfüllen. Wenn die gehörige Erfüllung der Verbindlichkeit wegen Zufalls unmöglich ist, wird der Schuldner dann von seiner Verbindlichkeit befreit[22], wenn er beweisen kann, dass ihn kein Verschulden an dem Unmöglichwerden der Erfüllung der Verbindlichkeit trifft[23]. Hierbei hat der Schuldner grundsätzlich für die Unmöglichkeit aufgrund des Prinzips der allgemeinen Culpa-Haftung[24] einzustehen, wenn er für jedes geringe Versehen (*culpa levis*) nach dem Art. 142 haftet.
Aus dem Gesagten wird deutlich, dass die Fälle der Obligationenverletzung einschließlich der Nebenpflichtverletzung mit den Artt. 141-142 erfasst werden können[25], während Art. 236 die Verletzung der Hauptverbindlichkeit betrifft.
Der Hess. Entwurf scheint die Regelungslücke hinsichtlich der Fälle der positiven Vertragsverletzung nicht enthalten zu haben[26].

---

21 Motive, S. 125.

22 Art. 144 Abs. 1: „Ist die Erfüllung durch Zufall unmöglich geworden (Art. 360), so haftet der Verpflichtet nicht für den hieraus dem Berechtigten erwachsenen Schaden, es wäre denn, daß ihn Gesetz oder Vertrag besonders hierzu verbindlich gemacht hätte." Diese Regelung liegt dem Prinzip „*casus a nemine praestantur*" zugrunde. Siehe auch Motive, S. 82.

23 Motive, S. 83.

24 Art. 145: „Beruft sich der Verpflichtete auf den Zufall, so muss er solchen beweisen, wenn er für jedes geringen Versehen (*culpa levis*) haftet. (Art. 142)". Nach den Motiven (S. 82-83) haftet der Schuldner für die *culpa levis*, folglich bis zum *casus*. Der *casus* kann als *casus mixtus* entsprechend der Lehre Mommsens und der Pandektenlehre verstanden werden. Zur Lehre Mommsens und der Pandektenlehre vgl. 2. Teil, § 5/6.

25 Anders, Harting, pVv, S. 154, der davon ausgeht, dass der Hess. Entwurf die Verletzung weiterer Verhaltenspflichten nicht ausdrücklich erwähnt und diese entsprechend der weiten Auslegung des Begriffs der Nichterfüllung unter die Haftungstatbestände nach Art. 236 gebrachtet werden müsste. Die Ansicht ist nicht haltbar, wenn man davon ausgeht, dass die Nichterfüllung und die nicht gehörige Erfüllung nach den Artt. 141-142 und dem Art. 236 grundsätzlich unterschieden werden können. Vgl. auch Kotulla, pFv, S. 370; Freudling, Schadensersatzansprüche, S. 133, die die Artt. 141-142 nur als Haftungsmaßstab betrachtet.

26 Harting, pVv, S. 154; Kotulla, pFv, S. 370; Würthwein, Schadensersatzpflicht, S. 251, Fn. 3. Anders, Freudling, Schadensersatzansprüche, S. 133, die die Schlechterfüllung unter den Sachverhalt „nicht gehörig erfüllt" nach Art. 236 einordnet.

2. Entwurf eines bürgerlichen Gesetzbuchs für das Königreich Bayern

In den Jahren 1861 und 1864 veröffentlichte das Königlich Bayerische Staatsministerium der Justiz einen Entwurf eines Bürgerlichen Gesetzbuchs für das Königreich Bayern. Der Entwurf besteht insgesamt aus drei Teilen: der erste Teil hat „Allgemeine Bestimmungen" zum Gegenstand, der zweite das „Recht der Schuldverhältnisse", der dritte „Besitz und Rechte an Sachen".
Der Teil II über das „Recht der Schuldverhältnisse" mit einem Stück „Von den Rechtsgeschäften" des Teils I einschließlich der jeweiligen Motive wurde 1861 (im folgenden „Entwurf 1861" und „Motive 1861") veröffentlicht[27], 1864 dann der Teil III und das sonstige Stück „Von den Sachen" des Teiles I[28].

Das Obligationenrecht dieses Entwurfs basierte vor allem auf dem gemeinen Recht, dem französischen Zivilgesetzbuch und daneben auf den neuen deutschen Kodifikationen, insbesondere dem Hess. Entwurf und dem Sächs. BGB[29].
Das Schuldverhältnis, das der Bay. Entwurf von 1861 zum Hauptgegenstand hat, entsteht vor allem aus einem Schuldvertrag und einer unerlaubten Handlung[30]. Das Wesen des Schuldverhältnisses, das sich aus einem Schuldvertrag ergibt, besteht in einem Recht („Forderungsrecht"), eine Leistung zu fordern, und in der diesem Forderungsrecht entsprechenden Verbindlichkeit, die Leistung zu bewirken[31]. Bei der Erfüllung der Verbindlichkeit im bestehenden obligatorischen Schuldverhältnis hat der Schuldner nicht nur dasjenige zu leisten, wozu er ausdrücklich verpflichtet ist, sondern auch alles, worauf sich das Schuldverhältnis nach seiner Natur erstreckt[32]. Außerdem fordert der Art. 82 grundsätzlich vom Schuldner, die Leistung gehörig zu erfüllen[33].

---

27 Entwurf 1861, Vorwort.

28 Entwurf 1864, Vorwort.

29 In den Motiven 1861, S. V wird deutlich, dass der Entwurf 1861 zunächst den Hess. Entwurf und den revidierten Entwurf eines bürgerlichen Gesetzbuchs für das Königreich Sachsen gleichermaßen mitberücksichtigte, aber später der revidierte sächsische Entwurf nicht mehr genutzt werden konnte. Für die Lösung des Entwurfs vom Sächs. BGB gaben die Motive keinen Grund an. Der Bay. Entwurf wurde in der Beratung zum Dresdner-Entwurf von der Kommission als „Leitfaden" verwendet (Motive 1864, S. IV).

30 Teil II, Art. 4.

31 Motive 1861, S. 57.

32 Teil II, Art. 83: „Der Schuldner hat nicht nur dasjenige zu leisten, wozu er ausdrücklich verpflichtet ist, sondern auch alles, worauf sich das Schuldverhältnis nach seiner Natur oder nach Gesetz oder Herkommen von selbst erstreckt."

33 Die gehörige Erfüllung regelt der Bay. Entwurf in den Artt. 82-108.

Nach Art. 82 Abs. 1[34] ist der Schuldner verpflichtet, die ihm obliegende Leistung in der dem Inhalte der Verbindlichkeit entsprechenden Weise zu bewirken. Das sich aus dem Schuldvertrag ergebende Schuldverhältnis kann daher nur durch die gehörige Erfüllung der Verbindlichkeit aufgehoben werden[35]. Ansonsten hat der Schuldner für die Nichterfüllung nach dem Art. 109 einzustehen, wenn auch der Schuldner bereits irgendetwas zur Erfüllung der Verbindlichkeit unternommen hat.
Im Einklang mit den Regelungen über die Verpflichtung des Schuldners zu gehöriger Erfüllung in den Artt. 82-108 stehen die Regelungen über die Haftung des Schuldners wegen culpa in den Artt. 109 ff unter dem Titel „Haftung des Schuldners wegen Nichterfüllung".
Der Art. 109 lautet: „Wird von dem Schuldner die ihm obliegende Verbindlichkeit nicht erfüllt oder nicht gehörig erfüllt, und liegt der Grund hiervon in einer absichtlichen rechtswidrigen Handlung oder Unterlassung (Unredlichkeit) desselben oder in der Versäumung der schuldigen Achtsamkeit und Sorgfalt (Versehen), so ist er dem Gläubiger, vorbehaltlich besonderer Vorschriften, nach Maßgabe der Artikel 110-121 zum Schadensersatze verpflichtet."

An den Art. 109 anschließend konkretisiert der Bay. Entwurf umfassend das im Art. 109 erwähnte subjektive Moment nach dem Utilitätsprinzip in den Artt. 110-111[36].
Der Art. 109 regelt zwar umfassend die Haftung wegen Nichterfüllung, sieht aber tatsächlich die zwei Sachverhalte „nicht erfüllt" und „nicht gehörig erfüllt" vor.
Dass der Bay. Entwurf den Tatbestand zur Begründung der Haftung des Schuldners wegen Nichterfüllung grundsätzlich in „überhaupt nicht erfüllt" und „erfüllt aber nicht gehörig" unterteilt, lässt sich beispielhaft mit dem Verhältnis der Hauptobligation zur Vertragsstrafe wegen nicht gehöriger Erfüllung nachweisen.

---

[34] Teil II, Art. 82 Abs. 1: „Der Schuldner ist verpflichtet, die ihm obliegende Leistung in der dem Inhalte der Verbindlichkeit entsprechenden Weise zu bewirken."

[35] Teil II, Art. 164.

[36] Teil II, Art. 110: „Jeder Schuldner, auch wenn das Schuldverhältnis ausschließlich den Vortheil des anderen Theils bezweckt, haftet für Unredlichkeit und für grobes Versehen. Ein grobes Versehen verschuldet, wer nicht einmal jene Sorgfalt bewährt hat, welche er in seinen eigenen Angelegenheiten anzuwenden pflegt, oder welche von einem gewöhnlichen Menschen zu erwarten ist."
Art. 111: „Der Schuldner, dessen Vortheil das Schuldverhältnis ausschließend oder doch zugleich bezweckt, haftet auch für leichtes Versehen. Ein leichtes Versehen fällt demjenigen zur Last, welcher die von einem sorgsamen Hausvater unter gleichen Verhältnissen zu erwartende Sorgfalt versäumt. In welchen Fällen der Schuldner, wenn das Geschäft nur den Vortheil des anderen Theils bezweckt, auch für leichtes Versehen haftet, ist durch besondere gesetzliche Vorschriften bestimmt."

Nach Art. 50[37] hat der Gläubiger grundsätzlich die Wahl, entweder die vertragsmäßig vereinbarte Strafe oder die Erfüllung des Hauptvertrages vom Schuldner zu verlangen. Das gilt nur für den Fall, dass der Schuldner die Hauptobligation überhaupt nicht erfüllt hat. Hierbei stellt sich die Frage, ob der Art. 50 auch für den Fall gilt, in dem die Leistung vom Schuldner zwar erbracht, dabei aber nicht gehörig erfüllt wird. Den eindeutigen Aufschluss darüber geben die Motive zu Art. 50[38], wonach der Gläubiger den Anspruch auf die Erfüllung und auf die Vertragsstrafe nebeneinander hat, wenn die Strafleistung bloß für den Fall nicht rechtzeitiger oder nicht am gehörigen Orte erfolgter Erfüllung verfallen soll, da die Strafe eher als eine Entschädigung wegen nicht gehöriger Erfüllung verstanden wird.

Wenn man nun sieht, dass die Sachverhalte, für welche der Art. 109 als generelle Haftungsnorm gilt, wirklich in „nicht erfüllt" und „nicht gehörig erfüllt" unterschieden werden, stellt sich die Frage, welche Sachverhalte zur Nichterfüllung und zur nicht gehörigen Erfüllung gehören.

Der Bay. Entwurf regelt den Verzug in den Artt. 124-146 unter dem Titel „Folgen des Verzugs insbesondere" in der dritten Abteilung so ausführlich wie der Hess. Entwurf. Bei der Gesetzgebung ging die Kommission davon aus, dass der Verzug im allgemeinen zwar unter die Vorschrift des Art. 109 fällt, aber eine spezielle Regelung wegen der besonderen Wirkungen und Eigentümlichkeiten bedürfe[39]. Die spezielle Behandlung des Verzugs entspricht der späteren Pandektenlehre und der Vorstellung Mommsens.

Im Gegensatz zur Regelungen des Verzuges enthält der Bay. Entwurf keine Regelung über die verschuldete Unmöglichkeit, sondern regelt sie nur indirekt im Art. 115:

„So lange die Erfüllung der Verbindlichkeit selbst möglich ist, kann der Gläubiger im Falle des Art. 109 lediglich die Klage auf Erfüllung stellen." (Art. 115)

Aus dieser Regelung ergibt sich, dass der Bay. Entwurf die verschuldete Unmöglichkeit nur als Unterart der Nichterfüllung nach dem Art. 109 betrachtet

---

[37] Teil II, Art. 50: „Der Gläubiger hat die Wahl, die Leistung der verwirkten Strafe oder die Erfüllung des Hauptvertrages zu verlangen."

[38] Motive 1861, S. 69: „Es kann daher die Strafe und die Erfüllung des Vertrages nicht zugleich und neben einander, sondern nur eines oder das andere verlangt werden, wenn nicht die Strafleistung bloß auf den Fall nicht rechtzeitiger oder nicht am gehörigen Orte erfolgender Erfüllung geschehen soll, weil in diesem Fall die Strafleistung nicht eine Entschädigung wegen gänzlich unterlassener, sondern nur wegen ungehöriger Erfüllung bezweckt, sohin der Anspruch auf Erfüllung selbst aufrecht bleibt. (Art. 50.)".

[39] Motive 1861, S. 92. Zur Einordnung und speziellen Regelung des Verzuges bemerkt Lang positiv: „in dieser Abtheilung muß man die Vollständigkeit und Correktheit des Entwurfs rühmend anerkennen." (Lang, Der Entwurf eines Bürgerlichen Gesetzbuchs für das Königreich Bayern mit Berücksichtigung des hessischen und sächsischen Entwurfs, S. 88).

und kein Bedürfnis zur Regelung im einzelnen gesehen hat. Wegen der besonderen praktischen Bedeutung der Unmöglichkeit berücksichtigt der Bay. Entwurf die unverschuldete Unmöglichkeit im Art. 119 sehr ausführlich[40]. Nach Art. 119 wird der Schuldner dann von der Erfüllung der Verbindlichkeit und von der Pflicht zum Schadensersatz frei, wenn die Erfüllung durch Zufall unmöglich wird.

Zur Begründung einer Klage aus dem Schuldverhältnis ist für den Kläger nur der Beweis der Tatsache notwendig, dass dieses Schuldverhältnis bestehe[41]. Wenn der Schuldner sich auf den Art. 119 beruft, um von der Haftung wegen Nichterfüllung befreit zu werden, muss er nach Art. 122 Satz 1[42] beweisen, dass die zu Art. 109 eine Ausnahme bildende Tatsache bestehe und die Erfüllung dadurch unmöglich geworden sei. Sonst haftet er für die Nichterfüllung nach Art. 109, sei es wegen Unmöglichkeit, Verzug oder nicht gehöriger Erfüllung.

Der Art. 115 beschränkt die Möglichkeit, Ersatz des Schadens zu verlangen, der dem Gläubiger bei der Nichterfüllung oder nicht gehöriger Erfüllung nach Art. 109 gewährt wird. Nach Art. 115 kann der Gläubiger nur dann den Schadensersatz geltend machen, wenn die Erfüllung nicht mehr möglich ist[43].

Wie bereits erläutert, haftet der Schuldner außer in den Fällen der Unmöglichkeit und des Verzuges für die nicht gehörige Erfüllung nach Art. 109.

Was mit der Wendung „nicht gehörig erfüllt" gemeint ist, ist aus der Regelung über die Verpflichtung des Schuldners zur gehörigen Erfüllung hinsichtlich des Gegenstandes, des Ortes und der Zeit (Artt. 82-108) herzuleiten. Außerdem kann man auch die Regelungen über das Strafgeding heranziehen. Nach den Motiven[44] ist der Schuldner nach Art. 109 verpflichtet, den dem Gläubiger durch eine nicht rechtzeitig, nicht am gehörigen Orte oder nicht mit dem richtigen Leistungsgegenstand erfolgte Erfüllung der Verbindlichkeit verursachten Schaden zu ersetzen.

Aus all dem ist zu folgern, dass der Bay. Entwurf bei der Regelung der allgemeinen Culpa-Haftung des Schuldners die beiden Sachverhalte „nicht erfüllt" und „nicht gehörig erfüllt" zugrund legte und ausnahmsweise den Verzug wegen sei-

---

40 Teil II, Art. 119: „Ist dem Schuldner die Erfüllung durch Zufall unmöglich geworden, so wird derselbe von seiner Verbindlichkeit frei, und hat dem Gläubiger für den hieraus erwachsenen Schaden nicht zu haften, soferne nicht durch Gesetz oder durch das Rechtsgeschäft das Gegentheil bestimmt ist."

41 Teil II, Art. 122 Satz 1: „Der Gläubiger, welcher aus der Nichterfüllung oder aus der nicht gehörigen Erfüllung der Verbindlichkeit Ansprüche ableitet, hat lediglich die Begründung seiner Forderung zu beweisen."

42 Teil II, Art. 122 Satz 2: „Behauptet der Beklagte, daß er die vermöge des Schuldverhältnisses ihm obliegende Sorgfalt angewendet habe, daß aber hiedurch der Schaden nicht abzuwenden, oder daß derselbe die Folge höherer Gewalt oder eines anderen Zufalls gewesen sey, so liegt ihm hierüber der Beweis ob."

43 Vgl. Rütten, Zur Entstehung des Erfüllungszwangs, S. 955.

44 Motive 1861, S. 87-88.

ner Eigentümlichkeiten besonders regelt. Der Art. 109 umfasst die Unmöglichkeit, den Verzug und die positive Vertragsverletzung.

3. Ergebnis

Aus der bisherigen Betrachtung des Hess. und des Bay. Entwurfes ist somit festzustellen, dass die beiden Entwürfe der Unmöglichkeit keine besondere, zentrale Stellung im System der Haftung wegen Culpa zuwiesen, sondern die verschuldete Unmöglichkeit mit Rücksicht auf das Prinzip der Realerfüllung nur am Rande behandelten, indem sie einen umfassenden Sachverhalt „überhaupt nicht erfüllt oder nicht gehörig erfüllt" in der Regelung über die Haftung des Schuldners im bestehenden Obligationenverhältnis zu Grunde gelegt haben.
In Wirklichkeit scheint sich die aus der Pandektenlehre stammende allgemeine Culpa-Haftung im Hess. und Bay. Entwurf fortentwickelt zu haben; gleich ob das System der Culpa-Haftung einschichtig oder zweischichtig geregelt ist oder ob die „nicht oder nicht gehörige Erfüllung" nur auf die Hauptverbindlichkeit bezogen ist oder nicht.
Es gibt daher keine Lücke hinsichtlich der Fälle der positiven Vertragsverletzung, sondern in Übereinstimmung mit der Pandektenlehre findet sich im Hess. und Bay. Entwurf das leitende Prinzip der allgemeinen Culpa-Haftung.

II. Das Bürgerliche Gesetzbuch für das Königreich Sachsen[45]

Das Sächs. BGB ist die letzte der großen partikularrechtlichen Kodifikationen des bürgerlichen Rechts, die noch vor dem Inkrafttreten des BGB Geltung erlangten und auf die Kodifikationen in der Folgezeit einwirkten[46].
Mit dem Übergang des Auftrages an Herrn Gustav Friedrich Held nahm der Vorgang der Gesetzgebung ihren Anfang. Bald nachdem Held einen Entwurf eines Bürgerlichen Gesetzbuchs für das Königreich Sachsen zusammen mit den allgemeinen Motiven im Jahre 1852 (im folgenden „Entwurf von Held") vorgelegt hatte, begann die Kommission mit der Revision des Entwurfs von Held[47].

Wie die §§ 917 ff. des österreichischen ABGB von 1811 regelte der Entwurf von Held das Erlöschen des Vertrags in den §§ 741 ff. und die ordnungsgemäße Erfüllung und den Schadensersatz wegen Verzögerung in § 743 folgendermaßen:
„Wenn ein Theil den Vertrag entweder gar nicht oder nicht zu der gehörigen Zeit, an dem gehörigen Orte oder auf die bedungene Weise erfüllt, so ist der andere Theil, außer den in den Gesetze bestimmten Fällen oder dem eines ausdrücklichen Vorbehalts, nicht berechtigt, die Aufhebung zu verlangen, sondern kann nur die genaue Erfüllung des Vertrages und Ersatz fordern."[48]

---

[45] Dem System des Sächs. BGB liegt weder das ABGB noch ein anderes Gesetzbuch zugrunde, sondern vielmehr der Pandektenlehre entsprechend kritisierte Unger, der den Entwurf von Held und das System des Gesetzes befürwortete, den revidierten Entwurf und tat dann später den zweiten als „kurzgefaßtes Lehrbuch des Pandektenrechts" ab (hierzu vgl. Unger, Der revidierte Entwurf eines bürgerlichen Gesetzbuches für das Königreich Sachsen, S. 2 ff., 38 ff.). Den Pandekten entsprechend gliedert sich sowohl der zweite Entwurf, als auch das Sächs. BGB in Allgemeinen Teil (Erster Teil), Sachenrecht (Zweiter Teil), Recht der Forderungen (Dritter Teil), Familien- und Vormundschaftsrecht (Vierter Teil), Erbschaftsrecht (Fünfter Teil). Anders als der zweite Entwurf und das Sächs. BGB bestand der erste Entwurf aus insgesamt 6 Teilen, in derem letzten Teil das Gantrecht (also Konkursrecht) einen eigenen Platz hatte (siehe Entwurf eines Bürgerlichen Gesetzbuchs für das Königreich Sachsen nebst allgemeinen Motiven und Inhaltsverzeichnis, Dresden 1852, XI, XII, XX).

[46] Als eines der Beispiele für die Einwirkung des Sächs. BGB auf die nachfolgenden Kodifikationen ist der Dresdner Entwurf zu nennen. Referenten der Kommission des Dresdner Entwurfes waren Siebenhaar, der zuvor Referent der Gesetzeskommission zur Abfassung des Sächs. BGB nach dem Tod seines Vorgängers Held gewesen war, und Francke, der später auch den Entwurf und die Protokolle der Kommission des Dresdner Entwurfes herausgab. Hierzu vgl. Laufke, Der deutsche Bund und die Zivilgesetzgebung, S. 15 ff.

[47] Entwurf eines bürgerlichen Gesetzbuchs für das Königreich Sachsen nebst allgemeinen Motiven und Inhaltsverzeichnisse (Nachdruck 1986).

[48] Entwurf von Held, S. 143. An dieser Regelung ist leicht erkennbar, wie ähnlich der Entwurf von Held dem ABGB von 1811 ist. Das ABGB von 1811 regelte das Erlöschen von Verträgen in den §§ 917 ff. und die genaue Erfüllung und Schadensersatz wegen Nichterfüllung in § 919 ABGB folgendermaßen: „Wenn ein Theil den Vertrag entweder gar nicht; nicht zu

Mit dieser Regelung wird deutlich, dass dem Entwurf von Held das Prinzip der Realerfüllung zugrunde lag, denn sie bestimmt grundsätzlich den Ausschluss des Rücktritts, wobei sie dem Gläubiger bei Nichterfüllung oder nicht gehöriger Erfüllung einen Anspruch auf Schadensersatz neben dem Erfüllungsanspruch gewährt. Mit dem § 743 des Entwurfs von Held kann der Fall der Schlecterfüllung erfasst werden.

Bald nach Fertigstellung und Veröffentlichung wurde zwar der Entwurf von Held bereits Ende 1855 der Ständeversammlung zur Beratung und Beschlussfassung zugeleitet, aber durch einen Erlass des sächsischen Justizministers wieder zurückgezogen[49]. Später entschied das Justizministerium, wiederum eine Kommission zur Revision des Entwurfs von Held einzusetzen, wobei Held selbst wieder zum Berichterstatter ernannt wurde und Siebenhaar die Stelle von Held nach dessen Tod übernahm.

Die Aufgabe der Kommission war die Überarbeitung des Entwurfs von Held, da ihr die Erarbeitung eines vom Heldschen Entwurf losgelösten, neuen Entwurfs grundsätzlich nicht erlaubt war[50].

Der Heldsche Entwurf von 1852 umfasste ursprünglich 2180 Paragraphen; die Zahl der Vorschriften im Entwurf von 1860[51] (im folgenden „Rev. Entwurf") wurde durch die Revision der Kommission auf 2653 Paragraphen erhöht. Die endgültige Fassung des Sächs. BGB enthält 2620 Paragraphen[52].

Neben der Erhöhung der Zahl der Rechtsvorschriften kam es zu - auch inhaltlichen - Veränderungen der Formulierung der einzelnen Rechtsvorschriften durch die Kommission, insbesondere weil die Kommission nach den Beratungen über das Allgemeine Schuldrecht zum Schluss kam, „daß ihr der Heldsche Entwurf nicht angemessen erscheine und sie sich deshalb darauf verständigt habe,

---

der gehörigen Zeit; an dem gehörigen Orte; oder auf die bedungene Weise erfüllt; so ist der andere Theil, außer den in dem Gesetze bestimmten Fällen, oder einem ausdrücklichen Vorbehalte, nicht berechtigt, die Aufhebung, sondern nur die genaue Erfüllung des Vertrages und Ersatz zu fordern." Durch den Vergleich der Regelungen des Entwurfs mit dem ABGB wird eine eindeutige Anlehnung des Entwurfs Helds an das ABGB von 1811 im Bereich der Regelungen über die Leistungsstörungen deutlich. Zum ABGB vgl. § 3 III 3.

[49] Zum Grund für die Rücknahme des Entwurfs durch den Erlaß vgl. Ahcin, Entstehung des Sächs. BGB, S. 210 ff.; Buschmann, Das Sächs. BGB, S. 556.

[50] Ahcin, Entstehung des Sächs. BGB, S. 270; Buschmann, Das Sächs. BGB, S. 557.

[51] Entwurf eines bürgerlichen Gesetzbuchs für das Königreich Sachsen nebst allgemeinen Motiven und Inhaltsverzeichnisse (Dresden 1860)

[52] Mittels der Verordnung über die Publikation des bürgerlichen Gesetzbuchs vom 2. Januar 1863 wurde das Bürgerliche Gesetzbuch für das Königreich Sachsen veröffentlicht (Wengler-Brachmann, Das Bürgerliche Gesetzbuch, Bd. I, S. 1) und ist durch § 1 der Verordnung über die Ein- und Ausführung des bürgerlichen Gesetzbuchs für das Königreich Sachsen vom 9.1.1865 am 1.3.1865 in Kraft getreten (Wengler-Brachmann, Das Bürgerliche Gesetzbuch, Bd. I, S. 10). Zu näherem, vgl. Grützmann, Lehrbuch, Bd. I, § 4, S. 10; Ahcin, Entstehung des Sächs. BGB, S. 312-314; Buschmann, Das Sächs. BGB, S. 553.

eine völlig neue Construction der allgemeinen Grundsätze des Rechts der Forderungen zu entwerfen“[53].

Es bedurfte daher nun einer neuen Vorlage für die vierte Sitzungsperiode, in der die Kommission sich mit dem Besonderen Schuldrecht beschäftigte. Diese Vorlage erstellte Siebenhaar. Die Vorschrift der Vorlage, die sich auf die Haftung des Schuldners für culpa bezieht, war der § 231. Die Vorschrift lautet:
„Bei dem Kaufe sind die Vertragsschließenden sich gegenseitig sowohl in Beziehung auf den Kaufabschluß zu Treu und Glauben, als in Beziehung auf die übernommenen Leistungen zum Ersatz des durch absichtliche Verschuldung, grobe und geringe Fahrlässigkeit verursachten entstandenen Schadens verbunden“[54].

Der § 231 enthält offensichtlich die allgemeine Culpa-Haftung des Schuldners für das Verschulden beim Kauf.
Der § 747 des Rev. Entwurfs, aufgrund dessen die Kommission sich gegen die Aufnahme des § 231 der Vorlage von Siebenhaar aussprach, ist als ein Beispiel für die entscheidenden Veränderungen der Formulierung durch die Kommission zu erwähnen. Der § 743 des Entwurfs von Held, der die allgemeine Klausel für die Haftung des Schuldners wegen Nichterfüllung oder nicht gehöriger Erfüllung darstellt, hatte als § 747 des Rev. Entwurfs eine schwerwiegende Änderung erfahren: „Die Betheiligten bei einer Forderung haften in ihren gegenseitigen Beziehungen zu einander für absichtliche Verschuldung und für grobe und geringe Fahrlässigkeit“ (= § 728 S. 1 des Sächs. BGB)[55]

Zunächst bringt der § 747 des Rev. Entwurfs zum Ausdruck, dass sich das Sächs. BGB in Bezug auf den Aufbau des Systems der Haftung des Schuldners von dem Heldschen Entwurf und dem § 919 des ABGB von 1811, an den sich der Entwurf von Held angelehnt hatte, deutlich entfernt hat[56].

---

53 Zu den Ausführungen vgl. Ahcin, Entstehung des Sächs. BGB, S. 272-274.

54 Auszug nach Ahcin, Entstehung des Sächs. BGB, S. 299.

55 Vgl. § 743 Entwurf von Held und § 919 ABGB von 1811.

56 In der kritischen Bemerkung zu dem Revidierten Entwurf äußerte Unger, dass die Prästation der *culpa* in den §§ 747 und 748 in befriedigender Weise geregelt und durch die gebührende Berücksichtigung der einzelnen obligatorischen Verhältnisse die platte Einförmigkeit vermieden werde, welche sich im österreichischen Gesetzbuch und in anderer Gestalt im Entwurf von Held gefunden hatte (siehe Unger, Der revidierte Entwurf, S. 50). Hierbei sah Unger auch den § 747 des Rev. Entwurfs als Norm für die Haftung des Schuldners wegen *culpa* an, jedoch kritisierte er den Verweis bei den einzelnen Obligationen auf den § 747 des Rev. Entwurfs, wobei er § 1118 des Rev. Entwurfs als Beispiel dafür heranzog: „Der Verkäufer und der Käufer haften für die Verschuldung nach § 747“. Hierbei erkannte er den § 747 als Grundnorm über die Haftung aus dem Obligationsverhältnis an, kritisierte aber den Verweis, den er für entbehrlich hielt.

Die Umformulierung des § 743 des Entwurfs von Held stellt eine Transponierung der allgemeinen Culpa-Haftung in den § 747 des Rev. Entwurfs dar. Dadurch wurde die allgemeine Culpa-Haftung nicht verdrängt.
Dass die Gesetzgeber des Sächs. BGB den § 747 des Rev. Entwurfs für den allgemeinen Haftungsgrundsatz gehalten hatten, der auf die Fälle der Nichterfüllung oder der nicht gehörigen Erfüllung anzuwenden ist, ist vor allem aus der Begründung zur Ablehnung der Aufnahme des § 231 der Vorlage ins Sächs. BGB, der eine allgemeine Haftung für *dolus* und *culpa* im Besonderen Schuldrecht (beim Kauf) regelt, zu entnehmen.
Die in § 231 der Vorlage von Siebenhaar aufgestellten Verpflichtungen hielt die Kommission bereits von § 747 des Rev. Entwurfs erfasst[57], der zum „Teil des Allgemeinen Schuldrechts" gehört. Daher wurde schließlich der § 231 der Vorlage nicht ins Sächs. BGB aufgenommen.
Somit ist die Ansicht, dass das Sächs. BGB die Regelungslücke über die Haftung des Schuldners für die Fälle der Schlechterfüllung im obligatorischen Verhältnis bereits enthält und damit den Ursprung der Regelungslücke in den Fällen der heutigen positiven Vertragsverletzung bildet, nicht haltbar[58], da sie die Systematik und den Willen des Gesetzgebers des Sächs. BGB nicht beachtet.
Tatsächlich hielten die Untersuchungen bislang überwiegend den § 747 Rev. Entwurf (=§ 728 Sächs. BGB) bei Eingehung auf das Haftungssystem für Verschulden entweder nur am Rande oder gar nicht für einschlägig. Einige Ansichten stellten die Unmöglichkeit (in den §§ 721 ff. des Sächs. BGB) in den Vordergrund[59], indem sie davon ausgingen, entweder dass die Fälle der nicht gehörigen Erfüllung (Schlechterfüllung) unter der teilweisen Unmöglichkeit einzuordnen sind und sie mit den Regelungen über die Unmöglichkeit erfasst werden können[60], oder dass zwar das Sächs. BGB die Regelungslücke für die Fälle der Nichterfüllung oder der nicht gehörigen Erfüllung enthält, aber solche Fälle mit allgemeinen Deliktsklauseln erfasst werden könnten. Letztere Ansicht lässt aber grundsätzlich die Möglichkeit der Konkurrenz von Klagen aus Delikt und Vertrag.
Wenn man den § 747 des Rev. Entwurfs (= § 728 des Sächs. BGB) nur als eine Definition des Verschuldens ansieht, nicht als allgemeine Klausel über die Haftung für die Verschuldung im obligatorischen Verhältnis, wird die Bedeutung

---

57 Hierzu vgl. Ahcin, Entstehung des Sächs. BGB, S. 299, insbes. Fn. 207/208.

58 Ebenso Harting, pVv, S. 160.

59 Freudling, Schadensersatzansprüche, S. 91; Harting, pVv, S. 160; Kotulla, pFv, S. 372; Wollschläger, Unmöglichkeitslehre, S. 177. Würthwein behandelt den § 728 als eine der Haftungsregeln, geht aber auf die Frage der Konkurrenz von Klagen aus Vertrag und Delikt nicht ein, obwohl sie § 116 als Anspruchsgrundlage ansieht (Würthwein, Schadensersatzpflicht, S. 252).

60 Freudling, Schadensersatzansprüche, S. 91.

des § 747 des Rev. Entwurfs in anderen Aspekten in Frage stellen, z. B. wie er sich zu den Vorschriften über die Unmöglichkeit und den Verzug verhält.
Statt dessen kann der § 747 des Rev. Entwurfs tatsächlich als eine allgemeine Klausel über die Culpa-Haftung des Schuldners für die Verschuldung angesehen werden, mit welcher die außerhalb Unmöglichkeit und Verzug stehenden Fälle abgedeckt werden können, zu denen hauptsächlich die Fälle der nicht gehörigen Erfüllung und der Nebenpflichtverletzungen gehören.
Die Definition des Verschuldensbegriffs, der dem Sächs. BGB zugrunde liegt, befindet sich in den §§ 121, 122[61].
§ 121 (=§ 124 Rev. Entwurf) lautet folgendermaßen:
„Die Verschuldung beruht auf Absicht, wenn die rechtsverletzende Handlung im Bewußtsein des Unrechts vorgenommen wird, auf Fahrlässigkeit, wenn die Handlung ihren Grund in Leichtsinn, Unwissenheit oder Trägheit hat. Fahrlässigkeit ist nicht anzunehmen, wenn die Möglichkeit einer Rechtsverletzung so fern liegt, daß sie selbst von einem ordentlichen, aufmerksamen Hausvater nicht würde berücksichtigt worden sein."

Nach den Motiven zu § 124 Rev. Entwurf (= § 121 Sächs. BGB) soll das Wort „Absicht" den *dolus* und das Wort „Fahrlässigkeit" die *culpa* ausdrücken[62], wobei „ordentlicher, aufmerksamer Hausvater" im Schlusssatz mit *„diligens paterfamilias"* im technischen Sinne gleichzustellen ist[63].
Die Verschuldung des § 121 Sächs. BGB enthält zwei Arten, *dolus* und *culpa*. Die *culpa* in § 121 wird wiederum durch den § 122 (= § 125 Rev. Entwurf) konkretisiert. § 122 lautet:
„Geringe Fahrlässigkeit besteht in der Unterlassung der Sorgfalt, welche ein ordentlicher, aufmerksamer Hausvater anzuwenden pflegt, grobe Fahrlässigkeit in der Unterlassung der Sorgfalt, welche gewöhnlich auch ein minder ordentlicher und aufmerksamer Mensch beobachtet."

Der § 122 kennt zwei Grade der Fahrlässigkeit, die grobe (*„homo frugi et diligens oder idoneus"*) und geringe (*„bonus oder diligens pater familias"*)[64].
Nach den Motiven zu § 125 Rev. Entwurf (= § 122 Sächs. BGB) sind die allgemeinen Grundsätze über die Haftung für Verschuldung bei Obligationen in den

[61] Die Formulierung der §§ 121, 122 des Sächs. BGB ist die unveränderte Übernahme der §§ 124, 125 des Rev. Entwurfs.
[62] Motive, S. 608.
[63] Motive, S. 609.
[64] Motive, S. 609. Geringe Fahrlässigkeit ist mit der *culpa levis* gleichbedeutend (hierzu s. Grützmann, Lehrbuch, Bd. I, § 31, S. 108, Fn. 8).

§§ 747 bis 749 (= §§ 728-730 Sächs. BGB) aufgestellt[65]. Hiermit ist sowohl die Ansicht auszuschließen, dass die §§ 728-730 des Sächs. BGB gar nicht in Verbindung mit der Definition der Verschuldung stehen, wie auch die Ansicht, dass diese Vorschriften nicht als die Klauseln über die allgemeine Culpa-Haftung für die Verschuldung im obligatorischen Verhältnis anzusehen seien, weil der Gesetzgeber selbst zur Haftung des Schuldners im bestehenden Obligationsverhältnis auf die §§ 728 ff. verweist. Die Ansicht, die § 721 als Ausgangspunkt für die Haftung im bestehenden Obligationsverhältnis auffasst, kann daher nicht so weit gehen, in §§ 728 ff. die allgemeinen Klauseln für die Culpa-Haftung zu sehen.

Die Vorstellung, welche der Gesetzgeber über die allgemeine Culpa-Haftung für Verschuldung mit den §§ 728 ff. verband, ist besonders anhand der Motive zu §§ 747 bis 749 (= §§ 728 – 730 des Sächs. BGB) nachzuweisen.

Die Motive zu §§ 747 bis 749 lauten:

„Angehend die §§ 747 bis 749, so enthalten sie die allgemeinen Vorschriften über die *praestatio culpae*."[66]

Die §§ 728-730, die im wesentlichen der späteren Pandektenlehre entsprechen, enthalten die allgemeine Regel über die Verantwortlichkeit des Schuldners für die *culpa* im weiteren Sinne[67]. Während der § 730 sich auf die Haftung für die *culpa in concreto* bezieht[68], regelt der § 728 eindeutig die Haftung des Schuldners für die Verschuldung: „Die Betheiligten bei einer Forderung haften in ihren gegenseitigen Beziehungen zu einander für absichtliche Verschuldung und für grobe und geringe Fahrlässigkeit. Hat jedoch einer von ihnen nach der Natur des Verhältnisses keinen Vortheil von demselben, so haftet er blos für absichtliche Verschuldung und für grobe Fahrlässigkeit." (§ 728 des Sächs. BGB)

Der Grad der Haftung des Schuldners für die Verschuldung variiert, je nachdem, ob der Schuldner einen eigenen Vorteil aus dem Obligationsverhältnis hat oder nicht („Nützlichkeits- oder Interesseprinzip").

Der erste Satz des § 728 enthält die Regel, die auf alle Verträge anzuwenden ist, wonach der Schuldner grundsätzlich für die Verschuldung, also für Absicht und

---

65 Motive, S. 609. Übereinstimmend, Siebenhaar-Siegmann, Commentar, Bd. I, S. 151; Siebenhaar-Pöschemann, Commentar, Bd. II, S. 48, wo §§ 121, 122 als Vorschriften über die Begriffe der Verschuldung angesehen werden.

66 Motive, S. 750-751; Grützmann, Lehrbuch, Bd. I, § 32, S. 112, insbes. Fn. 19; Siebenhaar-Siegmann, Commentar, Bd. I, § 125, S. 151.

67 Siebenhaar-Pöschmann, Commentar, Bd. II, § 728, S. 48/67.

68 § 730 des Sächs. BGB: „Wer nach besonderer Vorschrift der Gesetze nur den Fleiß zu beobachten hat, welchen er in seinen eigenen Angelegenheiten anzuwenden pflegt, ist zwar für geringe Fahrlässigkeit nur mit der aus dieser Vorschrift hervorgehenden Einschränkung verantwortlich, kann sich aber gegen den Vorwurf grober Fahrlässigkeit nicht damit schützen, daß er in eigenen Angelegenheiten nicht anders zu handeln pflegt."

grobe und geringe Fahrlässigkeit einzustehen hat. Dementsprechend verweisen die einzelnen Verträge ohne weiteres auf den § 728. Als Beispiel dafür ist der Kauf zu nennen. Der § 1088 regelt die Haftung des Verkäufer und des Käufers für die Verschuldung und verweist einfach auf den § 728: „Der Verkäufer und der Käufer haften für Verschuldung nach § 728."
Diese Verweisung besteht auch bei Gebrauchsleihe (§ 1177), bei Pacht- oder Mietvertrag (§ 1193), beim Dienstvertrag (§ 1236), beim Hinterlegungsvertrag (§ 1266), beim Auftrag (§ 1302), bei der Geschäftsführung ohne Auftrag (§ 1347) und beim Gesellschaftsvertrag (§ 1371)[69].

Der zweite Satz des § 728 bildet die Ausnahme zum ersten Satz des § 728[70]. Hierher gehören Schenkung auf Seiten des Schenkers (§§ 1049 f.), unverzinsliches Darlehen auf Seiten des Darleihers (§§ 1067 f.), Depositum auf Seiten des Depositars (§§ 1260 f.)[71]. Eine Ausnahme vom zweiten Satz des § 728 bildet der § 729[72], wonach für geringe Fahrlässigkeit in bestimmten Fällen auch verantwortlich ist, wer keinen Vorteil hat.

Neben §§ 728-730 unter dem Titel „Einfluss der Verschuldung" enthält das Sächs. BGB die Vorschriften über die Unmöglichkeit (§§ 721-727) und die Vorschriften über den Verzug (§§ 733-755) unter einem eigenen Titel „Verzug".
Wenn man von der These ausgeht, dass die §§ 728-730 eine allgemeine Regelung für die Culpa-Haftung darstellen, dann stellt sich die Frage nach dem Verhältnis der allgemeinen Haftungsregel (§§ 728-730) zu den Vorschriften über die Unmöglichkeit (§§ 721-727). Es ist daher erforderlich, dieses Verhältnis zu erhellen, um die Bedeutung der §§ 728-730 zu klären und dann auf die Frage einzugehen, für welche Fälle die §§ 728-730 eine eigene Rolle spielen.
In diesem Zusammenhang ist zunächst auf §§ 685 ff. und §§ 761 ff. hinzuweisen. In den §§ 761 ff. spiegelt sich das Prinzip der Realerfüllung wider, während §§ 685 ff. den Schadensersatz regelt, der eine Ausnahme vom Prinzip der Realerfüllung bildet. Grundsätzlich liegt dem Sächs. BGB das Prinzip der Realerfüllung zugrunde.
§ 761: „Die Klage auf Erfüllung einer Forderung geht auf den eigentlichen Gegenstand der Forderung, selbst wenn diese auf eine persönliche, in einem Thun bestehende Leistung gerichtet ist. Auf Schadensersatz kann nur unter den Voraussetzungen geklagt werden, welche einen Anspruch darauf besonders begründen."

69 Zu näherem vgl. Sachregister des Sächs. BGB, S. 81.
70 Siebenhaar-Pöschmann, Commentar, Bd. II, § 728, S. 48.
71 Diese Ausnahme gilt auch für §§ 1157 f. und §§ 1173 f. des Sächs. BGB.
72 § 729 des Sächs. BGB: „Derjenige, welcher keinen Vortheil hat, haftet für geringe Fahrlässigkeit, wenn er sich zu einem Geschäfte aufgedrängt oder unaufgefordert angeboten hat, ingleichen wenn er fremde Geschäfte besorgt."

Wie oben geschildert, regelt der zweite Satz des § 761 eine Ausnahme vom Prinzip der Realerfüllung, wenn das Gesetz ausdrücklich die Klage auf Schadensersatz gestattet. Das Sächs. BGB regelt ausdrücklich, dass die Klage auf Schadensersatz statt auf die Realerfüllung nicht von dem bloßen Begehren des Gläubigers abhängt[73], sondern nur dann stattfindet, wenn das Gesetz ausdrücklich die Klage auf Schadensersatz gestattet.
Die Klage auf Schadensersatz gewährt das Sächs. BGB in §§ 685 ff. Insbesondere enthält § 686 die Fälle, in denen das Interesse an die Stelle des ursprünglichen Gegenstandes einer Forderung tritt.
§ 686: „Tritt in Folge einer Verschuldung des Verpflichteten oder aus anderen Gründen der Werth an die Stelle des ursprünglichen Gegenstandes einer Forderung, so ist der Werth, welchen die Leistung für den Berechtigten hat, bei Sachen der außerordentliche Werth derselben, nach Ort und Zeit der Leistung des ursprünglichen Gegenstandes zu gewähren, ausgenommen wenn aus besonderen Gründen andere Ansprüche bestehen."

Nach Pöschmann[74] und Siebenhaar[75] gehören zur „Folge einer Verschuldung des Verpflichteten" im Sinne des ersten Satzes des § 686 die Unmöglichkeit, die in den §§ 721 f. geregelt ist, und der Verzug nach den §§ 740 und 750. Danach hat der Schuldner dann für den außerordentlichen Sachwert einzustehen, wenn die Erfüllung der versprochenen Leistung durch Verschuldung des Schuldners oder nach Eintritt des Verzuges unmöglich geworden oder untergegangen ist[76].
Die Regelungen über die Unmöglichkeit im Sächs. BGB sind daher maßgebend dafür, ob die Klage auf Schadensersatz neben der Klage auf Realerfüllung besteht oder der Gläubiger zwischen beiden wählen kann[77].
Für die übrigen Fälle regelt das Sächs. BGB den Schadensersatz in Geld in § 687.
§ 687: „Geht eine Forderung ihrer Entstehung nach oder in Folge späterer Ereignisse auf Schadensersatz, ... Zunächst hat der Verpflichtete Dasjenige, was dem Verletzten unmittelbar oder mittelbar entzogen, zerstört oder verschlechtert worden ist, in Natur wieder zu verschaffen, oder wieder herzustellen. Soweit dies nicht möglich ist und überall, wo eine weitergehende Forderung stattfindet, ist der Schadensersatz in Gelde zu leisten."

Die Regelung des § 687 geht auf den Gedanken der *„perpetuatio obligationis*" zurück, wonach die Verbindlichkeit fortbesteht, wenn der Schuldner die Er-

[73] Rütten, Zur Entstehung des Erfüllungszwangs, S. 955.
[74] Siebenhaar-Pöschmann, Commentar, Bd. II, § 761, S. 67.
[75] Siebenhaar, Privatrecht, § 280, S. 464.
[76] Siebenhaar, Privatrecht, § 280, S. 464 c).
[77] Siebenhaar-Pöschemann, Commentar, Bd. II, § 761, S. 67.

füllung der Leistung durch Verschuldung unmöglich gemacht hat. In diesem Fall kann der Gläubiger weiterhin die Erfüllung der Leistung neben Schadensersatz wegen Verzuges fordern. Diese Vorschrift gilt besonders für den Gattungskauf.

Den §§ 722-727 maß Siebenhaar größere Bedeutung zu, da er sie nur als die hauptsächlichsten der logisch zu construirenden Fälle (=der Unmöglichkeit) ansah[78]. Dementsprechend merkte er zu den §§ 722 ff. nichts an, sondern gab nur den Gesetzestext über die Fälle der Unmöglichkeit wörtlich in einer Fußnote[79] wieder, nachdem er die Funktion der Unmöglichkeit in der Bemerkung zu § 721 betont hatte.

Die Regelungen des Sächs. BGB folgen im Hinblick auf Eigenschaft und Funktion von Unmöglichkeit und Verzug ganz der Pandektenlehre. Außer der Vorschriften über die Sondertatbestände enthält es eine allgemeine Klausel über die vertragliche Haftung für Verschuldung in den §§ 728-730.

Für die Fälle außerhalb von Unmöglichkeit und Verzug sind die §§ 728-730 von Bedeutung. Es fragt sich nun, welche Fälle das sind.

Das Sächs. BGB regelt die Erbringung der Leistung unter dem Titel „Erfüllung der Verträge" (§§ 858-865).

§ 858: „Die Erfüllung eines Vertrages hat Dasjenige zu umfassen, was nach der besonderen Verabredung der Betheiligten, nach den gesetzlichen Vorschriften über den in Frage stehenden Vertrag und überhaupt nach Treu und Glauben und nach der Handlungsweise eines redlichen Mannes zu leisten ist."

Folgend in den §§ 859 ff. enthält das Sächs. BGB das Prinzip des Synallagma für gegenseitige Verträge.

§ 859: „Wer bei einem gegenseitigen Vertrage von dem Anderen Erfüllung des Vertrages fordert, muß auch seinerseits erfüllt haben oder zur Erfüllung bereit sein, ausgenommen wenn das Vorausgehen der Erfüllung des Anderen verabredet ist, oder in der Natur des Geschäftes liegt."

Nach dem § 859 muss der Gläubiger erfüllt haben oder zur Erfüllung bereit sein, wenn er die Erfüllung der Leistung vom Gegner verlangen will. Dem Gedanken des § 859 folgend regelt der § 861 die Beweislast[80], wonach von dem Kläger zu

---

[78] Siebenhaar, Privatrecht, § 285, S. 474, Fn. 4.

[79] Siebenhaar, Privatrecht, § 285, S. 474-475, insbes. Fn. 4.

[80] § 861: „Die Erfüllung eines Vertrages ist von Demjenigen zu beweisen, welcher behauptet, daß er den Vertrag erfüllt habe." § 860 regelt die *exceptio non adimpleti contractus* („Kann die Erfüllung eines gegenseitigen Vertrages nur gefordert werden, wenn Derjenige, welcher die Erfüllung verlangt, auch seinerseits erfüllt hat oder zur Erfüllung bereit ist, so braucht der Kläger sich in der Klage nicht darauf zu beziehen, daß er erfüllt habe oder zur Erfüllung bereit sei. Er kann abwarten, daß der Beklagte eine hierauf gerichtete Einrede entgegensetzt."

beweisen ist, dass er die Leistung erbracht hat oder zur Erbringung bereit gewesen ist. Anwendung findet § 859 nur in dem Fall, dass der Beklagte mit der Einrede des nicht erfüllten Vertrages der Erfüllungsklage des Klägers gegentritt. Hierbei kommt nur der Sachverhalt in Betracht, dass der Kläger die Leistung überhaupt nicht erbracht hat. Den §§ 859-862 gegenüber regelt das Sächs. BGB die Einrede des nicht gehörig erfüllten Vertrages in § 863.
§ 863: „Wer im Falle einer Leistung einzelner Sachen oder einer Gesammtsache behauptet, daß die Leistung mangelhaft oder unvollständig geschehen sei, hat den Beweis seiner Behauptung zu führen, wenn er vor oder bei der Leistung die Beschaffenheit des Vertragsgegenstandes untersuchen konnte und keinen Vorbehalt wegen Mangelhaftigkeit oder Unvollständigkeit gemacht hat. Im entgegengesetzten Falle trifft den Gegner die Beweislast."

In dieser Regelung spiegeln sich Grundgedanken der späteren Pandektenlehre und des ROHG wider.
Nach § 863 obliegt die Beweislast nur dann dem Beklagten, wenn er vor und bei der Leistung die Beschaffenheit der gelieferten Sache untersuchen kann und dann die Leistung als Erfüllung ohne Vorbehalt wegen Mangelhaftigkeit annimmt[81]. Sonst trägt der Kläger die Beweislast, dass er die Leistung gehörig und vertragsgemäß erbracht hat.
Wie der unterschiedliche Ort der Regelung der Beweislast für die *exceptio non adimpleti contractus* und *die exceptio non rite adimpleti contractus* in § 861 und § 863 zeigt[82], wollten die Gesetzgeber des Sächs. BGB die Sachverhalte der beiden *exceptiones*, also der Nichterfüllung und der nicht gehörigen Erfüllung, voneinander trennen.
Für die Frage, ob der Schuldner die Leistung gehörig erbracht hat, ist § 858 von entscheidender Bedeutung. Für den Fall, in dem das Gericht anläßlich der Einrede des Beklagten festgestellt hat, dass der Kläger die Verpflichtung nicht gehörig erfüllt hat, können die §§ 728-730 als Haftungsregelung für die Verschuldung des Schuldners wegen der nicht gehörigen Erfüllung anwendbar sein.
Dass die Existenz der Fälle der nicht gehörigen Erfüllung dem Gesetzgeber des Sächs. BGB bekannt war, ist unmittelbar mit den Vorschriften über die Conven-

---

[81] Die Gerichte legten die Voraussetzungen für die Überwälzung der Beweislast auf den Beklagten bei der Behandlung der Einrede des nicht gehörig erfüllten Vertrages sehr eng aus: „Die Beweislast hinsichtlich der Vertragmäßigkeit der Lieferung trifft regelmäßig den Verkäufer; der Käufer hat nur dann den Beweis zu übernehmen, wenn er durch den Empfang oder auf andere Weise, somit ausdrücklich oder thatsächlich, die Contractsmäißgkeit der gelieferten Waare gebilligt hat. Namentlich wird an der Beweislast des Verkäufers dadurch nichts geändert, daß der Käufer wegen des schon bezahlten Kaufgelds die Rolle des Klägers übernehmen muß." (Seufferts Archiv, Bd. 27 (1873), Nr. 217, S. 350). Vgl. auch ROHG Bd. 6 (1872), Nr. 62, S. 272).
[82] Vgl. Register des Sächs. BGB, S. 12 (Beweislast) und S. 29 (Exceptio).

tionalstrafe nachzuweisen. Die §§ 1428 ff. regeln die Conventionalstrafe für den Fall, dass der Vertrag nicht erfüllt oder eine sonstige Leistung nicht bewirkt wird.
§ 1428: „Verspricht Jemand eine Strafe, Buße, Conventionalstrafe, für den Fall, daß ein Vertrag nicht erfüllt oder eine sonstige Leistung nicht bewirkt wird, so hat, wenn die Strafe verwirkt ist, Derjenige, welchem das Versprechen gegeben worden ist, gleichviel ob die Strafe ihm oder einem Dritten zufallen soll, die Wahl, ob er Erfüllung des Vertrages oder die sonstige Leistung und Ersatz der durch die Nichterfüllung etwa entstandenen Schäden, oder ob er die Strafe verlangen will. Es gelten dabei die Vorschriften in § 700."

In Bezug auf das Verhältnis der ursprünglichen Leistung zur Conventionalstrafe gewährt das Sächs. BGB dem Gläubiger grundsätzlich die Wahl, ob der Gläubiger an der Erfüllung des Vertrages festhalten will, wobei auch Schadensersatz wegen Verzuges gestattet ist, oder ob er die Strafe verlangen will. Diese Regelung folgt der Lehre Savignys und der späteren Pandektenlehre.
Somit bestätigt sich, dass das Sächs. BGB grundsätzlich zwischen Nichterfüllung und nicht gehöriger Erfüllung getrennt hat. Dies zeigt auch § 1432.
§ 1432: „Die Strafe ist, wenn die Verpflichtung, wegen welcher sie versprochen wurde, dahin geht, daß Etwas unterlassen werden soll, mit der Zuwiderhandlung verwirkt. Besteht die Verpflichtung in einem Thun, so ist, vorbehältlich der Bestimmung in § 865, die Strafe verwirkt, wenn der Verpflichtete in Verzug kommt. Es ist gleich, *ob gar nicht, oder nicht gehörig erfüllt wurde.*"[83]

Hiermit wird bestätigt, dass das Sächs. BGB die Nichterfüllung („gar nicht erfüllt") und die nichtgehörige Erfüllung („erfüllt, aber nicht gehörig") als Sachverhalt der Haftungsbegründung im Rahmen der bestehenden Obligationen ausdrücklich trennt und §§ 728 f. als allgemeine Regelung für die Haftung des Schuldners für die Verschuldung bei der nicht gehörigen Erfüllung entscheidend sind.
Der Lehre und dem Willen des Gesetzgebers entsprechend entschied das ROHG über die nicht vertragsmäßige Beschaffenheit der gelieferten Ware[84]:
Mittels Briefes vom 25. Feb. 1871 offerieren die (in Dresden wohnhaften) Beklagten dem (in Wittenberge wohnhaften) Kläger 100 Zentner „schöne Rinderhaare, lauter gute lange Winterhaare" zu dem Preis von $2^{5/6}$ Thlr. per Zentner, franco zum Bahnhof Berlin zu liefern, und diese Offerte ist vom Kläger durch Brief vom 26. Feb. 1871 akzeptiert worden, worauf die Beklagten dem Kläger durch Brief vom 4. März 1871 die geschehene Absendung der Waare für ihn an den Empfänger in Berlin angezeigten und ihm eine Rechnung über 307 Thlr. 18

---

83 Hervorhebung vom Verfasser.
84 ROHG 6 (1872), Nr. 62, S. 267- 272.

Rgr. zuschickten. Der Kläger sandte in einem Brief an die Beklagten, ihrer Aufforderung zur umgehenden Zahlung des Kaufpreises entsprechend, die 307 Thlr. 18 Rgr., welche das Geld spätestens am 10. März 1871 erhielten.
Der Kläger verlangt nun Rückzahlung des gezahlten Kaufpreises, Verzugszinsen in Höhe von 6 Prozent seit dem 11. März 1871 und zugleich Lieferung von 100 Zentnern Rinderhaare von der vereinbarten Qualität und zu dem bedungenen Preis, indem er die Empfangnahme der ihm von den Beklagten als Gegenstand der Erfüllung des Kaufvertrages angebotenen Rinderhaare wegen nicht vertragsgemäßer Beschaffenheit ablehnte, nachdem er sich nach Berlin begeben und dieselben dort am 10. März 1871 geprüft hatte.
Nach der Entscheidung des ROHG reicht die Vertragsklage zur Begründung des Anspruches sowohl auf die Rückzahlung des Kaufpreises nebst Zinsen als auch auf die Lieferung anderer, vertragsmäßiger Ware vollkommen aus. Aus diesem Grund verurteilt das Gericht dem Begehren des Klägers entsprechend die Beklagten. Damit haften die Beklagten als Verkäufer dem Kläger (=dem Käufer) für jede Fahrlässigkeit, wobei sich das Gericht auf § 1088 berief, der auf § 728 verweist.
In Bezug auf die Beweislast bei der nicht gehörigen Erfüllung verwies das Gericht auf §§ 861 und 863: „... nach §§ 861 und 863 des B.G.B.s haben die Beklagten die vom Kläger bestrittene gehörige Erfüllung des Vertrages von ihrer Seite darzuthun, mithin zu beweisen ...“[85]
Aus dieser Entscheidung ergibt sich, dass das Gericht eindeutig den § 728 als allgemeine Norm für die Haftung des Schuldners für Verschuldung auf den Fall der nicht vertragsmäßigen oder gehörigen Erfüllung angewendet hatte[86].

Ohne hier die Frage erörtern zu wollen, ob das Sächs. BGB in § 116 einen allgemeinen Haftungstatbestand aufweist[87], der die vertragliche und die deliktische Haftung umfasst[88], lässt sich wenigstens feststellen, dass das Sächs. BGB zumindest eine allgemeine Haftungsklausel für die Verschuldung (Culpa im weiteren Sinne) bei der nicht gehörigen Erfüllung in §§ 728 f. enthält.
Die Auffassungen, die die Klagekonkurrenz zwischen Vertrag- und Deliktsklagen nicht berücksichtigen[89], obwohl sie die §§ 728, 729 als Regelung der Haf-

---

85 ROHG 6 (1872), Nr. 62, S. 272.

86 Bei der Beratung zu Artt. 227 ff. des Dresdner-Entwurfs hielt die Kommission § 728 des Sächs. BGB für eine „allgemeine Haftungsregel wegen culpa levis“ (Dresd.-Prot., S. 2633 f./4132 f.).

87 § 116: „Wer durch Handlungen, seien es Begehungen oder Unterlassungen, die Rechte eines Andern verletzt, ist, wenn ihm eine Verschuldung zur Last fällt, dafür einzustehen verbunden.“

88 Hierzu vgl. Harting, pVv, S. 160; Würthwein, Schadensersatzpflicht, S. 252.

89 Vgl. Harting, pVv, S. 160; Kotulla, pFv, S. 372; Würthwein, Schadensersatzpflicht, S. 252.

tung des Schuldners für die Vertragsverletzungen erkennen[90], beziehungsweise die Meinungen, dass das Sächs. BGB den Ursprung der Regelungslücke für die Fälle der positiven Vertragsverletzung bildet[91], wobei die §§ 728 f. entweder nur am Rande oder gar nicht behandelt oder die Fälle der positiven Vertragsverletzung bloß als ein Fall der teilweisen Unmöglichkeit angesehen werden[92], berücksichtigen nicht die Gerichtspraxis und sind allein deshalb schon bedenklich. Zugleich ist weiterhin festzustellen, dass die §§ 728, 729 als Grundregel der Haftung für die Verschuldung im Obligationenrecht in den Vordergrund der Problematik der Obligationsverletzung gestellt werden sollten[93] und die Vorschriften über die Unmöglichkeit und die nach Eintritt des Verzuges eingetretene Unmöglichkeit als Fälle der Nichterfüllung („überhaupt nicht erfüllt") betrachtet werden müssen, welche für das Gesetz eine eigenständige Funktion im Hinblick auf das Prinzip des Realerfüllungszwangs haben, wovon die Nichterfüllung sich aber deutlich im Zusammenhang mit dem Realerfüllungsprinzip gegenüber der nicht gehörigen Erfüllung („erfüllt, aber nicht vertragsmäßig") abhebt.

Für die Fälle der nicht gehörigen Erfüllung und der Nebenpflichtverletzungen, z. B. der Verletzung der Sorgfaltpflicht, sind §§ 728 f. maßgebend.

Das Sächs. BGB regelt die Obligationsverletzung einschließlich der Fälle der positiven Vertragsverletzung lückenlos.

90 Würthwein, Schadensersatzpflicht, S. 252.

91 Harting, pVv, S. 160; Kotulla, pFv, S. 372.

92 Freudling, Schadensersatzansprüche, S. 91.

93 Dagegen Würthwein, Schadensersatzpflicht, S. 251.

§ 8. Der Entwurf eines für die deutschen Bundesstaaten gemeinsamen Gesetzes über Schuldverhältnisse

Die Kommission für ein Gesetz über das Obligationenrecht wurde am 13.11. 1862 von der Bundesversammlung eingesetzt und zugleich damit beauftragt, einen Entwurf eines für die deutschen Bundesstaaten gemeinsamen Gesetzes über das Obligationenrecht auszuarbeiten[1].
Als Folge dieses Beschlusses der Bundesversammlung fanden sich alle Kommissionsmitglieder am 07.01.1863 in Dresden zusammen[2]. In der ersten Sitzung einigte die Kommission sich darauf, einen vorbereitenden Ausschuss zu bilden, der die eigentlichen Aufgaben und den Plan für die Beratung erarbeiten sollte. Dieser Ausschuss bestand aus Vertretern aus Bayern, Hessen-Darmstadt und Sachsen. Dies hatte den Grund, dass diese drei Staaten mit der Erarbeitung von Zivilgesetzbüchern vorangegangen waren und die Entwürfe derselben die eingehendste Berücksichtigung in der gegenwärtigen Kommission verdienten[3].
In der zweiten Sitzung wurde von der Kommission beschlossen, den Bay. Entwurf unter steter Mitberücksichtigung des Hess. Entwurfs und des Sächs. BGB den weiteren Beratungen als „Leitfaden" dienen zu lassen[4].
Der vorbereitende Ausschuss, zu dessen Referenten der Sächsischer Vertreter Siebenhaar gewählt wurde, sollte die einzelnen Artikel formulieren und der Kommission zur Beratung mitteilen.
Die Gesetzesmaterialen lassen die 6 Stufen der Ausarbeitung des Entwurfs erkennen:
-. Anlage B (zit. „Anl. B": Vorlage des vorbereitenden Ausschusses)
-. Anlage E (zit. „Anl. E": Vorlage des Redaktionsausschusses)
-. Anlage F (zit. „Anl. F": Redigirte Beschlüsse)[5]

---

1 Protocolle der Commission zur Ausarbeitung eines Allgemeinen Deutschen Obligationenrechts (zitiert „Dresd.-Prot."), Bd. I., S. 1.

2 Mitglieder waren Dr. F. v. Raule als Präsident der Kommission (von Seiten der K. K. Österreichischen Regierung), Appellationsgerichtsdirector v. Metz (von Seiten der K. Bayerischen Regierung), Geheimer Justizrath Dr. Siebenhaar (von Seiten der K. Sächsischen Regierung), Obergerichtsdirector Dr. Lueder (von Seiten der K. Hannoverschen Regierung), Oberjustizrath Dr. Kübel (von Seiten der K. Württembergischen Regierung), Geheimer Rath Dr. Müller (von Seiten der Großherzogl. Hessischen Regierung), Senator und Syndicus Dr. Gwinner (von Seiten der freien Stadt Frankfurt). Das Ehrenpräsidium hatte der Sächsische Justizminister Dr. v. Behr (Dresd.-Prot., Bd. I, S. 3; Dresdner-Entwurf, S. IV-V).

3 Dresd.-Prot., Bd. I., S. 3-4. In der ersten Sitzung versprach der Vertreter Hessens, dass er den Mitgliedern der Kommission den Hess. Entwurf mitteilen werde und überreichte zunächst ein Exemplar desselben dem Präsidium zur Berücksichtigung. In gleicher Weise stellte auch der Vertreter Bayerns die Mitteilung des Bay. Entwurfs in Aussicht (Dresd.-Prot., Bd. I, S. 4).

4 Dresd.-Prot., Bd. I, S. 5-6.

5 Der erste Teil (Art. 1- Art. 428) findet sich in Dresd.-Prot., Bd. III, der zweite (Artt. 428 ff.) in Dresd.-Prot., Bd. V.

-. Revidierter Entwurf 1864 (zit. „Rev. Entwurf")[6]
-. Entwurf 1865 nach den in erster Lesung festgestellten Beschlüssen (zit. „Entwurf von 1865")
-. Endgültiger Entwurf[7] 1866 nach zweiter Lesung (zit. „Dresdner-Entwurf")

Die gesamten Protokolle bestehen aus 6 Bänden[8] und der endgültige Entwurf enthält 1045 Artikel; Der Allgemeine Teil über das Schuldverhältnis enthält Vorschriften über Wesen und Arten, über Entstehung und Wirkungen der Schuldverhältnisse. Im Besonderen Teil werden die einzelnen Vertragsverhältnisse und Schuldverhältnisse aus ungerechtfertigter Bereicherung, aus Delikten usw. geregelt[9].

Die Untersuchungen, welche die Haftungsregeln für die Obligationsverletzung nach dem Dresdner-Entwurf zum Gegenstand haben, stellen grundsätzlich fest[10], dass er die Unmöglichkeit und den Verzug ausdrücklich regelt, aber nicht die Fälle der Schlechterfüllung. Sie gehen davon aus, dass dem Dresdner-Entwurf das Sächs. BGB im Rahmen der Leistungsstörungen zugrunde liege, da der Art. 276 („die Folgen der Nichterfüllung oder nicht gehörigen Erfüllung") des Entwurfs von 1865 erst in der zweiten Lesung nach der Vorlage des § 721 des Sächs. BGB umgestaltet wurde. Damit sei die Anwendung des Art. 276 des Dresdner Entwurfs auf den Fall der verschuldeten Unmöglichkeit beschränkt, weil die gesetzliche Regelungslücke über die Fälle der positiven Vertragsverletzung bereits im Sächs. BGB vorliege. Im vorstehenden Abschnitt über das Sächs. BGB wird deutlich nachgewiesen, dass das Sächs. BGB zwar die Fälle der positiven Vertragsverletzung nicht ausdrücklich erwähnt, aber eine Generalklausel über die Culpa-Haftung in §§ 728-730 enthält, womit die Fälle der nicht gehörigen Erfüllung erfasst werden können.

Für die Annäherung des Dresdner-Entwurfs an das Sächs. BGB spielte Siebenhaar als Referent des vorbereitenden Ausschusses eine entscheidende Rolle, indem der vorbereitende Entwurf durch ihn im Verlauf der Beratungen deutlich vom Bay. Entwurf abgegangen ist, den die Kommission als Leitfaden zur Auf-

6 Dresd.-Prot., Bd. III.
7 Dresd.-Prot., Bd. VI.
8 Bd. I (1863, Sitzung 1.-61., S. 1-852), Bd. II. (1864, Sitzung 63.-120., S. 853-1686), Bd. III (1864, Sitzung 121.-171., S. 1687-2481), Bd. IV. (1865, Sitzung 172.-232., S. 2483-3385), Bd. V. (1865, Sitzung 233.-259., S. 3387-3778), Bd. VI (1866, Sitzung 260.-324., S. 3779-4663).
9 Hierzu vgl. Coing/Dölemeyer, Das 19. Jahrhundert, S. 1566.
10 Freudling, Schadensersatzansprüche, S. 137-139; Harting, pVv, S. 161-165; Kotulla, pFv, S. 372-373.

stellung des Entwurfs übernommen hatte. Dadurch wurde der Dresdner-Entwurf dem Sächs. BGB nahegerückt[11].

I. Die Gleichstellung der „nicht gehörigen Erfüllung“ mit der Nichterfüllung

Der vom vorbereitenden Ausschuss aufgestellte Entwurf (Anl. B) sieht zur Regelung über die Rechtsfolgen der Nichterfüllung zwei Fälle im Art. 276 vor, nämlich Nichterfüllung oder nicht gehörige Erfüllung:
„Erfüllt der Schuldner die ihm obliegende Verbindlichkeit aus Verschuldung nicht oder nicht gehörig, so hat er dem Gläubiger deshalb Schadensersatz zu leisten.“ (Art. 276, Anl. B)[12]

Im Hinblick auf die Zweiteilung des Sachverhalts in die „Nichterfüllung“ und „die nicht gehörige Erfüllung“ entspricht der Ausgangspunkt des vorbereitenden Ausschusses sowohl der späteren Pandektenlehre als auch dem Hess. Entwurf und dem Bay. Entwurf.
Auch an der Überschrift „Von den Folgen der Nichterfüllung oder nicht gehörigen Erfüllung der Verbindlichkeit“, unter die die Artt. 276 ff. gestellt sind, ist noch erkennbar, dass der vorbereitende Ausschuss offenbar zwei Fälle vor Augen hatte, auf die der Art. 276 Anwendung finden soll. Der Art. 276 (Anl. B) wurde durch die Beratung der Kommission in der 53. Sitzung folgendermaßen geändert[13]:
„Erfüllt der Schuldner die ihm obliegende Verbindlichkeit aus Verschuldung nicht, so hat er, unbeschadet der Verbindlichkeit zur Erfüllung, dem Gläubiger deshalb Schadensersatz zu leisten.“ (Art. 256, Anl. F)

Diese Veränderung lässt erkennen, dass die Kommission offenbar auf die Einteilung der Fälle in „Nichterfüllung“ und in „nicht gehörige Erfüllung“ verzichtet, da die Wortgruppe „oder nicht gehörig“ gestrichen wurde. Bei der Beratung zu Art. 276 wurden nicht viele Worte über die Entscheidung, den Fall „nicht gehörig erfüllt“ zu streichen, zur Diskussion gebracht, indem die Kommission einfach dem Vorschlag des Referenten folgte[14], die Unterscheidung zwischen der Nichterfüllung und der nicht gehörigen Erfüllung der Verbindlichkeit fallen zu lassen. Hierbei ging die Kommission davon aus, sich auf die bei der Beratung der Art. 145 f. angenommenen Grundsätze verlassen zu können. Die Streichung galt auch für die Überschrift „Von den Folgen der Nichterfüllung oder nicht gehörigen Erfüllung der Verbindlichkeit“, wobei die Wortgruppe „oder nicht gehö-

[11] Coing/Dölemeyer, Das 19. Jahrhundert, S. 1565-1566.
[12] Dresd.-Prot. S. 869.
[13] Dresd.-Prot. S. 737.
[14] Dresd.-Prot. S. 854.

rigen Erfüllung“ gestrichen und dadurch die Überschrift zu „Von den Folgen der Nichterfüllung der Verbindlichkeit“ vereinfacht wurde.

1. Conventionalstrafe für die Nichterfüllung und die nicht gehörige Erfüllung

Um den Sachverhalt „Nichterfüllung“ ans Licht zu bringen, an den die Kommission die Regelung über die Folgen der Obligationsverletzung anknüpft, ist es unerlässlich, vorerst auf die Beratungen zu Art. 145 f. (Anl. B) einzugehen.
Die Art. 145 f. (Anl. B)[15] betreffen die Conventionalstrafe. Der vorbereitende Ausschuss regelt die Vertragsstrafe in zwei Fällen, nämlich in dem der Nichterfüllung und in dem der nicht gehörigen Erfüllung. Der Grund für die Zweiteilung liegt in der Verschiedenheit der Rechtsfolgen.
Der Art. 145 (=Art. 124 Dresdner-Entwurf) regelt den ersten Fall und der Art. 147 (=Art. 125 Dresdner-Entwurf) den letzten Fall:
Art. 145: „Wird von einem Vertragschließenden eine Strafe (Buße, Conventionalstrafe) für den Fall versprochen, daß er den Vertrag nicht erfüllen werde, so hat der Theil, welchem die Strafe versprochen worden ist, ohne Unterschied, ob die Strafe ihm oder einem Dritten zufallen soll, die Wahl, die Erfüllung des Vertrages und Ersatz des durch die Nichterfüllung etwa entstandenen Schadens oder die Strafe zu verlangen.“
Art. 147: „Ist die Strafe nur für den Fall versprochen, daß der Verpflichtete nicht gehörig, insbesondere nicht zur bestimmten Zeit oder nicht am bestimmten Orte leistet, so kann der Berechtigte die Leistung und die Strafe zugleich fordern. Nimmt er aber die Leistung ohne Vorbehalt der Strafforderung an, so verliert er die letztere.“

Wie der Referent Siebenhaar in der Beratung erwähnte[16], lässt die Verabredung einer Vertragsstrafe für den Fall der Nichterfüllung dem Berechtigten nur die Wahl, entweder die Erfüllung des Vertrages und Schadensersatz oder die Strafe zu verlangen, während der Gläubiger bei der nicht gehörigen Erfüllung aufgrund des Strafversprechens den Schadensersatz neben der Strafe zugleich verlangen kann.
Der Art. 145 regelt den Sachverhalt „überhaupt nicht erfüllt“, während der Art. 147 den Sachverhalt „erfüllt, aber nicht gehörig“ zum Gegenstand hat. Diese Zweiteilung des Sachverhalts bei der Conventionalstrafe entspricht der Pandektenlehre und den Regelungen des Hess. Entwurf und des Bay. Entwurfs[17].

---

[15] Zu den Vorschriften über die Vertragstrafe in Anl. B, vgl. Dresd.-Prot. S. 372-373.
[16] Dresd.-Prot. S. 354.
[17] Hierzu vgl. § 6 I 2 2), § 7 I 1 2) und § 7 I 2.

Aus den Vorschriften über die Vertragsstrafe bei Nichterfüllung und bei nicht gehöriger Erfüllung lässt sich feststellen, dass der vorbereitende Ausschuss ursprünglich die beiden Fälle von einander getrennt behandelte.
Im Verlauf der Beratung kam die Kommission zur Ansicht, dass die Fälle der nicht gehörigen Erfüllung im allgemeinen mit dem Art. 145 erfasst werden sollten, da sonst die Fassungen des Art. 145 und des Art. 147 bei ihrer Nebeneinanderstellung zu dem Missverständnis führen könnten, als ob die gesamten Fälle der nicht gehörigen Erfüllung unter den Art. 147 gestellt werden sollten. Dieser Auffassung der Kommission liegt die Vertragsfreiheit zugrunde, wonach die Vertragspartner selbst den Inhalt der Verabredung der Vertragsstrafe konkret bestimmen können. Bei der Beratung ging die Kommission grundsätzlich davon aus, dass die Anwendung des Art. 147 auf die Fälle beschränkt werden soll, in denen die Verabredung nach einer speziellen Richtung hin getroffen worden ist, etwa hinsichtlich einer bestimmten Zeit oder eines bestimmten Ortes der Leistungserbringung.
Nach der Debatte war sich die Kommission darüber einig, dass der Art. 145 davon handle, dass die Strafe allgemein für den Fall der Nichterfüllung versprochen worden ist, während es sich bei dem Art. 147 um den Fall handelt, dass die Strafe nur für die besonderen Fälle der nicht gehörigen Erfüllung versprochen worden ist. Bei der Entscheidung für die Zweiteilung der Vorschriften über die Vertragsstrafe sah die Kommission den Grund der Unterscheidung der Sachverhalte in der Verschiedenheit der Versprechen und der Rechtsfolgen[18].
Nunmehr beschloss die Kommission, dass die Anwendung des Art. 147 auf die Fälle der nicht gehörigen Erfüllung beschränkt sei, dass der Schuldner die Leistung zwar erbracht hat, aber nicht gehörig erbracht hat, und zwar entweder nicht zur bestimmten Zeit oder nicht am bestimmten Ort[19].
Diese Entscheidung bedeutet nicht, dass die Kommission die sonstigen Fälle der nicht gehörigen Erfüllung außer Acht ließ. Hierzu bemerkte ein Redner, „daß die Bestimmung des Art. 147, auf Grund deren der Berechtigte die Strafe und die Leistung zugleich fordern könne, auf die Fälle solle beschränkt werden, wenn der Verpflichtet nicht zur bestimmten Zeit oder nicht am bestimmten Orte leistet, die Fälle anderweiter nicht gehöriger Erfüllung aber nicht dem Art. 147 unterstellt, sondern dem Falle der Nichterfüllung gleich behandelt werden, ...“[20]
Daraus ergibt sich, dass die Kommission die Fälle der nicht gehörigen Erfüllung außerhalb der nicht rechtzeitig oder nicht am rechten Ort erfolgten Erfüllung bei der Beratung zur Vertragsstrafe mit der Nichterfüllung gleichstellt, indem die sonstigen Fälle der nicht gehörigen Erfüllung dem Art. 145 unterstellt wurden. Aufgrund dieses Gedankens ist der Art. 145 auch auf die Fälle der nicht gehö-

[18] Dresd.-Prot. S. 356. Hierbei findet sich ein Druckfehler, wo der Art. „147“ statt „145“ hätte angegeben sein müssen.
[19] Dresd.-Prot. S.356.
[20] Dresd.-Prot. S. 355.

rigen Erfüllung anwendbar, soweit die Vertragsstrafe nicht in einer bestimmten Richtung, nämlich hinsichtlich einer bestimmten Zeit oder eines bestimmten Ortes gegeben ist, sondern allgemein versprochen wird.
In diesem Sinne bildet der Art. 147 wegen der besonderen Richtung des Versprechens eine Ausnahme von dem Art. 145, unter dem alle sonstigen Fälle der nicht gehörigen Erfüllung zusammengestellt werden sollen.
Hieraus ist die Erkenntnis zu entnehmen, dass die Kommission die Fälle der nicht gehörigen Erfüllung mit den Fällen der Nichterfüllung gleichstellte, indem sie die Unterscheidung zwischen gehöriger und nicht gehöriger Erfüllung als nicht haltbar betrachtet, genauso wie man vom gehörigen und nicht gehörigen Erlöschen der Obligation nicht reden könne[21].

2. Die *exceptio non adimpleti contractus* und die *exceptio non rite adimpleti contractus*

Der Versuch zur Gleichstellung des Sachverhalts der nicht gehörigen Erfüllung mit dem der Nichterfüllung fand sich auch in der Beratung zu Art. 181 (Anl. B). Nach der Vorlage (Anl. B) sollten der Art. 178 die *exceptio non adimpleti contractus* und der Art. 181 die Beweislast bei der *exceptio non rite adimpleti contractus* behandeln:
Art. 178: „Klagt ein Theil aus einem zweiseitigen Vertrage auf Erfüllung, so muß er seinerseits schon erfüllt oder die ihm obliegende Leistung nach Maßgabe seiner Verpflichtung in der That angeboten haben, wenn nicht nach der Natur des Vertrages oder nach besonderer Vereinbarung die Erfüllung des anderen Theils vorausgehen muß.“[22]
Art. 181: „Wer im Falle einer Leistung einzelner Sachen oder einer Gesammtsache behauptet, daß die Leistung mangelhaft oder unvollständig geschehen sei, hat den Beweis seiner Behauptung zu führen, wenn er vor oder bei der Leistung die Beschaffenheit des Vertragsgegenstandes untersuchen konnte und keinen Vorbehalt wegen Mangelhaftigkeit oder Unvollständigkeit gemacht hat. Im entgegengesetzten Falle trifft den Gegner die Beweislast.“[23]

Nach der Bemerkung des Referenten zu Art. 181 stelle sich die *exceptio non rite adimpleti contractus* nur als eine Verneinung des Umstandes dar, dass der Schuldner seinerseits den Vertrag erfüllt habe. Nach Art. 181 soll das Einverständnis des Empfängers damit, dass die Leistung vertragsmäßig erfolgt sei, angenommen werden, wenn die Leistung des Schuldners ohne Vorbehalt der Mangelhaftigkeit oder der Unvollständigkeit als *solutio* (im Sinne eines Erlö-

[21] Dresd.-Prot. S. 766.
[22] Dresd.-Prot. S. 469. Dieser Art. 178 entspricht Art. 154 des Dresdner Entwurfes von 1866
[23] Dresd.-Prot. S. 470. Diese Vorschrift hatte § 863 des Sächs. BGB zum Vorbild.

schensgrunds der Obligation) angenommen wird[24]. Demnach wird bei vorbehaltloser Empfangnahme der Leistung des Schuldners vermutet, dass die Leistung „gehörig" erbracht wurde. Daher bildet die vorbehaltlose Empfangnahme ein entscheidendes Moment für die Verteilung der Beweislast zu Lasten des Empfängers.

Die Beweislast bei vorbehaltloser Empfangnahme liegt dem Empfänger nach dem Art. 181 ob, soweit er vor oder bei der Leistung die Beschaffenheit des Gegenstandes der Leistung untersuchen konnte und keinen Vorbehalt wegen Mangelhaftigkeit gemacht hat. Im Gegensatz zu der Pandektenlehre und der Praxis bestand kein Unterschied zwischen der *exceptio non adimpleti contractus* und *der exceptio non rite adimpleti contractus*[25].

Im Verlauf der Beratung kam es vor allem darauf an, ob der Empfänger die Leistung als Erfüllung vorbehaltlos angenommen hat oder nicht, wenn die *exceptio non rite adimpleti contractus* in Frage steht. Diese Sichtweise bezieht sich auf die Feststellung, dass die Obligation entweder erfüllt oder nicht erfüllt sein kann[26]. Die Leistung könne auch eine mangelhafte oder unvollständige sein, da die Leistung und die Erfüllung begrifflich ganz verschieden seien[27]. Auch wenn der Schuldner die Leistung erbracht hat oder dazu bereit ist, ist die Erbringung der Leistung des Schuldners insofern keine Erfüllung, soweit der Gläubiger sie nicht als Erfüllung der Obligation angenommen hat. Hierbei handelt es sich um die *exceptio non adimpleti contractus*, da es keine Erfüllung gibt. Im Gegensatz dazu greift die *exceptio non adimpleti contractus* nicht, wenn der Gläubiger die Leistung vorbehaltlos angenommen hat, auch wenn sie mangelhaft oder unvollständig ist. In diesem Fall ist keine Rede von der *exceptio non adimpleti contractus*[28], da die Obligation in diesem Moment als aufgehoben gilt[29], sondern es greifen vielmehr die Gewährleistungsrechte aus dem ädilizischen Edikte ein.

In der weiteren Beratung (53. Sitzung) berief sich die Kommission auf den in der 36. und 37. Sitzung gefassten Beschluss, der die Unterscheidung zwischen der Einrede des nicht und der Einrede des nicht gehörig erfüllten Vertrages be-

---

24 Dresd.-Prot. S. 466.

25 Aufgrund der Feststellung, dass kein Unterschied hinsichtlich der Beweislast zwischen beiden *exceptiones* bestehe, beschloss in der 37. Sitzung die Kommission als Art. 178 a nach Art. 178 einzuschalten: „Setzt bei einem zweiseitigen Vertrage eine Vertragschließender der Klage auf Erfüllung die Einrede der nicht geschehenen Erfüllung Seiten des Klägers entgegen, so hat Ersterer die Vereinbarung der Gegenleistung nach ihrer Art und Größe, deren Erfüllung oder gehörige Anerbietung aber der Kläger zu beweisen." (Dresd.-Prot. S. 472.). Diese Vorschrift bleibt ohne wesentliche Änderung über Art. 162 Anl. E im Art. 154 des endgültigen Entwurfs von 1866 erhalten.

26 Dresd.-Prot. S. 472.

27 Dresd.-Prot. S. 472.

28 Dresd.-Prot. S. 472-473.

29 Dresd.-Prot. S. 474.

seitigte, und stellte zugleich fest, dass die sog. *exceptio non rite adimpleti contractus* nicht existiere[30].

Aus allem Gesagten ist zu folgern, dass der Ausdruck „nicht erfüllt“ im Dresdner-Entwurf sowohl den Sachverhalt „überhaupt nicht erfüllt (Nichterfüllung)“, als auch den Sachverhalt „erfüllt, aber nicht gehörig oder vertragsmäßig“ (nicht gehörige Erfüllung) umfasst. Die Kommission war darüber einig, dass die Obligation nur entweder erfüllt oder nicht erfüllt sein kann, so wie die Obligation durch die Erfüllung erloschen sein kann oder nicht erloschen sein kann[31]. In diesem Sinne stellen die mangelhafte Leistung oder die schlechte Leistung keine Erfüllung dar[32].

II. Die Folgen der Nichterfüllung oder nicht gehörigen Erfüllung

Die Rechtsfolgen der Nichterfüllung regelt der Dresdner-Entwurf in den Artt. 273 ff. des Dritten Hauptstücks der Dritten Abteilung des Ersten Teils. Sie gründen sich auf Nichterfüllung, deren Rechtsfolgen im Allgemeinen (Art. 273-282) und in den Folgen des Verzuges (Art. 283-317) geregelt sind.
Die Art. 273-282 haben die Unmöglichkeit zum Gegenstand. Auf den ersten Blick sind dem Wortlaut nach die Unmöglichkeit und der Verzug als ausdrücklich geregelte Tatbestände der Haftung für die Nichterfüllung anzusehen. Hierauf wird später einzugehen sein.
Die ursprüngliche Form des Art. 273 ist der Art. 276 (Anl. B).
„Erfüllt der Schuldner die ihm obliegende Verbindlichkeit aus Verschuldung nicht oder nicht gehörig, so hat er dem Gläubiger deshalb Schadensersatz zu leisten.“ (Art. 276, Anl. B)[33].

Wie bereits geschildert, wurde der Art. 276 entsprechend dem Beschluss, die Worte „nicht gehörig“ in den Art. 145 und 147 (Anl. B) zu streichen, verändert[34], indem die Fälle der nicht gehörigen Erfüllung unter die Fälle der Nichterfüllung im weiteren Sinne gestellt wurden.
„Erfüllt der Schuldner die ihm obliegende Verbindlichkeit aus Verschuldung nicht, so hat er, unbeschadet der Verbindlichkeit zur Erfüllung, dem Gläubiger deshalb Schadensersatz zu leisten.“ (Art. 256, Anl. F)
Diese Form des Art. 256 in Anl. F blieb bis zum Art. 281 (Entwurf von 1865) unverändert. Der Art. 281 (Entwurf von 1865) wurde in der 287. Sitzung geän-

30 Dresd.-Prot. S. 740/746.
31 Dresd.-Prot. S. 766.
32 Dresd.-Prot. S. 4004.
33 Dresd.-Prot. S. 869.
34 Dresd.-Prot. S. 854-855. Vgl. auch Dresd.-Prot. S. 453-454/737.

dert, wo der Antrag gestellt wurde, dass der erste Satz des Art. 281 nach dem Vorbild des Sächs. BGB § 721 folgendermaßen gefasst werde:
„Wird die Erfüllung einer Verbindlichkeit durch Verschuldung des Schuldners ganz oder theilweise unmöglich gemacht, so besteht dessen Verbindlichkeit demungeachtet fort und der Gläubiger kann wegen des ihm durch die Nichterfüllung der Verbindlichkeit *unmittelbar oder mittelbar* zugegangenen Vermögensverlustes und entzogenen Gewinnes nach Art. 239 und 240 Schadensersatz verlangen."[35]
Der Antrag wurde von der Kommission angenommen und damit verwandelte sich der Haftungstatbestand im Art. 273 Satz 1 des Dresdner-Entwurfs nach dem Muster des Sächs. BGB[36].
Art. 273 Satz 1: „Wird die Erfüllung einer Verbindlichkeit durch Verschuldung des Schuldners ganz oder theilweise unmöglich gemacht, so besteht dessen Verbindlichkeit demungeachtet fort und der Gläubiger kann wegen des ihm durch die Nichterfüllung der Verbindlichkeit *unmittelbar und mittelbar* verursachten Vermögensverlustes und entzogenen Gewinnes nach Maßgabe der Vorschriften der Art. 223 und 224 Schadensersatz verlangen."

Durch die Veränderung der Formulierung im Art. 273 Satz 1 wurde die Unmöglichkeit in den Vordergrund des Haftungssystem für die Obligationsverletzung gestellt, da der Art. 273 nur die Unmöglichkeit als einzigen Haftungstatbestand erwähnt. Im Zusammenhang mit der allgemeinen Culpa-Haftung würde der Art. 273 einen entscheidenden Wendepunkt bezüglich des haftungsbegründenden Tatbestandes bedeuten, insbesondere wenn man nur den Wortlaut der Neufassung des Art. 273 ins Auge fasst, ohne das Verfahren der Beratung zu berücksichtigen[37]. Da aber die Veränderung der Formulierung keineswegs auf eine Meinungsänderung der Kommission zurückzuführen ist, ist die Neufassung des Art. 273 kein solcher Wendepunkt.
Die Feststellung, dass die Fälle der positiven Vertragsverletzungen erst nach der Neufassung des Art. 273 ungeregelt bleiben[38], ist auf den ersten Blick richtig, wenn man die Beratung zu Art. 276 (Anl. B) außer Acht lässt. Hingegen trifft diese Feststellung deshalb nur zu, weil die sich an der Unmöglichkeit orientierende Neuregelung der Rechtsfolgen wegen Nichterfüllung mit der Ansicht der Kommission zu Art. 276 (Anl. B) übereinstimmt.
In der Beratung zu Art. 276-280 (Anl. B) geht die Kommission davon aus, dass die Fälle, in welchen es um die Folgen der Nichterfüllung einer Verbindlichkeit

---

35 Dresd.-Prot. S. 4166.
36 Harting, pVv, S. 164-165; Hoffmann-Burchardi, Leistungsstörungen bei gegenseitigen Verträgen, S. 117; Wollschläger, Unmöglichkeitslehre, S. 177.
37 Harting, pVv, S. 165; Hoffmann-Burchardi, Leistungsstörungen bei gegenseitigen Verträgen, S. 117; Wollschläger, Unmöglichkeitslehre, S. 177.
38 Harting, pVv, S. 165; Kotulla, pFv, S. 373; Wollschläger, Unmöglichkeitslehre, S. 176.

geht, danach unterschieden werden müssen, ob die Erfüllung der Schuld zwar möglich ist, der Schuldner aber nicht erfüllen will, oder ob die Nichterfüllung ihren Grund in der Unmöglichkeit der Leistung hat[39]. Dabei wurde festgestellt, dass die Artt. 276-280 nur die Fälle betreffen, in welchen der Schuldner wegen der Unmöglichkeit der Leistung die ihm obliegende Verbindlichkeit nicht erfüllen kann. Die Kommission wollte die Fälle, in denen der Schuldner nicht erfüllen will, also vor allem die Fälle des Verzuges, in einem späteren Abschnitt behandeln[40], weil es im Abschnitt „im Allgemeinen" nur um die Unmöglichkeit gehe. Denn die Veränderung des Inhalts der Verbindlichkeit entsteht erst mit dem Eintritt der Unmöglichkeit, während der Verzug grundsätzlich nicht zur Veränderung des Inhalts der ursprünglichen Obligation führt[41]. Aufgrund dieser Vorstellung wurden die Artt. 276-280 lediglich in Verbindung mit dem Sachverhalt der „Unmöglichkeit" und des „Zufalls" von der Kommission beraten. Daraus wird deutlich, dass der vorbereitende Ausschuss und die Kommission grundsätzlich die Artt. 276-280 auf die verschuldete und die unverschuldete Unmöglichkeit anwenden wollten.

In der Beratung über die Umformulierung des Art. 281 (Entwurf von 1865) nach dem Vorbild des § 721 des Sächs. BGB findet sich der Nachweis, dass die Kommission mit der Umformulierung des Art. 281 (Entwurf von 1865) nach dem Muster des Sächs. BGB § 721 den Inhalt des Artikels nicht ändern wollte.
Art. 281 Satz 1 (Entwurf von 1865): „Erfüllt der Schuldner die ihm obliegende Verbindlichkeit aus Verschuldung nicht, so hat er, unbeschadet der Verbindlichkeit zur Erfüllung, dem Gläubiger deshalb Schadensersatz zu leisten."
Bei der Beratung geht die Kommission davon aus: „In dem Art. 281 seien nur die Fälle der rechtlichen Unmöglichkeit der Leistung zu berücksichtigen, wovon auch alle folgenden Artikel allein handeln."[42]
Danach war die Kommission der Meinung, dass der erste Satz des in Rede stehenden Art. 281 nach dem Vorbild des Sächsischen Gesetzbuches § 721 gefasst werden kann[43]. Dabei sah die Kommission den Unterschied zwischen der Unmöglichkeit und dem Verzug darin, dass der Verzug eine Verpflichtung zum Schadensersatz wegen verzögerter Erfüllung neben der Verbindlichkeit zur Erfüllung begründet[44]. Der Verzug setzt voraus, dass die Erfüllung noch möglich ist. Hieraus lässt sich verdeutlichen, dass die Kommission nur die Fälle der verschuldeten Unmöglichkeit mit dem Art. 273 (Dresdner-Entwurf) ins Auge fasst.

---

39 Dresd.-Prot. S. 854.
40 Dresd.-Prot. S. 455-456/854.
41 Dresd.-Prot. S. 855.
42 Dresd.-Prot. S. 4164.
43 Dresd.-Prot. S. 4166.
44 Dresd.-Prot. S. 4165. Zum weiteren Grund für die Sonderbehandlung des Verzuges in Bezug auf den Rücktritt vgl. Dresd.-Prot. S. 457.

Hierzu bemerkte ein Redner, dass das zweite Hauptstück der dritten Abteilung (Anl. B), welches von den Folgen der Nichterfüllung einer Verbindlichkeit handelt, in zwei Abschnitte zerfällt, und deren erster Abschnitt unter dem Titel „1. Im allgemeinen“ die Fälle der Nichterfüllung wegen sogenannter nachgefolgter Unmöglichkeit betrifft, sei die Unmöglichkeit durch Verschuldung des Schuldners oder ohne solche nur durch Zufall hervorgerufen[45]. Im Gegensatz dazu betrifft der zweite Abschnitt den Fall des Verzuges unter dem Titel „2. Folgen des Verzuges“.
In diesem Sinne wurde der vom vorbereitenden Ausschuss für den Art. 276 (Anl. B) vorgesehene Sachverhalt durch die neue Formulierung des Art. 273 (Dresdner-Entwurf) nicht geändert, sondern vielmehr wurde dadurch die Grundvorstellung, welche der vorbereitende Ausschuss und die Kommission in der Beratung zu Artt. 276-280 zugrunde legten, sachgerecht konkretisiert. Die Umformulierung des Art. 281 (Entwurf von 1865) nach dem Vorbild des Sächs. BGB war dafür, wie die Kommission den Sachverhalt der Unmöglichkeit verstand, von keiner wesentlichen Bedeutung[46].

III. Die allgemeine Culpa-Haftung

Der Dresdner-Entwurf enthält eine generelle Haftungsklausel für die *culpa* im weiteren Sinne. Bei der Regelung der Culpa-Haftung ging der Dresdner-Entwurf vom Utilitätsprinzip aus:
Art. 228: „Der in einem Schuldverhältnisse Stehende haftet, selbst wenn das Schuldverhältnis nur den Vortheil des Anderen bezweckt, für absichtliche Verschuldung und grobe Fahrlässigkeit. Grobe Fahrlässigkeit verschuldet, wer nicht einmal die Sorgfalt anwendet, welche jeder gewöhnliche Mensch anzuwenden pflegt.“
Art. 229: „Derjenige, welcher nach der Natur oder nach dem Inhalte des Schuldverhältnisses aus demselben Vortheil hat, haftet auch für geringe Fahrlässigkeit. Geringe Fahrlässigkeit verschuldet, wer nicht die Sorgfalt anwendet, welche ein sorgsamer Hausvater anzuwenden pflegt.“

---

[45] Dresd.-Prot. S. 3789/4164. Zur Behandlung des Zufalls als Entschuldigungsgrund bei die Nichterfüllung vgl. Dresd.-Prot. S. 483-484.

[46] In Bezug auf die teilweise Unmöglichkeit ging die Kommission davon aus, dass eine teilweise Unmöglichkeit der Erfüllung sich in dreierlei Richtung denken lässt, nämlich in Bezug auf die Zeit (z. B. beim Fixgeschäft), die Quantität (z. B. wenn die geschuldete Leistung als ein Ganzes aufgefasst werden muss) und die Qualität. Hierzu vgl. Dresd.-Prot. S. 865. Zur Annährung an das Sächs. BGB vgl. Dresd.-Prot. S. 867- 871. Diese Ansicht war bereits Friedrich Mommsen nicht fremd. Zur Lehre Mommsens vgl. oben. § 5 III.

Außerdem enthält der Dresdner-Entwurf eine allgemeine Regelung über die Sorgfalt, zu welcher der Vertragschließende bei der Erfüllung der Verbindlichkeit verpflichtet ist.
Art. 227 Satz 1: „Die in einem Schuldverhältnisse Stehenden sind sich gegenseitig verpflichtet, die daraus für sie entstehenden Verbindlichkeiten redlich und unter Aufwendung desjenigen Grades der Sorgfalt zu erfüllen, welchen sie versprochen haben oder zu welchem sie gesetzlich verpflichtet sind."

Die ursprüngliche Fassung der Artt. 227-229 ist die Artt. 173-175 (Anl. B)[47]:
Art. 173: „Jeder Vertragschließende ist verpflichtet, den Vertrag redlich zu erfüllen und den Grad der Sorgfalt auf die Erfüllung zu verwenden, den er versprochen hat, oder zu dem er gesetzlich verpflichtet ist. Eine im Voraus getroffene Verabredung, nach welcher die Haftung für absichtliche Verschuldung ausgeschlossen sein soll, ist nichtig."
Art. 174: „Jeder Vertragschließende haftet, selbst wenn der Vertrag nur den Vortheil des anderen Theils bezweckt, für absichtliche Verschuldung und grobe Fahrlässigkeit. Grobe Fahrlässigkeit verschuldet, wer nicht einmal diejenige Sorgfalt anwendet, welche jeder gewöhnliche Mensch anzuwenden pflegt."
Art. 175: „Ein Vertragschließender, dessen Vortheil durch den Vertrag bezweckt wird, haftet auch für geringe Fahrlässigkeit. Geringe Fahrlässigkeit verschuldet, wer nicht die Sorgfalt anwendet, welche ein sorgsamer Hausvater anzuwenden pflegt. Besorgt Jemand fremde Geschäfte oder hat er sich zu solchen aufgedrängt, so haftet er, selbst wenn er keinen Vortheil aus dem Geschäft hat, auch für geringe Fahrlässigkeit."

Bei der Beratung zu Art. 173 ff. in der 35. Sitzung ging die Kommission zunächst auf die Frage ein, ob sich für die Art. 171-183 ein passenderer Platz finden lässt[48]. Sie war darüber einig, dass sie der gestellten Frage in der zweiten Lesung wieder nachkommen will, da sie der Meinung war, dass die sachgemäße Diskussion über das System des Gesetzes erst durch einen Überblick über das ganze Gesetz möglich und erfolgversprechend sei[49].
Danach ging die Kommission auf den Art. 173 ein, wo der Referent hinsichtlich des Wortes „redlich" hervorhob, dass in ihm eine Hinweisung auf die freie Natur der Verträge, welche durchgängig nach den Grundsätzen des römischen Rechts über die bonae fidei negotia zu beurteilen sind, enthalten sei[50]. Bei der Beratung zu Art. 175 ging es um die Übersetzung „sorgsamer Vater" für *bonus ac diligens pater familias*, weil ein Mitglied der Kommission die Ersetzung desselben durch „Hausvater" in Vorschlag gebracht hatte. Der Vorschlag wurde

47 Dresd.-Prot. S. 451-452.
48 Dresd.-Prot. S. 441.
49 Dresd.-Prot. S. 438-441.
50 Dresd.-Prot. S. 446-447.

von der Kommission aus dem Grund abgelehnt, dass die Übersetzung „sorgsamer Vater" nicht nur dem Juristen, sondern auch dem gemeinen Mann völlig geläufig sei.

Trotz der Bedeutung dieser Vorschriften für das obligatorische Schuldverhältnis war die Diskussion bei der Beratung zu den Artt. 173-175 ohne größere Kontroverse verlaufen. Hieran ist erkennbar, dass die Vorschriften der Kommission so selbstverständlich waren, dass keine Streitpunkte auftauchten.

Die Art. 174-175 enthalten zunächst die Definition der *culpa*. Bei der Beratung zu Art. 174 wurde zwar die Notwendigkeit der Definition der *clpa* in Frage gestellt, aber später ohne Debatte einstimmig bejaht, da der Referent die Notwendigkeit der Definition von grober Fahrlässigkeit für das korrespondierende Verhältnis zur Definition der „geringen Fahrlässigkeit" im Art. 175 betonte[51]. Hiermit lässt sich zunächst feststellen, dass die Kommission die einzelnen Definitionen der *culpa* in den Artt. 174-175 für notwendig hielt.

Außerdem stellt sich Frage, ob die Art. 174-175 als Haftungsregeln angesehen werden können. Das Vorhaben der Kommission, die allgemeine Culpa-Haftung durch die Art. 174-175 zu normieren, ist mit der allgemeinen Bemerkung des Referenten zu Art. 171 ff. nachweisbar: „Man wolle nur beispielsweise an die *obligatio civilis* im Gegensatz von *obligatio naturalis*, an die *obligatio bonae fidei* im Gegensatz von *obligatio stricti juris*, ..., sowie daran erinnern, dass man aus einer *obligatio ex contractu* bald für *dolus* und *culpa lata*, bald auch für *culpa levis* hafte u. s. w. Über Punkte dieser Art verbreiten sich zum Theil die fraglichen Artikel. Inwiefern nun letztere hierher gehören oder nicht, darauf werde man bei der Specialdebatte zurückzukommen Gelegenheit haben."[52]

Dieses Zitat lässt erkennen, dass die Kommission keinen Zweifel an den allgemeinen Rechtsregeln, insbesondere an der Haftung des Schuldners für *culpa levis* oder *culpa lata* hatte.

Wie bereits geschildert, hatte die Kommission Gelegenheit, die Art. 174-175 zu beraten, wobei sie von der Kommission ohne große Kontroverse beraten wurden und einstimmig angenommen wurden. Ein weiterer Hinweis darauf, dass unter den Art. 174-175 eine allgemeine Haftungsregel zu verstehen ist, findet sich in der Beratung zu Art. 249 (Rev. Entwurf), wo die Frage streitig gewesen war, welche Vorschrift von den Art. 145 (Rev. Entwurf = Art. 174 Anl. B) und Art. 146 (Rev. Entwurf = Art. 175 Anl. B) auf das Depositum anzuwenden sei[53].

Bei der Beratung äußerte der Referent Siebenhaar, „daß man die Haftpflicht eines Vertragschließenden für *culpa levis* am richtigsten wohl davon abhängig

---

[51] Dresd.-Prot. S. 449.

[52] Dresd.-Prot. S. 440.

[53] Dresd.-Prot. S. 2633-2634 u. 4132 f.

machen werde, ob derselbe nach der Natur und dem Inhalt des Rechtsgeschäfts aus letzterem Vortheil habe, ..."[54]
Hieraus ergibt sich, dass die Art. 174-175 als allgemeine Regelung der Culpa-Haftung betrachtet werden können und die hier zum Ausdruck gebrachten Regeln mit der gemeinrechtlichen allgemeinen Culpa-Haftung übereinstimmen. Eine Ausnahme vom Grundsatz der Abhängigkeit des Haftungsmaßstabes von der Natur oder dem Inhalt des Rechtsgeschäfts nach den Art. 174 und 175 bildet der Verzug, wo der Schuldner für jede Fahrlässigkeit einzustehen hat, auch wenn er vorher in beschränkter Weise verantwortlich war.
Wenn die Art. 174-175 als Generalklausel für die allgemeine Culpa-Haftung anzusehen sind, stellt sich die weitere Frage, auf welche Fälle sie anzuwenden sind. Im Zusammenhang mit dem Art. 177 (Anl. B) nahm die Kommission dazu Stellung.
Art. 177 (Anl. B): „Beobachtet ein Vertragschließender die ihm obliegende Sorgfalt nicht und erfüllt er seine Verbindlichkeit nicht, oder nicht gehörig, so kann der andere Theil auf gehörige Erfüllung und auf Schadensersatz klagen. Er ist nicht berechtigt, einseitig von dem Vertrag zurückzutreten, wenn nicht durch besondere Vereinbarung oder gesetzliche Vorschrift etwas anderes bestimmt ist."[55]

Der Art. 177 Satz 1 regelt das Prinzip der Realerfüllung, wonach ein Vertragsverhältnis immer nur berechtigt[56], auf die Erfüllung des Vertrages zu klagen. Der Art. 177 Satz 2 bringt zum Ausdruck, dass der Berechtigte bei der Nichterfüllung nicht berechtigt ist, einseitig vom Vertrag zurückzutreten. Der Rücktritt ist nur ausnahmsweise für den Fall anzuerkennen, in dem der Gläubiger an der verspäteten Erfüllung kein Interesse mehr hat[57]. Auch darin sah die Kommission einen Grund für die Sonderbehandlung des Verzuges als Haftungstatbestand[58].
Bei der Beratung zu Art. 177 war die Kommission der Ansicht, dass die Nichtbeachtung der gehörigen Sorgfalt und die nicht gehörige Erfüllung eines Vertrages nicht besonders zu unterscheiden sind, weil der erste Fall mit dem letzten zusammenfallen kann.
Darüber hinaus kam die Kommission zu der Ansicht, dass der Fall, in welchem der Schuldner die ihm bei der Erfüllung der Verbindlichkeit obliegende Sorgfalt nicht aufgewendet hat, durch die Bestimmung über die *culpa* abgedeckt werden kann und zugleich die Nichtbeobachtung der dem Schuldner obliegende Sorgfalt als ein Beispiel oder eine Spezialität der besonderen Erwähnung nicht bedarf[59].

[54] Dresd.-Prot. S. 2634.
[55] Dresd.-Prot. S. 469.
[56] Dresd.-Prot. S. 453/455.
[57] Dresd.-Prot. S. 457 u. 4188. Vgl. auch Art. 305 des Dresdner-Entwurfs.
[58] Dresd.-Prot. S. 456 u. 937 f.
[59] Dresd.-Prot. S. 454.

Hierüber äußerte die Kommission ausdrücklich: „So viel den Fall betreffe, in welchem ein Vertragschließender die ihm obliegende Sorgfalt nicht beobachtet habe, so sei derselbe durch die unmittelbar vorhergehenden Bestimmungen über die *culpa* gedeckt. ...“ [60].
So beschloss die Kommission, den Sachverhalt der Nichtbeobachtung der angemessenen Sorgfalt im Art. 177 zu streichen.
Aus der Stellungnahme zum Fall der Sorgfaltspflichtverletzung ist zu entnehmen, dass die Kommission die Art. 174-175 auf die Fälle anwenden will, die heute als Nebenpflichtverletzung bezeichnet werden.
Außerdem sah man beim Dresdner Entwurf die Notwendigkeit gar nicht mehr, den Zwang zur Realerfüllung für alle Schuldverhältnisse oder doch für die *obligationes faciendi* im Gesetz besonders zum Ausdruck zu bringen. Denn das Prinzip der Realerfüllung war der allgemeine Grundsatz bei Nichterfüllung[61].
Im Ergebnis wurden das Prinzip der Realerfüllung und die Rechtsfolge der Sorgfaltsverletzung im Art. 151 des Dresdner-Entwurfs (=Art. 177 Anl. B) nicht ausdrücklich geregelt. Denn dies sei für alle Schuldverhältnisse selbstverständlich und ein Anspruch des Gläubigers auf das Interesse anstelle der ausgebliebenen Leistung immer an besondere Voraussetzungen zu knüpfen, z. B. wenn die Erfüllung durch eine Verschuldung des Verpflichteten unmöglich geworden ist[62].

Aufgrund der Annahme des Antrages, die Art. 151 f. des Entwurfs von 1865 (= 171 f. Anl. B) in die „Von den Wirkungen der Schuldverhältnisse“ handelnde Dritte Abteilung des Ersten Teils zu verschieben, wurden nach Beratung die Art. 173-175 (Anl. B) in Art. 227-229 unter der Überschrift „Von den Wirkungen im Allgemeinen“ ohne inhaltliche Veränderung umgestellt[63].
Die Regelung der Culpa-Haftung nach dem Utilitätsprinzip in Art. 228-229 des Dresdner-Entwurfs erschien den Vertretern aus Hessen und Bayern nicht fremd. Diese Methode war dem Sächsischen Vertreter Siebenhaar besonders vertraut, da das Sächs. BGB die Haftung wegen *culpa* nicht im einzelnen Schuldverhältnis regelt, sondern vielmehr lediglich auf die allgemeine Haftungsregeln für *culpa* (§§ 728 und 729) hinweist[64], die inhaltlich mit den Art. 228-229 des Dresdner-Entwurfs gleichzustellen sind.
Nach allem Gesagten ist der Ausgangspunkt der Untersuchungen, welche die allgemeinen Haftungsregelungen wegen *culpa* außer Acht ließen und sich nur an der Überschrift des Entwurfs „Folgen der Nichterfüllung der Verbindlich-

---

60 Dresd.-Prot. S. 456 u. 859.
61 Dresd.-Prot. S. 456.
62 Dresd.-Prot. S. 453.
63 Dresd.-Prot. S. 4132.
64 Hierzu vgl. § 7 II

keit“ orientierten[65], fraglich, obwohl sie richtig sehen, welche Rolle Siebenhaar für die Annährung der Regelung der Culpa-Haftung an das Sächs. BGB spielte.

---

[65] Freudling, Schadensersatzansprüche, S. 138-139; Harting, pVv, S. 163-165; Kotulla, pFv, S. 373; Wollschläger, Unmöglichkeitslehre, S. 176.

§ 9. Das schweizerische Obligationenrecht von 1881 (aOR)

Die Nähe der Lösungen des aOR und des BGB besonders im Recht des Schuldverhältnisses beruht auf der gemeinsamen Wurzel beider Kodifikationen[1]. Das Verhältnis beider Kodifikationen auf dem Gebiet des Verkehrsrechts kann als „Verwandtschaft" gekennzeichnet werden[2].
Die wichtigste gemeinsame Basis beider Kodifikationen bildet der Dresdner-Entwurf[3], auch wenn er nicht auf die gemeinrechtliche Rechtstradition zurückgeht[4].
Das aOR regelt die Haftung des Schuldners wegen Nichterfüllung in Art. 110 unter der Überschrift „Folgen der Nichterfüllung":
Art. 110: „Kann die Erfüllung der Verbindlichkeit überhaupt nicht oder nicht gehörig bewirkt werden, so hat der Schuldner Schadensersatz zu leisten, sofern er nicht beweist, daß ihm keinerlei Verschulden zur Last falle."[5]

Im Gegensatz zum Dresdner-Entwurf gab es keinen Versuch, die Fälle nicht gehöriger Erfüllung mit denen der Nichterfüllung zusammenzufassen. Vielmehr entspricht das System des aOR dem der Pandektenlehre in dem Sinne[6], dass das System der vertraglichen Haftung grundsätzlich auf dem Begriff der Nichterfüllung aufbaute und dann der Sachverhalt der Nichterfüllung in „überhaupt nicht erfüllt" und „erfüllt, aber nicht gehörig oder vertragsmäßig erfüllt" eingeteilt wurde.

---

1 Bucher, Hundert Jahre schweizerisches Obligationenrecht, S. 274.

2 Oser, Das neue schweizerische Obligationenrecht, S. 62-63.

3 Zum Verhältnis des Dresdner-Entwurfes zum aOR, siehe Benöhr, Der Dresdner Entwurf von 1866 und das schweizerische Obligationenrecht von 1881, S. 57-88.

4 Zum Einfluss der schweizerischen Schüler Savignys und der deutschen Pandektisten auf die schweizerische Zivilrechtsdogmatik vgl. Peter, Vom Einfluss der deutschen Zivilrechtswissenschaft auf die Schweiz, S. 323-329; Kramer, Der Einfluss des BGB auf das schweizerische und österreichische Privatrecht, S. 371-372.

5 Der Art. 110 geht auf den Art. 138 des Entwurfs von 1876 zurück: „Kann die Erfüllung der Verbindlichkeit überhaupt nicht oder nicht gehörig bewirkt werden, so hat der Schuldner Schadensersatz zu leisten, wenn und soweit er nicht zu beweisen vermag, daß ihm keinerlei Verschulden zur Last falle."

6 Nach Coing ist das aOR eine Ausnahme zu den Kodifikationen (ALR und ABGB), die nur Verzug und Unmöglichkeit als Haftungstatbestand kennen, da das aOR sowohl die Nichterfüllung wie die nicht gehörige Erfüllung regelt (Coing, Europäisches Privatrecht, Bd. II, S. 463), wo er davon ausgeht, dass der Ausdruck „Nichterfüllung oder nicht gehörige Erfüllung" im aOR deutlich zeige, dass die Fälle der positiven Vertragsverletzung von der Nichterfüllung, insbesondere der Unmöglichkeitsdogmatik getrennt betrachtet würden. Zur Frage, ob und inwieweit die Auffassung Coings zu ALR und ABGB richtig ist, vgl. § 3 III.

Das aOR sieht zwei Sachverhalte vor[7]. Der erste ist der Fall, dass der Schuldner seine Verbindlichkeit überhaupt nicht erfüllt, z. B. Unmöglichkeit oder Verzug. Der letzte betrifft den Fall, dass er erfüllt, aber nicht gehörig, z. B. nicht zur rechten Zeit oder nicht am rechten Ort.
Dass das aOR von zwei Sachverhalten ausging, ist durch die Regelungen der Redaktoren des geltenden OR von 1911 über die Conventionalstrafe nachweisbar. Das aOR regelte die Conventionalstrafe nur für den Fall der Nichterfüllung in Art. 179 Satz 1: „Wenn für den Fall der Nichterfüllung eines Vertrages eine Conventionalstrafe versprochen ist, so kann der Gläubiger nach seiner Wahl entweder die Erfüllung oder die Strafe fordern." (Art. 179 Satz 1 (aOR)

Im Gegensatz zu Art. 110 aOR, wo die Sachverhalte der Nichterfüllung und der nicht gehörigen Erfüllung von einander getrennt geregelt wurden, enthielt der Art. 179 Satz 1 des aOR nur einen Sachverhalt der Nichterfüllung. Aus diesem Grund beabsichtigte die Redaktion des geltenden OR, den Sachverhalt in Art. 179 des aOR durch den Zusatz „nicht richtige Erfüllung" dem Art. 110 des aOR (Art. 97 OR) anzupassen[8].
In einigen Untersuchungen wurde behauptet, dass die Formulierung des Art. 110 des aOR nur den Haftungstatbestand der Unmöglichkeit regelt und die Lücke in der Regelung über die Fälle der positiven Vertragsverletzung daher bereits im aOR vorliegt[9]. Dabei argumentierten diese Untersuchungen vor allem mit dem Wortlaut des Gesetzes. Dies ist jedoch nicht das einzige mögliche Verständnis, wenn man die Rechtstradition der allgemeinen Culpa-Haftung insbesondere in Verbindung mit dem Dresdner-Entwurf berücksichtigt. Zur Behandlung der vertraglichen Culpa-Haftung verweisen Schneider und Fick ausdrücklich auf die Art. 110 ff. aOR[10]. Diese Ansicht spiegelt sich in der Beratung der Kommission zum OR von 1911 wider, wo die Kommission davon ausgeht:
„Zunächst halten wir selbst selbstverständlich bei Art. 1117 fest, dass der Schuldner, der nicht oder nicht gehörig erfüllt, zu Schadensersatz verpflichtet sein muss, wenn er nicht beweist, dass ihm keinerlei Verschulden zur Last falle, wie das schon in Art. 110 des geltenden Gesetzes aufgestellt ist."[11]

---

7 Haberstich, Handbuch, Bd. I, S. 228; Fick/Schneider, Schweizerisches Obligationenrecht, S. 117.

8 Art. 160 Satz 1 OR: „Wenn für den Fall der Nichterfüllung oder der nicht richtigen Erfüllung eines Vertrages eine Konventionalstrafe versprochen ist, so ist der Gläubiger mangels anderer Abrede nur berechtigt, entweder die Erfüllung oder die Strafe zu fordern." Hierzu vgl. Bühler, Haft- und Neugeld sowie Konventionalstrafe im alten und geltenden Obligationenrecht, S. 169.

9 Harting, pVv, S. 169; Hoffmann-Burchardi, Leistungsstörungen bei gegenseitigen Verträgen, S. 120; Kotulla, pFv, S. 374; Wollschläger, Unmöglichkeitslehre, S. 177.

10 Schneider/Fick, Schweizerisches Obligationenrecht, S. 70 (Anm. 2 zu Art. 50).

11 Sten. Bull. XIX (1909), No. 23, S. 533, wo der Berichterstatter der Kommission aus dem deutschen Sprachraum E. Huber war.

Dieses Zitat stellt neuerdings vorgetragene Meinungen, dass das Institut der positiven Vertragsverletzung auch im schweizerischen Obligationenrecht notwendig sei, in Frage[12], da dieses Zitat zeigt, dass der schweizerische Gesetzgeber die Fälle der positiven Vertragsverletzung mit dem Art. 110 des aOR (Art. 97 des OR) erfassen wollte. Deshalb nahm er auch nicht die ihm bekannte Lehre Staubs auf.

[12] Jäggi, Zum Begriff der vertraglichen Schadensersatzforderung, S. 182; Koller, Grundzüge der Haftung, AJP 1992, 1484. Beide gehen davon aus, dass sich die Art. 97 ff OR nach ihrem Wortlaut auf andere Vertragsverletzungen nicht beziehen, sondern nur auf die Unmöglichkeit der Leistung. Auf die Auswirkung der deutschen Lehre von der positiven Vertragsverletzung auf die Schweiz wird später einzugehen sein.

§ 10. Die Regelungen der Haftung wegen Nichterfüllung in der Entstehung des BGB

I. Die Regelungen der Haftung wegen Nichterfüllung bei Franz v. Kübel[1]

Nachdem der Versuch gescheitert war, mit dem Dresdner-Entwurf das deutsche Schuldrecht zu vereinheitlichen, kam es erst durch das Gesetz vom 20.12.1873 („Lex Lasker-Miquel") zu einem Fortschritt in dieser Sache, als die Gesetzgebungskompetenz des Reiches auf die gemeinsame Gesetzgebung über das gesamte bürgerliche Recht, das Strafrecht und das gerichtliche Verfahren ausgedehnt wurde[2].
Der Bundesrat beauftragte den Justizausschuss, eine Kommission einzusetzen, die ein Gutachten über einen möglichen Plan und eine mögliche Methode eines bürgerlichen Gesetzbuches erarbeiten sollte. Mitglieder der Kommission (später „Vorkommission") waren vorwiegend Praktiker der Obersten Gerichte Preußens (Meyer, Schelling), Sachsens (v. Weber), Wüttembergs (v. Kübel) und Bayerns (Neumayr). Einziges Mitglied der Kommission aus der Wissenschaft war Levin Goldschmidt[3].
Das Gutachten der Vorkommission wurde hauptsächlich von Goldschmidt entworfen, in einigen Punkten der Ansicht Kübels entsprechend abgeändert und schließlich am 16.04.1874 dem Bundesrat vorgelegt.
Danach wurde die erste Kommission für die Ausarbeitung des Entwurfs eines Bürgerlichen Gesetzbuches vom Bundesrat berufen. Die erste Kommission trat am 17.09.1874 zum ersten Mal zusammen, wobei sie einen Arbeitsplan aufstellte, nach welchem die Auswahl und die Arbeitsweise der Redaktoren bestimmt werden sollte. Darin wurde Kübel beauftragt, einen Entwurf (den sog. „Teilentwurf") des Schuldrechts zu erarbeiten[4].
Hier wird vor allem auf den Entwurf über das allgemeine Schuldrecht und die Motive, welche Kübel bis seinem Tod vorlegte, eingegangen[5].

1. Die Bedeutung des Prinzips der Realerfüllung für Kübel

Die Entwürfe und Gesetze aus der zweiten Hälfte des 19. Jahrhunderts, die auf der Pandektenlehre basierten, folgten dem Prinzip der Realerfüllung, wonach

---

1 Über Franz von Kübel, vgl. Schubert/Jakobs, Vorentwürfe, Schuldrecht I, XIII-XVIII.

2 Zum allgemeinen Vorgang der Gesetzgebung des BGB vgl. Coing/Dölemeyer, Das 19. Jahrhundert, S. 1572-1612; Schlosser, Grundzüge, S. 158 ff.

3 Coing/Dölemeyer, Das 19. Jahrhundert, S. 1578.

4 Coing/Dölemeyer, Das 19. Jahrhundert, S. 1582.

5 Wegen des Todes Kübels wurde der Besondere Teil des Schuldrechts nicht vollendet und später dieser Teil des Entwurfs über das Schuldrecht durch den Dresdner-Entwurf ergänzt.

dem Gläubiger bei Nichterfüllung grundsätzlich der Anspruch auf die Erfüllung zusteht. Der Dresdner-Entwurf, den Kübel bei der Aufstellung des Teilentwurfs über das Schuldverhältnis vor allem berücksichtigte, beruhte zwar auch auf diesem Prinzip, aber seine Verfasser hatten kein Bedürfnis gesehen, dieses Prinzip ausdrücklich in den Entwurf aufzunehmen. Denn die Kommission glaubte, es sei für die zeitgenössischen Juristen selbstverständlich, dass der Gläubiger grundsätzlich an den Anspruch auf die Erfüllung gebunden sein solle, indem darin zugleich das Recht auf Schadensersatz wegen Nichterfüllung des Vertrages enthalten ist[6].

Der Anspruch des Gläubigers auf das Interesse statt auf die ausgebliebene Leistung bildet daher eine Ausnahme vom Prinzip der Realerfüllung. Die Gewährung des Anspruchs auf das Interesse ist daher immer an besondere Voraussetzungen anzuknüpfen, z. B. wenn die Erfüllung durch eine Verschuldung des Schuldners unmöglich geworden ist[7].

Auch für Kübel war das Prinzip von Bedeutung, dass der Gläubiger grundsätzlich zu derjenigen Leistung berechtigt ist, auf welche ursprünglich das Schuldverhältnis gerichtet ist. Dem hergebrachten Prinzip der Realerfüllung bei Nichterfüllung folgend war Kübel der Ansicht, dass dieses Prinzip im Gesetz nicht besonders ausgesprochen zu werden brauche[8], und hielt damit eine dem § 761 des Sächs. BGB beziehungsweise dem Art. 115 des Bay. Entwurf entsprechende Regelung für überflüssig:

„Es braucht im Gesetzbuch nicht besonders ausgesprochen zu werden, daß dem Gläubiger auf Bewirkung dieser Verpflichtungen das Klagrecht zusteht; dies folgt vielmehr aus dem Anspruch des Gläubigers unmittelbar und von selbst. ... *Mindestens überflüssig erscheinen aber auch Bestimmungen*, wie in §. 761 des sächs. G. B. und in Art. 115 (II) des bayr. Entwurfs. ... Die Vorbehalte in Ansehung des Schadensersatzanspruchs, bezw. der Zulässigkeit, statt auf Erfüllung auf Schadensersatz zu klagen, *müssen sich aber aus den sonstigen allgemeinen Bestimmungen des Gesetzbuchs ergeben, ...*“[9]

Als Ergebnis bleibt festzuhalten, dass das Prinzip der Realerfüllung im Teilentwurf nicht ausdrücklich aufgenommen wurde.

Während das Prinzip der Realerfüllung nur wenige Erläuterungen in den Motiven zum Teilentwurf fand, weil Kübel die positivrechtliche Aufnahme des Prinzips ins Gesetz für überflüssig hielt[10], verlagerte das Gewicht des Interesses

---

6 Dresd.-Prot. S. 456.

7 Dresd.-Prot. S. 453.

8 Kübel, Motive, I, 3, III, 1, S. 857.

9 Kübel, Motive, I, 3, III, 1, zu §§ 1-7, S. 857. Der § 761 des Sächs. BGB und Art. 115 II des Bay. BGB, auf die Kübel hinweist, regeln das Prinzip der Realerfüllung.

10 Kübel, Motive, I, 3, III, 1, S. 857. Hierzu vgl. auch Rütten, Erfüllungszwang, S. 958.

Kübels mehr auf das gemeinrechtliche Prinzip vom Rücktrittsverbot[11], wonach die Nichterfüllung des Vertrages von einer Seite den anderen Teil nicht zum Rücktritt berechtigt. Das Prinzip des Rücktrittsverbots enthielt einen eigenen Platz im Teilentwurf (Kübel, Vorlage, I, 2, I, 3, § 2.):
§ 2: „Erfüllt der eine Vertragschließende seine Verbindlichkeit nicht, so ist der andere deshalb nicht berechtigt, einseitig von dem Vertrag abzugehen, wenn nicht ein Anderes durch Gesetz oder Vereinbarung bestimmt ist."

2. Die Bedeutung von Unmöglichkeit und Verzug als Sondertatbestände für Kübel
- Hinsichtlich der Rechtsfolge der Nichterfüllung -

1) Der Anspruch auf Schadensersatz statt auf Erfüllung

Zum Rechtsbehelf, den das Gesetz dem Gläubiger bei der vom Schuldner zu vertretenden Nichterfüllung der Verbindlichkeit gewährt, äußerte Kübel im Abschnitt über „Rechte und Verpflichtungen aus Verträgen" ausdrücklich:
„im Falle der Nichterfüllung hat der andere Theil regelmäßig nur die Klage auf Erfüllung resp. auf das Erfüllungsinteresse." [12]

Zu dieser Aussage ist zunächst festzustellen, dass Kübel den Anspruch auf Erfüllung bei Nichterfüllung als regelmäßigen Rechtsbehelf ansah, nicht aber den Anspruch auf Schadensersatz.
Die Ausnahme vom Prinzip der Realerfüllung befand sich im Abschnitt über „Folgen der Nichterfüllung der Verbindlichkeit", welcher die Rechtsfolgen aus der Unmöglichkeit und dem Verzug zum Gegenstand hat.
Im Eingang zu den Motiven zu §§ 1-7 im Anschnitt über die „Folgen der Nichterfüllung der Verbindlichkeit" hielt zwar Kübel an dem Prinzip der Realerfüllung fest, jedoch hatte er besonders die Fälle vor Augen, in denen ausnahmsweise dem Gläubiger der Schadensersatzanspruch bei der Nichterfüllung zugestanden wird.
Nach Kübel müssen für die Fälle, die Ausnahmen vom Prinzip der Realerfüllung bilden, besondere Gründe vorliegen oder eintreten, die grundsätzlich das Gesetz regeln sollte[13].
Zu diesen Fällen gehören nach dem Teilentwurf die Unmöglichkeit der Erfüllung einer bestehenden Verbindlichkeit und der Verzug.
§ 1: „Kann der Schuldner die ihm obliegende Verbindlichkeit nicht oder nicht vollständig erfüllen, weil er eine ihm ganz oder theilweise unmögliche Leistung

[11] Hierzu vgl. Dresd.-Prot. S. 456.
[12] Kübel, Motive, I, 2, I, 3, S. 380 (Hervorhebung von mir).
[13] Kübel, Motive, I, 3, III, 1, zu §§ 1-7, S. 857.

versprochen hat, oder weil die Leistung zufolge eines von dem Schuldner zu vertretenden Umstandes ganz oder theilweise unmöglich geworden ist, so besteht die Verbindlichkeit demungeachtet und der Gläubiger kann den Ersatz des ihm durch die Nichterfüllung unmittelbar oder mittelbar verursachten Schadens verlangen."[14]
§ 18: „Der Schuldner hat dem Gläubiger den durch den Verzug unmittelbar oder mittelbar verursachten Schaden nach Maßgabe der Vorschriften des §. 2 zu ersetzen."[15]

Nach den genannten Vorschriften hat der Gläubiger den Anspruch auf das Interesse an der Erfüllung ausnahmsweise bei Unmöglichkeit, während der Gläubiger beim Verzug weiterhin berechtigt ist, neben dem durch den Verzug verursachten Schaden die Erfüllung weiter zu fordern.
In den Vorschriften über den Verzug, insbesondere in § 18, findet sich aber keine ausdrückliche Erwähnung des Anspruchs des Gläubigers auf die Erfüllung der Verbindlichkeit, sondern dort ist nur der Anspruch auf Verzugsschaden geregelt. Gerade weil der Entwurf das Prinzip der Realerfüllung voraussetzt, braucht beim Verzug zunächst nur den Anspruch auf Verzugsschaden geregelt zu werden, der neben den Erfüllungsanspruch tritt.
Anders verhält es sich bei der eingetretenen objektiven Unmöglichkeit, denn dort der ursprüngliche Gegenstand der Forderung ist nicht vorhanden. Bei der zu vertretenden Unmöglichkeit hält Kübel, entsprechend dem Gedanken der Metamorphose[16], nur den Leistungsgegenstand durch das Verschulden des Schuldners ohne Wechsel des Verpflichtungsgrundes für verändert[17].
Aufgrund dieses Verständnisses nahm Kübel die Unmöglichkeit als einen der Fälle, die eine Ausnahme von dem Prinzip der Realerfüllung bilden, in seinen Entwurf auf. Im Ganzen war es also das Bedürfnis, den Eigenschaften von Verzug und Unmöglichkeit Rechnung zu tragen, die Kübel zur klaren Unterscheidung von sonstigen Fällen der Nichterfüllung veranlasste.
Hierbei stellt sich die Frage, wie sich das Prinzip der Realerfüllung zum Schadensersatzanspruch wegen Unmöglichkeit als Ausnahme von der Realerfüllung im Teilentwurf von Kübel verhält. Hierzu nahm Kübel ausdrücklich Stellung:
„Der Schuldner ist verpflichtet, die vertragsmäßige Leistung zu bewirken und hierfür in dem durch das Schuldverhältnis bestimmten Grade und Maße zu haften. Wer einen Vertrag abschließt, will zunächst und in erster Linie die ihm durch denselben garantierte Naturalleistung; der ihm im Falle der Nichtwirkung

[14] Kübel, Vorlage, I, 3, III, 1, § 1.
[15] Kübel, Vorlage, I, 3, III, 2, § 18.
[16] Zur Metamorphose Savignys vgl. § 4 II.
[17] Kübel, Motive, I, 3, III, I, S. 862.

der letzteren zustehende Anspruch auf Ersatz mittels eines Geldäquivalents ist nur ein *Nothbehelf*, wenn auch schon durch den Vertrag begründet."[18]

Ein Geldäquivalent als Notbehelf, der ausnahmsweise dem Gläubiger bei der Nichterfüllung wegen verschuldeter Unmöglichkeit zusteht, setzt einen atypischen Fall der Nichterfüllung voraus, der einer Ausnahme vom Prinzip der Realerfüllung bedarf. Besonders in der Rechtsfolge der Nichterfüllung sah Kübel das Bedürfnis nach der Sonderbehandlung der atypischen Fälle der Nichterfüllung, z. B. der Unmöglichkeit. Diese Ausnahme muss daher nach Kübel vom Gesetz geregelt sein, während er die Realerfüllung als regelmäßigen Rechtsbehelf des Gläubigers bei Nichterfüllung zwar anerkannte, aber sie im Entwurf nicht positiv aufnahm:
„Die Rechtsfolge der Nichterfüllung der Verbindlichkeit, für welche der Schuldner einzustehen hat, ist, *wofern nicht das Gesetz für besondere Fälle eine Ausnahme macht,* einheitlich dahin festzustellen, daß der Schuldner für das gesammte Interesse desselben an der Erfüllung aufzukommen hat."[19]

In dieser Hinsicht stellt die Unmöglichkeit einen der besonderen Fälle dar, in denen das Gesetz eine Ausnahme von der Realerfüllung regeln sollte. Damit ist die verschuldete Unmöglichkeit als ein Tatbestand zur Haftungsbegründung wegen Nichterfüllung für Kübel von großer Bedeutung.
Die Haltung Kübels zur Unmöglichkeit und zum Verzug im Rahmen der Haftung wegen Nichterfüllung entspricht der Pandektenlehre, den Entwürfen und Gesetzen im 19. Jahrhundert.

2) Das gesetzliche Rücktrittsrecht bei Unmöglichkeit und Verzug

Im Abschnitt über Rechte und Verpflichtungen aus Verträgen enthält der Entwurf eine Vorschrift über den Ausschluss des einseitigen Rücktritts vom Vertrag bei Nichterfüllung:
§ 2: „Erfüllt der eine Vertragschließende seine Verbindlichkeit nicht, so ist der andere deshalb nicht berechtigt, einseitig von dem Vertrag abzugehen, wenn nicht ein Anderes durch Gesetz oder Vereinbarung bestimmt ist."[20]

In § 2 spiegelt sich der gemeinrechtliche Grundsatz „Rücktrittsverbot" wider, dass der Gläubiger in der Regel aufgrund der vom Schuldner verschuldeten Nichterfüllung nicht einseitig vom Vertrag abgehen darf. Hinsichtlich der Aufnahme des allgmeinen Rücktrittsrechts folgte der Teilentwurf eher der Pandek-

---

[18] Kübel, Motive, I, 3, III, I, S. 864 (Hervorhebung von mir).
[19] Kübel, Motive, I, 3, III, 1, S. 862-863 (Hervorhebung von mir).
[20] Kübel, Vorlage, I, 2, I, 3, § 2.

tistik und dem ADHGB, indem der Teilentwurf das Rücktrittsrecht nur beim Verzug gewährt. Hierin bestand der entscheidende Unterschied zwischen der Pandektistik und dem Naturrecht, das dem Gläubiger das Rücktrittsrecht bei der Nichterfüllung gewährt. Wie bei Art. 151 des Dresdner-Entwurfs, der in erster Linie vom Ausschluss des allgemeinen gesetzlichen Rücktritts handelte[21], wurde die Frage nach der Aufnahme des allgemeinen gesetzlichen Rücktrittsrechts in den Teilentwurf, um seinen Entwurf vom Code civil bezüglich der Regelung des Rücktrittsrechts abzugrenzen[22], von Kübel ausführlicher erörtert als die Frage nach dem Grundsatz der Realerfüllung[23]. Dabei ging Kübel davon aus, dass der Vertrag durch die in ihm ausgesprochene und durch ihn erzeugte gegenseitige Willensbindung an sich begrifflich den einseitigen Rücktritt eines Vertragschließenden von demselben ausschließe[24]. Jeder Teil sei vielmehr weiterhin verpflichtet, bei dem Vertrag stehen zu bleiben, seine hieraus resultierenden Verbindlichkeiten zu erfüllen. Danach hat der andere Teil im Fall der Nichterfüllung regelmäßig nur die Klage auf Erfüllung.

Anders als im französischen Code civil, in dem der Rechtsbehelf des Rücktritts vom Vertrag wegen Nichterfüllung sich nicht auf den Verzug beschränkte[25], lag der deutschen Pandektenlehre entsprechend dem Teilentwurf das Prinzip zugrunde, dass die Nichterfüllung der Verbindlichkeit von einer Seite den anderen Teil nicht allgemein zum Rücktritt berechtigt, sondern der Rücktritt nur ausnahmsweise bei Verzug unter bestimmten Voraussetzungen möglich ist, z. B. dann, wenn die verzögerte Erfüllung für den Gläubiger nutzlos wäre.

Entsprechend der Pandektenlehre bezeichnete F. Mommsen das Rücktrittsrecht wegen Verzuges als eine besondere Rechtsfolge, durch die der Verzug von der Unmöglichkeit unterschieden werden sollte[26].

---

21 Im Verlauf der Beratung zu Art. 151 kam die Kommission zu der Frage, ob das Prinzip der Realerfüllung im Entwurf ausdrücklich aufgenommen werden soll. Im Ergebnis verzichtete sie auf die positive Aufnahme der Realerfüllung im Entwurf und ging stattdessen auf den Ausschluss des allgemeinen Rücktrittsrechts bei Nichterfüllung ein.

22 Den Grund kann man darin sehen, dass Kübel ein Mitglied der Kommission zum Dresdner-Entwurf war und ihm die Frage nach dem Grundsatz der Realerfüllung bereits gut beantwortet zu sein schien.

23 Zur damaligen Situation vgl. Coing, Europäisches Privatrecht, Bd. I, S. 433 f.; ders., Europäisches Privatrecht, Bd. II, S. 467-8; Scherner, Rücktritt, S. 45 f. und S. 200 f.

24 Kübel, Motive, I, 2, I, 3, a (zu §§ 1-3), S. 380.

25 Der Code civil fasst die Verträge als resolutiv bedingte in dem Sinne auf, dass der andere Teil die Auflösung des Vertrages sowie Schadensersatz zu fordern berechtigt sein soll, wenn der eine Teil seiner Vertragspflicht nicht genügend nachkommt, solange der andere Teil nicht auf die Vollziehung des Vertrages dringen will, wenn sie noch möglich ist. Das regeln die Art. 1184 in Verbindung mit Artt. 1102 und 1104. Hierzu vgl. Zachariä-Puchelt, Französisches Civilrecht, Bd.II, S. 420 f.

26 Mommsen, Mora, § 27, S. 257-258, insbes. Fn. 5.

Mit der Frage, ob ein Rücktrittsrecht dem Gläubiger neben oder ohne weiteren Schadensersatzanspruch in den Fällen einzuräumen ist, in denen der Schuldner für das Interesse des Gläubigers an der Realerfüllung einzustehen hat, beschäftigte sich die Pandektenlehre überwiegend nur beim Verzug des Schuldners[27].
Das ALR spricht in §§ 393 und 394 I, 5. zwar als Regel aus, dass die Verweigerung der Erfüllung oder die nicht gehörig geleistete Erfüllung der Verbindlichkeit den anderen Teil nicht zum Rücktritt vom Vertrag, sondern nur zur Klage auf Erfüllung einschließlich der Entschädigung berechtige. Es räumte aber demjenigen, welcher sich weigert, seinerseits zu erfüllen, da der andere Teil nicht erfüllt hat, ein Wahlrecht ein zwischen dem Anspruch auf Schadensersatz oder dem Rücktritt vom Vertrag, sobald seine Verweigerung im Weg des gerichtlichen Verfahrens für begründet erachtet ist[28].
Gegenüber dem ALR halten das ABGB[29], der Hess. Entwurf[30] und das Sächs. BGB[31] an dem allgemeinen Rücktrittsverbot bei Nichterfüllung fest.
Außer dem Art. 115 des Bay. Entwurfs, wonach der andere Teil die Auflösung des Vertrages neben Schadensersatz verlangen kann, wenn bei einem zweiseitigen Vertrag ein Teil mit seiner Leistung im Verzug ist, enthalten die Gesetze und Entwürfe in der zweiten Hälfte des 19. Jahrhunderts grundsätzlich keine allgemeine Regelung über das gesetzliche Rücktrittsrecht wegen Nichterfüllung.

Das ADHGB regelte die Rechtsfolgen des Verzuges in den Artt. 354-356, die dem Gläubiger das gesetzliche Rücktrittsrecht als Rechtbehelf nur beim Verzug gewähren.
Die positivrechtliche Aufnahme des Rücktrittsrechts beim Verzug im ADHGB stellt einen entscheidenden Fortschritt für die Entwicklung des allgemeinen gesetzlichen Rücktrittsrechts in den nachfolgenden Kodifikationen dar, auch wenn die Gestattung des Rücktritts vom Vertrag sich auf die Fälle beschränkte, in denen noch keine Leistung beim gegenseitigen Vertrag erbracht war, und auch wenn diese eigenständige Lösung nur beim Handelskauf anerkannt worden war[32].
Der Dresdner-Entwurf enthält eine Regelung über das Rücktrittsrecht beim Verzug des Schuldners:
Art. 305: „Ist in Folge des Verzuges des Schuldners dem Gläubiger die Leistung nutzlos geworden, so kann dieser, unbeschadet des Anspruches auf weiteren Schadensersatz, die Annahme der Leistung verweigern und die Gegenleistung zurückhalten, oder, wenn er sie schon gewährt hat, zurückfordern.“

---

27 Siehe auch Kübel, Motive, I, 3, III, 1 (zu §§ 1-7), S. 865.
28 ALR, §§ 396-407 und §§ 408-411, I, 5. Hierzu vgl. Leser, Rücktritt, S. 7-8.
29 § 919 ABGB.
30 Artt. 137, 146 Abs. 2 des Hess. Entwurfs.
31 § 864 des Sächs. BGB.
32 Leser, Rücktritt, S. 13.

Bei der Beratung zu Art. 305 war die Kommission der Ansicht, dass der Gläubiger die verspätete Leistung ablehnen könne, weil die verspätete Leistung für den Gläubiger genau so wie keine Leistung sei, wenn die Leistung in Folge des Verzugs für den Gläubiger nutzlos geworden sei[33].
In Anlehnung an die Pandektenlehre und das ADHGB regelt auch der Dresdner-Entwurf das allgemeine gesetzliche Rücktrittsrecht des Gläubigers wegen der Nichterfüllung lediglich für den Fall des Verzugs. Damit der Gläubiger bei Verzug vom Vertrag abgehen kann, muss die weitere Voraussetzung vorliegen, dass die verspätete Leistung des Schuldners für den Gläubiger zwecklos oder nutzlos ist.
Bei der Frage des Rücktrittsrechts bei Verzug machten das ADHGB und der Dresdner-Entwurf einen Fortschritt, der auch für die Neugestaltung des gesetzlichen Rücktrittsrechts, der sich auch im nachfolgenden Entwurf Kübels und im BGB niederschlägt.
Auch der Entwurf von Kübel regelt das Rücktrittsrecht als Rechtsbehelf für den Fall des Verzugs (Vorlage, I, 3, III, 2, § 28).
§ 28: „Bei gegenseitigen Verträgen kann der Gläubiger, wenn in Folge des Verzuges des Schuldners die diesem obliegende Leistung für ihn nutzlos geworden ist oder an Werth für ihn erheblich verloren hat, auch von dem Vertrage zurückzutreten, unbeschadet seines Rechtes auf den Ersatz eines weiteren zur Zeit des Rücktritts schon entstandenen Schadens..."

Diese Regelung über den Rücktritt wegen des Verzugs entspricht der gemeinrechtlichen Lehre[34], dass ein Rücktrittsrecht des einen Teils bei gegenseitigen Verträgen nur im Falle des Verzuges des Anderen und nur unter der Voraussetzung zugelassen wurde, dass das durch den Verzug verletzte Interesse der Vertragspartei einschließlich des ihr durch den Verzug erwachsenen Schadens nur durch den Rücktritt ausgeglichen werden kann.
Im Gegensatz zum grundsätzlichen Rücktrittsverbot aus dem Abschnitt über Rechte und Verpflichtungen aus Verträgen (Vorlage, I, 2, I, 3, § 2) enthält der Entwurf eine weitere Regelung über das gesetzliche Rücktrittsrecht für die Fälle der Unmöglichkeit im Abschnitt über „Folgen der Nichterfüllung der Verbindlichkeit" (Vorlage, I, 3, III, 1, § 3).
§ 3: „Bei gegenseitigen Verträgen kann der Gläubiger *im Falle gänzlicher Unmöglichkeit der Leistung* anstatt des in § 2. bezeichneten Anspruches *von dem Vertrage zurücktreten,* unbeschadet seines Rechtes auf den Ersatz eines weiteren zur Zeit des Rücktrittes schon entstandenen Schadens. *Im Falle nur theilweiser Unmöglichkeit steht dieses Rücktrittsrecht dem Gläubiger dann zu,* wenn die

33 Dres.-Prot. S. 4188.
34 Kübel, Motive, I, 3, III, 1 (zu §§ 1-7), S. 867.

Leistung in Folge ihrer theilweisen Unmöglichkeit ihm nutzlos geworden ist oder an Werth für ihn erheblich verloren hat."[35]

Diese Regelung ermöglicht dem Gläubiger, vom Vertrag auch bei Unmöglichkeit abzugehen ebenso wie bei Verzug.
Im Hinblick darauf, dass das Rücktrittsrecht als Rechtsfolge der Nichterfüllung in den Entwürfen und Gesetzen einschließlich des ADHGB in der zweiten Hälfte des 19. Jahrhunderts ausnahmsweise nur für den Verzug anerkannt wurde, hatte der Teilentwurf von Kübel mit dem § 3 einen entscheidenden Fortschritt für die Entwicklung des allgemeinen Rücktrittsrechts im nachfolgenden BGB getan, indem der Entwurf das Rücktrittsrecht auf die Fälle der Unmöglichkeit ausdehnte[36].
Diese Entwicklung beruht vor allem darauf, dass der Rechtsbehelf, der dem Gläubiger bei Unmöglichkeit nach dem früheren Recht gewährt wurde, Kübel als ungenügend erschien, weil Kübel sich fragte, warum das Gesetz bei Unmöglichkeit den Gläubiger nur auf den Schadensersatz verweisen soll[37].
Mit der Feststellung, dass die Verweisung auf die Schadensliquidierung bei der Unmöglichkeit nicht das einzige Rechtsmittel zum Schutz des Interesses des Gläubigers sei und es eine Unbilligkeit für den Gläubiger sei, im Fall der Unmöglichkeit den Gläubiger nur lediglich auf die Einforderung des Geldäquivalents (neben weiterem Schadensersatz) zu verweisen[38], wurde die Frage erstmals von Kübel in den Vordergrund gestellt, ob der Gläubiger bei der Unmöglichkeit vom Vertrag ebenso abgehen kann wie beim Verzug:
„Allein wie bei dem Verzug, so verlangt auch bei totaler und partieller Unmöglichkeit der Erfüllung das Interesse des Gläubigers unter Umständen, dass ihm als Mittel zur Ausgleichung seines Schadens der Rücktritt gewährt werde, als

[35] Hervorhebung von mir
[36] Hiergegen, Leser, Rücktritt, S. 26 ff; Scherner, Rücktrittsrecht, S. 156 ff. und S. 200 ff; Emmerich, Leistungsstörungen, S. 6. Alle genannten Autoren weisen darauf hin, dass das ADHGB maßgebendes Vorbild für die allgemeine gesetzliche Rücktrittsregelung des BGB bei der Unmöglichkeit und dem Verzug sein dürfte. Diese Ansicht gilt nur für den Verzug, weil das Rücktrittsrecht bei Unmöglichkeit erst von Kübel im Teilentwurf eingeführt wurde.
[37] Kübel, Motive, I, 3, III, 1 (zu §§ 1-7), S. 867: „Wenn nun zur Wahrung dieses Interesse oder zur Ausgleichung des dem Gläubiger durch den Verzug erwachsenen Schadens diesem ein Rücktrittsrecht eingeräumt wird und eingeräumt werden muß, so fragt sich, warum nicht in anderen Fällen, wo eine von dem Schuldner zu verantwortende totale Unmöglichkeit der Erfüllung oder eine partielle Unmöglichkeit der Erfüllung in quantitativer oder qualitativer Beziehung vorliegt, dem Gläubiger dasselbe Mittel zur Ausgleichung seines Schadens gegeben werde, warum hier der Gläubiger *ausschließlich* auf die Liquidirung des ihm durch die gänzliche oder partielle Nichterfüllung erwachsenen Schadens verwiesen werden soll." (Hervorhebung von mir).
[38] Kübel, Motive, I, 3, III, 1 (zu §§ 1-7), S. 868.

ein ihm aus dem Schuldverhältniß gegen den nichterfüllenden Schuldner zustehendes Recht.“[39]

Aufgrund dieser Gedanken behauptete Kübel, dass ein Bedürfnis für ein Rücktrittsrecht bei Unmöglichkeit beim gegenseitigen Vertrag anzuerkennen sei. Durch die positivrechtliche Aufnahme des allgemeinen gesetzlichen Rücktrittrechts durch Kübel wurde daher der zu vertretenden Unmöglichkeit als Sondertatbestand, der eine Ausnahme vom Prinzip der Realerfüllung darstellt, die weitere Bedeutung als Rücktrittsgrund zugewiesen.
Hieraus lässt sich folgern, dass das gesetzliche Rücktrittsrecht als Rechtbehelf bei der Unmöglichkeit erst im Teilentwurf anerkannt wurde und damit der Teilentwurf von Kübel mindestens eine Gelegenheit für eine Debatte über die Notwendigkeit eines allgemeinen Rücktrittsrechts im Fall der Unmöglichkeit im nachfolgenden Gesetzgebungsverfahren des BGB bot[40].

3. Die Culpa-Haftung des Schuldners für die Nichterfüllung bei Kübel

Kübel verwendet den Ausdruck „Nichterfüllung“ als Grundtatbestand, auf den sich die Culpa-Haftung im bestehenden Schuldverhältnis gründet. Bei der Verwendung des Begriffs der Nichterfüllung ging Kübel selbst nicht auf die Definition der Nichterfüllung ein, sondern verwies auf den Dresdner-Entwurf, wo in der Beratung die Frage gestellt wurde, ob die Begriffe der Nichterfüllung und der nicht gehörigen Erfüllung voneinander unterschieden werden sollten oder vielmehr der letzte mit der Nichterfüllung im weiteren Sinne erfasst werden kann.
Bevor die Frage gestellt wird, ob Kübel den Begriff der Nichterfüllung des Dresdner-Entwurfes sich zu eigen gemacht hatte, kann vorerst auf die Ansicht Kübels über das Verhältnis der Einrede des nicht erfüllten Vertrages zur *exceptio non rite adimpleti contractus* hingewiesen werden.
Bei der *exceptio non rite adimpleti contractus* schloss sich Kübel der Auffassung des Dresdner-Entwurfes an:
„Es wird, als heutzutage in der Wissenschaft und Praxis allgemein anerkannt, keiner besonderen Rechtfertigung bedürfen, wenn die früher sog. *exceptio non rite impleti contractus* als mit der Einrede des nicht erfüllten Vertrages identisch

[39] Kübel, Motive, I, 3, III, 1 (zu §§ 1-7), S. 867.
[40] Anders Kaiser, Rückabwicklung, S. 15, wo sie davon ausgeht, dass die erste Kommission zum BGB erstmals ein allgemeines Rücktrittsrecht anerkannte, indem diese neben das vertragliche Rücktrittsrecht und die Wandelung ein gesetzliches Rücktrittsrecht wegen zu vertretender Unmöglichkeit stellte.

behandelt wird. Es besteht auch kein Bedürfnis, dies im Gesetzbuch selbst ausdrücklich hervorzuheben."[41]

Damit konnte die *exceptio non rite adimpleti contractus* keinen eigenen Platz im Teilentwurf erhalten, sondern wurde der *exceptio non adimpleti contractus* unterstellt.
Dagegen sah Kübel bei der Behandlung der Vertragsstrafe die Sachverhalte der Nichterfüllung und der nicht gehörigen Erfüllung als voneinander verschieden an.
§ 6: „Wird von einem Schuldner dem Gläubiger eine Leistung als Strafe für den Fall versprochen, daß er seine Verbindlichkeit nicht erfüllen werde, so hat, wenn dieser Fall eintritt, der Gläubiger die Wahl, die Erfüllung oder die Strafe zu verlangen. Ist die Strafe für den Fall versprochen, daß die Verbindlichkeit nicht zur bestimmten Zeit oder nicht am bestimmten Orte erfüllt werde, so kann, wenn dieser Fall eintritt, die Strafe nebst der Erfüllung verlangt werden."[42]

Nach § 6 hat der Gläubiger aufgrund der Vertragsstrafe für den Fall der Nichterfüllung nur die Wahl, die Erfüllung der versprochenen Leistung oder die Strafe zu verlangen, soweit die Strafe nicht für die Fälle vorgesehen ist, in denen der Schuldner die Verbindlichkeit nicht zur bestimmten Zeit der Erfüllung oder nicht am bestimmten Erfüllungsort erbracht hat.
Die Vorschriften über die Vertragsstrafe bringen zum Ausdruck, dass die Ausdrücke der Nichterfüllung und der nicht gehörigen Erfüllung nur die Hauptverbindlichkeit betreffen[43], insbesondere der letzte den Fall der Schlechterfüllung, nicht den Fall der Nebenpflichtverletzung betrifft.
Wegen der unterschiedlichen Rechtsfolgen teilte der Teilentwurf in den Vorschriften über die Vertragsstrafe den Sachverhalt der Nichterfüllung ausnahmsweise in die zwei Fälle ein, nämlich in die Nichterfüllung (im engeren Sinne) und die nicht gehörige Erfüllung. Bei der Verwendung des Begriffs „Nichterfüllung" basierte der Teilentwurf auf dem Dresdner-Entwurf.
Die Trennung von der „Nichterfüllung" und der „nicht gehörigen Erfüllung" in den Vorschriften über die Vertragsstrafe konstituiert eine Ausnahme von der allgemeinen Verwendung des weiteren Begriffs der Nichterfüllung im Teilentwurf. Außer bei der Vertragsstrafe lag dem Teilentwurf im allgemeinen der weitere Begriff der Nichterfüllung zugrunde[44]. Das entspricht dem Dresdner-Entwurf.

---

[41] Kübel, Motive, I, 2, I, 3(zu § 4, S. 387). Hierbei verwies Kübel auf die Dresd.-Prot (insbes. S. auf 737).
[42] Kübel, Vorlage, I, 2, I, 2.
[43] Hierzu vgl. Kübel-Vogel, Motive, I, 2, I, 2, b, S. 11 u.16.
[44] Kübel-Vogel, Motive, I, 2, I, 2, b (zu § 6), S. 338, wo man erkennen kann, dass § 6 des Teilentwurfs die Regelung des Dresdner-Entwurfs übernahm.

Die Nichterfüllung im weiteren Sinne umfasst daher die nicht gehörige Erfüllung: die nicht gehörige Erfüllung ist der Fall, dass der Schuldner zwar die Leistung erbracht hat, aber nicht gehörig, z. B. nicht am richtigen Ort oder nicht zur rechten Zeit.
Die Nichterfüllung, für die der Schuldner einzustehen hat, ist als Regelfall anzusehen, für den die Realerfüllung insoweit als regelmäßiger Rechtsbehelf zu gelten hat, soweit das Gesetz für besondere Fälle keine Ausnahme macht[45].
Wegen des Vorrangs der Realerfüllung kann der Gläubiger grundsätzlich gegen den Schuldner nicht auf Schadensersatz statt auf Erfüllung klagen, wenn der Schuldner die Verbindlichkeit nicht erfüllt. Nach Kübel muss sich die Zulässigkeit, auf Schadensersatz statt auf Erfüllung zu klagen, aus den allgemeinen Bestimmungen des Gesetzes ergeben.
Auf dieser Grundlage musste der Teilentwurf die Fälle in einzelnen Bestimmungen regeln, in denen der Gläubiger auf Schadensersatz wegen Nichterfüllung statt auf Erfüllung klagen kann. Zu den besonderen Fällen, die Kübel in den Teilentwurf als Ausnahme vom Grundsatz der Realerfüllung aufnahm, sind die Unmöglichkeit und der Verzug zu zählen[46].
Dass Kübel zwar den Grundsatz des Vorranges der Realerfüllung nicht ausdrücklich im Teilentwurf formulierte, dieser Grundsatz aber dem Teilentwurf zugrunde liegt, ist nicht zweifelhaft.
Die Frage, für welche sonstigen Fälle der Nichterfüllung außerhalb von Unmöglichkeit und Verzug Kübel das Prinzip der Realerfüllung ins Auge fasst, blieb jedoch ungeklärt.
Wenn die schlechte Erfüllung entweder als ein Sachverhalt der nicht gehörigen Erfüllung in dem Sinne, dass der Schuldner die Verbindlichkeit zwar erfüllt, aber nicht gehörig erfüllt hat, oder als ein Fall der Nichterfüllung im weiteren Sinne angesehen werden kann[47], da die schlechte Erfüllung keine Erfüllung darstellt, dann stellt sich Frage, wo der Teilentwurf sonst Regelungen über die Haftung für die nicht gehörige Erfüllung oder die schlechte Erfüllung enthält. Denn die Vorschriften über die Folgen der Nichterfüllung haben nur die Unmöglichkeit und den Verzug zum Gegenstand und sie können daher keine Anwendung auf die Fälle der nicht gehörigen Erfüllung finden.
Außerhalb des Abschnittes über die Rechtsfolgen der Nichterfüllung der Verbindlichkeit enthält der Teilentwurf die allgemeine Klausel über den Inhalt der Verpflichtung und die Haftung des Schuldners für die Culpa im Abschnitt über die Wirkungen der Schuldverhältnisse[48]:

---

[45] Kübel, Motive, I, 3, III, 1, S. 862-863.
[46] Kübel, Motive, I, 3, III, 1, S. 857.
[47] Die nicht gehörige Erfüllung stellte im Dresdner-Entwurf keinen Grund für das ordnungsgemäße Erlöschen der Verbindlichkeit dar.
[48] An diesen Regelungen ist erkennbar, dass Kübel die Artt. 228-229 des Dresdner-Entwurfs übernahm (Hierzu vgl. Würthwein, Schadensersatzpflicht, S. 255).

§ 197: „Die in einem Schuldverhältnisse Stehenden haften sich gegenseitig nicht nur für absichtliche Verschuldung, sondern selbst für geringe Fahrlässigkeit. Letztere verschuldet, wer nicht diejenige Sorgfalt anwendet, welche ein sorgsamer Hausvater anzuwenden pflegt."
§ 198: „Bezweckt ein auf Vertrag beruhendes Schuldverhältniß nach seiner Natur oder seinem Inhalt lediglich den Vortheil des einen Betheiligten, so haftet Diesem der andere Betheiligte nur für absichtliches Verschulden und grobe Fahrlässigkeit. Letzterer macht sich schuldig, wer nicht diejenige Sorgfalt anwendet, welche jeder gewöhnliche Mensch anzuwenden pflegt."

Aus diesen beiden Vorschriften, in denen die Haftung des Schuldners für die Nichterfüllung einer bestehenden Verbindlichkeit nach dem Utilitätsprinzip bemessen wurde, entsteht der Eindruck, dass dem Teilentwurf grundsätzlich die allgemeine Culpa-Haftung zugrund lag.
Neben diesen beiden Vorschriften enthält der Teilentwurf eine Regelung über den Inhalt der vertraglichen Verpflichtung.
§ 196: „Die in einem Schuldverhältnisse Stehenden sind sich gegenseitig verpflichtet, die daraus für sie entspringenden Verbindlichkeiten redlich und treu und unter Aufwendung desjenigen Grades der Sorgfalt zu erfüllen, welchen sie versprochen haben oder zu welchem sie gesetzlich verpflichtet sind."

§ 196 regelt den Inhalt der Verpflichtung des obligatorischen Schuldverhältnisses. Nach § 196 ist der Schuldner verpflichtet, die Leistung redlich und treu zu bewirken. Auf Erfüllung und Bewirkung derjenigen Leistung, zu welcher das betreffende Schuldverhältnis verpflichtet, hat der Schuldner die dem Schuldverhältnis entsprechende Sorgfalt zu verwenden.
§§ 196-198 regeln die allgemeine Wirkung der Schuldverhältnisse. Wenn man einen bestimmten systematischen Zusammenhang in den §§ 196-198 zu erkennen versucht, stellt sich die Frage, welche Bedeutung den einzelnen Vorschriften der §§ 196-198 zuzuweisen ist.
Eine Antwort auf diese Frage kann sich zunächst aus dem Verständnis des Begriffs der „Obligation" bei Kübel ergeben. In den Motiven zu §§ 196-198 äußerte Kübel dazu:
„Ein Versuch, den Inhalt und Umfang der Verpflichtung für jeden denkbaren Fall, für alle möglichen Gestaltungen der Verhältnisse zu regeln, müßte an der Vielseitigkeit und Unübersehbarkeit der Verkehrsbeziehungen und der Vorkommnisse im Leben scheitern."[49]

Aus dieser Aussage ergibt sich, dass Kübel grundsätzlich auf die Beschreibung des Inhalts der einzelnen Schuldverhältnisse verzichtete, da der Inhalt der Ver-

[49] Kübel, Motive, I, 3, I, 1, S. 737.

pflichtung aus dem jeweiligen Schuldverhältnis sich unterschiedlich gestaltet. Daher stellte Kübel nur den die Beziehungen aus sämtlichen Schuldverhältnissen beherrschenden allgemeinen Grundsatz in § 196 auf, wonach die aus dem Schuldverhältnis sich ergebenden Verpflichtungen, sofern deren Inhalt und Umfang sich nicht aus der für das Verhältnis im konkreten Falle maßgebenden Norm genau bemisst, unter gewissenhafter und vernünftiger Berücksichtigung dessen, was aus den in Betracht zu ziehenden Umständen als gewollt und beabsichtigt erscheint, treu und redlich zu erfüllen sind.

In dieser Hinsicht spielt § 196 eine die vertragliche Vereinbarung ergänzende Rolle besonders für die Feststellung der zur zweckmäßigen Erfüllung der Hauptverbindlichkeit dienenden Nebenpflichten, die im Vertrag nicht ausdrücklich vereinbart sind.

Im Gegensatz zu den Regelungen über die Rechtsfolge wegen Unmöglichkeit und Verzug brachten §§ 197-198 keinen Haftungstatbestand und keine bestimmte Rechtsfolge zum Ausdruck.

Sie regeln vielmehr nur den Umfang der Haftung des Schuldners für die Erfüllung der versprochenen Verbindlichkeit.

Auf den ersten Blick scheint dem Teilentwurf eine Vorschrift über die Culpa-Haftung zu fehlen.

Bei tiefergehender Betrachtung setzen aber die Regelungen der §§ 197-198 die auf der allgemeinen Culpa-Haftung beruhende Einstandspflicht voraus, dass der Schuldner für jede Fahrlässigkeit haftet. Der Grundgedanke der Culpa-Haftung, dass nur derjenige haftet, dem ein Verschulden zur Last fällt, war auch für Kübel maßgeblich. Entsprechend dieser Regel ging Kübel davon aus, dass dieser in der Natur der Sache liegende Satz im Gesetz selbst nicht ausgesprochen zu werden braucht, wenn das Gesetz von dem Prinzip ausgeht, dass der Verpflichtete in Schuldverhältnissen nur für sein Verschulden haftet. Damit entschied sich Kübel dafür, dass diese Regel im Gesetz nicht zum Ausdruck gebracht werden muss[50].

Auf dieser Grundlage war für Kübel eher die Frage von Bedeutung, für welche Fahrlässigkeit der Schuldner einzustehen hat. Der Umfang der Culpa-Haftung wird nach dem Utilitätsprinzip bestimmt. Dabei kommt es auf die besondere Natur des Geschäfts an. Der Teilentwurf hatte sich daher in den §§ 197-198 nur mit dem Umfang der Culpa-Haftung des Schuldners für die Erfüllung der Verpflichtung aus einzelnen Schuldverhältnissen zu befassen[51].

§§ 197-198 regeln die zwei verschiedenen Grade der *culpa*, nach welchen die Haftung des Schuldners bemessen werden kann, indem das absichtliche Verschulden mit der groben Fahrlässigkeit gleichgestellt wurde[52]. Die Frage, welche von beiden Vorschriften auf einen Fall anwendbar ist, wird nach der Natur des einzelnen Geschäfts bestimmt. Hierbei kommt es vor allem darauf an, ob das

---

[50] Kübel, Motive, I, 3, I, 1, S. 750.

[51] Kübel, Motive, I, 3, I, 1, S. 750.

[52] Kübel, Motive, I, 3, I, 1, S. 752-754.

Geschäft nur zu Gunsten des anderen Teils dient oder nicht. Auf den ersten Fall zielt § 198 und auf den letzten Fall § 197. Kübel regelte nur die alle Schuldverhältnisse beherrschenden Haftungsmaßstäbe in den §§ 197-198 und überließ die Antwort auf die Frage, welche Regelung auf ein einzelnes Schuldverhältnis anzuwenden ist, der objektiven Natur des einzelnen Schuldverhältnisses[53].
Der Grund dafür, dass Kübel zwar die sonstigen Fälle der Nichterfüllung als objektive Haftungstatbestände neben Unmöglichkeit und Verzug kannte, aber im Teilentwurf nicht ausdrücklich regelte, ist nicht klar, jedoch möglicherweise aus der folgenden Äußerung Kübels zu entnehmen:
„Der Anspruch des Berechtigten auf Schadensersatz wegen Nichterfüllung, nicht gehöriger (oder nicht rechtzeitiger) Erfüllung ist nicht ein begrifflich und dem Grund seiner Entstehung nach von demjenigen auf Erfüllung verschiedener... . Im Gegentheil, das betreffende Schuldverhältniß erzeugt mit seiner Entstehung, wie den Anspruch auf Erfüllung, so im Falle des Ausbleibens derselben den Anspruch auf Schadensersatz, ... Es ist also die Klage aus dem unterliegenden Schuldverhältniß, mit welcher der Schadensersatz gefordert wird. Dies trifft auch dann zu, wenn die äußere Thatsache einer Erfüllungshandlung in der Mitte liegt, diese aber nicht vollständig oder mangelhaft ist."[54]

Die äußere Tatsache der Nichterfüllung ist daher für Kübel nicht von großer Bedeutung. Er geht davon aus, dass sich die Klage sowohl auf die Erfüllung als auch auf Schadensersatz aus dem einzelnen Schuldverhältnis ergibt. Die Ansicht von Kübel ist auch aus dem § 200 b zu erkennen, der die Beweislast zu Lasten des Schuldners regelt.
§ 200 b: „Der aus einem Schuldverhältniß Verpflichtete hat die Anwendung der ihm nach der Natur oder dem Inhalt desselben obliegenden Sorgfalt zu beweisen."[55]

Nach § 200 b ist es die Sache des Verpflichteten, die Tatsachen anzuführen und zu beweisen, aus denen sich ergibt, dass er bei der Erfüllung die notwendige Sorgfalt aufgewendet hat[56]: sonst hat der Schuldner für die Sorgfalt einzustehen. Dagegen hat der Berechtigte nur die Entstehung seines Forderungsrechts, d. h. die Entstehung des betreffenden Schuldverhältnisses nachzuweisen[57]. In dieser Hinsicht hatten die äußeren Tatsachen der Nichterfüllung eine besondere Bedeutung eher für den Schuldner, der von der Haftung frei werden will.

---

[53] Kübel, Motive, I, 3, I, 1, S. 752.
[54] Kübel, Motive, I, 3, I, 1, S. 763.
[55] Kübel, Vorlage, I, 3, I, 1.
[56] Kübel, Motive, I, 3, I, 1, S. 764.
[57] Kübel, Motive, I, 3, I, 1, S. 764.

Im Ergebnis gab die äußere Tatsache der Nichterfüllung selbst (auch nicht bei der Unmöglichkeit und dem Verzug) Kübel keinen Anlass zur Regelung im Gesetz. Das Bedürfnis für eine Sonderbehandlung des Verzuges und der Unmöglichkeit im Gesetz sah er hingegen in der Besonderheit der entsprechenden Rechtsfolgen.
Für die äußeren Tatsachen der Nichterfüllung, die nicht Unmöglichkeit und Verzug betreffen, gelten grundsätzlich die §§ 197-198.

II. Die Bedeutung der Verzugsregelung für die sonstigen Fälle der positiven Vertragsverletzung in der Zeit Kübels

Auf die Frage, ob die Verzugsregeln des BGB entweder eine direkte oder analoge Anwendung auf die Fälle der Erfüllungsverweigerung und der wesentlichen Vertragsverletzung beim Sukzessivlieferungsgeschäft, die den Vertragszweck gefährdet, finden sollten, gab Kübel selbst keine Antwort. Nur bei der Erörterung der Frage, ob das gesetzliche Rücktrittsrecht als Rechtsfolge der Nichterfüllung auf die vom Schuldner zu vertretende Unmöglichkeit ausgedehnt werden kann, bezog Kübel in die Motive zum Teilentwurf insbesondere die Verzugsregeln des ADHGB (Artt. 354-355 ADHGB) in seine Überlegungen ein[58].
Die Fälle der Erfüllungsverweigerung und der wesentlichen Vertragsverletzung beim Sukzessivlieferungsgeschäft und das Verhältnis der beiden Fälle zum Verzug blieben daher in den Motiven von Kübel unerörtert. Um den Ursprung der Verzugsregelungen des BGB aF zu verdeutlichen und um auf die Frage einzugehen, ob Kübel der Fall der Erfüllungsverweigerung und der Vertragsverletzung beim Sukzessivlieferungsgeschäft bereits bekannt war, und falls ja, warum Kübel diese Problematik in den Motiven nicht ausführlich erörtert, wird im folgenden die Situation skizziert, in der Kübel und seine Zeitgenossen standen.
Zu den Fällen der positiven Vertragsverletzungen werden heute nach h. M. neben der Schlechterfüllung und der Nebenpflichtverletzung noch zwei weitere Fallgruppen gerechnet: (1) Die Erfüllungsverweigerung vor Fälligkeit und (2) die Vertragsverletzung beim Sukzessivlieferungsgeschäft, soweit sie die Besorgnis künftiger Vertragsverstöße begründet.
Die Lehre von der positiven Vertragsverletzung von Staub gilt heute allgemein als eine juristische Entdeckung der Zivilrechtsdogmatik[59].
Eine wesentliche Vertragspflichtverletzung beim sog. sukzessiven Lieferungsgeschäft, durch welche die Erreichung des Vertragszwecks gefährdet wird, nannte

---

[58] Kübel, Motive, I, 3, III, 1, S. 866, wo er festgestellt hat, dass das ADHGB den Satz ausbildet, dass bei Verzuge des einen Teils der Andere von dem Vertrage zurücktreten kann.
[59] Heinrichs, Hermann Staub, S. 398; Elschner, Hermann Staub, 210-211. Demgegenüber will Dölle die Lehre von der positiven Vertragsverletzung eher als „Erfindung" rühmen (Dölle, Juristische Entdeckungen, in: Verhandlungen des 42. DJT (1957), Bd. II, B. 16).

Staub selbst als einen Fall der positiven Vertragsverletzungen in seinem ersten Beitrag „Über die positive Vertragsverletzung und ihre Rechtsfolgen“ in der Festschrift zum 26. Deutschen Juristentag 1902[60], wo er jedoch die vorzeitige Erfüllungsverweigerung nicht erwähnt[61]. Erst zwei Jahre später ordnete Staub den Fall vorzeitiger Erfüllungsverweigerung unter Einbeziehung des Urteil des Reichsgerichts vom 23. Februar 1904 in der 2. Auflage in die positive Vertragsverletzung ein.
Hinsichtlich der Begründung des Urteils sprach sich Staub gegen die Auffassung des Reichsgerichts aus, dass die Rechtsfolgen des § 326 BGB aF an die Erfüllungsverweigerung anzuknüpfen seien, und behauptete erneut, dass eine rechtsanaloge Anwendung des § 326 II BGB aF zur Lösung der Fälle der Erfüllungsverweigerung unvermeidlich sei[62]. Denn Staub selbst sah das Bedürfnis nach der analogen Anwendung des § 326 BGB aF darin, dass die vorzeitige Erfüllungsverweigerung nicht direkt auf § 326 aF gestützt werden könne[63], da im Fall der vorzeitigen Erfüllungsverweigerung die tatbestandlichen Voraussetzungen des § 326 aF nicht vorliegen.
Wie Staub meinte, setze § 326 BGB aF ausdrücklich voraus, dass der Schuldner im Verzug ist, und der Schuldner sei trotz seiner Erfüllungsverweigerung ohne Fälligkeit und Mahnung regelmäßig nicht in Verzug [64].

Zur Anwendbarkeit der Verzugsregeln des ADHGB auf die Fälle der Erfüllungsverweigerung und der wesentlichen Vertragsverletzung beim Sukzessivlieferungsgeschäft war allgemein in der grundlegenden Rechtsprechung des ROHG anerkannt, dass der Gläubiger eine Frist zur Nachlieferung verspäteter Leistung nicht gewähren muss, um das Wahlrecht aus den Art. 354-355 auszuüben, wenn der Schuldner die Erfüllung verweigert hat, und zwar in direkter Anwendung der Artt. 354-355.
Die Ansicht der Wissenschaft hat sich nach dem Inkrafttreten des BGB mehrfach geändert. Bald nach dem Inkrafttreten des BGB stellte Erler erstmals die Frage:
„Bedarf es im Falle des § 326 B.G.B. zur Begründung des Wahlrechts zwischen Schadensersatz wegen Nichterfüllung und Rücktritt der Bestimmung einer Frist auch bei vorzeitiger Erfüllungsverweigerung des anderen Theils?“[65]

Er war der Ansicht, dass es der Fristbestimmung bei vorzeitiger Erfüllungsverweigerung zum Eintritt der Rechtsfolgen bedarf[66]. Erler verneint die direkte An-

[60] Staub, PVV 1902, S. 24.
[61] Vgl. auch Elschner, Hermann Staub, S. 226.
[62] Staub, PVV 1904, S. 56-57.
[63] Staub, PVV 1904, S. 57.
[64] Staub, PVV 1904, S. 56-57.
[65] Erler, DR 1901, 421-423.

wendbarkeit der Verzugregeln des BGB auf die Fälle der Erfüllungsverweigerung und der Vertragsverletzung beim Sukzessivlieferungsgeschäft nicht.
Die Ansicht Erlers wurde von Niedner verworfen[67], der davon ausgeht, dass die Fristbestimmung im § 326 aF mit der Fristgewährung im Art. 356 des ADHGB gleichbedeutend sein sollte, so dass die Fristgewährung des § 326 aF keine Voraussetzung für die Ausübung des Wahlrechts ist.
Im selben Jahr nahm Staub kritisch Stellung zur Ansicht Niedners, wobei er zugleich für die Ansicht Erlers eintrat[68]. Vor dieser Schrift gegen die Ansicht Niedners behandelte auch Staub zwar den Fall der Erfüllungsverweigerung vor und nach Fälligkeit im Kommentar zum HGB (1900), in dem er eine mit den Verzugsregeln des BGB zusammenhängende Darstellung über den Verzug brachte und die Anwendbarkeit der Verzugsregeln auf beide Fälle nicht in Frage stellte. Hierbei stellte er eher die Frage in den Vordergrund der Diskussion, ob die „Fristbestimmung" nach dem BGB bei der Erfüllungsverweigerung zum Eintritt der Rechtsfolgen des § 326 aF „absolut" erforderlich ist oder nicht.

Die Problematik und der Stand der Lehre der Zeit zeigt sich in der Fragestellung Niedners:
„Die Frage: *Bedarf es bei einem gegenseitigen Vertrage zur Begründung des Rechts auf Schadensersatz wegen Nichterfüllung oder Rücktritt der Bestimmung einer Frist auch bei vorzeitiger Erfüllungsverweigerung des anderen Teils?* ist auf dem Gebiet des Handelsrechts vor dem Inkrafttreten des BGB von den höchsten Gerichtshöfen in konstanter Praxis verneint worden..."[69]

Der Gegenstand des Streits bezieht sich nur auf die Auslegung der Fristbestimmung des § 326 BGB aF. Dabei handelt es sich darum, ob es der Fristbestimmung auch bei der vorzeitigen Erfüllungsverweigerung bedarf. Bei der Auslegung der Fristbestimmung wurde das Verhältnis der Verzugsregeln insbesondere des Art. 356 des ADHGB zum § 326 BGB zum Hauptgegenstand, da das Rechtsinstitut der Nachfrist erst durch das ADHGB eingeführt wurde und das BGB die Verzugsregeln des ADHGB übernahm.
Mit der Konzentrierung auf die Auslegung der Fristbestimmung wurde die Frage selbst, ob die Verzugsregeln auf die Erfüllungsverweigerung und die Vertragsverletzung beim Sukzessivlieferungsgeschäft direkt anwendbar sind oder nicht, an den Rand gedrängt, genauer gesagt: Vor dem Aufkommen der Lehre von der positiven Vertragsverletzung wurde diese Frage nicht erörtert.

---

66 Erler, DR 1901, 421.
67 Niedner, DJZ 1901, S. 443-445.
68 Staub, DJZ 1901, 478-479.
69 Niedner, DJZ 1901, S. 443 (Hervorhebung von mir). Vgl. auch Erler, DR 1901, S. 421 f.; Staub, DJZ 1901, 478.

Für die Fälle der Erfüllungsverweigerung ist heute die Regel herrschend, dass der Gläubiger sofort Schadensersatz wegen Nichterfüllung verlangen oder vom Vertrag zurücktreten kann, ohne die Fälligkeit abzuwarten, wenn der Schuldner die ernsthafte und endgültige Erfüllungsverweigerung schon vor Fälligkeit erklärt[70].

Diese Regel war, wie oben geschildert, schon vor Inkrafttreten des BGB, insbesondere in der Praxis zum ADHGB allgemein anerkannt. Der Unterschied zwischen den Lösungen vor und nach der Entstehung des Instituts „positive Vertragsverletzung" liegt darin, dass ROHG und Reichsgericht grundsätzlich die direkte Anwendung der Verzugsregeln auf die beiden Fälle anerkannten. Demgegenüber beruft sich die heutige Regel auf die analoge Anwendung des § 326, weil § 326 den Verzug voraussetze.

Aus der bisherigen Schilderung der Entwicklung der Lösung der Fälle der Erfüllungsverweigerung nach den Verzugsregeln des ADHGB und des BGB entsteht zunächst die Frage, warum einige Juristen nach dem Inkrafttreten des BGB von der in der Praxis entwickelten Lösung nach den Verzugsregelungen des ADHGB abrücken wollten und worin der Unterschied der Verzugsregeln im BGB und ADHGB besteht. Gab es einen Grund für die Veränderung der Grundvorstellung vom Verzug und den Fällen der Erfüllungsverweigerung? - Wenn ja, war der Übergang von der direkten Anwendung der Verzugsregeln zur analogen Anwendung für die sachgerechte Lösung der Fälle der Erfüllungsverweigerung und der Vertragsverletzung beim Sukzessivlieferungsvertrag wirklich notwendig? Diese Frage wird noch wichtiger, wenn man berücksichtigt, dass die Artt. 354-356 ADHGB, mit deren direkter Anwendung das ROHG und das Reichsgericht die beiden Fallgruppen gelöst hatten, auch nur auf den Tatbestand „Verzug" gerichtet sind. Diese Frage ist bisher unerörtert geblieben.

Für die Frage nach der Bedeutung der Verzugsregelung für die Fälle der Erfüllungsverweigerung und der wesentlichen Vertragsverletzung beim Sukzessivliefeferungsgeschäft ist es unentbehrlich, auf das ADHGB, das HGB und das BGB der Reihe nach einzugehen. Außerdem ist es noch erforderlich, auf die Rechtsprechung des ROHG und des RG einzugehen, um die Frage zu beantworten, ob sich eine Veränderung der Grundvorstellung über die Problematik in der Praxis nach dem Inkrafttreten des BGB findet oder nicht, und wenn ja, worin der Grund dafür liegt.

[70] Hierzu vgl. Huber. Leistungsstörungen, Bd. II, S. 566.

1. Die Regeln des ADHGB über den Verzug

Außer der Einführung der Nachfrist und der positivrechtlichen Aufnahme des allgemeinen gesetzlichen Rücktrittsrechts beim Verzug hat das ADHGB einen wichtigen Anteil an der Rechtsfindung des Reichsgerichts für die Lösung der Fälle der Erfüllungsverweigerung durch die Verzugsregeln.
Das ADHGB regelt die Folgen des Verzuges in den Artt. 354-355, deren Anwendung auf den Handelskauf beschränkt ist.
Art. 354 behandelt den Fall, dass der Käufer mit der Kaufpreiszahlung in Verzug ist, und hat nur den Fall zum Gegenstand, dass die Ware noch nicht übergeben ist[71].
Art. 355 normiert die Rechte des Käufers, wenn der Verkäufer mit der Übergabe im Verzug ist[72].
Nach Artt. 354 und 355 steht dem anderen beim Verzug des einen Vertragspartners die folgenden Rechte zu, die nebeneinander gestellt und als wahlweise gegeben bezeichnet sind:
-. Recht auf Erfüllung und Schadensersatz wegen verspäteter Erfüllung oder
-. Schadensersatz wegen Nichterfüllung statt Recht auf Erfüllung oder
-. Recht, vom Vertrag zurückzutreten

Die Artt. 354 und 355 setzen den Eintritt des Verzugs voraus. Das ADHGB enthält jedoch keine Bestimmungen über die Voraussetzungen des Verzuges, sondern regelt nur die Folgen des Verzugs[73]. Die Grundsätze des allgemeinen bürgerlichen Rechts über die Voraussetzungen des Verzuges finden daher in vollem Umfang Anwendung[74]. Unter Verzug ist auch im ADHGB eine schuldhafte Unterlassung der fälligen Leistung zu verstehen.

---

71 Art. 354 ADHGB: „Wenn der Käufer mit der Zahlung des Kaufpreises im Verzuge und die Waare noch nicht übergeben ist, so hat der Verkäufer die Wahl, ob er die Erfüllung des Vertrages und Schadensersatz wegen verspäteter Erfüllung verlangen, oder ob er statt der Erfüllung die Waare unter Beobachtung der Bestimmungen des Art. 343 für Rechnung des Käufers verkaufen und Schadensersatz fordern, oder ob er von dem Vertrage abgehen will, gleich als ob derselbe nicht geschlossen wäre."

72 Art. 355 ADHGB: „Wenn der Verkäufer mit der Uebergabe der Waare im Verzuge ist, so hat der Käufer die Wahl, ob er die Erfüllung nebst Schadensersatz wegen verspäteter Erfüllung verlangen, oder ob er statt der Erfüllung Schadensersatz wegen Nichterfüllung fordern oder von dem Vertrage abgehen will, gleich als ob derselbe nicht geschlossen wäre."

73 Puchelt/Förtsch, ADHGB, Bd. II, Art. 354, 2), S. 1020.

74 Staub, ADHGB, Art. 355, § 5, S. 816; Hahn, ADHGB Bd. II, Vorbemerkung zu Artt. 354-359, § 4, S. 351. Auch ROHG und RG waren der Auffassung, dass das bürgerliche Gesetzbuch über den Eintritt des Verzugs entscheidet (ROHG VII, 227/RGZ 1, 57). Ein Antrag auf Ausführung der Bestimmungen über das Wesen und den Eintritt des Verzuges wurde in der Beratung zum ADHGB „als bei der Verschiedenheit der bürgerlichen Gesetzgebung zu unlösbaren Verwicklungen führend und darum als unausführbar" abgelehnt (dazu vgl. Hahn, ADH-

Demgegenüber enthalten die Artt. 356 und 357 Bestimmungen über die Geltendmachung der Rechte, die dem Verkäufer oder dem Käufer nach Artt. 354 und 355 zustehen.
Artt. 356 und 357 richten sich nach der Natur des einzelnen Geschäfts, ob es ein Fixgeschäft oder Nichtfixgeschäft ist. Art. 356 gilt für das Nichtfixgeschäft und Art. 357[75] für das Fixgeschäft.
Art. 356: „Will ein Contrahent auf Grund der Bestimmungen der vorherigen Artikel statt der Erfüllung Schadensersatz wegen Nichterfüllung fordern oder von dem Vertrage abgehen, so muss er dies dem anderen Contrahenten anzeigen und ihm dabei, wenn die Natur des Geschäfts dies zulässt, noch eine den Umständen angemessene Frist zur Nachholung des Versäumten gewähren."

Zur Geltendmachung des primären Rechts auf Erfüllung sind die Anzeige und die Nachfristgewährung nicht erforderlich, weil dieses Recht dem Gläubiger unmittelbar auf Grund des Vertrages zusteht[76]. Dagegen sind die Anzeige und die Nachfristgewährung für die gültige Ausübung des zweifachen Wahlrechts als sekundäres Recht statt der Erfüllung maßgebend. Denn der Gläubiger muss das Wahlrecht mit der Anzeige ausüben, dass er die Erfüllung nicht annehmen wolle und statt dessen Schadensersatz wegen Nichterfüllung begehre oder vom Vertrag zurücktrete.
Die Anzeige und die Fristgewährung nach dem Art. 356 können als Voraussetzung der Durchsetzung des zweifachen Wahlrechts (entweder Schadensersatz wegen Nichterfüllung oder Rücktritt vom Vertrag) angesehen werden.
Art. 356 setzt zwar zur Geltendmachung des Rechts von Verkäufer und Käufer den Eintritt des Verzugs voraus und erfordert die Anzeige. Ob die Nachfristgewährung notwendig ist, hängt aber von der Natur des Geschäfts ab.
Das Erfordernis der Anzeige und Fristsetzung, das auf den Gedanken der „*purgatio morae*" zurückgeht, gibt dem Säumigen die letzte Möglichkeit, die primäre Leistung zu erbringen und damit die sekundären Rechtfolgen abzuwenden. Demnach kann der Säumige vor Empfang der Anzeige durch nachträgliche Erfüllung nebst Entschädigung des Verzugsschadens den Verzug ausgleichen[77].

GB Bd. II, Vorbemerkung zu Artt. 354-359, § 4, S. 352). Das ADHGB bestimmt daher absichtlich nichts über das Wesen des Verzuges (Puchelt/Förtsch, ADHGB, Bd. II, Art. 354, 2), S. 1020 und Art. 355, 3a), S. 1029).

[75] Art. 357 ADHGB: „Ist bedungen, dass die Waare genau zu einer festbestimmten Zeit oder binnen einer festbestimmten Frist geliefert werden soll, so kommt der Art. 356 nicht zur Anwendung. Der Käufer sowie der Verkäufer kann die Rechte, welche ihm gemäss Art. 354 oder 355 zustehen, nach seiner Wahl ausüben. Es muss jedoch derjenige, welcher auf Erfüllung bestehen will, dies unverzüglich nach Ablauf der Zeit oder der Frist dem anderen Contrahenten anzeigen; unterlässt er dies, so kann er später nicht auf Erfüllung bestehen."

[76] Staub, ADHGB, Art. 354, Anm. § 14, S. 827; ROHG V, S. 169.

[77] Puchelt/Förtsch, ADHGB, Bd. II, Art. 356, 3 b), S. 1041; Makower, ADHGB, Art. 356, 40 a), S. 460; Gareis/Fuchsberger, ADHGB, Art. 356, Anm. 235.

Erst durch die Anzeige und die Fristgewährung zur Nachholung der nicht erfüllten Leistung, zu welcher der Gläubiger nach Art. 356 verpflichtet ist, wird die Möglichkeit der *purgatio morae* beseitigt und zugleich das primäre Recht auf Realerfüllung nebst Schadensersatz wegen verspäteter Erfüllung ausgeschlossen[78]. Denn die Ausübung des Wahlrechts setzt Anzeige und Nachfristsetzung voraus[79].

Zur Fristgewährung ist der Gläubiger nach Art. 356 nur dann verpflichtet, wenn die Natur des Geschäfts die Gewährung der Nachfrist zulässt und der Schuldner um die Frist zur Nachholung der ausgebliebenen Leistung nachsucht. Einen Ausnahmefall von dieser Pflicht führt Art. 356 selbst an. Der einzige Fall, den das Gesetz vorschreibt, ist der, dass die Natur des Geschäfts die Gewährung einer Nachfrist nicht zulässt. Als Beispiel dafür nahm Staub den Fall, in dem die spätere Leistung nicht mehr erfüllungstauglich ist, z. B. für den Gläubiger an sich nutzlos ist, weil er die Lieferung nicht mehr zu dem Zweck verwenden kann[80], wozu er sie nach der dem anderen Teil bekannten Absicht bestimmt hatte.

2. Die Erfüllungsverweigerung nach dem ADHGB

- Waren die Verzugsregeln der Artt. 354-356 direkt auf den Fall der Erfüllungsverweigerung anwendbar und war der Fall der Erfüllungsverweigerung ein Ausnahmefall von dem Erfordernis der Fristgewährung nach Art. 356? -

1) Der Stand der Lehre

Bei der Anwendung der Artt. 354-355 waren die Fälle der Erfüllungsverweigerung fraglich.

Die Erfüllungsverweigerung liegt etwa in folgenden Fällen vor: Der Verkäufer erklärt dem Käufer, dass er die verkaufte Sache nicht liefern wolle. Umgekehrt erklärt der Käufer dem Verkäufer, dass er die Sache nicht abnehmen werde. Diese Erklärung wird als Zahlungsverweigerung angesehen[81].

---

[78] Anders als Art. 356 gewährt Art. 357 dem Gläubiger das Wahlrecht sofort nach der Verzögerung und erfordert ausnahmsweise die unverzügliche Anzeige des Gläubigers nach dem Ablauf der Zeit, dass er weiter auf Erfüllung bestehen will, um sich das Recht auf Erfüllung zu erhalten.

[79] ROHG, XIII, S. 98.

[80] Staub, ADHGB, Art. 356, An. 21, S. 830. Vgl. auch Makower, ADHGB, Art. 356, 40 c, S. 461.

[81] Staub, ADHGB, Art. 354, Anm. 7, S. 808.

Bei der Frage, ob die Verzugsregeln direkte Anwendung auf den Fall der Erfüllungsverweigerung finden können, war die Lehre der Auffassung, dass Art. 355 nicht bloß bei Verzögerung, sondern auch bei Verweigerung der Vertragserfüllung anwendbar sei[82], da die unberechtigte Verweigerung der Vertragserfüllung mindestens dieselben Rechtsfolgen für den anderen Teil haben muss, wie die bloße Verzögerung der Vertragserfüllung.
In der Literatur zum ADHGB gab es keine Stimmungen gegen die direkte Anwendbarkeit der Verzugsregeln auf die Erfüllungsverweigerung. Die Kommentatoren folgten einfach der Rechtsprechung unter Einbeziehung der Entscheidungen des ROHG[83] und hatten auch keinen Zweifel an der direkten Anwendbarkeit der Verzugsregeln auf die vorzeitige Erfüllungsverweigerung[84]. Hiermit wird deutlich, dass die Lehre allgemein der Auffassung war, Rechte des Verkäufers oder des Käufers bei Erfüllungsverweigerung direkt aus den Verzugsregeln des ADHGB entnehmen zu können, so wie beim Verzug.
Bei der Geltendmachung des Wahlrechts wurde die Frage gestellt, ob die Formalität der Fristgewährung nach Art. 356 für die Fälle der Erfüllungsverweigerung gilt oder nicht. Die Lehre legte den Gedanken zugrunde, dass die Nachfrist dazu bestimmt ist, dem Säumigen die Nachholung des Versäumten zu ermöglichen, und daher kein Grund für die Nachfristgewährung bei ernsthafter und endgültiger Erfüllungsverweigerung vorliegt[85].
Zur Frage der Gewährung einer Frist zur nachträglichen Erfüllung der Leistung äußerte Staub, dass die bestimmte Weigerung, nicht liefern zu wollen, den Käufer jeder weiteren Inverzugsetzungstätigkeit entbinde[86].
Puchelt sah den Grund für die Nutzlosigkeit der Nachfristgewährung bei der Erfüllungsverweigerung darin, dass die Formalität der Nachfristgewährung auf den Gedanken der *purgatio morae* zurückgeht und dem Gläubiger die *purgatio morae* dann nicht mehr zuzumuten ist, wenn der Säumige die Erfüllung der Leis-

---

82 Fuchsberger, Entscheidungen, Art. 355, S. 627.
83 Vgl. bei Makower, ADHGB, Art. 356, Anm. 40) a, S. 460 (ROHG III, 211/322); bei Puchelt/Förtsch, ADHGB, Art. 356, S. 1040-1041 (ROHG X, 241; ROHG XIII, 137); bei Fuchsberger, Entscheidungen, Art. 355, S. 627-628 (ROHG VII, 338); bei Hahn, ADHGB, Bd. II, Art. 356, § 17 und Fn. 40, S. 375 (ROHG III, 210/321, X, 164/240); bei Staub, ADHGB, Art. 355, Anm. § 9, S. 818 (ROHG VII, 338; XIV, 394; RGZ 4, 69; RGZ 7, 44), wo Staub selbst keineswegs die Frage nach der direkten Anwendbarkeit der Verzugsregeln auf die Fälle der Erfüllungsverweigerung stellte.
84 Puchelt/Förtsch, ADHGB, Bd. II, Art. 356, 3a) a), S. 1040; Gareis/Fuchsberger, ADHGB, Art. 355, Anm. 231; Hahn, ADHGB, Art. 356, § 17, S. 375; Makower, ADHGB, Art. 356, 40) a, S. 460; Staub, ADHGB, Art. 354, Anm. § 7, S. 807/Art. 355, Anm. § 9, S. 818, wo Staub selbst die Fälle der vorzeitigen Erfüllungsverweigerung erörterte und als Beispiel für eine Erfüllungsverweigerung die „im Voraus erklärte Zahlungsverweigerung“ anführte.
85 Hahn, ADHGB, Bd. II, Art. 356, § 17, S. 375.
86 Staub, ADHGB, Art. 355, Anm. § 9, S. 818.

tung bestimmt verweigert[87]. Nach Puchelt hätte das Gesetz eine Förmlichkeit vorgeschrieben, welche innerlich grundlos und den Schuldner als Vertragsbrüchigen zum Nachteil des Anderen übermäßig begünstigen würde, wenn das Gesetz an die Förmlichkeit auch bei der Erfüllungsverweigerung weiterhin festhalten würde[88]. Die Erklärung, nicht erfüllen zu wollen, befreit daher den Gläubiger von der Gewährung der Nachfrist[89].

Nach Makower zielt die Bestimmung über die Nachfristgewährung zur Nachholung der Leistung des Säumigen darauf, einem schikanösen Verhalten des Gläubigers vorzubeugen. Die Gewährung einer Nachfrist wäre dann zwecklos und nicht erforderlich, wenn der Schuldner die Erfüllung des Vertrages bestimmmt ablehnt[90]. Staub sah den Grund für die Befreiung des Gläubigers von der Nachfristgewährung bei der Erfüllungsverweigerung in der *ratio legis* und bezeichnete die Erfüllungsverweigerung als einen weiteren Ausnahmefall von der Nachfristgewährung[91], den das Gesetz nicht vorsieht.

Die Kommentatoren zum ADHGB sahen die Nachfristgewährung bei der Erfüllungsverweigerung als eine nutzlose Formalität an und erkannten allgemein die Befreiung des Gläubigers von der Nachfristgewährung bei der Erfüllungsverweigerung an. Ob der Grund für die Erfüllungsverweigerung des Schuldners darin liegt, dass er nicht leisten wolle, oder darin, dass er nicht erfüllen könne, ist in der Literatur im allgemeinen nicht unterschieden worden[92].

Auch bei der vorzeitigen Erfüllungsverweigerung war die Lehre an der direkten Anwendung der Verzugsregeln nicht gezweifelt. Dementsprechend erachtete die Lehre die Anzeige und die Nachfristgewährung bei der vorzeitig erklärten Erfüllungsverweigerung für „unnötig“[93], „zwecklos“[94] oder als „nutzlose Formalität“[95] insbesondere zwar unter Einbeziehung der Rechtsprechungen[96], ohne je-

---

87 Puchelt/Förtsch, ADHGB, Bd. II, Art. 356, 3a) b), S. 1041. Vgl. dazu auch Gareis/Fuchsberger, ADHGB, Art. 355, Anm. 231/Art. 356, Anm. 240, wo der Gedanken zugrunde gelegt wurde, dass die Bestimmung einer Frist also dann unterbleiben darf, wenn diese nicht zur Erreichung des Zweckes dienlich, vielmehr nur eine leere Formalität sein würde.

88 Puchelt/Förtsch, ADHGB, Art. 356, 6) b), S. 1044-1045.

89 Puchelt/Förtsch, ADHGB, Art. 356, 6) e), S. 1045.

90 Makower, ADHGB, Art. 354, Anm. 40) a., S. 460.

91 Staub, ADHGB, Art. 356, Anm. § 22, S. 831.

92 Puchelt/Förtsch, ADHGB, e), S. 1045; Gareis/Fuchsberger, ADHGB, Art. 356, Anm. 237; Makower, ADHGB, Art. 356, Anm 40) a; Hahn, ADHGB, Art. 356, § 17, S. 375. Die zitierte Literatur führte direkt die Rechtsprechung im Text und wies stets auf ROHG VIII, 253 und ROHG Bd. XVI, 193 hin, ohne eine eigene Stellungnahme.

93 Makower, ADHGB, Art. 356, 40) a, S. 460.

94 Gareis/Fuchsberger, ADHGB, Art. 356, Anm. 239.

95 Puchelt/Förtsch, ADHGB, Art. 356, 6) a), S. 1044; Staub, ADHGB, Art. 356, Anm. § 21, S. 830.

96 Makower, ADHGB, Art. 356, Anm. 40) a, S. 460 (ROHG III, 326; VII, 377; IX, 315 u. 347; X, 164 u. 240; XIII, 59); Gareis/Fuchsberger, ADHGB, Art. 355, Anm. 231 (RGZ 4,71) und Art. 356, Anm. 237 (ROHG III, 211/322; V, 107; VI, 23; IX, 315); Puchelt/Förtsch, AD-

doch etwas eigenes zu begründen. Der Stand der Lehre ist in der Ansicht Staubs zusammengefasst; „Die bestimmte Weigerung, nicht liefern zu wollen, überhebt den Käufer einer weiteren Thätigkeit zum Zwecke der Inverzugsetzung. ... Auch die vor dem Lieferungstermine abgegebene bestimmte Erklärung des Verkäufers, nicht liefern zu wollen, überhebt den Käufer jeder weiteren Inverzugsetzungsthätigkeit."[97]

2) Die Praxis

In seinen Entscheidungen war das Reichsoberhandelsgericht der ständigen Auffassung, dass die Verzugsregeln des ADHGB (Artt. 354 f.) direkte Anwendung auf den Fall der Erfüllungsverweigerung finden[98]. Dem folgten die Oberlandesgerichte[99].
In einer frühen Entscheidung ging das ROHG auf die folgende Frage ein: „Sind die Art. 354 folg. ib. lediglich bei Verzögerung, nicht auch bei Weigerung der Vertragserfüllung anwendbar?"[100]

Das Appellationsgericht Ratibor hatte ausdrücklich die Möglichkeit verneint, die Artt. 354 f. auf den Fall der Erfüllungsverweigerung anzuwenden, weil es bei dem in Frage stehenden Fall in keiner Beziehung um eine Verzögerung der Erfüllung und einen Verzögerungsschaden ging.
Das ROHG erachtete die Ansicht des Appellationsgerichts für unzutreffend und vertrat die Auffassung, dass die Verzugsregeln auf den Fall der Erfüllungsverweigerung anwendbar sind[101], „weil die unberechtigte Weigerung mindestens dieselben Rechtsfolgen für den anderen Theil haben muß, wie die bloße Verzögerung der Vertragserfüllung... ."[102]

Diese Auffassung vertrat das ROHG auch in dem Fall, dass der Gläubiger die Annahme verweigert[103].
An dieser Entscheidung zeigt sich deutlich, dass die Rechtsfolgen der Erfüllungsverweigerung nicht weniger weit gehen sollten, als die des Verzugs. Das

---

HGB, Art. 356, 3a) a), S. 1040 (ROHG X, 241; XIII, 137); Staub, ADHGB, Art. 355, Anm. § 9, S. 818 (ZHR 40, 517).
[97] Staub, ADHGB, Art. 355, Anm. § 9, S. 818.
[98] ROHG III, 208 f./319 f.; V. 106 f.; VI, 324 f.; VII, 336 f.; VIII, 253 f.; XIV, 393 f.; XVI, 190 f.
[99] Urteil vom 4. Mai 1888, OLG Braunschweig (ZHR 38, S. 219); Urteil vom 11. Juli 1890, OLG Dresden (ZHR 40, 517).
[100] Vgl. ROHG VII, 337-339.
[101] ROHG VII, 338.
[102] ROHG VII, 338.
[103] ROHG VI, 324-328 (insbes. S. 326).

ROHG hielt den Grundsatz dieser Entscheidung in ständiger Rechtsprechung fest.
Bei der direkten Anwendung der Verzugsregeln auf die Erfüllungsverweigerung wurde gefragt, ob am Erfordernis der Fristgewährung zur Nachholung der ausbleibenden Leistung nach Art. 356 bei Erfüllungsverweigerung unbedingt festgehalten werden soll.
In der Entscheidung vom 17.10.1871 entschied das ROHG, dass von der Anwendung der Vorschrift des Art. 356 in Bezug auf die Nachristgewährung dann keine Rede mehr sein kann, wenn eine ausdrückliche Weigerung zur Erfüllung vorliegt[104], weil sonst das Gesetz eine Förmlichkeit vorschreibt, welche innerlich grundlos wäre und den Vertragsbrüchigen zum Nachteil des Anderen übermäßig begünstigen würde[105].
In dieser Entscheidung ging der 1. Senat des ROHG auf die Frage nicht ein, ob die Fristgewährung für die Geltendmachung der Rechte nach Art. 354-355 eine unerläßliche Voraussetzung sei oder nicht. Der Grund ist darin zu sehen, dass derselbe Senat des ROHG bereits in der Entscheidung vom 06.10.1871 näher auf die Frage nach dem Erfordernis der Fristgewährung eingegangen war:
„In dem Systeme des Deutschen Handelgesetzbuchs erscheint die durch Art. 356 vorgeschriebene Fristgewährung weder als eine unumgängliche Solennität – zumal für dieselbe keinerlei Form angeordnet ist –, noch auch als eine gesetzliche Voraussetzung oder Bedingung für die Befugnis des Nichtsäumigen, vom Vertrag abzugehen oder Schadensersatz wegen Nichterfüllung zu beanspruchen.“[106]

Das ROHG sah den Grund für die Befreiung des Gläubigers von der Fristgewährung in der Erklärung des Schuldners, dass er nicht erfüllen wolle, und verstand die Erklärung der Weigerung dahin, dass der Schuldner weder die Einräumung einer Frist zur Nachholung begehren, noch von einer gewährten Frist Gebrauch machen will. Das ROHG ging in dieser Entscheidung auf den Gedanken der *purgatio morae* zurück und erachtete die nicht begehrte Fristgewährung für untunlich und überflüssig[107].
Nach dem ROHG entspreche das Fordern der Fristgewährung bei Erfüllungsverweigerung dem Zweck des Gesetzes nicht und würde zu einem Widerspruch mit der *ratio legis* führen[108], wenn die Erfüllungsverweigerung als unberechtigt angesehen werden kann.

---

[104] ROHG III, 210-211.
[105] Vgl. ROHG III, 211, Fn. *.
[106] ROHG III, 321.
[107] ROHG III, 322.
[108] ROHG VI, 326.

Das ROHG bestätigte in einer späteren Entscheidung die Auffassung der früheren Rechtsprechung und führte dazu aus[109], dass der Gläubiger berechtigt sei, ohne dass überhaupt die Notwendigkeit einer Gewährung einer Nachfrist in Frage kommt, von dem Vertrag abzugehen. Auch für die Verweigerung der Annahme gilt die Auffassung, wonach der Teil, der die Verweigerung der Annahme erklärt, nicht befugt ist, sich auf den die Gewährung einer Nachfrist verlangenden Art. 356 zu berufen[110].

Für das ROHG war der Grund für die Erklärung der Erfüllungsverweigerung nicht maßgebend, sei der Grund, dass der Schuldner nicht in der Lage sei, der vertragsmäßigen Verpflichtung zu genügen, oder sei der Grund, dass der Schuldner einfach nicht erfüllen wolle.
In der Entscheidung vom 17.12.1872 behandelte das ROHG diese Problematik unter dem Leitsatz „In wie fern steht, bezüglich der Gewährung einer Nachfrist, die Erklärung, nicht erfüllen zu können, der Erklärung, nicht erfüllen zu wollen, gleich?".
In dem Urteil erklärte das ROHG, es sei im Allgemeinen gleichgültig, ob das Motiv der Weigerung zu erfüllen darin liegt, dass der Erklärende nicht erfüllen will, oder aber, dass er nicht erfüllen kann; denn in beiden Fällen erweise sich die Gewährung einer Nachfrist als zwecklos.[111]
An dieser Entscheidung hielt das ROHG im folgenden fest[112].
Aus diesen Entscheidungen des ROHG lässt sich erkennen, dass das ROHG die Nachfristgewährung bei der Erfüllungsverweigerung als „zwecklos", „grundlos" oder untunlich ansah und damit das in Art. 356 normierte Erfordernis der Fristgewährung für keine unbedingte Pflicht des Gläubigers hielt, wenn sich der Schuldner ausdrücklich weigert, die Verpflichtung zu erfüllen.
Das ROHG scheint bei Erfüllungsverweigerung vor Fälligkeit darauf zu verzichten, dem Gläubiger abzuverlangen, den Fälligkeitszeitpunkt abzuwarten[113]. Bei der Erfüllungsverweigerung vor Fälligkeit ist der Käufer daher berechtigt, sich anderweitig zu decken oder sofort vom Vertrag abzugehen[114]. Der Käufer

---

[109] ROHG V, 108. Dem ROHG folgten die OLG: „Die Bestimmung, daß neben der Anzeige des Rücktritts vom Vertrage noch eine angemessene Frist zur nachträglichen Erfüllung zu gewähren ist, hat nur den Zweck, den einfach Säumigen zu schützen, und ist zwecklos" - und unanwendbar- „wenn nicht einfache Säumniß des Verkäufers vorliegt, sondern eine ausdrückliche Weigerung, zu erfüllen." (Entscheidung vom 4. Mai 1888, OLG Braunschweig hierzu vgl. ZHR 38, 219, Nr. 260).
[110] ROHG VI, 326.
[111] ROHG VIII, 253. Wie der Hinweis auf eine frühere Entscheidung des ROHG zeigt (ROHG V, 107), war das ROHG bereits in einer früheren Entscheidung der gleichen Ansicht (vgl. ROHG V, 107-108).
[112] ROHG XII, 62; XIII, 104-105; XIV, 393-394; XVI, 193.
[113] Frohberg, Erfüllungsverweigerung, S. 10.
[114] ROHG, XV, 335; XVIII, 386.

kann auch schon vor Fälligkeit wirksam erklären, dass er Schadensersatz verlange, wenn der Verkäufer schon vor dem Lieferungstermin bestimmt erklärt hat, nicht liefern zu wollen[115].

Die Rechtsprechung des ROHG wurde später vom RG fortgesetzt. In der ersten Entscheidung zu Art. 356 des ADHGB schloss der 3. Senat des RG ausdrücklich an die vom ROHG entwickelte Judikatur an:
„In Anschluß an die Rechtsprechung des Reichsoberhandelsgerichtes ist angenommen: 1. Der Art. 356 H.G.B. will den nichtsäumigen Teil nicht zum Anbieten einer Nachfrist, sondern nur zur Gewährung einer nachgesuchten Nachfrist verpflichten."[116]

Dieser Entscheidung ist zu entnehmen, dass das RG den Art. 356 für keine unbedingte Pflicht des Gläubigers bei der Geltendmachung der Rechte nach Artt. 354-355 erachtete. Nach dem RG liegt daher bei Erfüllungsverweigerung kein Anlass zur Nachfristgewährung vor, indem das RG davon ausgeht, dass der Art. 356 dem nichtsäumigen Vertragspartner keineswegs die Pflicht auferlegt, dem Säumigen unaufgefordert eine solche Nachfrist zu setzen, sondern der Nichtsäumige vielmehr nur auf Verlangen des letzteren die nachgesuchte Frist zu bewilligen hat[117].

In der Entscheidung vom 3. Mai 1881 behandelte das RG den Fall der Erfüllungsverweigerung vor Fälligkeit ausführlich. Der Sachverhalt ist folgender:
Die Klägerin behauptete, mit der Beklagten im Dezember 1871 einen Kaufvertrag über 500 Zentner Rohglycerin abgeschlossen zu haben, und forderte nun mittels der im April 1872 erhobenen Klage als Schadensersatz die Differenz zwischen dem ursprünglich verabredeten Kaufpreis und der höheren Auslage für den Deckungskauf, weil die Beklagte die Erfüllung dieses Geschäfts verweigerte und sie (die Klägerin) daher genötigt hatte, sich anderweitig in Rotterdam mit 250 Zentner Rohglycerin für die beiden ersten Quartale des Jahres 1872 zum höheren Preise inklusive Mehrfracht zu decken[118].
In der Vorinstanz hob das Berufungsgericht hervor, dass die Beklagte schon im Januar und Februar 1872 wiederholt sowohl den Abschluss des fraglichen Lieferungsvertrags in Abrede gezogen, als auch auf mehrfache Aufforderung und Androhung anderweitiger Beschaffung der Ware seitens der Klägerin die Vertragserfüllung verweigert habe. Die Klägerin sei daher veranlasst und befugt ge-

---

[115] OLG Dresden Entscheidung vom 11. Juli 1890 (ZHR 40, 517, Nr. 224).
[116] RGZ 1, 241. Vgl. auch RGZ 5, 104, wo das RG den Verzicht auf die Nachfristgewährung bei Erfüllungsverweigerung als einen von Lehre und Judikatur allgemein anerkannten Grundsatz bewertete und auf mehrfache Entscheidungen des ROHG hinwies.
[117] RGZ 5, 104.
[118] RGZ 4, 69-70.

wesen, sich sofort anderweitig zu decken, ohne die Fälligkeit der einzelnen Lieferungsraten abzuwarten.
Entsprechend der Auffassung des Berufungsgerichts konzentrierte sich das RG vor allem auf die Rechtsfrage, ob die Klägerin vor Eintritt der Erfüllungszeit für die erste Lieferung aus dem ursprünglichen Kaufgeschäft und vor Ablauf der nachträglich gestatteten Nachfrist den streitigen Deckungskauf vollziehen durfte, wenn die Beklagte vor Eintritt der Erfüllungszeit bestimmt erklärt, weder erfüllen zu wollen noch zu können.
Dem ROHG folgend war das RG zwar der Auffassung, dass Art. 355 dem Käufer das dort vorgesehene Wahlrecht an sich nur unter der Voraussetzung gibt, dass der Verkäufer mit der Übergabe der Waren im Verzug sei, und der Art. 356 den Käufer verpflichtet, welcher aufgrund des Art. 355 statt der Erfüllung Schadensersatz wegen Nichterfüllung fordern will, dies dem Verkäufer anzuzeigen und ihm eine angemessene Frist zur Nachholung des Versäumten zu gewähren, wenn die Natur des Geschäfts dies zulässt.
Das RG hielt jedoch die Klägerin für befugt, sich anderweitige Deckung zu verschaffen, ohne vorher nach Ablauf der Lieferungsfrist für die erste Quartalsrate der Beklagten eine Nachfrist setzen zu müssen. Denn die Setzung einer solchen Frist war dadurch völlig zwecklos geworden, dass die Beklagte schon im Januar und Anfang Feb. 1872 bestimmt erklärt hatte, dass sie den fraglichen Lieferungsvertrag weder erfüllen wolle, noch könne[119].
Im übrigen machte das RG mit dieser Entscheidung einen Schritt über die Auffassung ROHG' hinaus, indem das RG diesen Deckungskauf für gerechtfertigt hielt[120] und die Auffassung vertrat, dass der Klägerin sekundäre Rechte nach Art. 355 auch bei der Erfüllungsverweigerung vor Fälligkeit zustünde und die Nachfristgewährung nach Art. 356 zur Geltendmachung dieser Rechte nicht erforderlich sei[121]. Mit dieser Entscheidung entschied das RG, dass Rechte des Verkäufers oder Käufers direkt aus den Art. 354-355 auch bei Erfüllungsverweigerung vor Fälligkeit zu entnehmen sind. Im fraglichen Fall hätte daher die Klägerin auch andere Rechte außer dem Schadensersatz wählen können, etwa vom Vertrag zurückzutreten können[122].

---

[119] RGZ 4, 71.
[120] Hierzu vgl. Frohberg, Erfüllungsverweigerung, S. 9.
[121] Würthwein hält es für fraglich, ob das RG die Artt. 354-356 auf die Erfüllungsverweigerung vor Fälligkeit anwandte (Würthwein, Schadensersatzpflicht, S. 172). Dagegen ist Frohberg der Meinung, dass das RG die Fälle der Erfüllungsverweigerung vor Fälligkeit unter den Tatbestand des Art. 356 subsumierte (Frohberg, Erfüllungsverweigerung, S. 10).
[122] In der Entscheidung vom 11. Jul. 1890 erkannte das OLG Dresden dem Käufer Schadensersatz wegen Erfüllungsverweigerung des Verkäufers vor Fälligkeit zu (Vgl. ZHR 40, 517, Nr. 224).

Nach Inkrafttreten des BGB wurden die Artt. 354-356 des ADHGB für den Handelskauf durch den § 326 BGB aF ersetzt[123]. Damit wurde zugleich das Modell des ADHGB, das dem Nichtsäumigen ein zweifaches Wahlrecht beim Verzug gewährte, nämlich Schadensersatz wegen Nichterfüllung oder Rücktritt vom Vertrag, auf das gesamte bürgerliche Recht ausgedehnt. Dadurch wurde die Frage nach der Auslegung des § 326, insbesondere nach dem Erfordernis der Fristbestimmung in der Praxis gestellt.
Das OLG Hamburg ging in der Entscheidung vom 20.12.1901 erstmals nach Inkrafttreten des BGB auf die Frage ein, ob es der Setzung einer Nachfrist bei ausdrücklicher Verweigerung der Erfüllung bedarf oder nicht[124].
In dieser Entscheidung wurde gefragt, ob den Beklagten der geltend gemachte Anspruch auf Schadensersatz wegen Nichterfüllung zusteht oder nicht, wenn der Kläger die Erfüllung des Verkaufs unberechtigt verweigert hat. Der Kläger bestreitet dies aufgrund des § 326 BGB, weil die Beklagten es unterlassen hätten, ihm eine Nachfrist zu setzen. Das OLG Hamburg sagte jedoch, es könne der Auffassung, „daß bei zweiseitigen Verträgen der nicht säumige Teil, um die Rechte aus § 326 ausüben zu können, dem Säumigen unter allen Umständen eine Nachfrist setzen müsse, nicht zustimmen. Der Absicht des Gesetzgebers entspricht dies jedenfalls nicht, da die Denkschrift zum Entw. des HGB. das Gegenteil als die Praxis hinstellt. Aber auch der Wortlaut des § 326 nötigt keineswegs dazu, von der bisherigen Praxis abzugehen, nach der, wenn der Schuldner sich bestimmt geweigert hat zu erfüllen, der Gläubiger, ohne eine Nachfrist zu bestimmen, erklären kann, daß er die Erfüllung ablehne und Schadensersatz wegen Nichterfüllung fordere."[125]

Nach dem OLG Hamburg darf sich der Säumige daher nicht auf das Fehlen der Nachfrist berufen, wenn er bestimmt erklärt hat, dass er den Vertrag nicht erfüllen werde, wenn der Gläubiger unter Ablehnung der Erfüllung Schadensersatz von ihm verlangt. Denn die Setzung einer Nachfrist ist bei Erfüllungsverweigerung nutzlos oder nicht erforderlich, da ein fester Willen des Säumigen aus der Erklärung entnommen werden kann, dass er doch von der nachträglichen Frist keinen Gebrauch machen wird.
Das OLG Hamburg entnahm der Erklärung der Erfüllungsverweigerung einen Verzicht auf die Fristbestimmung, weil es § 326 als dispositives Recht ansah und meinte, die Anwendung des § 326 sei durch Vereinbarung oder sonstige Rechtsgeschäfte ausschließbar[126].

---

[123] Denkschrift zum Entwurf des BGB, S. 49; Denkschrift zum HGB, S. 218; Hahn/Mugdan, Materialien, Bd. VI, S. 372.
[124] Seufferts Arch. Bd. 57, S. 442-443. Der Leitsatz dieser Entscheidung lautet: „Bei ausdrücklicher Verweigerung der Erfüllung bedarf es der Setzung einer Nachfrist."
[125] Seufferts Arch. Bd. 57, S. 442-443.
[126] Seufferts Arch. Bd. 57, S. 443.

In der Entscheidung vom 27. Mai 1902 kam der 2. Senat des RG zum ersten Mal nach Inkrafttreten des BGB auf die Frage nach dem Erfordernis der Fristbestimmung bei ernsthafter Erfüllungsverweigerung zu sprechen[127]. Der Sachverhalt war folgender:
„Der Kläger behauptete, durch Vermittlung einer Firma mit dem Beklagten einen Vertrag abgeschlossen zu haben, worin der Beklagte sich zur Lieferung von 1000 Zentnern rohen Rapsöles, und zwar von je 200 Zentner in den Monaten August bis Dezember 1900, verpflichtet habe."[128]

Der Beklagte bestritt, dass das Geschäft für ihn rechtswirksam abgeschlossen worden sei, und verweigerte die Lieferung des Rapsöles. In der Klage beanspruchte der Kläger daher von ihm Schadensersatz wegen Nichterfüllung. Die Klage war vom OLG Hamm abgewiesen worden, weil die in § 326 BGB vorgesehene Fristbestimmung nebst Ablehnungserklärung des Klägers unterblieben und sie dadurch nicht überflüssig geworden sei, dass der Beklagte die Vertragserfüllung überhaupt verweigert habe[129]. Zur Frage, ob die Fristbestimmung des § 326 BGB auch bei ernsthafter Weigerung des säumigen Vertragsteils erforderlich ist oder nicht, schilderte das RG zunächst die Situation, dass dieses Problem in der Literatur und Rechtsprechung streitig sei[130].
Bei der Prüfung der Rechtsfrage ging das RG grundsätzlich davon aus, dass § 326 kein zwingendes Gesetz ist und die Erfordernisse des § 326 daher durch übereinstimmende Willensbetätigung der Vertragsparteien außer Wirksamkeit gesetzt werden können. Hier zeigt sich, wie wichtig das RG die Dispositionsfreiheit der Parteien genommen hatte.
Das RG ging davon aus, dass die Verweigerung des Beklagten einen Vertragsbruch darstellen würde, wenn der Vertrag für ihn rechtswirksam abgeschlossen sein sollte. Der Erklärung der Erfüllungsverweigerung entnimmt das RG ebenfalls, dass der Säumige weder eine Frist zur Erfüllung begehren, noch von der Frist Gebrauch machen werde.
In dieser Entscheidung betrachtete das RG die Verweigerung der Erfüllung als einen Verzicht auf das Erfordernis der Nachfristbestimmung. Auf dieser Grundlage sprach sich das RG gegen die Abweisung der Klage durch das OLG aus und entschied, dass die Entscheidung in der Vorinstanz auf unrichtiger Anwendung des § 326 BGB beruht[131]. Schließlich verurteilte das RG den Beklagten

[127] RGZ 51, 347. Der Leitsatz lautet: „2. Bedarf es zum Eintritte der in § 326 Abs. 1 Satz 2 B.G.B. bestimmten Rechtsfolgen noch der daselbst vorgesehenen Fristbestimmung, wenn der im Verzug befindliche Teil die Vertragserfüllung ernsthaft weigert, und der andere Teil daraufhin Schadensersatz wegen Nichterfüllung verlangt?"
[128] RGZ 51, 347.
[129] RGZ 51, 348.
[130] RGZ 51, 349.
[131] RGZ 51, 351.

zum Schadensersatz wegen Nichterfüllung und bestätigte, dass in der auf die Erfüllungsverweigerung des Schuldners erfolgten Geltendmachung des Schadensersatzanspruchs durch den Gläubiger die Annahme des Verzichtes auf die Nachfristsetzung und die Erklärung der Annahmeverweigerung liegt, wodurch die Voraussetzungen für die in § 326 Abs. 1 Satz 2 aufgeführten Rechtsfolgen erfüllt sind[132].
Dieses Prinzip gilt auch für die Erfüllungsverweigerung vor Fälligkeit[133]. Der Gläubiger kann daher die im § 326 BGB vorgesehene Ablehnungserklärung schon vor dem Eintritt der Leistungszeit abgeben, wenn sich der Schuldner bestimmt und ernsthaft vorzeitig geweigert hat, zu erfüllen.
An den späteren Entscheidungen ist erkennbar, dass sich diese Entscheidung (RGZ 51, 347) als Präzedenzurteil auswirkte[134]. Das RG war der Meinung, dass die Vorschriften des ADHGB über den Verzug weder in das neue Handelsgesetzbuch noch in das BGB übergegangen waren und das RG bei der Auslegung des § 326 BGB an die Auslegung der Art. 354-356 daher nicht gebunden sei[135]. Aber hier folgt doch das RG der alten Praxis.
Mit der Betrachtung der Rechtsprechung lässt sich zumindest feststellen, dass das RG von der durch das ROHG entwickelten Lösung zum Problem der Erfüllungsverweigerung auch nach Inkrafttreten des BGB weiter Gebrauch machte.

3. Sukzessivlieferungsvertrag nach dem ADHGB

Das Problem der Vertragsverletzungen bei Sukzessivlieferungsverträgen ist ausdrücklich weder im ADHGB noch im BGB aF geregelt. An den Entscheidungen des ROHG und des RG ist erkennbar, dass die Gerichte die Fälle der Vertragsverletzungen beim Sukzessivlieferungsvertrag mit Hilfe der Verzugsregeln, etwa der Art. 355- 356 ADHGB, lösten.
Die Handelsrechtler behandelten die Fälle der Vertragsverletzung beim Sukzessivlieferungsvertrag im Anschluss an die Rechtsprechung vor allem im Kommentar zum Art. 355 des ADHGB, der den Verzug des Verkäufers zum Gegenstand hat.
Nach Staub müssen, um den Tatbestand des Verzuges zu erfüllen, nicht alle Teillieferungen ausbleiben[136]. Bei einem Sukzessivlieferungsgeschäft, bei welchem es sich um ein Kaufgeschäft mit Sukzessivlieferungen, d. h. um einen einzigen, mehrere sukzessive Lieferungen zum Gegenstand habenden Vertrag, handelt, kann der Käufer aufgrund des Ausbleibens einer Rate in Ansehung aller

132 RGZ 51, 351.
133 RGZ 52, 151. Zum Zahlungsverzug vgl. RGZ 53, 11 f.
134 RGZ 52, 151 f.; RGZ 53, 11 f.
135 Insbes. vgl. RGZ 53, 12.
136 Hierzu vgl. Staub, ADHGB, Art. 354, Anm. § 14, S. 809.

später fälligen Lieferungsraten sein Wahlrecht nach Art. 355 ausüben, insbesondere vom ganzen Vertrag zurücktreten[137]. Er kann auch bei jeder einzelnen Rate einen anderen Rechtsbehelf wählen[138]. Dementsprechend ist der nichtsäumige Vertragsteil beim Sukzessivlieferungsvertrag, sei Ratenlieferung vereinbart oder nicht, berechtigt, wegen eines Teiles der ihm geschuldeten Leistungen Erfüllung und wegen eines anderen Teils Schadensersatz zu fordern. In der Literatur war man darüber vollkommen einig, dass der Nichtsäumige nicht dazu gezwungen ist[139], bezüglich sämtlicher Leistungen nur eine und dieselbe Alternative nach Art. 354-355 zu wählen.
Für die Lösungsfindung durch die Literatur waren die Entscheidungen des ROHG richtungsweisend[140]. Der 2. Senat des ROHG beschäftigte sich erstmals mit diesem Problem in der Entscheidung vom 8. März 1873.
Der Sachverhalt ist folgender: „Durch den Vertrag vom 30. September 1870 hatte der Beklagte versprochen, dem Kläger in jedem der Monate Oktober 1870 bis Februar 1871 ca. 20 Zentner und in jedem der Monate März bis September 1871 10 Zentner Kunstwollgarn zu liefern. Der Beklagte hat diesen Vertrag nur teilweise erfüllt. In den fünf Monaten Oktober 1870 bis Februar 1871 hat er statt der versprochenen 10,000 Pfund im Ganzen nach und nach nur $3736^3/_4$ Pfund geliefert, war daher also mit $6263^1/_4$ Pfund im Rückstand. Für die Monate März bis September 1871 hatte der Beklagte gar nichts geliefert. Der Kläger forderte nun in der Klage statt der Lieferung der $6263^1/_4$ Pfund Schadensersatz wegen Nichterfüllung, nämlich die Preisdifferenz und Zinsen. Denn die Nachlieferung der im Rückstand gebliebenen $6263^1/_4$ Pfund für die Monate Oktober 1870 bis Februar 1871 hatte für ihn keinen Wert mehr. In Bezug auf die von März bis September 1871 zu liefernde Menge des Kaufgegenstandes forderte der Kläger weiterhin Erfüllung mit Schadensersatz wegen Verzögerung."[141]

In diesem Fall ging das ROHG besonders auf die Frage ein, ob der Nichtsäumige bezüglich eines Teils der Lieferungen die erste Alternative, bezüglich eines anderen Teils die zweite Alternative des Art. 355 oder aber bezüglich sämtlicher Lieferungen nur eine und dieselbe Alternative fordern kann oder nicht, wenn eine Reihe von Lieferungen, welche während eines längeren Zeitraums

---

[137] Hierzu vgl. Gareis/Fuchsberger, ADHGB, Art. 354, Anm. 217; Staub, ADHGB, Art. 355, Anm. § 11, S. 818.
[138] Puchelt/Förtsch, ADHGB, Art. 359, 6), S. 1059.
[139] Gareis/Fuchsberger, ADHGB, Art. 354, Anm. 217; Staub, ADHGB, Art. 355, Anm. § 11, S. 818; Puchelt/Förtsch, ADHGB, Art. 359, 6), S. 1059.
[140] In den Kommentaren zum ADHGB wurde vorwiegend auf ROHG IX, 122 und ROHG XIII, 78 f., 331 f. hingewiesen. Hierzu vgl. Gareis/Fuchsberger, ADHGB, Art. 354, Anm. 217; Staub, ADHGB, Art. 355, Anm. § 11, S. 818.
[141] ROHG IX, 120-121.

sukzessiv erfolgen sollen, durch einen und denselben Vertrag stipuliert worden sind[142].

In der ersten Instanz war die ganze Klage abgewiesen worden, weil der geschlossene Vertrag ein Ganzes bilde und der Kläger daher nur eine der zwei Alternativen des Art. 355 wählen, nicht aber teils Schadensersatz wegen Nichterfüllung, teils Erfüllung und Entschädigung wegen Erfüllungsverzögerung fordern könne[143].

Bei der Prüfung der Rechtsfrage stellte das ROHG die Frage, ob die Ausführung des Richters der ersten Instanz als zutreffend zu erachten ist, und hielt sie für unzutreffend, da der in Frage kommende Vertrag nicht nur eine einzige und einmalige Leistung zum Gegenstand hat. Nach dem ROHG handelt es sich bei diesem Vertrag um eine Reihe von Lieferungen, welche durch den Zeitraum eines ganzen Jahres sukzessiv erfolgen sollten. Es ging daher davon aus, dass die sukzessiven Lieferungen zwar in einem und demselben Vertrag versprochen worden sind, aber sich der Vertrag in eine Reihe einzelner Kaufverträge, welche zu verschiedenen Zeiten erfüllt werden sollen, zerlegen lässt, da der Inhalt der Vereinbarung nur äußerlich durch denselben Vertragsakt verbunden worden ist. Auf dieser Grundlage erachtete das ROHG die Klage mit verschiedenen Alternativen des Art. 355 bezüglich eines jeweiligen Teils der Lieferungen für begründet[144].

Nach dem ROHG kann auch von der Pflicht zur Gewährung einer Nachfrist keine Rede sein, weil das Gesetz selbst einen zwecklosen Formalismus nicht hat statuieren wollen[145], wenn auch der Beklagte eingewandt hatte, dass für die Geltendmachung des Rechts nach Art. 355 es an der Voraussetzung der Fristgewährung nach Art. 356 fehle. Denn der Art. 356 sei überhaupt nicht dahin aufzufassen, dass dem Nichtsäumigen überhaupt obliege, dem Säumigen eine solche Frist ungebeten anzubieten. Vielmehr beschränke sich die Pflicht zur Gewährung der Nachfrist darauf, eine Frist auf Nachsuchen des Säumigen zu gewähren[146].

Nach der Auffassung des ROHG wäre im vorliegenden Fall die Fristgewährung durch den Kläger eine völlig nutzlose Formalität. Schließlich kam das ROHG zum Ergebnis, dass das Gesetz dem Kläger nebeneinander bezüglich eines Teils der Vertragsleistung die eine, bezüglich eines anderen Teils die andere Alternative des Art. 355 gewährt. Die Begründung dieser Entscheidung wirkte sich weiterhin auf die Entscheidungen des ROHG aus[147].

---

142 ROHG IX, 119-120.

143 ROHG IX, 121. Das Berufungsgericht (Wiesbaden) ging nicht auf die Argumentation des Richters in der ersten Instanz (Wiesbaden) ein.

144 ROHG IX, 121-122.

145 ROHG IX, 126.

146 ROHG IX, 126-127.

147 Als Beispiel für die Auswirkungen dieser Entscheidung ist an dieser Stelle ein Zitat eines später ergangenen Urteils zu nennen. In der Entscheidung vom 11. April 1874 folgte das RO-

4. Die Bedeutung des ADHGB für den § 326 des BGB

1) Verhältnis der Erfüllungsverweigerung zum Verzug

Bei der Frage nach der Bedeutung der Verzugsregeln des ADHGB für die Behandlung der Erfüllungsverweigerung stellt sich die Frage, wie sich nach Lehre und Rechtsprechung der Fall der Erfüllungsverweigerung zum Verzug verhält, d. h. ob die Erfüllungsverweigerung mit dem Verzug für gleichstehend erachtet wurde oder nicht. Darüber schwiegen die meisten Kommentare.
Nur wenige Kommentatoren nahmen Stellung: Staub und Puchelt.
Nach Staub setzte sich der Verkäufer durch die bestimmte Erfüllungsverweigerung selbst in Verzug:
„Die bestimmte Weigerung, nicht liefern zu wollen, überhebt den Käufer einer wieteren Thätigkeit zum Zweck der Inverzugsetzung; der Verkäufer setzt sich dadurch selbst in Verzug.“[148]

Staub meinte, dies gelte auch für die Fälle der vorzeitigen Erfüllungsverweigerung[149].

Im Kommentar zum ADHGB von Puchelt befindet sich eine ähnliche Äußerung: „Die vom Verkäufer ausdrücklich erklärte Verweigerung der Erfüllung steht dem Verzuge gleich und giebt dem Käufer das Wahlrecht der Artt. 355, 356, berechtigt ihn auch, sich schon vor der Verfallzeit zu decken.“[150]

Im Gegensatz zur Lehre schwiegen die Gerichte zwar über das Verhältnis der Erfüllungsverweigerung zum Verzug, aber sie erkannten die direkte Anwendung der Artt. 354-355 auf den Fall der Erfüllungsverweigerung des Käufers und des Verkäufers an, wonach Rechte des Nichtsäumigen bei der Erfüllungsverweigerung direkt aus den Art. 354-355 zu entnehmen sind.
Die Gerichte schwiegen jedoch über den Grund für die direkte Anwendung:

HG dieser Entscheidung: „... Nun steht es, wie das R.O.H.G. schon früher anerkannt hat, dann, wenn Ratenlieferungen vereinbart sind, bei Erfüllungsverzug betreffs einer Rate dem nichtsäumigen Contrahent frei, vom ganzen Vertrag abzugehen. Der nicht säumige Contrahent kann aber auch betreffs der einzelnen Raten von verschiedenen der ihm nach Art. 354, 355... zustehenden rechtlichen Möglichkeiten Gebrauch machen. Entsch. Bd. IX S. 122“ (ROHG XIII, 334). Zur Entscheidung des RG, vgl. RGZ 4, 54-58.

148 Staub, ADHGB, Art. 355, Anm. § 9, S. 818.

149 „Auch die vor dem Lieferungstermine abgegebene bestimmte Erklärung des Verkäufers, nicht leisten zu wollen, überhebt den Käufer jeder weiteren Inverzugsetzungsthätigkeit“ (aaO)

150 Puchelt/Förtsch, ADHGB, Bd. II, Art. 355, 3 a) i), S. 1030.

„Hat der Verkäufer schon vor dem Lieferungstermin erklärt, nicht liefern zu wollen, so kann auch der Käufer schon vor diesem Termin gültig erklären, daß er Schadensersatz verlange.“[151]

Mit dieser Entscheidung lässt sich jedoch feststellen, dass das Gericht keinen Zweifel an der direkten Anwendbarkeit der Verzugsregeln auf die Fälle der Erfüllungsverweigerung hatte.
Im Gegensatz zur direkten Anwendbarkeit der Verzugsregeln des ADHGB ist nach der heutigen herrschenden Auffassung die Erfüllungsverweigerung bei analoger Anwendung des § 326 BGB aF als eine Art der positiven Vertragsverletzung ins System der Leistungsstörungen einzuordnen[152]. Hierin besteht der Unterschied zwischen den Lösungen vor und nach der Entstehung der Lehre von der positiven Vertragsverletzung. Dieser Unterschied besteht in der Frage nach der Anwendbarkeit des § 326 BGB aF, nämlich ob er direkt anwendbar ist oder ob es einer analogen Anwendung bedarf, da die Erfüllungsverweigerung kein Fall des Verzuges sei und § 326 BGB aF nur für den Verzug gelte.

2) Besteht wirklich ein Unterschied zwischen den Verzugsregeln von ADHGB und BGB aF?

Das BGB, insbesondere der § 326 des BGB aF, verallgemeinert die Verzugsregeln des ADHGB (Art. 354-356).
Die wichtige Frage zum ADHGB war, ob der Nichtsäumige bei der Erfüllungsverweigerung das Wahlrecht ohne Fristsetzung ausüben kann oder nicht.
Wie bereits geschildert, hatten die Wissenschaft und die Gerichte (ROHG und RG) das bejaht, obwohl der Wortlaut der Artt. 354-356 ADHGB bezüglich des Tatbestandes für die Erfüllungsverweigerung keinen Stützpunkt bot. Denn die Artt. 354-356 zielen grundsätzlich auf den Haftungstatbestand des Verzuges ab.

(1) Sollte § 326 BGB aF direkte Anwendung auf die Erfüllungsverweigerung finden?

Nach Inkrafttreten des BGB richtete sich das Gewicht des Interesses der Wissenschaft auf die Auslegung des § 326 BGB aF hinsichtlich der Erfüllungsverweigerung. Bei der Anwendung des § 326 BGB aF auf den Fall der Erfüllungsverweigerung wurde vorwiegend gefragt, ob § 326 BGB aF den Artt. 354-356 des ADHGB entspricht und der Grundsatz des ADHGB ohne weiteres für die

---

[151] Entscheidung vom 11. Juli 1890 des OLG Dresden (ZHR 40, 517). Zu weiteren Entscheidungen vgl. ROHG VII, 338; ROHG XIV, 394; RGZ 4, 69; RGZ 7, 44.
[152] Gegen die Einordnung als Fall der positiven Vertragsverletzung vgl. Medicus, Bürgerliches Recht[18], Rn. 308, S. 220; Fikentscher, Schuldrecht[9], Rn. 311, S. 216.

Auslegung des § 326 BGB aF gelten kann, oder ob der § 326 BGB mit dem zur Auslegung der Artt. 354-356 des ADHGB entwickelten Rechtsgrundsatz in Widerspruch stehen sollte[153].

Den Meinungsstand der Zeit zeigt zunächst die Denkschrift zum Entwurf des Handelsgesetzbuchs:
„In der Rechtsprechung ist anerkannt, daß, wenn sich der Schuldner bestimmt geweigert hat, zu erfüllen, der Gläubiger die im Art. 356 vorgesehene Erklärung schon vor dem Eintritte der Erfüllungszeit abgeben kann, und daß in einem solchen Falle dem Schuldner auch Nachfrist nicht zusteht. Diese Auffassung entspricht der Natur der Sache sowie den Bedürfnissen des Handelsverkehrs; es ist anzunehmen, daß sie unter der Herrschaft des Bürgerlichen Gesetzbuchs, welches in der hier fraglichen Beziehung nichts wesentlich Anderes vorschreibt als das Handelsgesetzbuch, gleichfalls befolgt werden wird.“[154]

Mit diesem Zitat ist als Ausgangspunkt der Diskussion zur Auslegung des § 326 BGB festzulegen, dass die Verzugsvorschriften des BGB den Wissenschaftlern der Zeit keinen Anlass gaben, auf die sich zu den Fällen der Erfüllungsverweigerung entwickelten Lösungen nach den Verzugsregeln des ADHGB zu verzichten, und dass die Wissenschaft keinen Zweifel an der direkten Anwendbarkeit des § 326 auf den Fall der vorzeitigen und nachträglichen Erfüllungsverweigerung hatte.
Nur wenige Wissenschaftler gaben eine neue Stellungnahme zu den Verzugsregeln des BGB aF ab. Aber sie beziehen sich grundsätzlich auf die Auslegung des § 326 BGB aF, vor allem hinsichtlich der Fristbestimmung.
Zum ersten Mal trat Staub mit einer neuen Ansicht in seinem Kommentar hervor, der das neue HGB zum Gegenstand hat. Er erachtete die Fristbestimmung bei der Erfüllungsverweigerung für absolut notwendig[155], erfolge die Erklärung der Weigerung zur Erfüllung vor oder nach Fälligkeit.
Diese Ansicht bezeichnet einen eindeutigen Gegensatz zur Auffassung in seinem Kommentar zum ADHGB[156], dass die Nachfristgewährung zur nutzlosen

---

153 Dernburg, Schuldverhältnisse, § 97, S. 214.

154 Denkschrift zum Entwurf des HGB, S. 221. Zum Verhältnis des ADHGB zum BGB nahm ferner Rießer in einer Schrift Stellung. Er war der Auffassung, dass der Entwurf eines bürgerlichen Gesetzbuchs für das Deutsche Reich jene Regelungen zusammengestellt habe, die mit geringeren oder größeren Änderungen aus dem ADHGB in den Entwurf der zweiten Kommission zur Ausarbeitung des BGB übernommen worden waren, und bezeichnet dieses Verhältnis als Verwandtschaft (vgl. ders., Einfluss handelsrechtlicher Ideen auf den Entwurf eines bürgerlichen Gesetzbuchs für das deutsche Reich, Stuttgart 1894). Hierzu vgl. Bergfeld, Entscheidungen des Reichsoberhandelsgerichts, S. 627. Hierzu vgl. Pfeifer, Tagungsbericht „Das BGB und seine Richter“, ZRG RA 117, 839 ff. insbes. 844.

155 Staub, HGB 1900, zu § 374, Anm. 73, S. 1291.

156 Staub, ADHGB, Art. 356, Anm. § 22, S. 831.

Formalität herabsinken würde, wenn man den Nichtsäumigen auch dann zu ihr verpflichten würde, wenn der Säumige die Erfüllung bestimmt verweigert und erklärt hat, nicht erfüllen zu können oder zu wollen.
Mit der Fristbestimmung als notwendiger Voraussetzung der Rechtsausübung widersprach Staub der Denkschrift zum HGB[157], die im Anschluss an die frühere Rechtsprechung erklärt, dass die Fristbestimmung dann nicht zu erfolgen braucht, wenn der säumige Kontrahent sich vorher bestimmt geweigert hat, zu erfüllen[158].
Staub sah zwar auch eine vertragswidrige Handlung (oder Vertragsverletzung) in der Erklärung des Schuldners, dass er zur Leistungszeit seine Verpflichtung nicht erfüllen werde. Er ging aber davon aus, dass sich der Gläubiger bei diesem Fall wegen des Fristsetzungserfordernisses des § 326 gefallen lassen muss, dass der Schuldner zur Leistungszeit erfüllt, da der Schuldner nach Fristbestimmung seine Gesinnung ändern kann.
Nach Staub kann der Gläubiger wegen des Fristsetzungserfordernisses des § 326 BGB nicht vorzeitig das Wahlrecht ausüben, sondern er muss auch bei der vorzeitigen Erfüllungsverweigerung dem vertragswidrig handelnden Schuldner die Frist zur Nachholung der Leistung setzen[159]. Nach ihm könne der Gläubiger bei der vorzeitigen Erfüllungsverweigerung jedoch auch nach dem fruchtlosen Ablauf der Nachfrist verlangen, dass der Schuldner ihm den Schaden ersetze, wenn der Gläubiger inzwischen sich gedeckt hat oder sonstige Dispositionen in Folge vorzeitiger Erfüllungsverweigerung des Schuldners getroffen hat, da der Gläubiger als vertragstreuer Vertragsteil damit rechnen darf, dass der Schuldner bei seiner Verweigerung stehen bleiben und zur Zeit der Fälligkeit nicht erfüllen werde[160].

Die neue Ansicht Staubs weicht offensichtlich insofern von der früheren eigenen Ansicht und der Rechtsprechung ab, soweit es die Frage nach der Notwendigkeit der Fristgewährung betrifft. Aber Staub wollte damit keineswegs sagen, dass § 326 auf den Fall der vorzeitigen Erfüllungsverweigerung nicht direkt anwendbar sei. Vielmehr hielt auch Staub den § 326 BGB aF auf den Fall der vorzeitigen Erfüllungsverweigerung für anwendbar[161].
Dass Staub den § 326 auf den Fall der Erfüllungsverweigerung für anwendbar hielt und nur die Notwendigkeit der Fristbestimmung in Frage zog, ist auch mit

---

157 Staub, HGB 1900, zu § 374, Anm. 75, S. 1292.
158 Staub, HGB 1900, zu § 374, Anm. 75, S. 1292.
159 Staub, HGB 1900, zu § 374, Anm. 76, S. 1293.
160 Staub, HGB 1900, zu § 374, Anm. 76, S. 1293.
161 Staub, HGB 1900, zu § 374, Anm. 72/73, S. 1291, wo er Fristbestimmung und Androhung der Ablehnung der Annahme als absolute Voraussetzung zur Ausübung der Rechte des Käufers oder Verkäufers wegen Verzuges nach § 326 ansah und keine Ausnahme von dem Fristsetzungserfordernis im Fall der Erfüllungsverweigerung machte.

seiner Einwendung gegen die Ansicht Niedners nachzuweisen, dass der Gläubiger die im § 326 BGB vorgesehene Fristbestimmung und Ablehnungsandrohung bei der Erfüllungsverweigerung nicht vornehmen muss[162]:
„Der § 326 BGB. ordnet die Fristbestimmung und Androhung für alle Fälle des Verzuges bei gegenseitigen Verträgen an. Eine Ausnahme macht er nur im Abs. 2 für den Fall, daß die nachträgliche Vertragserfüllung für den nichtsäumigen Teil kein Interesse hat. Für den Fall aber, daß der Schuldner sich weigert zu erfüllen, macht § 326 BGB keine Ausnahme."[163]

Im Anschluss an den Kommentar zum HGB von Staub stellte Erler die Frage, ob es einer Fristbestimmung im Falle des § 326 BGB zur Begründung des Wahlrechts zwischen Schadensersatz wegen Nichterfüllung und Rücktritt auch bei vorzeitiger Erfüllungsweigerung des anderen Teils bedarf, und er hielt dafür[164]. Nach Erler ist der Gläubiger nur dann nach dem Ablauf der Frist berechtigt, Schadensersatz wegen Nichterfüllung zu verlangen oder vom Vertrag zurückzutreten, wenn die Leistung nicht rechtszeitig erfolgt ist. Erler war sich auch bewusst, dass die Bestimmung des § 326 voraussetzt, dass der eine Teil mit der ihm obliegenden Leistung im Verzug ist. Hieraus ist zu entnehmen, dass § 326 nur auf den Tatbestand „Verzug" gerichtet ist.
Bei der Frage, ob der § 326 des BGB auf den Fall der vorzeitigen Erfüllungsverweigerung anwendbar ist, gibt Erler die gleiche Antwort[165] wie Staub.
Hiermit lässt sich feststellen, dass Staub und Erler keinen Zweifel an der direkten Anwendbarkeit der Verzugsregeln des BGB auf den Fall der Erfüllungsverweigerung hatten und die Frage nur ist, ob, wie beim Verzug, auch bei der vorzeitigen Erfüllungsverweigerung der Gläubiger, um seine Rechte geltend zu machen, dem Schuldner eine Nachfrist mit Ablehnungsandrohung setzen muss.

(2) Besteht wirklich ein Unterschied zwischen den Gedanken des Art. 356 ADHGB und des § 326 BGB aF ?
- Hinsichtlich der Notwendigkeit der Nachfristgewährung bei Erfüllungsverweigerung -

Bald nach der Abhandlung Erlers widersprach Niedner der Ansicht von Staub und Erler[166].

---

[162] Niedner, DJZ 1901, 443-445, wo Niedner sich gegen die Meinung Staubs und Erlers ausspricht.
[163] Staub, DJZ 1901, 478.
[164] Erler, DR 1901, 421.
[165] Erler, DR 1901, 421-422.
[166] Niedner wies in seiner Arbeit deutlich vor allem auf den Kommentar Staubs und die Abhandlung Erlers hin (Niedner, DJZ 1901, S. 443).

Niedner behauptete ausdrücklich, dass der § 326 BGB auch im gleichen Sinne wie Art. 356 ADHGB ausgelegt werden kann und muss, wenn eine sachliche Übereinstimmung des § 326 BGB mit dem Art. 356 des ADHGB dargetan werden kann[167].

Der Unterschied der beiden gegeneinander stehenden Auffassungen liegt nicht in der Frage der direkten Anwendbarkeit der Verzugsregeln auf die vorzeitige Erfüllungsverweigerung.

Vor allem aus der Fragestellung Niedners, ob es bei einem gegenseitigen Vertrage zur Begründung des Rechts auf Schadensersatz wegen Nichterfüllung oder auf Rücktritt vom Vertrag der Setzung einer Frist auch bei vorzeitiger Erfüllungsverweigerung des anderen Teils bedürfe, ist zu entnehmen, dass der Fall vorzeitiger Erfüllungsverweigerung zum Hauptgegenstand des Streits wurde.

In der Auseinandersetzung setzten die beiden Auffassungen die direkte Anwendbarkeit des § 326 BGB auf die vorzeitige Erfüllungsverweigerung voraus.

Die Verschiedenheit der beiden Ansichten beruht lediglich auf der Auslegung des Erfordernisses der Fristbestimmung des § 326 BGB. Nach Staub und Erler fällt das Hauptgewicht des Regelungsgehaltes des § 326 BGB auf die Ausscheidung des Erfüllungsanspruchs durch die Fristbestimmung des Gläubigers mit der Androhung, dass er die Annahme der Leistung nach dem Ablauf der Frist ablehne[168]. Darin sahen Staub und Erler das Bedürfnis nach der Neuauslegung der Verzugsregeln des BGB. Dementsprechend versuchten Staub und Erler zunächst, den § 326 von dem Art. 356 des ADHGB zu unterscheiden und ihn dann nach einer neuen Auslegung in das System des BGB einzuordnen.

Auf dieser Grundlage begann die Auseinandersetzung von Staub und Erler mit Niedner überwiegend mit der Auslegung der Fristbestimmung des § 326 BGB. Zur Begründung berief sich jede Auffassung jeweils auf die Materialen der Gesetzgebung des BGB. Die Gesetzesmaterialen waren daher für die beiden Auffassungen von großer Bedeutung.

Es kommt grundsätzlich darauf an, ob der Gedanken des § 326 BGB aF von dem Gedanken des Art. 356 ADHGB verschieden ist und worin gegebenenfalls dieser Unterschied besteht.

Staub, Erler und Niedner stimmten darin überein[169], dass die zweite Kommission des BGB die Absicht hatte, die Frage des Verzuges bei gegenseitigen Verträgen im Anschluss an die Art. 354-356 des ADHGB zu regeln.

Die erste Kommission hatte bereits in der Beratung zum Abs. 2 des § 280 BGB im Anschluss an die Art. 354, 355 des ADHGB entschieden, dem Gläubiger als

167 Niedner, DJZ 1901, 445.
168 Erler, DR 1901, 422; Staub, DJZ 1901, 479.
169 Erler, DR 1901, 422; Niedner, DJZ 1901, 444; Staub, DJZ 1901, 479.

Folge der Nichterfüllung lediglich die Wahl zu lassen, ob er Schadensersatz fordern oder vom Vertrag zurücktreten wolle[170].
In der weiteren Beratung des BGB zum Abs. 2 des § 369 (§ 326 BGB aF) wurden insgesamt 6 Anträge zum § 369 a vorgelegt[171]. Die Kommission entschied sich für den in den Anträgen 1 und 2 eingenommenen Standpunkt[172]:

Antrag 1: „Ist bei einem gegenseitigen Vertrage der Schuldner in Verzug gekommen, so ist der Gläubiger berechtigt, ihm eine angemessene Frist zur Bewirkung der Leistung zu bestimmen. Erfolgt die Leistung innerhalb der Frist nicht, so ist der Gläubiger berechtigt, Schadensersatz wegen Nichterfüllung zu verlangen oder von dem Vertrage zurückzutreten. Hat die Leistung in Folge des Verzuges für den Gläubiger kein Interesse, so bedarf es nicht der Bestimmung einer Frist. Ist die Leistung innerhalb der Frist nur theilweise nicht bewirkt, so finden die Vorschriften des § 247 Abs. 2 und des § 369 Abs. 1 Satz 2 Anwendung."
Antrag 2: „Ist der Schuldner im Verzuge, so hat der Gläubiger die Wahl, ob er Erfüllung nebst Schadensersatz wegen verspäteter Erfüllung oder statt der Erfüllung Schadensersatz wegen Nichterfüllung verlangen oder von dem Vertrage zurücktreten will."

Die Kommission nahm zwar schließlich den Antrag 1 an, hielt aber eine sachliche Verschiedenheit der Anträge 1 und 2 für nicht gegeben[173], indem sie davon ausgeht, dass die Anträge 1 und 2 bei gegenseitigen Verträgen im Anschluss an das ADHGB (Art. 354-356) dem Gläubiger beim Verzug des anderen Teils das Wahlrecht zwischen Schadensersatz wegen Nichterfüllung und Rücktritt auch dann gewähren, wenn der Schuldner eine ihm vom Gläubiger gestellte angemessene Nachfrist versäumt[174].
Die Kommission zielte mit der Fristbestimmung des § 326 BGB grundsätzlich darauf ab, die Ausschließung des Erfüllungsanspruchs klarer zum Ausdruck bringen zu wollen[175].
In dieser Hinsicht wurde von Staub und Erler richtig erkannt, dass der Fristbestimmung des § 326 BGB die neue Funktion des Ausschlusses des Erfüllungsan-

---

170 Jakobs/Schubert, Beratung, Schuldverhältnisse I, S. 272-273, wonach der Entwurf davon ausgeht, dass der Rücktritt eine Art von Schadensvergütung sei, welche den in solcher Weise nicht gedeckten Anspruch auf Schadensersatz fortbestehen lasse. Zur Frage, warum sich der Gesetzgeber entschied, als Folge der Nichterfüllung dem Gläubiger nur dieses Wahlrecht zu gewähren, vgl. Jakobs/Schubert, Beratung, Schuldverhältnisse I, S. 273.

171 Mugdan, Bd. II, S. 639. Hierzu vgl. auch Frohberg, Erfüllungsverweigerung, S. 105-107.

172 Mugdan, Bd. II, S. 641. Zu den weiteren Anträgen vgl. Mugdan, Bd. II, S. 640.

173 Mugdan, Bd. II, S. 643.

174 Mugdan, Bd. II, S. 640.

175 Mugdan, Bd, II, S. 643.

spruchs zugewiesen werden sollte und damit der Gläubiger die Fristsetzung mit der Ablehnungsandrohung für die gültige Ausübung des Wahlrechts immer vornehmen muss[176]. Aber die Ansicht Staubs und Erlers kann dem Willen des Gesetzgebers nur dann entsprechen und nur dann gerechtfertigt werden, wenn die vorzeitige Erfüllungsverweigerung entweder unter den Tatbestand „Verzug" gestellt oder mit dem Verzug gleichgestellt werden kann, weil die Kommission das Vorliegen des Verzugs für die Anwendung des § 326 BGB voraussetzt[177]. Dafür gab die Kommission keinen eindeutigen und genügenden Anhaltspunkt[178].
Im Gegensatz dazu gab die Kommission eine bestimmte Antwort besonders auf die Frage, ob sich die Kommission mit der Fristbestimmung von dem zu den Verzugsregeln des ADHGB entwickelten Rechtstand verabschieden wollte oder nicht:
„Das ALR. (I 5 §§ 369-407) stehe auch beim Kauf auf einem anderen Standpunkte, und ebenso, worauf besonderes Gewicht gelegt werden müsse, das (AD)HGB. 354-356. Durch das Letztere, dessen Anwendungsgebiet weit über den eigentlichen Handelsbereich hinausgehe, sei die Aenderung des gemeinen Rechtes genügend vorbereitet. Es handle sich nicht um einen Bruch mit hergebrachten Rechte, sondern um einen Abschluß der bisherigen Rechtsentwicklung, womit dem Gewichte Rechnung getragen werde, welches der heutige Verkehr auf die rechtszeitige Erfüllung zu legen pflege."[179]

Dieses Zitat aus den Protokollen belegt, dass die Verzugsregeln des BGB das ADHGB zum Vorbild hatten und die Kommission besonders den Tatbestand „Verzug" in Bezug auf die rechtzeitige Erfüllung berücksichtigt, nicht „die vorzeitige Erfüllungsverweigerung". Dass der Gesetzgeber für die Fristbestimmung nur den Verzug vor Augen hatte, lässt sich auch der Denkschrift zum Entwurf des BGB entnehmen:
„Im Anschluß an die Vorschriften der Art. 354 bis 356 des Handelsgesetzbuchs giebt deshalb der Entwurf dem Gläubiger weiter die Befugnis, *dem im Verzuge befindlichen Schuldner* eine angemessene Frist zur Bewirkung der Leistung mit der Rechtsfolge zu bestimmen, daß nach fruchtlosem Ablaufe der Frist der Gläubiger die Wahl hat zwischen dem Anspruch auf Schadensersatz wegen Nichterfüllung und dem Rücktrittsrechte, der Anspruch auf Erfüllung dagegen ausgeschlossen ist."[180]

Dieser Gedanke spiegelt sich im Absatz 1 des § 326 BGB aF wider, der nur auf den Verzug gerichtet ist:

---

[176] Erler, DR 1901, S. 422; Staub, DJZ 1901, S. 479.
[177] Denkschrift zum Entwurf des BGB, S. 49.
[178] RGZ 51, S. 349.
[179] Mugdan, Bd. II, S. 641.
[180] Denkschrift zum Entwurf des BGB, S. 49 (Hervorhebung von mir).

„Ist bei einem gegenseitigen Vertrag der eine Teil mit der ihm obliegenden Leistung *im Verzug*, so kann ihm der andere Teil zur Bewirkung der Leistung eine angemessene Frist mit der Erklärung bestimmen, daß er die Annahme der Leistung nach dem Ablauf der Frist ablehne. Nach dem Ablauf der Frist ist er berechtigt, Schadensersatz wegen Nichterfüllung zu verlangen oder von dem Vertrag zurückzutreten, wenn nicht die Leistung rechtzeitig erfolgt ist; der Anspruch auf Erfüllung ist ausgeschlossen. Wird die Leistung bis zum Ablauf der Frist teilweise nicht bewirkt, so findet die Vorschrift des § 325 Abs. 1 Satz 2 entsprechende Anwendung.“ [181] (Abs. 1 § 326 BGB aF)

Als weitere Begründung dafür, dass die Fristbestimmung auch bei der vorzeitigen Erfüllungsverweigerung für die Geltendmachung des Wahlrechts erfolgen muss, wiesen Staub und Erler darauf hin, dass das Gesetz selbst den einzigen Ausnahmefall von der Fristbestimmung im Absatz 2 des § 326 BGB regelt[182]:
„Hat die Erfüllung des Vertrages *infolge des Verzugs* für den anderen Teil kein Interesse, so stehen ihm die im Absatz 1 bezeichneten Rechte zu, ohne daß es der Bestimmung einer Frist bedarf.“[183] (Abs. 2 § 326 BGB aF)

Diese Regel nahmen Staub und Erler sehr wörtlich und entsprechend waren sie der Ansicht, dass die Fristbestimmung für die Geltendmachung des Wahlrechts auch bei vorzeitiger Erfüllungsverweigerung erfolgen muss, weil das Gesetz die vorzeitige Erfüllungsverweigerung als Ausnahme von der Fristbestimmung nicht ausdrücklich regelt[184].
Diese Auslegung des Erfordernisses der Fristbestimmung durch Staub und Erler erschien jedoch den Juristen der Zeit nicht fremd, weil die Fristgewährung beim Verzug nach dem Art. 356 des ADHGB für die Ausübung der Wahlrechte aus den Artt. 354-355 auch notwendig war. Auch Staub war im Kommentar zum ADHGB der Ansicht:
„Wenn die auf eines der sekundären Rechte (Nichterfüllungsschaden oder Rücktritt) gerichtete Wahl wirksam sein soll, so muß, wie das Gesetz sagt, der vertragstreue Kontrahent dem Säumigen dabei eine angemessene Frist gewähren, soweit dies die Natur des Geschäfts zuläßt.“[185]

Bei der Behandlung der Erfüllungsverweigerung hatte jedoch Staub im Kommentar zum ADHGB eine weitere Ausnahme von der Fristgewährung angenommen. Als weiterer Ausnahmefall sah die vorzeitige Erfüllungsverweigerung[186].

---

[181] Hervorhebung vom Verfasser.
[182] Erler, DR 1901, 422; Staub, DJZ 1901, 478.
[183] Hervorhebung vom Verfasser.
[184] Erler, DR 1901, 422; Staub, DJZ 1901, 478.
[185] Staub, ADHGB, Art. 356, Anm. § 18, S. 829.
[186] Staub, ADHGB, Art. 356, Anm. § 21-22, S. 830-831.

Den Rechtfertigungsgrund für die Ausnahme hatte Staub aus der *ratio legis* entnommen[187] und daher die vorzeitige Erfüllungsverweigerung unter den Verzug subsumiert[188].
Die Auffassung Staubs und Erlers wäre nur richtig, wenn das BGB die Erfüllungsverweigerung unter den Verzug gestellt hätte. Dafür geben Staub und Erler keine Begründung.
Im Gegensatz zum Ausgangspunkt von Staub und Erler richten sich Abs. 1 und Abs. 2 § 326 BGB aF ausdrücklich nur auf den Tatbestand „Verzug", nicht auf die vorzeitige Erfüllungsverweigerung.
Im Zusammenhang mit dem Absatz 2 des § 326 könnte die Frage gestellt werden, ob die Formulierung „wenn die Natur des Geschäftes dies zuläßt" des Art. 356 ADHGB vom Interesse des Gläubigers im Absatz 2 des § 326 BGB aF verschieden sein sollte.
Bereits das ROHG verstand unter der mit der Formulierung des Art. 356 „der Natur des Geschäfts" gemachten Ausnahme auch den Fall, dass die spätere Leistung für den Gläubiger an sich nutzlos oder wertlos ist[189], da die nachträgliche Leistung dann nicht als Erfüllung erscheint. Denn der Gläubiger kann die Leistung nicht mehr zu dem vorgesehenen Zweck verwenden.
Der Rechtsprechung folgend war die Lehre der Ansicht, dass der Zusatz „wenn die Natur des Geschäftes dies zuläßt" nur dann von der Gewährung einer Nachfrist entbindet, wenn die nachträgliche Leistung für den Gläubiger nutzlos ist[190].
Staub legte den Zusatz „die Natur des Geschäftes" genauso wie andere Kommentatoren aus:
„die spätere Leistung erscheine nicht mehr als Vertragserfüllung, d. h., sei für den Gläubiger nutzlos,..."[191]

In dieser Hinsicht stellt der Absatz 2 des § 326 BGB aF eine Konkretisierung und eine positivrechtliche Fixierung des zum Art. 356 des ADHGB entwickelten Rechtsgrundsatzes dar. Die Verbindung der Verzugsregeln des BGB mit den Verzugsregeln des ADHGB ist daher klar gegeben.

---

[187] Staub, ADHGB, Art. 356, Anm. § 22, S. 831.
[188] Staub, ADHGB, Art. 355, Anm. § 9, S. 818.
[189] ROHG III, Nr. 47, 212; VIII, 16/125; IX, 126.
[190] Gareis/Fuchsberger, ADHGB, Art. 356, Anm. 239; Hahn, ADHGB, Art. 356, S. 372; Makower, ADHGB, Art. 356, 40) c, S. 461.
[191] Staub, ADHGB, Art. 356, Anm. § 21, S. 830.

3) Die Auslegung des § 326 BGB in der Rechtsprechung

Wie bereits oben geschildert, ging das OLG Hamburg auf die Frage ein, ob es bei ausdrücklicher Verweigerung der Erfüllung der Setzung der Nachfrist bedarf oder nicht.
Der Kläger verweigerte die Erfüllung des Kaufvertrages zu Unrecht und die Beklagten machten Schadensersatz wegen Nichterfüllung geltend[192]. Der Kläger widersprach der Schadensersatzforderung mit dem Hinweis auf § 326, weil die Beklagten es unterlassen hätten, ihm eine Nachfrist zu setzen.
Im Urteil berief sich das OLG auf den Willen des Gesetzgebers und nahm Bezug auf die Denkschrift zum Entwurf des HGB und äußerte ausdrücklich, dass der Wortlaut des § 326 keineswegs dazu Anlass gebe, von der bisherigen Praxis, wie ROHG und RG vor Inkrafttreten des BGB geübt hatten, abzugehen[193].
Außerdem berief sich das OLG Hamburg darauf, dass die ganze Bestimmung des § 326 dispositives Recht sei, so dass durch einen Vertrag auf die Fristbestimmung verzichtet werden kann. Das letztere Argument war schon in der Literatur sowohl nach dem ADHGB als auch nach dem BGB allgemein anerkannt[194].
Im Urteil vom 27. Mai 1902 bestätigte das Reichsgericht (2. Senat) die Auffassung des OLG Hamburg und wies darauf hin, dass die Frage, ob die Fristbestimmung des § 326 auch bei ernsthafter Weigerung des säumigen Vertragsteils erforderlich ist und daher der andere Teil zum Schadensersatz wegen Nichterfüllung nur mit Nachfristsetzung berechtigt wird, in der Literatur und Rechtsprechung sehr streitig ist[195]. Den Grund für die Meinungsverschiedenheit sah das Reichsgericht darin, dass die Materialien keinen genügenden Anhalt für die eine oder andere Ansicht geben[196].
Aufgrund der Denkschrift zum Entwurf eines Bürgerlichen Gesetzbuchs[197] stellte das RG zunächst fest, dass der § 326 BGB auf den Verzug gerichtet ist. Nach dem RG kommt es bei der Erfüllungsverweigerung darauf an, ob eine Erklärung der Verweigerung einen Verzicht auf die Fristbestimmung enthält oder nicht[198].
Das RG berief sich dann auf die unter der Herrschaft des ADHGB feststehende Rechtsprechung.
In diesem Urteil entwickelte das RG die fortschrittliche Ansicht, dass die Erfüllungsverweigerung des Schuldners einen Verzicht auf die Fristbestimmung ent-

[192] Seufferts Archiv, Bd. 57, S. 442.
[193] Seufferts Archiv, Bd. 57, S. 443.
[194] Staub, ADHGB, Art. 356, Anm. § 23, S. 831; ders., HGB, Art. § 374, Anm. 93, S. 1290.
[195] RGZ 51, 349, insbes. Fn. 1.
[196] RGZ 51, 349.
[197] Denkschrift zum Entwurf eines Bürgerlichen Gesetzbuchs nebst drei Anlagen, Berlin 1896.
[198] RGZ 51, 349-350.

halte und die Geltendmachung des Schadensersatz wegen Nichterfüllung durch den Gläubiger bei der Erfüllungsverweigerung so verstanden werden kann, dass er nunmehr die Erfüllung ablehne[199]. Damit hatte das RG entschieden, dass es der Fristsetzung bei der Erfüllungsverweigerung für die wirksame Geltendmachung der Rechte aus dem § 326 BGB nicht bedarf.

Unter Berufung auf das Urteil des RG vom 27. Mai 1902 ging der 2. Senat des RG wiederum im Urteil von 4. November 1902 auf die Erfüllungsverweigerung ein. In dieser Entscheidung vertrat das RG mit Nachdruck, dass die ernstliche Verweigerung der Leistung seitens des Käufers oder Verkäufers, der sich im Verzug befindet, der im Abs. 2 des § 326 ausdrücklich zugelassenen Ausnahme, wonach es einer Fristbestimmung beim Wegfall des Interesses an der nachträglichen Erfüllung nicht bedarf, im Sinne des Gesetzgebers gleichsteht[200]. Aber diese beiden Entscheidungen des RG betreffen nur den Fall der Erfüllungsverweigerung nach Fälligkeit.

Den Fall der vorzeitigen Erfüllungsverweigerung hingegen behandelte es erst im Urteil vom 11. Juli 1902 (2. Senat)[201]. Vor Erörterung der gestellten Rechtsfrage stellte das RG zunächst fest, dass das Urteil vom 27. Mai 1902 eine Grundsatzentscheidung des RG über den Fall der Erfüllungsverweigerung des im Verzug befindlichen Schuldners bildet, wonach bei einem gegenseitigen Vertrag es zum Eintritt der in § 326 Abs. 1 Satz 2 bestimmten Rechtsfolgen der Fristbestimmung nicht bedürfe, wenn der im Verzug befindliche Teil sich ernstlich geweigert hat, den Vertrag zu erfüllen, und der vertragstreue Teil daraufhin Schadensersatz wegen Nichterfüllung fordert[202].

Gestützt auf diesen Grundsatz ging das RG in der Sache auf den Fall der vorzeitigen Erfüllungsverweigerung ein. Dem RG erscheint der Fall der vorzeitigen Erfüllungsverweigerung insoweit als eine Besonderheit, „als die Erklärung des Beklagten, für den Fall der Nichterfüllung der Leistung während der Lieferungszeit statt Erfüllung Schadensersatz wegen Nichterfüllung zu begehren, in Wirklichkeit vor Ablauf der Lieferungszeit, also vor Eintritt des Erfüllungsverzuges erfolgt ist.“[203]

Nach dem RG entfällt das Bedenken, ob es der Fristbestimmung auch bei der vorzeitigen Erfüllungsverweigerung für die Ausübung des Wahlrechts aus dem § 326 bedarf, da die Beklagte wegen der vorzeitigen Erfüllungsverweigerung

---

199 RGZ 51, 351.

200 RGZ 53, 13.

201 Der Leitsatz der Entscheidung lautet so: „1. Kann der Käufer im Falle zum voraus erklärter ernstlicher Erfüllungsverweigerung des Verkäufers vor Ablauf der Lieferungsfrist seinen Willen erklären, sich, wenn der Verkäufer auf seiner Weigerung bestehe und danach bei Verfall nicht leiste, auf eine spätere Erfüllung nicht einzulassen, sondern Schadensersatz wegen Nichterfüllung zu begehren?“ (RGZ 52, 150).

202 RGZ 52, 151-152.

203 RGZ 52, 152.

von der in Satz 1 des § 326 Abs. 1 geforderten Nachfristsetzung befreit ist und daraufhin vor dem Lieferungsverzug des Klägers ihr Wahlrecht auf Schadensersatz wegen Nichterfüllung für den Fall ausüben kann, dass der Kläger seinen vertragsmäßigen Verpflichtungen nicht nachkomme[204]. Aufgrund dieser Stellungnahme zur vorzeitigen Erfüllungsverweigerung wurde die Klage endgültig abgewiesen.

In der Entscheidung nahm das RG auch Stellung zu den Bedenken, die Staub im Kommentar zum HGB gegen die Berechtigung des Käufers zur Vornahme eines Deckungskaufs vor Ablauf der Leistungsfrist aus dem § 326 des BGB, insbesondere aus dem ersten Satz des § 326 Abs. 1, entnommen hatte. Das RG sprach sich ausdrücklich gegen die neue im Kommentar zum HGB geäußerte Ansicht Staubs aus. Mit dieser Entscheidung lässt sich verdeutlichen, dass das RG die Ansicht Staubs ablehnte und sich die Auslegung der Fristbestimmung des § 326 BGB zumindest in der Praxis in einer Kontinuität mit der Rechtsprechung zum ADHGB durch das ROHG und das RG befand.

5. Ist die vorzeitige Erfüllungsverweigerung wirklich ein Fall der positiven Vertragsverletzung und war daher die Entdeckung Staubs für die Judikatur notwendig?

Das ADHGB hatte mit den Artt. 354-356 ein neues Regelungsmodell für den Verzug eingeführt. Dieses Modell wurde im BGB übernommen, dabei allerdings in mancher Hinsicht modifiziert: Nach Inkrafttreten des BGB wurden die entsprechenden Rechte dem Gläubiger nun in allen Verträgen gewährt, nicht nur beim Handelskauf. Auf die Voraussetzung der Regelungen des ADHGB, dass die Ware noch nicht übergeben sein darf, verzichtet das BGB. Die „Natur des Geschäftes" des Art. 356 ADHGB, die entschied, ob eine Nachfristsetzung nötig ist, wurde in den Wegfall des Interesses des Gläubigers an der nachträglichen Erfüllung des 326 BGB aF umgeschrieben. Letzteres stellte sowohl eine wörtliche Umschreibung der Formulierung „Natur des Geschäfts" als auch eine Konkretisierung des in der Praxis zum Art. 356 ADHGB entwickelten Grundsatzes dar.

In der Frage der direkten Anwendbarkeit der Verzugsregeln auf die vor und nach dem Ablauf der Erfüllungszeit erklärte Erfüllungsverweigerung findet sich durch das BGB keine Veränderung.

Bei der Anwendung der Verzugsregeln, insbesondere des § 326 BGB, auf die vorzeitige Erfüllungsverweigerung wurde – wie bereits erörtert - die Frage gestellt, ob es einer Fristsetzung für die wirksame Geltendmachung des Wahlrechts bedarf. Zwar gab es einige Kommentatoren, die diese Frage bejaht haben,

---

[204] RGZ 52, 154.

doch hielt ein Großteil der Lehre sowie die Rechtsprechung (OLG, ROHG und RG) an dem zum ADHGB in der Praxis entwickelten Rechtsgrundsatz fest. Daran ist die kontinuierliche Entwicklung ersichtlich.

Im Gegensatz dazu wird heute die vorzeitige Erfüllungsverweigerung allgemein als einer der Fälle der positiven Vertragsverletzung angesehen[205]. Deshalb nun können Bedenken darüber entstehen, ob ein Bedürfnis nach der Einordnung der vorzeitigen Erfüllungsverweigerung unter die positive Vertragsverletzung vorlag oder nicht, wenn man dem Rechtsgrundsatz folgt, der vor der Entstehung der Lehre von der positiven Vertragsverletzung von ROHG und RG entwickelt und von der Lehre aufgenommen wurde.
Für die Lehre von der positiven Vertragsverletzung wird Hermann Staub gewöhnlich als ein Entdecker in der Zivilrechtsdogmatik gelobt[206].

Wie oben ausführlich geschildert, hatte Staub ursprünglich keinen Zweifel an der direkten Anwendbarkeit des § 326 auf die vorzeitige Erfüllungsverweigerung. Später behauptete Staub, es gebe ein Bedürfnis nach der analogen Anwendung des § 326 BGB aF auf die vorzeitige Erfüllungsverweigerung.
Die analoge Anwendung der Verzugsregeln auf die vorzeitige Erfüllungsverweigerung ist heute herrschende Meinung. Die Behauptung Staubs, dass § 326 nur analog auf die vorzeitige Erfüllungsverweigerung Anwendung finden kann, ist von der früheren Ansicht zu unterscheiden, dass der § 326 direkt auf die vorzeitige Erfüllungsverweigerung anwendbar ist, wobei die Fristbestimmung für die gültige Ausübung des Wahlrechts immer erfolgen muss[207].
In der 2. Auflage behauptete Staub erneut, dass § 326 nur analog auf den Fall vorzeitiger Erfüllungsverweigerung angewendet werden kann, da nach Staub der § 326 nur den Fall vorsieht, dass der Schuldner sich im Verzug befindet.
Aufgrund der analogen Anwendung des § 326 vertrat Staub die Auffassung, dass die Fristbestimmung bei der vorzeitigen Erfüllungsverweigerung für die Geltendmachung des Wahlrechts nicht notwendig ist.

Der Wissenschaft und dem RG erschien zur Zeit der Gesetzgebung des BGB die direkte Anwendung des § 326 BGB auf die Fälle der vorzeitigen wie der nachträglichen Erfüllungsverweigerung entgegen den Auffassungen Staubs und Erlers unproblematisch[208]. Hieraus entsteht die weitere Frage, ob es wirklich ein

---

[205] Dagegen vgl. Medicus, Bürgerliches Recht[18], Rn. 308, S. 220; Fikentscher, Schuldrecht[9], Rn. 311, S. 216.

[206] Dölle, Juristische Entdeckungen, in: Verhandlungen des 42. DJT (1957), Bd. II, B. 16; Heinrichs, Hermann Staub, S. 398; Elschner, Hermann Staub, 210-211.

[207] Staub, HGB 1900, Zu § 374, Anm. 73-76, S. 1291-1293.

[208] Würthwein, Schadensersatzpflicht, S. 172, kritisiert zwar die Ansicht Staubs, aber nur die nachträgliche Erfüllungsverweigerung. Sie äußert sich nicht ausdrücklich darüber, ob der

Bedürfnis nach einer neuen Auslegung und der analogen Anwendung des § 326 gab, und es kann dahingestellt bleiben, ob Kübel und der Gesetzgeber des BGB Anlass gehabt hätten, die Fälle der vorzeitigen und der nachträglichen Erfüllungsverweigerung ausdrücklich zu regeln.
Auch im Hinblick auf die Sukzessivlieferungsverträgen lässt sich fragen, ob wirklich eine Lücke im BGB aF bestand, da bereits der § 326 des BGB aF eine den Verzugsregeln des ADHGB entsprechende Vorschrift enthält und es daher keinen besonderen Regelungsbedarf für die Vertragsverletzung beim Sukzessivlieferungsvertrag gibt[209].
In Bezug auf die neue Ansicht Staubs in der 2. Auflage ist noch zu fragen, aus welchem Grund Staub seine Ansicht vor allem aufgrund des Urteil des RG vom 23. Februar 1904 geändert hat. Denn Staub änderte erst nach dem Inkrafttreten des BGB seine Ansicht[210].
Trotz der Änderung seiner Ansicht hatte Staub jedoch keineswegs angenommen, dass die Fälle der Erfüllungsverweigerung nicht unter den § 326 fielen. Damit lässt sich festhalten, dass sich die Ansicht von Staub in der Auseinandersetzung mit Niedner insofern nicht verändert, soweit der § 326 zwar Anwendung auf den Fall der Erfüllungsverweigerung findet, aber es bei Erfüllungsverweigerung keine Ausnahme von der Notwendigkeit einer Fristbestimmung gibt[211]. Er erwähnte dabei keineswegs die Erfüllungsverweigerung als Fall der positiven Vertragsverletzung in der 1. Auflage seiner Abhandlung[212].

Erst in der 2. Auflage (1904) der Abhandlung „Die positiven Vertragsverletzungen und ihre Rechtsfolgen" vertrat er die neue Ansicht, dass die analoge Anwendung des § 326 für die Rechtsfolgen bei der vorzeitigen Erfüllungsverweigerung erforderlich ist. Denn der § 326 setze, wie immer wieder betont werden müsse, ausdrücklich voraus, dass der Schuldner im Verzuge sei[213]. Straub behauptete gleichzeitig, dass die Erklärung der Erfüllungsverweigerung den Gläubiger von der Verpflichtung der Nachfristsetzung und von der Verpflichtung zur Mahnung entbinde[214].

Grundsatz der Befreiung des Gläubigers von der Fristbestimmung bei der nachträglichen Erfüllungsverweigerung auch für den Fall der vorzeitigen Erfüllungsverweigerung gelten kann.
209 Vgl. auch Würthwein, Schadensersatzpflicht, S. 173-174. Als Beispiel für die Lösung der Vertragsverletzung beim Sukzessivlieferungsvertrag nach dem ADHGB ist an dieser Stelle die Ansicht Endemanns zu nennen. Nach Endemann kann der Käufer bei sukzessiven oder Ratenlieferungen aus demselben Vertrag verschiedene Alternativen aus den Art. 354-355 des ADHGB ergreifen, wenn nicht nach dem Vertrag Unteilbarkeit der Gesamtlieferung angenommen werden muss (vgl. Endemann, ADHGB, S. 492-494). Hierzu vgl. oben §10 II 3.
210 Staub, DJZ 1901, 478 (vgl. auch oben §10 II 4 2).
211 Staub, DJZ 1901, 478.
212 Frohberg, Erfüllungsverweigerung, S. 33/35.
213 Staub, pVV 1904, S. 56-57.
214 Staub, pVV 1904, S. 57.

Anlass, die Meinung zu ändern, sei, wie Staub selbst anführt, die Entscheidung des RG vom 23. Februar 1904 (2. Zivilsenat) gewesen[215].
Der Grund für die Meinungsänderung ist nicht klar, aber aus der Behauptung von Staub ist zu entnehmen, dass sich eine Begründung für die Befreiung von der Verpflichtung zur Mahnung durch die bestimmte Erfüllungsverweigerung kaum geben lässt, wenn man von der Theorie der positiven Vertragsverletzung absieht, die eine solche Begründung geben kann, da man eine positive Vertragsverletzung in der Erklärung der Erfüllungsverweigerung erblicken kann[216].
In Folge des Urteils des RG vom 23. Februar 1904 hat Staub erst in der 2. Auflage seiner Abhandlung behauptet, dass die analoge Anwendung des § 326 BGB aF auf die vorzeitige Erfüllungsverweigerung notwendig ist, um dem Gläubiger Rechte aus dem § 326 BGB aF zu gewähren. Dass die Fälle der vorzeitigen und nachträglichen Erfüllungsverweigerung als Fälle der positiven Vertragsverletzung einzuordnen sind, ist erstmals vom Reichsgericht ausgesprochen worden. Staub macht sich nur die Einordnung des RG zu eigen und versuchte, die Lehre von der positiven Vertragsverletzung und deren Notwendigkeit für die Praxis unter Einbeziehung der Rechtsprechung des RG zu bestätigen[217].

Es gab auch bald kritische Stimmen zur Einordnung der Erfüllungsverweigerung und der den Vertragzweck gefährdenden Vertragsverletzung beim Lieferungsvertrag unter die Fälle der positiven Vertragsverletzung[218]. Als Beispiel dafür ist die Stellungnahme Sibers zur positiven Vertragsverletzung und deren Verhältnis zum Verzug zu nennen:
„Einige Anwendungsfälle der positiven Vertragsverletzung sind in der Praxis schon früher als solche eines Verzuges, z. B. kraft Verzichts auf die Mahnung, behandelt worden und stellen sich bei genauer Betrachtung einfach als Verzugsfälle ohne Mahnung heraus. Sobald sich deshalb ergeben sollte, daß diese auch nach jüngstem Recht nicht unerläßliche Verzugsvoraussetzung wäre, fiele dem Verzuge ein großer Teil des ihm von der positiven Vertragsverletzung abgegrabenen Gebietes von selbst wieder zu."[219]

Die Ergebnisse der obigen Untersuchung geben damit eine Antwort auf die Frage, ob die Lehre der positiven Vertragsverletzung für die sachgerechte Lösung der Fälle der vorzeitigen Erfüllungsverweigerung wirklich unerlässlich war.

---

[215] DJZ 1904, 342-348 (insbes. 346).
[216] Staub, pVV 1904, S. 56.
[217] Dabei verwendete Staub die Entscheidung vom 23. Feb. 1904 RG (DJZ, 1901, 346).
[218] Siber, Interpellatio und Mora, S. 47 ff.; Dernburg, Schuldverhältnisse, § 97, S. 214; Eck, Vorträge, Bd. I, S. 310, Fn. 2. Zur Diskussion vor Schuldrechtsmodernisierung 2002 vgl. Medicus, Bürgerliches Recht[18], Rn. 308, S. 220; Fikentscher, Schuldrecht[9], Rn. 311, S. 216.
[219] Siber, Interpellatio und Mora, S. 108-109.

Die Ansicht zum BGB aF, die die analoge Anwendung der Verzugsregeln auf die Erfüllungsverweigerung vorsieht und demgemäß die Rechte des Gläubiger bei der vorzeitigen Erfüllungsverweigerung aus dem § 326 BGB aF entnimmt, wobei es der Nachfristsetzung für die Geltendmachung des Wahlrechts nicht bedarf, war weitgehend anerkannt.
In Bezug auf die Rechtsfolgen stellt sich die Frage, ob das Recht des Gläubigers sich auf das Wahlrecht aus dem § 326 beschränken sollte, oder ob er noch weiterhin den Anspruch auf Erfüllung trotz der Erklärung der Erfüllungsverweigerung haben kann, wenn er sein Interesse an der Realerfüllung weiter verfolgen will.

Wenn man von der analogen Anwendung des § 326 auf die Erfüllungsverweigerung absieht, ist die Übereinstimmung der heutigen Regel mit dem Rechtsgrundsatz des ROHG und des RG sachlich darin zu sehen, dass der Gläubiger bei der unberechtigten Erfüllungsverweigerung des Schuldners sofort das Wahlrecht aus dem § 326 ausüben kann, ohne eine Nachfrist zu setzen.
Diese Regel hat eine lange Übung und es gibt eine Überzeugung von ihrer Richtigkeit. Man kann darüber streiten, ob sie zum Gewohnheitsrecht geworden war. Wenn dem so ist, dann bedurfte es keiner weiteren Anspruchgrundlage und keines weiteren Rechtfertigungsgrundes für die Gewährung der Rechte aus dem § 326 BGB aF bei der Erfüllungsverweigerung, da Gewohnheitsrecht seinen Geltungsgrund in sich selbst hat[220]. Im gleichen Sinne wäre die Einordnung der Erfüllungsverweigerung als ein Fall der positiven Vertragsverletzung in das System der Leistungsstörungen auch fraglich. In diesem Zusammenhang sollte zunächst gefragt werden, ob die Erfüllungsverweigerung wirklich ein Fall der positiven Vertragsverletzung ist. Wenn man die Erfüllungsverweigerung in die positive Vertragsverletzung einordnen sollte, wäre es, wie Huber definiert[221], ein juristisches Etikett, das nicht mehr besagt, als dass es sich um einen Fall der Leistungsstörungen handelt, aus dem eine Haftung wegen Nichterfüllung außerhalb von Verzug und zu vertretender Unmöglichkeit entsteht.

Die Erfüllungsverweigerung kann dann auch als eigene Art der Vertragsverletzung bezeichnet werden[222], wenn man sie unbedingt in das System der Leistungsstörungen einordnen will. Dabei kann man die Frage aufwerfen, warum der Gesetzgeber des BGB von der Regelung der Fälle der Erfüllungsverweigerung abgesehen hat, obwohl Fälle der Erfüllungsverweigerung zur damaligen Zeit vor Gericht nicht ganz selten waren und die Gerichte eine ausführliche und befriedigende Lösung der Fälle der vorzeitigen Erfüllungsverweigerung durch die Verzugsregeln gefunden hatten. Der Grund dafür könnte darin liegen, dass die Fälle

[220] Huber, Leistungsstörungen, Bd. II, S. 574.
[221] Zu den Ausführungen vgl. Huber, Leistungsstörungen, Bd. II, S. 580.
[222] Leser, Erfüllungsverweigerung, S. 655.

der Erfüllungsverweigerung durch die Verzugsregeln ausreichend gelöst wurden und der Gesetzgeber keinen Anlass sah, die Fälle mit einzelnen Vorschriften im Gesetz zu fixieren, sondern vielmehr die Frage weiterhin der Praxis überlassen wollte[223]. In dieser Hinsicht sollte gefragt werden, ob der neue Weg des RG zur Lösung der Fälle der vorzeitigen Erfüllungsverweigerung durch analoge Anwendung wirklich angemessen und notwendig war, weil das RG schon bei der direkten Anwendung des § 326 auf die vorzeitige Erfüllungsverweigerung berücksichtigte, dass der § 326 auf den Verzug abzielte.
Auf dieser Grundlage scheint das Bedürfnis nach der analogen Anwendung des § 326 auf den Fall der vorzeitigen Erfüllungsverweigerung wenig Rechtfertigung zu haben.

Schließlich kann die Frage gestellt werden, ob Staub als Entdecker der analogen Anwendung der Verzugsregeln auf die Erfüllungsverweigerung und die wesentliche Vertragsverletzung bei Sukzessivlieferungsverträgen[224] angesehen werden kann, wenn die Fälle der vorzeitigen Erfüllungsverweigerung eine eigene Form der Leistungsstörungen darstellen.

---

[223] Huber, Leistungsstörungen, Bd. II, S. 567.
[224] Hierzu vgl. Eck, Vorträge, Bd. I, S. 310, Fn. 2.

§ 11. Die Entstehung der Regelungen des BGB über die Haftung des Schuldners wegen Nichterfüllung

Für die 1. Kommission bildet der Teilentwurf Kübels eine der wichtigsten Grundlagen zur Beratung über den allgemeinen Teil des Rechts der Schuldverhältnisse.

Vor der Beratung zu § 1 Nr. 1 des Teilentwurfs über das Obligationenrecht (im folgenden: „TE-OR“) musste geklärt werden, ob im Titel des 2. Buches von der „Obligation“ oder dem „Schuldverhältnis“ gesprochen werden sollte.

Der Ausdruck „Schuldverhältnis“ zur Bezeichnung desjenigen Rechtsverhältnisses, das in dem Sprachgebrauch der Juristen Obligation genannt zu werden pflegte, wurde in der Beratung gebilligt und schließlich verwendet.

Als Titel des zweites Buchs des BGB wurde folglich der Ausdruck „Recht der Schuldverhältnisse“ bestimmt. Die Wahl des Ausdrucks „Schuldverhältnis“ bedeutete jedoch keineswegs eine Veränderung des Verständnisses vom Begriff „Obligation“. Der Grund für die Wahl des neuen Begriffs lag grundsätzlich im Anliegen der 1. Kommission, Fremdworte im BGB zu vermeiden[1].

In der Beratung zu § 1 TE-OR Nr. 1[2] wurde die Frage gestellt, was man unter dem Schuldverhältnis verstehen soll. Daraufhin legte Windscheid den Antrag vor, das Schuldverhältnis so zu bestimmen:

„Unter Schuldverhältniß versteht das Gesetz ein Verpflichtungsverhältniß einer Person („Schuldner“) gegenüber einer anderen Person („Gläubiger“). Verpflichtungsverhältnisse aus dinglichen Rechten und solche Verpflichtungsverhältnisse aus Familienverhältnissen, welche nicht auf eine Vermögensleistung gerichtet sind, sind Schuldverhältnisse nicht.“[3]

Nach Zustimmung zu diesem Antrag wurde unter dem Schuldverhältnis ein Verpflichtungsverhältnis verstanden, dessen Gegenstand die vom Schuldner zu bewirkende Leistung bildet. Diese Leistung kann in einem Tun oder einem Unterlassen bestehen.

---

1 In den Motiven heißt es: „Der Entwurf gebraucht den Ausdruck „Schuldverhältniß“ zur Bezeichnung desjenigen Rechtsverhältnisses, welches im Anschlusse an das römische Recht von den Juristen Obligation genannt zu werden pflegt. Hiermit ist unter Vermeidung des Fremdwortes nach dem Vorgange des Entwurfes eines bürgerlichen Gesetzbuches für Bayern und des Dresdner Entwurfes eine das gesammte obligatorische Verhältniß, Forderungsrecht und entsprechende Verbindlichkeit, möglichst deckende Bezeichnung gewählt.“ (Mugdan-Motive, Bd. II, S. 1; Beratung-Schuldverhältnisse I, S. 40).

2 § 1 (TE-OR Nr. 1): „Zu einem Schuldverhältnisse wird erfordert, daß vermöge desselben Jemand als Schuldner einem Anderen zu einer Leistung (einem Thun oder Unterlassung) verpflichtet und der Andere als Gläubiger diese Leistung zu fordern berechtigt ist.“

3 Beratung-Schuldverhältnisse I, S. 41.

Das Schuldverhältnis, das den Gegenstand der Regelung des zweiten Buchs des BGB bildet, verpflichtet grundsätzlich eine Person (Schuldner) gegenüber einer anderen Person (Gläubiger) zu einem Tun oder Unterlassen (Leistung)[4].
Über den Inhalt der Verpflichtungen aus dem Schuldverhältnis und über die Haftung des Schuldners für die verschuldete Nichterfüllung beriet sich die 1. Kommission anlässlich der §§ 196 und 197 TE-OR (Nr. 13). Vor Beginn der inhaltlichen Beratung zu §§ 196 und 197 TE-OR wandte sich die Kommission zunächst der Überschrift „Wirkungen der Schuldverhältnisse" des TE-OR zu.
Die Kommission war sich einig, dass unter „Wirkungen" der Umfang der dem Schuldner obliegenden Verbindlichkeit gemeint ist, und beschloss, dabei dem Antrag Windscheids folgend, die Überschrift in „Inhalt der Schuldverhältnisse" umzuformulieren[5]. Damit hatte die Überschrift „Inhalt der Schuldverhältnisse" in das BGB Eingang gefunden.
Bei der Beratung der inhaltlichen Fragen zum Inhalt der Verbindlichkeit und der Haftung wegen der Nichterfüllung der Verbindlichkeit sah die 1. Kommission die §§ 196 und 197 als allgemeine Haftungsnorm für die verschuldete Nichterfüllung an.
Diese Ansicht wurde in den Anträgen zu §§ 196[6] und 197[7] formuliert[8].
Zu §§ 196 und 197 stellte Windscheid einen Antrag, die §§ 196 und 197 durch folgende Bestimmung (§§ a und b) zu ersetzen[9]:
§ a: „Der Schuldner ist verpflichtet, die ihm nach dem Schuldverhältniß obliegende Leistung zu bewirken. Er haftet nicht blos wegen vorsätzlicher sondern auch wegen fahrlässiger Nichterfüllung seiner Verbindlichkeit."
§ b: „Fahrlässigkeit verschuldet, wer nicht die Sorgfalt eines guten Hausvaters aufwendet."

Gegenüber diesem Antrag legte Kurlbaum einen zweiten Antrag vor, die §§ a und b zusammenzuziehen und so zu fassen:
„Der Schuldner ist verpflichtet, die ihm obliegende Leistung zu bewirken. Er haftet, soweit nicht durch Gesetz oder durch Rechtsgeschäft etwas Anderes bestimmt ist, nicht nur wegen vorsätzlichen Zuwiderhandelns, sondern auch wegen Vernachlässigung der Sorgfalt eines guten Hausvaters (geringe Fahrlässigkeit)."

---

4 Beratung-Schuldverhältnisse I, S. 42.

5 Hierzu vgl. Beratung-Schuldverhältnisse I, S. 237.

6 § 196: „Die in einem Schuldverhältnisse Stehenden sind sich gegenseitig verpflichtet, die daraus für sie entspringenden Verbindlichkeiten redlich und treu und unter Aufwendung desjenigen Grades der Sorgfalt zu erfüllen, welchen sie versprochen haben oder zu welchem sie gesetzlich verpflichtet sind."

7. § 197: „Die in einem Schuldverhältnisse Stehenden haften sich gegenseitig nicht nur für absichtliche Verschuldung, sondern selbst für geringe Fahrlässigkeit. Letztere verschuldet, wer nicht diejenige Sorgfalt anwendet, welche ein sorgsamer Hausvater anzuwenden pflegt."

8 Hierzu vgl. auch oben § 10 I 3

9 Beratung-Schuldverhältnisse I, S. 237.

Der Antrag 2 wurde später von demselben Antragsteller dahin ergänzt, „vollständig“ vor „zu bewirken“ einzuschalten[10].
In der Behandlung der beiden Anträge entschied sich die Kommission für den Antrag 2 und hielt die Verwendung der Einzahl „der Schuldner“ für bezeichnender als die der Mehrzahl („die in einem Schuldverhältnisse Stehenden“)[11], den der TE-OR verwandt hatte.
In der Abstimmung zum Unterantrag des Antrages 2 wurde die Einschaltung von „Vollständig“ im einleitenden Satz von der Mehrheit der Kommission besonders deshalb gebilligt, weil das Erfordernis der Vollständigkeit der Erfüllung hervorgehoben werden müsse, damit deutlicher sei, dass die Verpflichtung ihrem ganzen Umfang nach und namentlich auch in Ansehung aller Nebenpunkte zu erfüllen ist[12].
In Bezug auf die Haftung des Schuldners für das Verhalten seines Erfüllungsgehilfen wurde in einer späteren Sitzung der Beratung die Frage gestellt, inwieweit der Schuldner für Verschulden der Vertreter und Gehilfen haften soll, welche zur Erfüllung seiner Verbindlichkeit dienen, weil der TE-OR keine Bestimmung zu dieser Frage enthielt[13].
Zu dieser Frage war die 1. Kommission der Auffassung, die Haftung des Schuldners für die Erfüllungsgehilfen in die Haftung des Schuldners wegen Nichterfüllung für eigenes Verhalten einzubeziehen.
Nach Abschluss der Beratungen legte die 1. Kommission einen Entwurf („KE“) vor. Der KE regelt die Haftung des Schuldners wegen Nichterfüllung für eigenes und fremdes Verschulden im § 222.
§ 222 (KE): „Der Schuldner ist verpflichtet, die nach dem Schuldverhältniß ihm obliegende Leistung vollständig zu bewirken. Er haftet nicht bloß wegen vorsätzlicher, sondern auch wegen fahrlässiger Nichterfüllung seiner Verbindlichkeit.
Der Schuldner haftet in Ansehung der Erfüllung wegen des Verschuldens seines gesetzlichen Vertreters sowie wegen des Verschuldens derjenigen Personen, deren er sich zur Bewirkung der Leistung bedient.“[14]

Der § 222 KE wurde im § 224 des ersten Entwurfs (E I) übernommen.
Der § 224 E I regelt die Haftung des Schuldners wegen vorsätzlicher oder fahrlässiger Nichterfüllung[15].

[10] Beratung-Schuldverhältnisse I, S. 237.
[11] Beratung-Schuldverhältnisse I, S. 238.
[12] Beratung-Schuldverhältnisse I, S. 239.
[13] Beratung-Schuldverhältnisse I, S. 240-241.
[14] Beratung-Schuldverhältnisse I, S. 247.

§ 224 E I: „Der Schuldner ist verpflichtet, die nach dem Schuldverhältnisse ihm obliegende Leistung vollständig zu bewirken. Er haftet nicht bloß wegen vorsätzlicher, sondern auch wegen fahrlässiger Nichterfüllung seiner Verbindlichkeit. Die Vorschriften der §§ 708, 709 finden entsprechende Anwendung.
Der Schuldner haftet in Ansehung der Erfüllung wegen des Verschuldens seines gesetzlichen Vertreters sowie wegen des Verschuldens derjenigen Personen, deren er sich zur Bewirkung der Leistung bedient."

---

[15] Ein Antrag, den Satz „Die Vorschriften §§ 702, 703 [§§ 708, 709 EI] finden entsprechende Anwendung." zu § 222 Abs. 1 KE hinzufügen, wurde von der Kommission gebilligt. E I enthält diesen Zusatz im § 224.

I. Der erste Entwurf des BGB (E I)

1. Realerfüllungszwang, Schadensensatz und Rücktrittsrecht als Rechtsfolgen der Nichterfüllung

Der § 224 E I regelt ausdrücklich eine allgemeine Culpa-Haftung für die Nichterfüllung der Verbindlichkeit[16].
Die Haftung für die schuldhafte Nichterfüllung verlangt, dass die Nichterfüllung eine bestimmte Rechtsfolge habe. Aber am Wortlaut des § 224 E I kann man auf ersten Blick nicht leicht erkennen, welche Rechtsbehelfe dem Gläubiger bei der Nichterfüllung der Verbindlichkeit zugewiesen werden, denn § 224 E I spricht nur davon, dass der Schuldner haftet.
Diese Ungewissheit wird dann noch größer, wenn das Wort „haftet" mit dem heutigen Rechtsbegriff „Haftung" identifiziert wird. Im allgemeinen bedeutet „Haftung" soviel wie Verantwortlichkeit, und zwar mit der Folge einer möglichen Schadensersatzpflicht in einzelnen Fällen[17].

Der vertraglichen Bindung, die durch den Vertrag entsteht, sind zwei Bedeutungen zuzuweisen: einerseits dass der Versprechende verpflichtet ist, sein Wort einzuhalten, und andererseits dass der Versprechensempfänger durch das Versprechen berechtigt ist, die Leistung zu fordern, bzw. seine Forderung notfalls im Wege der Zwangsvollstreckung durchzusetzen.
Der Anspruch auf die Erfüllung, der aus dem ursprünglichen einzelnen Schuldverhältnis entspringt, ist als Rechtsbehelf in dem Sinne verstehbar, dass der Gläubiger bei schuldhafter Nichterfüllung vom Schuldner die Realerfüllung verlangen kann. Außer dem Anspruch auf Realerfüllung regelt das BGB ausdrücklich weitere alternative Rechtsbehelfe, entweder Schadensersatz wegen Nichterfüllung oder Rücktritt vom Vertrag. Nach dem BGB 1900 kann der Gläubiger von beiden Rechtsbehelfen nur einen, entweder den Schadensersatz wegen Nichterfüllung statt der versprochenen Leistung oder den Rücktritt vom Vertrag geltend machen.

---

16 Die Motive des BGB enthalten eine deutliche Aussage über den Charakter des § 224 E I: „Unter Haftung für Fahrlässigkeit schlechthin (§ 224 S. 2) versteht der Entwurf die Haftung für jede, auch die sogenannte leichte Fahrlässigkeit (culpa levis) ... Auch im gemeinen Rechte und in der Mehrzahl der modernen Gesetze gilt die Regel, daß der Schuldner wegen und bei Erfüllung seiner Verbindlichkeit für Vorsatz und jede Fahrlässigkeit haftet." (Motive II S. 27). Die Zeitgenossen waren derselben Auffassung und hielten den § 224 E I für „nichts neues". Zum Urteil der Zeitgenossen über den Charakter des § 224 Abs. 1 E I, vgl. Bähr, Beurteilung, S. 32; Leonhard, Der Entwurf, S. 47; Goldschmidt, Erörterung, S. 124. Im Gegensatz dazu sehen Harting und Wollschläger den § 224 E I nur als Bestimmung über den Haftungsmaßstab an (Harting, pVv, S. 177-178; Wollschläger, Unmöglichkeitslehre, S. 188).

17 Hierzu vgl. Larenz, Schuldrecht AT, § 2 IV.

Das BGB regelt somit insgesamt drei Rechtsbehelfe für den Gläubiger bei der verschuldeten Nichterfüllung im Allgemeinen Teil des Schuldrechts, den Anspruch auf Realerfüllung, den Schadensersatz sowie das Rücktrittsrecht.

1) Realerfüllung und Schadensersatz wegen Nichterfüllung - Regel-Ausnahme-Verhältnis -

Im BGB ist das Prinzip der Realerfüllungszwangs (Naturalerfüllung) nicht ausdrücklich ausgesprochen. Man zweifelt jedoch keineswegs daran[18], dass das BGB das Prinzip der Realerfüllung zugrunde gelegt hat. Im Gegensatz dazu enthält das BGB klare Bestimmungen über den Schadensersatz wegen Nichterfüllung und den Rücktritt, die nur für Unmöglichkeit und Verzug (§§ 280, 283, 325, 326) gelten.
Der erste Entwurf (E I) regelt die Unmöglichkeit der Leistung und die Folgen der Nichtleistung in §§ 237-244[19]. § 240 E I hat die verschuldete Unmöglichkeit und den Schadensersatz wegen Nichterfüllung zum Gegenstand der Regelung[20].
§ 240 Abs. 1 E I (§ 236 E II, § 280 BGB): „Kann der Schuldner seine Verbindlichkeit nicht erfüllen, weil die ihm obliegende Leistung in Folge eines von ihm zu vertretenden Umstandes ganz oder theilweise unmöglich geworden ist, so ist der Schuldner verpflichtet, dem Gläubiger den durch die Nichterfüllung der Verbindlichkeit verursachten Schaden zu ersetzen.“[21]

Bei der Auslegung des § 240 E I in Verbindung mit der § 224 E I geht es vor allem um die Frage, was die Verfasser mit § 240 E I regeln wollten, da § 224 E I Anwendung auf die Fälle der verschuldeten Nichterfüllung der Verbindlichkeit findet, wenn man § 224 E I als allgemeine Haftungsnorm ansieht.
Dem Wortlaut nach regelt der § 240 E I einerseits bezüglich des Haftungstatbestandes die nachträglich eintretende objektive Unmöglichkeit und andererseits bezüglich der Rechtsfolge den Schadensersatz wegen Nichterfüllung.
Die Passagen der Motive zu § 240 E I zeigen einen bestimmten Willen des Verfassers des E I:

---

[18] In der Literatur ist nur streitig, ob die Realexekution von Verpflichtungen aus Schuldverhältnissen (anstelle reiner Pekuniarkondemnation) aus § 241 abgeleitet werden kann (Hierzu vgl. Staudinger-Schmidt § 241 Rz. 52).

[19] Die Überschrift der §§ 237-244 heißt „III. Unmöglichkeit der Leistung und Folgen der Nichtleistung“ (Motive II, S. 44).

[20] Der Randtitel der Motive zu § 240 E I heißt „d) Schadensersatzanspuch des Gläubigers“ (Motive II, S. 50).

[21] Die Regelung, dass der Schuldner nur im Falle einer von ihm zu vertretenden Unmöglichkeit der Erfüllung für das Interesse einzustehen hat, gilt auch für das Schuldverhältnis, dessen Gegenstand ein Unterlassen ist (Motive II, S. 49).

„Durch die Vorschrift des § 240 in Verbindung mit derjenigen der §§ 242, 243 (vrgl. §§ 247, 360, 361, 369) ist des Weiteren der Grundsatz des franz. und schweiz. Rechtes abgelehnt, wonach sich die Verbindlichkeit, etwas zu thun, im Falle des Verzuges sofort in die Verbindlichkeit zum Schadensersatz auflöst."[22]

An dem § 240 E I kann man erkennen, dass der Gesetzgeber deutlich machen will, dass das BGB das Prinzip der Realerfüllung bei der Nichterfüllung zugrundelegt und der Anspruch auf Schadensersatz wegen Nichterfüllung nur bei der Unmöglichkeit entsteht, nicht aber beim Verzug oder bei sonstigen Fälle der Nichterfüllung.
In diesem Sinne statuiert § 240 E I eine Ausnahme vom Prinzip der Realerfüllung. Mit dieser Vorschrift versuchte der Gesetzgeber einerseits zu verdeutlichen, unter welchen Voraussetzungen der Gläubiger den Schadensersatz wegen Nichterfüllung der ganzen Verbindlichkeit fordern kann. Die Voraussetzung für die Berechtigung des Gläubigers zum Schadensersatz wegen Nichterfüllung ist die Unmöglichkeit. Sie bildet daher die einzige Ausnahme vom Prinzip der Realerfüllung. Mit der Vorschrift des § 240 E I machte andererseits der Verfasser deutlich, welche Bedeutung der Unmöglichkeit als Haftungstatbestand im Rahmen der Rechtsbehelfe zugewiesen wird, die das BGB dem Gläubiger bei der verschuldeten Nichterfüllung gewährt. Die Unmöglichkeit stellt damit einen Tatbestand dar, der die Weichen stellt, um zum Anspruch auf Schadensersatz zu gelangen, statt zum Anspruch auf Realerfüllung. Sie ist der einzige Haftungstatbestand, bei welchem das BGB den Gläubiger zum Schadensersatz wegen der Nichterfüllung des Schuldners berechtigt.
Nach dem § 240 E I kann der Gläubiger nur dann Schadensersatz statt Erfüllung der versprochenen Verbindlichkeit vom Schuldner verlangen, wenn die Unmöglichkeit der Erfüllung feststeht.
Die Bedeutung der Unmöglichkeit als Tatbestand, der vom Anspruch auf Erfüllung zum Schadensersatz wegen Nichterfüllung überleitet, kann man auch an den oben zitierten Passagen der Motive erkennen[23], die die §§ 242 und 243 E I betreffen.
Der § 242 E I[24] regelt die Schadensersatzpflicht des Schuldners bei teilweiser Unmöglichkeit der Verbindlichkeit[25].

---

22 Motive II, S. 49.

23 Siehe Motive II, S. 49.

24 § 242 Abs. 1 E I: „Ist die Leistung in Folge eines von dem Schuldner zu vertretenden Umstandes nur theilweise unmöglich geworden, so kann der Gläubiger, wenn der nicht unmöglich gewordene Theil der Leistung für ihn kein Interesse hat, unter Ablehnung oder Zurückgewährung dieses Theils Schadensersatz wegen Nichterfüllung der ganzen Verbindlichkeit verlangen."

25 Diese Vorschrift wurde später mit dem 240 E I im § 236 Abs. 2 E II zusammengezogen.

Der § 243 E I (§ 283 BGB) regelt den Schadensersatz bei der fiktiven Unmöglichkeit und beruht ursprünglich auf § 778 CPO. In Ansehung des Rechts des Gläubigers, gegen den zur Herausgabe einer Sache oder zur Erfüllung einer Handlung verurteilten Schuldner das Interesse zu liquidieren, verwies § 778 CPO auf das materielle Recht, indem die Umwandlung des Realerfüllungsanspruchs in den Schadensersatzanspruch in der CPO selbst nicht geregelt wurde[26]. Hiernach könnte der Gläubiger erst dann Schadensersatz fordern, wenn das in der CPO bestimmte Zwangsvollstreckungsverfahren erschöpft, bzw. die Unmöglichkeit der Leistung, zu der der Schuldner verurteilt war, festgestellt wäre[27]. Daher sah der Gesetzgeber das praktische Bedürfnis nach einer besonderen Regelung, nach welcher der Gläubiger den Schadensersatz wegen Nichterfüllung verlangen kann, ohne den Weg der erfolglosen Zwangsvollstreckung beschreiten zu müssen. Er eröffnete daher durch § 243 E I dem Gläubiger einen Weg, nicht mehr die Realerfüllung verlangen zu müssen. Nach dem § 243 E I kann der Gläubiger nach der rechtskräftigen Verurteilung des Schuldners diesem eine angemessene Frist zur Erfüllung der Verbindlichkeit mit der Erklärung setzen, dass der Gläubiger nach Ablauf der Frist die verspätete Erfüllung der Verbindlichkeit nicht mehr wolle.
Nach fruchtlosem Ablauf der Frist tritt die Fiktion zu Gunsten des Gläubigers ein, dass die Erfüllung der Verpflichtung zur Leistung aus einem von dem Schuldner zu vertretenden Umstand unmöglich geworden sei. Damit kann der Gläubiger vom Schuldner aufgrund einer fiktiven Unmöglichkeit Schadensersatz wegen Nichterfüllung verlangen.
Der § 243 E I regelt folglich eine fiktive Unmöglichkeit und den Übergang vom Erfüllungsanspruch zum Schadensersatzanspruch wegen Nichterfüllung[28].
Die §§ 240, 242 und 243 E I regeln also Ausnahmen vom Prinzip der Realerfüllung und setzen zugleich das Vorliegen der Unmöglichkeit voraus, sei sie eine teilweise, eine gänzliche oder eine fiktive. Im Gegensatz zur Unmöglichkeit ist der Gläubiger beim Verzug grundsätzlich nur zum Anspruch auf Erfüllung nebst Ersatz des Verzugsschadens berechtigt, nicht zum Schadensersatz wegen Nichterfüllung. Der Gesetzgeber hält damit beim Verzug weiter an dem Prinzip der Realerfüllung fest.

---

[26] § 778 CPO: „Durch die Bestimmung dieses Abschnitts wird das Recht des Gäubigers nicht berührt, die Leistung des Interesses zu verlangen. Den Anspruch auf Leistung des Interesses hat der Gläubiger im Wege der Klage bei dem Prozessgericht erster Instanz geltend zu machen." Nach § 778 CPO ist die materielle Frage, ob und inwieweit ein Anspruch auf das Interesse im konkreten Fall an sich oder zur Zeit besteht, nach dem Zivilrecht zu beurteilen. Hierzu vgl. Wilmowski/Levy, Civilprozessordnung und Gerichtsverfassungsgesetz[7], Zweiter Band, Bem. 1) zu § 778, S. 1120; Siebenhaar, Kommentar zur Deutschen Civilprozessordnung, zu § 778, S. 713.

[27] Motive II, S. 53. Hierzu vgl. Würthwein, Schadensersatzpflicht, S. 70 ff.

[28] Der Randtitel des § 243 ist als „Uebergang vom Erfüllungs- zum Schadensersatzanspruch; fiktive Unmöglichkeit" beschrieben (Motive II, S. 53).

Die Unmöglichkeit als Haftungstatbestand gab dem Gesetzgeber Anlass, einerseits die Realerfüllung als Prinzip der Rechtsbehelfe des Gläubiger bei der Nichterfüllungen zu verdeutlichen, und andererseits die Unmöglichkeit als einzigen Ausnahmefall von der Regel der Realerfüllung zu gestalten[29].
Was das BGB mit der Unmöglichkeit meint, ist der Stellungnahme der Kommission in den Motiven zu § 240 E I zu entnehmen:
„Aus den Vorschriften der §§ 240, 243, wie aus dem § 224 folgt auch, daß der Schuldner *nicht nach seinem Belieben* etwa dem Gläubiger statt der Realerfüllung die Leistung des Interesse aufdrängen kann."[30]

Dieser Satz hat eine entscheidende Bedeutung für die Auslegung der Rechtsbehelfe, die das BGB dem Gläubiger bei der verschuldeten Nichterfüllung gewähren. Dem BGB liegt das Prinzip der Realerfüllung als Folge der Nichterfüllung zugrunde, und diese Grundregel gilt für die Nichterfüllung nach dem § 224 E I. Nach der Grundregel hat der Gläubiger grundsätzlich bei der Nichterfüllung als Rechtsbehelf den Anspruch auf Realerfüllung und der Schuldner hat prinzipiell genauso zu leisten, wie er im Vertrag versprochen hat. Bei der Nichterfüllung sollten beide Teile des Vertrages daher an das Versprechen gebunden sein.
Die §§ 240 und 243 E I regeln die Unmöglichkeit als Haftungstatbestand und gewähren ausnahmsweise dem Gläubiger den Schadensersatz als Folge der Nichterfüllung.
Nach §§ 240 und 243 E I kann der Gläubiger nur unter bestimmten Voraussetzungen den Schadensersatz wegen Nichterfüllung verlangen. Diese Voraussetzung ist die verschuldete Unmöglichkeit. Nur bei Vorliegen der Unmöglichkeit können der Gläubiger und der Schuldner von dem Prinzip der Realerfüllung befreit werden. Dementsprechend kann der Gläubiger ausnahmsweise insofern den Schadensersatz wegen Nichterfüllung statt der Erfüllung verlangen, soweit er beweisen kann, dass die Erfüllung aus dem vom Schuldner zu vertretenden Umstand unmöglich geworden sei[31]. Auch der Schuldner hat zu beweisen, dass die Erfüllung der versprochenen Verbindlichkeit unmöglich geworden sei, damit er durch Leistung des Schadensersatzes von der ursprünglichen Verbindlichkeit frei wird.

---

[29] Der Grund für die ausdrückliche Aufnahme der Ausnahme von der Regel ins BGB besteht in einem praktischen Bedürfnis. Dieses Bedürfnis entsteht nicht erst mit dem BGB, sondern ist ein Ergebnis der sich über lange Zeit entwickelnden Rechtsdogmatik in der Pandektenrechtslehre und den Kodifikationen.

[30] Motive II, S. 49-50 (Hervorhebung von mir).

[31] Im Schadensersatzrecht ist mit der Verpflichtung zum Naturalersatz in den §§ 249 ff. die Struktur von Regel und Ausnahme im kleinen wiederholt. Der Naturalersatz ist die Grundregel und der Geldersatz eine Ausnahme. Geldersatz gibt es nur dann, wenn Naturalersatz nicht möglich ist oder die Herstellung nicht innerhalb der Frist erfolgt (§ 250 BGB).

Die Unmöglichkeit stellt also einen Sondertatbestand der Nichterfüllungen dar[32], der den Schuldner zum Schadensersatz in Folge der Nichterfüllung verpflichtet[33]. Der Rechtsbehelf bei der Unmöglichkeit, nicht bei der sonstigen Nichterfüllung[34], ist eine Ausnahme von der Regel der Realerfüllung. Diesem „Regel-Ausnahme-Verhältnis" entspricht die Unterteilung der Rechtsbehelfe in die primären und sekundären Rechtsbehelfe.
Die 2. Kommission änderte in der Beratung zum ersten Entwurf nichts, was die Grundgedanken der §§ 237 ff. E I, insbesondere die des § 240 E I betraf.

2) Rücktrittsrecht bei Unmöglichkeit und Verzug - Regel-Ausnahme-Verhältnis -

Der § 360 E I regelt das Verbot des Rücktritts vom Vertrag beim gegenseitigen Schuldverhältnis.
§ 360 E I: „Erfüllt der eine Vertragschließende seine Verbindlichkeit nicht, so ist der andere deshalb nicht berechtigt, einseitig von dem Vertrage abzugehen, wenn nicht durch das Gesetz oder Vereinbarung ein Anderes bestimmt ist."

---

32 Als Rechtsfolge des Verzuges regelte E I nur den Verzugsschaden in § 247 E I. Hierbei regelt § 247 E I den Anspruch auf Erfüllung nicht. Der Grund besteht darin, dass das BGB bei den außerhalb der Unmöglichkeit stehenden Fällen der Nichterfüllung die Realerfüllung immer als Regel voraussetzt.

33 Der E I begnügt sich damit, nur die Schadensersatzpflicht des Schuldners nach dem Vorbild des Art. 110 des Schweizerischen aOR als Rechtsfolge festzusetzen, und hielt sowohl den Gedanken des Sächs. BGB (§ 721) und des Dresdner-Entwurf (Art. 273), die für den Fall der im 240 E I geregelten Unmöglichkeit aussprechen, dass die Verbindlichkeit des Schuldners fortbestehe, als auch den Satz, dass die Verbindlichkeit sich in eine zum Schadensersatz umwandle, für nicht sachgerecht, weil entweder die Verbindlichkeit zum Schadensersatz wegen Nichterfüllung jedenfalls einen anderen Gegenstand haben kann oder der Gläubiger bei dem ursprünglichen Schuldverhältnis stehen bleibt und daraus seine Rechte geltend macht, indem er Schadensersatz wegen Nichterfüllung fordert (Hierzu vgl. Motive II, S. 50).

34 Hierin kann man einen wesentlichen Unterschied zwischen dem Code civil und dem BGB erkennen, weil der Code civil die *obligationes faciendi* und *obligationes dandi* unterscheidet und jede Verpflichtung zu einem Tun sich nach Art. 1142 Code civil im Fall jeweiliger Nichterfüllung, nicht nur der Unmöglichkeit, in einen Anspruch auf das Interesse auflöst. Hingegen hatte die Unterscheidung der Verpflichtungen zum Tun und Geben in Deutschland seit der Naturrechtslehre keine Bedeutung mehr für die Rechtsbehelfe. Entsprechend dieser langen Rechtsentwicklung billigt das BGB den Schadensersatz wegen Nichterfüllung nur ausnahmsweise bei der Unmöglichkeit zu. Dass der Code civil dem Vorrang der Realerfüllung nicht folgte, kann man eben an Art. 1142 Code civil erkennen. Art. 1142 Code civil: „Toute obligation de faire ou de pas faire se résout en dommages et intérêts, en cas d'inexécution de la part du débiteur." („Jede Verpflichtung zu einem Tun löst sich im Fall der Nichterfüllung in einen Anspruch auf das Interesse auf.")

Die Aufnahme dieser Bestimmung ins BGB hielt der Gesetzgeber insbesondere im Hinblick auf die Natur des gegenseitigen Vertrages für unerlässlich[35]. Mit dieser Vorschrift versuchte der Gesetzgeber einerseits, das Wesen des gegenseitigen Vertrages, wie es vom BGB aufgefasst wird, auszusprechen und zugleich der Auffassung des französischen Code civil[36] entgegenzutreten, der die gegenseitigen Verträge ganz allgemein als „resolutiv" in dem Sinne bedingte, dass der andere Teil die Auflösung des Vertrages (sowie im Fall des Verzuges Schadensersatz) zu fordern berechtigt sein soll, wenn der eine Teil des Vertrages seiner Verbindlichkeit nicht Genüge leistet[37]. Bei der Gewährung des allgemeinen gesetzlichen Rücktrittsrechts durch den Code civil kommt es nur darauf an, ob der Schuldner die Verbindlichkeit nicht erfüllt hat, nicht aber, ob Unmöglichkeit oder Verzug vorliegt.
Nach dem § 360 E I wurde das Verbot des einseitigen Rücktritts zur Grundregel des BGB für das gegenseitige Schuldverhältnis. Aber der Gesetzgeber sah ein Bedürfnis nach Aufnahme derjenigen Fälle ins BGB, in denen ausnahmsweise das Rücktrittsrecht dem Gläubiger gewährt werden sollte, insbesondere dann, wenn die Realerfüllung nicht möglich ist oder der Gläubiger an ihr kein Interesse mehr hat, z. B. wenn die Leistung später, als nach dem Vertrag erwartet, erfolgt[38]. Von diesem Gedanken aus nimmt das BGB zwar die Rücktrittsregeln auf, beschränkt jedoch das gesetzliche Rücktrittsrecht auf die Fälle der Unmöglichkeit und des Verzuges.
Der § 369 E I regelt die Fälle, in denen der Gläubiger vom Vertrag zurücktreten kann:
„Ist die Leistung aus einem gegenseitigen Vertrage in Folge eines von dem Schuldner zu vertretenden Umstandes unmöglich geworden, so hat der Gläubiger die Wahl, Schadensersatz wegen Nichterfüllung zu fordern oder von dem Vertrage zurücktreten. Ist die Leistung nur theilweise unmöglich geworden, so

---

[35] Motive II, S. 198. Diesen Grundsatz kann man auch im Teilentwurf Kübels erkennen (Vgl. oben § 10 I 1).

[36] Art. 1184 Abs. 1 und 2 Code civil: „La condition résolutoire est toujours sousentendue dans les contrats synallagmatiques, pour le cas où l'une des deux parties ne satisfera point à son engagement. Dans ce cas, le contrat n'est point résolu de plein droit. La partie envers laquelle l'engagement a été exécuté, a le choix ou de forcer l'autre à l'exécution de la convention lorsqu'elle est possible, ou d'en demander la résolution avec dommages et intérêts." („Die auflösende Bedingung wird bei allen zweiseitigen Verträgen für den Fall, wo einer von beiden Teilen seinem Versprechen kein Genüge leistete, stillschweigend vorausgesetzt. Der Vertrag ist jedoch in diesem Fall, nicht kraft des Gesetzes aufgelöst. Der Teil, welchem das ihm gegebene Versprechen nicht erfüllt wurde, hat die Wahl, entweder den anderen zur Erfüllung des Vertrages, wenn diese noch möglich ist, zu zwingen, oder dessen Aufhebung nebst vollständiger Schadloshaltung zu verlangen.")

[37] Motive II, S. 198.

[38] Beratung-Schuldverhältnisse I, S. 275.

steht dem Gläubiger das Rücktrittsrecht nur dann zu, wenn der nicht unmöglich gewordene Theil der Leistung für ihn kein Interesse hat.
Das Gleiche gilt in dem im § 243 bezeichneten Falle sowie dann, wenn die Leistung in Folge des Verzuges des Schuldners für den Gläubiger kein Interesse hat.
Auf das Rücktrittsrecht finden die Vorschriften der §§ 426 bis 431, 433 entsprechende Anwendung."[39]

Nach § 369 E I hat der Gläubiger grundsätzlich bei der Unmöglichkeit die Wahl, entweder Schadensersatz wegen Nichterfüllung zu begehren oder vom Vertrag zurückzutreten[40]. Der Rücktritt schließt daher den Schadensersatz wegen Nichterfüllung aus[41]. Das gilt auch für die fiktive Unmöglichkeit des § 243 E I (§ 283 BGB)[42].
Beim Verzug regelt der § 369 E I anders als bei der Unmöglichkeit weitere Voraussetzungen, unter welchen der Gläubiger, statt den Anspruch auf Erfüllung neben dem Verzugsschaden zu fordern, vom Vertrag zurücktreten kann. Bei der Geltendmachung des Rücktritts hat der Gläubiger zu beweisen, dass die verspätete Erfüllung für ihn kein Interesse mehr hat.
Bei der Regelung des gesetzlichen Rücktrittsrechts, das nur für bestimmte Fälle gilt, versuchte der Gesetzgeber also, grundsätzlich von der Vorstellung des Code civil abzugehen, der den Rücktritt als Folge bloßer Nichterfüllung gestattet.
Nach dem BGB müssen die im Gesetz geregelten bestimmten Voraussetzungen für die Gewährung des Rücktrittsrechts vorliegen. Zu diesen Voraussetzungen, die das BGB vorsieht, gehören, abgesehen vom Interessefortfall beim Verzug, die Unmöglichkeit und der Verzug.

Die im § 369 E I das Rücktrittsrecht gestattenden Fälle bilden daher die Ausnahme von der Grundregel des § 360 E I. Den Charakter des § 360 E I und das Verhältnis der Grundregel (§ 360 E I) zur Ausnahme (§ 369 E I) machen die Motive deutlich: „Die gesetzlich gestatteten Fälle des Rücktrittes bilden hiernach vom Standpunkte des Entw. aus die Ausnahme von der Regel. Umso mehr war die letztere im Interesse der Klarheit des Gesetzes auszusprechen."[43]

Die 2. Kommission beschloss zwar, die Grundregel zu streichen, änderte aber nichts, was die Vorstellung des Gesetzgebers über den Rücktritt im E I betrifft.

---

39 § 369 E I (§ 276 E II = § 325 BGB aF, § 277 E II = § 326 BGB aF).
40 Motive II, S. 211.
41 Anders als heutige Rechtslage nach der Schuldrechtsmodernisierung (vgl. § 325 BGB nF).
42 Motive II, S. 210.
43 Motive II, S. 199.

Der Grund für die Streichung des § 360 E I bestand vor allem darin, dass der Inhalt des § 360 E I bereits allen Juristen der Zeit selbstverständlich sei[44].
Es kann festgestellt werden, dass die Unmöglichkeit und der Verzug die Ausnahme von der Regel des Rücktrittsverbots bilden. Das BGB regelt also mit einzelnen Vorschriften die Fälle der verschuldeten Nichterfüllung, in denen das BGB Sonderrechtsbehelfe gewährt. Hierher gehören Unmöglichkeit und Verzug.
Von diesem Standpunkt des BGB aus können die Unmöglichkeit und der Verzug als Sondertatbestände der Nichterfüllungen betrachtet werden.

2. Die Bedeutung des § 224 E I
-Definition des Verschuldens oder Haftungsnorm? -

Nach dem BGB sollten die Voraussetzungen für den Anspruch auf Schadensersatz wegen Nichterfüllung statt des Anspruchs auf Realerfüllung und für das Rücktrittsrecht nur bestehen, wenn entweder die Unmöglichkeit feststeht, oder wenn der Gläubiger im Falle des Verzuges beweisen kann, dass die verspätete Erfüllung der Verbindlichkeit für ihn kein Interesse mehr hat. In den übrigen Fällen der Nichterfüllung kann der Schuldner dem Gläubiger den Schadensersatz nicht aufdrängen. Demnach kann der Gläubiger vom Schuldner, der in Verzug kommt, Schadensersatz oder Rücktritt nicht geltend machen, ohne weitere Voraussetzungen zu füllen, z. B. ohne zu beweisen, dass die verspätete Erfüllung für kein Interesse mehr hat.
Wenn man der Vorstellung vom „Regel-Ausnahme-Verhältnis" folgt, stellt sich die Frage, auf welche Fälle der Nichterfüllung das BGB mit dem Prinzip der Realerfüllung abzielt und welche sonstigen Fälle der außerhalb von Unmöglichkeit und Verzug stehenden Nichterfüllungen der Gesetzgeber im BGB geregelt hat.

---

44 Mugdan-Protokolle II, S. 630; „Zu § 360 (Rücktritt vom Vertrage wegen Nichterfüllung) wurde die Streichung beschlossen. Man hielt seinen Inhalt an sich für selbstverständlich...").

1) Die Bedeutung von „Vollständige Erfüllung" der Verbindlichkeit

Diese Fragestellung bezieht sich unmittelbar auf den § 224 Abs. 1 E I:
§ 224 Abs. 1 E I: „Der Schuldner ist verpflichtet, die nach dem Schuldverhältnisse ihm obliegende Leistung vollständig zu bewirken. Er haftet nicht bloß wegen vorsätzlicher, sondern auch wegen fahrlässiger Nichterfüllung seiner Verbindlichkeit."

Der § 224 Abs. 1 E I regelt ausdrücklich die Haftung des Schuldners wegen verschuldeter Nichterfüllung. Der Tatbestand der Haftung im § 224 Abs. 1 E I ist dem Wortlaut nach die „Nichterfüllung". Mit dem § 224 E I wird deutlich, dass der Gesetzgeber auch die Fälle der Nichterfüllung nicht übersehen hat, die außerhalb von Unmöglichkeit und Verzug stehen.
Nach dem Wortlaut des § 224 E I kann die unvollständige Bewirkung der Verbindlichkeit eine Nichterfüllung sein. Der § 263 E I regelt die Erfüllung als Erlöschungsgrund der Verbindlichkeit, wobei das Schuldverhältnis nur durch die vollständige Bewirkung der dem Schuldner obliegenden Leistung erlischt[45].
Was die Vollständigkeit der Erfüllung der Leistung angeht, nahmen die Motive zu § 224 E I eindeutig Stellung:
„Die Vorschrift (Abs. 1 Satz 1), daß der Schuldner verpflichtet ist, die nach dem Schuldverhältnisse ihm obliegende Leistung vollständig zu bewirken, könnte als selbstverständlich erscheinen. Es ist jedoch eine ausdrückliche Hinweisung darauf, daß die Verpflichtung ihrem ganzen Umfange nach, insbesondere auch in Ansehung aller Nebenpunkte, zu erfüllen sei, nicht unnöthig."[46]

Aus dem § 224 Abs. 1 S. 1 kann man erkennen, dass der Gesetzgeber nicht nur die Leistungspflicht als Gegenstand der Verbindlichkeit betrachtet, sondern die Nebenpflichten mitbedacht hat, die zur vollständigen Erfüllung dienen. Hinter diesem Gedanken des § 224 E I steht das in der gemeinrechtlichen Literatur und der Pandektenlehre geprägte umfassende Verständnis der Obligation. Da dieses umfassende Verständnis der Obligation, bzw. des Schuldverhältnisses[47] den Juristen der damaligen Zeit bekannt war, war die Differenzierung von Hauptleistungs- und Nebenpflichten überflüssig.
Nach der Vorstellung der damaligen Juristen ist der Schuldner nicht nur zur Hauptleistung, sondern zur vollständigen Bewirkung der Verpflichtungen, die

---

[45] § 263 E I (§ 362 BGB aF.): „Das Schuldverhältnis erlischt, wenn die dem Schuldner obliegende Leistung bewirkt wird." In den Motiven zu § 263 E I heißt es: „Durch die vollständige Bewirkung der dem Schuldner obliegenden Leistung erlischt das Schuldverhältnis *ipso jure*." (Motive II, S. 81.)

[46] Motive II, S. 26.

[47] Die Ausdrücke Obligation und Schuldverhältnis sind gleichbedeutend (Mugdan-Motive, Bd. II, S. 1). Hierzu vgl. oben § 11.

ein Pflichtenbündel darstellen, verpflichtet. Insoweit ist die Vorstellung der Juristen zur Zeit der Gesetzgebung nicht anders als die der heutigen Juristen.
Für die Feststellung des Inhalts und des Umfangs der Verbindlichkeit verzichtet der Gesetzgeber darauf, die Nebenpflichten genau zu beschreiben[48], weil er davon ausgeht, dass die Festsetzung der genauen Nebenpflichten im Gesetz nicht möglich ist und der Inhalt der Verbindlichkeit nur im einzelnen Schuldverhältnis mittels Auslegung des Rechtsgeschäfts erkennbar ist, auf welchem die Verbindlichkeit beruht.
Was Erfüllung bedeutet, kann nur aus dem einzelnen Schuldverhältnis oder aus den einschlägigen Vorschriften konkretisiert werden, auf die das BGB für die Auslegung der Inhalte der Verpflichtungen aus dem Vertrag im einzelnen verweist. In Bezug auf den Inhalt der Verpflichtung verweisen die Motive zu § 224 E I auf den § 359 E I, den der Gesetzgeber als Leitfaden zur Auslegung des Vertrages, insbesondere zur Feststellung der aus dem Vertrag sich ergebenden Verpflichtungen aufgestellt hat[49]:
§ 359 E I: „Der Vertrag verpflichtet den Vertragschließenden zu demjenigen, was sich aus den Bestimmungen und der Natur des Vertrages nach Gesetz und Verkehrssitte sowie mit Rücksicht auf Treu und Glauben als Inhalt seiner Verbindlichkeit ergiebt."

Mit dem § 359 E I kann festgestellt werden, dass der Gesetzgeber unter vollständiger Erfüllung nicht nur die Bewirkung der Hauptleistung meinte, sondern die Füllung aller Pflichten, die zur vollständigen Erfüllung für das Erlöschen der Verpflichtung des Schuldners dienen.
In dieser Hinsicht erachtete der Gesetzgeber es für angemessen, „das Erfordernis der Vollständigkeit der Erfüllung hervorzuheben, damit klar hervortrete, dass die Verpflichtung ihrem ganzen Umfange nach und namentlich auch in Ansehung aller Nebenpunkte zu erfüllen ist"[50].
Der Ausdruck „vollständig" umfasst daher sowohl die Hauptleistungspflicht, als auch alle Nebenpflichten, die für die vollständige Bewirkung der Verpflichtung erforderlich sind. Daraus ist zu entnehmen, dass die unvollständige Erfüllung eine Nichterfüllung ist, da bei unvollständiger Bewirkung der Leistung nach § 263 E I die Verbindlichkeit nicht erlischt. In Bezug auf die unvollständige Erfüllung stellt sich die Frage, welche Fälle der Nichterfüllungen im Sinne des § 224

---

48 Motive II, S. 26.

49 Wie aus den Motiven ersichtlich, folgte der E I der Regelungsmethode der früheren Kodifikationen (§ 858 Sächs. BGB, Art. 1134, 1135 Code civil, Art. 135 Hess. Entwurf, Art. 83 Bay. Entwurf und Art. 150 Dresd. Entwurf), die besondere Vorschriften für die Auslegung des Vertrages haben. Hierzu vgl. Motive II, S. 197.

50 Beratung-Schuldverhältnisse I, S. 239.

E I der Gesetzgeber als „unvollständige Erfüllung" oder „unvollständige gehörige Erfüllung" betrachtet[51].

2) „Vollständige gehörige Erfüllung" als Haftungstatbestand im Sinne des § 224 E I

Der erste Entwurf (E I) des BGB regelt die Art und Weise der vollständigen gehörigen Leistung konkret in §§ 229 ff.[52]. Aus den Vorschriften der §§ 229 ff. E I entsteht der Eindruck, dass zur vollständigen gehörigen Erfüllung die Leistung nur am richtigen Ort und zur richtigen Zeit erbracht werden muss, weil der Gesetzgeber nur zwei Arten und Weisen der Leistung ausdrücklich geregelt hat. Hieraus kann das Missverständnis entstehen, dass der Gesetzgeber die Gehörigkeit aller Erfüllung der Leistung bezüglich des Gegenstandes der versprochenen Leistung nicht berücksichtigt hat[53].
Hierzu nahm der Gesetzgeber Stellung im Zusammenhang mit dem Leistungsgegenstand beim Kaufvertrag. Beim Kaufvertrag sind der Verkäufer und der Käufer gegenseitig nach dem § 433 BGB (=§ 459 E I) verpflichtet, der Verkäufer die verkaufte Sache an den Käufer zu übergeben und das Eigentum an der Sache zu verschaffen, der Käufer den vereinbarten Kaufpreis dem Verkäufer zu zahlen und die gekaufte Sache abzunehmen.
Das BGB schweigt insofern über die Vertragsmäßigkeit der Sache beim Kauf, soweit das Gewährleistungsrecht, etwa mangels Gefahrübergang, nicht eingreift. Wenn die Kaufsache den Anforderungen des Vertrages nicht entspricht und es an der Voraussetzung für die Anwendung des Gewährleistungsrechts fehlt, wurde die Frage in der Beratung zum § 459 E I gestellt, welche Rechtsvorschrift auf die mangelhafte Leistung anwendbar ist.
Nach den Motiven zu § 459 E I sollten die allgemeinen Rechtsgrundsätze des §§ 224 ff. E I auf diesen Fall Anwendung finden. In Bezug auf den Ort und die Zeit der Erfüllung der beiderseitigen Verpflichtungen greifen die allgemeinen Vorschriften der §§ 229-231 E I ein. Auch in Bezug auf den Gegenstand der Leistung stehen die Verpflichtungen des Käufers und Verkäufers unter der Regel der §§ 224, 257 E I[54] [55].

---

[51] Die Motive verwenden als Gegensatz zu „unvollständige" und „unvollständige gehörige Erfüllung" entweder „vollständige" oder „vollständige gehörige Erfüllung" (Motive II, S. 34/ S. 37).

[52] § 229 E I (=§ 269 BGB), § 230 E I (§ 270 BGB) und § 231 E I (§ 271 BGB). Die ersten beiden Vorschriften betreffen den Ort der Erfüllung. Die letzte betrifft die Leistungszeit.

[53] Die Motive stellen den Ausdruck der vollständigen Bewirkung mit dem der gehörigen Bewirkung der geschuldeten Leistung gleich. Hierzu vgl. Motive II, S. 34/37.

[54] § 257 E I (§ 300 BGB, „Wirkungen des Gläubigerverzugs")

[55] Motive II, S. 318.

Nach der Vorstellung des Gesetzgebers vom § 224 E I, wonach der Schuldner die obliegende Leistung vollständig zu bewirken hat, um von der Verbindlichkeit frei zu werden, ist der Schuldner auch zur Leistung des vertragsmäßigen Gegenstandes verpflichtet. Die nicht vertragsmäßige oder nicht gehörige Erfüllung der Verbindlichkeit ist daher eine Nichterfüllung, für welche der Schuldner nach dem § 224 E I einzustehen hat. Die nicht gehörige Erfüllung in Bezug auf den Gegenstand der Leistung kann daher mit dem § 224 E I erfasst werden.

3) Hat das BGB E I die Fälle der „nicht gehörigen Erfüllung" übersehen?

Im vorherigen Kapitel, das die Pandektenlehre zum Gegenstand hat, wurde bereits festgestellt, dass die allgemeine Culpa-Haftung für die Nichterfüllung und die nicht gehörige Erfüllung in der Pandektenlehre fortbestand. In der letzten Bearbeitung der Pandekten von Dernburg aus dem Jahr 1903 ist das Festhalten der Juristen an der Regel der gemeinrechtlichen allgemeinen Culpa-Haftung für die Nichterfüllung deutlich herauszulesen:
„Regel des entwickelten Rechtes ist, daß der Kontraktschuldner für jede, also auch für leichte Verschuldung einsteht. Und zwar gilt dies nach jeder Seite hin". „Er haftet also", so wird dann näher erläutert, „wenn er schuldhafterweise nicht erfüllt oder nicht gehörig erfüllt, oder wenn er sonst bei der Ausführung des Vertrages schuldhafterweise Schaden anrichtet"[56].

Also geht Dernburg davon aus, dass diese gemeinrechtliche Regel auch dem BGB, insbesondere § 276 BGB im ganzen entspricht[57]. Diese Regel formuliert Oertmann ausdrücklich, indem er von einer allgemein anerkannten „*actio culpae*" spricht[58].
Der Sachverhalt der Nichterfüllung entwickelte sich in der Pandektistik und den einzelnen Kodifikationen, wie bereits geschildert, unterschiedlich.
Erst der Dresdner-Entwurf erfasste den Sachverhalt der „nicht gehörigen Erfüllung" unter den Sachverhalt „überhaupt nicht erfüllt". Damit enthält der im Gesetz verwendete Ausdruck „Nichterfüllung" zwei Sachverhalte, nämlich „nicht erfüllt" und „erfüllt, aber nicht gehörig". Wegen der Zusammenstellung der beiden Sachverhalte unter die „Nichterfüllung" ist es nicht leicht, auf den ersten Blick die Regelung des Sachverhalts „nicht gehörige Erfüllung" im BGB zu erkennen, ohne auf einzelne Rechtsinstitute einzugehen.

---

[56] Dernburg, Pandekten[7], S. 102 insbes. Fn. 1.
[57] Dernburg, Pandekten[7], S. 102; ders., Schuldverhältnisse, S. 139. Hierzu vgl. auch Leiser, Schadensersatz wegen Sachmängeln, S. 301 ff.
[58] Oertmann, Der Schadensersatzanspruch des obligatorisch Berechtigten, S. 75.

Der § 224 E I regelt einen umfassenden Haftungstatbestand „Nichterfüllung". Dieser Sachverhalt zielt nicht auf einen Sondertatbestand ab, der besonderer Regelung wegen der im Gesetz ausdrücklich geregelten Sonderrechtsbehelfe bei der Nichterfüllung bedarf, nämlich Unmöglichkeit oder Verzug.
Die Nichterfüllung im Sinne des § 224 E I kann, wie bereits erörtert, eine unvollständige Leistung oder nicht gehörige Erfüllung sein.
Wenn man davon ausgeht, dass der § 224 E I auf den Fall der unvollständigen oder nicht gehörigen Erfüllung Anwendung findet, stellt sich die Frage, wo man die Fälle der nicht gehörigen Erfüllung im BGB konkret geregelt findet. Dabei kann zugleich gefragt werden, ob der vom Gesetzgeber gesehene und im Gesetz geregelte Sachverhalt der nicht gehörigen Erfüllung mit dem der Schlechterfüllung gleichgesetzt werden kann. Der Ausdruck „Schlechterfüllung" fand zwar keineswegs Eingang in das BGB, wird aber heute häufig in der Literatur bevorzugt. Bei der Untersuchung der Regelung der Fälle der nicht gehörigen Erfüllung im BGB wird an dieser Stelle in knapper Weise auf zwei Rechtsinstitute eingegangen werden, nämlich auf die Einrede des nicht erfüllten Vertrages und das Strafversprechen für die Nichterfüllung und die nicht gehörige Erfüllung, um die kontinuierliche Entwicklung des Leistungsstörungsrechts hinsichtlich der Sachverhalte der Nichterfüllung und der nicht gehörigen Erfüllung nachzuweisen.

(1) Die Einrede des nicht erfüllten Vertrages in §§ 364 ff. E I

In den Kodifikationen, insbesondere beim Dresdner-Entwurf, gab es einen heftigen Streit um das Wesen der Einrede des nicht erfüllten Vertrages. Nach der Beratung der 1. Kommission wurde entschieden, dass die Einrede des nicht gehörig erfüllten Vertrages (*exceptio non rite adimpleti contractus*) einen Unterfall der Einrede des nicht erfüllten Vertrages (*exceptio non adimpleti contractus*) bilden soll. Diese Entscheidung verneint jedoch das Bestehen der Einrede des nicht gehörig erfüllten Vertrages nicht. Auch diese Entscheidung übernahm Kübel in den Teilentwurf (§ 4 TE-OR Nr. 20[59]).
Der § 364 E I regelt, äußerlich betrachtet, nur die Einrede des nicht erfüllten Vertrages.
§ 364 E I (§ 320 BGB): „Wer aus einem gegenseitigen Vertrage auf die ihm obliegende Leistung in Anspruch genommen wird, bevor er die Gegenleistung empfangen hat, kann, sofern er nicht zur Vorleistung verpflichtet ist, die gefor-

[59] § 4: „Bei zweiseitigen Verträgen darf jeder Vertragsschließende, welcher nicht nach dem Inhalt oder der Natur des Vertrages vor dem anderen erfüllen muß, die ganze ihm obliegende Leistung so lange zurückhalten, als nicht der andere Vertragsschließende den Vertrag erfüllt hat oder zur sofortigen Erfüllung nach Maßgabe seiner Verbindlichkeit bereit ist.".

derte Leistung so lange verweigern, bis die ihm gebührende Leistung bewirkt wird."

§ 364 E I scheint nach dem Wortlaut die Einrede des nicht gehörig erfüllten Vertrages nicht zu enthalten.
Nach den Motiven zu § 364 E I kann § 364 E I die Einrede ebenso begründen, wenn die Gegenleistung quantitativ unvollständig ist, als wenn sie qualitativ nicht vertragsmäßig ist[60]. In Wirklichkeit enthält § 364 E I daher zwei Einreden, die *exceptio non adimpleti contractus* und *die exceptio non rite adimpleti contractus*[61]. Bei der Regelung der Einrede des nicht erfüllten Vertrages berücksichtigte der Gesetzgeber auch den Fall, dass der Gläubiger die vom Schuldner als Erfüllung angebotene Leistung als Erfüllung angenommen hat. Für diesen Fall fügte er eine weitere Bestimmung in § 367 E I ein, die sich auf die Einrede des nicht gehörig erfüllten Vertrages bezieht:
§ 367 E I (§ 363 BGB) : „Hat ein Vertragsschließender die ihm als Erfüllung angebotene Leistung als Erfüllung angenommen, so kann er auf Grund der Mangelhaftigkeit der Leistung nicht wegen Nichterfüllung des Vertrages die Gegenleistung verweigern, sondern nur noch die ihm sonst zustehenden Ansprüche geltend machen. Auch ist er in Ansehung der behaupteten Mangelhaftigkeit beweispflichtig."

Der § 367 E I bezieht sich grundsätzlich auf den Fall nicht, in dem ein anderer als der geschuldete Gegenstand geleistet worden ist. Zur Fassung des ersten Entwurfs wurden in der Beratung der 2. Kommission insgesamt 5 Anträge gestellt, um die Formulierung der Vorschrift zu verbessern. Schließlich nahm die zweite Kommission den 5. Antrag an, die Vorschrift an einer anderen Stelle des Gesetzes einzuschalten. Damit wurde der § 367 E I nicht mehr mit der Einrede des nicht erfüllten Vertrages zusammengestellt, sondern erhielt einen eigenen Platz im § 363 BGB unter der Überschrift „Erlöschen der Schuldverhältnisse"[62]. Bei der Beratung war die 2. Kommission dafür, die an die Annahme der Leistung sich knüpfende Umkehrung der Beweislast nicht nur im Fall späterer Geltend-

---

60 Motive II, S. 202-203.

61 Crome, System, S. 172-173; Eck/Leonhard, Vorträge, S. 343; Windscheid/Kipp, Pandekten, § 321 Bem. 6, S. 325; Planck-Komm., § 320, Bem. 3; Dernburg, Schuldverhältnisse, S. 205, der davon ausgeht, dass der Kläger in ungenügender Weise erfüllt habe, sei es, dass dies unvollständig geschah, oder dass anderes als vertragsmäßig geschuldet war, geleistet wurde, oder dass das Geleistete mangelhaft sei. Auch heute sieht die h. L. in § 320 BGB zwei Einreden. Vgl. hierzu Erman-Battes, Vorbem. zu § 320 Rdz. 15 und § 320 Rdz. 16; MünchKomm-Emmerich, zu § 320 RdNr. 4; Soergel-Wiedemann, § 320 Rz. 48; Staudinger-Otto, Vorbem. Zu §§ 320-322, Rz. 33; Medicus, Schuldrecht AT 1993, § 41, I, 3, S. 218. BGHZ 1, 4 ff.

62 Mugdan-Protokolle II, S. 638. Die 2. Kommission überließ der Redaktionskommission die Entscheidung darüber, ob die erforderliche Beweisvorschrift im § 367 E I zu geben oder an anderer Stelle einzuschalten sei.

machung von Qualitätsmängeln, sondern auch dann eintreten zu lassen, wenn der Empfänger nachträglich behauptet, dass er eine andere als die geschuldete Sache oder eine geringere Quantität erhalten hat[63]. Aufgrund dessen wurde § 367 E I durch die Redaktionskommission umformuliert, an eine andere Stelle umgesetzt und folglich zum § 363 des BGB:
§ 363 BGB: „Hat der Gläubiger eine ihm als Erfüllung angebotene Leistung als Erfüllung angenommen, so trifft ihn die Beweislast, wenn er die Leistung deshalb nicht als Erfüllung gelten lassen will, weil sie eine andere als die geschuldete Leistung oder weil sie unvollständig gewesen sei."

Der § 363 erfasst folglich den Fall der nicht gehörigen Erfüllung bezüglich des Gegenstandes (Qualität) der geleisteten Leistung[64]. Hierbei stellt sich die Frage, ob der § 320 Anwendung auf den Fall finden kann, in dem der Gläubiger gemäß § 363 beweist, dass die vom Schuldner geleistete und von ihm als Erfüllung angenommene Leistung nicht vertragsmäßig ist. Der Gläubiger ist insofern zur Verweigerung nach Maßgabe der §§ 320-322 berechtigt, soweit er die Mangelhaftigkeit beweisen kann. Die Einrede des § 320 ist verschieden von den Einreden, welche der Käufer auf Ansprüche aus Wandelung und Minderung stützt. Wenn der Käufer sich auf die Mängelrüge nach dem Kaufrecht beruft, dann ist die Einrede des nicht erfüllten Vertrages ausgeschlossen[65].
Die Einrede des nicht erfüllten Vertrages ist folglich ein Rechtsbehelf, der dem Gläubiger aus der nicht gehörigen Erfüllung des Schuldners entsteht.
Die §§ 320 und 363 bringen zum Ausdruck, dass der Gesetzgeber den Fall der nicht gehörigen Erfüllung berücksichtigt hat[66].

(2) Strafversprechen für die Nichterfüllung und die nicht gehörige Erfüllung[67]

Zur Beratung über das Strafversprechen für die Nichterfüllung und die nicht gehörige Erfüllung diente der 1. Kommission der § 6 TE-OR (Nr. 19) Kübels[68].

---

63 Mugdan-Protokolle II, S. 638.

64 Crome, System, S. 232/239 Fn. 61; Eck/Leonhard, Vorträge, S. 363; Windscheid/Kipp, Pandekten, § 321 Bem. 6, S. 325; Planck-Komm., § 363, Bem. 2; Oertmann, Schuldverhältnisse I., § 363, Bem. 2; Soergel-Zeiss, § 363 Rz. 5; Soergel-Wiedemann, § 320 Rz. 48; Staudinger-Kaduk, § 363 Rz. 24. Zur Auffassung von Reichsgericht und BGH vgl. RGZ 57, 401; 64, 240; 66, 282; 109, 295; BGH NJW 1985, 2329. Nach RGZ 57, 401 ist nicht zu bezweifeln, dass § 363 BGB mit „unvollständiger Leistung" auch die Fälle der mangelhaften Leistung erfasst.

65 Dernburg, Schuldverhältnisse, S. 206.

66 Planck-Komm., § 363, Bem. 3.

67 Das „Strafversprechen" des BGB war in früheren Kodifikationen als Konventionalstrafe oder Vertragsstrafe bezeichnet worden. Zur Veränderung der Bezeichnung, vgl. Eck/Leonhard, Vorträge, S. 329-330, Fn. 3.

Hierzu lagen mehrere Anträge vor. Windscheid beantragte, die beiden Sachverhalte der Nichterfüllung in eine Vorschrift zusammenzuziehen:
„Hat der Schuldner dem Gläubiger eine Strafe für Nichtleistung oder ungenügende Leistung (korrekter Ungenügendheit der Leistung) versprochen, so ist im Zweifel anzunehmen, daß der Gläubiger berechtigt sein soll, die Strafe oder die Leistung bzw. genügende Leistung zu fordern. In gleicher Weise ist, wenn die Verbindlichkeit des Schuldners sich in eine Verbindlichkeit zum Ersatze des Schadens wegen Nichtleistung oder ungenügender Leistung (Ungenügendheit der Leistung) verwandelt, im Zweifel anzunehmen, daß der Gläubiger die Wahl haben soll zwischen der Forderung der Strafe und der Forderung des Schadensersatzes."[69]

Die Kommission entschied sich dafür, das Strafversprechen für beide Sachverhalte getrennt zu regeln. Dieser Entscheidung folgend regelt der 1. Entwurf das Strafversprechen für die „Nichterfüllung" in § 420 (§ 48 ZustOR[70], § 417 KE)[71] und das Strafversprechen für die „nicht gehörige Erfüllung" in § 421 (§ 49 ZustOR, § 418 KE):
§ 421 S. 1 E I: „Ist die Konventionalstrafe für den Fall, daß die Hauptleistung nicht in der bestimmten Weise, insbesondere nicht zu der bestimmten Zeit, erfolgen werde, und hierfür allein, bedungen, so kann eintretenden Falls sowohl die Hauptleistung als auch die Strafeleistung oder statt dieser Schadensersatz nach Maßgabe des § 420 verlangt werden."

Aus dem Wortlaut „nicht in der bestimmten Weise" und „insbesondere nicht zu der bestimmten Zeit" des § 421 E I lässt sich entnehmen, dass der § 421 E I

---

68 § 6 TE-OR Nr. 19: „Wird von einem Schuldner dem Gläubiger eine Leistung als Strafe für den Fall versprochen, daß er seine Verbindlichkeit nicht erfüllen werde, so hat, wenn dieser Fall eintritt, der Gläubiger die Wahl, die Erfüllung oder die Strafe zu verlangen. Ist die Strafe für den Fall versprochen, daß die Verbindlichkeit nicht zur bestimmten Zeit oder nicht am bestimmten Orte erfüllt werde, so kann, wenn dieser Fall eintritt, die Strafe nebst der Erfüllung verlangt werden."

69 Beratung-Schuldverhältnisse I, S. 536. Im Antrag Windscheids findet sich Mommsens Unterteilung der Nichterfüllung in „Nichterfüllung" im engeren Sinne und in „ungenügende Erfüllung". Zur Lehre Mommsens vgl. § 5.

70 Zusammenstellung der sachlich beschlossenen Bestimmungen des Obligationenrechts nach den Beschlüssen des Redaktionsausschusses der 1. Kommission (1882-1884). Die Abkürzung wird von Jakobs/Schubert, Beratung-Schuldverhältnisse I, S. X übernommen.

71 § 420 E I: „Hat der Schuldner für den Fall, daß er eine ihm obliegende Leistung nicht bewirken werde, dem Gläubiger eine andere Leistung als Strafe versprochen (Konventionalstrafe), so hat der Gläubiger eintretenden Falles die Wahl, ob er die Hauptleistung oder Strafleistung, und, wenn wegen unterbliebener Bewirkung der Hauptleistung statt dieser Schadensersatz verlangt werden kann, ob er Schadensersatz oder die Strafleistung verlangen will. Wählt der Gläubiger Schadensersatz, so kann er stets die Strafleistung als Mindestbetrag des Schadens verlangen."

nicht nur für den Fall der nicht gehörigen Erfüllung bezüglich der bestimmten Zeit gilt. Zur Auslegung dieser Vorschrift, insbesondere zur bevorzugten Aufnahme der einen Art der „nicht in bestimmter Weise“ erfolgten Erfüllung ins BGB, nahm die Kommission ausdrücklich Stellung:
„Ueber den Sinn der Vorschrift bestand kein Zweifel. Dieselbe betrifft den Fall, wenn die Strafe bestimmt ist, *nicht allein für den Fall der nicht gehörigen Leistung im Gegensatz zu der gänzlichen Nichtleistung, sondern auch als Strafe für bloße Ungehörigkeit.* Obschon anerkannt wurde, daß die Bestimmung des Entwurfs, in einem solchen Fall könne Leistung und Strafe verlangt werden, selbstverständlich sei, so glaubte man doch, es werde angemessen sein, den Fall, weil er so häufig und wichtig sei, besonders hervorzuheben. Einverstanden war man, daß der zweite Satz eine Vermuthung dafür, daß die Strafe auf die bloße Ungehörigkeit der Leistung gestellt sei, weder ausspreche noch aussprechen dürfe. *Zugleich erachtete man es für nothwendig, von der Beschränkung auf die Ungehörigkeit in Bezug auf Zeit und Ort abzusehen.*“[72]

Der Stellungnahme der Kommission ist zu entnehmen, dass Zeit und Ort der Erfüllung nicht alle Anforderungen an die Gehörigkeit der Leistung beschreiben.
Die Formulierung „nicht in der bestimmten Weise“ betrifft die Art und Weise der Erfüllung der Verpflichtung. Hierbei stellt sich die Frage, welche Arten und Weisen der Erfüllung außer der Zeit und dem Ort der Erfüllung die Kommission berücksichtigt hat. Zu den weiteren Fällen des § 421 E I gehört auch die nicht gehörige Erfüllung bezüglich des Gegenstandes der Leistung, wie Schlechterfüllung oder mangelhafte Erfüllung[73].
Die Formulierung „nicht in der bestimmten Weise“ des 1. Entwurfes (E I) stimmt mit der Formulierung „nicht in gehöriger Weise“ des § 341 BGB überein. Mit der Regelung des Strafversprechens für die nicht gehörige Erfüllung wird deutlich, dass der Gesetzgeber die Fälle der nicht gehörigen Erfüllung nicht übersehen hat.
Wie oben erörtert, regelt § 224 E I die allgemeine Culpa-Haftung für die schuldhafte Nichterfüllung. Der erste Entwurf sowie das BGB regelt die Unmöglichkeit und den Verzug in Sondervorschriften. Mit der Einrede des nicht gehörig erfüllten Vertrages und dem Strafversprechen für die nicht gehörige Erfüllung

---

72 Beratung-Schuldverhältnisse I, S. 539 (Hervorhebung von mir).

73 Eck/Leonard, Vorträge, S. 333; Planck-Komm, § 341, Bem. 1; Crome, System, S. 219, Fn. 63, der auch die teilweise und mangelhafte Erfüllung nach allgemeinen Grundsätzen als eine nicht gehörige Erfüllung ansah. Die heutige Lehre geht davon aus, dass der § 341 Anwendung auf Fälle des Verzugs und der Schlechterfüllung findet. Vgl. Palandt-Heinrichs, § 341, Rn. 1; MünchKomm-Gottwald, § 340, Rz. 1; Soergel-Lindacher, § 340 Rz. 3 und § 341 Rz. 3; Staudinger-Otto, Vorbem. Rz. 33 zu §§320-322. Kaduk bezeichnet deutlich mangelhafte oder teilweise Erfüllung als eine nicht gehörige Erfüllung (Staudinger-Kaduk, § 341 Rz. 4).

wurde nachgewiesen, dass der Gesetzgeber den Fall der nicht gehörigen Erfüllung bezüglich Zeit, Ort und Gegenstand der Erfüllung berücksichtigt hat.
Den Fall der Nebenpflichtverletzung bei der Erfüllung der Verpflichtung kann der § 224 E I in Verbindung mit dem § 359 E I („Treu und Glauben") erfassen. Zur „Nichterfüllung", die § 224 E I als Haftungstatbestand regelt, gehört die nicht gehörige Erfüllung, die dem heutigen Begriff „Schlechterfüllung" entspricht.
Der § 224 E I kann daher als Haftungsnorm[74] Anwendung auf den Fall der nicht gehörigen Erfüllung und der Nebenpflichtverletzung finden[75].
Der erste Entwurf des BGB entspricht der gemeinrechtlichen Tradition sowie der Pandektenlehre, und der § 224 E I enthält die allgemeine Culpa-Haftung, die eine kontinuierliche Entwicklung in den früheren Kodifikationen erfahren hatte.

II. Der zweite Entwurf des BGB (E II)

Die Beratung der 2. Kommission zu den §§ 224 und 359 E I hatte vor allem die Frage nach der Streichung des § 359 E I zum Hauptgegenstand. Nach der Beratung entschied die 2. Kommission, der Satz 1 des Abs. 1 des § 224 E I solle als „selbstverständlich" gestrichen und eine zum Ersatz des § 359 bestimmte Vorschrift eingeschaltet werden, dass nach Treu und Glauben unter Berücksichtigung der Verkehrssitte zu beurteilen ist, zu welcher Leistung das Schuldverhältnis den Schuldner verpflichtet und wie die Leistung zu bewirken ist. Denn man erachtete die Verweisung auf Treu und Glauben und auf die Verkehrssitte nicht nur bei Schuldverhältnissen aus Verträgen, sondern auch bei allen Schuldverhältnissen für erforderlich, um das ganze zwischen Gläubiger und Schuldner bestehende Verhältnis seinem Inhalt nach zum Ausdruck zu bringen[76].
Diese Streichung und Einschaltung überließ die Kommission der Redaktionskommission. Hiernach hat § 224 E I Abs. 1 Satz 1 einige Änderungen durch die Neuformulierung der Redaktionskommission erfahren.
Die Redaktionskommission gab dem § 224 Abs. 1 Satz 1 die folgende Fassung: „Der Schuldner ist zur Bewirkung der Leistung in der Weise verpflichtet, wie es Treu und Glauben und der Verkehrssitte entspricht."

---

74 Blaurock, Culpa-Haftung, S. 57; Emmerich, Leistungsstörungen, S. 224; Huber, Vertragsverletzungen, S. 842; Picker, Positive Forderungsverletzung und culpa in contrahendo, S. 457 ff; Anders, Pflichtverletzung, S. 88 ff.; Kley, Unmöglichkeit und Pflichtverletzung, S. 41 ff; Kuhlmann, Leistungspflichten und Schutzpflichten, S. 391 ff; Freudling, Schadensersatzansprüche, S. 150-152; Würthwein, Schadensersatzpflicht, S. 258-261.

75 Zur Anwendung der Verzugsregeln auf den Fall der Pflichtverletzung beim Sukzessivlieferungsvertrag und bei der vorzeitigen Erfüllungsverweigerung, vgl. oben. §10 II 3 und 4.

76 Mugdan-Protokolle II, S. 521.

Der Redaktionskommission wurde ebenfalls die Frage überlassen, ob es sich nicht empfehlen würde, die von der Redaktionskommission als § 224 Abs. 1 beschlossene Vorschrift in den allgemeinen Teil einzustellen. Im Ergebnis wurde die Streichung des § 359 E I beschlossen und der § 224 Abs. 1 S. 1 E I als § 206 (§ 242 BGB) hinter die das 2. Buch einleitende Vorschrift des § 205 E II (§ 241 BGB) gestellt[77]: „Der Schuldner ist verpflichtet, die Leistung so zu bewirken, wie Treu und Glauben mit Rücksicht auf die Verkehrssitte es erfordern." (§ 206 E II)

Hierdurch wurde zwar das Wort „vollständig" des § 224 Abs. 1 Satz 1 E I gestrichen, aber die Streichung bedeutete nicht, dass sich die Auffassung des Gesetzgebers geändert hätte, weil die Kommission den Grundgedanken des § 224 Abs. 1 S. 1 E I (§ 242 aF) auch durch die neue Fassung für gedeckt hielt.
In der weiteren Beratung zu § 224 Abs. 1 wurde der Satz 2 des Abs. 1 erörtert. Über die weitere Beratung wird berichtet:
„Der Satz 2 des Abs. 1 wurde gebilligt; der Prüfung durch die Red. Komm. blieb anheimgegeben, ob sich nicht durch eine andere Fassung verdeutlichen lasse, daß die Frage, unter welchen Voraussetzungen als feststehend gelte, daß die Verbindlichkeit nicht erfüllt werde, und der Schadensersatz wegen Nichterfüllung gefordert werden könne, nicht hier, sondern erst in den § 237 ff. zur Entscheidung gelange."[78]

Diesem Bericht entnimmt man oft, dass die Redaktionskommission den Inhalt dieser Vorschrift verdeutlicht, indem sie das Wort „Nichterfüllung" streicht, anstelle des missverständlichen Wortes „haften" nunmehr „hat zu vertreten" setzt und die ganze Bestimmung, durch die auch die Schlechterfüllung erfasst wurde, als § 233 E II mitten unter die Unmöglichkeitsvorschriften versetzt[79].
Hingegen sollte das Zitat so verstanden werden, dass es nur die Frage betrifft, in welchem Fall der Nichterfüllungen der Gläubiger statt Erfüllung den Schadensersatz wegen Nichterfüllung verlangen kann. Aus diesem Grund behandelte die 2. Kommission diese Frage nicht in der Beratung zu § 224 E I, sondern wollte auf diese Frage in der Beratung zu den §§ 237 ff. E I eingehen, die die Sondertatbestände mit den besonderen Rechtsfolgen aus der Nichterfüllung zum Gegenstand haben.

---

77 Beratung-Schuldverhältnisse I, S. 257.

78 Mugdan-Protokolle II, S. 522.

79 Emmerich, Leistungsstörungen, S. 225; Freudling, Schadensersatzansprüche, S. 166; Kotulla, pFv, S. 383; Wollschläger, Unmöglichkeitslehre, S. 188; Kroeschell, Rechtsgeschichte Deutschlands im 20. Jahrhundert, S. 21. Zuletzt Anders, Pflichtverletzung, S. 95. Nach Blaurock hat die Änderung des § 224 E I durch die Redaktionskommission zur Folge, dass ein allgemeiner Haftungstatbestand nicht mehr vorhanden ist und § 276 BGB sich vielmehr nur auf die subjektive Seite bezieht (Balurock, Culpa-Haftung, S. 57).

Bei der Beratung zu § 237 E I geht die 2. Kommission davon aus, dass der § 224 E I eine allgemeine Haftungsnorm für schuldhafte Nichterfüllung des Schuldners ist:
„Der § 224 spreche nur aus, daß der Schuldner wegen Vorsatz und Fahrlässigkeit einstehen müsse."[80]

Die 2. Kommission bestätigt den Grundsatz der Culpa-Haftung wiederum in der Beratung zu § 246 E I (§ 285 BGB): „aus dem § 224 ergebe sich auch für generische Schuldverhältnisse als Regel nur die Haftung wegen verschuldeter Nichterfüllung."[81]

Durch die Beratung in der Redaktionskommission der 2. Kommission wurde die Fassung und systematische Stellung der §§ 224-225 E I beschlossen und beide Paragraphen in 4 Vorschriften zerlegt[82].
Noch im § 224 b des Entwurfs der Redaktionskommission findet sich das Wort „haftet".

III. Die Bedeutung der Veränderung der Formulierung des § 224 E I durch den § 233 E II

Der § 224 Abs. 1 Satz 2 E I wurde durch § 233 E II umformuliert. Im Anschluss an § 232 (=§ 275 BGB) lauten §§ 233 und § 234 E II:

---

80 Mugdan-Protokolle II, S. 528.
81 Mugdan-Protokolle II, S. 536.
82 § 224 EI-ZustRedKom (BGB-Entwurf in der Paragraphenzählung des E I nach der „Zusammenstellung der Beschlüsse der Redaktions-Kommission" der 2. Kommission): „ Der Schuldner ist zur Bewirkung der Leistung in solcher Weise verpflichtet, wie es Treu und Glauben und der Verkehrssitte entspricht."
§ 224 a EI-ZustRedKom (§ 237 E I, § 275 BGB): „Der Schuldner ist von der Verbindlichkeit zur Leistung befreit, soweit diese in Folge eines nach Entstehung des Schuldverhältnisses eingetreten, von ihm nicht zu vertretenden Umstandes unmöglich geworden ist."
§ 224 b I-ZustRedKom (§ 224 Abs. 1 Satz 2 E I, § 276 BGB): „Der Schuldner *haftet*, soweit nicht ein anderes bestimmt ist, wegen Vorsatzes und wegen Außerachtlassung der im Verkehre üblichen Sorgfalt (Fahrlässigkeit). Die Vorschriften der §§ 708 und 709 finden Anwendung. Wer nur für diejenige Sorgfalt einzustehen hat, welche er in eigenen Angelegenheiten anzuwenden pflegt, ist von der Haftung wegen grober Fahrlässigkeit nicht frei. Die Haftung wegen Vorsatzes kann dem Schuldner im Voraus nicht erlassen werden." (Hervorhebung von mir).
§ 224 c I-ZustRedKom (§ 224 Abs. 2 E I, § 278 BGB): „Der Schuldner *hat* das Verschulden seines gesetzlichen Vertreters sowie der Personen, deren er sich zur Bewirkung der Leistung bedient, im gleichen Umfange *zu vertreten* wie eigenes Verschulden." (Hervorhebung von mir).

§ 233 Abs. 1 E II: „Der Schuldner *hat*, sofern nicht ein anderes bestimmt ist, Vorsatz und die Außerachtlassung der im Verkehre erforderlichen Sorgfalt (Fahrlässigkeit) *zu vertreten*. Die Vorschriften der §§ 750, 751 finden Anwendung."[83]
§ 234 E II: „Der Schuldner *hat* ein Verschulden seines gesetzlichen Vertreters und der Personen, deren er sich zur Bewirkung der Leistung bedient, in gleichem Umfange *zu vertreten*, wie eigenes Verschulden."[84]

Der § 233 E II wurde zu § 276 BGB und der § 234 E II zu § 278 BGB
Im Vergleich zu § 224 I Abs. 1 Satz 2 E I fehlen in § 276 I S. 1 BGB die Worte „wegen Nichterfüllung seiner Verbindlichkeit"; ferner heißt es hier nicht mehr, der Schuldner „hafte", sondern der Schuldner „habe zu vertreten". Vor allem befindet sich diese Vorschrift nicht mehr an der Spitze des Abschnitts „Inhalt der Schuldverhältnisse", sondern sie steht hinter dem § 275 BGB, also hinter der Regelung, dass der Schuldner bei von ihm nicht zu vertretender Unmöglichkeit von seiner Leistungspflicht frei sein soll.
Aufgrund der Änderung der Formulierung und der Umstellung des § 224 Abs. 1 Satz 2 E I geht man davon aus, dass der § 276 BGB nicht mehr als allgemeine Haftungsnorm angesehen werden kann, sondern vielmehr nur als eine Definition des Verschuldens oder als eine Zurechnungsnorm verstanden werden kann.
Bei der Auslegung des § 276 BGB ergeben sich zwei Probleme, zu welchen bis heute kaum überzeugende Lösungen gefunden wurden.
Das erste Problem bezieht sich grundsätzlich auf die Stellung des § 276 aF hinter dem § 275 BGB und das zweite auf die Formulierung „hat zu vertreten".

1. Die Stellung des § 276 hinter dem § 275 BGB

Zur Frage der Stellung des § 276 war Heck der Auffassung, dass der § 276 vor jeder Spezialnorm stehen musste, wenn § 276 vom Gesetzgeber als eine Generalnorm gewollt war. Dabei legte Heck den Gedanken zugrunde, dass die Regel immer vor der Ausnahme stehen muss und daher § 276 vor § 275 hätte stehen müssen. Aber § 276 folgte dem § 275 nach. Aus diesem Grund scheint § 276 ein Zusatznorm zu § 275 zu sein und kann daher nur als eine Erläuterung des Verschuldens verstanden werden[85].
Solche Zweifel wegen der Stellung des § 276 hinter dem § 275 entstanden nicht erst nach dem Inkrafttreten des BGB. Die Stellung des § 276 weckte schon in den Beratungen Bedenken wegen möglicher Missverständnisse.

---

83 Beratung-Schuldverhältnisse I, S. 257 (Hervorhebung von mir).
84 Beratung-Schuldverhältnisse I, S. 257 (Hervorhebung von mir).
85 Heck, Entstehungsgeschichte des § 276, S. 261.

Zunächst hatten in der Beratung des Bundesrates (Justizausschuss) Mecklenburg-Schwerin und Mecklenburg-Strelitz die Stellung der §§ 233, 234 E II (§§ 276, 278 BGB) hinter dem § 232 E II (§ 275 BGB) in Frage gestellt. Man befürchtete, aus der Stellung der §§ 233, 234 E II hinter § 232 E II könnte gefolgert werden, dass die Vorschriften der §§ 233, 234 E II über den vom Schuldner zu vertretenden Grad des Verschuldens nur auf den Fall der Nichtleistung in Folge der eingetretenen Unmöglichkeit, nicht auch auf den Fall der mangelhaften Leistung zu beziehen seien. Aufgrund dessen wurde beantragt, die §§ 233, 234 E II hinter § 206 E II (§ 242 BGB) zu stellen.
Dieser Antrag wurde schließlich vom Antragsteller zurückgezogen[86].
Hinsichtlich des § 275 BGB (§ 269 Reichstagsvorlage) wurde wiederum auf Anregung von Enneccerus der Redaktionskommission die Frage überwiesen, ob der § 275 BGB nicht hinter den § 278 BGB (§ 272 Reichstagsvorlage) zu stellen sei. Diese Überweisung hatte keinen Erfolg[87].
Aus beiden Anträgen lässt sich erkennen, dass auch die Juristen zur Zeit der Gesetzgebung Angst vor einem Missverständnis wegen der Stellung des allgemeinen Rechtsgrundsatzes (§ 276 BGB) hinter der Spezialnorm (§ 275 BGB) hatten. Die Frage nach der Stellung des § 276 BGB ist somit nicht neu und die beiden Versuche zur Umstellung des § 276 oder § 275 BGB hatten keinen Erfolg. Deshalb ist nun zu untersuchen, weshalb der Gesetzgeber diesen Umstellungsvorschlägen nicht folgte, obwohl er auf diesen Zweifel hinsichtlich der Stellung des § 276 gestoßen worden war. Der § 276 BGB bezieht sich daher nicht nur auf die Vertretung der Unmöglichkeit einer Leistung, wie aus seiner Stellung gefolgert werden könnte, sondern überhaupt auf die vom Schuldner in einem bestehenden Schuldverhältnis zu vertretende Sorgfalt[88].

2. Die Bedeutung von „hat zu vertreten“ nach dem Sprachgebrauch zur Zeit der Gesetzgebung

Im Gegensatz zu § 224 E I wurde, wie bereits erörtert, im 2. Entwurf die Formulierung „wegen Nichterfüllung der Leistung“ aufgegeben und das Wort „haftet“ durch „hat zu vertreten“ ersetzt. Hierbei stellt sich die Frage, ob der Gesetzgeber mit der neuen Formulierung „hat zu vertreten“ eine inhaltliche Änderung des 1. Entwurfs beabsichtigt hat oder nicht.
Durch die Änderung der Formulierung entsteht das Missverständnis, § 276 BGB sei nicht mehr als Haftungsnorm, sondern dem Wortlaut nach nur als eine Hilfs-

---

86 Der Grund für den Rückzug des Antrags ist in Beratung-Schuldverhältnisse I, S. 258 nicht ersichtlich.

87 Beratung-Schuldverhältnisse I, S. 235-236. Der Grund für die Ablehnung ist nicht erkennbar.

88 Staudinger-Kuhlenbeck, § 276, I, S. 89.

norm für andere Vorschriften zu verstehen, so namentlich für die §§ 280, 283, 285, 323, 324 und 325, zu deren Tatbestandsmerkmalen das Vertretenmüssen gehört[89].

Die Änderung der Formulierung „haftet“ in „hat zu vertreten“ kam erst in der zweiten Lesung der 2. Kommission zum § 234 E II (§ 278 BGB) zur Sprache[90]. Davor blieb der Ausdruck „haftet“ im § 224 b I-ZustRedKom (§ 224 Abs. 1 Satz 2 E I, § 276 BGB) unverändert, während die Formulierung „hat zu vertreten“ bereits Eingang in § 224 c I-ZustRedKom (§ 224 Abs. 2 E I, § 278 BGB) fand[91]. Um die Bedeutung der Ersetzung der Formulierung „haftet“ durch „hat zu vertreten“ im 233 E II (§ 276 BGB) ans Licht zu bringen, ist es notwendig, auf § 234 II (§ 278 BGB) einzugehen.

Aus der Behandlung des Antrages zu § 234 E II, in dem sich der Ausdruck „hat zu vertreten“ befindet, lässt sich entnehmen, was die damaligen Juristen unter „hat zu vertreten“ verstanden.

Zum § 234 Abs. 2 E II wurde der Antrag gestellt, den Satz 1 des Abs. 2 wie folgt zu fassen: „Der Schuldner *hat* ein Verschulden seines gesetzlichen Vertreters und der Personen, deren er sich zur Bewirkung der Leistung oder zur Einwirkung auf den Gegenstand der Leistung bedient, in gleichem Umfange *zu vertreten*, wie eigenes Verschulden.“[92]

Zu diesem Antrag war die 2. Kommission der Auffassung, „der Hauptantrag wolle durch eine gesetzliche Norm *die Haftung* des Schuldners auch auf den von gewissen anderen Personen angerichteten Schaden erstrecken, welcher er sich zur Einwirkung auf den Gegenstand bedient habe.“[93]

Dieser Äußerung der Kommission kann entnommen werden, dass die Juristen zur Zeit der Gesetzgebung unter „hat zu vertreten“ das gleiche wie „Haftung“ verstanden.

---

[89] Heck, Entstehungsgeschichte des § 276, S. 260-262.

[90] Mugdan-Protokolle II, S. 523.

[91] § 224 b I-ZustRedKom (§ 224 Abs. 1 Satz 2 E I, § 276 BGB): „Der Schuldner *haftet*, soweit nicht ein anderes bestimmt ist, wegen Vorsatzes und wegen Außerachtlassung der im Verkehre üblichen Sorgfalt (Fahrlässigkeit). Die Vorschriften der §§ 708 und 709 finden Anwendung. Wer nur für diejenige Sorgfalt einzustehen hat, welche er in eigenen Angelegenheiten anzuwenden pflegt, ist von der Haftung wegen grober Fahrlässigkeit nicht frei. Die Haftung wegen Vorsatzes kann dem Schuldner im Voraus nicht erlassen werden.“ (Hervorhebung von mir)
§ 224 c I-ZustRedKom (§ 224 Abs. 2 E I, § 278 BGB): „Der Schuldner *hat* das Verschulden seines gesetzlichen Vertreters sowie der Personen, deren er sich zur Bewirkung der Leistung bedient, im gleichen Umfange *zu vertreten* wie eigenes Verschulden.“ (Hervorhebung von mir)

[92] Mugdan-Protokolle II, S. 523 (Hervorhebung von mir).

[93] Mugdan-Protokolle II, S. 523 (Hervorhebung von mir).

Der § 233 E II brachte somit keine inhaltliche Veränderung des § 224 E I.
Der § 233 E II ist in der Folge zum § 276 BGB geworden. Das Wort „Verschulden“ im § 278 BGB bedeutet nichts anderes als Vorsatz und Fahrlässigkeit im § 276 BGB
Der § 276 BGB ist eine allgemeine Haftungsnorm für die verschuldete Nichterfüllung des Schuldners und trägt weiterhin die unumstrittene Rechtstradition der allgemeinen Culpa-Haftung.

IV. Ergebnis

Der § 276 BGB ist eine allgemeine Haftungsnorm, die für die Fälle der Nichterfüllung gilt, die außerhalb von Unmöglichkeit und Verzug stehen.
Wie bereits erläutert, sind aus dem Schuldverhältnis, wie das BGB es auffasst, nicht nur Leistungspflichten, sondern auch Nebenpflichten abzuleiten. Auf dieser Grundlage dürfte das BGB die Schadensersatzpflicht des Schuldners bei der Nebenpflichtverletzung aus dem jeweiligen Schuldverhältnis in Verbindung mit den §§ 276, 242 BGB folgend gesehen haben.
Der § 276 scheint nach dem Wortlaut keinen Haftungstatbestand zu enthalten. Zuzugeben ist nur, dass ein allgemeiner Rechtsgrundsatz des Inhaltes, dass durch eine schuldhafte Verletzung einer bestehenden Verbindlichkeit die Verpflichtung zum Schadensersatz begründet wird, in § 276 BGB nicht ausdrücklich aufgestellt ist[94]. Diese Regelungsmethode entspricht - bereits erörtert[95] - ganz der Pandektistik.
Das BGB regelt den Rechtsbehelf des Gläubigers bei der Nebenpflichtverletzung nicht im allgemeinen Teil des Schuldrechts. Der Grund dafür besteht in der Verschiedenheit der Rechtsbehelfe, die das BGB dem Gläubiger bei der schuldhaften Nichterfüllung gewährt.
Haftung (oder Einstehen) ist ein weiterer Begriff als „zum Schadensersatz verpflichtet“. Die Rechtsbehelfe bei der Nichterfüllung müssen nicht unbedingt immer ein Schadensersatzanspruch sein, sondern können je nach dem Sachverhalt unterschiedlich gewährt sein. In Frage kommen etwa ein Anspruch auf Realerfüllung oder Schadensersatz sowie ein Rücktrittsrecht (vom Gewährleistungsrecht abgesehen).
Wenn der Gläubiger die vom Schuldner als Erfüllung der Verbindlichkeit erbrachte Leistung als Erfüllung angenommen hat und später die Leistung wegen Mangelhaftigkeit nicht als Erfüllung gelten will, hat der Gläubiger zunächst nach dem § 363 BGB zu beweisen, dass die Leistung nicht gehörig ist. Hat der Gläubiger die Mangelhaftigkeit bewiesen, dann stellt die vom Schuldner erbra-

---

94 Vgl. RGZ 53, 201 ff.
95 Siehe oben §6 I.

chte Leistung für den Gläubiger keineswegs eine Erfüllung dar, sondern nur eine Nichterfüllung. Das Schuldverhältnis bleibt daher bestehen, weil der § 362 BGB nur die vollständige Bewirkung der Verpflichtung als Erfüllung ansieht und das Schuldverhältnis nur durch die vollständige Erfüllung erlischt.
Im obigen Fall kann der Gläubiger mit der Einrede des nicht erfüllten Vertrages des § 320 seine Leistung weiter zurückbehalten und die Erfüllung der Verbindlichkeit *in natura* weiter durchsetzen, weil der Anspruch des Gläubigers auf Erfüllung aus dem bestehenden Schuldverhältnis wegen der nicht gehörigen Erfüllung bestehen bleibt.

Bei der Nichterfüllung geht es nicht nur um Schadensersatz oder Rücktritt als Rechtsbehelfe zur Durchsetzung des Interesses des Berechtigten am Schuldverhältnis, sondern auch um Realerfüllung, weil das Prinzip der Realerfüllung dem BGB zugrunde liegt. Die Realerfüllung ist der Hauptrechtsbehelf, der bei der Nichterfüllung aus dem Schuldverhältnis entsteht, und der Schadensersatz wegen Nichterfüllung oder der Rücktritt sind sekundäre Rechtsbehelfe.
Die Regelung, dass der Gläubiger im Grundsatz nur Realerfüllung verlangen kann, findet sich nicht ausdrücklich im BGB. Der Grund dafür liegt in der Methode, die der Gesetzgeber bei der Abfassung des BGB anwendete. In der Beratung der 2. Kommission zum 1. Entwurf des BGB verstärkte sich die Tendenz, die Grundregeln nicht aufzunehmen und dagegen die Ausnahmen von den Regeln zu verdeutlichen. Ein Beispiel dafür ist die Vorschrift über das Verbot des einseitigen Rücktritts beim gegenseitigen Vertrag, das der Gesetzgeber im ersten Entwurf für unerlässlich hielt. Zu § 360 E I (Verbot des Rücktritts vom Vertrag wegen einfacher Nichterfüllung) wurde dessen Streichung in der Beratung der 2. Kommission beschlossen, weil man den Inhalt des § 360 E I an sich für selbstverständlich hielt[96]. Hiermit kann festgestellt werden, dass der Gesetzgeber nicht alles ins Gesetz bringen wollte, was für die Juristen selbstverständlich war. Wie bereits gezeigt, hat der Gesetzgeber den Fall der nicht gehörigen Erfüllung nicht übersehen. Hieraus entsteht die Frage, warum der § 276 BGB keine Rechtsbehelfe nennt.
Der Grund dafür, dass der § 276 BGB keinen korrekten Rechtsbehelf bei der schuldhaften Nichterfüllung nennt, beruht vor allem auf der Methode und der Technik der Gesetzgebung.
Für den Gesetzgeber war es selbstverständlich, dass die Schadensersatzpflicht bei der nicht gehörigen Erfüllung direkt aus dem § 276 abzuleiten sei.
Es war eine unumstrittene Rechtstradition. Etwas Selbstverständliches ins Gesetz zu bringen, entspricht der Methode des BGB nicht. Hingegen entspricht es dem BGB, nicht selbstverständliches oder der Klärung bedürftiges aufzunehmen, da, wie bereits erörtert, es dem Interesse an der Klarheit des Gesetzes ent-

[96] Mugdan-Protokolle II, S. 630.

spricht, die Ausnahme besonders auszusprechen. Diese Vorstellung spielt bis heute eine entscheidende Rolle für die Auslegung des BGB und entspricht besonders dem, wie man noch heute die Grundregel des BGB aus der Ausnahmeregel zu erschließen pflegt.

Das BGB folgt methodisch nicht dem Weg des preußischen ALR, alles kasuistisch ins Gesetz zu bringen. Für diejenigen, die an das preußischen ALR und an dessen ausführliche Regelung und einfache Formulierung gewöhnt waren, ist das BGB deshalb ungewohnt[97], weil das Hauptanliegen des Gesetzgebers des BGB sich mehr auf die Verdeutlichung der Ausnahme als auf die Formulierung der Grundregel richtete. Wenn man davon ausgehen will, dass § 276 BGB die Schadensersatzpflicht des Schuldners hätte ausdrücklich regeln müssen, muss man begründen können, warum der Gläubiger das vom Schuldner Geleistete rechtskräftig behalten kann. Hierüber schweigt das BGB. Aber man hat keinen Zweifel daran, dass der Gläubiger zum Behalten des Geleisteten berechtigt ist. Wenn diese Berechtigung in Frage gestellt wird: wo kann man diese Berechtigung im BGB finden? Wenn das BGB keine Bestimmung über die Berechtigung zum Behalten des Geleisteten enthält, dann muss man auch das Bestehen einer gesetzlichen Lücke behaupten und versuchen, mit einer analogen Anwendung die Lücke zu schließen.

Der § 194 BGB regelt die Verjährung des Rechts, von einem anderen ein Tun oder ein Unterlassen zu verlangen, aber nicht das Recht des Gläubigers, zu behalten, was vom Schuldner aufgrund des Schuldverhältnisses geleistet wurde. Hätte der Gesetzgeber wirklich das Recht des Gläubigers zum Behalten des vom Schuldner Geleisteten regeln müssen, obwohl es selbstverständlich ist?

Das Reichsgericht leitete die Schadensersatzpflicht des Schuldners bei der nicht gehörigen Erfüllung direkt aus dem § 276 BGB ab[98], weil diese Schadensersatzpflicht den Juristen der Zeit so selbstverständlich war, dass der Gesetzgeber sie nicht besonders im Gesetz zu erwähnen brauchte.

Die Nichterfüllung ist kein Gegenbegriff zur „nicht gehörigen Erfüllung" oder zur „Schlechterfüllung". Die nicht gehörige Erfüllung ist kein neuer Sachverhalt der Nichterfüllung. Dieser Sachverhalt war im Rechtsleben der Zeit häufiger, als die Unmöglichkeit, oder, wie Staub sagte, die Fälle der nicht gehörigen Erfüllung kommen im Rechtsleben täglich tausendfach vor[99].

Man kann etwas Neues übersehen, aber etwas Häufiges nicht.

---

[97] Zu einer ähnlichen Ansicht, vgl. Huber, Leistungsstörungen I, S. 80, Fn. 94.

[98] RGZ 53, 201-202. Zur Auslegung des § 276 BGB durch die Rechtslehre und das Reichsgerichts vgl. unten § 12

[99] Staub, PVV 1969, S. 93.

Die Auffassung[100], dass der § 276 Rechtsbehelfe für die Schlechterfüllung oder die Nebenpflichtverletzung nicht regelt und daher § 276 als Redaktionsversehen gewertet werden kann, entspricht der Methode des BGB nicht. Die Regelung der Schadensersatzpflicht in § 276 BGB nicht ausdrücklich zu formulieren, kann vielmehr als eine bewusste Entscheidung des Gesetzgebers angesehen werden, die freilich dadurch an der bewährten, für selbstverständlich erachteten Tradition der Haftung für Schlechterfüllung nicht rütteln wollte[101].

[100] Himmelschein, Erfüllungszwang, S. 271; Kley, Unmöglichkeit und Pflichtverletzung, S. 44; Huber, Vertragsverletzungen, S. 843. Huber geht heute davon aus, dass der Vorwurf des Redaktionsversehens zu weit geht, und verzichtet auf die frühere Ansicht (Huber, Leistungsstörungen I, S. 91, Fn. 147).

[101] Hierzu vgl. Daube, Das Selbstverständliche in der Rechtsgeschichte, S. 1, wo er Dinge als selbstverständlich bezeichnet, „deren man so gewiß ist, daß man nicht über sie nachdenkt, ja, kaum über sie spricht."

4. TEIL:

Die Lehre von der „positiven Vertragsverletzung" und deren Auswirkungen auf die Entwicklung der vertraglichen Haftungslehre in Deutschland, Österreich und in der Schweiz

Im vorherigen Kapitel wurde nachgewiesen, dass sich die gemeinrechtliche allgemeine Culpa-Haftung in den verschiedenen Kodifikationen kontinuierlich findet und das BGB in § 276 einen allgemeinen Rechtsgrundsatz enthält, nach welchem der Schuldner für schuldhafte Nichterfüllung einzustehen hat. Der § 276 enthält zwar den Haftungsgrund, regelt aber die Rechtsbehelfe nicht derart ausdrücklich, dass man diese leicht am Wortlaut erkennen könnte.
Die Haftungsform nach § 276 kann je nach dem Sachverhalt der schuldhaften Nichterfüllung unterschiedlich sein: Realerfüllung, Schadensersatz oder Rücktritt.
Das Fehlen der ausdrücklichen Benennung der Haftungsform kann nicht als gesetzliche Lücke, sondern sollte vielmehr als bewusste Entscheidung des Gesetzgebers verstanden werden.
Bald nach Inkrafttreten des BGB behauptete Staub in seiner Abhandlung über die positive Vertragsverletzung, dass § 276 nichts weiter als eine Definition des zivilrechtlichen Verschuldens gebe[1].
In diesem Kapitel wird zunächst erörtert, wie § 276 durch das Reichsgericht und die Rechtslehre nach Inkrafttreten des BGB interpretiert wurde, und wie man andererseits die Lehre von der positiven Vertragsverletzung verstanden hat.
Die Lehre von der positiven Vertragsverletzung hatte im Laufe der Zeit viele Anhänger in der Rechtslehre gefunden und wurde von der Rechtsprechung des BGH aufgenommen. Mit der Rezeption der Lehre Staubs durch die Rechtslehre und die Rechtsprechung gewann die Rechtsfigur der positiven Vertragsverletzung eine neue Bedeutung.
Trotz der Verbreitung der Lehre Staubs gab es Ansätze zur Wiederaufnahme des allgemeinen Rechtsgrundsatzes der Culpa-Haftung. In diesem Zusammenhang wird sich die Frage stellen, warum diese Bewegung keinen Erfolg hatte.
Die Lehre von der positiven Vertragsverletzung fand zugleich ein Echo in Österreich und in der Schweiz. Hierbei stellt sich die Frage, welche Auswirkungen auf das Allgemeine Bürgerliche Gesetzbuch (ABGB) und das schweizerische Obligationenrecht (OR) die Lehre von der positiven Vertragsverletzung hatte, insbesondere, ob das ABGB und das schweizerische OR aufgrund des Einflusses der Lehre Staubs die zentralen Begriffe der Nichterfüllung und der nicht gehörig bewirkten Erfüllung aufgegeben haben oder nicht.

---

1 Staub, PVV 1969, S. 95. Diese Ansicht scheint von der früheren Ansicht abzuweichen, die er im Kommentar zum HGB von 1900, Anm. 11 zu § 347, S. 1059 vertrat.

Schließlich wird auch auf die Frage eingegangen werden, welche Rolle die Lehre von der positiven Vertragsverletzung für die Entwicklung der Dogmatik des Haftungsrechts in Deutschland, insbesondere in der Debatte über die Reform des Leistungsstörungsrechts gespielt hat. Denn in der Rechtsfigur der positiven Vertragsverletzung sieht man ja einen der wesentlichen Gründe für die Reformbedürftigkeit des Schuldrechts. Hierbei ist auch darauf einzugehen, warum das geltende BGB für das Leistungsstörungsrecht einen neuen Zentralbegriff „Pflichtverletzung" enthält, den das alte BGB nicht gekannt hat.
Handelt es sich dabei um eine Auswirkung der Lehre von der positiven Vertragsverletzung?

§ 12. Die Interpretation des § 276 durch Reichsgericht und Rechtslehre vor der Lehre Staubs

I. Die Interpretation durch das Reichsgericht

Schon vor Staub ging das Reichsgericht auf die für das BGB grundlegende Frage ein, ob der § 276 als grundlegende Haftungsnorm im Sinne einer allgemeinen Culpa-Haftung für den Fall der nicht gehörigen Erfüllung angesehen und dabei die Schadensersatzpflicht direkt aus dem § 276 abgeleitet werden kann.
An dieser Stelle soll auf zwei Entscheidungen eingegangen werden (RGZ 52, 18 ff. und 53, 200 ff.), die Staub erst in der 2. Auflage seiner Abhandlung über die positive Vertragsverletzung vor allem in Hinsicht auf den Charakter des § 276 BGB erörterte[2].
Im Urteil vom 13. Juni 1902[3] („nasser Roggen-Fall") ging es um die Frage, ob der Käufer auf Grund des Vertragsverhältnisses neben der Wandelung auch einen Schadensersatzanspruch gegen den Verkäufer geltend machen kann[4]:
Die Parteien waren Getreidehändler. Der Kläger kaufte von dem Beklagten 20 t Roggen. Der Kläger verkaufte den Roggen alsbald an einen Getreidehändler H., und dieser veräußerte ihn weiter an einen Müller.
Der Müller verweigerte die Annahme der gelieferten Ware, da der Roggen nass und daher nicht mahlfähig sei. Darauf stellte der Kläger dem Beklagten den Roggen wegen der Fehlerhaftigkeit des Gegenstandes zur Verfügung.
Der Kläger begehrte mit der Klage den Ersatz der Kosten des Transportes des nassen Roggens zur Mühle des Müllers sowie die Mehrkosten des Deckungskaufes, den er tätigen musste, um den Müller zu beliefern. Der Kläger vertrat den Standpunkt, der Beklagte sei deshalb zum Schadensersatz verpflichtet, weil er die Sorgfalt eines ordentlichen Kaufmannes außer Acht gelassen und ihm im Sinne des § 459 BGB fehlerhaften Roggen geliefert habe.
Das Reichsgericht ging davon aus, dass es dem Kläger nicht um Wandelung, sondern um die Geltendmachung von Schadensersatz ging.
Nach dem Reichsgericht waren die Nachteile des Klägers wegen der Mehraufwendungen zwar dadurch veranlasst worden, dass der Beklagte unter Außerachtlassung der Sorgfalt eines ordentlichen Kaufmannes dem Kläger nassen und dadurch nicht mahlfähigen und fehlerhaften Roggen geliefert hatte, aber es verneinte, dass diese Nachteile mit den sich aus der Wandelung ergebenden Rechtsfolgen gedeckt werden könnten. Den Grund sah das Reichsgericht darin, dass sich

---

2 Staub, PVV 1969, S.112.

3 RGZ 52, 18 ff. Auf diese Entscheidung ging Staub erst in 2. Aufl. (1904) ein. Hiermit kann man davon ausgehen, dass die Entscheidung erst nach der Abfassung der ersten Abhandlung „Über die positiven Vertragsverletzungen" ergangen war. (Hierzu vgl. Staub, PVV 1969, S. 112).

4 Vgl. auch Schubert, Sammlung 1902, 431-436.

die Verpflichtungen des Verkäufers aus der Wandelung nach §§ 467, 346 und 347 BGB nur auf die Rückgabe des Kaufpreises mit Zinsen sowie auf Ersatz der Vertragskosten und der notwendigen Verwendungen nach §§ 683, 994 erstrecken.
Aber die Auslagen des Klägers bildeten hier nicht einen Teil des Kaufpreises.
Allerdings könnten dem Kläger durchaus weitere Schadensersatzansprüche für die Ausgleichung der Nachteile neben der Wandelung zustehen. Hierzu führte das Reichsgericht aus:
„Damit ist allerdings nicht ausgeschlossen, daß auf Grund des Vertragsverhältnisses ein Schadensersatzanspruch neben der Wandelung bestehen und geltend gemacht werden kann, wenn nämlich die eine Vertragspartei schuldhafter Weise ihre Vertragspflicht verletzt und hierdurch dem anderen Contrahenten Schaden verursacht hat, der in der Wirkung der Wandelung nicht seine Deckung findet, und dessen Geltendmachung nicht eine besondere Gesetzesvorschrift entgegensteht.“[5]

In dem zur Frage gestellten Sachverhalt sah das Reichsgericht eine schuldhafte Pflichtverletzung sowie eine nicht gehörige Erfüllung und das Bedürfnis nach der Gewährung des Schadensersatzanspruchs.
Für den Kläger leitete das Reichsgericht den Schadensersatzanspruch direkt aus dem § 276 BGB ab:
„Es folgt dieses aus § 276 BGB. Denn hat hiernach der Schuldner, sofern nicht ein Anderes bestimmt ist, Vorsatz und Fahrlässigkeit bei seiner Leistungspflicht zu vertreten, so kann mangels anderweiter gesetzlicher Vorschrift diese Vertretungspflicht gegenüber dem anderen Theile nur in der Weise verwirklicht werden, daß der Schuldner den Schaden ersetzt, der durch sein vorsätzliches oder fahrlässiges Handeln der anderen Partei erwachsen ist.“[6]

Das Reichsgericht stellte aber fest, dass der § 276 BGB eine allgemeine Vertretungspflicht des Schuldners für vorsätzliches oder fahrlässiges Handeln im bestehenden Schuldverhältnis regelt, und, dass die Haftung des Schuldners nach dem § 276 BGB nur dadurch verwirklicht werden kann, dass der Schuldner den durch sein schuldhaftes Verhalten der anderen Partei erwachsenen Schaden ersetzt, auch wenn das BGB die Rechtsfolge der Haftung des Schuldners nach § 276 nicht ausdrücklich regelt.
In dieser Entscheidung erkannte das Reichsgericht eindeutig einen Schadensersatzanspruch wegen Verschuldens bei der nicht gehörigen Erfüllung aus dem § 276 an.

---

5 RGZ 52, 19 (=Schubert, Sammlung 1902, S. 435-436).
6 RGZ 52, 19 (=Schubert, Sammlung 1902, S. 436).

Zugleich erkennt man, dass der § 276 BGB zwar keine Rechtsbehelfe regelt, aber das Reichsgericht keinen Zweifel daran hatte, dass der Schuldner den dem Gläubiger durch sein schuldhaftes Verhalten bei Erfüllung der Verbindlichkeit erwachsenen Schaden zu ersetzen hat, ohne dafür die Vorschriften über Verzug und Unmöglichkeit analog anwenden zu müssen. Damit bestätigt sich unser Ergebnis[7], dass der Gesetzgeber auf eine ausdrückliche Regelung deshalb verzichten konnte, weil die allgemeine Culpa-Haftung so selbstverständlich für die Juristen der Zeit gewesen war, dass das BGB sie nicht ausdrücklich regeln musste. In diesem Sinne nahm das Reichsgericht Stellung, wenn es zum Charakter des § 276 BGB ausführte: „Wollte man diesen Schluß nicht zulassen, *so würde der einen allgemeinen Grundsatz aussprechende § 276 BGB erheblich an Bedeutung verlieren, was nicht als von dem Gesetze gewollt angenommen werden kann.*“[8]

Es kann festgestellt werden, dass der § 276 die Rechtsgrundlage für die Haftung des Schuldners für alle jene Fälle der schuldhaften Nichterfüllung ist, die außerhalb der im Gesetz ausdrücklich geregelten Fällen, nämlich Unmöglichkeit und Verzug, stehen.
Die Grundvorstellung des Reichsgericht vom § 276, die sich in dieser Entscheidung zeigt, entspricht dem Willen des Gesetzgebers und vermeidet die missliche Notwendigkeit, die nicht gehörige Erfüllung einem weiteren Begriff der Unmöglichkeit unterstellen zu müssen.
Diese Entscheidung spielte eine große Rolle auch für die weiteren Entscheidungen[9], die das Reichsgericht nach der Formulierung der neuen Lehre durch Staub fällte.
Hatte das Reichsgericht in RGZ 52, 18 ff. die Frage nach dem Verhältnis des § 276 zu den anderen Vorschriften noch offen gelassen, so legte das Reichsgericht im Urteil vom 19. Dezember 1902 mehrfach den Charakter des § 276 BGB und das Verhältnis der Haftung gemäß § 276 zur Haftung nach dem Gewährleistungsrecht fest.
Der Kläger forderte den Ersatz des Schadens, der ihm dadurch entstanden war, dass die Beklagte den vom Kläger bestellten dänischen Saathafer mit mangelhafter Beschaffenheit geliefert hatte. Die Begründung des Berufungsgerichts Kiel, dass der Verkäufer durch schuldhafte Verletzung seiner Vertragspflichten nicht schadensersatzpflichtig werden könne, änderte das Reichsgericht dahin, dass sich die Schadensersatzpflicht des Verkäufers auf § 276 BGB gründen

[7] Siehe oben §11 I 1 1) und § 11 IV. Vgl. auch Chiusi, Modern, alt und neu: Zum Kauf nach BGB und römischem Recht, 219-220.
[8] RGZ 52, 19 (=Schubert, Sammlung 1902, S. 436). Hervorhebung von mir.
[9] RGZ 53, 200 ff.; RGZ 56, 167 ff.; RGZ 62, 119 ff.; RGZ 66, 290 f.; RGZ 99, 96; RGZ 106, 22; RGZ 108, 221; RGZ 148, 148; RGZ 161, 330 f.

kann. Es bemerkte, dass die Schadensersatzpflicht zwar in § 276 nicht ausdrücklich aufgestellt sei[10]:
„Derselbe (der allgemeine Rechtssatz der Schadensersatzpflicht bei schuldhafter Pflichtverletzung oder Nichterfüllung)[11] ergibt sich aber aus der Vorschrift des § 276, daß der Schuldner, sofern nicht ein anderes bestimmt ist, Vorsatz und Fahrlässigkeit zu vertreten hat, und aus den mehrfachen Bestimmungen über eine Haftung des Schuldners auf Ersatz des durch schuldhafte Verletzung einer Verbindlichkeit verursachten Schadens."[12]

Zu dieser Äußerung des Reichsgerichts stellt sich die Frage, was das Reichsgericht unter „hat zu vertreten" verstand.
In dieser Entscheidung stellte das Reichsgericht die Bedeutung des Ausdrucks „hat zu vertreten" wie folgt fest:
„Unter dem Vertreten von Vorsatz und Fahrlässigkeit muß die Haftung desjenigen, welcher vorsätzlich oder fahrlässig seine Pflicht verletzt, für die Folgen seines Handelns und der durch dasselbe bewirkten Schädigung eines anderen verstanden werden."[13]

Das Reichsgericht wies ferner darauf hin, dass der erkennende Senat des Reichsgerichts bereits in der Entscheidung RGZ 52, 18 den § 276 in gleichem Sinne verstanden hat. Dort hatte das Reichsgericht den Begriff „Vertretungspflicht" für die Haftung des Schuldners für Vorsatz und Fahrlässigkeit nach § 276 eingeführt. Mit den Entscheidungen (RGZ 52, 18 ff. und RGZ 53, 200) legte das Reichsgericht die Bedeutung des § 276 für die Praxis fest.
In der Entscheidung RGZ 53, 200 befand das Reichsgericht auch über das Verhältnis der Haftung nach dem allgemeinen Grundsatz (§ 276) zur Haftung nach dem besonderen Rechtsgrundsatz (Gewährleistungsrecht):
„Besteht aber der allgemeine Rechtsatz, daß derjenige, welcher eine Verbindlichkeit schuldhaft verletzt, dem anderen Teil den hierdurch verursachten Schaden zu ersetzen hat, sofern nicht anderes bestimmt ist, so muß derselbe auch auf den Kaufvertrag Anwendung finden, da er als durch die § 459 flg. B.G.B ausgeschlossen nicht angesehen werden kann. An dieser Stelle des Bürgerlichen Gesetzbuchs [im Abschnitt über den Kauf][14] sind nicht die Folgen schuldhafter Verletzung bestehender Vertragspflichten geregelt, sondern über die Haftung für gesetzlich vorgeschriebene und vertraglich besonders übernommene Gewährleistung des Verkäufers wegen Mängel der Kaufsache Bestimmungen getroffen. Hierdurch ist lediglich zu der auf Grund des § 276 bestehenden allgemeinen

10 RGZ 53, 201.
11 Hinzugefügt von mir.
12 RGZ 53, 201.
13 RGZ 53, 201 f.
14 „[]" hinzugefügt von mir.

Haftung für ein Verschulden hinsichtlich des Verkäufers eine fernere, von einem Verschulden unabhängige Haftung hinzugetreten. Die letztere schließt, weil sie auf einem besonderen Grunde beruht, die erste nicht aus. Beide Haftungen bestehen vielmehr nebeneinander,..."[15]

Wie in dieser Entscheidung ersichtlich, ging das Reichsgericht davon aus, dass der § 276 ein allgemeiner Haftungstatbestand des Schuldners für die schuldhafte Nichterfüllung ist, während für die Anwendung des Gewährleistungsrechts beim Kauf nach dem BGB die entsprechenden Voraussetzungen dafür vorliegen müssen.
In diesem Sinne ist das Gewährleistungsrecht in den §§ 459 ff. BGB, das auf einem besonderen Grund beruht, als Sonderregel aufzufassen. Der § 276 BGB ist hingegen eine allgemeine Haftungsregel. Aber beide Haftungsregeln stehen nebeneinander, da die Sonderregel die allgemeine Regel nicht unbedingt ausschließt.
Diese Ansicht des Reichsgerichts steht in Einklang mit dem bereits erwähnten Willlen des Gesetzgebers, dass die Verpflichtungen des Käufers und Verkäufers in Bezug auf die Art und Weise der Erfüllung der Verbindlichkeit unter der Regel der §§ 224, 257 E I (§§ 242, 276 und 300 BGB) stehen sollen[16].
Das gilt auch für die Haftung des Schuldners für die schuldhafte Nichterfüllung.

Beiden Entscheidungen des Reichsgerichts ist zu entnehmen, dass § 276 als ein allgemeiner Haftungsgrundsatz für die schuldhafte Nichterfüllung des Schuldners angesehen werden muss und dass die Ableitung der Verpflichtung des Schuldners zum Schadensersatz direkt aus dem § 276 für die damaligen Juristen selbstverständlich war. Aus der Sicht des Reichsgerichts bestand folglich kein Anlass, im BGB eine Lücke anzunehmen, die durch das Institut der positiven Vertragsverletzung hätte gefüllt werden müssen.

II. Die Interpretation des § 276 durch die Rechtswissenschaft

Der Streit um die Auslegung des § 276 in der Zeit vor der Lehre Staubs ist folgendermaßen zusammenzufassen: es gab zwei verschiedene Versuche zur Lösung. Der eine folgte der Ansicht des Reichsgericht, die Schadensersatzpflicht direkt aus dem § 276 abzuleiten, und der andere, dem der weitere Begriff der Unmöglichkeit zugrunde lag, war die erweiterte Anwendung der Vorschriften über die Unmöglichkeit.

---

[15] RGZ 53, 202.
[16] Hierzu vgl. § 11 IV.

Die allermeisten Lehrbücher und Kommentare zum BGB hatten direkt aus dem § 276 den Rechtssatz entnommen, dass derjenige für die schuldhaften begangenen Handlungen und Unterlassungen Schadensersatz zu leisten hat, der Vorsatz und Fahrlässigkeit zu vertreten hat. Diesen Grundsatz zog Crome in seinem Lehrbuch heran:
„Der Inhalt der Verpflichtung beschränkt sich meist darauf, daß ein gewisses Maß von Sorgfalt auf die Erfüllung verwendet werde. Deren Außerachtlassung (Vorsatz, Fahrlässigkeit) macht also schadensersatzpflichtig. § 276 BGB.“[17]

Auch die Kommentare und Lehrbücher schweigen entweder oder behandeln die Sache nur am Rande, indem sie sich mit dieser Problematik überhaupt nicht beschäftigten. Der Grund kann darin liegen, dass die Literatur offensichtlich die Ableitung der Rechtsfolge „Schadensersatzpflicht“ aus dem § 276 BGB aufgrund des allgmeinen Rechtsgrundsatzes der Culpa-Haftung für selbstverständlich hielt und hierin kein Problem sah.
Im Gegensatz zur Ansicht Cromes verneinen Goldmann-Lilienthal und Schöller zwar das Bestehen eines allgemeinen Rechtsgrundsatzes der Culpa-Haftung im BGB. Sie glauben aber, die angebliche Lücke des Gesetzes mit den Vorschriften über die Unmöglichkeit der Leistung (§§ 280, 325 BGB) schließen zu können[18].
Nach Goldmann und Lilienthal bezieht sich jede schuldhafte Nichterfüllung der Verpflichtung auf eine zu vertretende Unmöglichkeit der Leistung. Bei schuldhafter Nichterfüllung entsteht folglich die Verpflichtung zum Schadensersatz aus den Vorschriften über die Unmöglichkeit[19].
Die Ansicht, der Unmöglichkeit könne jeder Fall einer Verletzung einer Schuldnerpflicht unterstellt werden, wurde auch von Schöller vertreten.
Nach Schöller entsteht aus dem vertraglichen Schuldverhältnis eine Verpflichtung (oder Vertragspflicht), eine vertragswidrige Leistung zu unterlassen. Wenn der Schuldner die Leistung mangelhaft erbracht hat, so handelt er seiner Pflicht zuwider, eine andere Leistung als die versprochene zu unterlassen. Die Verletzung der Unterlassungspflicht stellt eine Unmöglichkeit der Erfüllung der Unterlassungspflicht dar, weil sich die einmal geschehene Tatsache der Zuwiderhandlung niemals ungeschehen machen lässt[20].
Die Versuche zur Lösung der Fälle der nicht gehörigen Erfüllung mit den Vorschriften über die Unmöglichkeit entsprechen nicht dem BGB, weil das BGB den Sachverhalt „überhaupt nicht erfüllt“ von dem Sachverhalt „erfüllt, aber nicht gehörig“ streng getrennt regelt und der Gesetzgeber der Unmöglichkeit

17 Crome, System 1902, § 150, c), S. 65. Vgl. Schollmeyer, Erfüllungspflicht, S. 114.
18 Hierzu vgl. Goldmann/Lilienthal, BGB, S. 331; Schöller, Nichterfüllung, S. 20 ff.
19 Goldmann/Lilienthal, BGB, S. 333.
20 Schöller, Nichterfüllung, S. 27 f.

eine Sonderfunktion im Hinblick auf die Rechtsbehelfe bei der Unmöglichkeit im Gesamtsystem der Leistungsstörungen zugewiesen hat[21].

Schließlich ist festzuhalten, dass die Lehre kein Bedürfnis nach einer analogen Anwendung der Verzugsvorschriften auf die Fälle der nicht gehörigen Erfüllung sah, weil die Lehre entweder den Schadensersatzanspruch bei der Nichterfüllung direkt aus dem § 276 BGB zu entnehmen oder den Fall mit den Unmöglichkeitsvorschriften zu lösen pflegte[22], während das Reichsgericht sich ständig direkt auf den § 276 BGB als Haftungsgrundlage berief. Mindestens für das Reichsgericht schien keine gesetzliche Lücke zu bestehen[23].
Es stellt sich somit die Frage, ob die Lehre Staubs wirklich für die Praxis erforderlich war, insbesondere wenn man berücksichtigt, dass die Auslegung des § 276 BGB durch das Reichsgericht dem Willen des Gesetzgebers und dem gesamten System des BGB entsprach, weil das Reichsgericht davon ausging, dass der § 276 BGB eine Vertretungspflicht regelt und die Verpflichtung des Schuldners zum Schadensersatz bei der Verletzung der Vertretungspflicht aus dem § 276 BGB abzuleiten ist.

---

21 Zur Entstehung des BGB vgl. § 11 I 1 1) und 2).
22 Ausführlich dazu vgl. Müller, Schadensersatz, S. 541-543.
23 Picker, Positive Forderungsverletzung und culpa in contrahendo, S. 458.

§ 13. Die Lehre von der „positiven Vertragsverletzung“ Hermann Staubs

I. Der Ursprung der Lehre Staubs im Kommentar zum HGB

Im Jahr 1900 erneuerte Staub seinen Kommentar zum Handelsgesetzbuch, den er in Einklang mit dem BGB bringen wollte. Im Kommentar zum HGB behandelte er die Haftung des Schuldners nach dem BGB in Verbindung mit dem § 347 HGB[1].
§ 347 HGB: (1) „Wer aus einem Geschäfte, das auf seiner Seite ein Handelsgeschäft ist, einem Anderen zur Sorgfalt verpflichtet ist, hat für die Sorgfalt eines ordentlichen Kaufmanns einzustehen. (2) Unberührt bleiben die Vorschriften des Bürgerlichen Gesetzbuchs, nach welchen der Schuldner in bestimmten Fällen nur grobe Fahrlässigkeit *zu vertreten* oder nur für diejenige Sorgfalt *einzustehen hat*, welche er in eigenen Angelegenheiten anzuwenden pflegt.“[2]

Nach dem Wortlaut des § 347 HGB könnte der Ausdruck „etwas zu vertreten hat“ mit dem Ausdruck „für etwas einzustehen hat“ gleichbedeutend sein. In der Einleitung der Anmerkung zu § 347 HGB, der die Sorgfalt des ordentlichen Kaufmanns zum Gegenstand hat, geht Staub davon aus: „Es wird bestimmt, daß, soweit ihm in dem Gesetze eine Sorgfaltspflicht auferlegt wird, *er für die Sorgfalt eines ordentlichen Kaufmanns haftet.*“[3]

Bei der Behandlung der Haftung des Kaufmanns für eigene Sorgfalt berücksichtigte Staub auch im Zusammenhang mit dem § 278 BGB die Haftung des Kaufmanns für die Sorgfalt der Gehilfen, auch wenn die Gehilfen nicht Kaufleute sind:
„*Aber nicht bloß für seine eigene Sorgfalt hat der Kaufmann einzustehen*, sondern auch dafür, daß diejenigen Personen, deren er sich zur Erfüllung seiner Verbindlichkeit bedient, die Sorgfalt eines ordentlichen Kaufmanns anwenden, auch wenn diese nicht Kaufleute sind. *Denn für ein Verschulden dieser Gehilfen haftet er wie für eigenes Verschulden* (§ 278 B.G.B.)“[4]

---

[1] Zur Anwendung der Verzugsregeln des BGB durch das Reichsgericht auf die Fälle der Vertragsverletzung beim Sukzessivlieferungsgeschäft und auf die Fälle der vorzeitigen Erfüllungsverweigerung und zu Staubs Änderung seiner Meinung über die Verzugsregeln nach ADHGB und BGB vgl. § 10 II 4 2) (1).
[2] Hervorhebung von mir.
[3] Staub, HGB 1900, Einl. zu § 347, S. 1058 (Hervorhebung von mir). Heute sieht man § 347 HGB nur als Regelung des Sorgfaltsmaßstabes an. Hierzu vgl. Baumbach/Hopt, Handelsgesetzbuch, § 347 Rn 1.
[4] Staub, HGB 1900, Anm. 4 zu § 347, S. 1058 (Hervorhebung von mir).

Staub versteht, wie an seiner Anmerkung zu § 347 HGB leicht erkennbar, den Ausdruck „hat Vorsatz und Fahrlässigkeit zu vertreten" gleich dem Ausdruck „hat für Verschulden einzustehen oder „haftet für Sorgfalt", nämlich im Sinne einer Haftung.
Staubs Verständnis des Ausdrucks „für etwas einzustehen hat" entspricht, wie bereits im Zusammenhang mit der Entstehung des § 276 gezeigt, dem allgemeinen Verständnis der Juristen der Zeit und des BGB. Ein Beispiel hierfür ist aus einer anderen Norm des BGB heranzuziehen. § 1664 BGB (§ 1696 Abs. 1 E I) regelt die Haftung der Eltern gegenüber dem Kind bei der Ausübung der elterlichen Sorge. In der Beratung zu § 1696 E I[5] verstand die 2. Kommission das Wort „hat für die Sorgfalt einzustehen" als mit dem Wort „hat die Sorgfalt zu vertreten" gleichbedeutend.
Zu § 1696 I E wurde der Antrag gestellt, die Vorschrift wie folgt zu fassen: „Der Vater *hat* bei der Ausübung der elterlichen Gewalt dem Kinde gegenüber nur für die Sorgfalt *einzustehen*, die er in eigenen Angelegenheiten anzuwenden pflegt. ..."[6]

Durch die Billigung des Antrages wurde die Vorschrift § 1696 Abs. 1 E I dahin geändert, „daß der Vater nicht die Sorgfalt eines ordentlichen Hausvaters, sondern nur *die Sorgfalt*, die er in eigenen Angelegenheiten anzuwenden pflegt, *zu vertreten hat.*"[7]
Das Wort „hat für die Sorgfalt einzustehen", das im Antrag verwendet wurde, hatten die Protokolle mit dem Ausdruck „die Sorgfalt zu vertreten hat" umschrieben.
Nach h. M. regelt § 1664 BGB eine Sanktion durch Schadensersatzpflichten bei Pflichtwidrigkeiten der Eltern[8]. § 1664 BGB bildet damit eine Anspruchsgrundlage für einen selbständigen Schadensersatzanspruch des Kindes gegen die Eltern[9]. Mit § 1664 BGB kann man folglich zeigen, dass der Gesetzgeber unter dem Ausdruck „einzustehen haben" die Haftung verstand und das er den anderswo verwendeten Ausdruck „zu vertreten haben" für gleichbedeutend mit „einzustehen haben" hielt. Ferner bedeutet die Haftung eben das Bestehen einer Schadensersatzpflicht, weil § 1664 zwar nicht ausdrücklich die Schadensersatzpflicht ausspricht, aber man keinen Zweifel daran hat, dass die Eltern gemäß § 1664 für die Sorgfaltspflichtverletzung mit einer Schadensersatzpflicht haften.

---

[5] § 1696 Abs. 1 E I: „Der Vormund sowie der Gegenvormund haftet in Ansehung der Erfüllung der ihm obliegenden Verpflichtungen für die Anwendung der Sorgfalt eines ordentlichen Hausvaters."
[6] Mugdan-Protokolle IV, S. 984.
[7] Mugdan-Protokolle IV, S. 984 (Hervorhebung von mir).
[8] BGHZ 35, 317; BGHZ 73, 190 ff.; BGHZ 103, 338 ff. Hierzu vgl. Gernhuber, Familienrecht, § 49 III 6; Palandt-Diederichsen, zu § 1664, Rn. 1.
[9] Palandt-Diederichsen, zu § 1664, Rn. 1.

Statt der Worte „hat Sorgfalt zu vertreten“ und „hat für Sorgfalt einzustehen“ verwendete Staub im Kommentar zu § 347 das Wort „haftet“, wie oben erörtert. Staub hatte keinen Zweifel daran, dass § 276 eine allgemeine Haftungsnorm für die *culpa* ist, und bezweifelte nur, „welches die Folgen der Haftung sind, wenn fahrlässig gehandelt wird“, da in § 276 nur erklärt ist, was Fahrlässigkeit bedeutet und dass der Schuldner, soweit nicht ein Anderes bestimmt ist, „Vorsatz und Fahrlässigkeit zu vertreten hat“[10]. Nach Staub sei im § 276 nicht gesagt, in welcher Weise die Fahrlässigkeit zu vertreten ist, und es sei kein allgemeiner Grundsatz hierüber aufgestellt, insbesondere nicht dahin, dass, wer eine Fahrlässigkeit begeht, wer die ihm obliegende Sorgfalt verletzt, oder wer gar vorsätzlich handelt, dem dadurch Geschädigten den dadurch erlittenen Schaden zu ersetzen hat[11].
Aufgrund dieser Auslegung kam Staub zu dem Ergebnis, dass man wohl berechtigt sei, aus dem Zusammenhang des ganzen Gesetzbuchs den allgemeinen Grundsatz aufzustellen, *„daß, wo die Rechtsfolgen der Haftung für Vorsatz oder Fahrlässigkeit nicht anders geregelt sind, diese Haftung jedenfalls in der Verpflichtung zum Schadensersatz besteht.“*[12]
Diesem Zitat kann entnommen werden, dass Staub § 276 als Haftungsgrundlage anerkannte und dass er die Frage nach der Lückenhaftigkeit des BGB nur auf die Art und Weise der Verwirklichung der Rechtsfolgen der Haftung für *culpa* beschränkte.
Dieser allgemeine Grundsatz, der sich nur auf die Rechtsfolge der Haftung für *culpa* bezieht, sollte nach Staub nicht so formuliert werden, „daß allgemein für jede vorsätzliche und fahrlässige Handlung auf Schadensersatz gehaftet werde“, sondern so „daß, wo aufgrund des betreffenden Rechtsverhältnisses die Folgen des Versehens überhaupt zu vertreten seien, für die Folgen des Versehens überhaupt gehaftet werde, diese Rechtsfolge in der Verpflichtung zum Schadensersatz bestehe, sofern dieselbe durch das Gesetz nicht ausgeschlossen sei.“[13]

Nach Staub reichen die Regeln über den Verzug nicht immer aus, da es Fälle der schuldhaften Nichterfüllung und der mangelhaften Erfüllung außerhalb des Verzuges gibt. Staub betrachtete streng voneinander getrennt den Fall der Nichterfüllung und den Fall der mangelhaften Erfüllung, und zugleich ging er davon aus, dass zahlreiche Fälle ungeregelt blieben[14], die direkt mit den Regeln über Verzug und Unmöglichkeit nicht gelöst werden können.
Aber im Kommentar zum HGB aus dem Jahr 1900 sprach Staub nicht von einer Lücke.

---

10 Staub, HGB 1900, Anm. 11 zu § 347, S. 1059.
11 Staub, HGB 1900, Anm. 11 zu § 347, S. 1059.
12 Staub, HGB 1900, Anm. 11 zu § 347, S. 1059 (Hervorhebung im Originaltext Staubs).
13 Staub, HGB 1900, Anm. 11 zu § 347, S. 1059.
14 Staub, HGB 1900, Anm. 11 und 13 zu § 347, S. 1059-1060.

II. Die positive Vertragsverletzung in den Jahren 1902 und 1904

Im Kommentar zum HGB, der im Jahr 1900 veröffentlicht wurde, sah Staub im § 276 noch den allgemeinen Rechtsgrundsatz ausgedrückt, dass der Schuldner bei Nichterfüllung haften solle. Nur die Rechtsfolgen der Haftung des Schuldners hielt Staub im Gesetz für nicht geregelt. Staub hatte keineswegs die Frage gestellt, ob § 276 nur als Definition der zivilrechtlichen Schuld verstanden werden sollte.

Die Ansicht Staubs, die nach dem Erscheinen seines Kommentars zum HGB von verschiedener Seite gewürdigt worden war, war dem Reichsgericht vor seinen Entscheidungen RGZ 52, 18 ff. und RGZ 53, 200 ff. zwar bekannt, hatte aber keinen Einfluss auf die Rechtsprechung, da das Reichsgericht die Vertretungspflicht des Schuldners für die verschuldete Nichterfüllung im § 276 BGB sah und auf dieser Grundlage den Schuldner bei mangelhafter Erfüllung zum Schadensersatz verurteilte, weil das Reichsgericht davon ausging, dass die Vertretungspflicht aus dem § 276 den Schuldner zum Schadensersatz verpflichtet.

1. Die Lehre Staubs[15]

Im Jahre 1902 versuchte Staub mit seiner Lehre, die angebliche Lücke des Gesetzes zu schließen. Staub zufolge enthielt das BGB eine gesetzliche Lücke für bestimmte Fälle, die von der allergrößten Wichtigkeit sind und im Rechtsleben täglich tausendfach vorkommen[16]. Die Fälle, „*in denen jemand eine Verbindlichkeit durch positives Tun verletzt, in denen jemand tut, was er unterlassen soll, oder die Leistung, die er zu bewirken hat, zwar bewirkt, aber fehlerhaft*" [17], können nach Staub mit den Verzugsregeln (§§ 286, 326 BGB) nicht erfasst werden, weil die Pflicht beim Verzug durch ein Unterlassen verletzt ist und daher kein Verzug in den Fällen vorliegt, in denen der Schuldner durch positives Tun die Pflicht verletzt hat. Als Beispiele dafür nannte Staub folgende Fälle, die seiner Anwaltspraxis entnommen waren: „Es verpflichtet sich jemand, die ihm verkauften Lampen nicht nach Frankreich weiter zu verkaufen; er tut es doch. Es liefert ein Kaufmann einem anderen einen von ihm fabrizierten Leuchtstoff, der explosive Bestandteile hat, ohne den Käufer darauf aufmerksam zu machen; der Leuchtstoff richtet im Laden des Käufers großen Schaden an. Ein Agent gibt aus Nachlässigkeit unrichtige Berichte über die Solvenz eines von ihm gewonnenen Kunden, ein anderer arbeitet fortgesetzt für ein Konkurrenzgeschäft, obwohl darin nach Lage der Sache eine arge Pflichtverletzung zu erblicken ist. Ein Kom-

[15] Zu Staubs Lösung der Fälle der vorzeitigen Erfüllungsverweigerung und der wesentlichen Vertragsverletzung beim Sukzessivlieferungsgeschäft mit Hilfe der Verzugsregeln, vgl. § 10 II 4. Wie bereits erörtert, hatte Staub zwar keinen Zweifel an der direkten Anwendbarkeit der Verzugsregeln des ADHGB und des BGB auf den Fall der vorzeitigen Erfüllungsverweigerung und hielt die Setzung einer Nachfrist durch den Gläubiger für unnötig. Aber anders als im Kommentar zum ADHGB behauptete er im Kommentar zum HGB, dass die Nachfristsetzung des Gläubigers bei der vorzeitigen Erfüllungsverweigerung für die Ausübung des Wahlrechts unerlässlich ist. Später behandelte er erstmals in der Ergänzung seiner Abhandlung (Die positiven Vertragsverletzungen, 2. Aufl. 1904) die vorzeitige Erfüllungsverweigerung und folgte der Auffassung des Reichsgerichts, dass die Fristgewährung des Gläubigers bei der vorzeitigen Erfüllungsverweigerung für die Ausübung des Wahlrechts nicht erforderlich ist und die direkte Anwendung der Verzugsregeln des BGB auf den Fall der vorzeitigen Erfüllungsverweigerung nicht möglich ist, weil § 326 des BGB den Verzug voraussetzt und die vorzeitige Erfüllungsverweigerung kein Fall des Verzugs ist. In der ersten Auflage der Lehre von der positiven Vertragsverletzung (1902) war Staub auf das Problem der vorzeitigen Erfüllungsverweigerung nicht eingegangen. Die vorzeitige Erfüllungsverweigerung sah er in der 2. Aufl. als einen der Fälle der positiven Vertragsverletzung an, die der Lückenausfüllung mit der Analogie zu den Verzugsregeln des BGB bedarf. Allerdings weicht die Ansicht Staubs der 2. Auflage (1904) der Abhandlung über die positiven Vertragsverletzungen von der Ansicht im Kommentar zum HGB ab, wo er die Nachfristgewährung für die Ausübung des Wahlrechts nach den Verzugsregeln des BGB wegen vorzeitiger Erfüllungsverweigerung für unerlässlich hielt, da das BGB die Fälle ausdrücklich regele, in denen die Gewährung der Nachfrist entbehrlich sei. Zu den Ausführungen über das ADHGB und BGB vgl. § 10 II.

[16] Staub, PVV 1969, S. 94.

[17] Staub, PVV 1969, S. 94 (Hervorhebung von Staub).

mis verkauft aus Fahrlässigkeit weit unter dem Einkaufspreise. Ein Prinzipal gibt seinem Handlungsgehilfen ein unrichtiges Zeugnis."[18]

Zu diesen Fällen behauptet nun Staub: „Niemand wird zweifeln, daß in allen diesen Fällen der pflichtverletzende Teil die Verpflichtung hat, dem anderen Teil denjenigen Schaden zu ersetzen, der ihm durch die Pflichtverletzung erwachsen ist".[19]

Diesem Rechtsgrundsatz folgend stellte Staub die Frage, wie aber dieser Rechtsgrundsatz zu begründen ist und auf welche Bestimmung des BGB er sich stützen kann. Weil Staub glaubte, eine Regelung für diesen Rechtsgrundsatz im BGB nicht finden zu können, kam er zu der Schlussfolgerung, dass das BGB eine Lücke enthalte.
Staub ging zunächst im Jahr 1902 auf die ihm bekannten unterschiedlichen Versuche zur Auslegung des § 276 und zur Füllung der Lücke ein, die bald nach Inkrafttreten des BGB in der Wissenschaft erörtert wurden. Wie bereits erörtert, gab es zwei Richtungen: Zum ersten sah man § 276 als Haftungsnorm für die schuldhafte Nichterfüllung an und leitete die Schadensersatzpflicht als Rechtsfolge der Haftung direkt aus § 276 ab. Zum anderen versuchte man, die Fälle der nicht gehörigen oder mangelhaften Erfüllung unter einen erweiterten Begriff der Unmöglichkeit zu stellen.
Im Gegensatz zu der Ansicht, die er im Kommentar zum HGB aus dem Jahr 1900 vertrat, dass § 276 zwar eine Anspruchsgrundlage darstelle, aber offen lasse, welchen Inhalt der Anspruch haben solle, stellte Staub in der ersten Abhandlung der positiven Vertragsverletzung (1902) erneut die Frage, ob § 276 eine Anspruchsgrundlage sei oder nur festlegen solle, welchen Grad des Verschuldens der Schuldner zu leisten habe. Im Ergebnis sah Staub § 276 nur als Regelung über den Umfang der Haftung an, die der Gesetzgeber im allgemeinen Teil des Rechts der Schuldverhältnisse anordnet. Aufgrund dieser Auslegung sprach Staub sich gegen die Ansicht Cromes, dass der Schuldner dem anderen nach § 276 Schadensersatz zu leisten hat, aus und betrachtete diese als eine Theorie, die dem Juristen im Gefühl liegt[20]. Demnach änderte Staub seine frühere Ansicht aus dem Kommentar zum HGB.
Gegen die Ansicht, dass die Fälle der nicht gehörigen Erfüllung mit den Regeln für die Unmöglichkeit gelöst werden können, wandte Staub ein, dass die erweiternde Anwendung der Unmöglichkeitsregeln die Verzugsregeln überflüssig macht, weil der § 280 BGB offenbar die Fälle im Auge hat, in denen eine Unterlassung wegen Unmöglichkeit der Erfüllung vorliegt, in denen also jemand zu einer positiven Leistung verpflichtet ist und diese positive Leistung infolge der Un-

18 Staub, PVV 1969, S. 94-95.
19 Staub, PVV 1969, S. 95.
20 Staub, PVV 1969, S. 95.

möglichkeit, sie zu bewirken, unterbleibt, während die positive Leistung beim Verzug zwar möglich ist, aber verzögert wird. Mit Recht sah Staub darin den unterschiedlichen Regelungszweck der Unmöglichkeits- und Verzugsregelungen des BGB[21].
Die Ansicht von Goldmann und Lilienthal bezeichnete Staub als eine Lehre des Geschraubten und Gekünstelten[22].
In Bezug auf die Versuche Schöllers, die Fälle der positiven Vertragsverletzung als eine Unmöglichkeit der Erfüllung anzusehen, indem er davon ausgeht, dass die Unterlassung durch jede Zuwiderhandlung gegen eine Unterlassungspflicht unmöglich wird, kritisierte Staub, dass dieser Versuch Schöllers das Gefühl erweckt, dass mit Gewalt in das Gesetzbuch hineinlegt und aus ihm herausgeholt wird, was der natürlichen Auffassung widerspricht[23].
Mit seiner Kritik an den unterschiedlichen Versuchen, eine Norm für die Schadensersatzpflicht des Schuldners für Nebenpflichtverletzungen zu finden, beabsichtigte Staub, das Bestehen einer Regelungslücke des BGB für die Haftung bei mangelhafter Erfüllung nachzuweisen und zugleich die Notwendigkeit einer Analogie zu § 286 zu begründen.
Nach Staub ist man berechtigt, in Analogie zu den §§ 286, 326 BGB anzunehmen, dass ein Rechtsgrundsatz besteht, wonach derjenige, der eine Verbindlichkeit durch eine positive Handlung schuldhaft verletzt, dem anderen Teil den hierdurch entstehenden Schaden zu ersetzen hat[24].

2. Zweifel an der Lehre Staubs

1) Um die Lücke des BGB zu schließen, stellte Staub einen allgemeinen Rechtsgrundsatz auf, dass derjenige, der eine Verbindlichkeit durch eine positive Handlung schuldhaft verletzt, dem anderen Teil den dadurch entstanden Schaden zu ersetzen hat, und er sah eine der wichtigsten Anwendungen dieses Rechtsgrundsatzes darin, dass bei schuldhaft mangelhafter Erfüllung des Kaufvertrages über die ädilizischen Rechtsmittel hinaus ein allgemeiner Anspruch auf Schadensersatz besteht[25]. Nach Staub ist die Schadensersatzpflicht dadurch nicht ausgeschlossen, dass das Gesetz die ädilizischen Rechtsmittel gegeben hat. Als Beispiel hierfür zog er früheres Recht heran:
„Auch nach dem früherem Recht haben Wissenschaft und Rechtsprechung übereinstimmend angenommen, daß durch die ädilizischen Rechtsmittel nur die Folgen der mangelhaften Erfüllung, ohne Rücksicht auf die Schuldfrage, geregelt

---

21 Staub, PVV 1969, S. 96-97.
22 Staub, PVV 1969, S. 96.
23 Staub, PVV 1969, S. 100.
24 Staub, PVV 1969, S. 100-101.
25 Staub, PVV 1969, S. 101.

werden sollten, daß aber durch die ädilizischen Rechtsmittel die weiteren Rechtsfolgen der auf schuldhafter Pflichtverletzung beruhenden mangelhaften Erfüllung nicht beseitigt sind (R. G. 44, S. 242; Eccius, Preuß. Privatrecht, 7. Aufl. I S. 506, Rehbin und Reincke Anm. 167 zu § 320, I 5. A.L.R.).“ [26]
Mit der Berufung auf das frühere preußische ALR beabsichtigte Staub, das Bedürfnis nach der Aufstellung des allgemeinen Rechtsgrundsatzes zu bestätigen und die analoge Anwendung des § 286 BGB zu begründen. Aus der obigen Zitierung der Aussage Staubs könnte man zunächst den Eindruck bekommen, als ob es früher nur das preußische Recht gegeben hätte und als ob das BGB auf der Regelung und der Regelungstechnik des preußischen ALR fußte. Aber als Grundlage der Gesetzgebung dienten auch die Entwürfe Hessens, Bayerns sowie der Dresdener-Entwurf, das sächsische BGB und das ADHGB neben dem ALR und sogar der Code civil, das Schweizerische Obligationenrecht und das ABGB. Für das von Staub zitierte Urteil des Reichsgerichts vom 15.6.1899 war nur das preußische ALR maßgeblich. Das Reichsgericht behandelte aber vor Inkrafttreten des BGB Fälle nicht nur nach dem preußischen ALR, sondern auch z. B. nach dem sächsischen BGB und dem ADHGB.

2) Staub geht davon aus, dass § 276 nichts weiter als eine Definition der zivilrechtlichen Schuld gibt. In der Abhandlung von 1904 nahm Staub Stellung zu RGZ 52, 18 und RGZ 53, 202, die § 276 als Haftungsnorm verstanden und die Schadensersatzpflicht aus § 276 ableiteten. Nach Staub hätte der Gesetzgeber dies auch im § 276 BGB sagen müssen, wenn er die Pflicht zum Schadensersatz hätte statuieren wollen. In der ersten Abhandlung von 1902 war Staub der Auffassung, dass es misslich sei, den allgemeinen Rechtsgrundsatz aus dem Geist und dem Zusammenhang der Vorschriften des BGB herausinterpretieren zu müssen[27].
Im Gegensatz dazu hatte sich Staub, als er die analoge Anwendung des § 326 auf den Fall der Pflichtverletzung beim Sukzessivlieferungsgeschäft vorschlug, auf den Gedanken des Gesetzgebers berufen, der dem § 326 zugrunde lag[28].
Diese Auffassung widerspricht der Auffassung Staubs zu § 276. Außerdem sollten nach Staub Rechtsbehelfe, die das Gesetz dem Gläubiger zur Durchsetzung des Interesses an der Erfüllung gewährt, immer Schadensersatzansprüche sein. Hierbei kann die Frage an Staub gestellt werden, für welche Fälle das BGB das Prinzip der Realerfüllung vorsieht, das bekanntlich dem BGB zugrunde liegt.
Auch nachdem das Reichsgericht die Schadensersatzpflicht direkt aus dem § 276 abgeleitet hatte, hielt Staub weiter an seiner Auffassung fest, dass § 276 nur erkläre, was der Begriff „vertreten“ bedeutet[29], und kritisierte, dass der Gedan-

[26] Staub, PVV 1969, S. 102.
[27] Staub, PVV 1969, S. 94.
[28] Staub, PVV 1969, S. 106.
[29] Staub, PVV 1969, S. 112.

kengang des Reichsgerichts den Verfassern des BGB nicht untergeschoben werden könne.
Staub stellte sich offensichtlich gegen die Ansicht des Reichsgerichts.

Wie bereits ausgeführt, kann man jedoch dann „Haften“ unter „zu vertreten hat“ verstehen, wenn man die Materialen des BGB berücksichtigt. Das Wort „zu vertreten hat“ kann nach dem damaligen Sprachgebrauch, insbesondere nach der Sprache des Gesetzgebers des BGB, mit dem Ausdruck „für Verschulden einzustehen haben“ oder „für Vorsatz und Fahrlässigkeit haften“ gleichgesetzt werden. Die Versuche Staubs zur Schließung der angeblichen Lücke des BGB ist eine Auslegung des BGB. Die von B. Mugdan herausgegebenen Materialien zum Bürgerlichen Gesetzbuch waren schon 1899 veröffentlicht worden. Diese Materialien hatten Bedeutung nicht nur für diejenigen, die sich mit einer historischen Untersuchung beschäftigen, sondern auch für diejenigen, die sich mit dem geltenden Recht befassten. Die Materialen des BGB stellten zur Zeit Staubs eine der wichtigsten Grundlagen für die Auslegung des BGB dar. Staub beschäftigte sich in seiner Abhandlung durchaus mit der Technik und der Sprache des BGB, um das Bestehen der Lücke nachzuweisen.
Es stellt sich die Frage, warum Staub die Materialien des BGB nicht zu seiner Interpretation des § 276 BGB heranzog und warum er die Lücke des BGB nicht durch die historische und teleologische Auslegung zu schließen versuchte[30].
So verwertet Staub die Materialien zur Entstehung des BGB in seiner Abhandlung nicht. Dabei ist es notwendig, die Gesetzgebungsmaterialen zu verwerten, bevor man eine Lücke eines Gesetzes behauptet[31]. Insbesondere hätte Staub auf die Materialen des BGB eingehen müssen, als er RGZ 52, 18 und RGZ 53, 202 entgegenhielt, dass die Ansicht des Reichsgerichts dem Willen des Gesetzgebers oder der Regelungsabsicht des § 276 BGB nicht entspricht. Aber er hat dies nicht getan, sondern vielmehr versucht, seine Auffassung nur mit dem Wortlaut des § 276 BGB zu begründen. In RGZ 52, 18 und RGZ 53, 200 vertrat das Reichsgericht die Auffassung, dass dem Käufer bei mangelhafter Erfüllung über die gewährleistungsrechtlichen Rechtsbehelfe hinaus der Anspruch auf Ersatz

---

30 Kley, Unmöglichkeit und Pflichtverletzung, S. 51-52.

31 Hierfür ist die Ansicht Larenz' bemerkenswert: „Normlücken sowohl wie Regelungslücken sind Lücken innerhalb des Regelungszusammenhangs des Gesetzes. Ob eine derartige Lücke vorliegt, ist daher zu beurteilen vom Standpunkt des Gesetzes selbst, der ihm zugrunde liegenden Regelungsabsicht, der mit ihr verfolgten Zwecke, des gesetzgeberischen „Plans“. Eine Gesetzeslücke ist eine „planwidrige Unvollständigkeit“ des Gesetzes. Der dem Gesetz zugrunde liegende Regelungsplan ist aus ihm selbst im Wege der historischen und teleologischen Auslegung zu erschließen.“ (Methodenlehre der Rechtswissenschaft, S. 373.) Larenz behandelte auf derselben Seite zwar auch die Lehre Staubs, sah aber keinen Grund, selbst Staubs Lehre durch eine historische und teleologische Auslegung des § 276 in Frage zu stellen.

des Schadens nach § 276 zusteht, der ihm durch mangelhafte Erfüllung des Verkäufers entstanden ist.
Nach der Auffassung des Reichsgerichts kann der vom Staub zitierte Fall der wurmstichigen Äpfel so gelöst werden: Der Verkäufer, der schuldhaft wurmstichige Äpfel geliefert und dadurch die gesunden Äpfel des Käufers angesteckt hat, muss sich bezüglich der gelieferten Menge gemäß §§ 459 und 462 BGB Wandelung oder Minderung gefallen lassen, und ist einem Schadensersatzanspruch bezüglich der angesteckten Äpfel ausgesetzt, deren Beschädigung durch die Rechtsbehelfe des Gewährleistungsrechts (entweder Wandelung oder Minderung) nicht gedeckt werden kann, und zwar gemäß § 276 BGB wegen schuldhaft, nicht gehöriger Erfüllung.
Worauf gründet sich nun der Unterschied zwischen der Ansicht des Reichsgerichts und der Lehre Staubs? Der Unterschied scheint im wesentlichen in der Methode zu liegen, mit der man um die Auslegung des § 276 rang.
Es ist besser, den Lösungsweg mit einer erweiterten Auslegung des Gesetzes ohne Rechtsanalogie zu finden. Es stellt sich die Frage, ob die Lehre Staubs für die Praxis wirklich notwendig war, da das Reichsgericht bereits die sachgerechte Lösung gefunden hatte, die den Juristen im Gefühl lag, wie Staub zur Lösung Cromes und des Reichsgerichts bemerkte. Umgekehrt müsste die Lösung Staubs den Juristen seiner Zeit noch fremder gewesen sein, als den heutigen Juristen.
Die Lehre von der positiven Vertragsverletzung zur Auslegung des § 276 beruht vielmehr auf einer sehr buchstabengläubigen Auslegung und einer gewissen Wortgläubigkeit desjenigen, der an die abstrakt formulierende Kodifikationstechnik des BGB nicht gewöhnt war[32].

III. Reaktionen der Rechtsprechung und der Literatur auf die Lehre Staubs bis 1933

Als Staub die erste Abhandlung der positiven Vertragsverletzung (1902) und deren Ergänzung (1904) in der Juristenwelt bekannt machte, in denen er darauf hinwies, dass das BGB eine bestimmte Lücke in der Regelung über die Haftung des Schuldners für die schuldhafte Pflichtverletzung durch ein positives Tun enthalte und es daher der Aufstellung eines Rechtsgrundsatzes in einer Rechtsanalogie zu den im BGB befindlichen Verzugsregeln zur Lückenschließung bedürfe, wonach der Schuldner dazu verpflichtet ist, den dem Gläubiger durch seine Pflichtverletzung entstandenen Schaden zu ersetzen, gab es drei unterschiedliche Ansichten zur Begründung der Haftung des Schuldners für die Fälle der schuldhaften Nichterfüllung, die außerhalb von Unmöglichkeit und Verzug stehen: die

---

[32] Nach von Tuhr verfiel man nämlich, „des neuen Textes froh, vielfach in Buchstabeninterpretation" (ders., OR-AT, 2. Halbband, S. 504); Huber, Leistungsstörungen I, S. 79-80, insbesondere Fn. 93.

erste Ansicht ist die des Reichsgerichts, die im wesentlichen mit der Auffassung Cromes übereinstimmt, die die Schadensersatzpflicht des Schuldners direkt aus dem § 276 BGB ableitet. Die zweite war die Lösung mit der weiten Unmöglichkeit, unter welche man die Fälle der nicht gehörigen Erfüllung zu subsumieren suchte. Die letzte war die Ansicht Staubs. Die zweite Ansicht fand jedoch nach den Veröffentlichungen Staubs im Laufe der Zeit zunehmend weniger Anhänger.

Die heutigen Juristen, die sich auf die Lehre Staubs zu verlassen pflegen, könnten den Eindruck haben, dass die Lehre Staubs sobald nach deren Veröffentlichung großen Erfolg in der Praxis und der Rechtslehre hatte, vor allem dann, wenn sie nicht den gesamten Vorgang der Entwicklung der Lehre Staubs in Verbindung mit der Entstehung des BGB betrachten.
Wenn man sich die Entscheidungen des Reichsgerichts ansieht, die nach der Lehre Staubs ergingen, dann kommt man zur Frage, seit wann die Berechtigung der Lehre Staubs nicht mehr in der Praxis bestritten war und welche Rolle die Lehre Staubs für die Entwicklung der Rechtsdogmatik des deutschen Privatrechts gespielt hat.

1. Das Reichsgericht nach Staub

Nach dem Erscheinen der ersten Abhandlung Staubs (1902) kam das Reichsgericht in der Entscheidung vom 27.11.1903[33] erneut zur Frage der Auslegung des § 276.
Der Kläger bestellte bei der Beklagten Sachkalk für Verputzarbeiten. Der gelieferten Ware fehlte jedoch die für Verputzarbeiten nötige Bindekraft und der Kläger, der den Kalk zum Verputzen verwendet hatte, erlitt durch die Mängel des Kalkes einen Schaden. Das Reichsgericht erklärte die Schadensersatzpflicht der Beklagten für begründet und leitete sie aus einem Verschulden bei Erfüllung des Gattungskaufs durch schuldhafte Lieferung einer mangelhaften Sache ab.
Bei der Frage, die Staub auch stellte, auf welche Rechtsvorschrift diese Schadensersatzpflicht gestützt werden kann, folgte das Reichsgericht den früheren Entscheidungen des Reichsgerichts, wobei es Bezug auf RGZ 52, 18 ff. und RGZ 53, 200 ff. nahm, ohne neue Argumente vorzubringen:
„Weiterhin hat der erkennende Senat in den Urteilen von 13. Juni 1902,..., vom 19. Dezember 1902, ... ausgesprochen, daß der Verkäufer einer nur der Gattung nach bestimmten Sache dem Käufer zum Ersatze des dadurch verursachten Schadens aus seinem Verschulden in Erfüllung des Vertrages verpflichtet sei."[34]

---

[33] RGZ 56, 167 ff.
[34] RGZ 56, 168-169.

Die in der obigen Entscheidung angeführten Entscheidungen des Reichsgerichts, auf die bereits ausführlich eingegangen wurde, leiteten die Schadensersatzpflicht des Schuldners bei der mangelhaften Erfüllung der Verpflichtung direkt aus dem § 276 BGB ab. Die Ansicht Staubs, dass die Schadensersatzpflicht des Schuldners mangels entsprechender Rechtsvorschriften nur aus der Analogie zu den Verzugsregeln hergeleitet werden kann, fand jedenfalls nach dem Erscheinen der ersten Auflage der Schrift Staubs keine Unterstützung durch das Reichsgericht.

Nach dem Erscheinen der zweiten Abhandlung Staubs (1904) behandelte das Reichsgericht in der Entscheidung vom 1.12.1905[35] einen Fall, in dem die Haftung des Schuldners für Verschulden seiner Erfüllungsgehilfen in Frage stand. Die Beklagte betrieb ein Personenbeförderungsunternehmen mittels Motorwagen. Ein Motorwagen, auf dem die Klägerin als Fahrgast sich befand, war verunglückt, indem der Wagen nach rechts in den Straßengraben fuhr und umfiel, während der Wagenführer damit beschäftigt war, die zufällig aufgegangene Tür zu schließen. Dadurch kam die Klägerin körperlich zu Schaden und sie verlangte von der Beklagten Schadensersatz.

Das Reichsgericht nahm an, dass der Beklagten durch den Abschluss des Transportvertrags die Verpflichtung entstand, die Klägerin ohne Gefährdung ihrer Gesundheit an ihr Reiseziel zu befördern. Dieser Pflicht handelte die Beklagte zuwider, indem sie durch ihr Verhalten bei der Ausführung ihrer Vertragsleistung Anlass zur Gefährdung der Klägerin gab. Von diesem Gesichtspunkt aus sah das Reichsgericht keinen Grund, von den früheren Entscheidungen abzuweichen:

„sie (= die Beklagte) haftet nach § 276 B.G.B. für den entstandenen Schaden, wenn sie dabei fahrlässig gehandelt hat. Sie hat aber auch ein Verschulden der Personen, deren sie sich zur Erfüllung ihrer Verbindlichkeit bedient hat, nach § 278 das. in gleichem Umfange wie eigenes Verschulden zu vertreten.“[36]

In dieser Entscheidung stellte das Reichsgericht fest, dass die Schadensersatzpflicht des Schuldners für die verschuldete Nichterfüllung aus § 276 abgeleitet werden kann, und es erkannte die Haftung des Schuldners für die Erfüllungsgehilfen in Verbindung mit dem § 278 an.

§ 276 wurde von dem Reichsgericht nicht nur als Definition der zivilrechtlichen Schuld verstanden. Diese Auslegung des § 276 der vorherigen Entscheidungen bestätigte das Reichsgericht in der Entscheidung vom 9.07.1907 (Pferderfutter- oder Mais-fall)[37], die bis heute in kaum einer Darstellung der positiven Vertragsverletzung fehlt[38]:

---

35 RGZ 62, 119 ff.

36 RGZ 62, 120.

37 RGZ 66, 289 ff.

38 Zur Literatur vgl. Leenen, Der „Pferderfutter“-Fall, S. 534, Fn. 1.

Der Kläger hatte von der Beklagten Pferdefutter -indischen Mais- gekauft, das er weiter an K und M verkaufte. Die Abkäufer hatten bald darauf gegen den Kläger Klage erhoben mit der Behauptung, daß ihre Pferde infolge des Genusses dieses Futters verendet seien, und Ersatz des ihnen dadurch erwachsenen Schadens begehrt.
Infolge dieser Prozesse, in denen festgestellt wurde, dass in dem Mais sich giftige Rhizinuskörner befunden hatten, deren Genuß das Verenden der Pferde zur Folge hatte, leistete der Kläger an die Abkäufer Schadensersatz. Die vom Kläger auf Erstattung der bezahlten Beträge gegen die Beklagte als Verkäuferin erhobene Klage wurde vom Landsgericht abgewiesen, da der Schaden vorwiegend durch ein grobes Verschulden der Leute des Klägers entstanden sei, das dieser zu vertreten habe. Dagegen hatte das Kammergericht auf die von dem Kläger eingelegte Berufung die Beklagte zur Zahlung des vom Kläger beantragten Betrages (nebst Zinsen) verurteilt. Letzteres Urteil wurde durch das RG aufgehoben und die Sache an das Berufungsgericht zurückverwiesen.

In dieser Entscheidung sah das Reichsgericht das Hauptproblem in der Frage der Beweislast. Das Reichsgericht hob zwar das Urteil des Berufungsgerichts auf, bejahte aber grundsätzlich die Möglichkeit, dass die Beklagte dem Kläger schadensersatzpflichtig sein könne. Es verneinte aber die Schadensersatzpflicht der Beklagten, zu der das Berufungsgericht die Schuldnerin verurteilt hatte:
„Das Berufungsgericht geht rechtlich zutreffend davon aus, daß der Verkäufer einer nur der Gattung nach bestimmten Sache bei schuldhafter Lieferung einer mangelhaften Sache dem Käufer zum Ersatze des demselben durch den Mangel verursachten Schadens aus diesem Verschulden verpflichtet ist..."[39]
„Die bereits oben erwähnte Rechtsprechung, welche neben den Gewährleistungsansprüchen im Falle der schuldhaften Lieferung einer nur der Gattung nach bestimmten mangelhaften Sache dem Käufer auch einen Anspruch auf Ersatz des ihm infolge der Mangelhaftigkeit entstandenen Schadens zuerkennt, gründet sich im wesentlichen auf den im § 276 B.G.B. ausgesprochenen Grundsatz, daß der Schuldner mangels anderweitiger Bestimmung Vorsatz und Fahrlässigkeit zu vertreten habe, indem angenommen wird, dass diese Vertretungspflicht nichts anders verwirklicht werden könne, als daß der Schuldner dem anderen Teile den Schaden ersetze, der demselben durch sein vorsätzliches oder fahrlässiges Handeln entstanden sei. Vgl. Entsch. des R.G.'s in Zivils. Bd. 52, S. 19, Bd. 53 S. 202."[40]

---

[39] RGZ 66, 290.
[40] RGZ 66, 291.

Mit dieser Entscheidung kann festgestellt werden, dass das Reichsgericht ständig auf RGZ 52, 18 f. und RGZ 53, 200 f. fußte und damit an seiner Auslegung des § 276 durch frühere Entscheidungen auch nach der Lehre Staubs festhielt.

Die Grundvorstellung des Reichsgerichts vom Charakter des § 276 blieb, solange das Reichsgericht bestand, unverändert[41].

[41] Vgl. RGZ 99, 96; RGZ 106, 22; RGZ 108, 221; RGZ 148, 148. Hierzu vgl. Kley, Unmöglichkeit und Pflichtverletzung, S. 45, Fn. 97. In der Entscheidung vom 5.10.1939 nahm das Reichsgericht zwar den Ausdruck „Positive Vertragsverletzung" auf, nahm als Haftungsgrundlage aber weiter § 276 BGB an (vgl. RGZ 161, 330 f. insbes. S. 337).

2. Die Rechtslehre nach Staub

Staubs Lehre wurde in den ersten Jahren nach Erscheinen seines Beitrages insbesondere von Dernburg[42], Kipp[43] und Lehmann[44] kritisiert. Der überwiegende Teil der Rechtslehre folgte weiter der Ansicht des Reichsgerichts[45].
In der Entscheidung vom 29.11.1922[46] des Reichsgerichts finden sich Ausführungen, an denen man erkennen kann, wie die Rechtsprechung sich mit der Lehre Staubs auseinandersetzt und die Diskussion in der Rechtslehre bewertet: „Dagegen ist in der gesamten Rechtslehre und Rechtsprechung anerkannt, daß ein allgemeiner Rechtssatz besteht, wonach der Schuldner durch schuldhafte Verletzung einer ihm obliegenden Verpflichtung dem Gläubiger und zwar ohne weiteres... zum Schadenersatz verpflichtet wird. Eine Meinungsverschiedenheit besteht nur darüber, aus welchen gesetzlichen Vorschriften dieser Rechtssatz zu entnehmen ist. Das Reichsgericht hat in ständiger Rechtsprechung die Ansicht vertreten, daß er sich unmittelbar aus § 276 ergebe, der bestimmt, daß der Schuldner, sofern nicht ein anderes bestimmt sei, Vorsatz und Fahrlässigkeit zu vertreten habe; es erblickt hierin nicht die Aufstellung einer Regel bloß darüber, welche Umstände dem Schuldner, sofern ihm durch anderweite gesetzliche Vorschriften eine Haftung irgendwelcher Art auferlegt ist, zuzurechnen sind, sondern den Ausspruch einer Verpflichtung des Schuldners zum Schadensersatz für vorsätzlich oder fahrlässig begangene Verletzung von Vertragspflichten. ... *Von dieser Ansicht weicht Staub (Positive Vertragsverletzungen S. 7 flg.) insofern ab, als er den auch von ihm anerkannten Rechtssatz nicht aus § 276, sei es unmittelbar oder durch entsprechende Anwendung, herleiten zu können glaubt*, sondern ihn durch entsprechende Anwendung anderer Vorschriften, insbesondere des § 286, rechtfertigt. Der Staubschen Ansicht haben sich mehrere Schriftsteller, insbesondere E. Müller in der zweiten Auflage von Staubs positiven Vertragsverletzungen; Siber in Jherings Jahrbüchern Bd. 50 S. 195 und in Plancks Komm. § 276 Erl. 1 a, angeschlossen. ... *Der überwiegende Teil der Rechtslehre aber folgt der Ansicht des Reichsgerichts, von der abzuweichen für den erkennen Senat keine Veranlassung besteht.*“[47]

---

[42] Dernburg, Ueber das Rücktrittsrecht des Käufers wegen positiver Vertragsverletzung, DJZ 1903, 1 ff.

[43] Kipp, Das Reichsgericht und die positiven Vertragsverletzungen, DJZ 1903, 253 ff.

[44] Lehmann, Die positiven Vertragsverletzungen, AcP 96 (1904), 60 ff. Lehmann hielt die Auslegung des Reichsgerichts für die einzig richtige (ders., Die positiven Vertragsverletzungen, S. 81)

[45] Zur allgemeinen Darstellung der Haltung der Rechtslehre zu Staub vgl. Lehmann, Die positiven Vertragsverletzungen, 60 ff.; Himmelschein, Erfüllungszwang, S. 266-267.

[46] RGZ 106, 22 f.

[47] RGZ 106, 25-26. Nach dem Reichsgericht gehören zum überwiegenden Teil der Rechtslehre, der der Ansicht des Reichsgerichts folgt, vor allem Krückmann (AcP 101, 109 ff.), Dernburg (DJZ 1903, 1 ff.), Düringer/Hachenburg (HGB, Bd. 2, S. 265), Eck/Leonhard (Vorträge,

Dieses Zitat erweckt zwar den Eindruck, dass die Ansicht des Reichsgerichts auch die herrschende Meinung in der Rechtslehre war. Die Lehre Staubs hatte jedoch langsam mehr und mehr Anhänger in der Lehre gewonnen[48]. Dazu gehörte vor allem Zitelmann.
In der Festgabe für Krüger behauptete Zitelmann im Jahr 1911: „Ausgesprochen im Gesetz ist der Grundsatz, daß die Schlechterfüllung verantwortlich mache, zweifellos nirgends."[49]
Er hielt die Auslegung des Reichsgerichts und der dem Reichsgericht folgenden Rechtslehrer für eine schwer begreifliche Nachlässigkeit, „wenn in der Rechtsprechung und auch in dem Schrifttum selbst heute noch die Berufung auf § 276 in jenem Sinne wiederholt wird."[50]

Zitelmann hielt daher die Analogie zu den Rechtsvorschriften für begründet. In dieser Hinsicht schloss sich Zitelmann zwar der Lehre Staubs an, aber er lehnte den Begriff der positiven Vertragsverletzung ab, denn „Unser Gesetz kennt das Wort „Vertragsverletzung" überhaupt nicht."[51] Von diesem Gesichtspunkt aus versuchte er den Begriff der Vertragsverletzung durch die Begriffe „Nichterfüllung" und „Schlechterfüllung" zu ersetzen.
Nach Zitelmann regelt das BGB nur die Unmöglichkeit und den Verzug. Diese beiden Fälle bezeichnete er als Nichterfüllung. Hingegen gebe es „eine dritte Gruppe", die in der Tat einen besonderen Namen und eine besondere Lehre verdiene.[52]
Zitelmann versuchte, zunächst Unmöglichkeit und Verzug von dem Fall zu unterscheiden, in dem der Schuldner eine Handlung als Erfüllungshandlung vornimmt, sie aber so fehlerhaft einrichtet, dass der Gläubiger dadurch einen Schaden erleidet, und diesem im Gesetz nicht geregelten Fall einen bestimmten Namen zu geben. Er nannte diesen Fall die „Schlechterfüllung"[53].
Der Ausdruck „Schlechterfüllung", der sich häufig in der heutigen Literatur findet, stammt von Zitelmann. Aber Zitelmann fragt nicht, ob das BGB den Ausdruck „Schlechterfüllung" kennt. Zitelmann hätte den Ausdruck der „nicht gehörigen Erfüllung" verwenden können, den das BGB kennt.

Bd. I, § 55, Anm. 2 und § 56 Anm. 2), Kipp (DJZ 1903, 254 f.) und Weyl (System der Verschuldensbegriffe, § 71, I 2 und Anm. 2, S. 540).

[48] Oertmann, Schuldverhältnisse I § 276, Z. 4; Enneccerus-Lehmann, Rechts der Schuldverhältnisse, § 55 II a; Heck, Grundriß des Schuldrechts, § 40, S. 119 f.; Siber, Grundriß des Schuldrechts, S. 98; Hierzu vgl. auch Himmelschein, Erfüllungszwang, S. 266.

[49] Zitelmann, Nichterfüllung und Schlechterfüllung, S. 265 ff., insbes. S. 277.

[50] Zitelmann, Nichterfüllung und Schlechterfüllung, S. 266.

[51] Zitelmann, Nichterfüllung und Schlechterfüllung, S. 266.

[52] Zitelmann, Nichterfüllung und Schlechterfüllung, S. 276.

[53] Zitelmann, Nichterfüllung und Schlechterfüllung, S. 276.

Aus der bisherigen Untersuchung über die Reaktion des Reichsgerichts und der Rechtslehre auf die Lehre Staubs ergibt sich, dass die Lehre Staubs keinen Einfluss auf die Praxis des Reichsgerichts, zumindest im Rahmen der Schadensersatzpflicht des Schuldners wegen nicht gehöriger Erfüllung, hatte und dass die Rechtslehre mehr der Ansicht des Reichsgerichts zuneigte als der Lehre Staubs.

§ 14. Die Auswirkung der Lehre von der positiven Vertragsverletzung auf das Österreichische ABGB und das Schweizerische OR

Das ABGB von 1811 und das Schweizerische Obligationenrecht (OR) von 1881 lösten unproblematisch die Fälle der Nichterfüllung[54], die Staub mit seiner Lehre von der positiven Vertragsverletzung behandeln wollte. Die Lehre von der positiven Vertragsverletzung, die zur Lückenschließung im Bereich der Haftung des Schuldners wegen Nichterfüllung diente, breitete sich allmählich in Deutschland aus. Sie wird zugleich in Österreich und in der Schweiz bekannt. Nach der Verbreitung der Lehre von der positiven Vertragsverletzung haben die beiden Gesetze eine Modernisierung erfahren.
An dieser Stelle wird besonders auf die Frage einzugehen sein, welche Auswirkung die Lehre von der positiven Vertragsverletzung auf das ABGB und das schweizerische OR hatte und ob es ein Bedürfnis zur Änderung des Grund- oder Zentralbegriffs der Nichterfüllung im weiteren Sinne, den die beiden Gesetze für das Leistungsstörungsrecht zugrunde legten, gab oder nicht[55].

---

[54] Hierzu vgl. oben § 3 III 3 und § 9.

[55] Eine ähnliche Entwicklung hat das deutsche BGB durch die Schuldrechtsreform erfahren, mit der die „Pflichtverletzung“ zum neuen zentralen Begriff für das Leistungsstörungsrecht geworden ist.

I. Das Allgemeine Bürgerliche Gesetzbuch (ABGB) nach der Teilnovelle von 1916

Das Österreichische ABGB von 1811 enthielt keine Lücke in der Regelung der Fälle der positiven Vertragsverletzung[56]: sie wurden von Praxis und Rechtslehre mit § 919 und § 1295 ABGB gelöst[57].
Das ABGB ist durch die 3. Teilnovelle („Kaiserliche Verordnung über die dritte Teilnovelle zum allgemeinen bürgerlichen Gesetzbuch") im Jahr 1916 modernisiert worden[58].
Die Regierungsvorlage zur 3. Teilnovelle beschäftigte sich im 8. Titel mit der Nichterfüllung entgeltlicher Verträge. Angesichts der neuentstandenen Lehre von der positiven Vertragsverletzung sah die Regierungsvorlage einen eigenen Paragraphen für die positive Vertragsverletzung vor. Der § 146 der Regierungsvorlage regelte die Zuwiderhandlung gegen eine Verpflichtung zur Unterlassung, während die Vorschriften der §§ 143, 144 den Verzug und § 145 die (verschuldete) Unmöglichkeit regeln.

§ 146: „Wenn aus einem entgeltlichen Vertrage ein Teil zu einer Unterlassung verpflichtet ist und dieser Verpflichtung zuwiderhandelt, kann der andere Teil für den Fall erneuter Zuwiderhandlung den Rücktritt von dem Vertrage ankündigen. Der Rücktritt wird wirksam, sowie die Zuwiderhandlung erfolgt."

Zu § 146 führen die erläuternden Bemerkungen der Regierung aus:
„*§ 146 behandelt den Fall der positiven Vertragsverletzung im engeren Sinne.* Diese besteht darin, daß einer Verpflichtung zu einer Unterlassung zuwidergehandelt wird. Jede einzelne Zuwiderhandlung gegen die Unterlassungspflicht begründet an sich einen Schadensersatzanspruch, der in concreto auch in einem Anspruch auf Rückleistung des Entgeltes sich verwirklichen kann."[59]

Im Zuge der Revision des ABGB durch die III. Teilnovelle wurde die Lehre von der positiven Vertragsverletzung als Grundlage für die Neuregelung in Vorsch-

---

56 Hierzu vgl. § 3 III 3.

57 Schlesinger, ZBl 1926, S. 407. In dem HHB (Bericht der Herrenhauskommission) findet sich in der Erläuterung zu dem neuen § 918 eine klare Stellungnahme der Kommission zur Frage der Schadensersatzpflicht aus positiver Vertragsverletzung. Die Kommission meinte, dass die Verpflichtung zum Schadensersatz aus der positiven Vertragsverletzung für das Allgemeine Bürgerliche Gesetzbuch außer Zweifel steht (HHB, S. 163), weil § 1295 ABGB im Gegensatz zum deutschen BGB eine Schadensersatzpflicht nicht nur an die Unmöglichkeit und den Verzug, sondern auch ganz allgemein an die schuldhafte Übertretung der Vertragspflicht knüpft.

58 RGBl 69/1916, S. 135-161.

59 Regierungsvorlage-Teilnovelle, S. 138 (Hervorhebung von mir).

lag gebracht[60]. Aber die Herrenhauskommission unterschied die Fälle der Leistungsstörungen in die Verzögerung und die Vereitelung der Erfüllung der Verbindlichkeit und nahm folgenderweise Stellung zur Lehre von der positiven Vertragsverletzung:
„*Für das aBGB existiert diese Lücke gar nicht.* Denn der allgemeine Rechtsgrundsatz findet sich § 1295 aBGB. Das Zuwiderhandeln gegen eine vertragsmäßige Unterlassungspflicht oder mangelhafte Vertragserfüllung hat grundsätzlich dieselben Rechtsfolgen wie das Ausbleiben einer positiven Leistung. Dasselbe bestätigt § 912 aBGB ... und wird auch künftig der § 918 bezüglich der neu normierten Rechtsfolgen bestätigen, indem er, wie bisher § 919 aBGB (alter Fassung) diese Rechtsfolgen für alle Fälle statuiert, wo nicht auf die bedungene Weise geleistet wird. ... *Deshalb konnte § 146 gestrichen werden.*“[61]

Die Mitglieder der Kommission erkannten, dass eine Lücke, die Staub in dem deutschen BGB sah, für das ABGB nicht besteht. Der § 146 der Regierungsvorlage, der die Lehre von der positiven Vertragsverletzung zu berücksichtigen versuchte, hat daher keinen Eingang in die neuen Fassung des ABGB gefunden.
Die neue Fassung regelt die Schadensersatzpflicht des Schuldners wegen Vertragsverletzung im § 1295 so, wie die alte Fassung des ABGB dies getan hatte, und § 912 des ABGB normiert zugleich den Ersatzanspruch des Gläubigers wegen des Schadens, der dem Gläubiger durch die nicht gehörige Erfüllung der Verbindlichkeit des Schuldners entsteht[62].

Im Hinblick auf die Fälle der Erfüllungsverweigerung und der wesentlichen Vertragsverletzung bei Sukzessivlieferungsverträgen hatten, wie Schlesinger bemerkt[63], die Fälle der Erfüllungsverweigerung in der Praxis des ADHGB und auch des österreichischen Rechts Beachtung gefunden, und die österreichische Praxis und Rechtslehre hatte darin kein Problem gesehen, indem sie die Fälle mit den Verzugsregeln des ADHGB zu lösen pflegten. Für diese Fallgruppen hatte die Lehre von der positiven Vertragsverletzung daher keine besondere Bedeutung für das ABGB, weil die Verzugsregeln des ADHGB in Verbindung mit § 919 Satz 2 ABGB von 1811 für die österreichische Gerichtspraxis und Rechts-

---

60 Schlesinger, ZBl 1926, S. 411.

61 HHB, 163 f.; Materialen zur 3. TN., 285-286. Zu den Ausführungen vgl. Reischauer, Entlastungsbeweis, S. 149-150; ders., Leistungsstörungsrecht, S. 346 (Hervorhebungen von mir).

62 § 912 ABGB: „Der Gläubiger ist von seinem Schuldner außer der Hauptschuld zuweilen auch Nebengebühren zu fordern berechtigt. Sie bestehen in dem Zuwachse, und in den Früchten der Hauptsache; in den bestimmten oder in den Zögerungszinsen; oder in dem Ersatze des verursachten Schadens; oder dessen, was dem andern daran liegt, daß die Verbindlichkeit nicht gehörig erfüllt worden; endlich in dem Betrage, welchen ein Teil sich auf diesen Fall bedungen hat.“

63 Schlesinger, ZBl 1926, 405.

lehre maßgeblich gewesen waren[64]. Die Fallgruppen der Erfüllungsverweigerung und der wesentlichen Vertragsverletzung bei Sukzessivlieferungsverträgen und deren Lösung mit den Verzugsregeln waren nicht neu in Österreich[65]. Dem ABGB war vielmehr die Rechtsanalogie zu den Verzugsregeln, wie Staub sie vertrat, fremd; die Fälle der Erfüllungsverweigerung und der wesentlichen Vertragsverletzung bei Sukzessivlieferungsverträge galten als gesetzlich geregelt.

Im Rahmen des Leistungsstörungsrechts bestand ein Reformbedürfnis nur beim Rücktrittsrecht[66], da § 919 ABGB von 1811[67] stark an dem Prinzip der Realerfüllung festhielt und das ABGB von 1811 eine Ausnahme von diesem Prinzip nur im Bereich des Gewährleistungsrechts, insbesondere im § 932 ABGB von 1811[68], vorsah. Dies gab Anlass, den § 112, der das allgemeine gesetzliche Rücktrittsrecht als einen der Rechtsbehelfe dem Gläubiger bei der schuldhaften Nichterfüllung gewährt, mit der 3. Teilnovelle einzufügen.

§ 112: „Wird die Erfüllung durch Verschulden des Verpflichteten oder einen von ihm zu vertretenden Zufall vereitelt, so kann der andere Teil entweder Schadensersatz wegen Nichterfüllung fordern oder vom Vertrage zurücktreten. Bei teilweiser Vereitelung steht ihm der Rücktritt zu, falls die Natur des Geschäftes oder der dem Verpflichteten bekannte Zweck der Leistung entnehmen läßt, daß die teilweise Erfüllung für ihn kein Interesse hat."[69]

---

64 Rabel, Warenkauf I, S. 182.

65 Schlesinger, ZBl 1926, 405.

66 Reischauer, Entlastungsbeweis, S. 149; Schlesinger, ZBl 1926, S. 18.

67 § 919 ABGB von 1811: „Wenn ein Theil den Vertrag entweder gar nicht; nicht zu der gehörigen Zeit; an dem gehörigen Orte; oder auf die bedungene Weise erfüllt; so ist der andere Theil, außer den in dem Gesetze bestimmten Fällen, oder einem ausdrücklichen Vorbehalte, nicht berechtigt, die Aufhebung, sondern nur die genaue Erfüllung des Vertrages und Ersatz zu fordern."

68 § 932 ABGB von 1811: „Ist der die Gewährleistung begründende Mangel von der Art, daß er nicht mehr gehoben werden kann, und, daß er den ordentlichen Gebrauch der Sache verhindert, so kann der Verkürzte die gänzliche Aufhebung des Vertrages, wenn hingegen sich das Fehlende, z. B. an Maß oder Gewicht, nachtragen lässt, nur diesen Nachtrag; in beiden Fällen aber auch den Ersatz des weiteren Schadens, und, dafern der andere Theil unredlich gehandelt hat, auch den entgangenen Nutzen fordern."

69 RGBl 69/1916, S. 147.

Der § 112 der 3. Teilnovelle wurde zu § 920 des geltenden ABGB.
Im Ergebnis wurde § 919 ABGB von 1811, der den Tatbestand der Nichterfüllung und dessen Rechtsfolgen regelte, in die §§ 918 und 920 des geltenden ABGB aufgespaltet[70]. Die Regelung des § 919 ABGB von 1811 wurde durch die §§ 918, 920 ABGB unter Behebung des Mangels des ABGB von 1811 bezüglich des gesetzlichen Rücktrittsrechts übernommen[71].
Der Begriff „positive Vertragsverletzung" mit dem Staub wie mit einer Sammelbezeichnung die außerhalb der Unmöglichkeit und des Verzuges stehenden Fälle der Leistungsstörungen bezeichnete, wird heute in der österreichischen Literatur und Rechtsprechung kaum verwendet[72], da sich eine brauchbare Einteilung der verschiedenen Formen der Nichterfüllung im ABGB eher mit den Kategorien des Verzugs, der Vereitelung und der nicht gehörigen Erfüllung gefunden hat[73], nicht mit den Kategorien der Unmöglichkeit, des Verzuges und der positiven Vertragsverletzung des deutschen BGB.
In der Lehre gebrauchen Koziol/Welser den Begriff der positiven Vertragsverletzung[74]. Die meisten Zivilrechtler bevorzugen den Begriff „Nichterfüllung".
Gschnitzer hält den Begriff der positiven Vertragsverletzung als wertlos für das System des ABGB[75], und Binder geht heute davon aus, dass kein Bedarf nach der Aufnahme des Begriffs der positiven Vertragsverletzung in die Dogmatik zum ABGB besteht[76].
Das ABGB kannte in der Zeit der Novellierung zwar die Fallgruppen der positiven Vertragsverletzung außerhalb von Erfüllungsverzögerung und Erfüllungsvereitlung, legt aber heute noch den Zentralbegriff „Nichterfüllung" zugrunde, unter den die Vereitelung, die Verzögerung der Erfüllung und die nicht gehörige Erfüllung subsumiert werden können.
Seit der Entscheidung des OGH vom 7.3.1990 sind die Rechtsprechung und die Rechtslehre in Österreich darüber einig, dass die Fälle der nicht gehörigen Erfüllung sowie der Fall der Mangelfolgeschäden nach den allgemeinen Rechtsgrundsätzen des ABGB (§§ 918, 920, 1295) gelöst werden können, ohne dass es einer Rechtsanalogie bedürfte[77].

---

70 Rabel, Nichterfüllung, S. 141-142; Reischauer, Leistungsstörungsrecht, S. 346; Schlesinger, ZBl 1926, 16; ders., ZBl 1926, 721.

71 Nach Rabel kann das ABGB die Fälle der Erfüllungsverweigerung und der wesentlichen Vertragsverletzung bei Sukzessivlieferungsverträgen mit den §§ 918 und 920 lösen (ders., Warenkauf I, S. 182-183).

72 Reischauer in Rummel, ABGB, Rz 4 vor § 918.

73 Mayrhofer, Schuldrecht AT, S. 352.

74 Koziol/Welser, Grundriß Bd. I, S. 267 ff.

75 Klang-Gschnitzer, ABGB § 918, S. 472.

76 Schwimann/Binder, ABGB V, § 918 Rz. 48.

77 Die Entscheidung des OGH vom 7.3.1990 (Ob 536/90=ecolex 1990, 279), die den Fall der Lieferung eines mangelhaften Werkes betrifft und als eine der wichtigsten zivilrechtlichen Entscheidungen des letzten Jahrhunderts bezeichnet werden kann, bringt eine Wende zur

Anwendung des allgemeinen Rechtsgrundsatzes (§ 1295 ABGB) auf den Fall der Mangelfolgeschäden. Vor dieser Entscheidung waren die Judikatur und die herrschende Meinung der Auffassung, dass jene Nachteile, die in der Mangelhaftigkeit der Sache oder des gelieferten Werkes liegen, nicht mit Schadensersatzansprüchen geltend gemacht werden können (Hierzu vgl. Pisko, Gewährleistungs-, Nichterfüllungs- und Irrtumsfolgen bei Lieferung mangelhafter Ware, S. 22 f.; SZ 46/39; SZ 48/56). In der Entscheidung ging der OGH im Gegensatz zur früheren Ansicht davon aus, dass § 932 Abs. 1 Satz 2 ABGB sich zwanglos so lesen lässt, dass Ersatzansprüche über den Gewährleistungsanspruch hinaus nach dem allgemeinen Rechtsgrundsatz (§ 1295 ABGB) dann bestehen, wenn der Schaden verschuldet wurde. Hierbei berief sich der OGH zur Begründung der Änderung der Auffassung auf die Gesetzesmaterialen (HHB, S. 174=Materialen zur 3. TN., S. 296). Im Anschluss an die obige Entscheidung entschied sich der OGH in der Entscheidung vom 17.5.1990 (Ob 600/90=ecolex 1990, 474-478) für das Nebeneinander von Gewährleistung (§ 932) und Schadensersatz. Danach kann der Käufer bei Mängeln der Kaufsache nach § 1295 ABGB dann die Differenz des Wertes der mangelfreien und des Wertes der mangelhaften Sache als Nichterfüllungsschaden begehren, wenn den Verkäufer an den Mängeln der verkauften Sache ein Verschulden trifft. Zur Entwicklung der Auffassung des OGH und der Rechtslehre, vgl. Welser/Welser, Schadensersatz statt Gewährleistung, S. 1-15; Welser, Natural- oder Geldersatz beim Werkmangel, ecolex 1993, 233-235; Reischauer, Konkurrenz zwischen Gewährleistung und Schadensersatz wegen Nichterfüllung beim Werkvertrag, JBl 1990, 648-653; Kurschel, Schadensersatz statt Gewährleistung, ecolex 1990, 276-278; Zankl, Haftpflichtversicherung, Gewährleistung und Schadensersatz, ecolex 1990, 278-279; Wilhelm, Abschied vom Gewährleistungsrecht, ecolex 1990, 333; ders., Schadensersatz statt Gewährleistung auch beim Kauf, ecolex 1990, 461; Honsell, Aktuelle Probleme der Sachmängelhaftung, JBl 1989, 205-214; Kerschner, Probleme der Sachmägelhaftung. Oder: Das ABGB ist tot – Es lebe das BGB!, JBl 1989, 541-544.

II. Das Schweizerische Obligationenrecht von 1911 (OR)

Das Schweizerische Obligationenrecht von 1881 (aOR) regelte die Fälle der Nichterfüllung und der nicht gehörigen Erfüllung mit dem Art. 110 lückenlos[78,79].
Das aOR wurde nach der Fertigstellung des Zivilgesetzbuchs (ZGB) im Jahre 1907 revidiert. Das geltende OR regelt im zweiten Teil der ersten Abteilung „die Wirkungen der Obligationen" (Artt. 68-113 OR) und darunter „die Folgen der Nichterfüllung" im zweiten Abschnitt (Artt. 97-109). Mit der Revision des OR wird Art. 110 aOR zu Art. 97 OR.
Art. 97 Abs. 1 OR: „Kann die Erfüllung der Verbindlichkeit überhaupt nicht oder nicht gehörig bewirkt werden, so hat der Schuldner für den daraus entstehenden Schaden Ersatz zu leisten, sofern er nicht beweist, dass ihm keinerlei Verschulden zur Last falle."

Der Art. 97 spricht den allgemeinen Rechtsgrundsatz aus, dass die Nichterfüllung oder die nicht gehörige Erfüllung schadensersatzpflichtig macht[80]; dabei wird im Haftungstatbestand ausdrücklich zwischen „Nichterfüllung" und „Nicht gehörig bewirkte Erfüllung" unterschieden.
Aufgrund des gegenüber Art. 110 aOR geänderten Wortlautes des deutschen Textes des Art. 97 OR ist heute in der Rechtslehre äußerst umstritten, wie weit Art. 97 OR reicht, und vor allem, welche Fälle der positiven Vertragsverletzung von dieser Norm erfasst werden.
Es geht dabei um folgende Fallgruppen der positiven Vertragsverletzung[81]: die nicht gehörige Erfüllung (Schlechterfüllung), die Verletzung nicht selbständig einklagbarer Verhaltenspflichten (Nebenpflichten)[82], die vorzeitige Erfüllungsverweigerung und die wesentliche Verletzung der Verpflichtung in Sukzessivlieferungsverträgen und anderen Dauerschuldverhältnissen.
Einige Autoren erklären, dass der Art. 97 direkt auf die nachträgliche Unmöglichkeit sowie auf alle Fälle der nicht gehörigen Erfüllung und der positiven Vertragsverletzungen anzuwenden sei[83].

---

78 Hierzu siehe oben § 9.

79 Schindler, Ueber das Rücktrittsrecht bei zweiseitigen Schuldverträgen nach Art. 122-125 des eidgenössischen Obligationenrechtes, S. 15 und S. 37; Fick/Schneider, Schweizerisches Obligationenrecht, S. 117; Haberstich, Handbuch, Bd. I, S. 228.

80 BK-Weber, N. 4 zu Art. 97.

81 Hierzu vgl. BK-Weber, N 54-59 zu Art. 97.

82 An dieser Stelle wird auf die Behandlung der Fälle der Verhaltenspflichtverletzung in der Schweiz nicht eingegangen. In der Rechtslehre sind Inhalt und dogmatische Begründung der Verhaltenspflichten, die die ältere Lehre als Nebenpflichten qualifiziert, umstritten. Hierzu vgl. auch BK-Weber, N. 67 ff.. zu Art. 97; Gauch/Schluep/Rey, N 2609.

83 Guhl/Merz/Kummer, OR, S. 213-214; Oftinger, Bundesgerichtspraxis, Nr. 64, S. 162; OR-Wiegand, Art. 97, N. 2; BK-Weber, N. 4 zu Art. 97.

Andere Autoren gehen davon aus, dass der Art. 97 den Fall der Unmöglichkeit und der nicht gehörigen Erfüllung umfasst, aber einige Fälle der positiven Vertragsverletzung mit Art. 97 nicht erfasst werden können. Diese Ansicht hält daher die Analogie zu den Bestimmungen der Artt. 97 ff. und 107-109 OR für die übrigen Fälle der positiven Vertragsverletzung für unvermeidlich[84].
Im Anschluss an die deutsche Lehre, die einen weiten Begriff der Unmöglichkeit zugrunde gelegt hat, behauptet Jäggi, dass die Worte des Art. 97 „Kann... überhaupt nicht oder nicht gehörig bewirkt werden" im Sinne eines weiten Unmöglichkeitsbegriffs verstanden werden sollten und daher Art. 97 einen Schadensersatzanspruch wegen Nichterfüllung nur bei Nichtleistung bzw. Schlechterfüllung als Teilunmöglichkeit gewähren sollte, nicht aber bei den übrigen Fällen der positiven Vertragsverletzung[85].

Jüngst vertrat Koller die Auffassung, dass in Art. 97 zwar die Unmöglichkeit und die Schlechterfüllung behandelt werden, der Art. 97 aber trotz der auf der Unmöglichkeit bezogenen Fassung als „Auffangbestimmung" die im Gesetz nicht speziell geregelten Nichterfüllungstatbestände erfassen soll[86]. Nach Koller werden die Schlechterfüllungstatbestände oft auch als positive Vertragsverletzung bezeichnet[87]. Koller sieht grundsätzlich die positive Vertragsverletzung als einen weiteren Begriff der Schlechterfüllung an und meint, dass der Begriff der positiven Vertragsverletzung den Fall der nicht gehörigen Erfüllung des Art 97 Abs. 1 umfassen kann. Koller hält daher die analoge Anwendung des Art. 97 auf die positiven Vertragsverletzungen für erforderlich, um die Haftung des Schuldners für die schuldhafte Nichterfüllung lückenlos zu regeln. Er teilt die Anwendbarkeit des Art. 97 in unmittelbare und analoge Anwendung je nachdem, ob die Fälle der positiven Vertragsverletzung unter die Schlechterfüllung oder unter die nicht geregelten positiven Vertragsverletzungen eingeordnet werden[88].
Bei der Auslegung des ersten Halbsatzes des Art. 97 Abs. 1 kommt es darauf an, welche Fallgruppen jeder Variante der Haftungstatbestände der Nichterfüllung und der nicht gehörigen Erfüllung unterstellt werden können und was man unter der nicht gehörigen Erfüllung zu verstehen hat.
Wegen der verschiedenen Ansichten bei der Auslegung des Art. 97 Abs. 1 OR ist es unerläßlich, zunächst den Text des Art. 97 OR mit dem Art. 110 aOR wörtlich zu vergleichen, um auf die Frage einzugehen, ob Art. 97 des geltenden OR durch die Revision des Art. 110 aOR eine wesentliche Änderung des Grundgedankens erfahren hat, den der Gesetzgeber bei der Gesetzgebung und der Re-

84 Bucher, OR-AT, S. 335-336/384; Oftinger, Bundesgerichtspraxis, Nr. 61, S. 512.
85 Jäggi, Zum Begriff der Vertraglichen Schadensersatzforderung, S. 193. Hierzu vgl. Wiegand, recht 1983, 2.
86 Guhl/Koller/Druey, OR, S. 226; Koller, Grundzüge der Haftung, 1484-1486.
87 Guhl/Koller/Druey, OR, S. 226.
88 Koller, Grundzüge der Haftung, 1486 ff.

vision zugrundegelegt hat, und – wenn ja –, was sich daraus für das Verständnis von Art. 97 OR ergibt.
Art. 110 Abs. 1 aOR: „Kann die Erfüllung der Verbindlichkeit überhaupt nicht oder nicht gehörig bewirkt werden, so hat der Schuldner Schadensersatz zu leisten, sofern er nicht beweist, daß ihm keinerlei Verschulden zur Last falle."

Die Fassung der Haftungsvoraussetzungen in Art. 97 Abs. 1 Halbs. 1 OR ist gegenüber Art. 110 Abs. 1 aOR Halbs. 1 nicht geändert worden; die Änderung des Gesetzestextes des Art. 97 Abs. 1 OR betrifft nicht den Haftungstatbestand, also den 1. Halbsatz Abs. 1 Art. 97, sondern nur die Rechtsfolge in Art. 97 Abs. 1 Halbsatz 2 wurde neu formuliert: „so hat der Schuldner für den daraus entstehenden Schaden Ersatz zu leisten" statt „so hat der Schuldner Schadensersatz zu leisten"
Durch die geringfügige Änderung des Wortlautes von Art. 97 Abs. 1 Halbs. 2 sollte daher die Rechtslage nicht verändert werden: Die Rechtsfolge bleibt für die Fälle der Nichterfüllung und der nicht gehörigen Erfüllung gleich.
Der wörtliche Vergleich von Art. 97 OR und Art. 110 aOR zeigt, dass man die Ansicht ausschließen kann, nach der Art. 97 nur die Unmöglichkeit zum Regelungsgegenstand hat.
Die Diskussion über die Bedeutung des Textes von Art. 97 in der Literatur bezieht sich vor allem auf die deutsche Fassung des OR, nicht auf die französische oder italienische[89].
Wenn man Art. 97 OR anders als Art. 110 aOR verstehen will, dann sollte ein bestimmter Grund dafür bestehen. Man müsste daher erwarten, dass der Gesetzgeber während des Gesetzgebungsverfahrens die Frage aufgeworfen hätte, ob die Rechtslage bezüglich Art. 97 geändert werden sollte. Daher gilt es, nach Indizien für ein neues Verständnis der Vertragsverletzung und ein daraus resultierenden Regelungsbedürfnis zu suchen.
Wichtige Indizien hierfür enthalten die Materialen über die Revision des OR.
Huber, deutscher Berichterstatter im Nationalrat, ging auf die Frage ein, ob der Art. 110 aOR geändert werden sollte, und legte dar, was die Juristen zur Zeit der Revision unter Art. 110 aOR verstanden:
„Zunächst halten wir selbst selbstverständlich bei Art. 1117 fest, dass der Schuldner, der nicht oder nicht gehörig erfüllt, zu Schadensersatz verpflichtet sein muss, wenn er nicht beweist, dass ihm keinerlei Verschulden zur Last falle, wie das schon in Art. 110 des geltenden Gesetzes aufgestellt ist."[90]

---

[89] Müller-Chen, Folgen der Vertragsverletzung, S. 325; Neuenschwander, Schlechterfüllung, S. 44. Anders Koller, Grundzüge der Haftung, S. 1486, Fn. 30, der die deutsche und französische Fassung des OR für eindeutig hält, soweit der Art. 97 den Tatbestand der Unmöglichkeit betrifft. Er sieht die Undeutlichkeit vielmehr in der italienischen Fassung.
[90] Sten. Bull. XIX (1909), No. 23, S. 533.

Diesem Zitat kann besonders der Wille des Gesetzgebers des geltenden OR entnommen werden, den Art. 110 aOR unverändert zu lassen. Es gibt daher keinen Grund für die gegenüber Art. 110 aOR abweichende Auslegung des Art. 97 OR. Entsprechend der Auffassung Hubers verstand und beschrieb v. Tuhr als einer der letzten großen Pandektenrechtler in der 1. Auflage seines schweizerischen Obligationenrechts, das das erste große und lange Zeit einzige Lehrbuch zum Schweizerischen Obligationenrecht in deutscher Sprache war und noch heute in der schweizerischen Wissenschaft und der Rechtsprechung hohes Ansehen genießt[91], den Art. 97 folgendermaßen:
„Kann die Erfüllung der Verbindlichkeit überhaupt nicht bewirkt werden oder ist sie nicht gehörig bewirkt worden, so hat der Schuldner ... Ersatz zu leisten."[92]

Die Beschreibung von v. Tuhr entspricht auch der Auslegung des Art. 110 aOR in der Literatur der Zeit[93]. Im Anschluss an die Auffassung von Huber und v. Tuhr beschrieb auch Oftinger den Inhalt des Art. 97 Abs. 1 wie folgt[94]:
„Kann die Erfüllung der Verbindlichkeit überhaupt nicht bewirkt werden oder *ist sie nicht gehörig bewirkt worden, ...*"

Aufgrund dieser Auslegung des Art. 97 teilte er den Haftungstatbestand des Art. 97 in zwei Fälle:
„Die Stelle von ‹Kann› bis ‹oder› bezieht sich auf die verschuldete Unmöglichkeit der Erfüllung..., die kursiv gedruckte Stelle erfaßt andere Arten der Vertragsverletzungen, bestehend z. B. in der Lieferung mangelhafter Ware durch den Verkäufer (Art. 97 I wird neben Art. 197 ff. anwendbar)."[95]

Nach der Ansicht Hubers, v. Tuhrs und Oftingers sind im Art. 97 die Sachverhalte der Nichterfüllung und der nicht gehörigen Erfüllung geregelt. Zum Sachverhalt „nicht erfüllt" im Art. 97 gehört nur die Unmöglichkeit, nicht der Verzug, da das OR besondere Vorschriften über den Verzug (Art. 102 ff.) hat. Die nicht gehörige Erfüllung, die Art. 97 neben der Unmöglichkeit regelt, liegt vor[96],

---

[91] Hierzu Kramer, Der Einfluss des BGB auf das schweizerische und österreichische Privatrecht, S. 376; Schwenzer, Rezeption deutschen Rechtsdenkens im schweizerischen Obligationenrecht, S. 80.

[92] v. Tuhr, OR-AT, S. 505. An dieser Stelle kann die Zitierung des Art. 280 des Dresdner Entwurfs durch v. Tuhr als „Art. 281 (Entwurf von 1865)" korrigiert werden (ders., OR-AT, S. 504, Fn. 80. Hierzu vgl. Tuhr/Siegwart, OR-AT, § 68, Fn. 80; Tuhr/Escher, OR-AT, § 68, III 6; Wiegand, recht 1984, 21-22).

[93] Schneider/Fick, Schweizerisches Obligationenrecht, S. 70 (Anm. 2 zu Art. 50); Haberstich, Handbuch, Bd. I, S. 228; Schindler, Ueber das Rücktrittsrecht bei zweiseitigen Schuldverträgen nach Art. 122-125 des eidgenössischen Obligationenrechtes, S. 15/37.

[94] Oftinger, Bundesgerichtspraxis, Nr. 64, S. 162. Siehe auch BK-Weber, N. 14 zu Art. 97.

[95] Oftinger, Bundesgerichtspraxis, Nr. 64, S. 162.

[96] Hierzu vgl. Neuenschwander, Schlechterfüllung, S. 45.

wenn der Schuldner die Leistung zwar erbracht, aber nicht vertragsmäßig, z. B. in Bezug auf Subjekt, Objekt (Qualität oder Quantität), Ort oder Zeit der Leistung.

Danach kann die Schlechterfüllung im Sinne Zitelmanns unter den Sachverhalt „nicht gehörig erfüllt“ des Art. 97 OR gestellt werden und als eine Unterart der nicht gehörigen Erfüllung aufgefasst werden[97]. Das schweizerische OR regelt also die Fälle der Nichterfüllung im weiteren Sinne und geht damit über das deutsche BGB hinaus[98], wenn man davon ausgeht, dass das BGB nur die Unmöglichkeit und den Verzug, also Unterfälle der Nichterfüllung im engeren Sinne, regelt. In dieser Hinsicht hatte erstmals von v. Tuhr die Frage aufgeworfen, ob das schweizerische Recht die Übernahme der deutschen Rechtslehre und den Begriff der positiven Vertragsverletzung brauche. Er lehnte den Begriff, zu dessen Verständnis eine besondere Erklärung nötig sei, für das schweizerische Obligationenrecht jedoch ab.

v. Tuhr war der Auffassung, dass die Rechtswissenschaft in Deutschland bei Entstehung der Lehre von der positiven Vertragsverletzung „des neuen Textes froh“, vielfach in Buchstabeninterpretation verfiel, und dass das schweizerische Obliagtionenrecht ohne „den in seiner übermäßigen Ausdehnung unbrauchbaren Begriff“ der positiven Vertragsverletzung auskommen kann[99].

Diese Ansicht vertrat v. Tuhr auch für die Fälle der vorzeitigen Erfüllungsverweigerung, weil er davon ausgeht, dass die vorzeitige Erfüllungsverweigerung keine Vertragsverletzung im Sinne Staubs bedeutet, sondern vielmehr eine Gefährdung des Vertrages darstellt, welche dem Gläubiger ohne Nachfristsetzung das Rücktrittsrecht gewährt werden sollte. Nach v. Tuhr ist Art. 108 direkt auf den Fall der vorzeitigen Erfüllungsverweigerung anwendbar[100]. In diesem Sinne bildet der Art. 108 eine Ausnahme zu Art. 107, nach dem der Gläubiger beim Verzug des Schuldners zunächst eine Nachfrist setzen muss.

Die Ansicht v. Tuhrs hat sich nicht durchgesetzt[101], weil die heutige Rechtslehre mehr an dem Wortlaut des Art. 97 haftet als an den Grundgedanken, von denen der Gesetzgeber bei der Revision ausging.

Heute geht Bucher davon aus, dass die Erklärung der Erfüllungsverweigerung auch dann unter die Verzugsregeln fällt, wenn sie bereits vor Eintritt der Fälligkeit abgegeben worden ist[102]. Nach Bucher sind die Verzugsregeln des OR auf die Fälle der vorzeitigen Erfüllungsverweigerung direkt anzuwenden. Dabei zi-

---

97 Glättli, Schadensersatz, S. 56; Neuenschwander, Schlechterfüllung, S. 45.

98 Bucher, OR-AT, 334; BK-Weber, N. 12 Vorbem. Zu Art. 97-109 und N. 47-48 zu Art. 97; Lemp, Schadensersatz wegen Nichterfüllung als Folge des Schuldnerverzuges, S. 6 ff.

99 v. Tuhr, OR-AT, S. 505.

100 v. Tuhr, OR-AT, S. 505, Fn. 83.

101 Auf die Aufnahme und die Verbreitung des Ausdrucks der „positiven Vertragsverletzung“ in der Literatur wird im folgenden eingegangen werden.

102 Bucher, OR-AT, S. 369.

tiert er aber eine Entscheidung des Schweizerischen Bundesgerichts, die seine Auffassung nicht belegt. Im Urteil vom 29. Juni 1943, das Bucher berücksichtigt hat[103], nahm das Schweizerische Bundesgericht den Begriff der positiven Vertragsverletzung auf und erkannte die analoge Anwendung der Art. 107 ff. OR auf den Fall der vorzeitigen Erfüllungsverweigerung an:
„Die von der Berufungsbeklagten vor der Fälligkeit ihrer Verpflichtung erklärte Erfüllungsverweigerung stellte, wie die Vorinstanz zutreffend angenommen hat, eine positive Vertragsverletzung dar. ... *Im Anschluss hieran führte die Vorinstanz sodann aus, nach der Lehre von der positiven Vertragsverletzung habe der Berufungsklägerin gemäss analoger Anwendung von Art. 107/108 OR ein Rücktrittsrecht und nach Art. 109 OR ein Anspruch auf das negative Vertragsinteresse zugestanden.*"[104]

Hinsichtlich der Auswirkung der Lehre von der positiven Vertragsverletzung auf das schweizerische Recht, wie Oftinger bemerkt hat[105], ist im schweizerischen Recht die wichtigste Wirkung der deutschen Rechtsfigur der positiven Vertragsverletzung, dass gewisse Fälle der positiven Vertragsverletzungen zur (analogen) Anwendung der Verzugsregeln gemäß Art. 107 ff. führen. Dieser analogen Anwendung bedürfen besonders die Fälle der vorzeitigen Erfüllungsverweigerung und des Verzuges mit Ratenlieferungen beim Sukzessivlieferungsvertrag. Die analoge Anwendung der Verzugsregeln auf den Fall der vorzeitigen Erfüllungsverweigerung durch Rechtslehre und Rechtsprechung weicht offensichtlich von der Auffassung v. Tuhrs und Buchers ab[106].

Wie bereits erörtert, war es die Auffassung des ROHG und des RG, dass die Verzugsregeln des ADHGB und des BGB auf den Fall der vorzeitigen Erfüllungsverweigerung direkt angewendet werden[107]. Hinsichtlich des Falls der vorzeitigen Erfüllungsverweigerung stellt sich die Frage, ob der Gesetzgeber des geltenden OR bei der Revision des aOR die damalige Gerichtspraxis zum ADHGB und BGB in Deutschland berücksichtigt hatte oder nicht. Immerhin hatte das OR dreifache Wahlrecht des Gläubigers beim Verzug vom BGB übernommen, dem insoweit das ADHGB zugrunde lag[108].

---

[103] Bucher, OR-AT, S. 369, Fn. 159.

[104] BGE 69, II 244 (Hervorhebung von mir).

[105] Oftinger, Bundesgerichtspraxis, S. 152.

[106] Im Falle einer vorzeitigen Erfüllungsverweigerung nimmt die Mehrheitsmeinung eine positive Vertragsverletzung an. Hierzu vgl. Decurtins, Die Erfüllungsverweigerung vor Fälligkeit im System der Vertragsverletzungen des schweizerischen Obligationenrechts, insbes. S. 73 f.; BK-Weber, N 12 zu Art. 108.

[107] Siehe oben § 10 II 2 und 3.

[108] Zum zweifachen Wahlrechts des aOR vgl. Glättli, Schadensersatz, S. 132-140; v. Tuhr, OR-AT, S. 544; Bucher, OR-AT, S. 364-365.

Bereits in BGE 45 II 61 und BGE 52 II 141 E.2 nahm das Bundesgericht ein Rücktrittsrecht wegen Verzuges mit Teilleistungen beim Sukzessivlieferungsvertrag an, ohne sich auf die Lehre von der positiven Vertragsverletzung zu stützen[109]. Die beiden Entscheidungen des Bundesgerichts stehen im Einklang mit der Auffassung des ROHG und des RG. Sie bringen zum Ausdruck, dass die direkte Anwendung der Verzugsregeln des ADHGB auf die Fallgruppen der vorzeitigen Erfüllungsverweigerung bereits dem schweizerischen Bundesgericht bekannt war und diese Behandlung auch in der schweizerischen Praxis durchgedrungen war.

Staub hatte seine Meinung über den Zusammenhang der Verzugsregeln mit den Fällen der vorzeitigen Erfüllungsverweigerung und der wesentlichen Vertragsverletzung beim sukzessiven Lieferungsvertrag öfter geändert[110]. Er gab keinen Grund für die Meinungsänderung an[111].
Das BGE 69, II 244 hatte – wie es Staub tat – keinen Grund dafür benannt, warum die schweizerische Praxis von der direkten Anwendung der Verzugsregeln auf die Fälle der vorzeitigen Erfüllungsverweigerung zur analogen Anwendung übergegangen ist.
Wenn es feststeht, dass der Gesetzgeber des geltenden OR bei der Neuregelung des Verzugsrechts des OR die Rechtsprechung[112] des ROHG und des RG berücksichtigte, erhöhen sich die Zweifel daran noch, dass der Gesetzgeber die Rechtslage im Hinblick auf die Fälle der vorzeitigen Erfüllungsverweigerung und der wesentlichen Vertragsverletzung bei Sukzessivlieferungsverträgen ändern wollte, da das Reichsgericht und die deutsche Rechtslehre bis zu dieser Zeit keinen Zweifel an der direkten Anwendung der Verzugsregeln auf diese Fälle hatten. Im Zusammenhang mit der Anwendung der Verzugsregeln auf die Erfüllungsverweigerung stellt sich die weitere Frage, seit wann sich die Lehre und Praxis der Schweiz im Anschluss an die deutsche Lehre und Praxis entwickelt haben und worin der Grund dafür besteht[113].
Die Verzugsregeln des OR sind bei der Revision in Anlehnung an das ADHGB und das deutsche BGB ergänzt worden. Den Grund für die direkte Anwendung der Verzugsregeln auf die vorzeitige Erfüllungsverweigerung sahen die Praxis

---

109 Hierzu vgl. v. Tuhr, OR-AT, S. 554-555; Neuenschwander, Schlechterfüllung, S. 48.

110 In Bezug auf die vorzeitige Erfüllungsverweigerung behauptete er erst in der 2. Auflage seiner Abhandlung über die positive Vertragsverletzung folgend der Entscheidung des Reichsgerichts die Verzugsregeln auf die vorzeitige Erfüllungsverweigerung analog anwenden zu müssen.

111 Hierzu vgl. oben §10 II 5.

112 Zur Auslegung der Verzugsregeln des ADHGB und des BGB durch die Rechtsprechung und die Rechtslehre, vgl. oben § 10 II 2 und 3.

113 Rabel, Warenkauf I, S. 193; OR-Becker, Art. 97, B; OR-Oser, N. 5 vor Art. 97; Wiegand, recht 1983, 124, Fn. 19.

und die Lehre der Zeit vor allem darin, dass das Gesetz den Gläubiger bei der vorzeitigen Erfüllungsverweigerung mindestens ebenso zu schützen hat wie bei dem Verzug. Dieser Gedanke war der Praxis und dem Gesetzgeber des geltenden OR bekannt gewesen[114]. Als ein entscheidendes Beispiel kann hierfür BGE 32 II angeführt werden: „Die bundesgerichtliche Praxis hat indessen den Art. 122 (alten) OR von jeher dahin ausgelegt, daß eine Fristansetzung zur nachträglichen Erfüllung dann nicht notwendig sei, wenn deren Nutzlosigkeit von vornherein klar ist, d. h. wenn der säumige Teil zum voraus erklärt hat, nicht erfüllen zu wollen, oder... ." [115]

Mit dieser Entscheidung wird deutlich, dass die schweizerische Praxis in der Lösung des Falls der vorzeitigen Erfüllungsverweigerung bezüglich des Fristsetzungserfordernisses mit den Verzugsregeln der Revision des aOR vorgegriffen hatte[116].

Es stellt sich die Frage, ob die Einführung des Begriffes „Positive Vertragsverletzung“ Auswirkungen auf das System des schweizerischen Leistungsstörungsrechts gehabt hat.
Schmid stellt z. B. in seiner jüngsten Abhandlung fest, dass die Regelung der Artt. 97-109 OR über die Haftung des Schuldners für die Nichterfüllung lückenhaft ist[117]. Die Ansicht Schmids legt den Gedanken zugrunde, dass die Arten von Leistungsstörungen, die weder Unmöglichkeits- noch Verzugsfälle darstellen, von der schweizerischen Rechtsprechung und Doktrin unter dem Begriff der „positiven Vertragsverletzung“ zusammengefasst werden[118].
Es kann zwar festgestellt werden, dass die Lehre von der positiven Vertragsverletzung im Laufe der Zeit zunehmend mehr Anhänger in der Schweiz gefunden hat. Aber das Bild von der positiven Vertragsverletzung, das die Rechtslehre zugrunde legt, ist heute sehr unterschiedlich[119]. Die Verschiedenheit der Auffassungen zur Lehre von der positiven Vertragsverletzung beruht vor allem auf der Auslegung der Artt. 97 OR. Für die Auslegung der Artt. 97 ff. sollten die Ausführungen Hubers von entscheidender Bedeutung sein. Denn die Bedeutung des allgemeinen Grundsatzes des Art. 110 aOR hat sich durch die Revision des Art.

---

[114] Sten. Bull. 1910, S. 335; Göschke, Ueber Art.107 bis 109 OR, S. 16 und 71 f.; Voser, Der Schuldnerverzug im schweizer. Obligationenrecht, S. 88, insbes. Fn. 72.
[115] BGE 32 II, 269/270. Vgl. auch Fick, Das schweizerische Obligationenrecht (1911), Nr. 7 zu Art. 108
[116] Hierzu vgl. auch Voser, Der Schuldnerverzug im schweizer. Obligationenrecht, S. 34/88.
[117] Schmid, Die positive Vertragsverletzung, S. 1022.
[118] Hierzu vgl. Schmid, Die positive Vertragsverletzung, S. 1023.
[119] OR-Wiegand, N. 25 ff. zu OR 97; BK-Becker, N. 9 zu OR 97, Bucher, OR-AT, S. 335 f.; Guhl/Merz/Koller, OR, S. 226; Schwenzer, OR-AT, S. 381 ff.; Schmid, Die positive Vertragsverletzung, S. 1023 ff; Koller, Grundzüge der Haftung, S. 1486 ff.

97 nicht geändert und der Gesetzgeber des geltenden Obligationenrechts hatte das Bedürfnis zur Veränderung der Regelungen des aOR im Rahmen des Leistungsstörungsrechts besonders in der Verzugsregelung (Art. 122 aOR) und Rücktrittsregelung (Art. 124-125 aOR) gesehen[120].
Diese Tatsache hat die heutige Rechtslehre nicht berücksichtigt.
Die Mehrheitsmeinung in der Literatur sieht zwar die Lücke, aber unterscheidet sich darin, wie weit der Tatbestand der Nichterfüllung in Art. 97 zu verstehen ist, welche Fallgruppen der positiven Vertragsverletzung er umfassen soll. Je nach Standpunkt ist daher die Anwendung des Art. 97 auf die Fälle der positiven Vertragsverletzung direkt oder analog[121].

v. Tuhr warnte vor der Aufnahme des Begriffs der positiven Vertragsverletzung in das schweizerische Obligationenrecht:
„Zur Rechtfertigung dieser Praxis braucht man nicht, was anfänglich vielfach geschah, den Begriff der sog. positiven Vertragsverletzung heranzuziehen, der meines Erachtens mehr Verwirrung als Klarheit in die neuere Doktrin gebracht hat.“[122]

Diese Mahnung v. Tuhrs wurde nicht beherzigt und Anzeichen einer Begriffsverwirrung zeigen sich auch in der Schweiz. Auch der Ausdruck der positiven Vertragsverletzung hat sich allmählich in dem deutschsprachigen Schrifttum und der Rechtsprechung der Schweiz eingebürgert. Die Rechtslehre in Schweiz verwendet heute, wie es die deutsche Rechtslehre tut, bei der Auslegung der Artt. 97 ff. OR ausnahmslos den Ausdruck der positiven Vertragsverletzung als Sammelbegriff für die Fälle der Vertragsverletzungen, die außerhalb Unmöglichkeit und Verzug stehen [123].
Die übermäßige Verwendung des Rechtsinstituts der positiven Vertragsverletzung bewirkt, dass die Bedeutung des Art. 97 und das dem OR eigene System der Haftung für die Nichterfüllung verdunkelt wird.
Wenn man mit Schmid davon ausgeht, dass das OR nur die Unmöglichkeit und den Verzug kennt[124], dann müsste das OR einen neuen Zentralbegriff ins Gesetz aufnehmen, unter den die sonstigen Fälle der Vertragsverletzung gestellt werden können, wie es das deutsche Leistungsstörungsrecht mit dem Sammelbegriff der Pflichtverletzung getan hat. Hierbei stellt sich die Frage, ob das schweizerische Leistungsstörungsrecht ebenso reformiert werden sollte. In diesem Zusammenhang muss man berücksichtigen, dass das schweizerische Obligationenrecht den

[120] Schweizerisches Bundesgesetzblatt 1905, 17 f.
[121] Vor allem BK-Weber, N 50 zu Art. 97.
[122] v. Tuhr, OR-AT, S. 554.
[123] Vor allem BK-Weber, N 50 zu Art. 97.
[124] Schmid, Die positive Vertragsverletzung, S. 1023.

Tatbestand und die Rechtsfolge der Haftung für die Nichterfüllung anders als das deutsche BGB regelt.
Trotz der nunmehr geläufigen Verwendung des Begriffs der positiven Vertragsverletzung, sollte der weite Begriff der Nichterfüllung die Sammelbezeichnung für alle Fälle darstellen, welche die Folgen der Nichterfüllung nach OR 97 ff. und 107 ff. auslösen[125]. Denn die Bedeutung des Art. 110 aOR und der Nichterfüllung als zentralem Begriff für das System der Leistungsstörungen des OR sollte durch die Revision nicht angetastet werden.
In Bezug auf die positiven Vertragsverletzung hat es vor kurzem eine Bewegung in der Schweiz gegeben, Fälle der positiven Vertragsverletzung durch eine Reform des Deliktsrechts zu erfassen[126]. In der Reformdiskussion wurden die Bedeutung des Art. 97 und der Wille des Gesetzgebers wenig berücksichtigt. Bei der heutigen und künftigen Reform sollten daher die Gesetzgebungsmaterialen des OR und die wissenschaftliche Situation, die der Gesetzgeber in der Revision des aOR berücksichtigte, von größerer Bedeutung für die Auslegung der einzelnen Vorschriften sein, als eine Doktrin, die sich wegen Mängeln eines ausländischen Gesetzes entwickelt hat.
In Bezug auf den Zentralbegriff für das Leistungsstörungsrecht des OR kann folgendes festgestellt werden; die Mehrheitsmeinung in der Schweiz verwendet zwar den Begriff der positiven Vertragsverletzung[127]. Der Begriff der Nichterfüllung wird jedoch auch heute noch im weiteren Sinne verstanden und ist als Zentralbegriff des Leistungsstörungsrechts unangefochten[128].

---

[125] BK-Weber, N 48 f. zu Art. 97; Bucher, OR-AT, S. 334; Glättli, Schadensersatz, S. 1 ff.; Gauch/Schluep/Rey, OR, N 2602; OR-Wiegand, N 1.
[126] Schmid, Die positive Vertragsverletzung, S. 1028 ff.; Fellmann, Ist eine Integration der Haftung für positive Vertragsverletzung in das Deliktsrechts sachgerecht?, recht 1997, 95 ff.
[127] v. Tuhr/Escher, OR-AT, 107; Bucher, OR-AT, S. 335; Decurtins, Die Erfüllungsverweigerung vor Fälligkeit, S. 60; Barth, Schadensersatz bei nachträglicher Unmöglichkeit der Erfüllung unter dem Gesamtaspekt des Schadensersatzes infolge Vertragsverletzung, S. 10; Schubiger, Verhältnis der Sachgewährleistung zu den Folgen der Nichterfüllung und der nicht gehörigen Erfüllung, S. 31. Hierzu vgl. auch BK-Weber, N 50 zu Art. 97.
[128] Tendenzen, den Begriff Pflichtverletzung an seine Stelle zu setzen, gibt es nicht. Zu Deutschland vgl. unten § 15.

§ 15. Die Versuche zur Wiederaufnahme der allgemeinen Culpa-Haftung vor und in der Reform des Leistungsstörungsrechts

Die Lehre von der positiven Vertragsverletzung hat ein Echo sowohl in der österreichischen als auch in der schweizerischen Rechtslehre gefunden. Im Gegensatz zur österreichischen Rechtslehre, die zwar die Lehre von der positiven Vertragsverletzung diskutierte, sich aber gegen die Aufnahme der Lehre von der positiven Vertragsverletzung ausgesprochen hat, gibt es viele Anhänger der Lehre von der positiven Vertragsverletzung in der Schweiz.

Die österreichische Literatur verwendet zwar den Begriff der positiven Vertragsverletzung für die Erklärung der Fallgruppen der positiven Vertragsverletzung, sieht ihn aber nicht als einen Grundbegriff der Haftung für die schuldhafte Nichterfüllung an. Für das österreichische ABGB wird das Grundkonzept der Vertragsverletzung durch die Begriffe der Nichterfüllung und der nicht gehörigen Erfüllung beschrieben. Hingegen versucht heute die schweizerische Literatur, sich immer mehr den Begriff der positiven Vertragsverletzung zu eigen zu machen.

Seit der Entscheidung des OGH vom 7.3.1990 lösen die österreichischen Gerichte die Fälle der Mangelfolgeschäden nach den allgemeinen Rechtsgrundsätzen des ABGB (§§ 918, 920, 1295), ohne eine Rechtsanalogie heranzuziehen. Damit wird die Bedeutung der Lehre von der positiven Vertragsverletzung für das ABGB noch geringer.

Im Gegensatz dazu erkannte die schweizerische Praxis die analoge Anwendung der Artt. 97 ff. OR auf den Fall der vorzeitigen Erfüllungsverweigerung an.

Es gibt zwar Auswirkungen der Lehre von der positiven Vertragsverletzung auf die Entwicklung der Haftungslehre des österreichischen ABGB und des schweizerischen Obligationenrechts, diese sind aber unterschiedlich.

ABGB und OR haben zwar die Lehre von der positiven Vertragsverletzung in der Entwicklung der Haftungslehre berücksichtigt, sehen aber heute noch die Nichterfüllung als Grundbegriff für das Leistungsstörungsrecht an. Es gibt in der Rechtslehre der beiden Länder keine Stimmen, die fordern, den Begriff der Pflichtverletzung als Grundbegriff ins Gesetz aufzunehmen.

Das Wissen, dass das BGB einen allgemeinen Rechtsgrundsatz für die Haftung wegen schuldhafter Nichterfüllung enthält, war also, wie oben gezeigt (§ 13 III), noch viele Jahrzehnte in Rechtslehre und Rechtsprechung lebendig.
Es verblasste erst mit dem Ende der Tätigkeit des Reichsgerichts.
Im Laufe der Zeit setzte sich die Lehre von der positiven Vertragsverletzung in der Literatur zunehmend durch[129].
In der Rechtsprechung ist die Lehre von der positiven Vertragsverletzung vor allem durch das BGH-Urteil vom 13.11.1953[130] aufgenommen worden, und der BGH hielt seitdem in ständiger Rechtsprechung an dem Prinzip dieses Urteils fest.

In der Rechtslehre finden sich jedoch auch Stimmen und Anregungen, die weder Staub folgen wollen noch bereit sind, in § 276 den Grundsatz der allgemeinen Culpa-Haftung und damit eine Anspruchsgrundlage zu sehen[131]. Dazu gehören vor allem die Arbeiten von J. Himmelschein und H. Stoll[132].

Himmelschein versuchte, das System der vertraglichen Haftung für die Nichterfüllung durch die Auslegung der Gesetzesmaterialen zu erkennen. Er war der Meinung, dass das BGB den Fall der Schlechterfüllung mit einem erweiterten Begriff der Unmöglichkeit (in Verbindung mit der Terminologie der teilweisen Unmöglichkeit) erfasst und daher keine gesetzliche Lücke enthält[133]. Die Ansicht Himmelscheins fand jedoch keinen Anhang in der Literatur. Himmelscheins Ansatz dreht sich also nicht um einen Begriff der Nichterfüllung oder der Pflichtverletzung, sondern Ausgangspunkt ist sein Begriff der Unmöglichkeit.

Kurze Zeit nach der Abhandlung Himmelscheins forderte Stoll in einer der Abhandlungen des Jahres 1932 den Abschied von der Lehre von der positiven Vertragsverletzung. In dieser Arbeit setzte sich Stoll nicht nur mit der Lehre von der positiven Vertragsverletzung auseinander, sondern stimmte auch in wichtigen Teilen der historischen Auslegung des § 276 BGB durch Himmelschein zu. Der Ansatzpunkt für das System der vertraglichen Haftung für die Nichterfüllung ist für Stoll das verletzte Interesse, nicht die Art des Haftungstatbestandes[134]. Stoll teilt das Interesse in das Leistungsinteresse und das Schutzinteresse

[129] Kuhlmann, Leistungspflichten und Schutzpflichten, S. 400.
[130] BGHZ 11, 80 ff.
[131] Hierzu vgl. besonders Kuhlmann, Leistungspflichten und Schutzpflichten, S. 401.
[132] Himmelschein, AcP 135, 255 ff.; AcP 158, 273 ff ; Stoll, AcP 136, 257 ff.
[133] Zur ähnlichen Ansicht Emmerichs vgl. Leistungsstörungen, S. 224-226.
[134] Schur, Leistung und Sorgfalt, S. 18.

ein. Nach der Art des Interesses unterscheidet Stoll Erfüllungspflichten, die der Verwirklichung des Leistungsinteresses dienen, und Schutzpflichten, die dem Schutzinteresse dienen. Bei Stoll bestimmen sich die Rechtsfolgen der Verletzung der Pflichten daher nicht danach, welcher Haftungstatbestand, z. B. Unmöglichkeit, Verzug oder Schlechterfüllung eingetreten ist, sondern grundsätzlich nach der Art des verletzten Interesses und der Intensität dieser Verletzung. Welche Pflicht der Schuldner verletzt hat, ist für Stoll von entscheidender Bedeutung.
Im Vergleich zur Ansicht Himmelscheins, die die Unmöglichkeit als den grundlegenden Haftungstatbestand des BGB ansah, war für Stoll die Unmöglichkeit als Haftungstatbestand von geringerer Bedeutung. Stoll stellte den Grundsatz der Haftung für jede schuldhafte Pflichtverletzung an die Spitze des Rechts der Leistungsstörungen[135].

Die Lehre Stolls bildete die theoretische Grundlage für den Entwurf des Leistungsstörungsrechts der Akademie für Deutsches Recht. Der Entwurf regelt den allgemeinen Rechtsgrundsatz über die Haftung des Schuldners für schuldhafte Pflichtverletzung in § 3[136].
§ 3 Abs. 1 (BGB § 275: Haftung wegen Verschulden): „Wer vorsätzlich oder fahrlässig seine Verpflichtung (Leistungspflicht oder Schutzpflicht) verletzt, ist zum Ersatz des daraus entstehenden Schadens verpflichtet“[137].
Nach Stoll sollte Pflichtverletzung der zentrale Begriff des Leistungsstörungsrechts werden. Der Begriff „Pflichtverletzung“, der zwar dem BGB noch fremd war, fand jedoch Eingang in die Literatur und verdrängte zugleich den Begriff „Nichterfüllung“, den das BGB kennt[138].

Die Versuche Himmelscheins und Stolls, die Lücke zu schließen ohne Rückgriff auf die Lehre von der positiven Vertragsverletzung, hatten keinen sichtbaren Erfolg in der Rechtslehre und der Praxis.

---

[135] Stoll, Denkschrift, S. 32/35; Flume, Neuregelung des Schuldrechts, S. 1497, insbes. Fn. 1).
[136] Hierzu vgl. Ahrens, Unmöglichkeit, Leistungsstörung, Pflichtverletzung, S. 418-419.
[137] Stoll, Denkschrift, S. 62. Zu Stolls Lehre von den Leistungsstörungen und deren Bedeutung für die Entwicklung des allgemeinen Schuldrechts vgl. Sessler, Die Lehre von den Leistungsstörungen, Berlin 1994.
[138] Aber der Entwurf Stolls enthält auch den Begriff der Nichterfüllung in § 9 (Rechtsfolgen der Nichterfüllung). § 9 (BGB § 281) Abs. 1: „Soweit der Schuldner die Leistung nicht oder nicht in gehöriger Weise erbringt, hat er dem Gläubiger den daraus entstehenden Schaden zu ersetzen.“ (hierzu vgl. Stoll, Denkschrift, S. 65-66). Hiermit kann festgestellt werden, dass Stoll den Begriff der Nichterfüllung durch den Begriff der Pflichtverletzung nicht vollständig ersetzen will.

Die Lehre von der positiven Vertragsverletzung fand im Laufe der Zeit viele Anhänger und wurde durch die Rechtsprechung anerkannt.
Die Lehre hatte sich so allmählich durchgesetzt und wurde als eigenes – unkodifiziertes- Rechtsinstitut betrachtet[139], das von den Juristen in Deutschland kaum in Frage gestellt wurde.
Es blieben jedoch eine ganze Reihe von Problemen, die vor allem das Ineinandergreifen mit anderen Rechtsbehelfen betrafen, welche Reformen als dringend notwendig erscheinen ließen. Dieses unkodifiziertes Rechtsinstitut trug dazu bei, das Leistungsstörungsrecht zu reformieren.

Die Bewegung zur Reform des Schuldrechts begann Ende der 70er Jahre des letzten Jahrhunderts mit insgesamt 24 Aufträgen des Bundesministeriums der Justiz, Gutachten über einzelne für reformbedürftig gehaltene Rechtsinstitute zu erstellen. Diese Gutachten erschienen in den Jahren 1981 bis 1983 im Druck.
Auf dieser Grundlage war die sog. Schuldrechtskommission tätig, die vom Bundesministerium der Justiz zur Erarbeitung der Reformvorschläge insbesondere für drei Bereiche eingesetzt worden war, nämlich für das allgemeine Leistungsstörungsrecht, für das Gewährleistungsrecht beim Kauf und Werkvertrag und schließlich für das Verjährungsrecht. Die Arbeit der Schuldrechtskommission kam 1991 zum Ende; das Ergebnis der Arbeit (der sog. Abschlussbericht) wurde 1992 vorgelegt.
Die Schuldrechtskommission war, wie schon Staub, der Auffassung, dass das Rechtsinstitut der positiven Vertragsverletzung besonders deutlich belege, dass das kodifizierte Leistungsstörungsrecht in sehr wichtigen Bereichen der praktischen Rechtsanwendung unvollkommen sei[140]; sie folgte einseitig der herrschenden Rechtslehre, wonach der Begriff der „Unmöglichkeit der Leistung" im Mittelpunkt des geltenden Leistungsstörungsrechts stehe[141].
Bei der Suche nach einem Zentralbegriff des Leistungsstörungsrechts lehnte die Schuldrechtskommission die Aufnahme des von U. Huber vorgeschlagenen Begriffs der Nichterfüllung in ihren Entwurf ab, da sich unter dem Begriff der Nichterfüllung die Fälle kaum unterbringen ließen, in denen der Schuldner nur verspätet oder sonstwie schlecht erfüllt hat[142]. Anscheinend beachtete die Schuldrechtskommission nicht, dass der weitere Begriff der Nichterfüllung die Sachverhalte der Nichterfüllung im Sinne des „Ausbleibens der Leistung" und der nicht gehörigen Erfüllung in dem Sinne umfassen kann, dass der Schuldner zwar die Leistung erbracht hat, aber sie weder gehörig noch vertragsmäßig ist.

---

[139] Palandt-Heinrichs[60], § 276, Rn. 105; Larenz, Schuldrecht AT, § 24 I a; Staudinger-Löwisch, Rn. 21 vor § 275.
[140] Abschlußbericht, A. 19. Zur Begründung der Bundesregierung zum Entwurf eines Gesetzes zur Modernisierung des Schuldrechts, vgl. Canaris, Schuldrechtsmodernisierung, S. 577.
[141] Abschlußbericht, A. 18; Canaris, Schuldrechtsmodernisierung, S. 577/593.
[142] Hierzu vgl. Medicus, Leistungsstörungen, S. 2384; Diederichsen, AcP 182, 117 ff.

Auch in der Wissenschaft findet sich dazu keine grundsätzliche Auseinandersetzung.

Als Beispiel dafür, dass das BGB die Nichterfüllung im weiteren Sinne in zwei Fällen regelt, lässt sich das Rechtsinstitut des Strafversprechens nennen. In den Vorschriften der §§ 340, 341 unterscheidet das BGB deutlich den Schadensersatz wegen Nichterfüllung und den Schadensersatz wegen einer Erfüllung, die nicht in der gehörigen Weise bewirkt wurde, wobei letzterer neben der Erfüllung der versprochenen Leistung verlangt werden kann[143].
Außerhalb der Vorschriften des BGB über das Strafversprechen kann man auch in den Vorschriften über die Einrede des nicht erfüllten Vertrages erkennen, dass das BGB diese Einrede in zwei unterschiedlichen Fällen regelt. § 320 BGB regelt die Einrede für den Fall des Ausbleibens der Leistung und für den Fall der nicht gehörig erbrachten Leistung des Schuldners. In Verbindung mit § 363[144] kann der Gläubiger aufgrund des § 320 BGB seine Leistung zurückhalten, bis der Schuldner die Leistung als Erfüllung der Verpflichtung so gehörig erbringt, dass sie als Erfüllung das Erlöschen der Verpflichtung bewirkt[145].

Im Ergebnis entschied sich die Schuldrechtskommission dafür, den Begriff „Pflichtverletzung" als zentralen Begriff des Leistungsstörungsrechts in ihren Gesetzesentwurf aufzunehmen[146].
Die Rechtsinstitute des Strafversprechens und der Einrede des nicht (gehörig) erfüllten Vertrages zeigen, dass das Leistungsstörungsrecht des BGB auf dem weiteren Begriff der Nichterfüllung basierte, und dass das BGB ihn dann in zwei Fälle geteilt.

Die Aufnahme des Begriffs „Pflichtverletzung" als Zentralbegriff des neuen Leistungsstörungsrechts durch die Schuldrechtskommission hatte zwar eine heftige Diskussion zur Folge. Aber der Gegenstand der Diskussion beschränkte sich mehr auf die Frage, ob sich die Schuldrechtskommission an dem Begriff der Pflichtverletzung aus der von Stoll verfassten Denkschrift der Akademie für Deutsches Recht orientiert hat oder nicht[147].

---

[143] Zur Kodifikationsgeschichte des Rechtsinstituts „Strafversprechen" vgl. § 11 I 2 3) (2); Kuhlmann, Leistungspflichten und Schutzpflichten S. 103.
[144] Zur Gesetzgebungsgeschichte des § 363 BGB vgl. § 11 I 2 3) (1)
[145] Hierzu vgl. § 11 I 2 3) (1)
[146] Abschlußbericht, A. 38.
[147] Hierzu vgl. Flume, Neuregelung des Schuldrechts, S. 1497 ff.; Rabe, Pflichtverletzung als Grundtatbestand des Leistungsstörungsrechts, 1652 ff.; ders., Schuldrechtsreform – Abschied vom kontinentaleuropäischen Rechtsdenken?, S. 135 ff.; Heinrichs, Abschied vom BGB oder sinnvolle Weiterentwicklung des bürgerlichen Rechts, S. 10 ff.

Es kann festgestellt werden, dass die Rechtslehre den dem BGB zugrunde liegenden Begriff der Nichterfüllung in der Diskussion über den Entwurf der Schuldrechtskommission wenig berücksichtigt hat.
Die Schuldrechtskommission ging davon aus, dass die Regeln des UN-Kaufrechts (CISG) über das Leistungsstörungsrecht die Mängel vermeiden, die dem Leistungsstörungsrecht des BGB anhaften. Sie versuchte, mit dem Begriff der Pflichtverletzung an den ins Deutsche mit Nichterfüllung zu übersetzenden Begriff „Non-Performance" des CISG[148] anzuknüpfen[149]:
„Die Anknüpfung an den Begriff der „Pflichtverletzung" entspricht dem UN-Kaufrecht. Zwar verwendet es in Art. 45 Abs. 1, 61 Abs. 1 den Begriff der „Nichterfüllung" der vertraglichen Pflichten. Aber darin liegt nur *ein verbaler, kein sachlicher Unterschied.*"[150]

Wenn die Schuldrechtskommission wirklich keinen sachlichen Unterschied zwischen den Begriffen der Pflichtverletzung und der Nichterfüllung sah, dann stellt sich die Frage, warum die Schuldrechtskommission auf den dem BGB innewohnenden Begriff der Nichterfüllung verzichtet hat und den dem BGB nicht bekannten Begriff der Pflichtverletzung neu ins Gesetz bringen wollte. In der Auffassung der Schuldrechtskommission zur Aufnahme des Begriffs der Pflichtverletzung und zu dessen Verhältnis zum Begriff der Nichterfüllung findet sich daher ein Widerspruch.
Die Reformarbeit der Schuldrechtskommission erstreckte sich zwar fast über 20 Jahre, wurde aber nicht zum Gesetz. Das Rechtsinstitut der positiven Vertragsverletzung wurde daher nicht im Gesetz verankert.
Die Reformarbeiten der Schuldrechtskommission zeigen aber, dass man das Leistungsstörungsrecht des BGB allgemein als reformbedürftig ansah und dass die positive Vertragsverletzung einen wesentlichen Kernpunkt der Reformüberlegungen bildete. Auch der 60. Deutsche Juristentag stimmte im Jahre 1994 für die Reform des Leistungsstörungsrechts[151].
Nach der Zurückstellung der Reform im Jahr 1996[152] hat Heinrichs als ein Mitglied der Schuldrechtskommission Stellung zur positiven Vertragsverletzung genommen:

---

148 Art. 45 Abs. 1 und Art. 61 Abs. 1 CISG.
149 Zum Leitbild für die Reformarbeit der Schuldrechtskommission vgl. Rolland, Schuldrechtsreform, 2377 ff., insbes. 2380; Zimmermann, Modernizing the German Law of Obligations?, S. 278-279.
150 Abschlußbericht, A. 39 (Hervorhebung von mir). Zur Begründung der Bundesregierung zum Entwurf des Gesetzes zur Modernisierung des Schuldrechts siehe Canaris, Schuldrechtsmodernisierung, S. 593. Vgl. auch Heinrichs, Abschied vom BGB oder sinnvolle Weiterentwicklung des bürgerlichen Rechts, S. 10.
151 Zu den Beschlüssen des Juristentages zur Schuldrechtsreform vgl. ZIP 1994, 1573-1574.
152 Zum Verfahren der Reform des Schuldrechts vgl. Geiger, S. 473 f.

„sie (=die positive Vertragsverletzung[153]) komme im geschriebenen Recht nirgendwo vor.“[154]

[153] Hinzugefügt von mir.
[154] Heinrichs, Abschied vom BGB, S. 8.

Am Ende des 20. Jahrhunderts war Deutschland verpflichtet, die von der Europäischen Union erlassenen drei EU-Richtlinien umzusetzen[155]. Dies gab den Anstoß für das Bundesministerium der Justiz, das Reformvorhaben in Angriff zu nehmen[156].
Anfang August 2000 veröffentlichte das Bundesministerium einen Diskussionsentwurf eines Schuldrechtsmodernisierungsgesetzes, um eine Diskussion der Juristen zu ermöglichen.
Der Diskussionsentwurf (DiskE) entsprach im wesentlichen durchaus dem Meinungsstand der Gutachten und des Abschlussberichts der Schuldrechtskommission, die die damalige deutsche Zivilrechtsdogmatik widerspiegeln. Damit nahm er fast wörtlich die Reformvorschläge aus den Jahren 2000 bis 2001 der Schuldrechtskommission auf und brachte keine wesentlichen Neuerungen[157].
Der Diskussionsentwurf nahm die Terminologie der Pflichtverletzung als zentralen Begriff auf, unter dem die Schuldrechtskommission alle Fälle der Leistungsstörungen unterzubringen versucht hatte, indem sie davon ausgeht, dass die positive Vertragsverletzung als wesentliches Rechtsinstitut des Leistungsstörungsrechts bis dahin überhaupt nicht geregelt war[158].
In der wissenschaftlichen Debatte über den Diskussionsentwurf zur Modernisierung des Schuldrechts ging es vor allem um die Frage, ob das deutsche Recht die EU-Richtlinien entweder durch ein Sondergesetz (die sog. „kleine Lösung") oder durch Ergänzung und Änderung des geltenden BGB (die sog. „große Lösung") umsetzen solle[159].
Insbesondere im Bereich des Leistungsstörungsrechts bildeten Versuche der Schuldrechtskommission, den Begriff der Unmöglichkeit zu streichen, Hauptpunkte der Diskussion. In der Diskussion um den Diskussionsentwurf hatte die

---

155 Verbrauchsgüterkauf-Richtlinie (1999/44/EG), E-Commerce-Richtlinie (2000/31/EG) und Zahlungsverzugs-Richtlinie (2000/35/EG). Hierzu vgl. Schmidt-Räntsch, Das neue Schuldrecht, S. 1-5. Zum Verfahren der Reform und der Modernisierung des Schuldrechts vgl. Zimmermann, Modernizing the German Law of Obligations?, S. 276-280.

156 Zu Fragen der Anwendung der Richtlinien auf das nationale Recht vgl. Grundmann-/Bianca, EU-Kaufrechts-Richtlinie, S. 43 ff.

157 Zur Entwicklung des Entwurfs der Schuldrechtskommission zum modernisierten Schuldrecht des BGB vgl. Ehmann/ Sutschet, Modernisiertes Schuldrecht, S. 1-7.

158 Vgl. Heldrich, Ein zeitgemäßes Gesicht für unser Schuldrecht, S. 2522.

159 Zum Überblick über den Grund für die Entscheidung für die große Lösung bei der Schuldrechtsmodernisierung vgl. insbes. Ernst/Zimmermann, Zivilrechtswissenschaft und Schuldrechtsreform; Däubler-Gmelin, Die Entscheidung für die so genannte große Lösung bei der Schuldrechtsreform, S. 2281 ff.

Wissenschaft wenig Zweifel daran, dass die Pflichtverletzung überhaupt als zentraler Begriff für das Leistungsstörungsrechts betrachtet werden sollte[160].

Am 6.3.2001 hat das Bundesjustizministerium der Öffentlichkeit die sogenannte Konsolidierte Fassung (KF), die auf dem Diskussionsentwurf basierte, zugänglich gemacht. Sie enthält die sich aus der Diskussion über den Diskussionsentwurf ergebenden Stellungnahmen und die Ergebnisse der Beratungen der Kommission und der Arbeitgemeinschaften über das Leistungsstörungsrecht[161].
Die §§ 280 ff. KF sahen die Pflichtverletzung als zentralen Begriff für das neue Leistungsstörungsrecht an und versuchten, die Fälle der positiven Vertragsverletzung unter den Begriff der Pflichtverletzung einzubeziehen.
Die KF regelt den Schadensersatz statt der Leistung wegen nicht oder nicht wie geschuldet erbrachter Leistung.
§ 281 Abs. 1 Satz 1 (Schadensersatz statt der Leistung wegen nicht oder nicht wie geschuldet erbrachter Leistung) KF: „Soweit der Schuldner die fällige Leistung nicht oder nicht wie geschuldet erbringt, kann der Gläubiger unter den Voraussetzungen des § 280 Abs. 1 Schadensersatz statt der Leistung verlangen, wenn er dem Schuldner eine angemessene Frist zur Leistung bestimmt hat und die Frist erfolglos abgelaufen ist."[162]

Anders als in der Diskussion um den Diskussionsentwurf gingen Canaris, Schapp und Stoll in Abhandlungen über das Leistungsstörungsrecht nach der Konsolidierten Fassung auf die Frage ein, ob der Begriff der Pflichtverletzung für das neue Leistungsstörungsrecht ins Gesetz aufgenommen werden solle[163].
Als erster problematisierte Canaris die Verwendung der Terminologie der Pflichtverletzung als Zentralbegriff der Konsolidierten Fassung für das Leistungsstörungsrecht, indem er auf die weitaus höhere internationale Akzeptanz der Terminologie der Nichterfüllung hinwies[164]. Canaris sieht ein Problem in der

---

[160] Huber scheint der einzige zu sein, der in der Diskussion über den Diskussionsentwurf zur Modernisierung des Schuldrechts die Frage nach der Pflichtverletzung als dem Grundtatbestand des Leistungsstörungsrechts gestellt hat (ders., Pflichtverletzung als Grundtatbestand, S. 2273 f.; ders., Leistungsstörungen im Diskussionsentwurf, S. 45 ff.; ders., Leistungsstörungen I, S. 2 ff.: Zimmermann, Europa und das römische Recht, S. 250-251; ders., Roman Law, Contemporary Law, European Law, S. 92-93).

[161] Canaris, Schuldrechtsmodernisierung, X.

[162] § 280 Abs. 1 Satz 1 (Schadensersatz wegen Pflichtverletzung) KF: „Verletzt der Schuldner eine Pflicht aus dem Schuldverhältnis, so kann der Gläubiger Ersatz des hierdurch entstehenden Schadens verlangen."

[163] Hierzu vgl. Canaris, Die Reform des Rechts der Leistungsstörungen, 522 f.; Stoll, Neuordnung des Rechts der Leistungsstörungen, S. 593-594; Schapp, Empfiehlt sich die „Pflichtverletzung" als Grundtatbestand des Leistungsstörungsrechts?, S. 586/589.

[164] Canaris, Die Reform des Rechts der Leistungsstörungen, S. 523. Zu den Zweifeln von Canaris an der Terminologie der Pflichtverletzung hinsichtlich der Regelung über die

Dominanz des Begriffs der Pflichtverletzung, die der DiskE aus dem Abschlussbericht der Schuldrechtskommission im Jahre 1992 „geerbt" habe[165]. Auf dieser Grundlage forderte Canaris, eine Mischung der Begriffe der Nichterfüllung und der Pflichtverletzung für das Leistungsstörungsrecht zu verwenden[166].
Schapp wollte als Generaltatbestand der Leistungsstörungen weiterhin die Nichterfüllung verwenden und hielt die Neuform „Schadensersatz wegen Pflichtverletzung" gegenüber der Altform „Schadensersatz wegen Nichterfüllung" für keine Verbesserung[167].
Stoll unterteilte die Tatbestände der Leistungsstörungen in den Tatbestand der Nichterfüllung und den der Verletzung von Verhaltenspflichten einschließlich der Schutzpflichten und stellte die Frage, warum § 281 KF die komplizierte Überschrift „Schadensersatz statt der Leistung wegen nicht oder nicht wie geschuldet erbrachter Leistung" und eine derart schwerfällige Fassung hat. Er sieht die Fassung des § 281 KF als ein Monstrum an[168] und weist darauf hin, dass die Überschrift „Schadensersatz wegen nicht oder nicht gehöriger Erfüllung" statt „Schadensersatz statt der Leistung wegen nicht oder nicht wie geschuldet erbrachter Leistung" lauten kann, wie es schon in § 280 Abs. 1 KF heißen sollte[169].

Canaris, Schapp und Stoll hatten mit ihrer Kritik an der Terminologie „Pflichtverletzung" keinen Erfolg. Das am 1.1.2002 in Kraft getretene BGB übernahm Überschrift und Fassung der §§ 280 ff. KF. Vielleicht hätten sie Erfolg gehabt, wenn sie darauf hingewiesen hätten, dass der Begriff der Nichterfüllung dem BGB zugrunde liegt, dass insbesondere die Begriffe „Nichterfüllung" und „nicht gehörige Erfüllung" bereits in der Altfassung des BGB in den Vorschriften über das Strafversprechen (§§ 340, 341) unmittelbar und in den Vorschriften über die Einrede des gegenseitigen Vertrages (§§ 320, 363) mittelbar enthalten waren[170].

---

anfängliche Unmöglichkeit in § 311 a Abs. 2 KF vgl. ders., Die Reform des Rechts der Leistungsstörungen, S. 522. Dazu auch Stoll, Neuordnung des Rechts der Leistungsstörungen, S. 593.

[165] Canaris, Die Reform des Rechts der Leistungsstörungen, S. 522. Dort erörtert er aber nicht, dass das BGB die Terminologie von Nichterfüllung und nicht gehöriger Erfüllung in den Rechtsvorschriften über das Strafversprechen und die Einrede des gegenseitigen Vertrages verwendet.

[166] Canaris, Die Reform des Rechts der Leistungsstörungen, S. 523.

[167] Schapp, Empfiehlt sich die „Pflichtverletzung" als Grundtatbestand des Leistungsstörungsrechts?, S. 586/589.

[168] Stoll, Neuordnung des Rechts der Leistungsstörungen, S. 594.

[169] Stoll, Neuordnung des Rechts der Leistungsstörungen, S. 594, Fn. 27.

[170] Zur Aufnahme des Strafversprechens und der *exceptio non adimpleti contractus* (*exceptio non rite adimpleti contractus*) in der Gesetzgebungsgeschichte des BGB vgl. oben § 11 I 2 3) (1) und (2).

Durch die Schuldrechtsmodernisierung hat das BGB einen neuen Zentralbegriff für das Leistungsstörungsrecht. Er heißt „Pflichtverletzung". Dadurch unterscheidet sich das BGB vom ABGB und vom schweizerischen Obligationenrecht in Hinblick auf die Terminologie des zentralen Begriffs für das Leistungsstörungsrecht streng, da das ABGB und das schweizerische Obligationenrecht auch nach der teilweisen Übernahme der Lehre von der positiven Vertragsverletzung am Zentralbegriff der Nichterfüllung für das Haftungssystem der Vertragsverletzung festhalten. Darin zeigen sich die unterschiedlichen Auswirkungen der Lehre von der positiven Vertragsverletzung auf das BGB, das ABGB und das schweizerische Obligationenrecht.

Mit der bisherigen Betrachtung der Entwicklung der Haftungslehre und der Auswirkung der Lehre von der positiven Vertragsverletzung auf die Aufnahme des neuen Begriffs der Pflichtverletzung in das modernisierte Leistungsstörungsrecht des BGB kann festgestellt werden, dass die Lehre von der positiven Vertragsverletzung Staubs für die Entwicklung des Leistungsstörungsrecht des BGB eine richtungsweisende Rolle gespielt hat.

Nach Medicus ist der Begriff der Leistung und der Unmöglichkeit erheblich weiter zu verstehen, als die herrschende Meinung dies tut, und umfasst etwa auch die Qualität der Leistung. Er hält es für möglich, dass die Rechtsentwicklung einen anderen Verlauf genommen hätte, dass also das Institut der positiven Vertragsverletzung nicht eine solche große Bedeutung gewonnen hätte, wenn die Gedanken Himmelscheins und Emmerichs früher vorgetragen worden wären[171].
Diese Aussage mag zwar zutreffen, dennoch muss hier darauf hingewiesen werden, dass nach unserer Darstellung weder die herrschenden Rechtslehre noch die Ansicht Himmelscheins und Emmerichs den Intentionen des Gesetzgebers des alten BGB entsprach[172].

Die Frage, warum sich der Begriff und die Konzeption der positiven Vertragsverletzung allmählich durchgesetzt hat, bleibt im Letzten noch ungeklärt. Denn die jeweiligen Arbeiten, die sich damit beschäftigten, beschränken sich auf einen Teilaspekt der Rechtsfigur oder die Methode der Arbeit sich je nach dem Interesse der Autoren entweder auf die Auslegung des positiven Rechts oder auf ein rein historisches Interesse oder auf eine rechtsvergleichende Untersuchung. Dabei stützt sich jede Arbeit auf das Ergebnis der anderen Arbeiten. Die Grenzen zwischen den verschiedenen Interessen und Methoden standen bisher einer Un-

---

[171] Medicus, Schuldrecht-AT^7, S. 190.
[172] Zur Gesetzgebung und dem Willen des Gesetzgebers vgl. oben § 11 IV.

tersuchung im Wege, die das Institut der positiven Vertragsverletzung als ganzes in den Blick nimmt.
Es bleibt festzuhalten, dass das jetzt geltende BGB sowohl den Begriff „Pflichtverletzung“ (in §§ 280 ff.) als auch den Begriff „Nichterfüllung“ (§§ 340, 341) verwendet. Wenn es keinen Unterschied zwischen diesen Begriffen gibt, dann hat die Kommission ihr Ziel verfehlt, das Leistungsstörungsrecht zu verdeutlichen und zu vereinheitlichen.
Der Reformgesetzgeber unterschied Pflichtverletzung und Nichterfüllung wie folgt:
„Die Pflichtverletzung im Sinne von § 280 Abs. 1. Satz 1 RE besteht hier ganz einfach darin, daß die geschuldete Leistung nicht bzw. nicht pünktlich erbracht wird; die Verletzung der verkehrserforderlichen Sorgfalt liegt demgegenüber darin, daß der Schuldner z. B. den Vertragsgegenstand unsorgfältig behandelt und so die Unmöglichkeit herbeigeführt hat, oder etwa darin, daß er die geschuldete Ware nicht frühzeitig genug auf den Weg gebracht hat, obgleich mit einem Eisenbahnerstreik oder dgl. zu rechnen war.“[173]

Mit dem Begriff der Pflichtverletzung versucht der § 280, den Fall der Nichterfüllung und der nicht gehörigen Erfüllung zu erfassen, da der Regierungsentwurf davon ausgeht, dass der Begriff der Nichterfüllung nämlich durch das BGB in einem anderen engeren Sinne besetzt ist und das BGB von Nichterfüllung nur spricht, wenn die Leistung ganz oder teilweise auf Dauer ausbleibt[174]. Denn das BGB spreche von Verzug, wenn die Leistung verspätet erbracht wird.
Dieser Ausgangspunkt des Regierungsentwurfs, nämlich das enge Verständnis vom Begriff der Nichterfüllung, entspricht freilich nicht, wie wir gezeigt haben, dem Sprachgebrauch des BGB, weil das alte und das geltende BGB den Sachverhalt der Nichterfüllung in den Fall des Ausbleibens (Nichterfüllung) und den Fall der nicht vertragsmäßig erbrachten Leistung (nicht gehörige Erfüllung) teilen. Wusste der Reformgesetzgeber nicht, was das BGB unter dem Begriff der Nichterfüllung versteht? An dieser Stelle soll die Frage offen bleiben.

Im Zusammenhang der positiven Vertragsverletzung mit der Modernisierung des Leistungsstörungsrechts kann man davon sprechen, dass der Lehre Staubs das Verdienst zur Entwicklung des Leistungsstörungsrechts zugewiesen werden kann, dass die Lehre von der positiven Vertragsverletzung den Blick der Juristen auf die konkrete Art der Pflichtverletzungen im obligatorischen Schuldverhältnis gelenkt hat und sie einen Beitrag zur Verschärfung der Arten der Verpflichtungen geleistet hat[175].

---

[173] BR-Drs. 338/01, 308.
[174] BR-Drs. 338/01, 303.
[175] Schur, Leistung und Sorgfalt, S. 14 f.

Die von Staub eingeführte Rechtsfigur der positiven Vertragsverletzung entwickelte sich zu einem ungeschriebenen Rechtsinstitut. Mit ihrer Aufnahme ins neue BGB ist sie zu einem gesetzlich verankerten Rechtsinstitut geworden.

Aber die Frage bleibt, wenngleich sie jetzt mehr von rechtshistorischer Interesse ist, ob im Rahmen des alten BGB das Institut der positiven Vertragsverletzung wirklich notwendig und richtig war, insbesondere für die Praxis in der Zeit der Entstehung der Lehre von der positiven Vertragsverletzung.
Dieser Zweifel bleibt, unabhängig von der Modernisierung des Leistungsstörungsrechts.

ZUSAMMENFASSUNG DER WESENTLICHEN ERGEBNISSE UND SCHLUSSBEMERKUNG

I. Zusammenfassung der Ergebnisse

1. Für das System der Haftung bei Nichterfüllung gilt im römischen Recht der Grundsatz der Culpa-Haftung. Nach diesem Rechtsgrundsatz hat der Schuldner für die schuldhafte Nichterfüllung einzustehen.
Bei der Bestimmung des Umfangs der Haftung ist das Utilitätsprinzip maßgeblich. Für das Gerichtsurteil gilt der Grundsatz der *condemnatio pecuniaria*, wonach der Richter auf Geldzahlung zu verurteilen hat. Damit kann die Unmöglichkeit keinen Tatbestand darstellen, bei dem sich die Sachschuld in eine Geldschuld umwandelt, denn es gibt keine Sachschuld.
Für das römische Recht unterscheidet man die *iudicia stricti iuris* und die *bonae fidei iudicia*. Mit der Ausbreitung der *bonae fidei iudicia* verlieren die *iudicia stricti iuris* an Bedetung und die *bonae fidei iudicia* rücken stärker in den Mittelpunkt der Rechtspraxis. Die *bona fides* verlangt vom Schuldner nicht nur, die versprochene Leistung zu erbringen, sondern darüber hinaus alles zu tun, was der Verwirklichung des Schuldzweckes dient, und alles zu verhindern und zu unterlassen, was diesem Zweck zuwiderläuft. Denn die *bona fides* umfasst die Gesamtbeziehung, die durch den VertragsSchluss entsteht.
Mit der Einführung des Kognitionsverfahrens wird die Sachkondemnation zwar möglich, verdrängt aber die *condemnatio pecuniaria* in der Praxis nicht völlig.
Das Verhältnis von Regel- und Ausnahmerechtsbehelfen bei Nichterfüllung stellt sich im römischen Recht anders als im heutigen deutschen Recht dar, wo das Prinzip der Realerfüllung dem System der Rechtsbehelfe des Gläubigers bei Nichterfüllung zugrundeliegt. Hier kommt dem Tatbestand der Unmöglichkeit, genauer gesagt dem Tatbestand der verschuldeten Unmöglichkeit die Funktion zu, den Anspruch auf Realerfüllung in einen Anspruch auf Geldersatz übergehen zu lassen.
Der Grundsatz der allgemeinen Culpa-Haftung galt auch in der Folgezeit während der Rezeption des römischen Rechts. Der haftungsbegründende Tatbestand war das schuldhafte Nichterfüllen, wobei die Fälle der positiven Vertragsverletzung im Prinzip der allgemeinen Culpa-Haftung mit inbegriffen waren. Die Rezeption des römischen Rechts führte zu wissenschaftlichen Kontroversen. Das Nebeneinander von Geld- und Sachkondemnation gab Anlass zur Auseinandersetzung über die Frage, welche Rechtsbehelfe der Gläubiger bei Nichterfüllung habe. Unbestritten aber war und blieb das Prinzip der allgemeinen Culpa-Haftung selbst.
Die Glossatoren und Kommentatoren gingen von der von Justinian übernommenen gaianischen Dreiteilung des Obligationsbegriffes in die *obligationes dan-*

di, die *obligationes faciendi* und die *obligationes praestandi* aus. Hinsichtlich der *obligationes dandi* bestand dahingehend Einigkeit, dass der Gläubiger bei Ausbleiben der Leistung auf die Sache selbst klagen kann und sich nicht mit einer Geldzahlung zufrieden geben muss. Auseinandersetzung gab es vor allem hinsichtlich der *obligationes faciendi*. Bei den Glossatoren und Kommentatoren beriefen sich die Befürworter der Geldkondemnation auf die Maxime „*Nemo potest praecise cogi ad factum*".

Den Humanisten, die sich die Rückkehr zum antiken römischen Recht durch genaueres, philologisch geschultes Studium der überlieferten Texte zum Programm machten, gelang es, die im Vordringen befindliche Sachkondemnation wiederum zugunsten der römischen Geldkondemnation zurückzudrängen.

Vor der Naturrechtslehre war die Ansicht allgemein anerkannt, dass jedes formlose *pactum* zur Begründung einer Verbindlichkeit eine *causa* voraussetze. Die Klagbarkeit aller Versprechen, auf die häufig mit der Regel der Kanonistik „*ex nudo pacto actio oritur*" Bezug genommen wird, ist zwar bereits gegen Ende des Mittelalters anerkannt, aber bis ins 17. Jahrhundert nicht zu einer allgemeinen Lehre entwickelt worden.

An der Wende von der mittelalterlichen vereinzelten Anerkennung der Klagbarkeit des formlosen Versprechens zu einer allgemeinen Vertragslehre steht Hugo Grotius in der Auseinandersetzung mit der Lehre des Connanus, dass *pacta jure naturali* überhaupt keine verbindliche Obligation erzeugen könnten. Bei Grotius gibt es auch keinen Anlass, die *obligatio* auf *facere* (Handlung) von der *obligatio* auf *dare* rechtlich getrennt zu behandeln. Denn nach Grotius folgt aus dem Versprechen selbst ein subjektives Recht. Aus diesem Recht leitet sich einheitlich die Klagbarkeit ab, ohne dass es noch einer Differenzierung nach der Art des Versprechens bedürfte. Die Lehre Grotius' setzt sich in der naturrechtlichen Literatur durch.

Die Gleichstellung der Obligationen auf *facere* mit den Obligationen auf *dare* durch Grotius brachte die noch nicht vollständig gelöste Frage nach der Erzwingbarkeit der Obligationen auf *facere* bei der schuldhaften Nichterfüllung zu einer neuen Aktualität. Höpfner folgte in seinem Lehrbuch der Auffassung des Thomasius und ging davon aus, dass jeder, der sich etwas versprechen lässt, das Recht erhält, vom Versprechenden die Erfüllung des Vertrages zu verlangen.

Von diesem Gedanken aus legt er den Grundsatz der Realerfüllung dem Obligationenrecht zugrunde und erreicht damit, dass der Schuldner, der eine Handlung verspricht, diese Handlung selbst erbringen muss und sich durch eine Geldentschädigung des Versprechensempfängers von seiner Schuld nicht befreien kann. Der Vorstoß Höpfners brach eine Bahn für den Vorrang der Realerfüllung im Obligationenrecht. Viele Anhänger fand die Auffassung Höpfners in der übrigen naturrechtlichen Literatur und später in der frühen Pandektenliteratur:

„das Naturrecht lehrt mich, daß ich jeden, mit dem ich einen verbindlichen Vertrag geschlossen habe, zur genauesten Erfüllung seines Versprechens zwingen kann." (Glück, Pandecten, Bd. 4, § 316 II), S. 306).

Das Prinzip vom Vorrang der Realerfüllung (Naturalerfüllung) erzeugt in der Naturrechtslehre und der frühen Pandektenlehre die Tendenz, die Unmöglichkeit als einen Sachverhalt anzusehen, bei dem eine Ausnahme von der Realerfüllung zu machen ist. Dabei sieht die Naturrechtslehre die Unmöglichkeit nicht als haftungsbegründenden Tatbestand an, sondern vielmehr nur als einen Tatbestand der Befreiung von der Pflicht zur Realerfüllung. Zugleich wendet die Naturrechtslehre den Satz des Celsus *„impossibilium nulla obligatio est"* erweitert auf alle Verträge sowohl bei der anfänglichen Unmöglichkeit als auch bei der nachträglichen Unmöglichkeit an.
Die frühe Pandektenlehre verschärft den Begriff *„casus"* durch die Begriffe der *„casus merus"* und *„casus mixtus"*. In der frühen Pandektenlehre gilt der Satz *„casus fortuiti a nullo paestantur"* für die nachträglich durch Zufall eintretende Unmöglichkeit.
Die Sätze *„impossibilium nulla obligatio est"* und *„casus fortuiti a nullo paestantur"* betreffen nur die Frage, wann der Schuldner von der Haftung frei wird. Die spätere Naturrechtslehre und frühe Pandektenlehre orientieren sich eher an den Sachverhalten „nicht erfüllt" oder „nicht gehörig erfüllt", wobei der Sachverhalt „nicht erfüllt" bei verschuldeter Unmöglichkeit nur zur Befreiung von der Pflicht zur Realerfüllung, nicht von der Haftung selbst führt.
Der römisch-gemeinrechtliche Rechtsgrundsatz der allgemeinen Culpa-Haftung für *dolus*, *culpa* oder *casus mixtus* gilt auch für die spätere Naturrechtslehre und die frühe Pandektenlehre. Im Recht der Vertragsverletzungen ist eine scharfe Abgrenzung zwischen Naturrecht und römisch-gemeinrechtlichen Sätzen oft schwierig, häufig fast unmöglich.
Die frühen Kodifikationen, die in der Blütezeit der Naturrechtslehre entstanden, enthalten Regelungen über den Verzug und die Unmöglichkeit. In diesem Zusammenhang ist der Beobachtung zu betonen, dass die Sachverhalte „will nicht erfüllen" und „kann nicht erfüllen" erstmals durch diese Kodifikationen in formelle Tatbestände der Nichterfüllung umgeschrieben worden sind. Aber man kann zugleich beobachten, dass das ALR von 1784 und das ABGB von 1811 auch die Vorschriften über die allgemeine Culpa-Haftung für die Nichterfüllung und die nicht gehörige Erfüllung enthielten und die Richter des ALR und des ABGB das neue Gesetz nach alter Übung des gemeinen Rechts verstanden und interpretierten. Dies lag auch daran, dass die Universitäten in Preußen und in Österreich das gemeine Recht auch nach Verabschiedung der Kodifikationen noch weiter lehrten und dass das ALR und das ABGB unter dem Einfluss der deutschen Pandektistik später romanisiert wurden.

Deshalb trifft die oft gehörte Behauptung nicht zu, dass im preußischen ALR der Grundsatz der allgemeinen Culpa-Haftung aufgegeben worden wäre und sich die Lehre allgemein durchgesetzt hätte, dass es nur zwei Formen (Unmöglichkeit und Verzug) der Vertragsverletzung gebe. Vielmehr setzte das ALR die Traditionen der Naturrechtslehre und des gemeinen Rechts hinsichtlich des Rechts der Vertragsverletzungen fort.

2. Die Zeit des Naturrechts war im Bereich des Privatrechts um 1800 offenbar zu Ende.

Das Naturrecht schien in Deutschland zwar noch einmal einen Aufschwung nach dem Erscheinen der erkenntnistheoretischen und ethischen Schriften Kants zu nehmen, die Fortentwicklung des Naturrechts stand jedoch einer neuen Hinwendung zu den Quellen des römischen Rechts nicht im Wege. Im Mittelpunkt dieser Bewegung stehen Savigny und seine Historische Schule.

Savigny betrachtet die menschliche Freiheit als Grundwert des Privatrechts. Savigny sieht zunächst die der einzelnen Person zustehende Macht im wirklichen Leben, das uns umgibt und durchdringt. Für Savigny ist diese Macht ein Recht der Person („subjektives Recht"), mit dem jeder Mensch die persönliche Freiheit, die auf den kantischen Autonomiegedanken zurückgeht, über ihre natürliche Grenze hinaus erweitern und zugleich entfalten kann. Die Grundlage des (subjektiven) Rechts besteht nach Savigny im Rechtsverhältnis, das ein Gebiet unabhängiger Herrschaft des individuellen Willens bestimmt. Ein Rechtsverhältnis der Herrschaft über eine einzelne Handlung einer fremden Person nennt Savigny selbst „Obligation", aus der sich das Recht auf Erfüllung ergibt.

Rechtsverletzungen sind für Savigny Störungen jener Rechtsverhältnisse. Die Rechtsverletzung bei bestehenden Obligationen führt gar nicht zur Entstehung besonderer, selbständiger Obligationen, sondern diese Rechtsverletzung bewirkt unter Fortdauer derselben Obligation eine Umwandlung des Inhalts der Obligation („Metamorphose").

Als Mittel des Rechtsschutzes gegen Rechtsverletzungen bei bereits bestehenden Obligationen entstehen Klagen aus den Verträgen. Nach Savigny stehen dem Gläubiger diese Klagen zu ohne Unterschied, ob sie auf die verweigerte Erfüllung des Vertrages unmittelbar gerichtet werden oder auf die durch *dolus, culpa* oder *mora* herbeigeführte Modifikation des ursprünglichen Inhalts des Vertrages. Savigny betrachtet *dolus* und *culpa* neben *casus* und *mora* als entscheidende Sachverhalte, bei denen sich der Inhalt der Obligation umwandelt.

Savigny geht von der allgemeinen Culpa-Haftung aus. Jede Nichterfüllung stellt sich daher für Savigny als Rechtsverletzung bei bestehender Obligation dar. Das Mittel zum Schutz gegen eine Rechtsverletzung ist nach Savigny immer die Klage aus der Natur der einzelnen Obligation als Ganzes, nicht aus der Natur des einzelnen Umstandes, der die Erfüllung des Schuldners gehindert hat.

Mommsen, der die Vorlesungen Savignys gehört hatte, geht in seiner Lehre davon aus, „das Recht des Gläubigers gehe allein auf die Erfüllung der Obligation und jede Rechtsverletzung des Rechts des Gläubigers von Seiten des Schuldners müsse sich daher als Nichterfüllung darstellen."[1] Die Eigentümlichkeit der Lehre Mommsens im Vergleich zur Lehre Savignys besteht darin, dass Mommsen die Nichterfüllung als Oberbegriff für die haftungsbegründenden Tatbestände bei einer schuldhaften Rechtsverletzung im Sinne Savignys eingeführt hat.
Nach Mommsen könne der Grund der Nichterfüllung entweder in dem Sachverhalt „der Schuldner kann nicht erfüllen (Unmöglichkeit)" liegen oder aber in dem Sachverhalt „er will nicht erfüllen (mora)". Diese Sachverhalte stellen sich für Mommsen als äußere Voraussetzung für die Klage wegen der Haftung für die Nichterfüllung dar.
Die *mora* beschreibt Mommsen selbst als „willkürliche Nichterfüllung". Er geht davon aus, „Derjenige aber, welcher weiß, daß er zu einer Leistung verpflichtet ist, und überdies leisten kann, macht sich immer eines *Dolus* schuldig, wenn er dessenungeachtet sich verweigert, die Leistung vorzunehmen."[2]
Mommsen stellt die Erfüllungsverweigerung mit der *mora* im Hinblick auf das subjektive Moment (Verschulden) als innerer Voraussetzung gleich.
Warum Mommsen auf die Unmöglichkeitslehre eingeht und was überhaupt der Gegenstand seiner Abhandlung über die Unmöglichkeit ist, erläutert er im Vorwort seiner Abhandlung. Es fehle an einer zusammenhängenden Darstellung über die Unmöglichkeit, und er wolle den Einfluss der Unmöglichkeit auf die obligatorischen Verhältnissen systematisch und einheitlich darstellen. Die Umwandlung des Gegenstandes der Obligation von der Verpflichtung zur Erfüllung in die Verpflichtung zum Schadensersatz in Geld bei der verschuldeten Nichterfüllung bedeutet für Mommsen keine Veränderung der Obligation selbst, sondern eine Fortdauer der bestehenden Obligation mit einem anderen Gegenstand der Obligation. Hingegen erlischt nach ihm die Obligation bei der unverschuldeten Unmöglichkeit. Da letzteres Mommsen vor allem interessiert, wird die unverschuldete Unmöglichkeit zum Hauptgegenstand seiner Lehre von der Unmöglichkeit; die verschuldete Unmöglichkeit behandelt er nur am Rande. Die verschuldete Unmöglichkeit selbst, die keine aufhebende Wirkung auf das obligatorische Verhältnis hat, ist für Mommsens Lehre von der Unmöglichkeit nicht von großer Bedeutung. Die vom Schuldner unverschuldet herbeigeführte anfängliche und nachträgliche Unmöglichkeit bezeichnet Mommsen als wahre Unmöglichkeit. Die nachträglich ohne Verschulden des Schuldners eingetretene Unmöglichkeit nennt Mommsen „casuelle Unmöglichkeit". Die casuelle Unmöglichkeit Mommsens entspricht dem Begriff des *casus merus* der frühen Pandektenlehre. Die Lehre Mommsens von der nachträglichen Unmöglichkeit ist

1 Mommsen, Mora, § 2, S. 13-14 und S. 16/17.
2 Mommsen, Mora, § 2, 17-18.

nichts anderes als, wie Brinz in der Rezension zur Unmöglichkeitslehre Mommsens ausführt[3], die Lehre vom casus in der früheren Pandektenlehre.
Die teilweise Unmöglichkeit Mommsens bezieht sich auf die Qualität, die bestimmte Zeit und den bestimmten Ort, nicht auf die Schlechterfüllung.
Neben *mora* und Unmöglichkeit verwendet Mommsen noch den Begriff „ungenügende Erfüllung". Der Begriff „ungenügende Erfüllung" bezieht sich auf D. 19.1.6.4 und D. 19.2.19.1, die heute als typische Beispielsfälle der Schlechterfüllung und der Mangelfolgeschäden Eingang in die Literatur gefunden haben. Die ungenügende Erfüllung entspricht der nicht gehörigen Erfüllung, die häufig sowohl in der frühen als auch in der späteren Pandektenlehre erörtert wird und vor allem auch in das BGB Eingang gefunden hat.
Nichterfüllung, ungenügende Erfüllung, Unmöglichkeit und *mora* bleiben bei Mommsen selbständige Begriffe, wobei die Nichterfüllung in einem erweiterten Sinne verstanden werden kann, nämlich so, dass die Nichterfüllung alle Fälle der Nichterfüllung umfasst, also sowohl den Sachverhalt „nicht erfüllt (Unmöglichkeit und *mora*)" und „zwar erfüllt, aber nicht gehörig erfüllt (ungenügende Erfüllung)".
Wenn man Mommsens Lehre von der Unmöglichkeit, vom Interesse und von der *mora* untersucht, dann muss man zunächst fragen, warum Mommsen insgesamt drei Abhandlungen geschrieben hat und worin die verschiedenen Aufgaben und Ziele dieser Abhandlungen liegen. Denn das Gesamtsystem Mommsens ergibt sich erst aus der Gesamtschau aller drei Abhandlungen.

In der späteren Pandektenliteratur werden die Rechtsverletzung durch schuldhafte Handlung in einem bestehenden Obligationsverhältnis und die von einem solchen Verhältnis unabhängige Rechtsverletzung voneinander getrennt behandelt. So erklärt Regelsberger, „eine Rechtsverletzung im bestehenden Obligationsverhältnis erzeugt kein neues Rechtsverhältnis, sondern die Änderung, namentlich Erweiterung eines bestehenden. Andere Rechtsverletzungen erzeugen eine dem verletzten Recht gegenüber selbständige Rechtsfolge. Hier entsteht ein neues Rechtsverhältnis. Eine solche Handlung heißt Delikt."[4]. Die erste Art der Rechtsverletzung nennen die allermeisten späteren Pandektenrechtler Nichterfüllung. Sie bringt die bestehende Obligation nur durch *culpa, dolus und casus* zur Modifizierung, führt aber nicht zur Entstehung eines neuen Rechtsverhältnisses. Nach den Pandektenrechtlern kann die Rechtsverletzung bei bestehender Obligation in die Fälle „culposer Nichterfüllung" („schuldhaft überhaupt nicht erfüllt") oder der „nicht gehörigen Erfüllung" („erfüllt, aber schlecht, nicht vertragsmäßig oder nicht gehörig erfüllt") eingeteilt werden. Für die Schadensersatzpflicht wegen Nichterfüllung oder nicht gehöriger Erfüllung ist die allge-

3 Brinz, Krit. Überschau, S. 283. Siehe auch Brinz, Pandekten, Bd. II-1, § 276, S. 312 f.
4 Regelsberger, Pandekten, Bd. I, § 179, S. 646.

meine Culpa-Haftung maßgebend. Das Bedürfnis nach der besonderen Behandlung von Unmöglichkeit und Mora sehen die Pandektenrechtler vor allem in der Funktion der Unmöglichkeit, den Inhalt der Obligation umzuwandeln, und in dem Anliegen, die Mora von der weiteren Voraussetzung der Interpellation des Gläubigers abhängig zu machen. Dass die Pandektenrechtler die Fälle der Nichterfüllung und der nicht gehörigen Erfüllung voneinander getrennt behandelt haben, kann man sowohl in der *exceptio non (rite) adimpleti contractus* („Einrede des nicht (gehörig) erfüllten Vertrages") als auch in dem Rechtsinstitut „Strafversprechen für Nichterfüllung oder für nicht gehörige Erfüllung" sehen.
Dass Windscheid auch den Fall kennt, in dem das Interesse wegen Nichterfüllung oder wegen nicht gehöriger Erfüllung einer Obligation gefordert wird, kann man sowohl in seinem Pandektenlehrbuch als auch an seinen Anträgen, die er in den Beratungen zum BGB stellte, erkennen[5].
Damit muss die Ansicht als widerlegt gelten, dass gerade durch den Einfluss Windscheids die Unmöglichkeit die behauptete Zentralstellung im Leistungsstörungsrecht des BGB bekommen habe.
Die späteren Pandektenrechtler, z. B. Arndts, Baron, Dernburg, Keller, Sintenis, Wendt und Wächter hielten an der allgemeine Culpa-Haftung für die schuldhafte Nichterfüllung fest, nach der der Schuldner für die Nichterfüllung oder die nicht gehörige Erfüllung einzustehen hat.
Dementsprechend formuliert Dernburg 1903 die Lehre von der allgemeinen Culpa-Haftung so: „der Schuldner steht für jede Nachlässigkeit ein, wenn er schuldhafterweise nicht erfülle oder nicht gehörig erfülle, oder wenn er sonst bei der Ausführung des Vertrages schuldhafterweise Schaden anrichte." [6]
Die allgemeine Culpa-Haftung blieb bis zum Vorabend der territorialen Kodifikationen unverändert anerkannt.

3. In der zweiten Hälfte des 19. Jahrhunderts gibt es in einigen deutschen Territorien (Hessen, Bayern und Sachsen) Bewegungen zur Kodifikation des bürgerlichen Rechts.
Der Hess. Entwurf und der Bay. Entwurf enthalten die allgemeine Culpa-Haftung für die Nichterfüllung und die nicht gehörige Erfüllung. Neben der allgemeinen Culpa-Haftung regelt der Bay. Entwurf zwar gesondert den Verzug und dessen Folgen, aber er trifft keine besonderen Regelungen über die verschuldete Unmöglichkeit, sondern behandelt sie indirekt im Zusammenhang mit der Klage auf Erfüllung.
Die beiden Entwürfe behandeln die verschuldete Unmöglichkeit nur am Rande und sehen sie als ein Sachverhalt des „überhaupt nicht erfüllt" neben der *mora* an. Die verschuldete Unmöglichkeit stellt sich für die beiden Entwürfe nur als

---

5 Beratung-Schuldverhältnisse I, S. 536.
6 Dernburg, Pandekten[7], Bd. II, § 37, S. 102, Fn. 1.

eine Unterart der Nichterfüllung dar, für die die allgemeine Culpa-Haftung maßgebend ist.
Außerhalb des Sachverhalts „überhaupt nicht erfüllt" findet der Sachverhalt „erfüllt, aber nicht gehörig oder vertragsmäßig" Eingang in die beiden Entwürfe. Für die nicht gehörige Erfüllung gilt auch die Regelung der beiden Entwürfe über die allgemeine Culpa-Haftung. Im Zentrum des Haftungssystems wegen Nichterfüllung stehen in beiden Entwürfen daher die Sachverhalte „nicht erfüllt" und „nicht gehörig erfüllt".
Das Sächs. BGB regelt die allgemeine Culpa-Haftung in den §§ 728, 729 (im Allgemeinen Schuldrecht), aufgrund derer die Gesetzgebungskommission sich gegen die Aufnahme der Regelung der Haftung des Verkäufers für die schuldhafte Nichterfüllung in das Besondere Schuldrecht ausspricht. Bisherige Untersuchungen sehen die §§ 728, 729 als eine Definitionsnorm an. Hingegen sind diese Paragraphen keine Normen, die den Begriff des Verschuldens nur definieren, sondern vielmehr als generelle Haftungsnormen zu verstehen. Denn das Sächs. BGB definiert den Begriff des Verschuldens an einem anderen Ort.
Das Sächs. BGB teilt die Nichterfüllung in die Sachverhalte „nicht erfüllt" und „nicht gehörig erfüllt" ein. Das kann man an den Vorschriften über die Einrede des nicht (gehörig) erfüllten Vertrages und den Vorschriften über die Conventionalstrafe für die Nichterfüllung und die nicht gehörige Erfüllung erkennen.
Dabei regelt das Sächs. BGB die Unmöglichkeit und den Verzug selbständig. Sie gehören zum Sachverhalt „überhaupt nicht erfüllt". Für die übrigen Fälle der Nichterfüllung, zu denen die nicht gehörige Erfüllung und die Nebenpflichtverletzung gehören, gilt die allgemeine Culpa-Haftung.
Die Ansicht, dass das Sächs. BGB einen Ursprung für die Gesetzeslücke des BGB hinsichtlich der Fälle der positiven Vertragsverletzung bilde, berücksichtigt nur die Regelung über die Unmöglichkeit, nicht aber die Gerichtspraxis, die die Sachverhalte „nicht erfüllt" und „nicht gehörig erfüllt" getrennt behandelt hatte und die allgemeine Haftungsnorm (§§ 728, 729) auf den Fall der nicht gehörigen Erfüllung angewendet hatte. Dieser Ansicht ist daher nicht zuzustimmen.

Der Dresdner Entwurf für ein für die deutschen Bundesstaaten gemeinsames Schuldrecht teilte den haftungsbegründenden Tatbestand der Nichterfüllung in Übereinstimmung mit der Pandektenlehre, dem Bay. und dem Hess. Entwurf in die Sachverhalte „nicht erfüllt" und „nicht gehörig erfüllt" ein.
In den Beratungen über den Entwurf des vorbereitenden Ausschusses (Anlage-B) war sehr umstritten, ob der Tatbestand der nicht gehörigen Erfüllung mit dem Tatbestand der Nichterfüllung unter einen gemeinsamen Tatbestand Nichterfüllung gestellt werden solle. Die Kommission entschied sich dafür, in den Regelungen über die Conventionalstrafe die Sachverhalte „nicht erfüllt" und „nicht gehörig erfüllt" getrennt zu behandeln, beide Sachverhalte aber hinsichtlich der

Einrede des nicht erfüllten Vertrages in der *exceptio non adimpleti contractus* zu vereinigen. Der Begriff der Nichterfüllung ist im Dresdner Entwurf daher, soweit es nicht um die Conventionalstrafe geht, so zu verstehen, dass er sachlich zwei Sachverhalte, nämlich „nicht erfüllt“ und „nicht gehörig erfüllt“, enthält.
Der Dresdner Entwurf regelt äußerlich betrachtet nur die Rechtsfolgen der Unmöglichkeit und des Verzuges. Dementsprechend kommen die bisherigen Untersuchungen zu der Ansicht, dass der Dresdner Entwurf nur die Unmöglichkeit und den Verzug regele, nicht aber die Fälle der Schlechterfüllung oder nicht gehörigen Erfüllung. Diese Lücke des Entwurfes habe dann auch das BGB übernommen. Eine solche behauptete Lücke enthält der Dresdner Entwurf aber nicht. Die Fälle der Schlechterfüllung werden durch die Vorschriften über die allgemeine Culpa-Haftung erfasst. Allerdings steht die Regelung der allgemeinen Culpa-Haftung nicht wie die Regeln über Verzug und Unmöglichkeit im Abschnitt „Von den Wirkungen der Schuldverhältnisse“, sondern sie wurde auf Vorschlag des sächsischen Vertreters Siebenhaar in den Abschnitt „Von den Wirkungen im Allgemeinen“ umgestellt. Sie gilt für die nicht gehörige Erfüllung.
Somit enthält auch der Dresdner Entwurf eine generelle Haftungsnorm für die Culpa im Abschnitt „Von den Wirkungen im Allgemeinen“ (Artt. 227-229), die den §§ 728-729 des Sächs. BGB entsprechen. Für die Fälle der Nichterfüllung, die außerhalb von Unmöglichkeit und Verzug stehen, also für die Fälle der nicht gehörigen Erfüllung bzw. Schlechterfüllung, gelten die Artt. 227-229 als Haftungsnorm. Es wurde klargestellt, dass Artt. 227-229 die nicht gehörige Erfüllung betreffen. Dabei wurde die nicht gehörige Erfüllung mit der Schlechterfüllung gleichgesetzt. Die Behauptung, dass das Sächs. BGB und der Dresdner Entwurf sich unter dem Einfluss der Lehre Mommsens grundsätzlich an der Unmöglichkeit orientieren, ist daher zurückzuweisen.
Sowohl in den territorialen Kodifikationen als auch im Dresdner Entwurf bleibt also nach wie vor die allgemeine Culpa-Haftung Bestandteil der Regeln über die Vertragsverletzung.

4. Der Teilentwurf Kübels, der den Dresdner Entwurf zur Grundlage hatte und später selbst der Beratung der 1. BGB-Kommission als Grundlage diente, enthält keine Vorschrift über das Prinzip der Realerfüllung. Kübel und die Kommission des Dresdner Entwurfs gingen davon aus, es sei für die zeitgenössischen Juristen selbstverständlich, dass der Gläubiger bei der Nichterfüllung grundsätzlich an den Anspruch auf Erfüllung gebunden sein solle und im Falle der Nichterfüllung regelmäßig nur die Klage auf Erfüllung habe. Das Prinzip der Realerfüllung stand daher für Kübel außer Zweifel. Kübels Interesse galt vielmehr dem gemeinrechtlichen Verbot, bei Ausbleiben der Leistung vom Vertrag zurückzutreten. Dieses Rücktrittsverbot enthält grundsätzlich zwar auch der Teilentwurf. Anders als das ADHGB und der Dresdner Entwurf, die das gesetzliche Rück-

trittsrecht nur bei Verzug vorsahen, gab Kübels Teilentwurf das Rücktrittsrecht auch bei Unmöglichkeit. Die Aufnahme des Rücktrittsrechts bei Unmöglichkeit verstärkt den Ausnahmecharakter der Rechtsbehelfe, die das Gesetz dem Gläubiger bei Unmöglichkeit gewährt, denn in der Regel kann der Gläubiger nicht zurücktreten: „Die Rechtsfolge der Nichterfüllung der Verbindlichkeit, für welche der Schuldner einzustehen hat, ist, *wofern nicht das Gesetz für besondere Fälle eine Ausnahme macht,* einheitlich dahin festzustellen, daß der Schuldner für das gesammte Interesse desselben an der Erfüllung aufzukommen hat." [7]
Das Bedürfnis nach einer Sonderbehandlung von Unmöglichkeit und Verzug wegen ihrer besonderen Rechtsfolgen veranlasste Kübel, die Unmöglichkeit und den Verzug von den sonstigen Fälle der Nichterfüllung klar zu unterscheiden und ins Gesetz ausdrücklich aufzunehmen. Das änderte aber nichts darin, dass Verzug und Unmöglichkeit für Kübel nur Sondersachverhalte der Nichterfüllung sind, diese aber nicht umfassend beschreiben sollen.
Fälle der Nichterfüllung außerhalb von Unmöglichkeit und Verzug regelt Kübel in seinem Teilentwurf vor allem bei der *exceptio non* (*rite*) *adimpleti contractus* und bei den Vorschriften über die Vertragsstrafe. Dem Dresdner Entwurf folgend verwendet der Teilentwurf den Begriff der Nichterfüllung in einem erweiterten Sinne, der sowohl den Sachverhalt „nicht erfüllt" als auch den Sachverhalt „nicht gehörig erfüllt" umfasst[8]. Die Haftung für die nicht gehörige Erfüllung und die Nebenpflichtverletzung regelt der Teilentwurf in §§ 196-198, die die 1. Kommission des BGB bei der Beratung als Regelung der allgemeinen Culpa-Haftung ansah. Bei der Formulierung der §§ 196-198 war für Kübel folgender Ausgangspunkt maßgeblich: „Der Anspruch des Berechtigten auf Schadensersatz wegen Nichterfüllung, nicht gehöriger (oder nicht rechtzeitiger) Erfüllung ist nicht ein begrifflich und dem Grund seiner Entstehung nach von demjenigen auf Erfüllung verschiedener... . Im Gegentheil, das betreffende Schuldverhältniß erzeugt mit seiner Entstehung, wie den Anspruch auf Erfüllung, so im Falle des Ausbleibens derselben den Anspruch auf Schadensersatz, ... Es ist also die Klage aus dem unterliegenden Schuldverhältniß, mit welcher der Schadensersatz gefordert wird. Dies trifft auch dann zu, wenn die äußere Thatsache einer Erfüllungshandlung in der Mitte liegt, diese aber nicht vollständig oder mangelhaft ist."[9]

Für die 1. Kommission des BGB bildete der Teilentwurf Kübels die Grundlage zur Beratung über den allgemeinen Teil des Rechts der Schuldverhältnisse.
Nach dem BGB von 1900 kann der Gläubiger grundsätzlich entweder den Anspruch auf Realerfüllung, den Anspruch auf Schadensersatz oder ein Rücktritts-

---

7 Kübel, Motive, I, 3, III, 1, S. 862-863 (Hervorhebung von mir).
8 Bei der Regelung der Vertragsstrafe werden die Teilsachverhalte „Nichterfüllung" und „Nicht gehörige Erfüllung" getrennt behandelt.
9 Kübel, Motive, I, 3, I, 1, S. 763.

recht als Rechtsbehelf zum Schutz des Interesses am vertraglichen Schuldverhältnis haben. Dabei schließen Schadensersatz und Rücktritt nach dem BGB von 1900 einander aus. Dem Teilentwurf folgend regelt das BGB das Prinzip der Naturalerfüllung (Realerfüllung) nicht ausdrücklich. Ebensowenig spricht das BGB das Verbot des einseitigen Rücktritts vom Vertrag beim gegenseitigen Schuldverhältnis ausdrücklich an. Dennoch bestand nie ein Zweifel, dass das BGB das Prinzip der Realerfüllung und das Verbot des Rücktritts enthält und sich dadurch deutlich vom französischen Code civil und vom schweizerischen Obligationenrecht unterscheidet.

Ursprünglich regelte § 360 E I ausdrücklich das Verbot des einseitigen Rücktritts beim gegenseitigen Schuldverhältnis. Demgegenüber regelt § 369 E I das Rücktrittsrecht für das gegenseitige Schuldverhältnis bei Unmöglichkeit. Das Verhältnis des § 360 E I zum § 369 E I machen die Motive deutlich: „Die gesetzlich gestatteten Fälle des Rücktrittes bilden hiernach vom Standpunkte des Entw. aus *die Ausnahme von der Regel.* Umso mehr war die letztere im Interesse der Klarheit des Gesetzes auszusprechen.“[10]

Die 2. Kommission beschloss dann die Streichung des § 360 E I, da der Inhalt des § 360 E I selbstverständlich sei[11]. Dies entspricht der Technik des Gesetzgebers des BGB, im Gesetz nicht eine Regel zu erwähnen, die für die Juristen selbstverständlich ist, sondern im Interesse der Klarheit nur die Ausnahme von der Regel ins Gesetz aufzunehmen. Unmöglichkeit und Verzug können daher im BGB als Sondertatbestände der Nichterfüllung in dem Sinne verstanden werden, dass sie Ausnahmerechtsbehelfe als Folge der Nichterfüllung gewähren, die dem Gläubiger in sonstigen Fällen der Nichterfüllung nicht gewährt werden.

Bei den Beratungen der 1. Kommission zum Abschnitt „Inhalt der Schuldverhältnisse“ dienten die §§ 196-197 des Teilentwurfs Kübels als allgemeine Haftungsnorm für die verschuldete Nichterfüllung. Sie wurden durch Beschluss der 1. Kommission in den § 224 des E I übernommen.

Dass § 224 den allgemeinen Rechtsgrundsatz für die Haftung wegen Nichterfüllung enthält, ist in der Literatur nicht bestritten. Das Missverständnis, dass § 276 BGB nur eine Definition des Verschuldensbegriffes gebe, entsteht besonders daraus, dass die ursprüngliche Formulierung „haftet“ (§ 224 E I) durch „zu vertreten haben“ (§ 233 E II) ersetzt wurde.

Diese Änderung der Formulierung kam auch in der zweiten Lesung der 2. Kommission zu § 234 Abs. 2 E II (§ 278 BGB) zur Sprache. Bei der Beratung war die Kommission der Auffassung, „der Hauptantrag wolle durch eine gesetzliche Norm *die Haftung* des Schuldners auch auf den von gewissen anderen Personen angerichteten Schaden erstrecken, welcher er sich zur Einwirkung auf den Gegenstand bedient habe.“[12]. Unter dem Ausdruck „hat zu vertreten“ verstand folg-

---

[10] Motive II, S. 199.

[11] AaO.

[12] Mugdan-Protokolle II, S. 523 (Hervorhebung von mir).

lich die 2. Kommission „haften". Ein Beispiel dafür ist § 1664 BGB (§ 1696 E I), der eine Anspruchsgrundlage für die Schadensersatzpflichten bei Pflichtwidrigkeiten der Eltern regelt. Nach dem Sprachgebrauch der Zeit der Gesetzgebung ist der Ausdruck „einzustehen haben" mit „zu vertreten haben" gleichbedeutend. § 233 E II wurde schließlich zum § 276. Heutige Juristen haben anscheinend Schwierigkeiten, die Formulierung „zu vertreten haben" des § 276 richtig zu verstehen. Das Reichsgericht hatte hingegen kein Problem, diesen Gesetzesbegriff und den Sprachgebrauch des Gesetzgebers des BGB zu verstehen, denn es leitete die Schadensersatzpflicht des Schuldners bei der nicht gehörigen Erfüllung direkt aus dem § 276 ab. Dass der Gesetzgeber die Fälle der nicht gehörigen Erfüllung nicht übersehen hat[13], kann man heute in der Einrede des nicht (gehörig) erfüllten Vertrages (§§ 320, 363) und in dem Strafversprechen für die Nichterfüllung (§ 340) und die nicht gehörige Erfüllung (§ 341) sehen[14]. Der Begriff der Nichterfüllung des BGB kann wie beim Dresdner Entwurf und im Teilentwurf Kübels so verstanden werden, dass er die beiden Sachverhalte „nicht erfüllt" und „nicht gehörig erfüllt" umfasst.
Die Nichterfüllung ist daher kein Gegenbegriff zum Begriff der nicht gehörigen Erfüllung. Die nicht gehörige Erfüllung, die Zitelmann Schlechterfüllung nennt, ist kein neuer Sachverhalt. Wer behauptet, dass der Gesetzgeber die Fälle der Schlechterfüllung oder der nicht gehörigen Erfüllung übersehen hat, steht im Widerspruch zum *common sense*, wonach man etwas Neues übersehen kann, aber nicht etwas Häufiges. Die Fälle der Schlechterfüllung sind schließlich in der Praxis häufiger als die Fälle der Unmöglichkeit.
§ 276 BGB ist eine allgemeine Haftungsnorm für die verschuldete Nichterfüllung des Schuldners und führt die unumstrittene Rechtstradition der allgemeinen Culpa-Haftung fort. § 276 BGB gilt daher für die nicht gehörige Erfüllung und die Nebenpflichtverletzung.
Die Schadensersatzpflicht in § 276 nicht ausdrücklich zu formulieren, ist also eine bewußte Entscheidung des Gesetzgebers gewesen. Er verzichtete wie beim Rechtsgrundsatz der Realerfüllung und beim Verbot des einseitigen Rücktritts im gegenseitigen Schuldverhältnis darauf, das in langer Rechtstradition selbstverständlich Gewordene zu normieren.

5. Das Reichsgericht leitet, wie bereits erwähnt, die Schadensersatzpflicht direkt aus dem § 276 BGB ab. Auch die Rechtslehre sah kein Bedürfnis nach einer analogen Anwendung der Verzugsvorschriften auf die Fälle der nicht gehörigen Erfüllung. Denn sie pflegte entweder den Schadensersatzanspruch bei Nichterfüllung direkt aus dem § 276 BGB zu entnehmen oder den Fall der nicht gehörigen Erfüllung mit den Unmöglichkeitsvorschriften zu lösen.

---

13 Beratung-Schuldverhältnisse I, S. 539; Motive II, S. 202-203.
14 Vgl. oben. § 11 I 2 3) (1) und (2).

Selbst Staub hatte im Kommentar zum HGB zunächst keinen Zweifel daran, dass § 276 eine Haftungsnorm sei, wobei Staubs Fragestellung sich darauf beschränkte, auf welche Art und Weise die Haftung für Culpa zu verwirklichen sei. Staub spricht nicht von einer Lücke im BGB.
Im 1902 versuchte Staub dann mit seiner Lehre von der positiven Vertragsverletzung die angebliche Lücke im BGB zu schließen, weil er nunmehr Bedenken hatte, in § 276 eine Anspruchsgrundlage für die Schadensersatzpflicht bei Nichterfüllung zu sehen.
Nach Staubs Lehre ist man berechtigt, in Analogie zu den §§ 286, 326 BGB einen Rechtsgrundsatz anzunehmen, wonach derjenige, der eine Verbindlichkeit durch eine positive Handlung schuldhaft verletzt, dem anderen Teil den dadurch entstanden Schaden zu ersetzen hat. Auch heute bleiben Zweifel an der Lehre Staubs. Bei der Erörterung des Bestehens der allgemeinen Culpa-Haftung im früheren Recht berücksichtigte Staub nur das ALR. Die von Staub zitierten Beispiele aus der Praxis sind ausschließlich Entscheidungen zum ALR. Hieraus könnte man den Eindruck bekommen, als ob es vor dem BGB nur das ALR gegeben hätte und als ob das BGB auf den Regeln und der Regelungstechnik des ALR fuße. Dabei hat das BGB eine andere Regelungstechnik als das ALR und verzichtet auf dessen kasuistische Methode.
Der Versuch Staubs, die Fälle der Schlechterfüllung mit dem BGB zu lösen, war eine Frage der richtigen Auslegung des BGB. Die Materialen zum BGB haben entscheidende Bedeutung für die Auslegung des Gesetzes. Insbesondere zur Zeit Staubs stellten sich die Materialen als eine der wichtigsten Grundlagen für die Auslegung des BGB dar. Aber Staub verwertete keineswegs die Materialen des BGB, sondern suchte nur, nach dem Wortsinn auszulegen.
Das Reichsgericht geht davon aus, dass die Schadensersatzpflicht des § 276 neben den Rechtsbehelfen des Gewährleistungsrechts bestehe. Staub hingegen hält zur Begründung der Schadensersatzpflicht eine Rechtsanalogie für notwendig.
Es ist besser, den Lösungsweg entweder mit einer erweiterten Auslegung oder mit einer systematischen Auslegung, die das Gesamtsystem des Gesetzes betrachtet, zu finden, ohne eine Rechtsanalogie zu bemühen. Eine solche Rechtsanalogie war den Juristen der Zeit, insbesondere den Richtern des Reichsgerichts, fremd.
Die Lehre von der positiven Vertragsverletzung beruht m. E. besonders auf einer sehr buchstabengläubigen Auslegung und einer gewissen Wortgläubigkeit desjenigen, der an die abstrakt formulierende Kodifikationstechnik des BGB nicht gewöhnt war.
Auch nach der Lehre Staubs hielt das Reichsgericht an seiner Auslegung des § 276 durch die früheren Entscheidungen fest.

6. Die Lehre von der positiven Vertragsverletzung breitete sich allmählich in Deutschland aus. Sie wird zugleich in Österreich und in der Schweiz bekannt.

Nach der zunehmenden Anerkennung der Lehre Staubs wurden das ABGB von 1811 und das OR von 1881 modernisiert. Dabei scheiterten die Versuche zur Aufnahme der positiven Vertragsverletzung ins ABGB. Denn die Modernisierung des ABGB durch die Teilnovelle von 1916 beruhte auf der Vorstellung, dass das ABGB keine Lücke aufweise. Rechtsprechung und Rechtslehre lösten und lösen die Fälle der nicht gehörigen Erfüllung sowie die Fälle der Mangelfolgeschäden nach dem allgemeinen Rechtsgrundsatz der Culpa-Haftung. Den Begriff „positive Vertragsverletzung" findet man selten in der österreichischen Literatur und Rechtsprechung. Die Zentralbegriffe des ABGB sind heute noch Nichterfüllung und nicht gehörige Erfüllung.
Das schweizerische aOR enthält den allgemeinen Rechtsgrundsatz der Haftung für die schuldhafte Nichterfüllung im Art. 110. In der Modernisierung ging der Gesetzgeber des neuen OR davon aus, dass hinsichtlich des Art. 110 keine Änderungen notwendig seien. Der Art. 110 aOR wird zu Art. 97 OR. Rechtslehre und Rechtsprechung sind der Auffassung, dass die Fälle der positiven Vertragsverletzung mit dem Art. 97 gelöst werden können.
In die schweizerische Rechtsprechung und Literatur hat der Begriff „Positive Vertragsverletzung" zwar Eingang gefunden. Aber es gibt keine Stimmen, die sich dafür aussprechen, den Begriff der positiven Vertragsverletzung als Zentralbegriff in das Leistungsstörungsrecht des OR zu stellen. Für das schweizerische Obligationenrecht bleiben Nichterfüllung und nicht gehörige Erfüllung die Zentralbegriffe.

In Deutschland gewann die Lehre Staubs immer mehr Anhänger und wurde schließlich zur allgemeinen Rechtslehre. Dabei wurden auch neue Begriff geprägt, z. B. der Begriff der Schlechterfüllung durch Zitelmann eingeführt. In den Hintergrund trat hingegen der Begriff „nicht gehörige Erfüllung" und das Wissen, dass das BGB diesen Begriff verwendet. Zwar gab es Bewegungen zur Rückkehr zur Rechtsprechung des Reichsgerichts, aber sie hatten keinen Erfolg. In der Bewegung zur Modernisierung des Schuldrechts am Ende der 70er Jahre des 20. Jahrhunderts war die Kommission der Auffassung, dass das Rechtsinstitut der positiven Vertragsverletzung besonders deutlich belege, dass das kodifizierte Leistungsstörungsrecht in sehr wichtigen Teilen der praktischen Rechtsanwendung unvollkommen sei. Die Reformvorschläge der Schuldrechtskommission wurden zwar nicht Gesetz, aber zur Grundlage der Schuldrechtsmodernisierung des Jahres 2001. Mit der Aufnahme der Lehre von der positiven Vertragsverletzung ins Gesetz ist diese zu einem gesetzlich verankerten Rechtsinstitut geworden.

In dieser Hinsicht kann man davon sprechen, dass die Lehre Staubs für die Entwicklung des Leistungsstörungsrechts des BGB eine richtungsweisende Rolle gespielt hat.

II. Schlussbemerkung

Aufgrund der Ergebnisse der Arbeit möchte ich zur Frage der Aufnahme des Begriffs der Pflichtverletzung in das neue BGB Stellung nehmen.
Die Pflichtverletzung ist der Zentralbegriff des neuen Leistungsstörungsrechts. Die Schuldrechtskommission sah keinen inhaltlichen Unterschied zwischen dem Begriff der Pflichtverletzung und dem Begriff der Nichterfüllung. Der Grund für die Bevorzugung des Begriffs „Pflichtverletzung" liege darin, dass der Begriff der Nichterfüllung den Fall der Schutzpflichtverletzung nicht erfassen könne[15]. Das neue BGB verwendet nun den Begriff der Pflichtverletzung und den der Nichterfüllung nebeneinander. Denn das BGB enthält Vorschriften über die Einrede des nicht erfüllten Vertrages (*exceptio non* (*rite*) *adimpleti contractus*) und über das Strafversprechen für die Nichterfüllung und die nicht gehörige Erfüllung. Die Begriffe der Nichterfüllung und der nicht gehörigen Erfüllung sind, wie dargestellt, ein Vermächtnis der langen Entwicklung der Zivilrechtsdogmatik. Sollte dieses Vermächtnis durch den neuen Begriff der Pflichtverletzung in Vergessenheit geraten? Damit würde auch die Prägung des BGB durch so hochangesehene deutsche Rechtsgelehrte wie Windscheid, Planck, Pape und Sohm vergessen werden[16].

Die Frage, warum das Schuldrecht den neuen Begriff der Pflichtverletzung aufgenommen hat, den das BGB bisher nicht kannte, muss gerade auch dann beantwortet werden, wenn es keinen inhaltlichen Unterschied zwischen den Begriffen der Pflichtverletzung und der Nichterfüllung gibt.
M. E. gibt es keinen solchen Unterschied und kein Bedürfnis, diese Begriffe zu unterscheiden. Für den Begriff der Pflichtverletzung spricht freilich, dass man im Rahmen der Schutzpflichten des § 241 Abs. 2 BGB nF nicht gut von Nichterfüllng dieser Pflichten sprechen kann.

Versuche, die Begrifflichkeit des neuen BGB zu vereinheitlichen, werden dennoch in Zukunft nicht vermeidbar sein[17].

---

[15] Das neue Schuldrecht/Medicus, 3. Kap., Rn. 3 a). Vgl. auch BR-Drs. 338/01, 302-307.

[16] Hierzu vgl. Zimmermann, Modernizing the German Law of Obligations?, S. 266 f.

[17] Medicus, Die Leistungsstörungen im neuen Schuldrecht, S. 527. Zur Frage nach einem möglichen Konflikt zwischen dem Begriff der Pflichtverletzung des deutschen Schuldrechts mit dem Begriff der Nichterfüllung („Non performance") der Principles of European Contract Law vgl. Zimmermann, Breach of Contract and Remedies under the New German Law of Obligations, S. 19-20/50. Siehe auch Lando/Beale, Principles of European Contract Law, S. 360-361, die die Sachverhalte „überhaupt nicht erfüllt" und „erfüllt aber nicht gehörig" verwenden und auch die Nebenpflichtverletzung regeln (vgl. v. Bar/Zimmermann, Grundregeln des Europäischen Vertragsrechts, S. 123-124).

LITERATURVERZEICHNIS

1. Literatur

Ahcin, Chr.: Zur Entstehung des bürgerlichen Gesetzbuchs für das Königreich Sachsen von 1863/65, Frankfurt a. M. 1996 (Entstehung)

Ahrens, M.: Unmöglichkeit, Leistungsstörung, Pflichtverletzung, ZRP 1995, 417 ff.

Anders, H.: Die Pflichtverletzung im System des Leistungsstörungsrechts als Modell de lege ferenda, Berlin 2001 (Pflichtverletzung)

André, F.: Die Einrede des nicht erfüllten Vertragsrechts im heutigen gemeinen Recht, Leipzig 1890

Arndts, L.: Lehrbuch der Pandekten, 9. Aufl., Stuttgart 1877

Arp, Th.: Anfängliche Unmöglichkeit zum Verständnis von § 306 BGB, Paderborn-München-Wien-Zürich 1988

v. Bar, Chr./Zimmermann, R.: Grundregeln des Europäischen Vertragsrechts, Teile I und II, München 2002

Baron, J.: Pandekten, 9. vermehrte Aufl., Leipzig 1896

Barth, H.R.: Schadensersatz bei nachträglicher Unmöglichkeit der Erfüllung unter dem Gesamtaspekt des Schadensersatzes infolge Vertragsverletzung, Diss. Zürich 1957

Baumbach, A./Hopt, K. J.: Handelsgesetzbuch mit GmbH & Co., Handelsklauseln, Bank- und Börsenrecht, Transportrecht (ohne Seerecht), Begründet von Dr. Adolf Baumbach, 29. völlig neubearbeitete und erweiterte Auflage, München 1995

Becker, H.: Schweizerisches Zivilgesetzbuch, Obligationenrecht I. Abteilung Allgemeine Bestimmungen Art. 1-183, Bern 1941 (OR-Becker)

Benöhr, H.-P.: Der Dresdner Entwurf von 1866 und das schweizerische Obligationenrecht von 1881, in: Hundert Jahre Schweizerisches Obligationenrecht (hrsg. von Peter, Stark und Tercier), Freibourg 1982

Bergfeld, C.: Staat und Gesetz, Naturrecht und Vertrag bei Grotius und Heineccius, in: Gesellschaftliche Freiheit und vertragliche Bindung in Rechtsgeschichte und Philosophie (hrsg. Kervégan/Mohnhaupt), aM. 1999, 95 ff.

Birks, P.: Rights, Wrongs, and Remedies, Oxford Journal of Legal Studies, Vol. 20, Nr. 1 (2000), 1 ff.

Blaurock, U.: Culpa-Haftung und nachträgliche Unmöglichkeit, Zum deutschen und internationalen Schuldrecht, Tübingen 1983, 51 ff.

Brinz, A. v.: Lehrbuch der Pandekten, II-1, 2. Aufl., Erlangen 1879

Bucher, E.: Schweizerisches Obligationenrecht Allgemeiner Teil ohne Deliktsrecht, 2., neubearbeiteteund erweiterte Auflage, Zürich 1988 (OR)

Bucher, E.: Hundert Jahre schweizerisches Obligationenrecht: Wo stehen wir heute im Vertragsrecht?, Schweizerischer Juristenverein, Referate und Mitteilungen, Heft 3, 117. Jahrgang, Basel 1983

Bundesministerium der Justiz : Auszug aus dem Abschlussbericht der Kommission zur Überarbeitung des Schuldrechts, Abgedruckt mit freundlicher Genehmigung der Bundesanzeiger Verlages. MbH., Köln als Diskussionsgrundlage der Abteilung Zivilrecht des 60. Deutschen Juristentages, München 1994 (Abschlußbericht)

Bühler, T.: Haft- und Reugeld sowie Konventionalstrafe im alten und im geltenden Obligationenrecht, in: Hundert Jahre Schweizerisches Obligationenrecht (hrsg. von Peter, Stark und Tercier), Freibourg 1982, S. 143-178

Bürge, A.: Römisches Privatrecht Rechtsdenken und gesellschaftliche Verankerung, Darmstadt 1999

Bürge, A. : Europa, das römische Recht und wir, in: Europa (hrsg. von R. Marti), St. Ingbert 2000 (=Annales Universiatis Saraviensis, Phil. Fak. Bd. 13), 49 ff. (=CNU Law Review Vol. 11, No. 1, Taejeon in Korea 2000, 213-230)

Buschmann, A.: Das Sächsische Bürgerliche Gesetzbuch von 1863/65 –Vorläufer und Muster des BGB, JuS 1980, 553 ff. (Das Sächs. BGB)

Canaris, C.-W.: Schuldrechtsmodernisierung 2002, Zusammengestellt und eingeleitet von Claus-Wilhelm Canaris, München 2002 (Schuldrechtsmodernisierung)

Canaris, C.-W.: Die Reform des Rechts der Leistungsstörungen, JZ 2001, 499 f.

Chesire/Fifoot/Furmston: Law of Contract, 12. ed., London-Dublin-Edinburgh 1991

Chiusi, T. J.: Modern, alt und neu: Zum Kauf nach BGB und römischem Recht, Jura 2003, 217 ff.

Choe, B. J.: Culpa in contrahendo bei Rudolph von Jhering, Göttingen 1988

Coing, H.: Bemerkungen zum überkommenen Zivilrechtssystem, in: FS für Caemmerer zum 70. Geburtstag, Tübingen 1978

Coing, H.: Europäisches Privatrecht, Band. I, Älteres Gemeines Recht (1500 bis 1800), München 1985

Coing, H.: Europäisches Privatrecht, Band II, 19. Jahrhundert, München 1989

Coing, H.: Savigny und die deutsche Privatrechtswissenschaft, NJW 1979, 2018 ff.

Coing, H.: Zur Geschichte des Privatrechtsystems, in: Wissenschaft und Gegenwart, Heft 22 (1962), 29 ff.

Coing, H.: Von Bologna bis Brüssel Europäische Gemeinsamkeiten in Vergangenheit, Gegenwart und Zukunft, Bergisch Gladbach-Köln 1989

Coing, H. (hrsg.): Handbuch der Quellen und Literatur der neueren europäischen Privatrechtsgeschichte, Dritter Band: Das 19. Jahrhundert, Zweiter Teilband, München 1982

Craswell/Schwartz: Foundations of Contract, New York-Oxford 1994

Crome, C.: Die Grundlehren des französischen Obligationenrechts, Mannheim 1894

Crome, C.: System des Deutschen Bürgerlichen Rechts, Zweiter Band. Recht der Schuldverhältnisse, Tübingen und Leipzig 1902

Dabelow, C. C.: System des gesammten heutigen Civil-Rechts, Bd. I, 2. Aufl., Halle 1796

Daube, D.: Das Selbstverständliche in der Rechtsgeschichte, ZRG RA 90 (1973), 1 ff.

Dauner-Liebe, B./Heidel, Th./Lepa, M./Ring, M. (hrsg.):Schuldrecht (Anwaltkommentar), Bonn 2002

Däubler-Gmelin, H.: Die Entscheidung für die so genannte Große Lösung bei der Schuldrechtsreform, NJW 2001, 2281 ff.

Dernburg, H.: Das bürgerliche Recht des Deutschen Reichs und Preußens, Die Schuldverhältnisse, Zweiter Band, Erste Abteilung, Erste und zweite Auflage, Halle 1899 (Schuldverhältnisse)

Dernburg, H.: Lehrbuch des preußischen Privatrechts und der Privatrechtsnormen des Reichs, Zweiter Band. Das Obligationenrecht Preußens und des Reichs und das Urheberrecht, Fünfte, neu bearbeitete Auflage, Halle 1897

Decurtins, C.: Die Erfüllungsverweigerung vor Fälligkeit im System der Vertragsverletzungen des schweizerischen Obligationenrecht, Diss. Zürich 1956

Dernburg, H.: Pandekten, 2. Bd., 4. Aufl., Berlin 1894

Dernburg, H.: Pandekten. 2. Bd., 7 Aufl., Berlin 1903 (Pandekten[7])

Dernburg, H.: Ueber das Rücktrittsrecht des Käufers wegen positiver Vertragsverletzung, DJZ 1903, 1 ff.

Diesselhorst, M.: Die Lehre des Hugo Grotius vom Versprechen, Köln-Graz 1959

Diestelkamp: Die Lehre von Schuld und Haftung, in: Wissenschaft und Kodifikation des Privatrechts im 19. Jahrhundert, Bd. IV (Frankfurt a. M. 1982), 21 ff. (= in: Recht und Gericht im heiligen römischen Reich, Ius Commune Sonderhefte Bd.122 (Frankfurt a. M. 1999), 545-580).

Dilcher, G.: Die janusköpfige Kodifikation - Das preußische Allgemeine Landrecht (1794) und die europäische Rechtsgeschichte, ZEuP 1994

Dilcher, H.: Die Theorie der Leistungsstörungen bei Glossatoren, Kommentatoren und Kanonisten, Frankfurt 1960 (Die Theorie der Leistungsstörungen)

Dilcher, H.: Typenzwang im mittelalterlichen Vertragsrecht, ZRG RA 77 (1960), 270 ff.

Dilcher, H.: Geldkondemnation und Sachkondemnation in der mittelalterlichen Rechtstheorie, ZRG RA 78 (1961), 277 ff. (Geldkondemnation und Sachkondemnation)

Dittrich, R./Tades, H.: Das Allgemeine bürgerliche Gesetzbuch[19], Wien 2000

Dölemeyer, B.: Die Revision des ABGB durch die drei Teilnovellen von 1914, 1915 und 1916, Ius commune Bd. 6, S. 274 ff.

Dörge, C.: Die Einrede des nicht gehörig erfüllten Vertrages, Diss. Göttingen 1928

Eck, /Leonhard, F.: Vorträge über das Recht des Bürgerlichen Gesetzbuchs, Bd. I, Erste und zweite Auflage, Berlin 1903 (Vorträge)

Eckert, J.: Gesetzesbegriff und Rechtsanwendung im späten Naturrecht, Der Staat 37 (1998), 571-590 (Gesetzesbegriff und Rechtsanwendung)

Egger, A./Escher, A./Haab, R./Oser, O.: Kommentar zum Schweizerischen Zivilgesetzbuch, Das Obligationenrecht, Erster Halbband: Art. 1-183, Zweite umgearbeitete Auflage, Zürich 1929 (OR-Bearbeiter)

Ehmann, H./Sutschet, H.: Modernisiertes Schuldrecht, München 2002

Ehrenzweig, A.: Die Zivilrechtsreform in Österreich, Wien 1918

Eichler, H.: Die Einheit des Vertragsrechts, Frankfurt a. M. 1991

Emmerich, V.: Das Recht der Leistungsstörungen, 4. Aufl., München 1997

Emmerich, V.: Das Recht der Leistungsstörungen, 5. Aufl., München 2003

Enneccerus, L./Lehmann, H.: Lehrbuch des Bürgerlichen Rechts, Zweiter Band: Recht der Schuldverhältnisse, 12. Aufl., Marburg 1932 (Recht der Schuldverhältnisse)

Erman: Bürgerliches Gesetzbuch, 10 Aufl., Köln 2000, (Erman-Bear.)

Ernst, W.: Die Vorgeschichte der exceptio non adimpleti contractus, in: FG für Flume zum 90. Geburtstag, Berlin-Heidelberg 1998, 1 ff.

Ernst W./Zimmermann R. (Hrsg.): Zivilrechtswissenschaft und Schuldrechtsreform, Tübingen 2001

Fellmann, W.: Ist eine Integration der Haftung für positive Vertragsverletzung in das Deliktsrecht sachgerecht?, recht 1997, 95 ff.

Ferid, M.: Das französische Zivilrecht, Bd. 1, München 1971

Fick,H.: Das schweizerische Obligationenrecht, Zürich 1911

Floßmann, U.: Österreichische Privatrechtsgeschichte, 3. Aufl., Wien-New York 1996

Flume, D.: Rechtsakt und Rechtsverhältnis, Paderborn-München-Wien-Zürich 1990
Flume, W.: Zu dem Vorhaben der Neuregelung des Schuldrechts, ZIP 1994, 1497 ff. (Neuregelung des Schuldrechts)
Förster/Eccius: Preußisches Privatrecht, Bd. I, 7. Aufl., Berlin 1896
Freudling, G.: Die Schadensersatzansprüche des Käufers im Gewährleistungsrecht des 19. und 20. Jahrhunderts, Diss. Uni. Passau 1985 (Schadensersatzansprüche)
Fuchsbeger, O.: Die Entscheidungen des Reichsoberhandelsgerichtes, Gießen 1881 (Entscheidungen)
Fürst, C. G.: Ecclesia vivit lege Romana?, ZRG KA 61 (1975), 17 ff.
Gagnér, S.: Die Wissenschaft des gemeinen Rechts und der Codex Maximilianeus Bavaricus Civilis, in: Wissenschaft und Kodifikation des Privatrechts im 19. Jahrhundert, Bd. I, Frankfurt a.M. 1974, 1 ff.
Gans, E.: System des römischen Civilrechts im Grundriss, Berlin 1827
Gareis, C./Fuchsberger, O.: Das Allgemeine Deutsche Handelsgesetzbuch, Berlin 1891 (ADHGB)
Gauch/Schluep/Schmid/Rey: Schweizerisches Obligationenrecht, Allgemeiner Teil, 2 Bde., 7. Aufl., Zürich 1988 (OR)
Gebauer, P.: Naturalrestitution beim Schadensersatz wegen Nichterfüllung, Schriften zum Bürgerlichen Recht, Bd. 264, Berlin 2002 (Naturalrestitution)
Geiger, H.: Einführung: Zum Stand des Gesetzgebungsverfahrens, JZ 2001, 473 f.
Gernhuber, J.: Lehrbuch des Familienrechts, 2. Aufl., München 1971
Gernhuber, J.: Die endgültige Erfüllungsverweigerung, in: FS für Medicus, Köln-Berlin-Bonn-München 1999
Gierke, O.: Der Entwurf eines bürgerlichen Gesetzbuchs und das deutsche Recht, veränderte und vermehrte Ausgabe Leipzig 1889
Glättli, E.: Zum Schadensersatz wegen Nichterfüllung nach Art. 97 Abs. 1 und 107 Abs. 2 OR, Zürcher Studien zum Privatrecht Bd. 143, Zürich 1998 (Schadensersatz)
Glück, D. C. F.: Ausführliche Erläuterung der Pandecten nach Hellfeld ein Commentar, Bd. 4, Erlangen 1796 (Pandecten)
Glück, D. C. F.: Ausführliche Erläuterung der Pandecten nach Hellfeld ein Commentar, Bd. 17, Erlangen 1815
Goldmann, E./Lilienthal, L.: Das Bürgerliche Gesetzbuch - systematisch dargestellt-, Bd. 1, 2. Aufl., Berlin 1903 (BGB)
Goldschmidt, L.: Kritische Erörterungen zum Entwurf eines Bürgerlichen Gesetzbuchs für das Deutsche Reich, Erstes Heft: Die formalen Mängel des Entwurfs, Leipzig 1889
Göschke, R.: Ueber Art.107 bis 109 OR, ZBJV 60 (1924), 14 ff. und 68 ff.

Grenzmer, E.: Der subjektive Tatbestand des Schuldnerverzugs in klassischem römischen Recht, ZRG RA. 44 (1924), 86-163
Grundmann, S./Bianca, C. M. (hrsg.):EU-Kaufrechts-Richtlinie, Köln 2002
Grundmann, S./Medicus, D./Rolland, W. (Hrsg.): Europäisches Kaufgewährleistungsrecht, Hallesche Schriften zum Recht Bd. 13, Köln-Berlin-Bonn-München 2000
Grützmann, P.: Lehrbuch des Königreich Sächsichen Privatrechts, 1. Band, Leipzig 1887 (Lehrbuch)
Gschnitzer, F.: Österreichisches Schuldrecht Allgemeiner Teil, Korrigierter Nachdruck, Wien-New York 1991
Guhl/Merz/Kummer: Das Schweizerische Obligationenrecht mit Einschluss des Handels- und Wertpapierrechts, Siebte, bereinigte Auflage, Zürich 1980 (OR)
Guhl/Koller/Druey: Das Schweizerische Obligationenrecht mit Einschluss des Handels- und Wertpapierrechts, Achte Auflage, Zürich 1991 (OR)
Haas/Medicus/Rolland/Schäfer/Wendtland: Das neue Schuldrecht, München 2002
Haberstich, J.: Handbuch des schweizerischen Obligationenrechts, Bd. I, Zürich 1884 (Handbuch)
Hahn, v. F.: Commentar zum Allgemeinen Deutschen Handelsgesetzbuch, Zweiter Band, Zweite vermehrte und verbesserte Auflage, Braunschweig 1883
Harting, F.: Die „positiven Vertragsverletzungen" in der neueren deutschen Privatrechtsgeschichte, Diss. Uni. Hamburg 1967 (pVv)
Hausmaninger/Selb: Römisches Recht, 5. Aufl., Wien 1989
Hasse, J. C.: Die Culpa des römischen Rechts, 2. Aufl., Bonn 1838
Hay, P.: Einführung in das amerikanische Recht, 4. Aufl., Darmstadt 1995
Heck, Ph.: Zur Entstehungsgeschichte des § 276 Satz 1 BGB, AcP 137 (1933), S. 259 ff. (Entstehungsgeschichte des § 276)
Heck, Ph.: Grundriß des Schuldrechts, Tübingen 1929
Heerwart: Ueber die exceptio non adimpleti contractus und non rite adimpleti contractus, AcP 7 (1824), 335 ff.
Henrich, D.: Einführung in das englische Privatrecht, 2. Aufl., Darmstadt 1993
Heinrichs, H.: Abschied vom BGB oder sinnvolle Weiterentwicklung des bürgerlichen Rechts, - Die Vorschläge der Kommission zur Reform des Schuldrechts, Vortrag gehalten vor der Juristischen Gesellschaft Mittelfranken zu Nürnberg e. V. am 21. November 1994, in: Schriften der Juristischen Gesellschaft Mittel-franken zu Nürnberg e. V., Heft 5, Regensburg 1995 (Abschied vom BGB oder sinnvolle Weiterentwicklung des bürgerlichen Rechts)

Heise, A.: Grundriss eines Systems des gemeinen Civilrechts zum Behuf von Pandecten-Vorlesungen, 3. verbesserte Aufl., Heidelberg 1834

Heldrich, A.: Ein zeitgemäßes Gesicht für unser Schuldrecht, NJW 2001, 2522.

Himmelschein, J.: Erfüllungszwang und Lehre von den positiven Vertragsverletzungen, AcP 135 (1932), S. 255 ff. (Erfüllungszwang)

Himmelschein, J.: Zur Frage der Haftung für fehlerhafte Leistung, AcP 158 (1959/60), S. 273 ff. (Zur Frage der Haftung)

Hoffmann, H.-J.: Die Abstufung der Fahrlässigkeit in der Rechtsgeschichte, Berlin 1968

Hoffmann-Burchardi, H.: Die geschichtlichen Grundlagen der Vorschriften des BGB über Leistungsstörungen bei gegenseitigen Verträgen (§§ 323-327), Diss. Uni. Münster 1974

Honsell, H.: Römisches Recht, 3. Aufl., Berlin-Heidelberg-New York-Toyko 1994

Honsell, H.: Von den aedilizischen Rechtsbehelfen zum modernen Sachmängelrecht, in: Gedächtnisschrift für Kunkel (hrsg. von Nörr und Simon), Frankfurt a.M. 1984, 53 ff.

Honsell, H.: Aktuelle Probleme der Sachmängelhaftung, JBl 1989, 205 ff.

Honsell/Vogt/Wiegand: Kommentar zum Schweizerischen Privatrecht, Obligationenrecht I Art. 1-529 OR, Frankfurt a. M 1992 (OR-Bearbeiter)

Jörs/Kunkel/Wenger: Römisches Recht, 4. Auflage (neu bearbeitet v. Honsell/Mayer-Maly/Selb), Berlin-Heidelberg-New York-London-Paris-Tokyo 1987

Höpfner, L. J.: Naturrecht des einzelnen Menschen der Gesellschaft und der Völker, 4. Aufl., Gießen 1787 (Naturrecht)

Höpfner, L. J.: Theoretisch-practischer Commentar über die Heineccischen Institutionen nach deren neusten Ausgabe, 3. Aufl., Frankfurt a. M. 1790 (Commentare)

Huber, U.: Leistungsstörungen, Bd. I, Tübingen 1999

Huber, U.: Allgemeine Haftungsprinzipien des Rechts der Leistungsstörungen in der höchstrichterlichen Rechtsprechung, in: 50 Jahre Bundesgerichtshof Festgabe aus der Wissenschaft, Bd. I: Bürgerliches Recht (hrsg. von C.-W. Canaris und A. Heldrich), München 2000, S. 251 ff. (Haftungsprinzipien)

Huber, U.: Das allgemeine Recht der Leistungsstörungen im Diskussionsentwurf eines Schuldrechtsmodernisierungsgesetzes, in: Zivilrechtswissenschaft und Schuldrechtsreform (hrsg. v. W. Ernst und R. Zimmermann), Tübingen 2001, 31 ff. (Leistungsstörungen im Diskussionsentwurf)

Huber, U.: Die Pflichtverletzung als Grundtatbestand der Leistungsstörung im Diskussionsentwurf eines Schuldrechtsmodernisierungsgesetzes, ZIP 2000, 2273 ff. (Pflichtverletzung als Grundtatbestand)

Huber, U.: Zur Auslegung des § 275 BGB, in: FS für Gaul, Bielefeld 1997, 217 ff.

Huber, U.: Zur Dogmatik der Vertragsverletzungen nach einheitlichem Kaufrecht und deutschem Schuldrecht, in: FS für Ernst von Caemmerer zum 70. Geburtstag, Tübingen 1978, S. 837 ff. (Vertragsverletzungen)

Huber, P./Faust, F.: Schuldrechtsmodernisierung, München 2002

Hufeland, G.: Lehrbuch des in den deutschen Ländern geltenden gemeinen oder subsidiarischen Civilrechts, Bd. I, 1808 Giesen (Lehrbuch)

Hufeland, G.: Lehrsätze des Naturrechts, Jena 1790 (Lehrsätze)

Hugo, G.: Lehrbuch des heutigen Römischen Rechts, 7. Aufl., Berlin 1826

Ikadatsu, Y.: Der Paragigmawechsel der Privatrechtstheorie und die Neukonstruktion der Vertragstheorie in seinem Rahmen - Pufendorf, Wolff, Kant und Savigny -, Ebelsbach 2002 (Paradigmawechsel)

Jäggi, P.: Zum Begriff der Vertraglichen Schadensersatzforderung, in: Festgabe für Schönenberger, 1968 Fribourg, S. 181 ff. (Zum Begriff der Vertraglichen Schadensersatzforderung)

J. von Staudingers Kommentar zum Bürgerlichen Gesetzbuch mit Einführungsgesetz und Nebengesetz., zweites Buch Recht der Schuldverhältnisse, 12., neubearbeitete Auflage, Berlin 1979/1985

J. von Staudingers Kommentar zum Bürgerlichen Gesetzbuch mit Einführungsgesetz und Nebengesetz., II. Band. Recht der Schuldverhältnisse, 2. vollständig neubearbeitete Auflage, München 1906 (Staudinger-Kuhlenbeck)

J. von Staudingers Kommentar zum Bürgerlichen Gesetzbuch mit Einführungsgesetz und Nebengesetz, 12., neubearbeitet Auflage, §§ 315-327 (1979), §§ 336-386 (1985) (Staudinger-Bearbeiter)

Jakobs, H.-H.: Unmöglichkeit und Nichterfüllung, Bonn 1969

Kaiser, D.: Die Rückabwicklung gegenseitiger Verträge wegen Nicht- und Schlechterfüllung nach BGB, Tübingen 2000 (Rückabwicklung)

Kant, I.: Metaphysik der Sitten, Stuttgart 1990

Kaser, M.: Römisches Privatrecht, 15. Aufl., München 1989

Kaser/Knütel: Römisches Privatrecht, 17. Aufl., München 2003

Kaser, M.: Das römische Privatrecht, Bd. I, 2. Aufl., München 1971

Kaser, M: Das römische Privatrecht, Bd. II, 2. Aufl., München 1975

Kaser, M.: Das römische Zivilprozessrecht, München 1966

Kaser, M.: Der römische Anteil am deutschen bürgerlichen Recht, JuS 1967, 337 ff. (Der römische Anteil)

Kaser, M.: Quanti ea res est, Studien zur Methode der Litisaestimation im klassischen römischen Recht, München 1932 (Quanti ea res est)
Kaser, M.: Perpetuari obligationem, SDHI 46 (1980), 87-146
Kaufmann, H.: Rezeption und usus modernus der actio legis Aquiliae, Köln-Graz 1958
Kerschner, F.: Probleme der Sachmägelhaftung. Oder: Das ABGB ist tot – Es lebe das BGB!, JBl 1989, 541 ff.
Kiefner, H.: Der Einfluss Kants auf Theorie und Praxis des Zivilrechts im 19. Jahrhunderts, in: Ideal wird, was Natur war (Abhandlungen zur Privatrechtsgeschichte des späten 18. und des 19. Jahrhunderts), Goldbach 1997, S. 231 ff.
Kipp, Th.: Das römische Recht, Berlin 1930
Kipp, Th.: Das Reichsgericht und die positiven Vertragsverletzungen, DJZ 1903, 253 ff.
Klang, H./Gschnitzer, F.: Kommentar zum Allgemeinen bürgerlichen Gesetzbuch, Vierter Band, erster Halbband §§ 859-1044, Zweite, neubearbeitete Auflage, Wien 1968 (Klang-Bearbeiter)
Kley, B.: Unmöglichkeit und Pflichtverletzung, Schriften zum Bürgerlichen Recht, Bd. 257, Berlin 2001
Klippel, D.: Politische und juristische Funktionen des Naturrechts in Deutschland im 18. und 19. Jahrhundert, ZNR 22 (2000), 3 ff.
Köbler, G.: Rechtsgeschichte, 3. Aufl., München 1982
Koller, A.: Grundzüge der Haftung für positive Vertragsverletzungen, AJP-/PGA 1992, 1483 ff. (Grundzüge der Haftung)
Kotulla, M.: Die historischen Voraussetzungen für die Entstehung des Rechtsinstituts der „positive Forderungsverletzung" im 19. Jahrhundert, ZRG GA 108 (1991), 358 ff. (pFv)
Koziol, H./Welser, R.: Grundriß des bürgerlichen Rechts Band I Allgemeiner Teil und Schuldrecht, 10. Aufl. (Wien 1995) (Grundriß, Bd. I)
Kramer, E. A.: Der Einfluss des BGB auf das schweizerische und österreichische Privatrecht, AcP 200 (2000), 365 ff.
Kreittmayr: Anmerkungen über den Codicem Maximilianeum Bavaricum Civilem, München 1759-1768
Kroeschell, K.: Rechtsgeschichte Deutschlands im 20. Jahrhundert, Göttingen 1992.
Kuhlmann, K.: Leistungspflichten und Schutzpflichten, Schriften zum Bürgerlichen Recht, Bd. 249, Berlin 2001
Kurschel, I.: Schadensersatz statt Gewährleistung, ecolex 1990, 276 ff.
Laband, P.: Zum zweiten Buch des Entwurfes eines bürgerlichen Gesetzbuches für das Deutsche Reich, I. Abschnitt. Titel 1-3, AcP 73 (1888), S. 161-208

Landau, P.: Der Einfluss des kanonischen Rechts auf die europäische Rechtskultur, in: Europäische Rechts- und Verfassungsgeschichte (hrsg. von Schulze), Berlin 1991

Lando/Beale: Principles of European Contract Law, Part I and II, Hague/London/Boston 2000

Lang, A.: Ueber die Einrede des nicht erfüllten Contracts, Regensburg 1829

Lang, J. J.: Der Entwurf eines Bürgerlichen Gesetzbuchs für das Königreich Bayern mit Berücksichtigung des hessischen und sächsischen Entwurfs, München 1862

Larenz, K.: Lehrbuch des Schuldrechts, Bd. I Allgemeiner Teil, 14. Aufl., (München 1987) (Schuldrecht AT)

Larenz, K.: Methodenlehre der Rechtswissenschaft, 6. Aufl., Berlin 1991

Laufs, A.: Rechtsentwicklung in Deutschland, 5. Aufl., Berlin-New York 1996

Laufke, F.: Der deutsche Bund und die Zivilgesetzgebung, in: Festschrift der rechts- und Staatswissenschaftlichen Fakultät der Julius-Maximilians-Univesität Würzburg zum 75. Geburtstag von Hermann Nottarp, Karlsruhe 1961, 1 ff.

Leenen, D.: Der „Pferderfutter"-Fall - RG vom 9.7.1907 =RGZ 66, 289 -, Jura 1993, 534 ff.

Leiser, W.: Schadensersatz wegen Sachmängeln - Rechtshistorisches zu § 436 BGB, in: FS für Ludwig Schnorr von Carolsfeld zum 70. Geburtstag, Köln-Berlin-Bonn-München 1972, 299 ff.

Lemp, P.: Schadensersatz wegen Nichterfüllung als Folge des Schuldnerverzuges, Diss. Bern 1939

Lenel, O.: Briefe Savignys an Georg Arnold Heise, ZRG RA 36 (1915), 96-156.

Lesaffer, R.: The Medieval Canon Law of Contract and Early Modern Treaty Law, in: Journal of the History of International Law Vol. 2 (2000), 178 ff.

Leser, H. G.: Der Rücktritt vom Vertrag, Tübingen 1975 (Rücktritt)

Leser, H. G.: Die Erfüllungsverweigerung, IUS PRIVATUM GENTIUM, Bd. II, Tübingen 1969 (Erfüllungsverweigerung)

Leske, F.: Vergleichende Darstellung des Bürgerlichen Gesetzbuches für das Deutsche Reich und des preußischen Allgemeinen Landrechts, Bd. 3. 1, Erste und Zweite Auflage (Berlin 1900) (Vergleichende Darstellung)

Lipp, M.: Die Bedeutung des Naturrechts für die Ausbildung der allgemeinen Lehren des deutschen Privatrechts, Berlin 1980

Lipp, M.: Wissenschaftstheorie und Vernunftrecht bei W. X. A, von Kreittmayr, in: Freiherr von Kreittmayr Ein Leben für Recht,

Staat und Politik Festschrift zum 200. Todestag (hrsg. von Bauer und Schlosser), München 1991, 181 ff.
Luig, K.: Das Privatrecht im „Allgemeinen Landrecht für die preußischen Staaten“ von 1794, AcP 194 (1994), 521 ff. (= Römisches Recht Naturrecht Nationales Recht, Frankfurt a. M. 1998, S. 469-480)
Luig, K.: Die Grundsätze des Vertragsrechts in Keittmayrs Codex Maximillianeus Bavaricus Civilis von 1756, in: Freiherr von Kreittmayr. Ein Leben für Recht, Staat und Politik, FS zum 200. Todestag, München 1991, S. 59 ff. (Die Grundsätze des Vertragsrechts)
Luig, K.: Römisches Recht Naturrecht Nationales Recht, Frankfurt a. M. 1998.
Luig, K.: Das Forschungsfeld der europäischen Privatrechtsgeschichte, Festgabe Zivilrechtslehrer 1934/1935, (hrsg. v. Hadding), Berlin-New York 1999, 401 ff.
Mackeldey, D. F.: Lehrbuch des heutigen römischen Rechts, Bd. II, 10. Aufl., Giessen 1833
Makower, H.: Das Allgemeine Deutsche Handelsgesetzbuch, Elfte, vermehrte und verbesserte Auflage, Berlin 1893 (ADHGB)
Martini, K. A. F. v.: Lehrbegriff des Natur-Staats und Völkerrechts, Bd. I, Wien 1783 (Lehrbegriff)
Martini, K. A. F. v.: Lehrbegriff des Natur-Staats und Völkerrechts, Bd. II, Wien 1784
Matthiae, C.: Controversen=Lexikon des römischen Civilrechts, Leipzig 1856
Mayer-Maly, Th.: Perpetuatio obligationis: D. 45, 1, 91, IURA 7 (1956), 6-23
Mayrhofer, H.: System des österreichischen allgemeinen Privatrechts, 2. Buch Das Recht der Schuldverhältnisse (zuletzt bearbeitet von Armin Ehrenzweig und Adolf Ehrenzweig), 3. Aufl. (Wien 1986) (Schuldrecht AT)
Medicus, D.: Schuldrecht I Allgemeiner Teil, 7. Aufl., München 1993
Medicus, D.: Schuldrecht I Allgemeiner Teil, 13. Aufl., München 2002
Medicus, D.: Id quod interest, Köln-Graz 1962
Medicus, D.: Vorschläge zur Überarbeitung des Schuldrechts: Das allgemeine Recht der Leistungsstörungen, NJW 1992, 2384 ff. (Leistungsstörungen)
Medicus, D.: Zur Funktion der Leistungsunmöglichkeit im römischen Recht, ZRG RA. 86 (1969), 67-104
Medicus, D.: Die Leistungsstörungen im neuen Schuldrecht, JuS 2003, 521 ff.
Mommsen, F.: Die Unmöglichkeit der Leistung in ihrem Einfluss auf obligatorische Verhältnisse, Braunschweig 1853 (Unmöglichkeit)
Mommsen, F.: Zur Lehre vom Interesse, Braunschweig 1855 (Interesse)

Mommsen, F.: Die Lehre von der Mora nebst Beiträgen zur Lehre von der culpa, Braunschweig 1855 (Mora)

Mommsen, F.: Ueber die Haftung der Contrahenten bei der Abschließung von Schuldverträgen, Braunschweig 1879

Mühlenbruch, C. F.: Lehrbuch des Pandekten-Rechts, 2. Teil, 2. Aufl., Halle 1838 (Lehrbuch)

Müller, E.: Begründet ein Verschulden des Verkäufers beim Verkaufe oder bei der Lieferung einer mangelhaften Sache die Verpflichtung zum Schadensersatz nach Vertragsrecht? Kann dieser Schadensersatz neben Wandelung noch gefordert werden?, Recht 1902, 541-543/576-580. (Schadensersatz)

Müller-Chen, M: Folgen der Vertragsverletzung, Zürich 1999

Nanz, K.-P.: Zur Entstehung des allgemeinen Vertragsbegriffs, München 1985

Nehlsen-von Stryk, K.: Grenzen des Rechtszwangs: Zur Geschichte der Naturalvollstreckung, AcP 193 (1993), S. 529 ff. (Grenzen)

Neuenschwander, M.: Die Schlechterfüllung im schweizerischen Vertragsrecht, Diss. Bern 1971 (Schlechterfüllung)

Neufang, P.: Erfüllungszwang als „Remedy" bei Nichterfüllung, Baden-Baden 1998

Nörr, D.: Die Entwicklung des Utilitätsgedankens, ZRG RA. 73 (1956), 68-119.

Oertmann, P.: Der Schadensersatz des obligatorisch Berechtigten, in: FG für Heinrich Dernburg zum fünfzigjährigen Doktorjubiläum, 61-89, Berlin 1900

Oertmann, P.: Recht der Schuldverhältnisse, Erste Abteilung §§ 241 bis 432, Fünfte, umgearbeitete Auflage, Berlin 1928 (Schuldverhältnisse I)

Oftinger, K.: Bundesgerichtspraxis zum Allgemeinen Teil des Schweizerischen Obligationenrechts, Zürich 1969 (Bundesgerichtspraxis)

Oser, H.: Das neue Schweizerische Obligationenrecht, ZHR 12 (1912), 61-106

Palandt, O.: Bürgerliches Gesetzbuch, 60. neubearbeitet Aufl., München 2001 (Palandt-Bearbeiter^{60})

Palandt, O.: Bürgerliches Gesetzbuch, 61. neubearbeitet Aufl., München 2002 (Palandt-Bearbeiter^{61})

Peter, H.: Vom Einfluss der deutschen Zivilrechtswissenschaft auf die Schweiz, in: FS Karl, Köln·Graz· Zürich 1965, 321-342

Peters, H.: Generelle und spezielle Aktionen, ZRG RA 32 (1911), 179 ff.

Pfaff, L./Ehrenzweig, A.: System des österreichischen allgemeinen Privatrechts von Josef Krainz, Zweiter Band: Das Obligationen-, Familien- und Erbrecht, Wien 1900 (System)

Picker, E.: Positive Forderungsverletzung und culpa in contrahendo, - Zur Problematik der Haftung „zwischen“ Vertrag und Delikt, AcP 183 (1983), S. 369 ff. (Positive Forderungsverletzung und culpa in contrahendo)

Pisko, O.: Gewährleistungs-, Nichterfüllungs- und Irrtumsfolgen bei Lieferung mangelhafter Ware, 2. Aufl., Wien 1928

Planck's Kommentar zum Bürgerlichen Gesetzbuch nebst Einführungsgesetz, Zweiter Band, Recht der Schuldverhältnisse, Dritte, vermehrte und verbesserte Auflage, Berlin 1907 (Planck-Bearbeiter)

Planck's Kommentar zum Bürgerlichen Gesetzbuch nebst Einführungsgesetz, Bd. II-1, 4. Aufl., Berlin 1914 (Planck-Bearbeiter)

Plohmann, M.: Ludwig Julius Friedrich Höpfner (1743-1797), Berlin 1992 (Uni. Köln, Diss., 1991)

Puchelt, E. S./Förtsch, R.: Kommentar zum Allgemeinen Deutschen Handelsgesetzbuch, Zweiter Band, Vierte, vermehrte und durchgesehene Auflage, Leipzig 1894

Puchta, G. F.: Lehrbuch der Pandekten, 3. Aufl., Leipzig 1845 (Pandekten)

Puchta, G. F.: Lehrbuch der Pandekten, 8. Aufl., Leipzig 1856

Puchta, G. F.: Vorlesungen über das heutige römische Recht, Bd. II, 2. Aufl., Leipzig 1849

Pufendorf, S.: De officio hominis et civis iuxta legem naturalem libri duo, Lund 1673 (De officio)

Rabe, D.: Pflichtverletzung als Grundtatbestand des Leistungsstörungsrechts, ZIP 1996, 1652 ff.

Rabe, D.: Schuldrechtsreform - Abschied vom kontinentaleuropäischen Rechtsdenken?, in: Liber Amicorum für H.-J. Rabe, Bonn 1995, S. 135 ff.

Rabel, E.: Grundzüge des römischen Privatrechts, 2. Aufl., Basel 1955

Rabel, E.: Das Recht des Warenkaufs, 1. Band, Berlin 1964 (Warenkauf I)

Rabel, E.: Zu den allgemeinen Bestimmungen über Nichterfüllung gegenseitiger Verträge, in: Ernst Rabel gesammelte Aufsätze, Bd. III, Tübingen 1967, S. 138 ff. (Nichterfüllung)

Rabel, E.: Zur Lehre von der Unmöglichkeit der Leistung nach österreichischem Recht, in: FS zur Jahrhundertfeier des Allgemeinen Bürgerlichen Gesetzbuches, Bd. II, Wien 1911, 821-846 (Unmöglichkeit I)

Rabel, E.: Unmöglichkeit der Leistung, in: FS für Bekker, Weimar 1907, 171 ff.

Randelhofer, A.: Die Pflichtenlehre bei Samuel von Pufendorf, in: Schriftenreihen der Juristen Gesellschaft Berlin, Heft 78, Berlin 1983 (Die Pflichtenlehre)

Reischauer, R.: Der Entlastungsbeweis des Schuldners (§ 1298 ABGB), Berlin 1975 (Entlastungsbeweis)
Reischauer, R.: Konkurrenz zwischen Gewährleistung und Schadensersatz wegen Nichterfüllung beim Werkvertrag, JBl 1990, 648 ff.
Reischauer, R.: Leistungsstörungsrecht des ABGB im Vergleich zu dem BGB mit einem Blick auf das UN-Kaufrecht, FS für Stoll, Tübingen 2001, 345 ff. (Leistungsstörungsrecht)
Repgen, T.: Vertragstreue und Erfüllungszwang in der mittelalterlichen Rechtswissenschaft, Paderborn-München-Wien-Zürich 1994 (Vertragstreue und Erfüllungszwang)
Rheinstein, M.: Die Struktur des vertraglichen Schuldverhältnisses im angloamerikanischen Recht, Berlin-Leipzig 1932
Rolland, W.: Schuldrechtsreform – Allgemeiner Teil, NJW 1992, 2377 ff.
Rückert, J.: Idealismus, Jurisprudenz und Politik bei Friedrich Carl v. Savigny, Ebelsbach 1984.
Rückert, J.: Kant-Rezeption in juristicher und politischer Theorie (Naturrecht, Rechtsphilosopie, Staatslehre, Politik) des 19. Jahrhunderts, in: John Locke und Immanuel Kant (Philosophische Schriften, hrsg. v. M. P. Thompson, Bd. 3, , Berlin 1991, S. 144-215
Rummel, P.: Kommentar zum Allgemeinen bürgerlichen Gesetzbuch, Dritte, neubearbeitete und erweiterte Auflage (Wien 2000) (Bearbeiter in Rummel)
Rütten, W.: Zur Entstehung des Erfüllungszwangs im Schuldverhältnis, in: Festschrift für Gernhuber, Tübingen 1993, 939 ff.
Savigny, C. F. v.: Das Obligationenrecht als Theil des heutigen Römischen Rechts, Erster Band., Berlin 1851 (Obligationenrecht)
Savigny, C. F. v.: Das Obligationenrecht als Theil des heutigen Römischen Rechts, Zweiter Band., Berlin 1853 (Obligationenrecht)
Savigny, C. F. v.: System des heutigen Römischen Rechts, 8 Bde., 1. Aufl., Berlin 1840-1851(System)
Schapp, J.: Empfiehlt sich die „Pflichtverletzung“ als Grundtatbestand des Leistungsstörungsrechts ?, JZ 2001, S. 583 ff.
Scherner, K. O.: Rücktrittsrecht wegen Nichterfüllung, Wiesbaden 1965
Schindler, F.: Ueber das Rücktrittsrecht bei zweiseitigen Schuldverträgen nach Art. 122-125 des eidgenössischen Obligationenrechtes, Diss. Zürich 1886
Schlesinger, W.: Das Wesen der positiven Vertragsverletzungen, ZBl 1926, 721 ff.
Schlesinger, W.: Die Lehre von den positiven Vertragsverletzungen und ihr Einfluss auf das österreichische Recht, ZBl 1926, 401 ff.

Schlesinger, W.: Die vorläufige und die endgültige Nichterfüllung, ZBl 1926, 1 ff.
Schlosser, H.: Die Grundzüge der Neueren Privatrechtsgeschichte, 8. Aufl. Heidelberg 1996 (Grundzüge)
Schmid, J.: Die positive Vertragsverletzung im System des schweizerischen und des europäischen Privatrechts, in: Aufbruch nach Eropa 75 Jahre Max-Planck-Institut für Privatrecht, Tübingen 2001, S. 1021 ff. (Die positive Vertragsverletzung)
Schmidlin, B.: Die beiden Vertragsmodelle des europäischen Zivilrechts: Das naturrechtliche Modell der Versprechensübertragung und das pandektistische Modell der vereinigten Willenserklärungen, in: Rechtgeschichte und Privatrechtsdogmatik, FS für Seiler (Hrsg. von R. Zimmermann), Heidelberg 1999, 187 ff.
Schmidt-Räntsch, J.: Das neue Schuldrecht, Köln-Berlin-Bonn-München 2002
Schneider, A./Fick, H.: Das Schweizerische Obligationenrecht sammt den Bestimmungen des Bundesgesetzes betreffend die persönliche Handlungsfähigkeit mit allgemeinen Erläuterungen, Zürich 1893
Schöller, W.: Die Folgen schuldhafter Nichterfüllung, insbesondere der Schadensersatz wegen Nichterfüllung, bei Kauf, Werkvertrag, Miethe und Dienstvertrag nach dem B.G.B., Beiträge zur Erläuterung des Deutschen Rechts, S. 603-646 (44 Jahrgang), S. 511-546 (45 Jahrgang) und 1-42/253-291 (46 Jahrgang) (Nichterfüllung)
Schollmeyer, F.: Erfüllungspflicht und Gewährleistung für Fehler beim Kauf, JheringsJB 49 (1905), S. 90 ff. (Erfüllngspflicht")
Schubiger, A.: Verhältnis der Sachgewährleistung zu den Folgen der Nichterfüllung und der nicht gehörigen Erfüllung: OR 197 ff – OR 97 ff., Diss. Bern 1957
Schur, W.: Leistung und Sorgfalt, Tübingen 2001
Schulte-Nölke/Schulze (Hrsg.):Die Schuldrechtsreform vor dem Hintergrund des Gemeinschaftsrechts, Tübingen 2001
Schwarz, A.: Zur Entstehung des modernen Pandektensystems, ZRG RA 42 (1921), 578 ff.
Schwenzer, I.: Rezeption deutschen Rechtsdenkens im schweizerischen Obligationenrecht, in: Schuldrecht, Rechtsvergleichung und Rechtsvereinheitlichung an der Schwelle zum 21. Jahrhundert Symposium aus Anlass des 65. Geburtstages von Peter Schlechtriem (hrsg. von I. Schwenzer), Tübingen 1999, S. 59 ff.
Schwenzer, I.: Schweizerisches Obligationenrecht Allgemeiner Teil, Bern 1998
Schwenzer, I./Müller-Chen, M.: Rechtsvergleichung, Tübingen 1996.
Schwimann (Hrsg.): ABGB Praxiskommentar, 2. neubearbeitete und erweiterte Auflage, Wien 1997 (Schwimann-Bearbeiter)
Sessler, A.: Die Lehre von den Leistungsstörungen, Berlin 1994

Seuffert, J. A.: Praktisches Pandektenrecht, Bd. 1, 1. Aufl., Würzbug 1824 (Pandektenrecht)
Seuffert, J. A.: Praktisches Pandektenrecht, Bd. 2., 1. Aufl., Würzburg 1825
Seuffert, J. A.: Praktisches Pandektenrecht, Bd. 2, 2. Aufl., Würzburg 1848
Seuffert, L.: Die allgemeinen Grundsätze des Obligationenrechts in dem Entwurf eines Bürgerlichen Gesetzbuches für das Deutsche Reich, Beiträge zur Erläuterung und Beurteilung des Entwurfes eines Bürgerlichen Gesetzbuches für das Deutsche Reich, Bd. 2, Hrsg. E. I. Bekker und O. Fischer, Berlin 1889 (Neudruck Glashütten im Taunus 1974), S. 1-77
Seuffert, L.: Zur Geschichte der obligatorischen Verträge, Nördlingen 1881
Siber, H.: Interpellation und Mora, ZRG RA 29 (1908), 47 ff.
Siber, H.: Grundriß des Schuldrechts, Leipzig 1931
Siebenhaar, E.: Lehrbuch des Sächsischen Privatrechts, Leipzig 1872 (Privatrecht)
Siebenhaar, E./Pöschmann, K. M.: Commentar zu dem bürgerlichen Gesetzbuche für das Königreich Sachsen, Zweiter Band, Das Recht der Forderungen, Leipzig 1865 (Siebenhaar/Pöschmann)
Siebenhaar, E./Siegmann, G.: Commentar zu dem bürgerlichen Gesetzbuche für das Königreich Sachsen, Erster Band, Die Publicationsordnung, der allgemeiner Theil und das Sachenrecht, Leipzig 1864
Siebenhaar, E.: Kommentar zur Deutschen CivilProzessordnung, Leipzig 1877
Sintenis, C. F. F.: Das praktische gemeine Civilrecht, Bd. II, 2. Aufl., Leipzig 1861
Soergel, Bürgerliches Gesetzbuch mit Einführungsgesetz und Nebengesetzen, Band 2, Schuldrecht I (§§ 241-432), Stuttgart-Berlin-Köln 1990
Sonnenschien, G.: „Inexécution" - Nichterfüllung und Haftung im französischen Vertragsrecht -, Diss. Uni. Bonn 1971
Stathopoulos, M.: Probleme der Vertragsbindung und Vertragslösung in rechtsvergleichender Betrachtung, AcP 194, 543 ff. (Vertragsbindung und Vertragslösung)
Staub, H.: Kommentar zum Allgemeinen Deutschen Handelsgesetzbuch, Berlin 1893 (ADHGB)
Staub, H.: Kommentar zum Handelsgesetzbuch, Zweiter Band, Sechste und Siebente Auflage, Berlin 1900 (HGB)
Staub, H.: Die positiven Vertragsverletzungen und ihre Rechtsfolgen, in: FS für den XXVI. Deutschen Juristentag, Berlin 1902 (PVV 1902)
Staub, H.: Die positiven Vertragsverletzungen und ihre Rechtsfolgen, Berlin 1904 (PVV 1904)
Staub, H.: Die positiven Vertragsverletzungen und ihre Rechtsfolgen, 1969 Berlin (Neudruck mit einem Nachwort von Eike Schmidt) (PVV 1969)

Stoll, Hans: Notizen zur Neuordnung des Rechts der Leistungsstörungen, JZ 2001, 589 ff. (Neuordnung des Rechts der Leistungsstörungen)

Stoll, Heinrich: Abschied von der Lehre von der positiven Vertragsverletzung, AcP 136 (1932), S. 257 ff. (Abschied)

Stoll, Heinrich: Die Lehre von den Leistungsstörungen Denkschrift des Ausschusses für Personen=, Vereins= und Schuldrecht, Tübingen 1936 (Denkschrift)

Stubenrauch, M. v.: Commentar zum allgemeinen österreichischen bürgerlichen Gesetzbuche), Zweiter Band, Wien 1899 (Commentar)

Thibaut, A. F. J.: System des Pandektenrechts, Bd. I, 1. Aufl., Jena 1803 (Pandekten)

Thibaut, A. F. J.: System des Pandektenrechts, Bd. I, 7. Aufl., Jena 1828

Thieme, H.: Das Naturrecht und die europäische Privatrechtsgeschichte, Basel 1947

Thieme, H.: Die Preußische Kodifikation, ZRG GA. 56 (1937), 355-428

Treitel, G.: Remedies for Breach of Contract, International Encyclopedia of Comparative Law, Vol. VII, Chapter 16, Mouton/Tübingen 1976

Unger, J.: Der revidierte Entwurf eines bürgerlichen Gesetzbuches für das Königreich Sachsen, Leipzig 1861

Unterholzner, K.A.D.: Lehre des römischen Rechts von den Schuldverhältnissen mit Berücksichtigung der heutigen Anwendung, Bd. I, Leipzig 1840 (Schuldverhältnisse I)

v. Rönne: Ergänzung und Erläuterung des Allgemeinen Landrechts, 1. Bd., 7. Aufl., Berlin 1885

v. Tuhr, A.: Allgemeiner Teil des Schweizerischen Obligationenrechts, 2. Halbband, Tübingen 1925 (OR-AT)

v. Tuhr, A.: Naturalherstellung und Geldersatz, JheringsJB Bd. 10 (1904), 39 ff.

v. Tuhr, A./Siegwart, A.: Allgemeiner Teil des Schweizerischen Obligationenrechts, Zweiter Halbband, Zürich 1944 (OR-AT)

v. Tuhr/Escher: Allgemeiner Teil des Schweizerischen Obligationenrecht Bd. II, 3. Aufl., Zürich 1974 (OR-AT)

Voser, F.: Der Schuldnerverzug im schweizer. Obligationenrecht, Aarau 1914

Wächter, C. G.: Pandekten, Bd. I. Allgemeiner Theil, Leipzig 1880

Wächter, C. G.: Pandekten, Bd. II. Besonderer Theil, Leipzig 1881

Weber, R. H.: Schweizerisches Zivilgesetzbuch, Das Obligationenrecht, Band VI, 1. Abteilung: Allgemeine Bestimmung, 5. Teilband Die Folgen der Nichterfüllung Art. 97-109, Bern 2000 (BK-Weber)

Wellspacher, M.: Das Naturrecht und das ABGB, in: FS zur Jahrhundertfeier des allgemeinen bürgerlichen Gesetzbuches, Bd. I, Wien 1911, S. 175 ff.

Welser, R./Welser, I.: Schadensersatz statt Gewährleistung, Wien 1994
Welser, R.: Natural- oder Geldersatz beim Werkmagel, ecolex 1993, 233 ff.
Wendt, O.: Lehrbuch der Pandekten, Jena 1888
Wengler, F. A./Brachmann, H. A.: Das Bürgerliche Gesetzbuch für das Königreich Sachsen nach den hierzu ergangenen Entscheidungen der Spruchbehörden, Erster Band, Leipzig 1878
Wesener, G.: Naturrechtliche und römisch-gemeinrechtliche Element im Vertragsrecht des ABGB, ZNR 6 (1984), 113 ff.
Westhelle, F.: Nichterfüllung und positive Vertragsverletzung, Beiträge zum Zivilrecht und Zivilprozessrecht, Heft 20, Köln 1978
Wieacker, F.: Privatrechtsgeschichte der Neuzeit, 2. Aufl., Göttingen 1967
Wieacker, F.: Leistungshandlung und Leistungserfolg im bürgerlichen Schuldrecht, in: FS für Nipperdy, Bd. I, München-Berlin 1965, 783 ff. (Leistungshandlung und Leistungserfolg)
Wieacker, F.: Die vertragliche Obligation bei den Klassikern des Vernunftrechts, in: FS für Welzel zum 70. Geburtstag, Berlin 1974, 7 ff. (Vertragliche Obligation)
Wiegand, W.: Die Leistungsstörungen Teil 1: Die Nichterfüllung, recht 1983, 1 ff.
Wiegand, W.: Die Leistungsstörungen Teil 2: Verzug und Schlechterfüllung, recht 1983, 118 ff.
Wiegand, W.: Die Leistungsstörungen Teil 3: Verzug und Schlechterfüllung, recht 1984, 13 ff.
Wieling, H.-J.: Interesse und Privatstrafe vom Mittelalter bis zum Bürgerlichen Gesetzbuch, Köln-Wien 1970
Wilhelm, G.: Abschied vom Gewährleistungsrecht, ecolex 1990, 333
Wilhelm, G.: Schadensersatz statt Gewährleistung auch beim Kauf, ecolex 1990, 461
Wilmowski G. v./Levy, M.: Civilprozessordnung und Gerichtsverfassungsgesetzen für Das Deutsche Reich nebst den Einführungsgesetzen, Zweiter Band, Siebente vermehrte und verbesserte Auflage, Berlin 1895.
Windscheid, B./Kipp, Th.: Lehrbuch des Pandektenrechts, Zweiter Band, 9. Auflage, Frankfurt a. M. 1906 (Windscheid/Kipp)
Windscheid, B.: Lehrbuch des Pandektenrechts, Bd. II-1, Düsseldorf 1865 (Pandekten)
Witz/Sagler/Lorenz: International Einheitliches Kaufrecht, Heidelberg 2000
Wollschläger, C.: Die Entstehung der Unmöglichkeitslehre, Forschungen zur neueren Privatrechtsgeschichte, Köln-Wien 1970 (Unmöglichkeitslehre)
Wollschläger, C.: Landrechtsvorlesung 1824, 3. 1, Ius commune Sonderheft 67, Frankfurt am Main 1994

Wolter, U.: Das Prinzip der Naturalrestitution in 249 BGB Herkunft, historische Entwicklung und Bedeutung, Berlin 1985 (Das Prinzip der Naturalrestitution in 249 BGB)

Würthwein, S.: Zur Schadensersatzpflicht wegen Vertragsverletzungen im Gemeinen Recht des 19. Jahrhunderts, Berlin 1990 (Schadensersatzpflicht)

Wyduckel, D.: Der Vertragsgedanke bei Samuel Pufendorf in seiner Bedeutung für die Konstitution von Recht und Staat, in: Samuel Pufendorf und seine Wirkungen bis auf die heutige Zeit (hrsg. von Geyer/Goerlich, Baden-Baden 1996, S. 39 ff. (Der Vertragsgedanke)

Zankl, W.: Haftpflichtversicherung, Gewährleistung und Schadensersatz, ecolex 1990, 278 f.

Zimmermann, R.: Breach of Contract and Remedies under New German Law of Obligations, Roma 2002

Zimmermann, R.: The Law of Obligations, New York 1996

Zimmermann, R.: Heutiges Recht, Römisches Recht und heutiges Römisches Recht, in: Rechtsgeschichte und Privatrechtsdogmatik, FS für Seiler (hrsg. von Zimmermann), Heidelberg 1999, 1 ff.

Zimmermann, R.: Roman Law, Contemporary Law, European Law - The Civilian Tradition Today -, Oxford University Press 2001

Zimmermann, R.: Modernizing the German Law of Obligations ?, in.: Themes in Comparative Law in Honour of Bernhard Rudden (hrsg. von Birks und Pretto), Oxford 2002, 265 ff.

Zimmermann, R.: Europa und das römische Recht, AcP 202 (2002), 243 ff.

Zimmermann, R.: Savignys Vermächtnis - Rechtsgeschichte, Rechtsvergleichung und die Begründung einer Europäischen Rechtswissenschaft -, Tübingen-Hagelloch 1998 (= JBl 1998, 273-293)

Zitelmann, E.: Nichterfüllung und Schlechterfüllung, in: Festgabe der Bonner Juristischen Fakultät für Paul Krüger zum Doktor-Jubiläum, Berlin 1911, 265 ff. (Nichterfüllung und Schlechterfüllung)

Zweigert/Kötz: Einführung in die Rechtsvergleichung[3], Tübingen 1996

2. Gesetze, Entwürfe und Materialen des Gesetzes

Allgemeines bürgerliches Gesetzbuch (ABGB, das durch 3 Teilnovelle (TN) modernisiert geworden ist)

Allgemeines bürgerliches Gesetzbuch 1811 (ABGB 1811 oder ABGB aF)

Amtliches stenographisches Bulletin der schweizerischen Bundesversammlung (Sten. Bull.)

Bericht der Kommission für Justizgegenstände über die Gesetzesvorlage, betreffend die Änderung und Ergänzung einiger Bestimmungen des allgemeinen bürgerlichen Gesetzbuches. 78 d. Beil. zu d. stenogr. Prot. des Herrenhauses, XXI. Session, 1912 (HHB)

Bundesgesetz über das Obligationenrecht vom 14. Juni 1881 (aOR)

Bundesrat-Drucksache 338/01, Entwurf eines zur Modernisierung des Schuldrechts (11.05.2001) (BR-Drs.)

Bundestags-Drucksache 14/6040, Entwurf eines Gesetzes zur Modernisierung des Schuldrechts (14.05.2001) (BT-Drs.)

CivilProzessordnung 1877 (CPO)

Codex Maximillianeus Bavaricus Civilis von 1756 (CMBC)

Francke, B. (hrsg.): Entwurf eines allgemeinen deutschen Gesetzes über Schuldverhältnisse, Dresden 1866 (Dresdner-Entwurf)

Entwurf eines für die deutschen Bundesstaaten gemeinsamen Gesetzes über Schuldverhältnisse (nach den in erster Lesung erfolgten Beschlüssen), in: Protocolle der Commission zur Ausarbeitung eines Allgemeinen Deutschen Obligationenrechtes, Bd. III, Dresden 1864 (Rev. Entwurf)

Entwurf eines für die deutschen Bundesstaaten gemeinsamen Gesetzes über Schuldverhältnisse (nach den in erster Lesung erfolgten Beschlüssen), in: Protocolle der Commission zur Ausarbeitung eines Allgemeinen Deutschen Obligationenrechtes, Bd. V, Dresden 1865 (Entwurf von 1865)

Entwurf eines bürgerlichen Gesetzbuches für das Königreich Bayern, München 1861 (Entwurf 1861)

Entwurf eines bürgerlichen Gesetzbuches für das Königreich Bayern (Fortsetzung), München 1864 (Entwurf 1864)

Entwurf eines bürgerlichen Gesetzbuchs für das Großherzogthum Hessen nebst Motiven, Vierte Abtheilung, Bd. I, Darmstadt 1853 (Hess. Entwurf und Motive)

Entwurf eines bürgerlichen Gesetzbuchs für das Königreich Sachsen nebst allgemeinen Motiven und Inhaltsverzeichniß, Dresden 1852 (Entwurf Helds)

Entwurf eines bürgerlichen Gesetzbuchs für das Königreich Sachsen nebst allgemeinen Motiven und Inhaltsverzeichniß, Dresden 1860 (Rev. Entwurf)

Jakobs, H. H./Schubert, W.: Die Beratung des Bürgerlichen Gesetzbuchs, Recht der Schuldverhältnisse I (§§ 241 bis 432), Berlin-New York 1978 (Beratung-Schuldverhältnisse I)

Motive zu dem Entwurfe eines Bürgerlichen Gesetzbuches für das Deutsche Reich, Band II. Recht der Schuldverhältnisse (Amtliche Ausgabe), Zweite unveränderte Auflage, Berlin 1896 (Motive Bd. II)

Motive zum Entwurfe eines bürgerlichen Gesetzbuches für das Königreich Bayern, München 1861 (Motive 1861)

Motive zum Entwurfe eines bürgerlichen Gesetzbuches für das Königreich Bayern (Fortsetzung), München 1864 (Motive 1864)

Mugdan, B.: Die gesammten Materialen zum Bürgerlichen Gesetzbuch für das Deutsche Reich, Herausgegeben und bearbeitet von B. Mugdan, II. Band Recht der Schuldverhältnisse/ IV. Band Familienrecht Berlin 1899 (Mugdan-Motive oder Mugdan-Protokolle)

Protocolle der Commission zur Ausarbeitung eines Allgemeinen Deutschen Obligationenrechts (Dresd.-Prot.)

Regierungsvorlage: Gesetz, betreffend die Änderung und Ergänzung einiger Bestimmungen des allgemeinen bürgerlichen Gesetzbuches – Beilage zu den stenographischen Protokollen des Herrenhauses Nr. 29, XVIII. Session 1907; sowie Beilage Nr. 3, XIX Session 1908, Beilage Nr. 1, XX Session 1909, Beilage. Nr. 2, XXI Session 1911 (Regierungs-Vorlage-Teilnovelle)

Reichsgesetzblatt für die im Reichsrate vertretenen Königreich und Länder, XXXVIII. Stück. – Ausgegeben und versendet am 21. März 1916, Nr. 69, Kaiserliche Verordnung vom 19. März 1916 über die dritte Teilnovelle zum allgemeinen bürgerlichen Gesetzbuch (III. Teilnovelle)

Reichs-Justizamt, Zusammenstellung der Aueßerungen der Bundesregierungen zu dem Entwurf eines Bürgerlichen Gesetzbuchs zweiter Lesung, Heft I, Berlin 1895

Schey, J. v.: Das allgemeine bürgerliche Gesetzbuch für das Kaiserthum Oesterreich, 14. Aufl., Wien 1892 (ABGB)

Schubert, W.: Die Vorentwürfe der Redaktoren zum BGB, Schuldrecht 1, Berlin - New York 1980 (Neudruck, (Entwurf eines bürgerlichen Gesetzbuches für das Deutsche Reich, Recht der Schuldverhältnisse. I. Allgemeiner Teil mit Begründung, Vorlage des Redakors, Dr. F. Ph. F. von Kübel, Berlin 1882))

Schubert, W.: Sammlung sämtlicher Erkenntnisse des Reichsgerichts in Zivilsachen (Sammlung Jahrgang)

Siebenhaar, E.: Das Bürgerliche Gesetzbuch für das Königreich Sachsen nebst der Publikationsverordnung vom 2. Januar 1863, Leipzig 1863 (Sächs. BGB oder Sachregister des Sächs. BGB)
Spezielle Motive zu dem Entwurfe eines bürgerlichen Gesetzbuchs für das Königreich Sachsen, Dresden 1852 (Motive von 1852)
Spezielle Motive zu dem Entwurfe eines bürgerlichen Gesetzbuchs für das Königreich Sachsen, Dresden 1861 (Motive)

3. Rezensionen und Berichte

Brinz, A.: Kritische Überschau 5 (1857), 278 ff.
Bürge, A.: ZNR 1993, 248 ff.
Endemann, F.: DJZ 1903, 160 ff.
Ernst, W.: TR 67 (1999), 408 f.
Ernst, W.: TR 65 (1997), 408 f.
Kaufmann, H.: ZRG RA 88 (1971), 518 ff.
Kunkel, W.: ZRG RA 71 (1954), 534 ff.
Lange, H.: ZRG RA 78 (1961), 514 ff.
Pfeifer, G.: Symposion „Das BGB und seine Richter. Zur Reaktion des Rechtsprechung auf die Kodifikation des deutschen Privatrechts (1896-1914)" vom 16. bis 18. März 1999, ZRG RA 117 (2000), 839 ff.
Roth, A.: TR LXIV (1996), 226 f.
Schermeier, M.: ZRG RA 115 (1998), 640 ff.
Spengler, H.-P.: Bericht über den 31. Deutschen Rechtshistorikertag Wien, ZRG RA 114 (1997), S. 655 ff.
Zimmermann, R.: TR 60 (1992), 507 ff.

4. Sammlungen der Gerichtsentscheidungen

Striethorst: Archiv für Rechtsfälle aus der Praxis der Rechtsanwälte des Königlichen OberTribunals (hrsg. von Striethorst, Th.)
ROHG: Entscheidung des Reichsoberhandelsgerichtshofs
RGZ: Entscheidung des Reichsgerichts. Entscheidung in Zivilsachen
SZ: Entscheidungen des österreichischen Obersten Gerichtshofes in Zivil-(und Justizverwaltungs-)sachen
BGE: Entscheidungen des Schweizerischen Bundesgerichts
Rehb: Die Entscheidungen des vormaligen Preußischen Obertribunals auf dem Gebiet des Civilrechts, Bd. 1- 3 (hrsg. von Rehbein und Reincke), Berlin 1884-1891)
GIU: Sammlung von civilrechtlichen Entscheidungen des k. k. obersten Gerichtshofes (hrsg. von J. Glaser und J. Unger)
Sammlung: Sammlung sämticher Erkenntnisse des Reichsgerichts in Zivilsachen (bearbeitet von W. Schubert)
Seufferts Archiv: Seufferts Archiv für Entscheidungen der obersten Gerichte in den deutschen Staaten

RECHTSHISTORISCHE REIHE

Band 1 Studien zu den germanischen Volksrechten. Gedächtnisschrift für Wilhelm Ebel. Vorträge gehalten auf dem Fest-Symposion anläßlich des 70. Geburtstages von Wilhelm Ebel am 16. Juni 1978 in Göttingen. Götz Landwehr (Hrsg.) 1982.

Band 2 Hans Poeschel: Die Statuten der Banken, Sparkassen und Kreditgenossenschaften in Hamburg und Altona von 1710 bis 1889. 1978.

Band 3 Thomas Kolbeck: Juristenschwemmen, Untersuchungen über den juristischen Arbeitsmarkt im 19. und 20. Jahrhundert. 1978.

Band 4 Norbert Hempel: Richterleitbilder in der Weimarer Republik. 1978.

Band 5 Rolf Stratmann: Die Scheinbußen im mittelalterlichen Recht. 1978.

Band 6 Martin C. Lockert: Die niedersächsischen Stadtrechte zwischen Aller und Weser. Vorkommen und Verflechtungen. Eine Bestandsaufnahme. 1979.

Band 7 Joachim Rückert/Wolfgang Friedrich: Betriebliche Arbeiterausschüsse in Deutschland, Großbritannien und Frankreich im späten 19. und frühen 20. Jahrhundert. Eine vergleichende Studie zur Entwicklung des kollektiven Arbeitsrechts. 1979.

Band 8 Peter Bender: Die Rezeption des römischen Rechts im Urteil der deutschen Rechtswissenschaft. 1979.

Band 9 Friedrich Karl Alsdorf: Untersuchungen zur Rechtsgestalt und Teilung deutscher Ganerbenburgen. 1980.

Band 10 Dietmar Willoweit/Winfried Schich (Hrsg.): Studien zur Geschichte des sächsisch-magdeburgischen Rechts in Deutschland und Polen (Sammelband). 1980.

Band 11 Brigitte Hempel: Der Entwurf einer Polizeiordnung für das Herzogtum Sachsen-Lauenburg aus dem Jahre 1591. 1980.

Band 12 Klaus-Detlev Godau-Schüttke: Rechtsverwalter des Reiches. Staatssekretär Dr. Curt Joël. 1981.

Band 13 Rainer Polley: Anton Friedrich Justus Thibaut (AD 1772-1840) in seinen Selbstzeugnissen und Briefen. Teil 1: Abhandlung. Teil 2: Briefwechsel. Teil 3: Register zum Briefwechsel. 1982.

Band 14 Michael Wettengel: Der Streit um die Vogtei Kelkheim 1275-1276. Ein kanonischer Prozeß.1981.

Band 15 Otto Wilhelm Krause: Naturrechtler des sechzehnten Jahrhunderts. Ihre Bedeutung für die Entwicklung eines natürlichen Privatrechts. 1982.

Band 16 Helga Spindler: Von der Genossenschaft zur Betriebsgemeinschaft. Kritische Darstellung der Sozialrechtslehre Otto von Gierkes. 1982.

Band 17 Holger Otte: Gustav Radbruchs Kieler Jahre 1919 - 1926. 1982.

Band 18 Rüdiger Teuner: Die fuldische Ritterschaft 1510 - 1656. 1982.

Band 19 Gerhard Dilcher/Rudolf Hoke/Gian Savino Pene Vidari/Hans Winterberg (Hrsg.): Grundrechte im 19. Jahrhundert. 1982.

Band 20 Karl-Hans Schloßstein: Die westfälischen Fabrikengerichtsdeputationen - Vorbilder, Werdegang und Scheitern. 1982.

Band 21 Birger Schulz: Der Republikanische Richterbund (1921-1933). 1982.

Band 22 Engelbert Krause: Die gegenseitigen Unterhaltsansprüche zwischen Eltern und Kindern in der deutschen Privatrechtsgeschichte. 1982.

Band 23 Meent W. Francksen: Staatsrat und Gesetzgebung im Großherzogtum Berg (1806-1813). 1982.

Band 24 Gerd von Sonnleithner: Bearbeitung des Handelsrechts durch Ignaz von Sonnleithner in seinem "Leitfaden über das österreichische Handels- und Wechselrecht". 1982.

Band 25 Rudolf Palme: Rechts-, Wirtschafts- und Sozialgeschichte der inneralpinen Salzwerke bis zu deren Monopolisierung. 1983.

Band 26 Helen Bosshard: Pestalozzis Staats- und Rechtsverständnis und seine Stellung in der Aufklärung. 1983.

Band 27 Jens Jessen: Die Selbstzeugnisse der deutschen Juristen. Erinnerungen, Tagebücher und Briefe. Eine Bibliographie. 1983.

Band 28 Günter Martin Jensen: Das Domanium Waldeck. Die rechtliche Zuordnung eines Fürstenvermögens. 1984.

Band 29 Johann Heinrich Kumpf: Petitionsrecht und öffentliche Meinung im Entstehungsprozeß der Paulskirchenverfassung 1848/49. 1983.

Band 30 Sabine Frey: Rechtsschutz der Juden gegen Ausweisungen im 16. Jahrhundert. 1983.

Band 31 Dietrich Joswig: Die germanische Grundstücksübertragung. 1984.

Band 32 Andreas Baryli: Konzessionssystem contra Gewerbefreiheit. Zur Diskussion der österreichischen Gewerberechtsreform 1835 bis 1860. 1984.

Band 33 Gerhard Oberkofler: Studien zur Geschichte der österreichischen Rechtswissenschaft. 1984.

Band 34 Rudolf Lauda: Kaufmännische Gewohnheit und Burgrecht bei Notker dem Deutschen. Zum Verhältnis von literarischer Tradition und zeitgenössischer Realität in der frühmittelalterlichen Rhetorik. 1984.

Band 35 Jens Jensen: Die Ehescheidung des Bischofs Hans von Lübeck von Prinzessin Julia Felicitas von Württemberg-Weiltingen AD 1648-1653. Ein Beitrag zum protestantischen Ehescheidungsrecht im Zeitalter des beginnenden Absolutismus. 1984.

Band 36 Horst Schröder: Friedrich Karl von Savigny. Geschichte und Rechtsdenken beim Übergang vom Feudalismus zum Kapitalismus in Deutschland. 1984.

Band 37 Andreas Hatzung: Dogmengeschichtliche Grundlagen und Entstehung des zivilrechtlichen Notstands. 1984.

Band 38 Matthias Klasen: Das Billwerder Landrecht. Landrecht und Landgericht in den Hamburger Elbmarschen. 1985.

Band 39 Rainer Jamin: Aufbau, Tätigkeit und Verfahren der Auseinandersetzungsbehörden bei der Durchführung der preußischen Agrarreformen. 1985.

Band 40 Henry Winter: Teilschuld, Gesamtschuld und unechte Gesamtschuld. Zur Konzeption der §§ 420 ff. BGB - Ein Beitrag zur Entstehungsgeschichte des BGB. 1985.

Band 41 Hermann Eichler: Verfassungsbewegung in Amerika und Europa. 1985.

Band 42 Dagmar Bandemer: Heinrich Albert Zachariae. Rechtsdenken zwischen Restauration und Reformation. 1985.

Band 43 Eva-Christine Frentz: Das Hamburgische Admiralitätsgericht (1623-1811). Prozeß und Rechtsprechung. 1985.

Band 44 Karl Lillig: Rechtsetzung im Herzogtum Pfalz-Zweibrücken während des 18. Jahrhunderts. Ein Beitrag zur Geschichte der territorialen Rechtsbildung. 1985.

Band 45 Walter Weber: Die Entwicklung der Sparkassen zu selbständigen Anstalten des öffentlichen Rechts. Ein Beitrag zur Entwicklung des Anstaltsbegriffs im 19. Jahrhundert. 1985.

Band 46 Bärbel Baum: Der Stabreim im Recht. Vorkommen und Bedeutung des Stabreims in Antike und Mittelalter. 1986.

Band 47 Hans Popp: Die nationalsozialistische Sicht einiger Institute des Zivilprozeß- und Gerichtsverfassungsrechts. 1986.

Band 48 John Karl-Heinz Montag: Die Lehrdarstellung des Handelsrechts von Georg Friedrich von Martens bis Meno Pöhls. Die Wissenschaft des Handelsrechts im ersten Drittel des 19. Jahrhunderts. 1986.

Band 49 Volker D. Anhäusser: Das internationale Obligationenrecht in der höchstrichterlichen Rechtsprechung des 19. Jahrhunderts. 1986.

Band 50 Udo Beer: Die Juden, das Recht und die Republik. Verbandswesen und Rechtsschutz 1919-1933. 1986.

Band 51 Herbert Grziwotz: Der moderne Verfassungsbegriff und die "Römische Verfassung" in der deutschen Forschung des 19. und 20. Jahrhunderts. 1986.

Band 52 Ralf Conradi: Karl Friedrich Eichhorn als Staatsrechtslehrer. Seine Göttinger Vorlesung über "Das Staatsrecht der deutschen Bundesstaaten" nach einer Kollegmitschrift aus dem Wintersemester 1821/22. 1987.

Band 53 Dieter Dannreuther: Der Zivilprozeß als Gegenstand der Rechtspolitik im Deutschen Reich 1871 - 1945. Ein Beitrag zur Geschichte des Zivilprozeßrechts in Deutschland. 1987.

Band 54 Stephan Felix Pauly: Organisation, Geschichte und Praxis der Gesetzesauslegung des (Königlich) Preußischen Oberverwaltungsgerichtes 1875 - 1933. 1987.

Band 55 Rüdiger Schulz: Die Entstehung des Seerechts des Allgemeinen Deutschen Handelsgesetzbuches unter besonderer Berücksichtigung der Bestimmungen über die Reederei, den Schiffer und die Schiffsmannschaft. 1987.

Band 56 Reinhold Reis: Deutsches Privatrecht in den Weistümern der Zenten Schriesheim und Kirchheim. 1987.

Band 57 Jürgen Christoph: Die politischen Reichsamnestien 1918 - 1933. 1987.

Band 58 Gerhard Oberkofler/Eduard Rabofsky: Hans Kelsen im Kriegseinsatz der k.u.k.-Wehrmacht. Eine kritische Würdigung seiner militärtheoretischen Angebote. 1988.

Band 59 Arne Wulff: Staatssekretär Prof. Dr. Dr. h.c. Franz Schlegelberger. 1876-1970. 1991.

Band 60 Gerhard Köbler (Hrsg.): Wege europäischer Rechtsgeschichte. Karl Kroeschell zum 60. Geburtstag. 1987.

Band 61 Rüdiger Hütte: Der Gemeinschaftsgedanke in den Erbrechtsreformen des Dritten Reichs. 1988.

Band 62 Markus Göldner: Politische Symbole der europäischen Integration. Fahne, Hymne, Hauptstadt, Paß, Briefmarke, Auszeichnungen. 1988.

Band 63 Wolfgang Kröner: Freiheitsstrafe und Strafvollzug in den Herzogtümern Schleswig, Holstein und Lauenburg von 1700 bis 1864. 1988.

Band 64 Werner Gaile: Die Norder Theelacht. 1988.

Band 65 Karl v. Kempis: Andreas Gaill (1526 - 1587). Zum Leben und Werk eines Juristen der frühen Neuzeit. 1988.

Band 66 Wolf-Rüdiger Osburg: Die Verwaltung Hamburgs in der Franzosenzeit. 1811-1814. 1988.

Band 67 Christian Schudnagies: Hans Frank. Aufstieg und Fall des NS-Juristen und Generalgouverneurs. 1988.

Band 68 Otmar Jung: Senatspräsident Freymuth. Richter, Sozialdemokrat und Pazifist in der Weimarer Republik. Eine politische Biographie. 1989.

Band 69 Joachim Lohner: Das landeshauptmannschaftliche Gericht in Oberösterreich zu Beginn der Neuzeit. Eine Darstellung des oberösterreichischen Prozeßrechts am obersten Territorialgericht des Landes anhand der oberösterreichischen Landtafel.1989.

Band 70 Bernd Klemann: Rudolf von Jhering und die Historische Rechtsschule. 1989.

Band 71 Adalbert Langer: Männer um die österreichische Zivilprozeßordnung 1895. Zusammenspiel / Soziales Ziel. 1990.

Band 72 Robert-Dieter Klee: Die Landessuperintendentur Lauenburg. Ursprung und Entwicklung sowie Ende der Sonderstellung des Kirchenkreises Herzogtum Lauenburg durch die nordelbische Kirchenvereinigung. 1989.

Band 73 Heinrich Herrmann: Die Gehöferschaften im Bezirk Trier. 1989.

Band 74 Wilhelm Brauneder, Franz Baltzarek (Hrsg.): Modell einer neuen Wirtschaftsordnung. Wirtschaftsverwaltung in Österreich 1914 - 1918. 1991.

Band 75 Thomas Dreyer: Die "Assecuranz- und Haverey-Ordnung" der Freien und Hansestadt Hamburg von 1731. 1990.

Band 76 Bernhard Sendler: Die Rechtssprache in den süddeutschen Stadtrechtsreformationen. 1990.

Band 77 Brigitte Lehmann: Ehevereinbarungen im 19. und 20. Jahrhundert. 1990.

Band 78 Michael Sunnus: Der NS-Rechtswahrerbund (1928-1945). Zur Geschichte der nationalsozialistischen Juristenorganisation. 1990.

Band 79 Stefan Schulz: Die historische Entwicklung des Rechts an Bienen. (§§ 961 - 964 BGB). 1990.

Band 80 Gerhard Lingelbach, Heiner Lück (Hrsg.): Deutsches Recht zwischen Sachsenspiegel und Aufklärung. Rolf Lieberwirth zum 70. Geburtstag dargebracht von Schülern, Freunden und Kollegen, herausgegeben von Gerhard Lingelbach und Heiner Lück. 1991.

Band 81 Manfred Krohn: Die deutsche Justiz im Urteil der Nationalsozialisten 1920 - 1933. 1991.

Band 82 Angelika Kühn: Privilegierung nationaler Minderheiten im Wahlrecht der Bundesrepublik Deutschland und Schleswig-Holsteins. 1991.

Band 83 Georg Brun: Leben und Werk des Rechtshistorikers Heinrich Mitteis unter besonderer Berücksichtigung seines Verhältnisses zum Nationalsozialismus. 1991.

Band 84 Wolfgang Simon: Claudius Freiherr von Schwerin. Rechtshistoriker während dreier Epochen deutscher Geschichte. 1991.

Band 85 Friedrich-Carl Wachs: Das Verordnungswerk des Reichsdemobilmachungsamtes. Stabilisierender Faktor zu Beginn der Weimarer Republik. 1991.

Band 86 Jens-Uwe Petersen: Die Vorgeschichte und die Entstehung des Mieterschutzgesetzes von 1923 nebst der Anordnung für das Verfahren vor dem Mieteinigungsamt und der Beschwerdestelle. 1991.

Band 87 Ulrike Haibach: Familienrecht in der Rechtssprache. Die historische Entwicklung zentraler Ausdrücke des geltenden Familienrechts. 1991.

Band 88 Joern Christian Nissen: Die Beratungen des Seeversicherungsausschusses der Akademie für Deutsches Recht zu einem neuen Seeversicherungsgesetz (1934-1939). Ein Beitrag zur Entwicklung der allgemeinen Lehren des Seeversicherungsrechts unter besonderer Berücksichtigung des Handelsgesetzbuchs und der Allgemeinen Deutschen Seeversicherungs-Bedingungen 1919. 1991.

Band 89 Diethard Bühler: Die Entstehung der allgemeinen Vertragsschluß-Vorschriften im Allgemeinen Deutschen Handelsgesetzbuch (ADHGB) von 1861. Ein Beitrag zur Kodifikationsgeschichte des Privatrechts im 19. Jahrhundert. 1991.

Band 90 Gerhard Oberkofler: Die Vertreter des Römischen Rechts mit deutscher Unterrichtssprache an der Karls-Universität in Prag. Vom Vormärz bis 1945. 1991.

Band 91 Ulrich Andermann: Ritterliche Gewalt und bürgerliche Selbstbehauptung. Untersuchungen zur Kriminalisierung und Bekämpfung des spätmittelalterlichen Raubrittertums am Beispiel norddeutscher Hansestädte. 1991.

Band 92 Heinz Marcus Hanke: Luftkrieg und Zivilbevölkerung. Der kriegsvölkerrechtliche Schutz der Zivilbevölkerung gegen Luftbombardements von den Anfängen bis zum Ausbruch des Zweiten Weltkrieges. 1991.

Band 93 Kirsten Kraglund: Familien- und Erbrecht. Materielles Recht und Methoden der Rechtsanwendung in der Rechtsprechung des Oberappellationsgerichts der vier Freien Städte Deutschlands zu Lübeck. 1991.

Band 94 Reinhard Lorenz: Die politische und rechtliche Stellung des Proletariats in Preußen in der Zeit zwischen den Reformen und der Revolution 1848/49. 1991.

Band 95 Eric Hilgendorf: Die Entwicklungsgeschichte der parlamentarischen Redefreiheit in Deutschland. 1991.

Band 96 Hans J. Reiter: Die Handelsgesellschaft Villeroy & Boch von der Gründung 1836 bis zum Jahr 1878. 1992.

Band 97 Martin Johannes Heller: Reform der deutschen Rechtssprache im 18. Jahrhundert. 1992.

Band 98 Michael Kotulla: Die Tragweite der Grundrechte der revidierten preußischen Verfassung vom 31.01.1850. 1992.

Band 99 Michael Siefener: Hexerei im Spiegel der Rechtstheorie. Das crimen magiae in der Literatur von 1574 bis 1608. 1992.

Band 100 Andreas Ebert-Weidenfeller: Hamburgisches Kaufmannsrecht im 17. und 18. Jahrhundert. Die Rechtsprechung des Rates und des Reichskammergerichtes. 1992.

Band 101 Enno Bommel: Die Entstehung der Verwirkungslehre in der Krise des Positivismus. 1992.

Band 102 Ralph Steppacher: Die Berücksichtigung der bäuerlichen Postulate bei der Entstehung des ZGB und der Revision des OR. Ein Beitrag zur schweizerischen Kodifikationsgeschichte (1893 - 1912). 1992.

Band 103 Martin Fleckenstein: Die Todesstrafe im Werk Carl Joseph Anton Mittermaiers (1787 - 1867). Zur Entwicklungsgeschichte eines Werkbereichs und seiner Bedeutung für Theorie- und Methodenbildung. 1992.

Band 104 Jörn Eckert: Der Kampf um die Familienfideikommisse in Deutschland. Studien zum Absterben eines Rechtsinstitutes. 1992.

Band 105 Jörg Grotkopp: Beamtentum und Staatsformwechsel. Die Auswirkungen der Staatsformwechsel von 1918, 1933 und 1945 auf das Beamtenrecht und die personelle Zusammensetzung der deutschen Beamtenschaft. 1992.

Band 106 Andreas Rohde: Die Garantiehaftung des Vermieters und ihr Verhältnis zum Unmöglichkeitsrecht in dogmengeschichtlicher und modernrechtlicher Sicht. 1992.

Band 107 Tjark Siefke Kunstreich: Gesamtvertretung. Eine historisch-systematische Darstellung. 1992.

Band 108 Jürgen Krüger: Blindheit und Königtum. Die Blindheit des Königs Georg V. von Hannover als verfassungsrechtliches Problem. 1992.

Band 109 Wolfgang Putschek: Ständische Verfassung und autoritäre Verfassungspraxis in Österreich 1933-1938 mit Dokumentenanhang. Verfassung und Verfassungswirklichkeit. Mit einem Anhang: Denkschriften von Rechtsanwalt Dr. Erich Führer 1936/37. 1993.

Band 110 Klaus Hofmann: Die Verdrängung der Juden aus öffentlichem Dienst und selbständigen Berufen in Regensburg 1933-1939. 1993.

Band 111 Franz Kilger: Die Entwicklung des Telegraphenrechts im 19. Jahrhundert mit besonderer Berücksichtigung der technischen Entwicklung. Telegraphenrecht im 19. Jahrhundert. 1993.

Band 112 Wilhelm Brauneder (Hrsg.): Heiliges Römisches Reich und moderne Staatlichkeit. 1993.

Band 113 Thomas Heinrich: Das preußische Nichtehelichenrecht: Von der Aufklärung zur Reaktion. 1993.

Band 114 Gerald Kohl: Jagd und Revolution. Das Jagdrecht in den Jahren 1848 und 1849. 1993.

Band 115 Christian Schudnagies: Der Kriegs- oder Belagerungszustand im Deutschen Reich während des Ersten Weltkrieges. Eine Studie zur Entwicklung und Handhabung des deutschen Ausnahmezustandsrechts bis 1918. 1994.

Band 116 Elisabeth Bellmann: Die Internationale Kriminalistische Vereinigung (1889-1933). 1994.

Band 117 Julia Pfannkuch: Volksrichterausbildung in Sachsen 1945-1950. 1993.

Band 118 Jörg Offen: Von der Verwaltungsgemeinschaft des BGB von 1896 zur Zugewinngemeinschaft des Gleichberechtigungsgesetzes von 1957. 1994.

Band 119 Dorothee Kohlhas-Müller: Untersuchungen zur Rechtsstellung Theoderichs des Großen. 1995.

Band 120 Monika Rose: Das Gerichtswesen des Herzogtums Pfalz-Zweibrücken im 18. Jahrhundert. Ein Beitrag zur territorialen Gerichtsbarkeit im Alten Reich. 1994.

Band 121 Jörn Eckert / Hans Hattenhauer (Hrsg.): Bibel und Recht. Rechtshistorisches Kolloquium 9. - 13. Juni 1992 an der Christian-Albrechts-Universität zu Kiel. 1994.

Band 122 Robert Martin Mizia: Der Rechtsbegriff der Autonomie und die Begründung des Privatfürstenrechts in der deutschen Rechtswissenschaft des 19. Jahrhunderts. 1995.

Band 123 Walther Graf von Plettenberg: Das Fortleben des Liber Iudiciorum in Asturien/León (8. - 13. Jh.). 1994.

Band 124 Wolfgang Schulz: Das deutsche Börsengesetz. Die Entstehungsgeschichte und wirtschaftlichen Auswirkungen des Börsengesetzes von 1896. 1994.

Band 125 Frank Hagemann: Der Untersuchungsausschuß Freiheitlicher Juristen. 1949 – 1969. 1994.

Band 126 Andreas Rethmeier: "Nürnberger Rassegesetze" und Entrechtung der Juden im Zivilrecht. 1995.

Band 127 Edith Grether: Die Poesie der Throne. Die Juristen in der Fruchtbringenden Gesellschaft. 1995.

Band 128 Anna Bartels-Ishikawa: Der Lippische Thronfolgestreit. Eine Studie zu verfassungsrechtlichen Problemen des Deutschen Kaiserreiches im Spiegel der zeitgenössischen Staats. 1995.

Band 129 Jörg Schmidt: Otto Koellreutter 1883-1972. Sein Leben, sein Werk, seine Zeit. 1995.

Band 130 Christian Hattenhauer: Wahl und Krönung Franz II. AD 1792. Das Heilige Reich krönt seinen letzten Kaiser - Das Tagebuch des Reichsquartiermeisters Hieronymus Gottfried von Müller und Anlagen. 1995.

Band 131 Jutta v. der Decken: Das Seearbeitsrecht im Hamburger Stadtrecht von 1301 bis 1603. 1995.

Band 132 Detlev Schmidt: Die Reform des Rechts der Handelsvertreter von 1953. 1995.

Band 133 Gabi Roßdeutscher: Privatautonomie im Scheidungsrecht. Scheidungsbezogene Vereinbarungen in den letzten 200 Jahren. 1995.

Band 134 Harald Kahlenberg: Leben und Werk des Rechtshistorikers Walther Merk. Ein Beispiel für das Verhältnis von Rechtsgeschichte und Nationalsozialismus. 1995.

Band 135 Michael Steitz: Adelbert Düringer am Reichsgericht (1902-1915). Seine aktienrechtlichen Entscheidungen und sein Einfluß auf das Aktienrecht in Deutschland. 1995.

Band 136 Christian Becker: Beata Justorum Translatio. Juristen in schleswig-holsteinischen Leichenpredigten. 1996.

Band 137 Christoph Seiler: Vom Allgemeinen Landrecht zum Bürgerlichen Gesetzbuch. Dargestellt am Beispiel der höchstrichterlichen Judikatur zum kaufrechtlichen Sachmängelgewährleistungsrecht. 1996.

Band 138 Bernd Mayer: Die Vertrauensmännerausschüsse auf den preußischen Steinkohlegruben an der Saar. Entstehung und Wirken. Eine rechtshistorische Untersuchung. 1996.

Band 139 Rochus Scholl: Juden und Judenrecht im Herzogtum Pfalz-Zweibrücken. Ein Beitrag zur Rechtsgeschichte eines deutschen Kleinstaates am Ende des alten Reiches. 1996.

Band 140 Meike Bursch: Judentaufe und frühneuzeitliches Strafrecht. Die Verfahren gegen Christian Treu aus Weener/Ostfriesland 1720-1728. 1996.

Band 141 Markus Hillenbrand: Fürstliche Eheverträge. Gottorfer Hausrecht 1544 - 1773. 1996.

Band 142 Ulf Häder: Das gemeinschaftliche Oberappellationsgericht thüringischer Staaten in Jena. Ein Beitrag zur Geschichte des Gerichtswesens im 19. Jahrhundert. 1996.

Band 143 Andreas Bauer: Das Gnadenbitten in der Strafrechtspflege des 15. und 16. Jahrhunderts. Dargestellt unter besonderer Berücksichtigung von Quellen der Vorarlberger Gerichtsbezirke Feldkirch und des Hinteren Bregenzerwaldes. 1996.

Band 144 Christian Wirth: Der Jurist Johann Andreas Georg Friedrich Rebmann zwischen Revolution und Restauration. 1996.

Band 145 Stefanie Müller: Die Rechtsprechung des Hanseatischen Oberlandesgerichts zum persönlichen Eherecht in Hamburgischen Gerichtsfällen von 1879 -1900. 1996.

Band 146 Jean-Nicolas Morisset: Der Frachtvertrag in der *Ordonnance de la marine* von 1681. 1996.

Band 147 Dirk Lentfer: Die Glogauer Landesprivilegien des Andreas Gryphius von 1653. 1996.

Band 148 Wencke Mull: Die Haftung für Einsturzschäden nach den §§ 836-838 BGB in der Rechtsprechung des Reichsgerichts. 1996.

Band 149 Renate Zelger: Teufelsverträge. Märchen, Sage, Schwank, Legende im Spiegel der Rechtsgeschichte. 1996.

Band 150 Guido Kraß: Das Arrestverfahren in Frankfurt am Main im Spätmittelalter. 1996.

Band 151 F. Benedict Heyn: Die Entwicklung des Eisenbahnfrachtrechts von den Anfängen bis zur Einführung des Allgemeinen Deutschen Handelsgesetzbuches (ADHGB). 1996.

Band 152 Thomas Lang: Die Staats- und Verfassungslehre Carl Salomo Zachariaes. 1996.

Band 153 Michael Hebeis: Karl Anton von Martini (1726-1800). Leben und Werk. 1996.

Band 154 Gerald Hubert: Die Diskussion um die rechtliche Natur der Bizone in den Jahren 1947-1949. 1996.

Band 155 Christof Horn: Die Rechtsprechung des Reichsgerichts in Ehescheidungssachen der Jahre 1900 bis 1905. 1996.

Band 156 Hermann Nehlsen / Georg Brun (Hrsg.): Münchener rechtshistorische Studien zum Nationalsozialismus. 1996.

Band 157 Jan Otto Clemens Kehrberg: Die Entwicklung des Elektrizitätsrechts in Deutschland. Der Weg zum Energiewirtschaftsgesetz von 1935. 1997.

Band 158 Johannes Tradt: Der Religionsprozeß gegen den Zopfschulzen (1791-1799). Ein Beitrag zur protestantischen Lehrpflicht und Lehrzucht in Brandenburg-Preußen gegen Ende des 18. Jahrhunderts. 1997.

Band 159 Dietmar Olsen: Das kaufrechtliche Sachmängelgewährleistungsrecht des Code civil in der Rechtsprechung deutscher Gerichte im 19. Jahrhundert. Ein Beitrag zur Ablösung der Partikularrechte durch das BGB. 1997.

Band 160 Ulrich Bernhardt: Die Deutsche Akademie für Staats- und Rechtswissenschaft „Walter Ulbricht" 1948-1971. 1997.

Band 161 Claudia Susan Hoppe: Die Bürgschaft im Rechtsleben Hamburgs von 1600 bis 1900. 1997.

Band 162 Franz-Rudolf Ecker: Die Entwicklung des Bergrechts im Saarbrücker Steinkohlenrevier bis zum Ende des 18. Jahrhunderts. Ein Vergleich mit dem älteren deutschen Bergrecht. 1997.

Band 163 Anne Katrin Rückert: Politik und Privatrecht in der „konservativen Revolution". 1997.

Band 164 Gisbert Laube: Der Reichskunstwart. Geschichte einer Kulturbehörde 1919-1933. 1997.

Band 165 Nicolas Lührig: Die Diskussion über die Reform der Juristenausbildung von 1945 bis 1995. 1997.

Band 166 Regula Gerber Jenni: Die Emanzipation der mehrjährigen Frauenzimmer. Frauen im bernischen Privatrecht des 19. Jahrhunderts. 1997.

Band 167 Mischa A. Färber: Das gemeinschaftliche Testament in der höchstrichterlichen Rechtsprechung zum Allgemeinen Preußischen Landrecht und zum BGB. Ein Beitrag zur Ablösung der Partikularrechte durch das BGB. 1997.

Band 168 Catherine Antoinette Gasser: Philipp Lotmar 1850-1922. Professor der Universität Bern. Sein Engagement für das Schweizerische Arbeitsrecht. 1997.

Band 169 Lars Immisch: Der sozialistische Richter in der DDR und seine Unabhängigkeit. Der Versuch eines Rechtsvergleiches zum Unabhängigkeitsbegriff in der bundesdeutschen Rechtsordnung. 1997.

Band 170 Jessica Jacobi: Besitzschutz vor dem Reichskammergericht. Die friedenssichernde Funktion der Besitzschutzklagen am Reichskammergericht im 16. Jahrhundert, dargestellt anhand von Kameralisten. 1998.

Band 171 Ewald Hügemann: Die Geschichte des öffentlichen und privaten Mietpreisrechts vom Ersten Weltkrieg bis zum Gesetz zur Regelung der Miethöhe von 1974. 1998.

Band 172 Lutz Rentzow: Die Entstehungs- und Wirkungsgeschichte der Vernewerten Landesordnung für das Königreich Böhmen von 1627. 1998.

Band 173 Sabine Stürmer: Mühlenrecht im Herzogtum Pfalz-Zweibrücken während des 18. Jahrhunderts. Ein Beitrag zum Wirtschaftsrecht eines deutschen Kleinstaates im Alten Reich. 1998.

Band 174 Mario Bogisch: *Nemo testis in re sua*. Das Problem der Zeugnisfähigkeit bei der Anwendung der deutschen Zivilprozeßordnung von 1877. 1998.

Band 175 Rainer Oßwald: Pactane sunt servanda? Freiwilligkeit, Zwang und Unverbindlichkeitserklärungen im islamischen Vertragsrecht malikitischer Schule. 1998.

Band 176 Bettina Kern: Der preußische BGB-Entwurf von 1842. 1998.

Band 177 Inken Fuhrmann: Die Diskussion über die Einführung der fakultativen Zivilehe in Deutschland und Österreich seit Mitte des 19. Jahrhunderts. 1998.

Band 178 Annette Rieck: Der Heilige Ivo von Hélory (1247-1303). Advocatus pauperum und Patron der Juristen. 1998.

Band 179 Frank Bottenberg: Die Hamburgische Strafprozeßordnung von 1869. 1998.

Band 180 Matthias Krauß: Das kursächsische Postrecht von seinen Anfängen bis zum Ende des Alten Reichs. 1998.

Band 181 Torsten Schmidt: Die Entmündigung von den Anfängen des BGB bis zu ihrer Ablösung durch das Institut der Betreuung. 1998.

Band 182 Christian Nunn: Rudolf Müller-Erzbach. 1874-1959. Von der realen Methode über die Interessenjurisprudenz zum kausalen Rechtsdenken (Leben und Werk). 1998.

Band 183 Christian Ortloff: Das staatskirchenrechtliche System Wilhelm Traugott Krugs. Glaubens- und Gewissensfreiheit – eine Forderung der Vernunft. 1998.

Band 184 Christian Hattenhauer: Schuldenregulierung nach dem Westfälischen Frieden. Der sog. § *de indaganda* und seine Umsetzung im Jüngsten Reichsabschied (AD 1648 und 1654). 1998.

Band 185 Werner Schubert: Preußen im Vormärz. Die Verhandlungen der Provinziallandtage von Brandenburg, Pommern, Posen, Sachsen und Schlesien sowie – im Anhang – von Ostpreußen, Westfalen und der Rheinprovinz (1841-1845). 1998.

Band 186 Silvia Schumacher: Das Rechtsverhältnis zwischen Eltern und Kindern in der Privatrechtsgeschichte. 1999.

Band 187 Kai Sommer: Die Strafbarkeit der Homosexualität von der Kaiserzeit bis zum Nationalsozialismus. Eine Analyse der Straftatbestände im Strafgesetzbuch und in den Reformentwürfen (1871-1945). 1998.

Band 188 Jan Erik Backhaus: Volksrichterkarrieren in der DDR. 1999.

Band 189 Ralf Ruhnau: Die Fürstlich Thurn und Taxissche Privatgerichtsbarkeit in Regensburg. Ein Kuriosum der deutschen Rechtsgeschichte. 1999.

Band 190 Antonio Grilli: Die französische Justizorganisation am linken Rheinufer 1797-1803. 1999.

Band 191 Stephanie Kammerloher-Lis: Die Entstehung des Gesetzes über die religiöse Kindererziehung vom 15. Juli 1921. 1999.

Band 192 Jan Telp: Ausmerzung und Verrat. Zur Diskussion um Strafzwecke und Verbrechensbegriffe im Dritten Reich. 1999.

Band 193 Kurt von Pannwitz: Die Entstehung der Allgemeinen Deutschen Wechselordnung. Ein Beitrag zur Geschichte der Vereinheitlichung des deutschen Zivilrechts im 19. Jahrhundert. 1999.

Band 194 Sylvia Busch: Die Entstehung der Allgemeinen Gerichtsordnung für die Preussischen Staaten von 1793/95. Ein Beitrag zur Geschichte der Kodifikationsbewegung und der Reform des Zivilprozesses in Preußen im 18. Jahrhundert. 1999.

Band 195 Dirk Bieresborn: Klage und Klageerwiderung im deutschen und englischen Zivilprozeß. Eine rechtshistorische und rechtsvergleichende Untersuchung unter besonderer Berücksichtigung der Beeinflussung durch das römisch-kanonische Verfahren. 1999.

Band 196 Andreas Thier / Guido Pfeifer / Philipp Grzimek (Hrsg.): Kontinuitäten und Zäsuren in der Europäischen Rechtsgeschichte. Europäisches Forum Junger Rechtshistorikerinnen und Rechtshistoriker München 22.-24. Juli 1998. 1999.

Band 197 Franz Smola: Die Fürstlich Liechtenstein'sche Kunstsammlung. Rechtsfragen zur Verbringung der Sammlung von Wien nach Vaduz in den Jahren 1944/45. 1999.

Band 198 Frank Martin Krauss: Das geteilte Eigentum im 19. und 20. Jahrhundert. Eine Untersuchung zum Fortbestand des Teilungsgedankens. 1999.

Band 199 Matthias Frey: Die spanische Aktiengesellschaft im 18. Jahrhundert und unter dem Código de Comercio von 1829. 1999.

Band 200 Alexandra Gilde: Die Stellung der Frau im Reichsstrafgesetzbuch von 1870/71 und in den Reformentwürfen bis 1919 im Urteil der bürgerlichen Frauenbewegung. Eine Analyse ausgewählter Straftatbestände. 1999.

Band 201 Malte Dießelhorst / Arne Duncker: Hans Kohlhase. Die Geschichte einer Fehde in Sachsen und Brandenburg zur Zeit der Reformation. 1999.

Band 202 Jörg Hillmann: Territorialrechtliche Auseinandersetzungen der Herzöge von Sachsen-Lauenburg vor dem Reichskammergericht im 16. Jahrhundert. 1999.

Band 203 Carsten Engler: Die Kommanditgesellschaft (KG) und die stille Gesellschaft im Allgemeinen Deutschen Handelsgesetzbuch (ADHGB) von 1861. 1999.

Band 204 Vesta Hoffmann-Steudner: Die Rechtsprechung des Reichsgerichts zu dem Scheidungsgrund des § 49 EheG (EheG 1938) in den Jahren 1938-1945. 1999.

Band 205 Michaela Thiele: Die Auflösung von Arbeitsverhältnissen aufgrund Anfechtung und außerordentlicher Kündigung nach der Rechtsprechung des Reichsarbeitsgerichts (1927-1945). 2000.

Band 206 Peter Landau / Hermann Nehlsen / Mathias Schmoeckel (Hrsg.): Karl von Amira zum Gedächtnis. 1999.

Band 207 Marcus Flinder: Die Entstehungsgeschichte des Zivilgesetzbuches der DDR. 1999.

Band 208 Boris Franz Leo Bromm: Die Entstehungsgeschichte des Berufs des Handelsvertreters. Unter besonderer Berücksichtigung der Sozialgesetzgebung in den Jahren von 1871-1933. 2000.

Band 209 Winfried C. J. Eberstein: Das Tierschutzrecht in Deutschland bis zum Erlaß des Reichs-Tierschutzgesetzes vom 24. November 1933. Unter Berücksichtigung der Entwicklung in England. 1999.

Band 210 Patrick Deller: Der „nach dem Vertrage" vorausgesetzte Gebrauch (§ 459 Absatz 1 Satz 1 BGB). Eine kaufrechtliche Untersuchung unter Berücksichtigung rechtshistorischer wie rechtsvergleichender Grundlagen. 2000.

Band 211 Eckard Freiherr von Bodenhausen: Haftung des Geschäftsherrn für Verrichtungsgehilfen im Straßen- und Schienenverkehr. Eine Analyse der Entscheidungen des Reichsgerichts zu § 831 BGB (1900-1945). 2000.

Band 212 Birte Gast: Der Allgemeine Teil und das Schuldrecht des Bürgerlichen Gesetzbuchs im Urteil von Raymond Saleilles (1855-1912). 2000.

Band 213 Hansjörg Michael Huber: Koloniale Selbstverwaltung in Deutsch-Südwestafrika. Entstehung, Kodifizierung und Umsetzung. 2000.

Band 214 Ulf Björner: Die Verfassungsgerichtsbarkeit im Norddeutschen Bund und Deutschen Reich (1867-1918). Eine rechtshistorische Untersuchung über Gerichtsbarkeit im Spannungsfeld von Politik und Recht innerhalb der von Bismarck geschaffenen deutschen Bundesstaaten. 2000.

Band 215 Mathias Freiherr von Rosenberg: Friedrich Carl von Savigny (1779-1861) im Urteil seiner Zeit. 2000.

Band 216 Reinhard Binder-Krieglstein: Österreichisches Adelsrecht 1868-1918/19. Von der Ausgestaltung des Adelsrechts der cisleithanischen Reichshälfte bis zum Adelsaufhebungsgesetz der Republik unter besonderer Berücksichtigung des adeligen Namensrechts. 2000.

Band 217 Claudia-Regine Nerius: Johannes Lehmann-Hohenberg (1851-1925). Eine Studie zur völkischen Rechts- und Justizkritik im Deutschen Kaiserreich. 2000.

Band 218 Ludger Meuten: Die Erbfolgeordnung des Sachsenspiegels und des Magdeburger Rechts. Ein Beitrag zur Geschichte des sächsisch-magdeburgischen Rechts. 2000.

Band 219 Christoph Alexander von Wilcken: Die Reformbestrebungen zum Genossenschaftsgesetz in der Frühzeit der Bundesrepublik. Die Beratungen der Sachverständigenkommission zur Überprüfung des Genossenschaftsrechts 1954 bis 1958 und der Referentenentwurf von 1962. 2000.

Band 220 Verein Junger RechtshistorikerInnen Zürich (Hrsg.): ¿Rechtsgeschichte(n)? ¿Histoire(s) du droit? ¿Storia/storie del diritto? ¿Legal Histori(es)? Europäisches Forum Junger Rechtshistorikerinnen und Rechtshistoriker Zürich 28.-30. Mai 1999. 2000.

Band 221 Hans Christian Schüler: Die Entstehungsgeschichte der Bundesnotarordnung vom 24. Februar 1961. 2000.

Band 222 Nils-Eberhard Schramm: Die Vereinigung demokratischer Juristen (1949-1999). 2000.

Band 223 Silke Anke Torp: Das Rechtsverhältnis zwischen den Eltern und ihren Kindern. Dienstleistungspflicht, Aussteuer und Ausstattung. Eine Analyse der Rechtsprechung des Reichsgerichts und des Reichsarbeitsgerichts zu den Vorschriften der §§ 1616 bis 1625 des Bürgerlichen Gesetzbuches in der Zeit von 1900 bis 1945. 2000.

Band 224 Martin Jürgen Maaß: Die Geschichte des Eigentumsvorbehalts, insbesondere im 18. und 19. Jahrhundert. 2000.

Band 225 Stefanie Langer: Rechtswissenschaftliche Itinerarien. Lebenswege namhafter europäischer Juristen vom 11. bis zum 18. Jahrhundert. 2000.

Band 226 Ulrich Schmitz: Der Unterhaltsanspruch des nichtehelichen Kindes gegen seinen Erzeuger. Die rechtsgeschichtliche und dogmatische Entwicklung im deutschen Recht. 2000.

Band 227 Sebastian Günther: Friedrich Carl von Savigny als Grundherr. 2000.

Band 228 Henning Ibs: Hermann J. Held (1890-1963). Ein Kieler Gelehrtenleben in den Fängen der Zeitläufe. 2000.

Band 229 Matthias Rücker: Wirtschaftswerbung unter dem Nationalsozialismus. Rechtliche Ausgestaltung der Werbung und Tätigkeit des Werberats der deutschen Wirtschaft. 2000.

Band 230 Hendrik Sandmann: Die Entwicklung von Begriff und Inhalt des Wirtschaftsrechts durch die Rechtswissenschaft in der Weimarer Republik. 2000.

Band 231 Sibylle Müller: Gibt es Menschenrechte bei Samuel Pufendorf? 2000.

Band 232 Karin Olechowski-Hrdlicka: Die gemeinsamen Angelegenheiten der Österreichisch-Ungarischen Monarchie. Vorgeschichte – Ausgleich 1867 – Staatsrechtliche Kontroversen. 2001.

Band 233 Johannes Mierau: Die juristischen Abschluß- und Diplomprüfungen in der SBZ/DDR. Ein Einblick in die Juristenausbildung im Sozialismus. 2001.

Band 234 Jörg Wolff (Hrsg.): Stillstand, Erneuerung und Kontinuität. Einsprüche zur Preußenforschung. 2001.

Band 235 Friedo Schröder: Die anwaltliche Tätigkeit während der nationalsozialistischen Herrschaft. Eine Analyse der anwaltlichen Argumentation in Zivilprozessen anhand der vorhandenen Prozeßakten der Landgerichte Frankenthal, Wiesbaden, Limburg und Frankfurt und der Handakten der *jüdischen Konsulenten* des OLG-Bezirks Frankfurt. 2001.

Band 236 Der Code pénal des Königreichs Westphalen von 1813 mit dem Code pénal von 1810 im Original und in deutscher Übersetzung. Herausgegeben und mit einer Einleitung versehen von Werner Schubert. 2001.

Band 237 Klaus Richter: Deutsches Kolonialrecht in Ostafrika 1885-1891. 2001.

Band 238 Kai von Lewinski: Deutschrechtliche Systembildung im 19. Jahrhundert. 2001.

Band 239 Alexander Herzog: Sittenwidrige Rechtsgeschäfte in der höchstrichterlichen Rechtsprechung aus den Jahren 1948-1965. 2001.

Band 240 Claudia Rönnau: Die Beratungen des Wasserrechtsausschusses der Akademie für Deutsches Recht zu einem Reichswassergesetz (1934-1941). Ein Beitrag zur Dogmatik der Begriffe *Gemeingebrauch* und *Sondergebrauch* in der Zeit des Nationalsozialismus. 2001.

Band 241 Momme Rohlack: Kriegsgesellschaften (1914-1918). Arten, Rechtsformen und Funktionen in der Kriegswirtschaft des Ersten Weltkrieges. 2001.

Band 242 Rolf Geyer: Der Gedanke des Verbraucherschutzes im Reichsrecht des Kaiserreichs und der Weimarer Republik (1871-1933). Eine Studie zur Geschichte des Verbraucherrechts in Deutschland. 2001.

Band 243 Felix Lorenz Benjamin Lehmann: Der Rote Adlerorden. Entstehung und rechtliche Grundlagen (1705-1918). 2002.

Band 244 Marc Ludwig: Der Pfändungsschutz für Lohneinkommen. Die Entstehungs- und Entwicklungsgeschichte der Vorschriften zum Schutz vor Lohnpfändung in Deutschland. 2001.

Band 245 Alexander Wachter: Dorfschule zwischen Pastor und Schulmeister. Zur Säkularisierung des niederhessischen Schulwesens im 19. Jahrhundert. 2001.

Band 246 Richard Scholz: Analyse der Entstehungsbedingungen der reichsgerichtlichen Aufwertungsrechtsprechung. Untersuchung unter besonderer Berücksichtigung der konservativen Geldpolitik der Reichsbank und der Inflationspolitik der Reichsregierung. 2001.

Band 247 Judith Laeverenz: Märchen und Recht. Eine Darstellung verschiedener Ansätze zur Erfassung des rechtlichen Gehalts der Märchen. 2001.

Band 248 Christina Schenk: Bestrebungen zur einheitlichen Regelung des Strafvollzugs in Deutschland von 1870 bis 1923. 2001.

Band 249 Nils Werner: Die Prozesse gegen die Landvolkbewegung in Schleswig-Holstein 1929/32. Ein Beitrag zur Justizkritik in der späten Weimarer Republik. 2001.

Band 250 Wolfgang Walter: Das Duell in Bayern. Ein Beitrag zur bayerischen Strafrechtsgeschichte. 2002.

Band 251 Jörn Eckert / Kjell Å. Modéer (Hrsg.): Geschichte und Perspektiven des Rechts im Ostseeraum. Erster Rechtshistorikertag im Ostseeraum 8.–12. März 2000. 2001.

Band 252 Jan Könighaus: Die Inauguration der Christian-Albrechts-Universität zu Kiel 1665. Symbolgehalt und rechtliche Bedeutung des Universitätszeremoniells. 2002.

Band 253 Andreas Görgen: Rechtssprache in der Frühen Neuzeit. Eine vergleichende Untersuchung der Fremdwortverwendung in Gesetzen des 16. und 17. Jahrhunderts. 2002.

Band 254 Ralf Schäfer: Die Rechtsstellung der Haigerlocher Juden im Fürstentum Hohenzollern-Sigmaringen von 1634-1850. Eine rechtsgeschichtliche Untersuchung. 2002.

Band 255 Regine Schmalhorst: Die Tierhalterhaftung im BGB von 1896. Die Entstehung und Änderung des § 833 BGB sowie eine Analyse der Rechtsprechung des Reichsgerichts bis 1908. 2002.

Band 256 Thomas Hense: Konrad Beyerle. Sein Wirken für Wissenschaft und Politik in Kaiserreich und Weimarer Republik. 2002.

Band 257 Christian Mahlmann: Die Strafrechtswissenschaft der DDR. Klassenkampftheorie und Verbrechenslehre. 2002.

Band 258 Henning Kahmann: Die Bankiers von Jacquier & Securius 1933–1945. Eine rechtshistorische Fallstudie zur "Arisierung" eines Berliner Bankhauses. Mit einem Geleitwort von John Kornblum. 2002.

Band 259 Volker Friedrich Drecktrah: Die Gerichtsbarkeit in den Herzogtümern Bremen und Verden und in der preußischen Landdrostei Stade von 1715 bis 1879. 2002.

Band 260 Andreas Klass: Standes- oder Leistungselite? Eine Untersuchung der Karrieren der Wetzlarer Anwälte des Reichskammergerichts (1693-1806). 2002.

Band 261 Wolfgang Eder: Das italienische Tribunale Speciale per la Difesa dello Stato und der deutsche Volksgerichtshof. Ein Vergleich zwischen zwei politischen Gerichtshöfen. 2002.

Band 262 Albrecht Cordes / Bernd Kannowski (Hrsg.): Rechtsbegriffe im Mittelalter. 2002.

Band 263 Thomas Hildebrandt: Die Brandenburgischen Provinziallandtage von 1841, 1843, und 1845 anhand ausgewählter Verhandlungsgegenstände. 2002.

Band 264 Jan Finzel: Georg Adam Struve (1619–1692) als Zivilrechtler. 2003.

Band 265 Björn Carsten Frenzel: Das Selbstverständis der Justiz nach 1945. Analyse der Rolle der Justiz unter Berücksichtigung der Reden zur *Wiedereröffnung* der Bundes- und Oberlandesgerichte. 2003.

Band 266 Nils Reichhelm: Die marxistisch-leninistische Staats- und Rechtstheorie Karl Polaks. 2003.

Band 267 Raik Schneider: Altrechtliche Personenzusammenschlüsse. Ihre Entwicklung unter besonderer Berücksichtigung des Rechts des Großherzogtums Sachsen-Weimar-Eisenach sowie der Herzogtümer Sachsen-Meiningen und Sachsen-Gotha. 2003.

Band 268 Anke Meier: Die Geschichte des deutschen Konkursrechts, insbesondere die Entstehung der Reichskonkursordnung von 1877. 2003.

Band 269 Stefan Jens Jordan: Leben und Werk des Tübinger Rechtsprofessors Wilhelm Gottlieb Tafinger 1760–1813. 2003.

Band 270 Stefanie Hubig: Die historische Entwicklung des § 23 ZPO. Zum Ursprung und Fortleben des Vermögensgerichtsstandes im deutschen Prozeßrecht des 19. Jahrhunderts. 2003.

Band 271 Michael G. Perband: Der Grundsatz der freien Beweiswürdigung im Zivilprozeß (§ 286 ZPO) in der Rechtsprechung des Reichsgerichts. 2003.

Band 272 Mathias Bouveret: Die Stellung des Staatsoberhauptes in der parlamentarischen Diskussion und Staatsrechtslehre von 1848 bis 1918. 2003.

Band 273 Barbara Széchényi: Rechtliche Grundlagen bayerischer Zensur im 19. Jahrhundert. 2003.

Band 274 Sylvia Scharfenberg: Die Entstehungsgeschichte des Beurkundungsgesetzes vom 28. August 1969. 2003.

Band 275 Urte Nesemann: Die schwedische Familiengesetzgebung von 1734 bis zu den Reformgesetzen von 1915 bis 1920 und deren Einfluss auf die Gesetzgebungsprojekte der Weimarer Republik. Unter besonderer Berücksichtigung der Rechtsstellung der Frau und des unehelichen Kindes. 2003.

Band 276 Alexandra Brück: Die Polizeiordnung Herzog Christians von Braunschweig-Lüneburg vom 6. Oktober 1618. 2003.

Band 277 Torsten Landwehr: Das Kommissionsgeschäft in Rechtswissenschaft, Gesetzgebung und Rechtspraxis vom 16. bis zum Ende des 18. Jahrhunderts. 2003.

Band 278 Tassilo Wilhelm Maria Englert: Deutsche und italienische Zivilrechtsgesetzgebung von 1933–1945. Parallelen in der Rechtsetzung und gegenseitige Beeinflussung unter besonderer Berücksichtigung des Familien- und Erbrechts. 2003.

Band 279 Tobias Prang: Der Schutz der Versicherungsnehmer bei der Auslegung von Versicherungsbedingungen durch das Reichsgericht. 2003.

Band 280 Thorsten Lieb: Privileg und Verwaltungsakt. Handlungsformen der öffentlichen Gewalt im 18. und 19. Jahrhundert. 2004.

Band 281 Michael Rühling: Das Ladenschlussgesetz vom 28. November 1956. Vorgeschichte, Entstehung des Gesetzes und weitere Entwicklung. 2004.

Band 282 Kathrin Nawotki: Die schleswigsche Deichstavengerechtigkeit. Vom 17. Jahrundert bis in die Gegenwart. Eine gewohnheitsrechtliche Superfizies an nordfriesischen Deichgrundstücken und ihre Entwicklung. 2004.

Band 283 Erik Nils Voigt: Die Gesetzgebungsgeschichte der militärischen Ehrenstrafen und der Offiziereehrengerichtsbarkeit im preußischen und deutschen Heer von 1806 bis 1918. 2004.

Band 284 Dorothea Riedi Hunold: Die Einführung der allgemeinen Wechselfähigkeit in der Schweiz in der zweiten Hälfte des 19. Jahrhunderts. Unter besonderer Berücksichtigung der politischen, wirtschaftlichen und sozialen Verhältnisse. 2004.

Band 285 Thomas Gergen: Pratique juridique de la paix et trêve de Dieu à partir du concile de Charroux (989–1250). Juristische Praxis der Pax und Treuga Dei ausgehend vom Konzil von Charroux (989–1250). 2004.

Band 286 Kathrin Bethkenhagen: Die Entwicklung des Luftrechts bis zum Luftverkehrsgesetz von 1922. 2004.

Band 287 Heiko Lüpkes: Die Verbrechen der Diener des Staats im Allgemeinen Landrecht für die Preußischen Staaten von 1794 und ihre Entwicklung zu den Vergehen und Verbrechen im Amte im Strafgesetzbuch für die Preußischen Staaten von 1851. 2004.

Band 288 Mirco Peter Hirsch: Von der Erbbescheinigung des Preußischen Rechts zum Erbschein des Bürgerlichen Gesetzbuchs. 2004.

Band 289 Bettina Günther: Die Behandlung der Sittlichkeitsdelikte in den Policeyordnungen und der Spruchpraxis der Reichsstädte Frankfurt am Main und Nürnberg im 15. bis 17. Jahrhundert. 2004.

Band 290 Seunghyeon Seong: Der Begriff der *nicht gehörigen Erfüllung* aus dogmengeschichtlicher und rechtsvergleichender Sicht. 2004.

www.peterlang.de

FSC
www.fsc.org
MIX
Papier | Fördert gute Waldnutzung
FSC® C083411

Kolibri 360 GmbH
Ferdinand-Jühlke-Straße 7
99095 Erfurt, Deutschland
produktsicherheit@kolibri360.de

Druck:
CPI Druckdienstleistungen GmbH
im Auftrag der
Kolibri 360 GmbH
Ferdinand-Jühlke-Str. 7
99095 Erfurt